MARKETING

개정2판

신마케팅론

김진성 / 배준연 공저

도서출판 두남

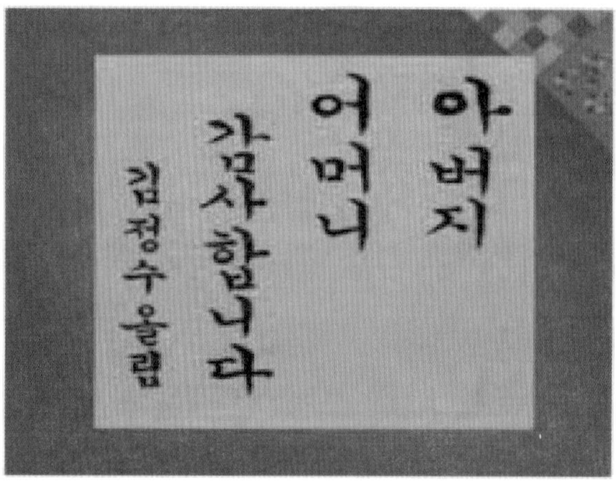
아버지
어머니
감사합니다
김정수 올림

머리말

4판이 출간 된지 벌써 3년의 세월이 흘렀다. 세월의 빠름을 실감한다. 경영활동 분야 중에서 가장 역동적이고 흥미있는 분야가 바로 마케팅 분야라고 할 수 있다. 물론 이들 가운데에서도 성공적으로 소비자 욕구를 충족시키는 새로운 제품개발과 서비스에 관한 사례들은 더욱 흥미 있고 활기 넘치는 영역이라고 할 수 있다. 그러나 마케팅사례들이 반드시 성공적인 케이스라고는 할 수 없다. 마케팅 성공은 보기보다 쉽지 않으며, 이는 결국 수많은 마케팅노력이 이루어진 이후에야 비로소 가능하다는 것을 의미한다. 즉, 마케팅 성공은 교재 전반에 걸쳐 설명되고 있는 마케팅조사, 제품개발, 가격결정, 유통경로, 촉진전략, 마케팅 커뮤니케이션, 인터넷 마케팅을 얼마나 효율적으로 결합하여 수행하느냐에 달려 있다는 것이다.

전략적 마케팅 계획수립은 우리에게 마케팅에 대한 보다 깊은 통찰력을 제공한다. 마케팅개념은 들이 교재 전반에 걸쳐 면면히 흐르고 있는데, 마케팅이란 우리 모두가 하는 활동을 말한다. Robert Louis Stevenson은 다음과 같이 진술하고 있다. “우리 모두는 무언가를 판매하면서 삶을 영위한다.”

마케팅을 공부하는 학생들은 마케팅이 얼마나 광범위하게 활용되는지를 알게 되면 우선 그 놀라움을 감추지 못한다. 제조업체, 도매상, 소매상에게 뿐만 아니라 거의 모든 조직체와도 관련이 있다. 회계사, 변호사, 의사 그리고 경영컨설트는 끊임없이 자신들의 활동을 확장하기위해 마케팅 아이디어를 이용하고 있으며 대학, 병원, 박물관, 예술가 집단 역시 자신들의 서비스에 대한 수요가 하락하거나 둔화되는 상황에 직면해서는 마케팅 개념을 적극적으로 활용한다.

우리는 오늘날 시장의 변화에 대해 세심한 주의를 기울려야 한다. 많은 기업들은 어려운 시기에 직면하고 있으며, 특히 철강, 자동차, 건설, 섬유, 신발산업은 원가우위를 점하고 있는 외국기업들과의 격렬한 경쟁에 직면하고 있으며, 새로운 하이테크 산업인 컴퓨터, 전자, 로봇 산업은 계속해서 확장되고 있지만, 실업률과 품질우위를 누리고 있는 선진 외국기업들과의 경쟁이 치열하고, 패스트 푸드, 호텔과 같은 노동집약적인 서비스 산업은 매우 빠른 속도로 성장하고 있지만 생산성 향상을 위한 보다 더 큰 기회를 제공하지 못하고 있는 실정이다.

교재에서 강조하고자 하는 것은 마케팅을 공부하는 여러분들이 마케팅 관리자의 눈으로 마케팅을 보아야 한다는 것이다. 이러한 과정을 통해 마케팅에 대한 보다 깊이 있는 이해를, 그리고 확신을 가지고 마케팅전략을 수립할 수 있게 되며 또한 경영일선에서 적극적인 역할을 할 수 있는 만반의 준비태세를 갖추게 되는 것이다. 이러한 방향으로 유도하기 위해서 저자는 마케팅 센스(Marketing Sense)를 가속화하기 위한 다양한 체계, 모델, 분류시스템을 교재에 수록하였으며, 본 교재를 사용하는 학생들로 하여금 마케팅 상황을 보다 체계적으로 분석 할 수 있도록 하였다. 각 장의 끝부분에 있는 토의문제는 학생들로 하여금 마케팅과정을 조사하여 일반적인 응용에 관한 개개인의 사고를 넓힐 수 있도록 하였다.

격변하는 경제상황하에서 여러분들의 욕구에 맞추어 교재를 지속적으로 개선할 것을 다짐하며 여러분들의 많은 격려와 가르침을 바란다.

끝으로 교재를 집필하는데 그동안 본서를 채택해주신 여러 교수님들께서 유용한 조언을 해 주셨다. 조선대학교 의학 전문대학원생 이민정양은 자료수집과 원고정리를 하느라 많은 수고를 했다. 오늘이 있기까지 1997년 초판 출간을 위해 옆에서 도와준 박용수군에게 감사하며, 어려운 출판환경에도 불구하고 이 책이 출간될 수 있도록 허락해 주신 도서출판 두남의 전두표 사장님과 관계자 여러분께 감사드립니다. 그리고 항상 곁을 지키며 사랑해 준 가족에게도 사랑의 마음을 전한다.

2012년 2월

도림골 연구실에서 김 진 성 씀

Maketing

차례

제 1 장 | 마케팅 기본개념 ······ 1

제1절 마케팅의 정의 ······ 3

1. 교환과정 ······ 4
2. 마케팅 개념의 수용 ······ 6
3. 마케팅과 판매의 차이 ······ 7

제2절 마케팅에 대한 접근시각 ······ 9

1. 미시 마케팅적 접근방법 ······ 9
2. 거시 마케팅적 접근방법 ······ 10

제3절 마케팅의 주요개념 ······ 11

1. 마케팅은 소비자 지향적 ······ 11
2. 마케팅은 통합 관리기능 ······ 12
3. 마케팅은 의도된 결과 ······ 13
4. 마케팅은 체계적인 계획수립 필요 ······ 14

제4절 마케팅 개념의 진화과정 ······ 14

1. 생산 지향적 개념 ······ 15
2. 판매 지향석개념 ······ 16
3. 마케팅시스템 지향적개념 ······ 17
4. 사회지향적 마케팅개념 ······ 18

제 2 장 | 마케팅의 전략계획 ······ 25

제1절 마케팅 전략계획의 개념 ······ 27

1. 전략의 개념 ······ 27
2. 전술의 개념 ······ 28
3. 전략과 전술의 성격 비교 ······ 28

4. 전략적 계획의 의의와 수준 ······ 31
5. 참 여 ······ 33

제2절 전략적 계획의 수립 ······ 34
1. 기업 사명문 ······ 34
2. 기업의 목표 ······ 36
3. 사업 포트폴리오 분석 ······ 38
4. 기업 성장전략의 결정 ······ 45

제3절 SWOT 분석 ······ 48
1. SWOT 분석의 개념 ······ 48
2. SWOT 분석의 특징과 방법 ······ 50
3. SWOT 분석을 이용한 마케팅 전략의 수립 ······ 52

제 3 장 마케팅 환경 분석 ······ 61

제1절 마케팅과 환경 ······ 63
1. 마케팅 환경분석의 의의와 필요성 ······ 63
2. 마케팅 환경분석의 특성 ······ 64
3. 마케팅 환경의 기회와 위협 ······ 65

제2절 사회적 가치의 변화 ······ 67
1. 구매자의 권리 ······ 68
2. 소비자주의 이슈들 ······ 68
3. 소비자주의에 대한 마케팅반응 ······ 69

제3절 기업의 미시적 환경요인 ······ 70
1. 기업 ······ 71
2. 원료 공급업자 ······ 71
3. 마케팅 중간상 ······ 72
4. 경쟁업자 ······ 75
5. 고객 ······ 75
6. 공중 ······ 76

제4절 기업의 거시적 환경요인 ······ 78
1. 인구통계적 환경 ······ 78

2. 경제적 환경 80
3. 자연적 환경 82
4. 기술적 환경 84
5. 정치적·법률적 환경 85
6. 사회·문화적 환경 86

제 4 장 마케팅 조사와 마케팅 정보시스템 95

제1절 의사결정시 정보의 중요성 97
1. 의사결정의 유형 97
2. 의사결정에 필요한 정보의 내용 99
3. 유용한 정보의 특성 100

제2절 마케팅 조사과정 101
1. 문제의 확인 101
2. 조사계획의 수립 102
3. 자료수집 103
4. 자료분석 108
5. 결과보고 109

제3절 마케팅 정보시스템 109
1. 내부보고 시스템 110
2. 마케팅 일상정보 시스템 112
3. 마케팅 조사시스템 114
4 마케팅 의사결정 지원 분석시스템 115

제 5 장 소비자 구매행동 125

제1절 소비자 행동분석 127
1. 소비자 행동분석의 의의 127
2. 소비자 행동의 특성 127

제2절 소비자 행동의 외부영향요인 129
1. 인구 통계적요인 129
2. 상황적 요인 132

3. 사회적 요인 ···· 132

제3절 소비자 행동의 내부영향요인 ···· 136

1. 태도, 신념, 가치 ···· 136
2. 학 습 ···· 138
3. 동기, 욕구－Maslow의 단계론 ···· 139
4. 정보처리과정 ···· 141
5. 지 각 ···· 142
6. 개 성 ···· 143
7. 상황적 요인 ···· 144

제4절 소비자 구매의사 결정과정 ···· 144

1. 문제의 인식 ···· 145
2. 정보의 탐색 ···· 146
3. 대안평가 ···· 147
4. 구매 ···· 148
5. 구매 후 평가 ···· 148

제5절 고객만족 ···· 149

1. 고객만족의 중요성 ···· 149
2. 고객분석 ···· 150
3. 고객인식 ···· 151

제 6 장 시장세분화, 표적시장선정 및 포지셔닝 ···· 157

제1절 시장세분화 ···· 159

1. 시장세분화의 이점 ···· 161
2. 소비자 시장을 세분화하는 기준 ···· 162
3. 산업재 시장을 세분화하는 기준 ···· 169
4. 효과적인 세분화의 조건 ···· 171

제2절 표적시장선정 ···· 172

1. 표적시장 선정기준 ···· 173
2. 표적시장 전략선택 ···· 174

제3절 시장 포지셔닝 ···· 176

1. 포지셔닝의 역할 ···· 178

2. 포지셔닝 전략선택 ····· 179

제 7 장 제품전략 : 제품, 브랜드, 포장 및 서비스 ····· 189

제1절 제품의 정의 ····· 191

제2절 제품의 분류 ····· 192

1. 사용기간 ····· 193
2. 구매자 지향성 ····· 194

제3절 브랜드(상표)정책 ····· 201

1. 브랜드의 가치 ····· 201
2. 브랜드의 기능 ····· 206
3. 브랜드의 활용과 육성 ····· 213
4. 브랜드정책결정 ····· 216

제4절 표찰정책 ····· 219

제5절 포장정책 ····· 220

1. 포장설계 ····· 220
2. 포장설계의 개발 ····· 222
3. 기타 포장결정 ····· 222

제6절 고객 서비스정책 ····· 223

1. 제품안전 ····· 223
2. 제품품질보증과 환불보증 ····· 224

제 8 장 신제품 개발과 제품수명주기전략 ····· 231

제1절 신제품 개발전략 ····· 233

1. 신제품의 정의 ····· 233
2. 신제품의 중요성 ····· 235
3. 신제품의 실패 이유 ····· 236
4. 신제품 개발과정 ····· 237
5. 소비자의 채택과정 ····· 247
6. 신제품전략 ····· 249

제2절 제품수명주기 ······ 251
1. 제품수명주기의 개념 ······ 251
2. 제품수명주기의 단계 ······ 252
3. 제품수명주기의 형태와 길이 ······ 256
4. 마케팅 관리와 제품수명주기 ······ 257

제 9 장 | 가격전략 ······ 265

제1절 가격의 의의와 중요성 ······ 267
1. 가격의 의의 ······ 267
2. 가격의 중요성 ······ 268

제2절 가격결정목표 ······ 271
1. 기업존속목표 ······ 271
2. 이익목표 ······ 271
3. 판매목표 ······ 274
4. 경쟁목표 ······ 276

제3절 가격결정에 대한 영향요인 ······ 277
1. 경쟁 ······ 278
2. 고 객 ······ 281
3. 유통업자 ······ 283
4. 정부 ······ 283
5. 제품·제품범주 ······ 284
6. 원가 ······ 284

제4절 가격결정 접근방법 ······ 287
1. 원가중심 가격결정방법 ······ 287
2. 수요중심 가격결정방법 ······ 290
3. 경쟁중심 가격결정방법 ······ 291

제5절 가격결정전략 ······ 293
1. 신제품 가격결정전략 ······ 293
2. 제품믹스 가격결정전략 ······ 295
3. 가격조정전략 ······ 297

제10장 유통경로전략 ······ 313

제1절 유통경로의 본질 ······ 315

1. 유통경로의 의의 ······ 315
2. 유통경로의 기능 ······ 316
3. 유통경로의 중요성 ······ 319
4. 유통경로 참여자 ······ 320
5. 유통경로 유형 ······ 321
6. 유통경로 선정시 영향을 미치는 요인 ······ 325

제2절 유통경로의 갈등관리 ······ 328

제3절 유통경로 시스템 ······ 330

1. 수직적 마케팅 시스템 ······ 330
2. 수평적 마케팅 시스템 ······ 333

제4절 유통경로전략의 결정 ······ 335

제11장 도·소매상과 물적유통전략 ······ 343

제1절 도매상 ······ 345

1. 도매상의 성격과 중요성 ······ 345
2. 도매상의 기능 ······ 346
3. 도매상의 유형 ······ 348
4. 도매상의 추세 ······ 354
5. 도매상의 전략 ······ 355

제2절 소매상 ······ 356

1. 소매상의 성격과 중요성 ······ 356
2. 소매상의 기능 ······ 357
3. 소매상의 유형 ······ 359
4. 소매상의 전략 ······ 372

제3절 물적유통전략 ······ 378

1. 물적유통의 본질과 중요성 ······ 378
2. 물적유통의 목적 ······ 379
3. 물적유통시스템의 구성요소 ······ 381

4. 물적유통과 경쟁전략 ··· 391

제12장 | 마케팅 커뮤니케이션 ··· 401

제1절 마케팅 커뮤니케이션 모델 ··· 403

제2절 마케팅 커뮤니케이션 ··· 405

1. 마케팅 커뮤니케이션 믹스 ··· 405
2. 통합 마케팅 커뮤니케이션 프로그램 ··· 407
3. 통합 마케팅 커뮤니케이션 계획수립과정 ··· 409
4. 마케팅 커뮤니케이션의 한계 ··· 416

제13장 | 촉진전략 : 광고 ··· 421

제1절 광고의 개관 ··· 423

1. 광고의 정의와 특성 ··· 423
2. 광고의 기능 ··· 425
3. 광고의 유형 ··· 428

제2절 효과적인 광고 프로그램 선정과정 ··· 430

1. 광고의 목표설정 ··· 431
2. 광고예산의 결정 ··· 432
3. 광고메시지의 개발 ··· 436
4. 광고메시지의 설계 ··· 439
5. 광고 매체선정 ··· 441
6. 광고시기 결정 ··· 444
7. 광고효과의 평가 ··· 445

제14장 | 촉진전략 : 판매촉진, 인적판매, 홍보 ··· 453

제1절 판매촉진 ··· 455

1. 판매촉진의 역할 ··· 455
2. 판매촉진의 목적 ··· 461
3. 판매촉진의 유형 ··· 462

제2절 인적판매 469

1. 인적판매원의 역할 470
2. 인적판매원의 유형 471
3. 인적판매의 장·단점 473
4. 판매원 관리 474

제3절 홍 보 480

1. 홍보목표의 설정 481
2. 홍보의 수단 481
3. 홍보관리 482

제15장 ‖ 인터넷 마케팅 491

제1절 인터넷 마케팅의 본질 493

1. 인터넷의 정의 493
2. 인터넷의 등장과 마케팅 환경의 변화 494
3. 인터넷 마케팅의 정의와 특성 496
4. 전자상거래 499
5. 인터넷 마케팅의 필요성 507
6. 인터넷 사이트의 형태 510

제2절 인터넷 마케팅 관리 514

1. 웹사이트 구축 관리 514
2. 인터넷 마케팅 관리 516
3. 전통적 마케팅과 인터넷 마케팅과의 비교 519

제3절 인터넷 마케팅 전략 520

제16장 ‖ 서비스 마케팅과 비영리조직 527

제1절 서비스 마케팅 529

1. 서비스 마케팅의 개념 529
2. 서비스의 특성 530
3. 서비스 품질 534

4. 서비스의 분류 ………………………………………… 540
5. 서비스 마케팅 믹스전략 ……………………………… 541

제2절 비영리조직의 마케팅 ………………………………545

1. 비영리조직의 마케팅 의의 ……………………………… 546
2. 비영리조직의 마케팅 전략 ……………………………… 548
3. 비영리조직의 마케팅 믹스 ……………………………… 550

마케팅 기본개념

CHAPTER

01

제1절 마케팅의 정의

마케팅이란 무엇인가? 마케팅이라는 용어는 사용하는 사람이나 영리 및 비영리조직 등에 따라 그 의미가 다양하게 사용되고 있다.

전통적인 개념의 마케팅은 "시장에서 교환을 통하여 인간의 필요와 욕구를 만족시켜 주며 기업의 생존과 성장이라는 목적을 달성하는 것"으로 정의되었고, 마케팅에 대한 공식적인 정의는 1960년 미국마케팅협회(American Marketing Association : AMA)에 의해 처음으로 제시되었다. 이후 사회가 다양화되고 경제 구조 또한 급속히 변화하면서 1985년 당시 지금까지의 정의에 대한 대폭적인 수정을 가하여 "마케팅은 개인과 조직의 목적을 충족시키는 교환을 창조하기 위하여 아이디어, 재화 그리고 서비스의 개념화, 가격결정, 촉진, 유통 등을 계획하고 실행하는 과정(Marketing is the process of planning and executing the conception, pricing, promotion, and distribution of ideas, goods, and services to create exchanges that satisfy individual and organizational objectives)"이라고 정의 하였으며, 2007년에는 "마케팅은 고객, 의뢰인, 협력자, 사회가 필요로 하는 가치를 창조, 커뮤니케이션, 배달, 교환하는 일련의 활동, 기관 그리고 과정이다(Marketing is the activity, set of institutions, and processes for creating, communicating delivering, and exchanging offerings that have value for customers, clients, partners, and society at large.)"라고 새롭게 정의하고 있다.

마케팅에 관한 다양한 정의를 종합해 보면 마케팅이란 세분화된 시장에서 인간의 욕구나 요구를 충족시키기 위해 제품과 서비스를 창출하고 이를 유통시킴으로써 제품의 편익을 전달하며 제품에 대하여 인식하는 활동이나 과정이라고 정의할 수 있다.

1960년 이후 대부분의 기업은 마케팅관리프로그램을 개발하였다. 이들 기업은 마케팅부서 시대에서 마케팅회사의 시대로 발전하였으며, 마케팅회사는 단기계획 이외에 장기계획 때로는 10년 이상의 회사 전체의 마케팅계획을 개발하고 있다.

사업가에 있어서 마케팅은 적절한 장소, 시기, 가격 그리고 일정한 이익수준에서 제품을 소유하고 있다는 것을 의미한다. [그림 1-1]은 일반적으로 마케팅과정과 관련된 단계들이다.

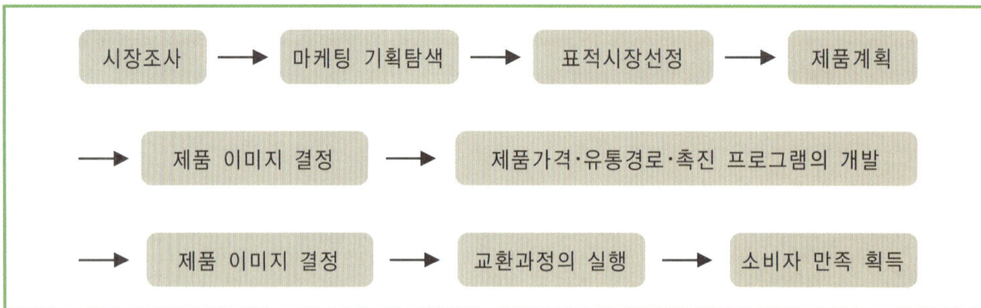

그림 1-1 마케팅 과정에서의 여러 단계들

선진국의 기업들이 소비자에게 질 높은 삶의 수준으로 유도하는 것을 도와주는 것은 다름 아닌 다양한 마케팅 시스템이 존재하기 때문이다. 하지만 개도국이나 후진국에는 이러한 시스템이 결여되어 있다. 따라서 그들의 경제는 매우 원시적인 방법과 도구들을 이용하는 농업부문에 거의 집중되어 있으며, 자급자족에 대한 이들 국가의 노력은 상당하지만 거래에 대한 효율적인 시스템이 아직 미비한 상태이다. 즉, 스스로의 힘으로 잉여물을 창출하고 중간상이 그 잉여물을 배분한 이후 다양한 제품생산을 가능하게 하는 거래행위가 이루어져야 하는데 그렇지 못하다는 것이다.

현재 대부분의 소비자는 신제품과 서비스의 유용성을 인식할 때 중고품을 버리고 새로운 제품이나 서비스를 구입하고자 한다. 예를 들면, 원시사회에서 인간들은 주거지와 인접한 냇가에서 자신들의 의복을 세탁할 수 있었지만, 대부분의 선진국 국민들은 버튼 장치와 다양한 기능을 가진 자동 세탁기에 의해 세탁물을 처리하는가 하면, 집에서 인터넷이나 전화 등을 통해 계좌조회, 송금이체, 대출업무 등 금융 업무를 할 수 있는 홈 네트워크형 전자서비스가 제공되고 있다. 이처럼 마케팅은 높은 수준의 삶을 제공하는데 많은 도움을 주고 있다.

1 교환과정

마케팅의 기원은 교환(exchange)과정에서 찾아볼 수 있다. 교환은 재화의 소유권 이전을 대가로 가치 있는 그 무언가를 획득하였을 때 이루어지는 활동이다. 그리고 교환은 구매자와 판매자, 교환품목, 제품에 대한 보상형태, 두 명 이상의 거래업자를 포함한다.

구매기능(buying function)은 제품을 찾고 서비스를 평가하는 것을 의미한다. 판매

기능(selling function)은 제품을 홍보하는 것을 의미한다. 그것은 개인판매, 광고, 기타 직접대량 판매방법의 사용을 포함한다. 운반기능(transporting function)은 한 장소에서 다른 장소로 제품의 이동을 의미한다. 소비자가 제품을 필요로 할 때까지 저장 및 유지하는 것을 포함한다. 표준화 및 등급(standardization and grading)은 크기와 품질에 따라 정렬하며, 검사 및 샘플링에 대한 필요성을 줄일 수 있기 때문에 구매와 판매에 효율성을 제공한다. 금융(Financing)은 홍보, 판매, 제품구입, 생산, 운송, 저장 등에 필요한 현금과 신용을 제공합니다. 위험(Risk taking)은 마케팅과정의 일부로 불확실성을 내포하고 있다. 소비자가 자사 제품을 구입해 줄 것을 원하지만 구매하지 않을 수도 있다. 제품은 손상, 도난 또는 유통기한을 넘길 수도 있다. 시장정보 기능(market information function)은 수집, 분석 및 계획에 필요한 모든 정보의 배포, 수행 및 관리활동. 자신의 관할 지역이나 해외시장에 대한 정보를 포함한다.

한 개의 비스켓에 초콜렛과 오렌지크림 두 가지가 함께 있다는 것을 보여주는 광고

그림 1-2 Cremica Twin Cream Biscuits

대부분의 사람들은 점포에서 필요한 물건을 화폐와 교환할 때 이루어지는 상품거래에 모두 익숙하다. 그러나 심리적 혹은 사회적 가치가 있는 제품이나 서비스가 교환될 때 이루어지는 거래는 쉽게 이해하지 못하는 경향이 있다. 예를 들면, 등록금의 대가로 학생에게 학문을 가르치는 대학의 경우 학생이나 교수 모두 교환과 거래의 가치를 쉽게 인식하지는 못한다. 거래는 구매자와 판매자 양자를 충족시켜야 하며, 그들이

거래로부터 이익을 얻고 있다고 생각할 때 그 거래는 지속적으로 유지하게 될 것이다.

2 마케팅 개념의 수용

사람들은 대다수의 성공적인 기업은 시장 지향적이며 또한 대개 이러한 기업들은 마케팅 개념을 수용하고 있다고 이야기할 수 있다.

마케팅 개념(marketing concept)을 완벽하게 응용하고 있는 기업의 각 부서는 소비자 욕구에 즉각적으로 반응한다. 이 개념은 단지 마케팅 부서에서뿐만이 아니라 기업의 모든 부문에서의 의사결정에 영향을 미치고 있다. 예를 들면, 생산부서는 소비자가 원하는 제품품질 수준을 유지하고자 노력하며, 재무관리자는 소비자의 구매를 도울 수 있는 신용 프로그램을 개발하고 마케팅 담당자는 소비자의 욕구충족을 위한 혁신적인 마케팅 전략을 수립하여 시행하고자 노력한다.

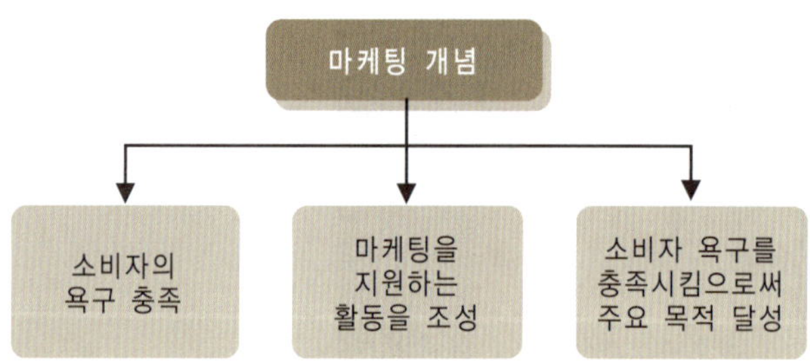

그림 1-3 마케팅 개념의 채택

지속적으로 마케팅 개념을 채택해 오고 있는 기업은 [그림 1-3]에서 보여주는 것처럼 세 가지 기준에 맞추어 스스로를 평가한다.

㉠ 의사결정이 소비자의 욕구를 충족시키는가?
㉡ 기업의 전반적인 모든 활동들이 마케팅을 지원하는가?
㉢ 기업은 소비자의 욕구를 충족시킴으로써 기업의 주요 목적을 달성하는가?

IBM은 컴퓨터 분야에서 최초의 기업이 아니라 오히려 후발 기업이었음에도 불구하고 소비자의 욕구를 최우선시 하는 마케팅개념을 수용한 최초의 컴퓨터 회사였다. 소비자의 욕구를 처리하고, 적절한 정보처리 과정을 설계하고, 그리고 시스템을 운영하는 소비자 담당부서 요원들을 교육시키는데 이 개념을 적용함으로써 컴퓨터 분야의 대표기업으로 지지 매김 할 수 있다.

IBM의 Thomas J. Watson,은 "IBM이 서비스를 의미한다."라는 단순하면서도 파격적이라 할 정도의 광고를 해오고 있다. 나는 종종 그것이 우리가 할 수 있는 최선의 광고라고 생각한다. 그것은 또한 우리가 정확히 무엇을 생각하는가를 확실하게 이야기하는 것을 의미한다고 이야기하고 있다. 우리는 세계에서 최상의 고객 서비스를 제공하고자 한다. IBM과의 계약은 제품뿐만 아니라 IBM에 소속되어 있는 스탭진들의 지속적인 조언과 상담 그리고 임대를 위한 제품이 아닌 제품 서비스를 항상 제공해 오고 있다.

우선적으로 소비자를 의사결정 과정에 참여시키는 기업은 소비자 지향적인 조직이라 할 수 있다. 예를 들면, McDonald는 지속적으로 자사의 종업원들에게 품질, 서비스, 청결 그리고 가치(Quality, Service, Cleanliness and Value)라는 개념을 강조하고 있으며, 소매 관리자나 가맹점이 이러한 분야에서 높은 수준을 유지하지 못하면 관리자를 해고하거나 프랜차이즈 권리를 해약해 버린다.

General Electric에서 마케팅 개념은 조직의 모든 분야를 다루는 마케팅철학(marketing philosophy)으로 전개되다. 1920년대 GE의 한 중역 간부는 마케팅이념에 대해 다음과 같이 진술하고 있다. "나를 믿어라, 실제 우리의 마케팅정의는 기업이념을 실행하기에는 너무 광범위하다고 할 수 있지만 이러한 이념에 대한 기반이 사업을 하는데 있어 소비자 지향성의 수용 내지 인지라고 설명함으로써 스스로 성공에 확신을 자신할 수 있었다.

마케팅개념에 있어서 소비자는 지수(the fulcrum)가 되고, 그 중심점은 고객과 시장 그리고 경쟁사에 대한 균형을 이루는 데 있다."

3 마케팅과 판매의 차이

마케팅 과정은 제품이 생산되기 전부터 시작되는 반면에 판매는 생산 이후부터 발생하는 개념이다. 기업은 판매를 통해 유용성이 인식된 제품이나 서비스를 고객이 구매하도록 설득한다. 그러나 마케팅은 시장조사를 통해서 세분시장의 욕구 — 시장조사를 통해서 — 가 인식되고, 그 이후에 제품과 서비스는 이러한 욕구를 충족시키기 위해 개발된다.

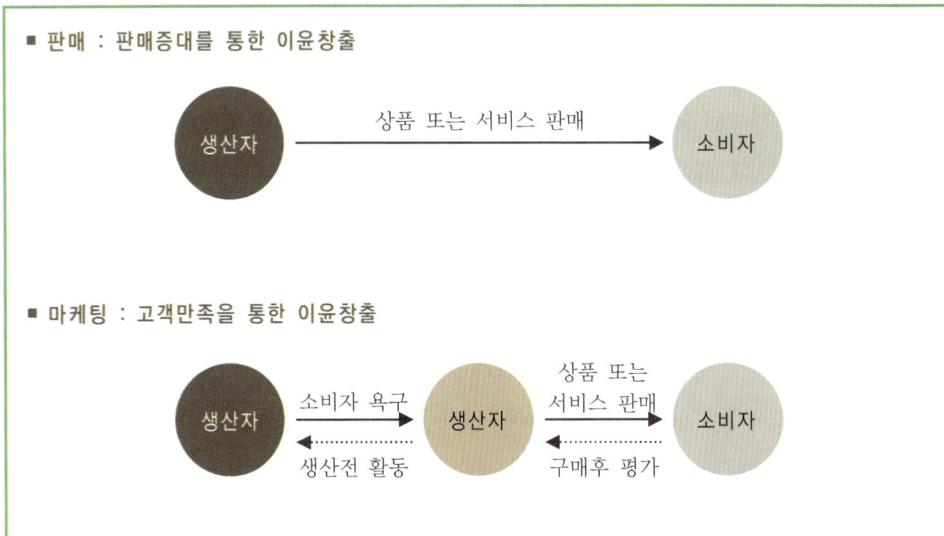

그림 1-4 마케팅과 판매의 차이

판매와 마케팅 사이의 전형적인 차이의 예로는 Ford가 1957년 도입했던 Edsel 모델의 예를 들 수 있다. Ford사는 GM 타도를 위하여 약 10년간 계획하고 개발해 온 Edsel 차종을 1957년 시장에 출시하였다. 당초 연간 최소한 20만대 이상의 판매를 예상할 정도로 Ford사는 동모델에 심혈을 기울였으나 막상 시장에 도입하자 판매고는 첫 해 54,000대, 다음 해 26,000대, 그리고 3년째에 29,000대에 그치는 참담한 결과로 이어졌다. 실제 동모델은 고성능 엔진과 스포티한 스타일 등을 자랑하는 우수한 자동차였으나 문제는 충분한 시장조사가 이루어지지 않은 상태에서 생산이 이루어졌다는 점에 있었다. 제품의 성능이 시장의 요구와 일치하지 않으며 야심차게 추진했던 Edsel은 Ford사에 3억 5천만 달러라는 천문학적인 손실을 초래하였다.

이와는 대조적으로 1960년대에 Ford는 점차 증가하는 2대의 자동차를 소유하는 가정과 젊은 신혼부부의 욕구를 충족시키기 위해 특수 설계된 자동차인 Ford Mustang를 위해 꾸준히 시장조사를 하였다. 시장정보에 대한 Ford Motors의 이러한 신중한 태도는 첫해에 그 어떤 미국 차종의 판매보다도 훨씬 높은 판매 달성이라는 결과로 이어졌다.

(a) (b)

그림 1-5 (a) Ford사의 Edsel (b) Ford사의 Mustang

제2절 마케팅에 대한 접근시각

마케팅은 그리스 어원에 기원을 둔 두 어휘 — "small"을 의미하는 미시(micro)와 "large"를 의미하는 거시(macro) — 로 인식되는 두 차원에서 연구되는데, 미시 마케팅(micro-marketing)은 조직의 목표를 달성하기 위하여 실행하는 마케팅 활동을 말하며, 거시 마케팅(macro-marketing)은 생산된 제품과 서비스의 공급을 수요와 균형을 이루게 한 다음 경제시스템의 목표를 충족시키는 전반적인 경제적 과정과 관련된 활동을 말한다.

1 미시 마케팅적 접근방법

미시 마케팅이란 잠재고객의 욕구를 파악하기 위한 시장조사 활동으로부터 시작되며, 이러한 잠재고객의 욕구를 충족시키는 제품이나 서비스가 설계되고 생산된다. 그리고 적절한 가격과 촉진 및 유통 프로그램이 채택된 후 제품이 소비자에게 판매된다. 만약 기업이 이러한 과정을 성공적으로 수행한다면 소비자는 구매하는 제품에 만족감을 느끼게 될 것이다.

미시 마케팅은 제품을 판매하는 기업뿐만 아니라 아이디어나 서비스를 매매하고자 하는 대학이나 자선단체와 같은 조직과도 관련이 있다. 대학에서 학생들의 입학을 담당하고 있는 부서는 학업 성적이 좋은 고등학교 학생들에게 학교에서 운영하고 있는 각종 프로그램－기숙사, 교육 프로그램, 장학제도 등－을 알리려는 활동을 하며, 대학 전시나 직접 우편과 같은 다양한 촉진활동과 개인적인 접촉을 통해 이러한 프로그램들을 유능한 학생들에게 전달하고자 한다.

2 거시 마케팅적 접근방법

거시 마케팅은 사회에서 재화나 서비스를 배분하기 위해 이용되는 통합시스템과 관련이 있다. 거시 마케팅의 목표는 공공의 필요를 경제적·효과적으로, 그리고 공정하게 충족시키는 데 있다고 할 수 있다. 이러한 일반적이고 이상적인 목표는 체계적으로 평가하기가 매우 어렵기 때문에 우리는 좀 더 구체적인 거시마케팅 목표(macro-marketing goals)에 초점을 맞추어야 한다. 즉, 거시 마케팅의 구체적 목표는 정보의 극대화(maximizing information), 제품과 서비스 선택의 극대화(maximizing choice of goods and services), 소비의 극대화(maximizing consumption) 그리고 소비자 만족의 극대화(maximizing consumer satisfaction)를 포함하고 있어야 한다. 이들을 적절히 풀이하면 이 목표들은 소비자의 삶을 풍요롭게 하는 것이다.

거시 마케팅 시스템과 경제 시스템 연구에는 약간의 차이점이 존재한다. 그러나 거시 마케팅 시스템이 경제 시스템보다 좁은 시각을 가지고 있다. 경제 시스템은 매우 다양한 형태의 경쟁적 활동에 희소자원(scarce resources)을 배분한다. 경제 시스템의 범위는 자유시장 경제 시스템(미국의 경우)에서 국가에 의한 계획통제 경제 시스템(구소련의 경우)에 이른다. 대부분의 경제 시스템은 두 가지 유형의 경제 시스템을 구성하는 요소들로 이루어진다. 효과적인 거시 마케팅 시스템은 생산자에게서 소비자에게로의 제품과 서비스의 이동활동을 가능하게 하는 사회조직 활동을 포함한다. 이것은 적절한 시기에 그들에게 제품이 도착하고, 소비자는 그 가격에 지불할 의도를 가지고 있어야 합니다. 그것은 판매 후 소비자 만족을 유지하고 미래에 다시 구매할 수 있게 합니다. 고도로 발달한 경제에서 제공하는 서비스의 다양성과 소비자가 원하는 제품을 공급한다는 것은 기업으로서 쉬운 일은 아닙니다.

제3절 마케팅의 주요개념

마케팅의 개념은 약 1940년경에 처음으로 나타났지만 수많은 기업들은 자신들의 마케팅 조직과 절차상에 주요한 변화를 겪은 제2차 세계대전 이후에야 비로소 그 중요성을 인식하게 되었다. 오늘날 마케팅의 개념은 기업측면에서 매우 광범위하게 수용되고 있으며 이는 또한 현대기업의 절차상 한 방법이 되고 있다. 마케팅 개념은 다음과 같은 네 개의 주요 요소를 포함하고 있다.

1 마케팅은 소비자 지향적

우리의 소비자 지향성이 마케팅개념에서 주요 요인이라는 것을 인식하고 있는데, 이 의미는 대다수의 기업목표로 추론한 다음과 같은 메시지 형태로 표현된 것을 이미한다.

기업의 주요목표는 수익성을 높이고, 고객·주주·종업원·공급업자 그리고 사회의 관심을 서로 조화시켜 장기적으로 이익의 극대화를 달성하는 것이다. 이러한 목표를 달성하기 위해 기업은 사업의 주된 목적이 고객을 창조하고 자극하며 그리고 소비자의 욕구를 충족시킴으로서 필요한 경제적 서비스를 수행하는 것이라는 것을 인식해야 한다. 또한 적시에 적절한 방법으로 최적의 제품과 서비스를 제공하기 위한 원칙을 의미하는 마케팅 지향적 기업이 되어야만 하고 그러기 위해서 먼저 소비자가 무엇을, 어디서, 언제, 어떻게 그리고 어떤 가격에 구매하고자 하는지를 인식하여야 한다.

최근 대다수의 기업들은 소비자 지향적이라는 사고에 대해서 명확하게 인식하고 있다. 소비재와 산업재 분야에서 관리자들은 마케팅 개념을 소비자 지향성과 동일시하고 있으며, 마케팅은 소비자가 요구하는 것을 인식하는 것으로 시작해서 이러한 요구를 충족시킴으로써 끝난다고 인식하고 있다. 즉, 마케팅은 시장에 존재하는 욕구를 인식하는 것에서 시작하여 적시에, 정확한 장소에, 수용할 만한 가격으로 유용한 제품이나 서비스를 전달함으로써 소비자에게 편익 또는 만족감을 제공하는 것으로 끝이 난다고 할 수 있다.

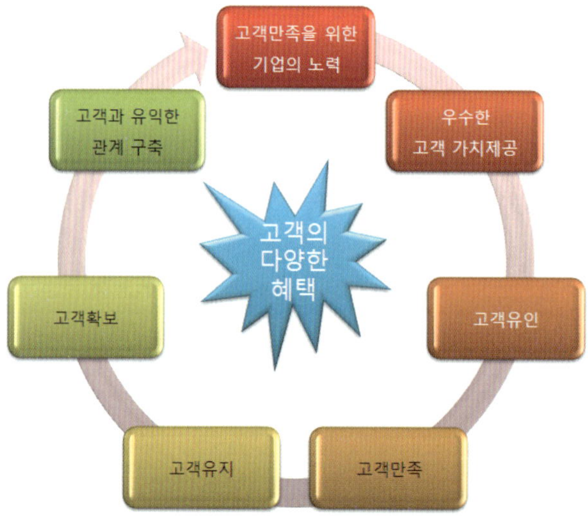

그림 1-6 고객과 관계구축을 위한 기업의 노력

2 마케팅은 통합 관리기능

마케팅 개념은 역사적으로 마케팅으로 분류되어진 다양한 기능들을 통합하고 조정하는 역할을 담고 있다. 다양한 마케팅 기능이란 제품개발, 물적유통, 통제, 예측, 가격결정, 광고결정, 판매 그리고 마케팅 조사와 같은 활동들을 말하며 이러한 활동들이 마케팅 관리자의 감독 하에 이상적으로 기업조직에 결합되기 위해서는 마케팅 개념을 정확히 파악해야 한다. 그러나 성공적인 마케팅 통합은 마케팅부서의 내부활동을 통합하는 것만으로는 충분치 않으며, 결국 기업의 타 기능 분야와 밀접하게 통합되어야 한다. 마케팅은 재무분야뿐만 아니라 인사부서 등과도 통합되어져야 하며, 회계와 통계적 기술도 유용하게 활용되어야 한다.

예를 들면, 마케팅부서가 다른 프로젝트에 전념해서 일을 수행하는 동안 마케팅 조사부서와 제품개발부서는 또 다른 프로젝트를 수행하도록 허용될 수는 없다. 제조부문이 적절한 제품을 생산하고 있다는 확신이 들지 않으면 광고부서는 신제품에 대한 광고를 실행할 수 없다. 결국 기업의 마케팅 기능들이 성공하기 위해서는 마케팅과 관련된 다른 부서와 통합되어야 하며, 이에 따른 조정활동을 감독하는 것은 마케팅 담당자의 책임이다.

3 마케팅은 의도된 결과

매우 중요한 그러나 때로는 정의 내리기가 힘든 세 번째 요소도 마케팅개념에 포함되어야 한다. 즉, 마케팅 노력은 결과와 관련되어야 한다. 기업들은 구체적인 목표들을 달성하기 위해서 마케팅 활동에 전념한다. 대부분 기업들의 기본적 목표는 장기적으로 이익성장의 극대화를 이루는 것이다. 이러한 목표을 달성하기 위하여 기업의 경영진들은 "우리는 마케팅 지향적인 기업이 되어야 한다." 라고 이야기하고 있다.

이러한 견해는 — 특히 마케팅초기 — 대부분의 기업에 널리 전파되어 있는 견해와는 매우 대조적인 것이다. 기존의 견해는 마케팅 성공의 측정을 판매량의 증가에 두었다. 이러한 목표의 추구는 많은 기엽으로 하여금 신제품을 첨가하거나, 새로운 시장에 진입하기 위해서 그리고 소비자에게 더 많은 서비스를 제공하기 위해서는 과도하고 값비싼 노력들을 투입하도록 유도한다. 이로 인하여 대부분의 경우 판매는 증가하지만 이익은 감소한다. 이에 대한 적절한 접근방법은 근본적으로 판매량이 아니라 이익이 있는 판매량을 추구하는데 있다.

어떤 경우 실제 판매를 줄임으로써 — 이익이 없는 제품, 지역, 고객을 포기함으로써 — 이루어지기도 한다. 또 다른 경우에는 좀 더 나은 마케팅방법들을 다양하게 함으로써 그리고 이러한 마케팅방법들을 어떤 특정 시장의 잠재이익과 매우 밀접하게 조화시킴으로써 달성되기도 한다.

마케팅은 영리조직에 국한되지는 않는다. 의료기관, 교육기관, 자선단체, 종교단체, 공공 서비스 분야와 정부기관에 이르기까지 모든 종류의 공적이고 사적인 비영리조직도 마케팅 기법을 영리조직의 마케팅 기법과 매우 유사한 방법으로 응용하고 있다. 물론 중요한 차이도 있지만 — 특히, 가격결정 — 영리목적의 유무가 마케팅개념의 유용성을 평가하지는 않는다. 비영리조직도 마케팅 지향적인 결과이어야 한다. 영리조직이나 비영리조직 모두는 그들의 프로그램을 계획하며, 자원을 공정하게 배분하고 그들의 효율적인 마케팅 활동을 수행하기 위해 노력해야 한다. 따라서 마케팅 활동으로 얻어진 기업의 비영리조직 또한 그들의 기본적 목표달성을 위하여 매우 중요하며, 이익은 단지 결과를 측정하고 목표를 계획하는 하나의 편리한 도구일 뿐이다.

4 마케팅은 체계적인 계획수립 필요

기업에 의해서 수립되어진 마케팅이 성공을 거두기 위해서는 단기적이 아닌 장기적인 시간을 필요로 한다. 따라서 성공적인 마케팅을 수행하기 위해서는 체계적인 계획의 수립이 필요하다.

기업은 소비자에게 필요한 제품을 생산해서 만족감을 주고 소비자는 그 제품을 구매함으로써 시장점유비 증대 효과를 가져올 수 있다. 즉 서로에게 필요한 것을 교환하는 촉진제 같은 역할에 초점을 맞출 수 있는 마케팅계획을 수립하고 전략을 개발하며, 체계적이고 과학적인 방법으로 최적대안을 선택하고, 소비자 만족을 제공하기 위해 활동을 통제하는 것은 상대적으로 마케팅개념에서는 매우 새로운 내용들이다. 그러나 이러한 의미는 현대 마케팅 관리자의 주된 관심사이기도 하다.

그리고 네 번째 요소는 마케팅개념 — 소비자 지향성, 통합하고자 하는 노력, 결과의 방향, 계획수립과 문제 해결의 체계적이고 과학적인 방법의 이용 — 의 기본적인 구성요소를 하나의 통합시스템으로 이끄는 역할을 한다

제4절 마케팅 개념의 진화과정

마케팅 관리자는 소비자가 원하고 필요로 하는 제품과 서비스를 제공함으로써 판매 후 소비자 만족을 유지하고 미래에 다시 구매 할 수 있는 소비자 지향적 관계를 구축할 전략을 수립하고자 한다. 마케팅관리 철학이 사회지향적인 단계에 이르기까지는 오랜 기간 동안 여러 단계를 거쳐 왔다. 즉 생산 지향적 개념, 판매 지향적 개념, 마케팅시스템 지향적 개념, 사회지향적 마케팅 개념 단계로 이동한다.

각 단계별로 구체적인 내용과 발전과정을 살펴보면 아래와 같다.

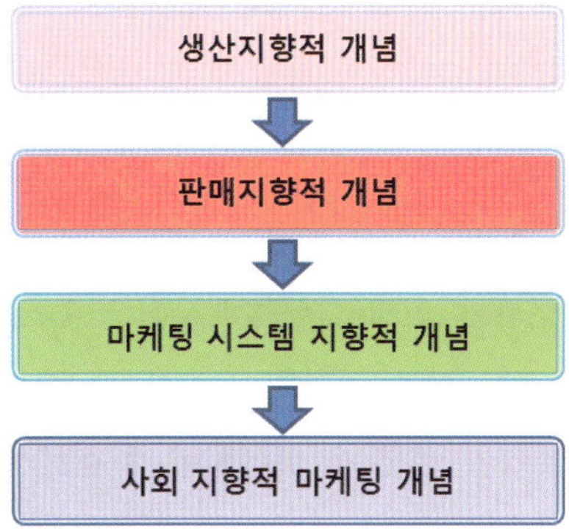

그림 1-7 마케팅 개념의 진화과정

1 생산 지향적 개념

초기 시장에 대한 생산자는 자신과 이웃에 필요한 제품을 교환하였다. 교환이 어렵게 되면서 사회는 현지 유통업체들의 나머지 부분을 판매하는 단순한 판매시장 시대로 변화되기 시작하였다.

1850년대의 산업혁명에서부터 1930년대까지의 대부분의 기업들은 생산 지향적 개념을 채택하였다. 그들은 엔지니어링과 내부 효율성을 개선함으로써 생산원가를 낮추는 데에만 관심을 기울였다. 이러한 기업들에게 신제품 출하에 관한 의사결정은 마케팅 지향적이 아닌 생산 지향적개념(product orientations)의 사고였다. 이 시기는 수요가 공급을 초과한 시기였기에 기업의 모든 마케팅의 중심은 생산에 집중되어 있었다. 아마도 이러한 제품은 시장에서 바로 판매될 수 있었기 때문입니다. "우리가 제품을 만들 수 있다면, 그 제품은 판매될 예정이다" 생산지향적 시대의 경영사고의 특징이다. 오늘날도 몇몇의 후진국에서는 제품에 대한 수요가 공급을 훨씬 초과하는 경향이 있으며, 이러한 국가에서 활동하고 있는 일부 기업들은 생산 지향적 개념을 유지하고 있다.

우리나라 기업의 경우에는 마케팅경험이 없는 일부 중소기업이나 독특한 생산기술을 보유하고 있는 기업들에서는 생산 지향적 개념의 마케팅활동을 계속해서 유지하고 있다.

하지만, 이러한 생산 지향적 마케팅 사고는 생산기술과 경영관리기법의 발달로 대량생산이 가능해져 수요를 공급이 초과하게 되면서 자연스럽게 다음 단계로 발전하게 된다.

2 판매 지향적개념

1930년대의 대공황의 시작으로 생산업자들은 과다한 재고와 과잉 생산설비 증설, 새로운 경쟁자의 시장진입 그리고 수요 감소를 경험하게 되었다. 이 기간 동안 기업은 자사의 제품 구매를 유도하기 위해서는 도매상이나 소매상들과의 우호적인 관계를 정립해야 한다는 점을 깨닫게 되었다. 이를 위해서는 이들과의 우호적인 관계를 유지하고 압력을 행사할 수 있는 잘 훈련된 판매원이 필요하다는 사실을 인식하게 되었다. 또한 시장 내에서의 경쟁강도 심화, 경제발전에 따른 소비자들의 의식구조의 변화 등은 지금까지의 생산 지향적개념으로는 대응 할 수 없는 경영환경변화에 대응하기 위하여 판매지향적인 마케팅개념으로의 사고의 전환이 나타났다. 이 기간에는 공급과 수요가 역전된 상황이었으며, 기업의 모든 마케팅의 핵심은 생산보다는 판매에 집중된 시기였다. 즉 수요에서 공급으로의 전환이 이루어진 시기라 할 수 있다.

불행하게도 판매지향적(sales orientations)인 많은 기업들은 궁극적으로 자신들의 불행을 초래하는 마케팅 근시안적 활동을 한다. 마케팅 근시안(marketing myopia)이란 기업이 실질적으로 해야 할 것을 인식하지 못한 기업의 실패를 말한다. 예를 들면, 20세기 초반 미국에서 가장 발전한 산업 중 하나였던 철도산업은 철도 수송의 장점만을 판매하는 데만 집착하고 실제로 중요한 소비자의 욕구 — 소비자가 구매하고자 하는 것은 바로 다름 아닌 수송/서비스 이었다 — 를 이해하지 못하였기에 실패 할 수밖에 없었다.

그림 1-8 코닥필름

카메라 필름으로 유명한 코닥 또한 동일한 실수를 반복하였다. 코닥은 디지털카메라 기술을 최초로 발견하였음에도 불구하고 자사가 소비자에게 제공하는 것이 필름이라는 사실에 집착한 나머지 디지털카메라에 중점을 두지 않았다. 그러나 소비자들의 본원적 욕구는 필름을 구매하는 것이 아니라 "사진(추억)"을 남기는 것이라는 사실을 이해하지 못하였기에 이미지 시장이 필름에서 디지털카메라로 바뀌게 되자 큰 실패를 할 수밖에 없었던 것이다.

이와 같이 기업이 마케팅 개념을 제품판매에만 집중하다보면 소비자의 구체적 욕구에만 집중함으로써 그 근원이 되는 소비자의 본원적 욕구를 소홀이 할 수 있다는 점을 주의해야 할 것이다.

3 마케팅시스템 지향적개념

1950년 초기에 마케팅시대가 시작되었다. 기업은 소비자 욕구를 인식하게 되었으며, 소비자에 관해 더 많은 것을 알기 위해 시장조사 부서를 조직하게 되었다. General Electric과 Westinghouse 같은 가구제조업체들은 현대식 부엌을 원하는 중산층 세대들을 위한 가구를 최초로 개발해서 판매활동을 하였던 시기가 1950년대였다.

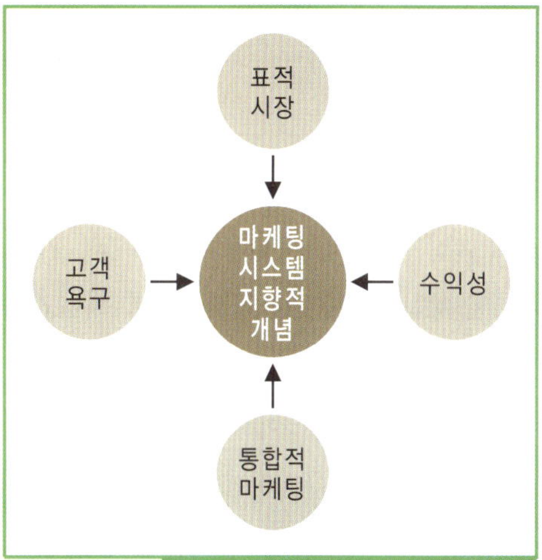

그림 1-9 마케팅시스템 지향적 개념

마케팅시스템 지향적개념(marketing-system orientations concept)은 표적시장, 고객욕구, 통합적 마케팅 및 수익성의 4가지 핵심 마케팅이 기업의 각 활동들을 이끄는 하나의 이념으로써 다루어졌다. 이 기간에는 생산과 판매가 공존하는 시기였으며, 기업의 입장에서는 소비자에게 소비합리화에 대한 인식을 심어주기 위해 많은 노력을 기울인 시기이기도 하였다. 따라서 기업의 마케팅 목표도 소비자 욕구를 충족시키면서 기업의 성장을 도모하는 마케팅 중심적인 사고가 핵심을 이루었다. 즉, 이 시기에서는 마케팅중심이 생산자에서 소비자로 전환되었던 기간이라고 볼 수 있다.

마케팅시스템 지향적 개념 하에서의 마케팅 관리자는 시장에서 미래의 변화추이를 예측하고 그 변화에 적응하기 위해 혁신적인 전략을 개발함으로써 장기 성장과 수익성을 제공해주는 전략적 계획을 개발하는 책임을 진다. 마케팅 관리자는 어떻게 하면 기업의 모든 자원을 지속적으로 변화하는 시장의 수요에 효과적으로 적응시킬 수 있는가를 신중히 생각해야 하며, 기업내에 있는 모든 구성원들은 소비자가 제품을 구매하지 않고 제품이 제공하는 편익을 구매한다는 사실을 이해해야 할 것이다. 예를 들면, AT&T는 기업의 모든 신제품을 소비자의 욕구와는 관계없이 자사의 실험조사 결과로 생성한 적이 있었다. 그러나 신제품은 시장에서 실패를 맛보았으며 결국 마케팅 개념이 채택되었고 AT&T는 마케팅, 판매 그리고 시장조사와 제품개발 부서를 포함하는 개별제품 담당부서를 조직할 수 밖에 없었다. 또한 기술부문을 재조직하여 각각의 부문들은 신제품이 개발되기 전에 소비자 욕구를 철저하게 조사하였다. 결국 AT&T는 초기에는 생산지향적 기업이었지만 시간이 지나면서 점차로 마케팅시스템 지향적 기업으로 변화하였다.

4 사회지향적 마케팅개념

오늘날 마케팅 개념은 환경오염, 자원고갈, 인플레이션 압력, 빈곤과 기아, 생명경시, 경기침체 등과 관련되어 그 의미가 확대되어가고 있다. 또한 이러한 사실은 현재의 시대상황과 맞물려 과연 대다수의 기업들이 채택하고 있는 마케팅활동이 적합한 마케팅 철학하에서 이루어지고 있는 것인가라는 문제에 많은 사람들이 관심을 기울이고 있다. 문제는 소비자들이 원하는 것을 발견하고 충족시키고 있는 기업들이 항상 장기적인 측면에서 소비자와 사회의 이익을 위해 최선을 다할 수 있느냐하는 것이다. 초기의 마케팅 개념은 소비자 욕구, 즉 소비자의 이익과 장기적인 사회적 복지 사이의 잠재적 갈등을 무시하는 경향이 존재했었다.

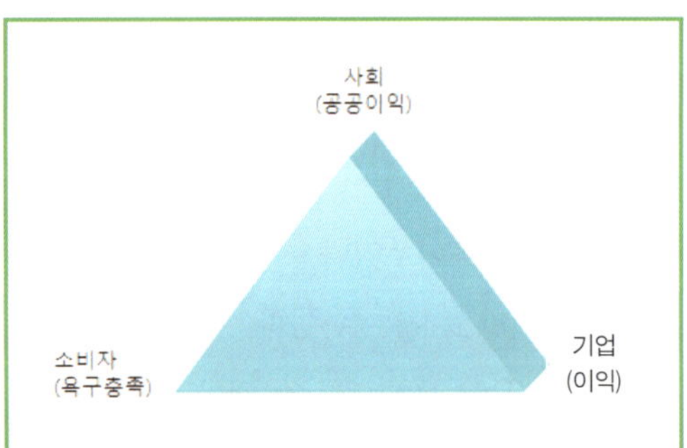

그림 1-10 사회지향적 마케팅개념의 3요소

이러한 상황이 마케팅 개념을 대체하는 새로운 개념 즉, 사회 지향적 마케팅 개념의 창출을 가져왔는데 사회지향적 마케팅개념(societal marketing concept)이란 "기업의 임무는 표적시장 내의 소비자의 욕구와 관심을 파악하여 경쟁사보다 효과적 혹은 효율적인 방법으로 소비자의 욕구를 충족시키는 것으로 이때 고객만족과 사회적 복지를 공존내지 향상시킬 수 있는 방향으로 이루어져야 한다는 마케팅 관리 철학하에 이루어지는 것을 말한다." 이와 같은 사회 지향적인 마케팅 개념은 소비자의 욕구충족에 기업의 마케팅 초점이 맞추어져 있기 때문에 넓은 의미에서 소비자지향적인 마케팅개념을 포함하는 것으로 이해할 수 있다.

사회지향적 마케팅개념은 마케팅 담당자들로 하여금 마케팅 정책을 수립하는데 3가지 요소([그림 1-10] 참조) 즉, 기업의 이익(company profit), 소비자 욕구 충족(consumer want satisfaction) 그리고 공공 이익(public interest)을 균형적으로 고려할 것을 요구한다. 원래 기업의 마케팅 의사결정은 주로 단기적인 이익에 근거하여 이루어지며, 그 후 기업은 고객의 욕구를 충족시키는 것과 같은 장기적인 중요성을 인식하게 된다. 그리고 이러한 인식이 마케팅 개념을 도입하게 한다. 이제 그들은 의사결정을 할 때 사회의 이익을 함께 고려하도록 요구받고 있으며, 사회적 마케팅 개념이란 이러한 세 가지 요소를 균형 있게 고려하는 것을 말한다.

사회지향적 마케팅개념을 채택하여 실행함으로서 수 많은 기업들은 놀라울 정도의 매출액과 이익을 얻고 있다.

가장 만족스러운 결과는 얻는 사람은 가장 뛰어난 아이디어를 가진 사람이 아니다. 동물들의 머리와 능력을 가장 효과적으로 조율하는 사람이다. - 알톤 존스 -

요약정리

마케팅은 개인과 조직의 목표를 충족시키는 교환을 창조하기 위하여 아이디어, 재화 그리고 서비스의 개념화, 가격결정, 촉진, 유통을 계획하고 수행하는 과정을 말한다. 그리고 마케팅과정 활동단계를 보면 시장조사, 마케팅 기회탐색, 표적시장선정, 제품계획, 제품이미지 결정, 마케팅 믹스 개발(제품, 가격, 유통경로, 촉진 프로그램의 개발), 마케팅조직 설정, 교환과정의 실행, 소비자 만족 획득 등과 같은 단계들로 이루어진다.

마케팅 개념을 지속적으로 채택해 오고 있는 기업은 소비자 욕구를 충족시키고 있는가? 마케팅을 지원하는 여러 활동들을 조정하고 있는가? 소비자 욕구를 충족시킴으로써 주요 목적을 달성하는가? 등의 기준에 의해 스스로를 자문하고 평가하여야 한다.

그리고 마케팅은 제품이 생산되기 전부터 수행되는 반면 판매는 생산 이후부터 그 활동이 시작한다는 점이 중요한 차이점이라 할 수 있다. 또한 마케팅은 조직 외부에서 출발하여 내부로 진입하는데 반해 판매는 그 반대의 활동을 한다.

마케팅은 또한 여러 가지의 개념을 내포하고 있는데 첫째, 마케팅은 소비자 지향적이며 둘째, 마케팅은 통합관리 기능이고 셋째, 마케팅은 의도한 결과이다. 그리고 마지막으로 마케팅은 체계적 계획수립을 필요로 하는 개념이다.

역사적인 마케팅 개념의 진화과정을 보면, 엔지니어링과 내부 효율성을 개선함으로써 생산원가를 낮추는데 관심을 두고 있는 생산 지향적 개념에서 판매촉진 강화와 유통경로의 개선으로 판매량의 증가를 목표로 하는 판매 지향적개념으로 발전하였으며 이 단계에서 소비자 욕구를 조사하고 그에 대한 마케팅 활동계획을 수립함으로써 시장점유율과 수익성을 확보하려는 마케팅 지향적 개념으로, 나아가 소비자 욕구를 분석하고 기업내의 전 부문을 포괄하는 전략적 마케팅 계획을 수립하고 전 부문을 조정함으로써 장기 성장계획을 실행하는 마케팅시스템 지향적개념으로 발전하고 있다. 그리고 현대에 와서는 장기적인 측면에서 기업의 이익, 소비자의 욕구 충족, 장기적인 사회적 복지라는 세 요인을 균형 있게 고려하는 사회지향적 마케팅개념으로까지 확대되었다.

격변하는 환경변화 속에서 마케팅이 창조적으로 적응하기 위해서는 변화가 함축하고 있는 모든 요인들을 인식하고 미래에 있어서 그들이 무엇을 시사하는지 파악할 필요가 있다.

용어해설

마케팅(marketing)
개인과 조직의 목표를 충족시키는 교환을 창조하기 위하여 아이디어, 재화 그리고 서비스의 개념화, 가격결정, 촉진, 유통을 계획하고 수행하는 과정

마케팅개념(marketing concept)
마게팅 목표를 달성하기 위해 소비자 욕구를 충족시키고 이를 지원하는 각 부서의 활동을 조정하는 마케팅상의 이념

미시 마케팅(micro-marketing)
기업의 목표를 달성하기 위해 특정 기업 내부에서 마케팅 과정을 수행하는 방법 내지 마케팅 활동과 관련된 마케팅

거시 마케팅(macro-marketing)
시스템 목표를 충족시키거나 제품과 서비스의 공급을 수요와 균형 있게 조화 시키는 전반적인 경제과정에 초점을 맞춘 마케팅

거시 마케팅목표(macro-marketing goals)
정보의 극대화, 제품과 서비스 선택의 극대화, 소비의 극대화, 소비자 만족의 극대화

마케팅 근시안(marketing myopia)
기업이 실질적으로 해야 할 것을 인식하지 못한 기업의 실패

생산 지향성(production orientations)
엔지니어링과 내부 효율성을 개선함으로써 생산원가를 낮추는 데 관심을 가지고 있는 마케팅 이념

판매 지향성(sales orientations)
판매촉진 강화와 유통경로의 개선으로 판매량의 증가를 목표로 하는 마케팅 이념

마케팅 지향성(marketing orientations)
소비자의 욕구를 조사하고 그에 대한 마케팅 활동계획을 수립함으로써 시장점유율과 수익성을 확보하려는 마케팅 이념

마케팅 시스템 지향성(marketing-system orientations)
소비자 욕구를 분석하고 기업 내의 전 부문을 포괄하는 전략적 마케팅 계획을 수립하고 전 부문을 조정함으로써 장기 성장계획을 실행하는 마케팅 이념

사회 지향적 마케팅개념(societal marketing concept)
조직의 임무는 표적시장의 욕구와 관심을 파악하여 경쟁사보다 효과적 내지 효율적인 방법으로 소비자의 욕구를 충족시키는 것으로, 이 때 고객과 사회의 복지를 보존하거나 향상시길 수 있는 방향으로 이루어져야 한다는 마케팅 관리 철학

토의문제

1. 교환과정이 마케팅과 어떠한 연관성을 갖고 있는지 토론하시오.

2. 마케팅이 정부기관, 자선단체와 같은 비영리조직 그리고 박물관 혹은 교향악단과 같은 문화 단체조직에 적용되는 이유는?

3. 한 기업이 마케팅 개념을 채택하는 경우 그 기준은 무엇인가?

4. 생산 지향적 마케팅 개념과 판매 지향적 마케팅 개념의 차이점과 이전되게 된 배경에 대해서 토의하시오.

5. 사회 지향적 마케팅 개념의 3요소에 대해서 설명하시오.

6. 거시·미시마케팅을 구별하고 만약 이들이 상호 관련성이 있다면 어떠한 상호 관련성이 있는지 설명하시오.

7. 소비자 혹은 고객의 욕구를 충족시키는 것이 기업의 목표를 달성하는 것처럼 똑같이 중요하게 생각하는 이유는 무엇인가? — 미시마케팅 측면에서

8. 마케팅 지향성과 마케팅시스템 지향성의 차이점은 무엇인가?

9. 일본 자동차 제조업체가 미국 자동차 제조업체보다 마케팅 지향적일까? 보다 더 마케팅 지향적이라면 그 이유에 대해서 토의하시오.

참고문헌

1) "AMA Board Approves New Marketing Definition," Marketing News, March 1, 1985, p.1.
2) Thomas J. Watson, Jr., A Business and Its Beliefs(New York : McGraw−Hill Book Company, Ind., 1986), pp.29~33.
3) F.J. Borch, The Marketing Philosophy as Way of Business Life, an Address to the American Management Association, February 4, 1957.
4) From Statement of Corporate Objectives, Ralston Purina Company, St. Louis, Missouri, 1970.
5) W.C. Fruhan, Jr., "Pyrrhic Victories in Fight for Marketing Share," Harvard Business Review, September−October 1972, pp.100~107.
6) For an interesting book about the application of marketing in non-for-profit organizations sse P. Kotler, Marketing for Non-Profit Organization(New York : Prentice-Hall, 1975).
7) Theodore Levitt, "Marketing Myopia" Harvard Business Review(Sept.−Oct. 1975), p.26.
8) William D. Perreault, Jr., Joseph P. Cannon, and E. Jerome McCarthy, "Basic Marketing" Seventeenth Edition, Mcgraw-Hill, 2009, p.10.
9) Frederick E. Webster, Jr., Social Aspect of Marketing(Englewood Cliffs, New Jersey : Prentice−Hall, 1974), p.101.
10) htt://blog.naver.com/barnaba35?Redier.

도산의 말씀

그대는 나라를 사랑하는가
그러면 먼저 그대가
건전한 인격이 되라

우리 중에 인물이 없는 것은
인물이 되려고 마음먹고
힘쓰는 사람이 없는 까닭이다
인물이 없다고 한탄하는
그 사람 자신이 왜 인물이 될
공부를 아니하는가

— 도산 안창호 —

변재현 작, 〈청송박담(靑松泊潭)〉, 162×259cm, 캔버스에 유채, 2011

Maketing

마케팅의 전략계획

CHAPTER

02

제1절 마케팅 전략계획의 개념

경제성장률의 저하, 급속한 기술의 변화, 기업·사업간 경쟁의 심화 등과 같은 기업을 둘러싸고 있는 환경의 변화는 기업의 생존과 성장에 심각한 위협요인이 되고 있다. 따라서 환경과의 적응성을 강조하는 전략개념의 중요성이 증가하고 있는 실정이다.

본 장에서는 전략과 전략계획에 대한 이해를 돕기 위해 전략에 대한 기본적인 개념을 설명하고 전략계획 수립과정과 모델 그리고 성장전략에 대해 상세히 설명한다.

1 전략의 개념

기업은 자사의 목표(기업이나 기능적 측면에서의 목표)를 수립하고 그 다음에 이러한 목표를 달성하기 위한 전략(strategy)을 개발한다.

전략의 어원은 고대 희랍의 Strategos라는 단어에서 유래되었으며, 원래 군략(the art of the general)이라는 의미를 지니고 있는 군사적 용어이다. 고대부터 정치 · 군사 등 여러 분야에 걸쳐 전략개념이 널리 활용되었으며, 경영학분야에서의 전략은 거대해진 기업을 효율적으로 운영하기 위하여 제2차 세계대전 이후인 1950년대와 1960년대에 도입되었다.

경영학에 전략개념이 도입된 배경은 예측할 수 없는 환경변화에 대응하고 거대해진 기업조직을 체계적이고 효율적으로 관리하기 위해서 기업전략의 이해와 전략적 경영이 요구되었기 때문이다. "strategic"과 "strategy"는 동일한 어원과 유사한 의미를 가지고 있지만 결코 양자가 동일하지는 않다.

"strategic"은 마케팅 측면에서 전반적인 계획수립의 노력을 이끄는 일련의 사고과정(thinking process)을 의미하고, "strategy"는 목표를 달성하기 위해 설정된 구체적인 행동계획을 말한다.

전략계획 수립은 대국적 · 장기적인 측면에서 수립된다. 이와는 대조적으로 전술(tactics)은 국지적이고 단기적이다. 마케팅전략은 마케팅 성공을 이루기 위해 기업의 자원을 어떻게 사용할 것인가에 대한 개념인 반면, 마케팅 전술은 전략을 실행하기 위해 필요한 전략행동(logistics)을 구체화한 개념이다. 즉 어떤 전문잡지에 광고를 하며, 얼마나 많은 쿠폰을 배포하며, 신제품을 언제 소비자시장에 내놓는가 하는 구체적인 활동을 말한다.

2 전술의 개념

전략계획 수립은 대국적·장기적인 측면에서 수립된다. 이와는 대조적으로 전술(tactics)은 국지적이고 단기적이다. 마케팅 전략은 마케팅 성공을 이루기 위해 기업의 자원을 어떻게 사용할 것인가에 대한 개요인 반면, 마케팅 전술은 전략을 실행하기 위해 필요한 전략행동(logistics)을 구체화한 개념이다. 즉, 어떤 전문 잡지에 광고를 하며, 얼마나 많은 쿠폰을 배포하며, 신제품을 언제 소비자시장에 내놓는가 하는 구체적인 활동을 말한다.

그림 2-1 Nissan Cube (3D 착시효과를 활용한 사진광고)

3 전략과 전술의 성격 비교

이러한 전략(strategy)과 전술(tactics)의 개념 내지 성격을 체계적으로 검토해 보면 다음과 같다.

(1) 행위의 차원

전략은 관리의 가장 높은 차원에서 개발되고 있으며, 이는 지역적 차원에서 포괄적으로 의사결정을 하는 데 활용되고 있다. 반면 전술은 낮은 관리적 차원에서 부분적으로 관련된 부문에서만 이용되고 있다.

(2) 규칙성

전략의 공식화과정에는 계속성과 불규칙성 등의 이중적인 성격을 갖고 있는 것이 일반적인 현상이다. 즉, 과정이나 절차에는 계속성을 갖고 있지만 의사결정 시기에는 기회의 부여, 새로운 아이디어, 관리의 주도권, 위기 및 비정규적인 자극 등에 따라서 불규칙성을 갖게 된다. 그러나 전술은 기업을 위한 하나의 연간 예산절차와 같은 고정된 시간적 계획을 갖고 있는 기간적 사이클(periodic cycle)에 관한 의사결정이라 할 수 있다.

(3) 주관적 가치관

전략적 의사결정은 전술적 의사결정에 갖고 있는 비중보다 경영관리자의 주관적 가치관의 비중이 월등하게 크고, 동시에 결정내용의 중요성이 강조되는 반면, 전술적 의사결정은 경영자의 비중이 낮다.

(4) 대체안의 범위

선택을 해야 하는 관리적 행위에서 대체안이 전체적으로 가능한 범위는 근시안적이고, 미시적인 전술적 의사결정의 범위보다 전략적 의사결정의 범위가 더 크고 원시안적이면서 거시적인 성격을 갖고 있다.

(5) 불확실성

전술적 의사결정은 결과를 어느 정도 예측 또는 기대할 수 있으므로 근시안적이고 미시적인 측면에서 어느 정도 불확실성을 감소 및 배제할 수 있으나, 전략적 의사결정에는 거시적인 관점에서 미래의 활동과 결과를 예측할 수 없으므로 불확실성이 크게 나타나는 것이 일반적인 현상이다.

(6) 문제의 성질

전략적인 내용을 포함하고 있는 문제는 일반적으로 비구조적이면서 각기 다른 성격을 가지는 경향(비반복적)이 있는 반면, 전술적인 내용을 포함하고 있는 문제는 구조적이면서 반복적인 성격을 가지고 있다.

(7) 정보요구

전략을 공식화하는 과정에서는 협동 이전에 해당 부문에 전문지식과 이에 수반되는 많은 양의 정보가 필연적으로 요구되고 있다. 특히 미래의 전략수립을 위해서는 유용성이 있는 정보가 요구되는 것이 당연하겠지만 실질적인 면에서는 정확성을 기대하기 어려운 실정이다.

더욱이 경쟁기업에 대한 정보와 미래의 기술개발, 의사결정에 영향을 미치고 있는 사회적·정치적 변화 및 경제개발의 목표변경 등에 관한 정보를 개별문제에 적용하거나 활용하는 일이 쉬운 것은 아니다. 상대적으로 전술적 정보도 많은 대내적 자료, 즉 회계 시스템과 역사적 정보의 이용을 요구하고 있다. 특히 생산통제를 위한 전술적 계획을 수립하는 과정에서는 과거의 경험과 실적에 대해 많은 양의 정보와 구체적인 자료가 요구된다.

(8) 시간적 범위

전략은 성공적인 수행과 계속기업의 특성을 유지하기 위해서 시간적으로 장기적인 관점을 갖고 수행되고 있는 반면(장기적·계속적), 전술은 한정된 범위, 특히 연간 예산범위 내에서 모든 프로그램이 운영되고 있기 때문에 시간적으로 단기적인 관점에서(단기적·한정적) 이루어지고 있다.

(9) 참 조

전략은 전술의 개발을 위한 원천이면서 근원이라고 볼 수 있는 창조적이고 독자적인 반면, 전술은 전략의 범위 내에서 전략을 추구하는 방향에서 공식화하고 있으므로 주로 전략의 내용을 참조하는 상태에서 관리행위가 이루어진다.

(10) 세부항목

전략은 일반적으로 광범위한 상태에서 수립되고 있으므로 내용의 세부항목보다 방향과 전체적인 관점을 개발하고 있는 데 반해서(개괄적이면서 포괄적인 관점), 전술은 한정된 범위에서보다 구체적이며 부분적인 관점을(구체적이면서 부분적인 관점) 중시하고 있다.

(11) 인적표본을 공식에 개입

대부분의 전략은 최고 경영자와 그 스탭에 의해서 공식화되는 경향이 있어서 공식화 과정에 참여하는 사람이 한정되어 있으므로 개별적인 표본이 비교적 영향을 미치지 못하는 상태이기는 하지만(공식적이고 개별적인 개입), 전술의 공식화 과정에는 많은 관리자와 종업원이 참여하게 되므로(능률적이고 집단적인 개입) 인적 표본이 공식화 내용에 크게 영향을 미치고 있다.

(12) 평가의 용이성

전술의 효율성 측정은 전략에 비해서 단기적이기 때문에 비교적 용이한 편이나(단기간 중시로 비교적 평가가 용이) 전략은 효율성 평가기간이 장기적이기 때문에 측정결과가 장기간 후에 나타나므로 신속성의 결여와 특수 행동의 측정(장기간 중시로 측정·평가가 난이)이 어려운 실정이다.

(13) 관 점

전략이 협동적 관점(cooperative point of view)에서 공식화되는 반면, 전술은 기능적 관점(functional point of view)에서 개발되는 것을 원칙으로 하고 있다.

4 전략적 계획의 의의와 수준

기업이 전략계획을 이용하는 정도는 세 가지 기본적인 요인－기업문화, 기업의 라이프스타일 내지 성숙단계 그리고 기업의 규모－에 달려 있다. 한 기업의 문화는 마케팅에 대한 접근방법에 있어 반사적 반응(reactive response)이냐 아니면 주도적 예측반응(proactive response)이냐를 결정한다.

반사적 반응 기업은 전략계획 없이 운영된다. 그들은 거의 통제 불가능한 변화하는 마케팅환경에서 혼란을 겪게 된다. 육류산업(beef industry)은 우리나라 소비자들에게 오랜 인기를 끌고 있었기 때문에 반사적 반응의 분위기에 휩싸여 유지되어 왔다. 그리고 지금은 FTA체결로 그 대가를 톡톡히 지불하고 있는 중이다. 이와는 반대로, 주도적 예측반응 기업은 전략계획을 가지고 체계적으로 경영활동을 수행한다. 그들은 상황을 통제하고자 하며, 자사의 수준에 맞추어 마케팅환경을 관리하고자 한다. 적극적인 마케팅활동(aggressive marketing action)은 전략계획에 의해 이루어지며 이는 미래를 대비하게 하는 원동력이 되는데 주도적 예측반응은 전략계획을 운영하는 기업이 되었을 때 비로소 가능하다.

기업의 라이프스타일(life style)역시 조직이 전략계획을 이용하는 정도에 영향을 미친다. 상이한 수준의 전략적 마케팅계획이 때로는 상이한 단계의 기업의 라이프스타일에 적합하다. 초기에 복잡한 마케팅계획을 사용할 필요가 없다는 기업가의 시각에 의해 운영되는 선발기업(start up firms)은 위험에 직면하게 된다. 즉 이러한 선발기업이 초기 단계를 넘어 성장하더라도 그들은 감독(direction)과 계획이 기업의 지속적인 성장에 아주 중요한 요소가 되는 시기에 리더십이 결여된 상태에 이르기 때문에 위험에 직면하게 된다는 것이다.

기업의 규모도 전략계획의 신중함에 영향을 미친다. 일반적으로 규모가 큰 기업이 계획을 수립하거나 실행하는 데는 많은 구성원들이 참여하기 때문에 조직의 규모가 클수록 전략계회도 더욱 신중해진다.

전략적 계획은 전략을 수립하는 기업의 조직형태나 조직수준에 따라 기업수준, 사업부 수준, 제품 수준의 세 단계로 구분된다.

㉠ **기업수준(기업본부)** : 기업수준은 기업의 이익을 창출하기 위하여 기업 전략계획을 수립하고, 기업 내부의 사업부나 신규로 진출하고자 하는 분야에 분배·지원할 인적·물적 자원을 결정한다.

㉡ 사업부 수준(사업부) : 사업부는 기업본부로부터 분배받은 자원을 사업단위의 이익을 창출할 수 있도록 사업 전략계획을 수립한다.

㉢ 제품수준 : 제품수준은 사업부내에 있으며, 각각의 제품시장에서 목적을 달성하기 위하여 마케팅 계획 등과 같은 기능적 전략계획을 수립한다.

전략적 계획에 의해 마케팅 전략을 수립하는 과정은 [그림 2-2]와 같은 4단계로 설명할 수 있다.

기업수준에서 기업의 사명을 정의하고 기업 사명을 달성하기 위하여 구체적인 기업 목표를 설정한다. 또한, 경쟁자는 최적의 사업 포트폴리오를 결정하고 각 사업 또는 제품 단위에서는 사업 목표를 달성할 수 있는 마케팅 계획과 전략을 수립한다.

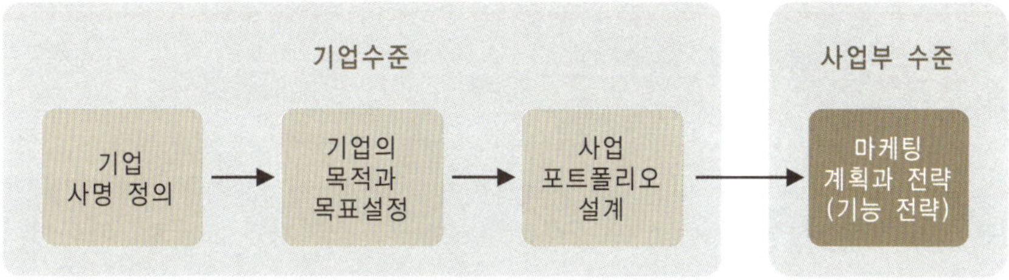

자료 : Philip Kotler and Gary Armstrong, Principles of Marketing, 9th ed., 2001, p.48.

그림 2-2 전략적 계획의 단계

5 참 여

성공적인 마케팅계획은 마케팅믹스의 모든 측면에서 상호 행동하는 수많은 개개인의 참여를 필요로 한다. 제품의 성공이나 실패로부터 이익과 손실을 보는 이들도 역시 계획수립 과정에 포함되어야 한다. 마케팅계획에 가장 많은 영향을 받는 이들이 계획수립에 포함되지 않는다면, 그 계획은 밑 서랍 속에서 망각된 채 실행이 중단되는 경향이 있다. 참여의 조정은 때때로 사람들로 하여금 마케팅계획에 저항하게 하는 파워이슈(power issues)나 상이한 기업문화와의 갈등을 완화시킬 수 있다. 예를 들면, 마케팅계획은 광고 지출비의 축소와 쿠폰, 경품이나 경영 지출비의 증가를 요구할 수 있다. 광고 스탭진은 이러한 변화가 유효하다는 확신이 없는 한 그들은 이러한 요구가 타당하지 않다고 느끼며, 화를 내고 경계심을 갖는다.

마케팅계획은 기업에 유익할 때만 성공적이라 할 수 있다. 따라서 마케팅계획을 수립하는 과정에 최고 경영자는 언제나 포함되어야 한다. 기업마케팅활동에 대한 계획수립 직무수준 — 기업비전·전략적 목적, 전략사업단위의 조직, 기업목표와 전략 — 조직원들이 계획을 기업에 대한 유익한 것으로 인식하면 할수록 그들은 계획을 더욱 더 지원하거나 강화하는 활동을 할 것이다. 그리고 최고 경영자의 참여는 계획이 기업문화와 충돌할지도 모른다는 두려움을 완화시킨다.

제2절 전략적 계획의 수립

기업은 변화하는 시장환경(market environment)과 소비자의 요구에 따라서 적절한 전략을 수립하여 시장에 적응하여야 한다. 이러한 적절한 적응을 위해 요구되는 것이 바로 전략적 계획이다.

시장 지향적이고 구체적인 행동지침서(commitment)인 기업의 전략적 계획은 기업의 주요한 목표를 담고 있는 기업의 사명문에 초점을 맞춘다. 그리고 전략적 계획은 계속해서 기업의 자원배분 방법과 성과를 평가하는 방법을 구체화한다. 기업의 전략적 계획을 형성하기 위해 결합되는 구성요소들은 아래에서 설명한다.

1 기업 사명문

기업 사명문(organization's mission statement)이란 자사를 다른 모든 기업과 구별하게 하는 하나의 방법으로서 표현되는 기업의 지속적인 목적, 비전 혹은 목표라고 정의할 수 있다.

사명문은 "우리는 누구이며 무엇을 해야 하는가?"라는 질문에 답한다. 예를 들면, 〈표 2-1〉은 Akron대학의 사명문은 "우리는 누구인가?"라는 물음에 "우리는 특색 있는 교육기회의 제공자이다"라고 대답한다. 그리고서 "우리는 무엇을 해야 하는가?"라는 질문에 "우리는 학습환경을 창조한다. 그리고 우리는 가치있는 지식을 제공하고, 창조하며, 발견한다. …"라고 구체적으로 대답한다.

사명문은 첫째, 조직의 구성원, 전략 그리고 프로그램을 함께 결합시키는데 커다란 공헌을 한다. 기업의 사명문을 이해함으로써 기업의 구성원들은 기업이 사회에서 추구하는 역할과 자신들의 공헌에 대해 명확하게 이해하게 된다. 기업의 이미지는 사명문과 동일시되는 경향이 있다. 결국 "우리를 유명하게 하는 것(기업 이미지)"을 전파하는 기업의 능력은 기업의 사명문을 홍보하는 기업의 능력에 달려있다. Akron대학은 보다 교육적인 사명을 홍보하고 있으며, 한때 "나라 안에서 가장 알려지지 않은 대학"으로서 특징지어졌던 대학의 이미지를 극복하기 위해 대규모 스포츠로 관점을 바꾸었다. 심지어 General Electric과 같은 유명한 기업도 자사의 사명문을 명확하게 강조한다. GE는 자사광고에 "우리는 삶에 좋은 것을 가져다 준다"라는 슬로건을 이용해 사명문을 강조한다. 이와 같은 슬로건은 사회에서 사람들을 돕는다는 GE의 사명에 모든 이들의 관심을 끌어당기는 것이다.

표 2-1 사명 : Akron대학

사명	1. 모든 계층의 학생들에게 학습기회를 제공한다. 2. 기초·응용조사를 통해 지식을 창조하고 발견한다. 3. 지식·사회·개인적 발전을 위해 또는 개별 대학 구성원들의 대학생활을 위한 기회를 제공하는 학습환경을 창조한다. 4. 확립된 학습적 자유의 원칙 하에서 학문적 대화의 도출과 아이디어 및 개념의 조사를 위한 포럼을 제공한다. 5. 종합 학제적(interdisciplinary) 연구와 조사를 위한 기회를 조성한다. 6. 지역적·국가적 그리고 국제 조직과 기관에서의 전문적 리더십을 위해 경력 지향적 인재를 양성한다. 7. 유용한 정보 원천과 확립된 교육 그리고 광범위한 철학으로 다양한 공중에게 적절한 교육과 전문적 서비스를 제공한다. 8. 우리 시대의 보다 높은 교육과 문화적 필요를 위해 확고하게 구축된 전통을 유지한다.

자료 : General Bulletin, The University of Akron.

둘째, 사명문은 조직의 가치를 반영한다. 최근에 설립된 기업에서 반영되는 가치는 보통 기업가치 성격의 가치이다. 최근에는 환경에 관한 관심이 높아지면서 환경을 뜻하는 Ecology와 Imanagination to work(상상을 현실로 만드는 힘)를 합쳐서 만든 신조어인 Ecomagination이라는 슬로건을 내걸고 친환경적 상상력을 GE의 새로운 사명으로 결성하였다.

셋째, 사명문을 개발하면서 기업은 기업의 역사, 독특한 능력 그리고 기업환경을 고려해야 한다. 기업이 과거의 이미지와 완전히 상이한 이미지로 변하는 경우는 매우 드물고, 또 변화 자체가 잘못인 경우도 있다. 그것은 자체 기업이미지가 최상이라고 생각하고 시도했을 때에만 가능하다. 기업의 사명문은 단지 기업의 기본적 능력이 아니라 무엇이 최상의 것인가 하는데 — 기업의 경쟁적 우위 — 초점을 두고 설계되어야 한다.

넷째, 환경의 위협과 기회 역시 기업사명의 광범위성 내지 전문성을 결정하는 경우에 매우 중요한 고려요인이 된다.

다섯째, 매우 광범위한 사명문 역시 잘 만들어진 기업 사명문에서 발생하는 결합효과(unifying effect)를 상실해 버릴 가능성도 항상 존재한다. 구성원과 직무를 효율적으로 결합시키고자 하는 조직은 잠재소비자 욕구를 충족시키는데 있어 방해가 되는 장애물을 제거하는 전략과 프로그램 및 제품을 소유하고 있지만 만약 광범위한 사명문이 설정되어 있다면 기업의 자원과 관리기술은 매우 얇게 되어버릴 것이다.

여섯째, 조직의 사명은 격변하는 환경이 곧 대부분의 사명문을 새롭게 하기 때문에 주기적으로 재조정되고 창조적으로 전환되어야 한다. Philip Morris는 연방입법이 담배광고를 제한할 때 기업의 사명을 바꾸었다. 즉, Phili Morris의 경영진은 자사가 비담배 계열제품, 유명한 Miller맥주 제품을 다양화해야 한다고 결정했다.

결론적으로 사명문은 사회에 대한 조직의 관계를 표현하는데 이는 장기적이고 결합적이며, 제품과 서비스를 인식하고 조직이 충족시켜야 할 욕구를 인식하며, 조직활동의 방향을 제시한다.

2 기업의 목표

기업의 목표는 고객의 욕구를 충족시키는 과정에서 발생되어져야 하며 또한 분명해야 한다. 그렇지 않을 경우 고객 욕구의 충족 실현이라는 과업을 효과적으로 수행하기 어렵고 각 사업단위 경영자들간의 갈등이 발생할 수 있으며, 이로 인한 통일된 목표도달의 설정이 어렵다. 기업이 수행한 활동의 결과로써 획득하고자 하는 이익을 강조해야 하며, 목적설명서(objectives statement)는 활동을 자극해야 한다. 그리고 기업의 목표는 수많은 주제(topic)에 초점을 둔다(〈표 2-1〉 참조).

목표는 기업의 운영으로부터 이익을 얻는 이들의 — 기업관련 집단(stakeholders) — 관심에서부터 출발한다. 기업관련 집단은 투자자, 고용인, 공급업자, 소비자 그리고 유통업자 등을 포함한다. 투자수익률에 대한 투자자의 관심사는 "매년 20%의 ROI"라는 조직목표를 유도하고 그리고 가치와 품질에 대한 소비자의 관심사는 "최상의 제품가치와 품질"이라는 조직목표를 유도한다. 선택된 목표들은 부분적으로 일반 주주들의 다양하고 지속적인 관심사에 의해 결정된다.

표 2-1 기업 목표로서의 일반적 주제

주 제	예
이 윤	연간 총매출액에서 약 8%의 이윤을 달성한다.
양	교회는 연말까지 500명의 신도를 보유한다
성 장	사업의 수익성장률을 최소 8% 이상 유지한다.
고용 인	고용인 이직률을 동종산업평균보다 줄인다.
소비자 만족	소비자 불만을 판매율의 0.1% 이하로 한다.
재 무	금융부담비율을 가장 낮은 수준으로 유지한다.

기업이 수많은 상이한 목표들을 가지고 있다는 사실은, 하나의 목표를 달성하기 위해서는 다른 목적달성을 위태롭게 하는 갈등이 상존한다는 것을 의미한다. 예를 들면, 종업원의 이익을 증가시키는 목표를 달성하는 것은 동시에 이윤을 감소시킬 수도 있다는 것이다. 조직의 목표는 마케팅 담당자가 마케팅 목표, 프로그램 그리고 전략을 개발하는데 지침서(guides)역할을 한다. 목표는 양적(quantitative)이나 질적(qualitative) 용어로 표현될 수 있지만 좀 더 현실적이고 지속적일 때 그리고 구체적이면서도 정량화가 가능할 때 보다 더 수용이 용이하다.

적절히 형성된 조직의 목표를 달성하기 위해서는 다음과 같은 다섯 가지 구체적인 사실들이 포함되어야 한다.

㉠ 목표는 단일 주제이거나 구체적인 주제와 관련되어야 한다. : 애매모호하거나 추상적인 형태로 표현되지 않아야 한다. "우리는 업계에서 리더가 되고자 한다." 또는 "우리의 목표는 좀 더 적극적인 마케팅 활동을 수행하고자 한다."

㉡ 목표는 수행해야 할 활동이 아니라 결과와 관련되어야 한다. : 목표는 활동의 실행이 아니라 결과이다.

㉢ 목표는 측정 가능해야 한다. : 수량적 용어로 측정·표현되어야 한다.

㉣ 목표는 달성하는 데 소요되는 deadline을 담고 있어야 한다.

㉤ 목표는 도전적이지만 달성 가능한 것이어야 한다.

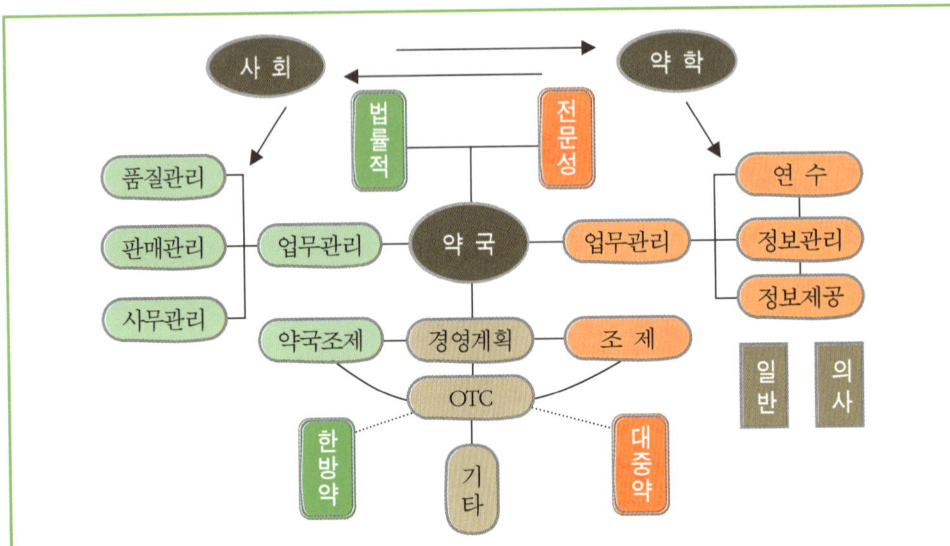

그림 2-3 약국경영의 마케팅전략

3 사업 포트폴리오 분석

포트폴리오 분석은 사업부들의 기업 내·외적 요인에 대한 평가 이외에 이를 바탕으로 한 각 사업부의 상황에 적합한 목표와 전략을 제시해 주며 또한 경영자에게 기업 전체 차원에서 각 사업부들의 가장 효과적인 조합에 대한 통찰력을 제공해 준다.

포트폴리오 분석 방법 중에서 성장/점유율 매트릭스(growth/share matrix)와 산업매력도/기업강점모델(industry attractiveness/business strength model)이 가장 많이 사용되는 기법이다. 경험곡선 분석(experience curve analysis)은 포트폴리오 분석의 기초가 된다. 그리고 이러한 방법에 있어서 분석단위는 전략적 사업단위이다.

(1) 성장/점유율 매트릭스

성장/점유율 매트릭스는 전략적 사업단위(strategic business unit : SBU)를 평가하는 가장 널리 알려진 방법이며, 가장 많이 사용하는 기법 중의 하나이다. 성장/점유율 매트릭스는 미국의 유명한 경영자문 기업인 Boston Consulting Group에 의해 개발되었으며, BCG 매트릭스라고도 한다. 이 모델은 마케팅 담당자로 하여금 매트릭스 상에 자사의 포트폴리오 중 개개의 전략적 사업단위를 분류하여 위치화 시킬 수 있도록 해

준다.

수직축은 전략적 사업단위가 위치한 시장에서의 연간 성장률을 나타내는 시장 성장률(market growth rate)을 의미하며, 대개 10%를 기준으로 한다. 수평축은 시장에서 가장 큰 경쟁사의 판매와 비교된 전략적 사업단위의 판매 비율인 상대적 시장점유율은(relative market share) 1.0를 기준(log값을 취하여 1이 중심에 오도록 함)으로 산업 내의 매출 기준 가장 큰 경쟁자에 대비한 자사의 매출비율이다.

이 모델은 높음·낮음 성장률과 높음·낮음 시장점유율이라는 네 가지의 영역으로 구성된다. Boston Consulting Group은 별, 현금젖소, 개, 문제아 또는 물음표로 명명했다. 네 개의 상한 중 한 상한 안에 있는 전략적 사업단위의 위치는 그 상한 안에서의 시장성과와 제품의 매력도를 반영한다.

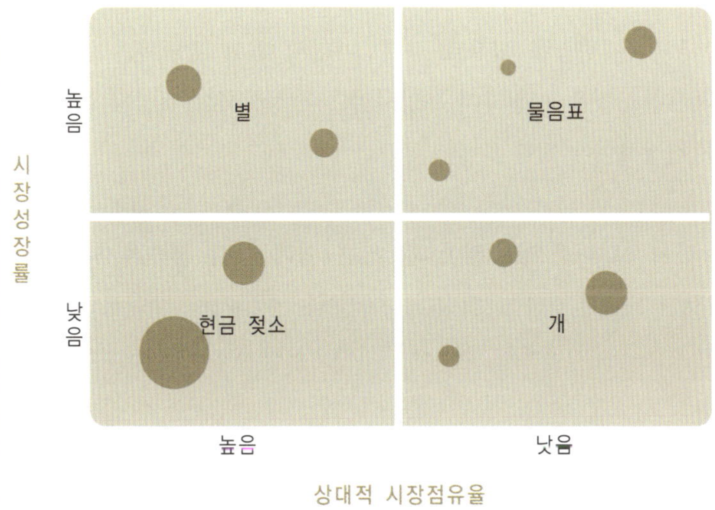

① 별
수익:높은 수익률
투자:지속적 투자

② 현금 젖소
수익:안정적
전략:현상유지

③ 개
수익:낮음
전략:철수

④ 물음표
수익:낮고 불안정함
투자:별로 이동 내지 철수

자료 : P. Kotler and G. Armstrong, Princple of Marketing, 9th ed., 2001, p.54.

그림 2-4 BCG의 시장 성장률 - 점유율 매트릭스

① **별(stars)** : 매우 빠른 성장과 높은 시장점유율의 전략적 사업단위이다. 여기 상황에 속하는 전략적 사업단위는 자체사업을 통해 많은 자금을 벌어들이지만 급속히 성장하는 시장에서 수요를 유지하기 위해 지속적인 자금의 투자가 필요하다. 성장률이 둔화되면 현금젖소로 이동하게 된다.

② **현금젖소(cash cows)** : 낮은 성장·높은 점유율의 상한에 위치해 있다. 따라서 비교적 적은 투자로 현재 점유율을 유지하며, 대규모 현금을 창출하고 그 일부는 기업의 포트폴리오 중 다른 전략적 사업단위에 투입된다. 현금젖소는 보통 제품수명주기상의 성숙기에 해당하기 때문에 지속적인 성장에는 한계가 있다. 따라서 마케팅 담당자의 목표는 가능한 한 지속적으로 현재의 위치를 유지하는데 있다.

③ **개(dogs)** : 낮은 성장률, 낮은 점유율 전략적 사업단위이다. 사업의 유지를 위해서는 자체적으로 현금 창출이 가능하겠지만 보다 큰 현금원천이 될 전망은 없다. 시장점유율의 증가를 필요로 하는 현금젖소로의 이동이 가능한지 검토해볼 필요가 있다.

④ **물음표(question marks)** : 문제아(problem children)라고도 부르며 이는 낮은 시장점유율을 가진 전략적 사업단위로서 많은 현금을 창출하지 못한다. 한편 이들은 매우 빠르게 성장하는 시장에 위치해 있기 때문에 잠재력은 있지만 시장에서의 위치를 유지하는데 많은 현금을 필요로 한다. 따라서 최고 경영자는 자사의 문제아 사업 중에서 어느 것을 지원하여 유망사업으로 성장시킬 것인지 아니면 도태시킬 것인지를 결정하여야 한다.

포트폴리오 분석에 있어 그 다음으로 해야 할 일은 미래에 각 전략적 사업단위에 어떤 역할을 부여할 것인가를 결정하는 것이다. 여기에는 네 가지 대안적인 전략이 추구될 수 있다.

㉠ **도약(build)** : 이 전략은 전략적 사업단위의 시장 점유율을 증가시키는 것이다. 따라서 매트릭스 상에서 주로 문제아나 별에 해당하는 전략적 사업단위에 적합하다.

㉡ **유지(hold)** : 이는 전략적 사업단위의 시장 점유율을 보호하는 것으로서 계속적으로 많은 금전적 현금 흐름을 창출하고자 하는 현금젖소에 적합한 전략이다.

㉢ **수확(harvest)** : 이 전략의 목표는 장기적인 효과에 관계없이 전략적 사업단위의 단기적인 현금흐름을 증가시키는 것이다. 이 전략이 적절하게 받아들어질 수 있는 영역은 시장성장 전망이 불투명하고 현금흐름이 많이 요구되는 약한 현금젖소나 개, 문제아이다.

㉣ **철수(divest)** : 이 전략은 자원이 다른 곳에 더 잘 활용될 수 있기 때문에 특정사

업을 처분하는 것이다. 보통 개나 문제아 단계에 적합한 전략대안이다.

시간의 경과에 따라 모든 사업단위의 시장성장률–점유율 매트릭스상의 위치는 변동한다. 즉, 사업단위는 일정한 수명주기를 가진다. 대다수의 사업단위는 문제아로 출발하여 성공하는 경우 별 사업이 된다. 별 사업은 후에 시장성장률이 둔화되면 현금젖소가 되고, 결국은 제거되거나 개로 전환한다. 따라서 기업은 새로운 사업단위의 제품을 계속 추가해야만 그 중 일부가 별 사업이 되고 또한 현금젖소가 되어 타 사업을 지원 할 수 있다.

(2) 경험곡선 분석

포트폴리오 분석의 하나의 토대가 바로 경험곡선이다. 경험곡선 개념에 의하면 생산량이 증가함에 따라 생산비용은 체계적으로 줄어들게 된다. 사업 성장의 관점에서 볼 때, 단위당 비용감소는 그 전보다 높은 이윤 폭을 얻을 수 있게 해 주기 때문에 상당히 매력적인 개념이 된다.

수학적으로, 경험곡선은 다음의 수식으로 표현될 수 있다.

$$C_n = C_1 / (\sum n_i \lambda_i)$$

여기서 i = (1, 2, 3, ..., k) 잠재시장
C_n = n번째 축적 단위의 비용
C_1 = 첫 번째 단위의 비용
n_i = i번째 시장에서의 축적단위의 수
λ_i = i번째 시장에서 축적 생산량을 고려한 단위비용의 탄력성

위의 관계는 단위당 비용의 생산량 함수로서, 생산량이 증가함에 따라 단위당 비용이 점점 줄어드는 곡선을 의미한다. 여기에서 주의할 것은, 상기의 식에서 $\sum n_i$가 점점 증가하면 비용은 0에 가까워진다는 것이다([그림 2-5] 참조).

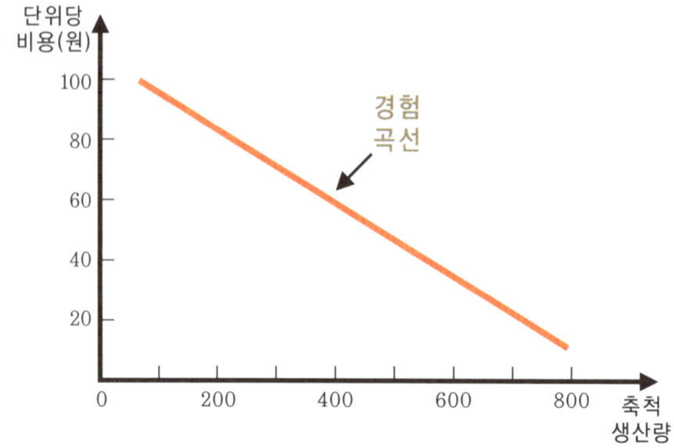

그림 2-5 **축적생산량의 함수로서의 단위당 비용 : 경험곡선**

경험곡선 분석(experience curve analysis)은 단위당 비용과 축적 생산량과의 관계를 보여준다. 특히 축적생산량이 배증될 때 단위당 비용은 매우 뚜렷한 비율로 줄어들게 된다. 경험은 학습, 생산량, 투자 그리고 전문화의 효과라고 정의할 수 있다. 85%의 경험곡선은 축적생산량이 배증될 때 비용이 15% 줄어든다는 것을 의미한다. 만약 축적생산량이 100단위에서 200단위로 배증된다면 단위당 비용이 15%(100원에서 85원으로) 줄어든다.

경험곡선의 중요한 시사점은 비용과 시장 점유율이 서로 관련되어 나타난다는 것이다. 경험곡선의 결과로서 한 기업이 경쟁사보다 더 빨리 더 많이 누적생산량을 생산한다면, 비용을 경쟁사보다 더 빨리 줄일 수 있을 것이다. 비용이 감소할 때, 기업은 저가격전략을 실행할 위치에 있고 더 많은 소비자들을 끌어들이고 심지어 비용을 더욱 줄일 수 있을 것이다. 결론적으로 비용이 감소할 때, 시장 점유율은 증가한다. 이처럼 경험곡선은 시장 점유율의 중요성을 설명하며 비용과 시장 점유율의 관계는 전략계획 모델에서 시장 점유율의 중요성을 보여준다.

(3) 산업매력도/기업강점모델

매킨지(Mckinsey) 혹은 GE(General Electric)모델(industry attractiveness/ business strength model)이라고도 불리우는 이 모델은 산업의 매력도와 기업의 강점이라는 두 가지 측면을 고려한다. 산업매력도는 다양한 요소들로 결정되는데 구성요소로는 시장 규모와 성장률, 제조업의 이익률, 경쟁적 강도, 계절성, 규모의 경제, 주기성, 기술, 사회, 환경, 법률 및 인적 영향 등으로 구성되며, 기업강점 구성요소는 상대적 시장 점유율, 이익폭, 가격과 질(quality)에 관한 측정능력, 고객과 시장에 관한 지식, 경쟁적 강점과 약점, 기술적 능력, 경영능력과 같은 요소들로 구성된다. 따라서 이와 같은 구성요소들로 이루어진 산업 매력도와 기업강점은 각각 저·중·고 수준으로 분류되며 이때 추천되어지는 전략은 [그림 2-6]에서 보는 바와 같이 전략적 사업단위가 매트릭스 상의 어느 상한에 있느냐에 달려 있다.

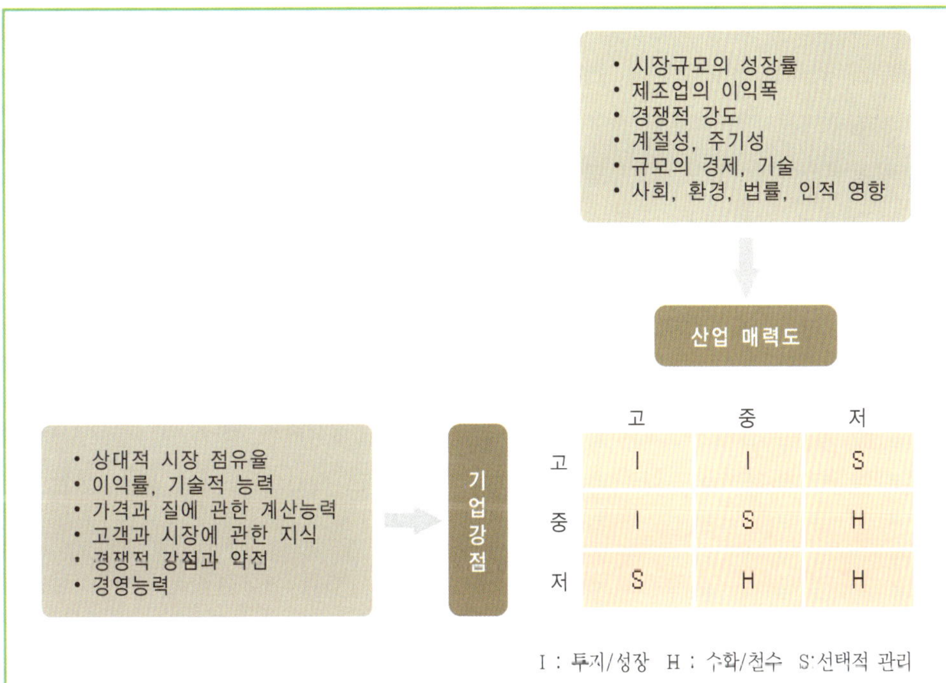

그림 2-6 산업 매력도/기업강점 모델

(4) 시장영향 분석 모델

PIMS는 시장전략의 이윤충격(profit impact of marketing strategy)의 약자로서 위험평가에 대한 컴퓨터화된 접근방법인데 이는 General Electric에 의해 처음 시도되었으며, 그 후 Strategic Planning Institute of Cambridge, Massachusetts에 의해 발전된 정책/전략적 접근방법이다. 이 방법은 전략적 위치와 개별사업의 전망을 분석하기 위해 컴퓨터를 이용 한다. 컴퓨터는 기업과 기업의 전략에 관한 자료를 유사한 환경하에서 유사한 기업의 운영에 관한 정보를 담고 있는 데이터베이스와 비교한다. 수많은 기업들이 이 데이터베이스에 포함되어 있으며 또한 매우 최근의 자료들이다.

PIMS는 기업으로 하여금 현재 마케팅전략의 효율성과 달성 가능한 마케팅전략의 성과 관한 보고서를 받아볼 수 있도록 해주며, 진단과 예방 양자의 역할을 한다.

PIMS 자료는 전략계획 수립기관이 기업의 수익성에 영향을 미치는 주요 전략을 인식하도록 하는데 도움이 되는 도구이다. ROI와 현금흐름에 영향을 미치는 전략적 요인으로 다음과 같이 9가지 요인이 있다.

① **투자 집중도**(investment intensity) : 기술과 사업방법에 따라서 단위당 매출액이나 부가 가치를 창출하는데 소요되는 고정자본과 운전자본의 크기가 좌우된다. 투자집중도는 일반적으로 ROI나 현금흐름에 부정적인 영향을 준다. 즉, 기계화나 자동화율이 높거나 재고부담이 큰 사업은 그렇지 않은 사업보다 일반적으로 낮은 ROI를 실현한다. 그런데 투자집중도는 산업과 사업의 특성에 따라 달라지게 된다.

성격상 투자 집중도가 큰 사업은 매출액 이익률이 크지 않으면 덜 매력적인 것으로 평가하게 된다. 그러나 산업이 덜 매력적일지라도 산업보다 사업이 덜 투자 집중적이면 그 사업의 강점은 강한 것으로 평가하게 된다.

② **생산성**(productivity) : 높은 노동생산성을 창출하는 사업들은 낮은 노동 생산성을 창출하는 사업들보다 수익력이 크다.

③ **시장직위**(market position) : 제공된 시장에서 그 사업의 시장점유율(절대적 점유율이든 가장 큰 경쟁자와의 상대적 시장점유율이든지)은 ROI와 현금흐름에 긍정적인 영향을 준다. 절대적 시장점유율도 높고 상대적 시장점유율도 높은 사업은 사업 강점이 큰 것으로 평가되어야 한다. 이는 시장이 저성장인 경우에도 시장 주도자는 도전당할 위험이 적어 매력적이기 때문이다. 이는 산업매력이 부분적으로는 사업 강점에 의존하고 있음을 나타내는 한 예이다.

④ **제공된 시장의 성장**(growth of the served market) : 성장은 이익 절대액에는 유리하나 이익률에는 별 영향을 주지 않는다. 그러나 성장은 현금흐름에 부정적인 영향을 미치기 때문에 성장형태만을 가지고는 쉽게 시장 매력도를 평가하기가 곤란하다. 그러나 급성장 시장은 그 자체가 매력적이라고 보아도 좋을 것이다.

⑤ **제공된 제품/서비스의 질**(quality of the products and of services offered) : 고객들이

자사의 제품/서비스를 경쟁사의 제품/서비스와 비교하여 행하는 평가를 질이라 하는데, 좋은 질은 일반적으로 재무적 성과에 유리하게 작용한다.

⑥ **기술혁신과 차별화**(innovation/differentiation) : 신제품의 도입, R&D 혹은 마케팅 노력과 같은 영역에서 사업이 추구하는 기술혁신과 차별화 등의 의욕적 행위는 그 사업이 강한 시장직위를 가지고 있다면 일반적으로 사업성과에 긍정적인 효과를 나타낸다.

⑦ **수직적 통합도**(vertical integration) : 제품 수명주기의 성숙기에 처해있는 사업의 경우 수직적 통합도는 일반적으로 사업성과에 유리하게 영향을 미치지만, 급성장 시장이나 쇠퇴기에 놓여 있는 사업의 경우에는 그 반대이다.

⑧ **원가상승**(cost push) : 재료비, 노무비 및 급료의 인상률과 노조의 존재 유·무는 그 사업이 원가 상승을 고객에게 전가시키느냐, 아니면 내부적으로 흡수하느냐에 따라 이익과 현금흐름에 복잡한 영향을 미친다.

⑨ **현재의 전략적 노력**(current strategic effort) : 현재의 시점에서 전략방향을 전환할 때 방향 전환 기간 동안에는 종종 해당요인 자체가 ROI와 현금흐름에 미치는 영향과는 반대로 작용하기도 한다.

사업성패의 결정인자 중 약 80%는 9개의 전략적 요인들이 차지한다고 Strategic Planning Institute는 설명하고 있다.

4 기업 성장전략의 결정

사업 포트폴리오 분석에 의해 현재 사업부들에 대한 평가가 이루어지면 기업은 성장 전략을 수립하여야 한다. 기업의 성장전략은 기업의 성장목표를 달성하기 위한 일반적 접근 방법을 말한다. 이러한 기업의 성장전략으로 대표적인 모델이 Ansoff의 제품·시장 Matric이다. 이 모델은 기업이 선택할 수 있는 선장전략은 시장침투전략, 시장개발전략, 제품개발전략, 다각화전략의 4가지로 나누어 제시하고 있다.

(1) 시장침투전략

시장침투전략(market penetration strategy)은 현재의 시장에서 동일고객들에게 기존의 제품으로 시장점유율을 확대하고자 하는 전략이다. 이를 위하여 사용할 수 있는 방법으로는 제품 가격의 인하, 광고의 확대, 유통경로개신과 확보, 소매기관의 유리한 진열공간의 확보 등이 있다.

기업성장전략 : 전 세계적으로 경쟁이 치열한 원두커피 시장에서 높은 성장을 위하여 다각적 성장전략을 추구하고 있다.

이러한 일련의 방법들을 통해서 소비자에게 자사의 제품 사용을 더 많이 유도하고 경쟁사에서 자사브랜드로의 사용이전을 유인한다. 4가지 전략 중 가장 리스크가 적고 안정적이라는 장점이 있다. 대표적인 사례로는 게토레이 등 대다수의 이온음료가 정립한 스포츠와 이온음료의 방정식을 깨고 모든 세대를 대상으로 이온음료를 제공한 포카리스웨트의 예를 들 수 있다.

또한, 같은 맥주이나 캔에 포장함으로써 주점이나 가정에서만 마시던 맥주를 야외에서도 마실 수 있게하여 기존의 제품을 가지고 기존의 시장에서 새로운 수요를 창출한 것이 전형적인 사례라 할 수 있다.

(2) 시장개발전략

시장개발전략(market development strategy)은 경쟁사와 직접적인 경쟁을 피하는 방법으로 기존 제품에 대하여 신 시장을 발견하고 개발하는 전략이다. 이러한 기업 성장전략은 표적시장내의 소비자들을 상대로 인구통계적 특성을 파악한 후 현재의 시장에서 새로운 잠재소비자 집단을 확인하여 이들의 욕구를 충족시킬 수 있는 방법을 제시하여 제품 구매를 유도하거나 새로운 유통경로를 확보 또는 새로운 해외시장을 개발하는 등의 방안을 모색하는 전략이다. 듀퐁사의 나일론이 전형적인 사례라 할 수 있다. 듀퐁사는 나일론의 제품사이클이 성숙기에 접어들면 언제나 새로운 용도를 개발했다. 여성용스타킹으로 시작된 듀퐁사의 나일론은 이후 패러슈트용 합섬섬유, 여성용 브라우스, 남성용 셔츠, 자동차 타이어, 가구, 카페트 소재 등 점차 새로운 용도를 개발하며 새로운 시장을 창출하였다.

(3) 제품개발전략

제품개발전략(product development strategy)은 기존 시장의 소비자에게 기존제품에 비하여 그들의 욕구를 충족시킬 수 있는 신제품을 개발하는 전략이다. 예를 들면, 기존의 제품에 새로운 기술을 활용하여 새로운 기능을 수행하는 신제품을 만들거나 기존 제품의 품질 수준을 높이는 방법이다. 단적인 예로는 자동차업계의 전략을 들 수 있다. 현대자동차의 대표적인 고급세단인 그랜저는 동일한 고객들을 대상으로 뉴그랜저, 그랜저XG, 그랜저TG, 등 동일한 모델의 업그레이드 버전을 제공하였다. 이는 PC 업계도 동일한데 잦은 모델체인지는 소비자의 불만을 야기할 수도 있다는 점에 관해서는 주의해야 할 것이다.

(4) 다각화전략

다각화전략(diversification growth strategy)은 현재의 사업과 직접적인 관련이 없거나 새로운 분야에서 새로운 시장기회를 발견하여 진출하는 전략이다. 이 전략은 기존 제품이나 시장에서 활동하는 것이 아니기 때문에 기존의 장점들을 활용할 수 없다. 따라서 이 성장전략은 비용측면에서의 위험성이 높은 성장방안으로 자본과 기술, 마케팅 능력에서 충분한 경쟁력을 확보하고 있을 경우에 사용할 수 있다. 특히 비관련 다각화는 기존의 제품계열과 시장이 전혀 관련이 없는 새로운 사업분야로 진출하기 때문에 관련다각화에 비해서 위험성이 더 상당하다. 예를 들면, 원래 담배제조 기업인 Philip Morris는 흡연에 반대하는 공중의 압력이 기업의 이익에 심각한 데미지를 가하기 전에 적극적으로 사업을 다각화하기로 결정하였다. Starbucks는 1999년 Hear Music을 매입했으며, 이후 Lion's Gate와의 파트너쉽을 통해 영화를 공동제작하고 이를 Starbucks 매장에서 판매한다. 다각화전략은 기업의 위협을 새로운 기회의 창(new windows of opportunity)이 열릴 때 많은 제품범주에 분산시킨다.

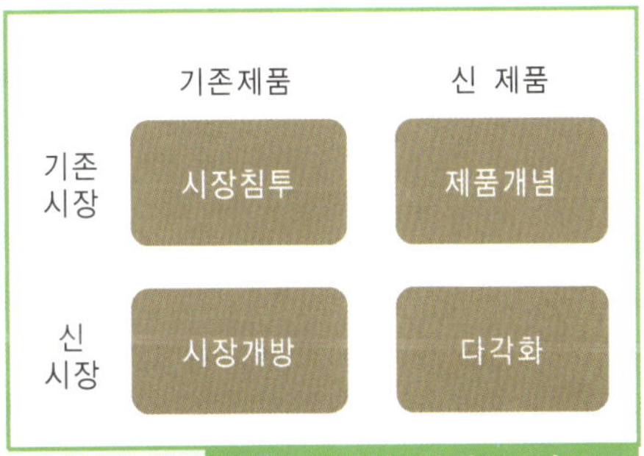

그림 2-7 제품-시장 확장 그리드

제3절 SWOT 분석

1 SWOT 분석의 개념

SWOT 분석이란 기업내부의 강점(strength)과 약점(weakness), 기업외부의 기회(opportunity)와 위협(threat)을 기본으로 하여 기업내·외부에서 발생하는 각종 상황을 분석하여 기업의 경영목표를 달성하는데 이용하는 분석방법이다. 즉, SWOT 분석은 기업의 내부환경을 분석하여 강점과 약점을 발견하고, 외부환경을 분석하여 기회와 위협을 찾아내어 이를 토대로 기업에 적합한 최적의 강점을 살려 경쟁력을 강화하고 약점을 보완하여 위험을 회피하거나 감소시키며, 외부환경으로부터 발생하는 기회를 확실하게 획득하여 사업의 방향성을 제시하고 환경불확실성에서 나타날 수 있는 위협을 억제하거나 제거하는 전략을 수립하는 것을 말한다.

기업이 SWOT 분석을 하는 주요목적은 기업내부의 장·단점에 의한 현재의 사업성과만을 측정하는 것이 아니라 현재 및 장래의 성장가능성에 따른 기회요소와 위협요소에 대한 것을 현재의 시점에서 파악하고 대처하기 위함이다. 즉, 기업의 상황분석을 전략적으로 접근하기 위해서 개발된 기법이 바로 SWOT 분석이다.

(1) 강점(strength)

강점은 기업의 내부적 강점을 말한다. 충분한 자본력, 기술력의 우위, 인적 및 물적 자원의 우월적인 핵심역량, 많은 경쟁우위요소의 확보, 소비자들의 기업에 대한 우호적인 이미지, 원만한 노사관계, CEO의 경영철학, 높은 고객 충성도 등이 여기에 속한다.

(2) 약점(weakness)

약점은 기업의 내부적 약점을 말한다. 원만하지 못한 노사관계, 상대적으로 부족한 기업의 대외적인 이미지, 생산능력의 한계성, 사회에서 CEO에 대한 부정적인 평판, 브랜드 인지도의 부족, 충분하지 못한 자본력, 편중된 고객층 등이 여기에 해당된다.

(3) 기회(opportunity)

기회는 사회·정치·경제적 기회를 모두 포함한다. 예를 들면, 인스턴트 제품을 주로 생산하는 기업의 경우 맞벌이 부부가 증가하면서 이와 같은 소비자들의 라이프스타일이 자사제품에 대하여 우호적으로 반응하게 된다면 기업의 입장에서는 분명 기회일 수 있을 것이다. 또한, 경제적인 상황의 변화로 시장에서 강력한 경쟁자가 사라진 경우나 전 세계적인 호황의 지속으로 소비자들의 실질소득이 증가하여 구매력이 상승하게 된다면 이러한 경제적 요인은 기업에게는 적극적인 사업활동을 전개할 수 있는 좋은 기회가 될 것이다.

이외에도 규제완화, 새로운 유통채널의 생성 등이 이에 해당한다 할 수 있다.

(4) 위협(threat)

위협은 기업을 둘러싸고 있는 외부적인 위협을 말한다. 예를 들면, 지금까지 시장에서 독점적 지위를 누리고 있었던 특정기업의 경우 시장상황의 변화로 강력한 새로운 경쟁자가 시장에 출현했을 때 지금까지의 상황과는 전혀 반대되는 상황이 전개될 것이 분명하며, 이러한 상황은 지금까지 어느 정도 독점적 지위를 누렸었던 기업의 입장에서는 분명 위협이 될 수 있을 것이다. 또한, 어떠한 사회상황의 변화로 반미감정이 고조되었을 경우 미국과 관련된 사업활동을 하는 기업의 입장에서는 이와 같은 상황이 기업의 의지와는 전혀 상관없이 외부적인 환경에 의한 위협요인으로 작용할 수 있다.

(5) 강점과 약점 그리고 기회와 위협에 대한 정리

강점은 기업의 외부에서 발생하는 환경적 요인을 배제하고 오직 기업이 가지고 있는 내부에 대한 사실에 기초한 장·단점만을 말한다. 성공한 기업은 자사가 처해있는 현재 및 장래의 상황을 정확하게 파악함으로써 지금까지 발견되지 못한 기업내부의 우월적인 핵심역량을 이용하여 경쟁우위요소를 확보함으로써 시장에서의 독점적 지위를 획득한다. Kotler는 SWOT 분석을 "한 기업의 강점과 약점, 기회요인과 위협요인들에 대한 전체적인 평가"라고 하였다.

기회와 위협은 기업의 내부적 장·단점과 상관없이 기업을 둘러싸고 있는 환경 하에서 존재하는 외부적 기회와 위협이며, 이는 기업의 주관적 판단에 의한 것이 아니라 객관적이고 사실적이어야 한다.

2 SWOT 분석의 특징과 방법

(1) SWOT 분석의 특징

SWOT 분석의 가장 큰 특징은 기업의 내부와 외부를 동시에 판단할 수 있다는 것이다. 지금까지 분석들은 내부와 외부환경을 동시에 분석하지 못하고 어느 하나만을 집중적으로 분석하였기 때문에 기업의 입장에서는 종합적으로 기업의 현재 및 미래의 사업가능성을 파악하는데 많은 어려움을 겪었다. 그러나 SWOT 분석은 기업 내부와 외부의 상황을 동시에 파악할 수 있기 때문에 단기적인 경영전략의 수립뿐만 아니라 장기적인 경영전략의 수립에 있어서도 매우 효과적이다. 또한, SWOT 분석의 경우 분석자체가 어렵거나 분석 내용이 전문적인 지식을 요구하지 않기 때문에 누구나 쉽게 접근할 수 있어 문제점을 발견하고 대안을 제시하는데 편리하게 이용된다. 특히 시간에 쫓기는 CEO의 경우 기업내부에 존재하는 강점과 약점 그리고 외부환경에서 발생할 수 있는 기회와 위협요인을 한눈에 요약해서 볼 수 있기 때문에 경영지침을 하달하고 기업의 전반적인 경영상황을 정확하게 인지할 수 있다는 점에서 매우 가치가 있다.

SWOT 분석이 성공을 거두기 위해서는 기업 내·외부의 환경에 대해 충분한 지식을 가지고 있어야 하며, 단기적이 아닌 장기적인 분석이 이루어져야 한다. 만약 단기적인 분석이 이루어질 경우 정확성이나 신뢰성 부문에서 많은 결점이 나타날 수 있으며, 특히 외부환경의 경우 기회요인과 위협요인은 시장에서 상존하고 있다. 만약 시장에서 상존하는 이와 같은 요인들을 단기적으로 접근하여 잘못된 결과를 도출하였을 때 기업의 입장에서는 그 피해가 매우 클 수 있으며, 기업 스스로 잘못된 결과를 처음으로 되돌릴 수 있는 능력을 가지고 있는 기업은 많지 않기 때문에 SWOT 분석을 위해서는 충분한 전문적인 지식을 갖추고 있는 전문가가 장기분석을 하여야 한다.

(2) SWOT 분석방법

1) 내부환경분석

① **충분한 자본력** : 기업의 입장에서 자본력의 유무는 기업의 성장과 발전과 관련하

여 직접적인 영향을 미치며, 극단적으로는 기업의 성패와도 관련이 있을 정도로 매우 중요하다. 기업의 현금동원력이 양호하고, 보유하고 있는 자금이 충분하면 자사제품의 시장점유율을 상승시킬 수 있는 마케팅 전략을 수립하기가 매우 용이하기 때문에 기업 내부의 가장 큰 장점이라 할 수 있다.

② **기술력의 우위** : 상대적으로 경쟁사에 비해 우수한 기술력을 보유하고 있는 경우 시장에서 자사제품에 대한 독점적 지위를 부여할 수 있기에 기술력의 우위는 기업내부의 핵심 장점이라 할 수 있다.

③ **인적 및 물적자원의 우월적인 핵심역량** : 기업이 유능한 인적 및 물적자원을 확보하고 있다는 것은 경영자원의 효율성 부문에서 매우 높은 평가를 받을 수 있다. 예를 들면, 유능한 인적자원은 업무의 효율적인 측면에서 저비용 고효율의 기업활동을 전개할 수 있다는 점에서 조직에 매우 긍정적으로 작용할 수 있다.

④ **많은 경쟁우위요소의 확보** : 상대적으로 경쟁기업에 비해 경쟁우위요소를 많이 확보하고 있다는 것은 시장에서 차별적인 우위를 점유할 수 있다는 것을 의미하기 때문에 기업의 입장에서는 주요한 장점이 될 수 있다.

⑤ **소비자들의 기업에 대한 우호적인 이미지** : 특정기업에 대하여 소비자들이 우호적인 이미지를 가지고 있다는 것은 그 만큼 충성도 높은 고객을 많이 확보하고 있다는 것을 의미함으로써 기업은 마케팅비용의 절감이나 고객확보면에서 유리하게 작용할 수 있기 때문에 기업에게 있어서 소비자들의 기업에 대한 우호적인 이미지는 매우 큰 장점이라 할 수 있다.

⑥ **원만한 노사관계** : 완만한 노사관계는 경쟁력을 강화할 수 있는 또 하나의 요인이다. 기업의 입장에서 노동자와의 충돌은 기업의 생산성 향상이라는 측면에서 매우 바람직하지 못하다. 그러나 노사관계가 원만하게 이루어질 경우 기업의 경영활동은 물론 대외적인 신뢰도 면에서도 상당히 긍정적인 요인으로 작용할 수 있다.

⑦ **우수한 CEO의 경영철학** : 사회적으로 평판이 좋지 못한 CEO가 경영하고 있는 기업의 경우 대외적인 신뢰도나 소비자들에 대한 이미지 측면에서 결코 우호적이지 못할 것이 틀림없다. 따라서 사회적으로 평판도 훌륭하고 경영자로서 경영마인드도 충분히 갖추고 있는 CEO가 경영하고 있는 기업이 그렇지 못한 기업보다는 유리한 점이 있을 것이다.

2) 외부환경분석

기업에 영향을 미치는 외부적 요인은 크게 정치적 요인, 경제적 요인, 사회적 요인, 문화적 요인 등이 있다.

정치적 요인이란 기업이 경영활동을 하는데 당사국의 법이나 정부정책, 정부, 공공기관, 정부정책에 영향을 미치는 단체 등이 연관되어 있는 요인이다. 예를 들면, 특정 국가에서는 기업에 대한 정부의 통제가 매우 심하여 기업의 경영활동에 많은 제약을 받는 경우가 있으며, 중앙정부와 지방정부와의 법률적인 차이 및 갈등으로 기업의 경영활동에 직접적인 피해를 보는 경우도 발생할 수 있다. 또한, 어떤 국가에서는 정부정책에 대한 시민단체들의 영향이 매우 강하여 기업이 정부뿐만 아니라 시민단체를 상대해야만 하는 경우도 있다.

경제적 요인이란 특정 경제상황에 의하여 수요와 공급에 영향을 미치는 것을 말한다. 예를 들면, 전 세계적으로 불황이 지속될 경우 소비자들의 가처분소득이 감소하여 소비지출을 극도로 억제함으로써 발생할 수 있는 소비재소비의 감소 등도 기업의 경영활동에 영향을 미치게 된다.

사회·문화적 요인이란 기업이 경영활동을 하는 사회·문화적 특성에 기인하는 요인이다. 어떤 국가에서는 여성의 사회참여가 제한적인 경우가 있으며, 특정 국가의 경우 종교적인 문제나 인종문제로 인하여 기업의 경영활동을 방해 받는 사례도 있다. 또한, 각 국가마다 약간의 사회·문화적인 차이로 인하여 유통이나 판매, 인사관리 등이 상이할 수 있으므로 기업은 원활한 기업활동을 위해서는 각 국가의 사회·문화적 특성을 충분히 이해하여야 한다.

3 SWOT 분석을 이용한 마케팅 전략의 수립

SWOT 분석을 통한 기업의 마케팅 전략의 특성을 살펴보면 다음과 같다.

1) SO전략(내부강점 – 외부기회)

SO전략은 외부의 환경에서 발생한 기회를 이용하기 위해 기업 내부의 강점 사용이 가능할 때 가장 유용한 전략이다. 즉, SO는 외부의 시장상황에 존재하고 있는 많은 기회요인을 기업 내부의 역량으로 그 기회요인을 충분히 활용할 수 있을 만큼 강점이 많은 상황으로 대부분의 기업들이 목표로 하는 경영환경적 상황이다. 이 상황 하에서는 만약에 기업이 지금까지 자체적으로 보완할 수 없는 약점을 가지고 있었다면 외부의 기회요인을 이용하여 약점을 장점으로 바꿀 수 있는 기회가 될 수 있다. 이 전략의 핵심은 바로 외부의 시장기회를 충분히 활용하기 위하여 기업내부의 강점을 사용하는 전략을 선택하는 것이다. 이와 같은 전략은 주로 시장에서 이미 시장점유율을 상당히 확보하고 있는 선도기업의 시장선점전략으로 이용가능하며, 시장과 제품의 다각화를 추구하여 사업을 확대해나가는 것도 바람직하다.

이러한 상황 하에서 기업들이 실행할 수 있는 전략은 외부의 시장기회를 자사의 핵심역량으로 삼아 시장을 선점하는 전략과 기술력에 집중하여 경쟁사의 차별화를 이루고, 생산을 증가시키면서 시장점유율을 확대해나가는 전략이 바람직하다.

2) ST전략(내부강점 – 외부위협)

이러한 상황 하에서 대부분의 기업들은 외부시장으로부터 발생하는 위협을 회피하거나 감소시키기 위해 기업내부의 강점을 적극적으로 사용하는 전략을 선택한다. ST 하에서는 외부시장에 많은 위협요인이 존재하지만 그 위험을 자사의 역량으로 충분히 극복할 있는 경우이다. 즉, 내부의 강점을 극대화하고 외부의 위협을 최소화하는 전략이다. 이 경우에는 기업이 보유하고 있는 강점을 적극적으로 활용하여 기존시장에 보다 더 깊숙이 침투함으로써 시장점유율을 상승시키거나 제품을 다양화함으로써 외부의 위협에서 발생할 수 있는 위험을 예방하거나 회피할 수 있는 전략을 사용할 수 있다. 구체적으로는 기존시장의 적극적인 침투전략과 제품계열의 확충전략 등이 있다. 만약 경쟁사가 신제품을 내놓아 기존의 시장에서 위협적인 상황이 발생하면 자사의 모든 강점들을 투입하여 획기적인 상품개발 및 마케팅 전략의 수립 등으로 대처하여야 한다.

3) WO전략(내부약점 – 외부기회)

WO상황은 외부의 환경적 요인이 기업에게 유리하지만 기회를 활용하여 성장·발전시킬 수 있는 자사의 핵심역량이 부족한 경우이다. 이러한 경우에는 외부의 기회요인을 활용할 수 있도록 자사의 핵심역량을 강화시키기 위한 적극적인 노력을 기울이거나 경쟁력을 갖추고 있는 선도기업과의 전략적 제휴를 통해 기회를 포착하여 기업의 경영활동에 긍정적인 영향을 미치도록 해야 한다. 즉, 이 전략은 자사의 약점을 극복함으로써 시장의 기회를 활용하는 것이다.

4) WT전략(기업약점 – 외부위협)

WT는 외부시장에서 자사에게 불리한 위협요인이 존재하지만 그 위협요인을 극복할 만한 충분한 역량을 보유하고 있지 못하는 경우이다. 외부환경으로부터 기인한 위협과 자사의 약점을 최소화하고 강점의 강화 및 기회의 극대화를 위해 노력하는 전략이다. 즉, 이 전략은 외부환경으로부터 발생하는 위협과 위험요인을 회피하거나 제거하고 기업내부의 약점을 최소화하거나 전환하는 것이다. 만약 기업이 이러한 시장상황 하에 처해 있다면 무엇보다 중요한 것은 기업의 정상적인 경영활동을 통해 약점을 강점으로 전환하려는 마케팅 전략의 수립에 집중하여야 한다는 것이다. 이러한 상황 하에서 기업의 약점을 보완하고 외부로부터의 위협을 극복하기 위해서는 위험을 감소시킬 수 있는 합작투자나 위험이 높지 않는 사업으로의 전환 및 집중이 필요하며, 최악의 경우 청산이나 철수까지도 고려하여야 한다.

	기회(opportunity)	위협(treat)
강점 (strength)	**SO 전략** * 선도기업에 의한 시장선점전략 * 제품 및 시장 다각화 전략 * 기술력의 집중에 의한 경쟁자와의 차별화전략 * 생산시설확충 및 시장점유율 확대전략	**ST 전략** * 안정된 시장의 확보를 위한 시장침투전략 * 제품계열의 다양화전략 * 자사의 핵심역량의 극대화전략 * 획기적인 마케팅 전략 수립-경쟁자와의 차별화모색
약점 (weakness)	**WO 전략** * 자사의 핵심역량 보완 및 강화전략 * 선도기업과의 전략적 제휴를 통한 시장기회의 모색-선도기업의 장점활용	**WT 전략** * 합작투자전략 * 철수 및 청산전략 * 제품 및 사업의 집중 전략 * 정상적인 경영활동에 의한 약점의 보완과 전환전략

그림 2-8 SWOT 분석과 마케팅 전략

요약정리

경제성장의 저하, 급속한 기술 변화, 치열한 경쟁의 증가 등과 같은 기업 환경의 변화는 기업의 생존과 성장에 심각한 위협요인이 되고 있다. 따라서 환경과의 적응성을 강조하는 전략개념의 중요성이 증가되고 있는 실정이다. 전략이란 기업에 의해 계획화된 목표들을 달성하는데 필요한 구체적인 활동 내지 기업의 전술과 대조되는 개념으로서 목표를 달성하기 위해 설계된 행동계획을 말한다. 전략과 전술은 행위의 차원, 규칙성, 주관적 가치관, 대체안의 범위, 불확실성, 문제의 성질, 정보의 요구, 목적, 비전, 목표로 정의되는 기업의 사명을 확립하는 것이다.

기업의 사명은 사회에 대한 조직의 관계를 표현하는데 이는 장기적이고 결합적이며 제품과 서비스를 인식하고 조직이 충족시켜야 할 소비자의 욕구를 인식하며, 조직활동의 방향을 제시한다. 그 다음 단계는 조직이 활동의 결과로서 획득하고자 하는 이익을 강조하는 조직의 목표를 설정하는 것인데 이러한 목표를 달성하기 위해서는 다음과 같은 다섯 가지 구체적인 사실을 포함하여야 한다.

첫째, 목표는 단일 주제 내지 구체적인 주제와 관련되어야 한다.

둘째, 목표는 수행해야 할 활동이 아니라 결과와 관련되어야 한다.

셋째, 목표는 측정 가능해야 한다.

넷째, 목표는 달성하는데 소요되는 deadline을 담고 있어야 한다.

다섯째, 목표는 도전적이지만 달성 가능한 것이어야 한다.

사업 포트폴리오 분석은 사업부들의 기업내·외적인 요인에 대한 평가와 이를 바탕으로 한 각 사업부의 현재의 상황에 가장 적합한 목표와 전략을 제시해 준다. 포트폴리오 분석은 경영자에게 기업전체에서 각 사업부들의 가장 효과적인 통제와 관리를 제공해준다.

PIMS 모델은 사업 성공에 영향을 미치는 주요 전략요인으로서 투자 집중도, 생산성, 시장지위, 제공된 시장의 성장, 제공된 제품/서비스의 질, 기술혁신과 차별화, 수직적 통합도, 원가상승 현재의 전략적 노력을 들고 있다.

전략계획 수립 모델로는 포트폴리오 분석 모델 중에서 가장 많이 사용되는 BCG(Boston Consulting Group)모델이며, 시장 성장률과 상대적 시장 점유율을 이용하여 기업의 전략적 사업단위를 평가하는 포트폴리오 계획수립방법과 비용과 시장 점유율의 관계를 제시하여 시장점유율의 중요성을 설명하는 사업 포트폴리오 분석의 하나인 경험곡선 그리고 산업매력도 지수와 산업에서의 기업 강점지수를 이용하여 전략적 사업단위를 평가하는 포트폴리오 계획수립 방법인 GE(General Electric)모델 내지 산업매력도/기업강점모델이 있다. 사업 포트폴리오 분석을 통해 사업부들에 의해 평가가 이루어지면 기업은 성장전략을 수립하여야 한다. 기업의 성장전략에는 시장침투전략, 시장개발전략, 제품개발전략, 다각화전략 등이 있다.

SWOT 분석이란 기업내부의 강점(strength)과 약점(weakness) 그리고 기업외부의 기회(opportunity)와 위협(threat)을 기본으로 하여 기업내·외부에서 발생하는 환경을 분석하여 기업의 사업성과를 달성하는데 사용하는 분석방법이다. SWOT 분석은 기업의 내부환경을 분석하여 강점과 약점을 발견하고, 외부환경을 분석하여 기회와 위협을 찾아내어 이를 토대로 강점을 살려 경쟁력을 강화하고 약점을 보완하여 위험을 감소시키며, 외부의 기회를 획득하고 위협을 억제하거나 제거하는 전략을 수립하는 것을 말한다. SWOT 분석이 성공을 거두기 위해서는 기업 내·외부의 환경에 대해 충분한 지식을 가지고 있어야 한다. SWOT 분석을 이용한 마케팅 전략의 특성에는 SO전략(내부강점－외부기회), ST전략(내부강점－외부위협), WO전략(내부약점－외부기회), WT전략(기업약점－외부위협) 등이 있다.

용어해설

전략계획(strategic planning)
조직의 목표와 능력을 변화하는 마케팅 기회에 적합하게 일체시키려는 전략을 개발하고 유지하는 활동

전략(strategy)
목표를 달성하기 위해 설계된 행동계획

전술(tactics)
전략에 의해 계획화된 목표들을 달성하는 데 필요한 구체적인 활동 내지 기법

반사적 대응(reactive response)
미래에 대한 또는 기업 환경에 적응하고자 하는 준비가 없지만 변화가 일어날 때 그 변화에 즉각적으로 반응하는 기업의 의사결정

주도적 예측반응(proactive response)
기업환경을 형성하는 이벤트에 가능한 한 영향을 미치거나 환경에서의 변화를 예측하는 기업의 의사결정

사명문(mission statement)
하나의 조직을 다른 조직과 구별하는 방식으로 표현되는 기업의 지속적인 목적, 비전, 목표

경쟁적 우위(competitive advantage)
한 기업이 소비자 욕구를 충족시키기 위해 경쟁업자보다 더 나은 활동을 할 수 있는 것

조직 목표(organization objectives)
조직이 수행한 활동의 결과로서 획득하고자 하는 이익을 강조하는 것

판매반응 곡선(sales responsiveness curve)

마케팅 지출과 판매와의 관계를 파악하기 위한 것으로 일명 판매곡선이라 불리는 S자 형태의 곡선

전략적 사업단위(strategic business unit)

조직 내부에서 어느 정도의 자율성을 가지고 운영되며, 주요 사업영역을 나타내는 하나의 독립 운영부문

성장/점유율 매트릭스(growth/share matrix)

Boston Consulting Group에 의해 개발된 시장 성장률과 상대적 시장 점유율을 이용하여 기업의 전략적 사업단위를 평가하는 포트폴리오 계획수립 방법

별(stars)

고성장률, 고점유율의 전략적 사업단위로 이들은 수요를 유지하기 위해 지속적인 자금의 투하를 필요로 한다.

자금젖소(cash cows)

저성장, 고점유율의 전략적 사업단위로 필요로 하는 것보다 더 많은 현금을 창출하며, 그 자금의 일부는 포트폴리오 중의 다른 전략적 사업단위에 투하된다.

개(dogs)

저성장, 저점유율의 전략적 사업단위로 이들은 자신의 유지를 위해서는 충분한 현금을 창출할지는 모르지만 보다 큰 현금 원천이 될 전망은 없다.

물음표(question marks)

저점유율을 가진 전략적 사업단위로 많은 현금을 창출하지는 못한다. 한편 이들은 매우 빠르게 성장하는 시장에 위치해 있기 때문에 잠재력은 있지만 시장에서의 위치를 유지하는 데 많은 현금을 필요로 한다.

경험곡선 분석(experience curve analysis)

단위당 비용과 축적 생산량과의 관계를 나타내며, 이는 축적 생산량이 배증할 때 단위당 비용이 줄어드는 것을 보여준다.

산업 매력도/기업강점 모델(industry attractiveness/business strength model)

산업 매력도 지수와 산업에서의 기업강점 지수를 이용하여 전략적 사업단위를 평가하는 포트폴리오 계획수립 방법

시장영향 분석 모델(profit impact marketing model)

전략적 사업단위의 위치와 개별사업의 전망을 분석하기 위해 컴퓨터를 이용하는 위험평가 분석 모델

토의문제

1 전략과 전술의 차이점을 비교하시오.

2. Akron대학의 사명문을 보고 그 주요 특성을 토의하시오. 그리고 반드시 영리조직이나 비영리조직에서도 사명문이 필요할까? 필요하다면 그 이유는 무엇일까?

3. 기업으로 하여금 기업사명과 목표를 바꾸게 하는 요인들에 대해 설명하시오.

4. 영리조직과 비영리조직의 사명문은 어떤 측면에서 차이가 있는지 토의하시오.

5. 기업의 목표가 달성 가능한 것이 되려면 어떤 요인들을 담고 있어야 하는지 설명하시오.

6. Boston Consulting Group에 의해 도입된 전략적 사업단위의 네 개의 유형에 대해 간략히 설명하고 현대 자동차사의 현재의 자동차 모델을 네 개의 범주에 대비시켜 설명하시오.

7. 사업 포트폴리오 분석 이후 장래에 대한 각 전략적 사업단위에 대한 대안적인 전략들에 대해서 토의하시오.

8. 기업의 성장전략의 유형과 각각의 유형별 차이는 무엇인지에 대해서 토의하시오.

9. PIMS, 즉 시장영향 분석모델은 포트폴리오 분석모델에 비해 어떠한 장·단점을 가지고 있는지 토의하시오.

10. SWOT 분석 방법 중에서 기업의 내부적 환경들은 어떤 것들이 있는지 토의하시오.

11. SWOT 분석에 의한 이용한 마케팅 전략의 특성에 대해서 설명하시오.

12. 우리가 살아가고 있는 사회에서 최근에 신설된 기업을 하나들고, 그 기업을 위한 마케팅계획을 수립해 보시오.

참고문헌

1) John Leppard and Malcolm McDonald, "A Reappraisal of the Role of Marketing Planning," The Quarterly of Marketing, Aut. 1987, pp.1~17.

2) Nils－Erik Aaby and Anthony, "Corporate Strategy and The Role of Navigational Marketing," European Journal of Marketing 23:10(1989), pp.18~30;John R. Darliny and Raymond E. Taylor, "A Moder for Reducing Intermal Resistance to change in a Firm's International Marketing Strategy," European Journal of Marketing 23:7(1989), pp.34~50.

3) Nigel Piercy and Kenneth J. Peattie, "Matching Marketing Strategies to Corporate Culture The Parcel and the Wall," Journal of General Managemant 13(Summer 1988), pp.33~48.

4) Philip Kotler and Gary Armstrong, *Principles of Marketing*, Prentice-Hall, Inc., N.J., 9th ed., 2001, pp.47~48.

5) John A. Pearce III, "The Company Mission As a Strategic Tool", *Sloan Management Review* (Spring 1982), pp.15~24.

6) R.E. Srewart, J.K. Allen, and J.M. Cavender, The Strategic Plan(Palo Alto, Calif.: Stanford Resarch Institute, 1973)

7) George S. Day, "Diagnosing the Product Portfolio," Journal of Marketing(April 1977), pp.29~38.

8) George S. Day and David B. Montgomery(1983), "Diagnosing the Experience Curve," Journal of Marketing, 47(Spring), pp.44~58.

9) John H. Grant and William R. King, "Strategy Fonmulation : Analytical and Normative Model," In Strategic Management : A New View of Business Policy and Planning, eds Dan E. Schendel and Charles W. Hofer(Boston : Little, Bown, 1985), pp.106~122.

10) S. Schoeffler, "Nine Basic Findings on Business Strategy," Primslctter no. 1, The Strategic Planning Institute Combridge, Mass., 1977.

11) htt://blog.naver.com/barnaba37?Redirect=Log&logNo=50129008842

봄바람

수줍어 끝없이 내달려도
길게 내민 잔가지 끝에
머무는 그리움

스쳐가는 기억의 마디마디에
눈부시게 새순이 돋아나고
입술만 꼬옥 깨문채
아물지 못한 마음의 상처는
밤마다 물가를 맴 돈다

먼 산 흔들어 깨우면
발 끝 아프게 부서지는 너는
외로움에 불타는
내 영혼의 나들이이리라.

— 김현기 —

Maketing

마케팅 환경 분석

CHAPTER

03

제1절 마케팅과 환경

1 마케팅 환경분석의 의의와 필요성

마케팅에서 가장 어렵고 흥미 있는 분야 중의 하나가 역동적인 환경의 변화이다. 마케팅은 여러 요인들로 구성되어 있기 때문에 변화하는 세계의 모든 주요차원에 의해 영향을 받는다. 그러므로 마케팅 관리자는 통제 불가능한 외부요인들에 대해서 신중하게 대처해야 한다.

이러한 통제 불가능한 외부요인들로는 사회적 가치, 희소자원, 생태학적 문제, 진보하는 기술, 그리고 인플레이션과 같은 많은 경제적 변화, 인구 통계적 환경, 자연적 환경, 정치적·법률적 환경, 사회·문화적 환경을 들 수 있다. 마케팅 관리자는 통제 불가능한 외부 환경요인들 외에도 기업이 통제할 수 있는 다양한 변수—마케팅 믹스 구성요소—들을 활용한다. 이러한 통제 가능한 내부변수들을 통해 관리자는 변화의 시대에서 생존과 번영을 추구한다. 기업의 성패는 마케팅 관리자가 역동적인 환경에 얼마나 잘 적용하느냐에 달려 있으며, 전략적관리가 변화하는 환경에 대한 평가에 초점을 두는 이유가 여기에 있다.

이 장에서 역동적인 환경의 주요 차원과 이들이 전략적 마케팅관리에 미치는 시사점에 대해 살펴보고자 한다. 역동적인 환경, 고객 그리고 요구충족 제공자인 기업과의 관계가 [그림 3-1]에 잘 나타나 있는데 기업과 고객은 환경요인에 영향을 받는 동시에 영향력을 행사하기도 한다.

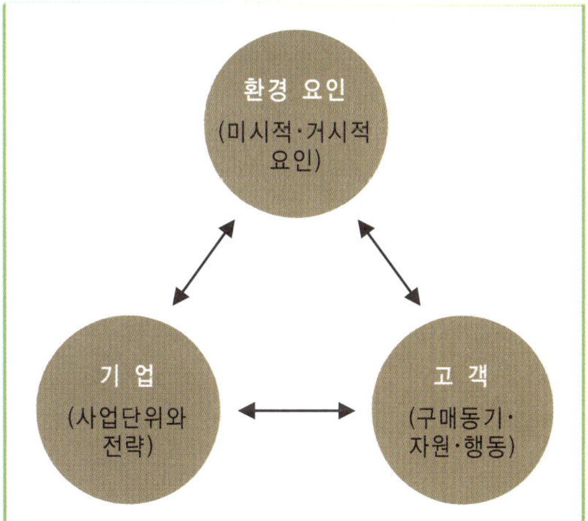

그림 3-1 환경-기업-고객의 삼각현황

그리고 그 영향력의 정도는 구성원요인들의 수에 따라 상이하다. 즉, 계열기업과 고객이 환경요인에 받는 영향력이 전체산업과 고객이 받는 영향력에 비해 적다고 할 수 있다. 따라서 기업은 마케팅전략을 수립하고자 할 때, 두 개의 주요 고려요인 — 환경과 고객 — 을 고려함과 동시에 경쟁사의 행동과 반응을 주시해야 한다.

[그림 3-2]는 기업과 고객의 관계 그리고 환경에 대한 보다 구체적인 비전(vision)을 보여준다. 외부의 두 층은 마케팅활동이 일어나는 사회에서의 전반적인 환경을 나타내며 세 번째 층은 기업의 미시적 환경 — 마케팅 중간상, 공중, 원료 공급업자, 경쟁자, 고객 — 과 4개의 주요 통제가능 활동 — 제품, 가격, 유통, 촉진 — 을 구성하는 마케팅 믹스를 그리고 최종적으로 기업과 마케팅목표를 그 중심에 두고 있음을 나타내고 있다.

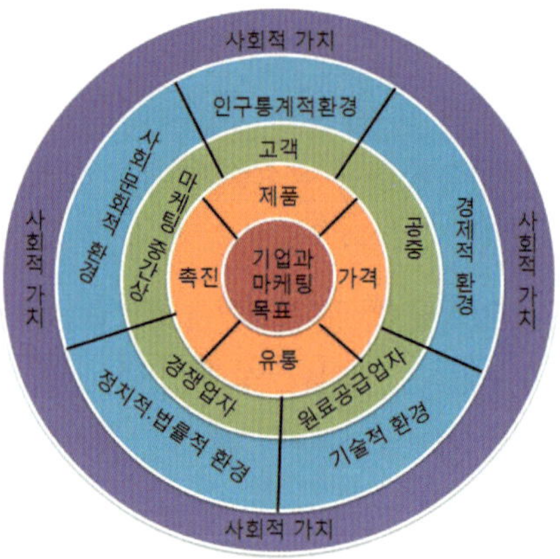

그림 3-2 역동적 마케팅환경

2 마케팅 환경분석의 특성

일반적으로 마케팅 환경은 기업의 내부적 요인인 내적환경(internal environment)과 외부적 요인인 외적환경(external environment)으로 구분된다. 외적환경은 기업의 마케팅 활동을 통제하거나 지원하여 경영성과에 직접적으로 영향을 미치는 미시적 환경과 간접적으로 영향을 미치는 거시적 환경으로 구분된다. 미시적 환경은 경영지원과 경영활동과 밀접한 관계가 있으며 기업 스스로의 마케팅 노력에 의해 변경이나 개선이 가능하다. 기업의 마케팅 활동에 영향을 줄 수 있는 대표적 미시적 환경요인으로는 공급자, 중간상, 경쟁자, 고객 등이 있다.

최근에는 마케팅 환경 분석에 있어서 과거보다 거시적 환경이 강조되고 있다. 그 이유는 기업들이 당면하고 있는 환경이 급속히 변하고 있으며 기업의 생존 여부가 이들 거시적 환경변화에 의해 좌우되는 상황으로 전개되고 있기 때문이다.

거시적 환경은 미시적 환경요인들을 포괄하면서 이들에게 영향을 줄 수 있는 광범위한 여러 가지 환경들이며, 기업 스스로 이를 회피하거나 변경시키기는 매우 어렵다는 특성이 있다. 여기에는 인구 통계적 환경, 사회·문화적 환경, 정치·법률적 환경, 경제적 환경, 자연적 환경, 기술적 환경 등이 있다.

예를 들면, 각 나라마다 정도의 차이가 있을 수 있지만 연령·성별·소득수준·교육 등의 인구 통계적 변화, 불확실한 물가와 경기변동·금리·임금·통화량·환율 등과 같은 경제적 환경의 변화, 인구·가족·연령구조·수명·직업관·사회관·가치관·라이프스타일·소비패턴·취미·문화활동 등과 같은 사회·문화 환경의 변화, 국가 간 무역 장벽·블록화·종교·민족·인종 등과 같은 정치·교역 환경의 변화, 공정거래법·소비자 보호법 등과 같은 법률적 환경의 변화, 전자·통신·유전자·핵물리학 등과 같은 과학과 기술의 변화, 지진과 같은 천재지변 등의 자연적 변화 등이 기업경영에 영향을 미치는 대표적인 거시적 환경요인들이다.

합리적인 분석을 통하여 내·외적인 환경과 원만한 관계를 지속하는 기업은 탁월한 경영성과를 거둘 수 있는 것이나, 변화하는 환경에 적절히 대응하지 못한 기업은 성장·발전하지 못하고 결국 도산 될 수밖에 없다.

3 마케팅 환경의 기회와 위협

마케팅 전략의 수립은 환경변화에서 오는 기회(opportunities)를 자사에 맞게 활용하고 위협(threats)을 회피하거나 새로운 기회로 변화시키기 위한 것이다. 훌륭한 마케팅 담당자는 변화하는 환경에 맞춰 자사의 능력에 적합한 기회와 위협을 분류하여 이들을 전략적으로 자사의 장·약점과 결합시켜 효과적인 전략을 수립한다. 즉, 마케팅 관리자는 마케팅 활동을 수행하는데 있어서 환경변화에 의해서 발생하는 기회와 위협을 파악하여 기회를 포착하고 위협을 피해 가는 것이다.

마케팅 담당자가 마케팅 환경을 분석하는데 있어 기회와 위협을 활용하거나 회피할 수 있는 방법을 살펴보면 다음과 같다.

첫째, 마케팅 환경의 변화가 자사의 표적시장에 직접 영향을 주는 경우이다. 마케팅 환경의 변화는 어떤 특정시장을 확대하거나 축소시킬 수 있고 또한 신규시장을 창출하거나 기존시장에서 철수시킨다. 일반적으로 기업의 입장에서 기회라 함은 시장에서 자사제품의 경쟁력강화와 시장점유율 확보에 관련된 것으로써 시장점유율이 확대되거나 신규시장이 형성되어 새로운 시장진출이 이루어질 때를 일컫는다. 예를 들면, 인구증가로 인한 새로운 도시의 출현이나 소비자들의 가처분소득의 증가로 구매력이나 소비가 증대될 경우 기업에게는 기회가 창출된 것이다. 그러나 반대의 경우 물가상승에 따른 인플레이션의 발생, 소득감소, 실업률 증가 등과 같은 요인들은 소비자들의 실질소득의 하락과 소비심리를 위축시켜 소비가 감소됨으로써 이러한 상황은 기업에게는 위협이 된다.

둘째, 기업의 특정 마케팅 활동에 영향을 미치는 것이다. 예를 들면, 어떤 특정산업의 경우 지나친 유해가스의 배출을 국가에서 법으로 규제한다면 단기간에는 위협이 될 수 있다. 그러나 어떤 기업이 새로운 혁신적인 기술의 개발로 유해가스의 배출을 억제시켰다면 경쟁자에 비해서 그 유해가스 배출을 막는 새로운 기술을 개발한 기업에게는 기회가 된다. 그러므로 마케팅 담당자는 마케팅 환경의 변화로 인하여 발생할 수 있는 여러 가지 상황들을 자사에 적합하게 마케팅 전략을 끊임없이 수정하여 보완한다면 환경의 변화가 단기적으로는 위협이 될 수 있지만 장기적으로는 기회가 될 수 있다.

표 3-1 마케팅 환경의 기회와 위협

기 회	위 협
• 새로운 시장 표적시장의 진입 • 제품 계열의 추가 가능성 • 정부정책의 안정성 • 경쟁 강도가 낮은 시장과 산업 • 빠른 경제 성장 • 인구와 실질소득의 증가 • 실업률 감소	• 새로운 경쟁자의 진입가능성 • 대체제품의 출현과 판매량 증가 • 정부정책의 불안정성(정부의 잦은 정책 변화) • 경쟁자의 경쟁강도가 높음 • 경기후퇴와 경비변동의 불확실성 • 물가 상승과 인플레이션의 발생 • 인구와 실질소득의 감소 • 실업률 증가

제2절 사회적 가치의 변화

사회 내부에서 변화의 주요동인(movers)중의 하나가 사회의 가치이다. 독일인들은 이러한 현상을 “시대의 분위기(spirit of the times)”를 의미하는 시대 정신(zeitgeist)으로 표현한다.

금세기 초, 미니스커트를 입고 술과 담배를 애용하던 여성은 “불손한(loose)” 그리고 “자신의 성에 오점을 남긴” 것으로 간주되곤 하였다. 거리에서 셔츠를 입고 활보하는 여성이란 극히 충격적인 사건이었으며, 심지어 해변에서 비키니 차림은 아마 불결한 노출로 체포되리라는 것을 쉽게 예측할 수 있었다. 그 당시 생활 속에서 여성의 위치는 “가정 속”이었으며, 법·의학과 같은 대부분의 전문직은 남성의 일로 간주되었다.

사회가치의 변화는 인지(perceptions), 직업(vocation), 생활 스타일(life-styles)에 영향을 미치고 변화하는 시장에서 생생한 역할을 수행한다. 예를 들면, 노동인구에서 여성의 참여 증가는 새로운 시장을 개척하고 수많은 기존시장을 확대시킨다.

마케팅전략은 역시 사회적 가치의 변화 — 즉, 평등권 운동 — 에 영향을 받는다. 시장과 마케팅전략에 영향을 미치는 가장 명확한 가치의 변화는 평등권 운동, 물리적 환경과 생태학에 대한 관심의 증가, 개인 가치와 생활 스타일의 다양성의 증가, 소비자 권리에의 강조 등을 들 수 있다. 각개의 이러한 변화는 “삶의 질(quality of life)”에 대한 전반적인 탐색의 한 부문들이다. 이러한 탐색은 소비자운동에 의해 명확하고 확실하게 설명된다.

경제적 전개흐름을 통해 구매자와 판매자 양자는 타인에 대해 자신들의 상대적인 이점을 보호하고, 이를 확대하고자 한다. 판매자는 자신들이 어떠한 유형의 제품을 판매하는지 그리고 가격과 촉진방법(promotion method), 시장과 판매조건에 대한 권리를 유지하고자 하며, 상대적으로 구매자는 교환과정(exchange process)에서 이러한 개개의 구성요소들을 결정할 때 좀 더 큰 목소리를 내고자 한다. 그러므로 소비자주의는 판매자와 관련해서 구매자들의 권리와 힘을 강화시키고자 하는 사회적 운동으로 파악할 수 있다.

1 구매자의 권리

구매자의 권리에 대한 가장 유명한 선언은 미국의 John F. Kennedy 대통령에 의해 제시되었다. Kennedy 대통령은 「소비자 이익의 보호에 관한 특별 교서」에서 소비자는 다음과 같은 권리를 가져야 한다고 지적하였다.

① **안전의 권리(the right to safety)** : 불안전하고 기만적인 혹은 위험스러운 결함제품과 서비스로부터 보호

② **정보를 전달받을 권리(the right to be informed)** : 모든 관련정보의 개방과 기만과 사기로부터 보호

③ **선택의 권리(the right to choose)** : 경쟁유지와 합리적 수준의 제품의 다양성

④ **알려진 권리(the right to be heard)** : 정부와 소비자조직을 경유하는 표현

이 선언문은 그 후 「소비자의 권리 장전(consumers' bill of right)」으로 널리 알려지게 되었다.

비록 소비자주의(consumerism)가 역사상 어느 시대에서보다도 오늘날 가장 강력하지만 그것은 전혀 새로운 사회운동이 아니라는 것이다.

현대의 소비자주의는 보통 1950년대 중반 그리고 마케팅과 소비과정에 대한 비판으로 거슬러 올라간다. 그 당시 가장 유명한 비판은 미국 소비자들이 기만적인 광고와 마케팅 노력에 무의식적으로 조종당하고 있다고 가정한 Vance Packard의 「The Hidden Persuaders」였다. 그러나 혹자는 현대 소비자주의의 시발점을 J.F. Kennedy의 소비자 권리 선언문으로 보고 있다. 그러나 현재의 소비자운동의 가장 뚜렷한 지지자 내지 제안자는 Ralph Nader와 Nader's Raider 조직을 들 수 있다.

2 소비자주의 이슈들

Council of Better Business Bureaus는 소비자의 불만과 불평을 야기시키는 것이 무엇인지 파악하고자 주요 여론조사를 실시하였는데, 이 질문에 다음과 같은 순서로 제품결합, 광고상의 문제, 빈약한 개인서비스, 잘못된 브랜드명·포장·안내, 빈약한 수선서비스, 빈약한 불만처리, 대금결재상의 오류, 품질 보증상의 오해 등으로 응답하였다.

소비자주의의 정의를 내리는 또 다른 연구에 의하면 다음과 같은 다섯 개의 주요 관심분야로 인식하고 있다.

① 정보 전달적광고와 명확한 품질보증 문서와 같은 정보

② 의약품 및 자동차와 같은 제품의 안정성

③ 자동차, 설비품 기타 제품의 수선과 서비스제공

④ 식료품과 건강 제품에 대한 가격상승과 같은 가격에 관한 관심사항

⑤ 내구성과 진부화에 대한 제품품질

현재의 소비자운동의 효과는 소비자운동을 촉진시키는 법안에 의해 그 일부가 드러난다. 우리나라의 경우 신용조합법, 소비자 보호법, 금융실명거래에 관한 법률, 약관규정에 관한 법률, 신용카드업법, 할부거래에 관한 법률, 금융실명거래 및 비밀보장에 관한 긴급재정경제명령, 공공기관 등의 개인정보 보호에 관한 법률 제정 등을 포함한다. 이러한 법안과 거래관행에 관한 규제는 수많은 소비자의 수요를 조직화하는 수단이 되었다.

사회적으로 바람직하지 않는 거래 관습은 소비자뿐만 아니라 비윤리적인 거래관행을 이용하는 기업과 대항해서 활동하는 정직한 기업에게도 해가된다. 한편 올바른 소비자 보호조치는 소비자와 사회적인 책임을 수행하는 기업 모두에게 도움이 된다. 그러므로 마케팅관리자는 기업을 규제하는 과정에 직접 참여함으로서 소비자와 마케팅관리 그 자체를 보호할 수 있다.

3 소비자주의에 대한 마케팅반응

많은 기업들은 소비자 요구에 맞추어 자신들의 마케팅전략과 관습을 변화 시킨다. 그리고 그 변화하는 과정에 비용이 적게 소요되는 경우 그 변화는 실질적인 이익을 창출한다. 예를 들면, 식육제품의 포장은 전통적으로 이익이 낮은 산업이다 그러나 Oscar Mayer 제품범주는 지속적으로 산업의 평균이익보다 더 높은 이익수준을 유지하기 위해 노력하고 있다. 제품범주의 성공을 이끌어낸 하나의 열쇠는 소비자 편익에 대한 광범위한 촉진을 가능하게 한 고품질과 포장이었다. Oscar Mayer 제품범주를 생산하는 기업의 구체적인 활동은 다음과 같다.

- Oscar Mayer 소시지는 육류부산물 내지 시리얼(serial)과 같은 육류 첨부물을 담고 있지 않다는 것을 나타내는 제품정책
- 소시지의 영양분 내용과 품질의 촉진
- Oscar Mayer 베이컨은 제품에 대한 소비자 평가를 용이하게 하는 클리어백 윈도우(clear back windows)로 포장된 최초의 제품

일반적으로 마케팅 담당자는 "만족(satisfaction)", 집중적인 제품검사, 품질통제의 증가, 제품상기 정책(product recall policies),좀 더 나은 품질보증 그리고 소비자 불만처리의 개선 등과 같은 정책을 채택하였다.

우리가 미래를 바라볼 때 소비자 운동이 지속되리라는 것은 의심의 여지가 없다. 예를 들면, Fortune 지의 500대 기업 중 145개의 기업 경영진 대다수가 소비자운동은 향후에도 가속되리라 예상하고 있다. 그러나 규제의 대가, 인플레이션 그리고 자원부족이 소비자주의의 항해의 바람을 어느 정도 가로막을지 모른다. 예를 들면, 자원부족과 결핍의 시대(Age of Scarcity)가 구매자 시장의 힘을 감소시킬 것이며, 기본적인 경쟁적 생존문제가 로맨틱한 소비자 문제와 대체하게 된다. 그러나 이러한 시나리오가 발생하더라도 광고 표준, 소비자 정보, 가격과 가치와의 관계, 제품의 안정성과 같은 소비자 이슈들은 의심할 여지도 없이 계속될 것이다.

소비자주의는 단지 사회의 가치(the values of a society)와 삶의 질(quality of life)에 대한 탐색을 불러일으키는 많은 운동 중의 하나일 뿐이다.

제3절 기업의 미시적 환경요인

미시적 환경요인(micro environmental forces)이란 기업의 마케팅 노력에 직접적인 영향을 미치는 세부요인을 말하며, 원료 공급업자, 마케팅 중간상, 경쟁업자, 고객 그리고 공중 등을 포함하고 있다.

기업의 마케팅 노력에 미치는 미시적 환경요인의 영향은 여러 면에서 거시적 환경

요인의 영향만큼이나 중요하지만 기업은 미시적 환경요인에 보다 빠르게 반응하며 직접적인 관리·통제가 이루어질 수 있다. 마케팅 관리자는 기업 내부의 여러 구성원들과의 긴밀한 협조를 통해 이러한 미시적 요인들의 긍정적인 효과를 극대화시키고 부정적 영향을 최소화시켜야 한다.

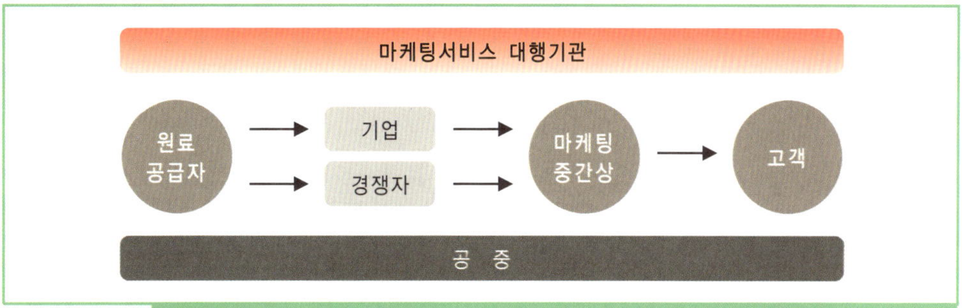

그림 3-3 미시적 환경의 구성 요소

1 기업

일반적으로 기업은 마케팅전략을 수립할 때 기업 내부의 최고 경영층, 재무, 회계, 생산, 구매, 연구개발 그리고 유통채널 등을 고려하여야 한다.

기업이 성공하기 위해서는 이러한 기업내 미시적 환경요인들의 협조와 지원이 필요하다. 만약 그렇지 못할 경우 기업의 마케팅 전략 수립과 실행 과정에서 매우 부정적인 영향을 미치게 된다.

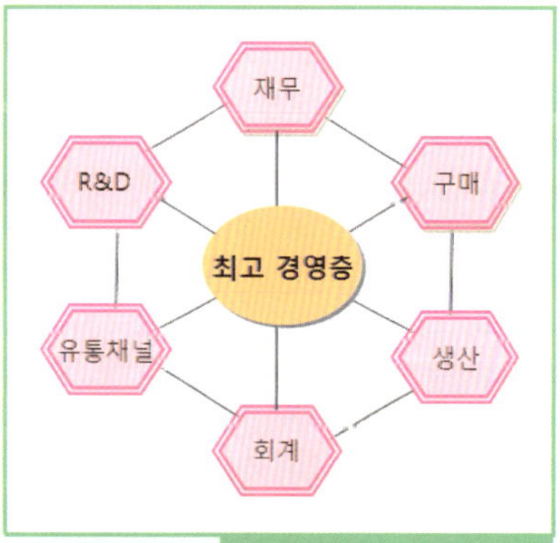

그림 3-4 기업

2 원료 공급업자

원료 공급업자란 기업이 제품과 서비스를 생산하는데 필요한 원재료를 제공하는 조직이나 개인을 말한다. 예를 들면, 삼성전자가 냉장고를 생산하기 위해 철강, 전자부품, 고무, 전선, 모터 등의 다양한 원료를 확보해야하며 노동력, 생산설비, 연료, 전기 등 여러 가지 생산요소를 구입해야 한다. 이렇듯 대부분의 기업들은 제품과 서비스를 생산하는데 수많은 원료 공급업자를 이용하고 있으며 독자적으로 자사의 제품을 자급자족하여 생산하는 기업은 거의 존재하지 않는다. 완성차를 생산하는 대부분의 자동차 회사는 약 3만개의 자동차 부품 공급업자와 관계를 맺고 있다. 기업과 원료 공급업자와의 강력하고 친근한 우호적인 관계는 기업이 마케팅 목표를 달성하는데 많은 도움이 된다. 도요타자동차는 부품공급업자들과 긴밀한 관계를 유지함으로써 재고의 압축과 유연한 생산관리가 가능할 수 있었으며 이를 바탕으로 세계적인 자동차기업이 되었다.

마케팅 관리자는 원료 공급업자와의 긴밀한 협력 관계가 이루어져야하며 신중하게 그들과의 성과를 측정하여야 한다. 또한 공급부족이나 지연, 가격 인상, 파업 등과 같은 경우 기업에 큰 타격을 줄 수 있으므로 원자재의 안정적인 조달을 위해 이러한 원자재 공급에 부정적 영향을 줄 수 있는 요인들을 찾아 적극적으로 대처하는 것도 매우 중요하다. Ford Motor는 자동차 부품을 제공하는 공급업자와 대부분의 지속적인 계약을 맺고 있으며, 이 계약은 Ford Motor로 하여금 고품질의 부품과 저가격의 신뢰 가능한 배달을 가능하게 하였다. Sears의 경우 공급업자로부터 제품을 구매하는 책임을 지고 있는 담당직원은 바로 제품시장 관리자들이다. 이들은 Sears백화점에서 제품 전시, 제조, 개발을 모니터 하는 책임을 담당하고 있다. 기업들은 종종 기업의 의사결정에 공급업자의 참여를 강화하거나 강력한 수행을 촉진하기 위해 소수의 공급업자와 장기적인 계약을 체결하기도 한다. 최근 들어 주목받고 있는 "공급망관리(Supply Chain Management)"도 이러한 한 형태라 할 수 있을 것이다.

3 마케팅 중간상

마케팅 중간상(marketing intermediaries)이란 최종 소비자에게 제품을 유통, 촉진, 판매시키는 과정에 참여하여 기업을 지원하는 기관을 말하며 개인의 경우 유통업자, 조직의 경우 유통기관이라고도 한다. 기업은 일반적으로 자사의 효율적인 마케팅 활동을 영위하기 위해 마케팅 기능의 수행을 돕는 전문가나 마케팅 중간상을 고용한다. 그들은 마케팅 과정을 구축하는 경제성과 효율성 때문에 존재하며, 어떤 특정한 마케팅 활동의 수행을 지원하는 역할을 한다. 〈표 3-2〉는 중요한 마케팅 기능과 마케팅 중간상과의 관계를 보여주며 여기에서 많은 상이한 마케팅 중간상이 존재하는 것을 나타내고 있다.

(1) 도·소매상

중간상은 기업이 소비자에게 제품을 전달하는데 있어서 각각의 고객을 확보하여 판매를 지원하는 유통기관이다. 여기에는 기업으로부터 직접제품을 구매하여 재판매하는 도매상과 소매상이 포함된다.

대부분의 도·소매상들은 소규모 사업을 하지만 몇몇의 도·소매상들은 매우 규모가 큰 사업을 하며 제조업자에게 상당한 영향력을 행사한다. 예를 들면, Foremost-Mckesson은 2만개 이상의 약국과 6천개 병원에 의약품을 판매하고 있는 미국 전역에서 가장 큰 의약품 도매상이다. 소매상의 경우에도 E-마트, 롯데마트, 홈플러스, Sears, Wall-Mart 등은 국내·외에 많은 체인점을 운영하고 있다.

표 3-2 마케팅 중간상과 마케팅 기능과의 관계

마케팅 중간상	마케팅 기능
도·소매상	구매와 판매
독립 구매 대리상	
광고대행사	
제조업자 대리상	
판매대리상	
중개인	
상인대리상	
트럭	수송
철로	
항로	
수로	
공공창고	저장
유통센터	
마케팅 조사기관	마케팅 정보조사
컴퓨터 서비스기관	
은행	금융
상업금융기관	
대출·대여기관	
무역협회	표준화와 규격화
제조업체	
보험사	위험부담

제소업자의 규모가 소규모이거나 기업이나 브랜드가 소비자에게 인지도가 높지 않을 경우 중간상들은 세조업자의 제품을 유통시키는 것을 회피하거나 거절한다. 예를 들면, 무명브랜드의 청바지 제조업자는 소매상들이 리바이스 같은 유명브랜드의 제품을 유통시키는 것을 선호하기 때문에 자사제품을 판매하는 것이 매우 어렵다고 불평한다. 제조업자는 특정제품의 여러 상표를 판매하고 있는 중간상들이 다른 상표를 더 이상 원하지 않는다는 사실을 알게 된다. 이러한 상황은 제조업자로 하여금 직접 새로운 유통경로를 개척하여 판매를 하거나 우편주문, 홈쇼핑, 인터넷 등을 통하여 소비자에게 직접 판매하는 활동을 하게 한다.

(2) 마케팅서비스 대행사

마케팅서비스 대행사에는 광고대행사(advertising agencies), 마케팅 조사회사 등이 있다. 이들은 시장을 세분화하여 기업에 적합한 최적표적시장을 선정하고 제품의 판매와 촉진목표를 달성하기 위해 설계된 촉진전략을 창조하거나 수행하는 활동을 함으로써 기업을 보조한다. 2011년 말 우리나라 광고대행사는 약 300개사로 이들 광고대행사는 마케팅 컨설턴트로서 자사의 고객을 위해 다양한 마케팅활동을 수행한다. 만약 이러한 광고대행사가 엉터리 촉진 캠페인활동을 전개하거나 부적절한 마케팅 자문을 제공하면 고객은 수익과 이미지 면에서 막대한 손실을 입게 된다.

(3) 물적 유통기관

물적 유통기관은 제품을 생산지에서 최종소비자에게 전달하는 과정에서 운송·보관·포장 등을 수행하여 기업을 지원하는 기관을 말한다. 물적 유통활동을 수행하는 기관(physical distribution specialists)은 제품을 시장에 이동시키는 운송기업과 필요할 때까지 제품을 저장하는 공공창고를 포함한다. 트럭라인, 철로, 항로 그리고 수로 및 United Parcel Service and Federal Express와 같은 화물운송 대리상도 수송활동을 전문적으로 한다. 대규모 물적 유통기관들은 흔히 저장수준에 맞추어 공공창고(public warehouses)를 이용한다.

국내의 경우 최근 대기업의 물적 유통업의 진출이 활발히 진행되고 있으며, 양적인 성장뿐만 아니라 질적으로도 빠른 성장을 보이고 있다. "한진택배"나 "대한통운" 등이 대표적이다.

물적 유통시스템을 구축하는 기업의 목적은 저장과 수송 코스트를 최소화하고 고객의 시간 및 장소요구를 충족시키는데 있다. 제품을 신속하고 경제적으로 이동시키는 능력은 기업의 판매를 증가시키는 하나의 기준을 제공한다.

(4) 금융기관

신용회사, 보험회사와 같은 상업금융기관들은 기업의 마케팅 거래활동에서 중요한 역할을 수행한다. 1960년대 후반부터 VISA와 Master Card와 같은 신용카드 회사들은 많은 고객들의 구매를 보증하는 중요한 팩터가 되었다.

그림 3-5 금융기관의 경쟁적관계

위험을 보증하는 보험회사들은 예기치 않은 불행으로부터 기업을 보호하는 활동을 함으로써 기타의 불확실한 기업환경에 어느 정도의 확실성을 제공한다. 따라서 마케팅 담당자는 기업의 원활한 경영활동과 위험을 보증하여 그것을 최소화하기 위해 금융기관과의 친밀한 관계를 유지하고 협력관계를 조성하여야 한다.

4 경쟁업자

마케팅 환경에서 주요 요인 중의 하나가 경쟁이다. 모든 마케팅 담당자의 목표는 소비자가 구매하고자 하는 그리고 대체품을 경쟁기업이 소유하지 못할 독특한 제품과 서비스를 개발하는 것이다. 그러나 소수의 몇몇 제품만이 이러한 명확한 기준을 충족시킬 뿐이며 대부분의 기업들은 동일한 표적시장에서 브랜드 경쟁자, 제품형태 경쟁자, 제품군 경쟁자로서 유사한 제품과 영업전략으로 영업활동을 전개하고 있기 때문에 경쟁자와의 갈등을 피할 수는 없다.

5 고객

고객 역시 마케팅 환경의 주요 요인이다. 대부분의 기업들은 적절한 제품의 구색을 갖추고 한 개 혹은 그 이상의 고객집단 내지는 표적고객의 욕구를 충족시키고자 노력하는데 이때의 고객 유형을 보면 다음과 같다.

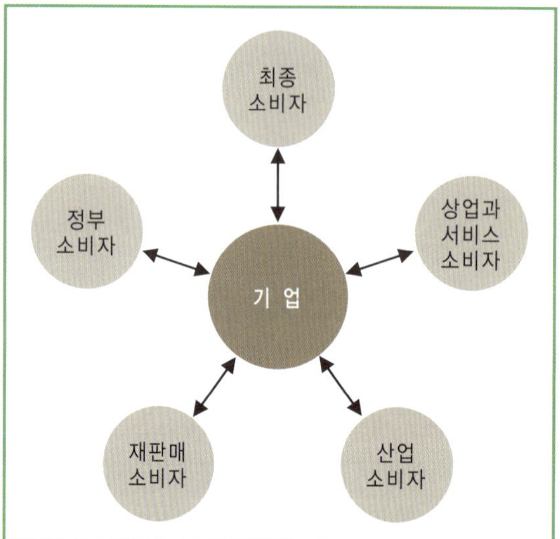

그림 3-6 고객의 유형

① **최종소비자** : 개인적 내지 가정 소비를 목적으로 제품과 서비스를 구매하는 소비자(예 개인과 가정)

② **상업과 서비스소비자** : 사무용품 내지 서비스 조직의 소비를 목적으로 제품과 서비스를 구매하는 소비자

③ **산업소비자** : 생산과정에서 이용되는 제품과 서비스를 구매하는 소비자(예 현대 자동차, 삼성전자)

④ **재판매소비자** : 타인에게 재판매하기 위해 제품과 서비스를 구매하는 소비자(예 도매상, 소매상)

⑤ **정부소비자** : 공공서비스를 생산하거나 국민의 복리 증진을 위해서 필요한 사람에게 제공하고자 제품과 서비스를 구매하는 소비자. 정부소비자는 최종소비자인 개인이나 가정과 같은 의미의 소비자이다.

6 공중

기업의 마케팅 환경은 다양한 공중을 포함하는데, 공중(publics)이란 기업의 목적을 달성하고자 하는 기업의 능력에 실질적 혹은 잠재적으로 이해관계를 갖고 있거나 영향을 미치는 집단을 말한다.

기업은 소비자 시장뿐만 아니라 중요한 공중에 대해서도 마케팅 계획을 수립하여야 한다. 모든 기업은 다음과 같은 7가지 형태의 공중에 둘러싸여 있다([그림 3-7] 참조).

① **금융공중(financial publics)** : 기업의 자금조달 능력에 영향을 미치는 집단으로 은행, 투자회사, 증권회사, 주주 등으로 구성된다. 기업은 연간 보고서를 발행하거나 또는 관련 금융단체에 회사의 재무상태에 대한 정보를 제공하여야 한다.

② **매체공중(media publics)** : 매체공중은 뉴스, 특집기사, 사설 등을 제공하는 조직으

로 특히 일간 신문, 잡지, 라디오, TV방송국을 의미한다. 기업은 보다 많은 매체 범위를 확보하기 위해 기자회견을 하거나 기사거리를 제공하고자 노력한다.

③ **정부공중(government publics)** : 기업은 마케팅 계획수립 시에 정부정책의 변화를 고려해야 한다. 기업의 마케팅 담당자는 제품 안전성, 광고의 진실성, 거래자의 권리 등 민감한 문제에 대해서 기업 법률고문과 상담해야 한다. 또한 보다 나은 입법을 위해 다른 동종기업과 협동하여 로비활동도 해야 한다.

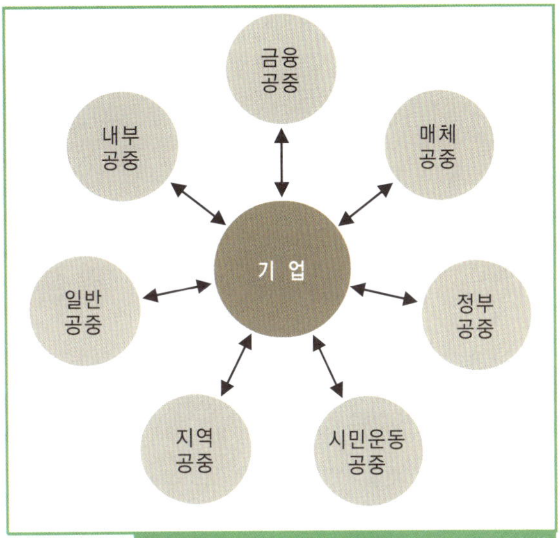

그림 3-7 기업을 둘러싸고 있는 다양한 공중형태

④ **시민운동공중(citizen action publics)** : 기업의 마케팅 의사결정은 소비자 단체, 환경보호단체, 기타 단체에 의해 영향을 받는다. 예를 들면, 학생들이 사용하기에 위험한 제품에 대해서 보다 나은 안정장치를 하도록 로비활동을 하는 것을 들 수 있는데 이때 해당기업은 안정성이 뛰어난 제품을 설계함으로써 주도권을 잡을 수 있는 기회를 가질 수 있을 것이다. 기업의 공중관계 부서는 항상 소비자 단체와 접촉할 수 있도록 노력해야 한다.

⑤ **지역공중(local publics)** : 모든 기업은 인근 주민, 지역 사회단체와 같은 지역공중과 접촉한다. 대기업은 보통 지역 공동체 관계담당자를 임명하여 그들로 하여금 공동체와의 관계, 회의 참석, 질문에 대한 답변, 가치 있는 지역 사회운동 등에 공헌할 수 있도록 해야 한다.

⑥ **일반공중(general publics)** : 기업은 제품과 활동에 대한 일반공중의 태도에 관심을 가질 필요가 있다. 비록 일반공중이 조직화된 방법으로 행동하는 것은 아니지만 기업에 대한 공중의 이미지는 그들의 구매행동에 영향을 미친다. "기업시민"이라는 강력한 이미지를 형성하기 위하여 기업은 지역공동체 자금모금에 담당자를 보내고 자선사업에 참여하며, 고객의 불만처리를 위한 시스템을 만들 수 있다.

⑦ **내부공중(internal publics)** : 기업의 내부공중은 사무원, 자원 봉사자, 경영자, 이사회 등이 있다. 대규모 기업은 내부공중에 정보를 제공하고 동기를 부여하기 위해서 사내 통신문을 개발한다. 피고용자가 기업에 대해 호의를 가질 때 그들의 긍정적인 태도가 외부공중에 파급된다.

제4절 기업의 거시적 환경요인

거시 환경적 요인은 인구통계적 환경, 경제적 환경, 자연적 환경, 기술적 환경, 정치·법률적 환경, 사회·문화적 환경과 같은 광범위한 환경들을 말하며, 이러한 환경요인들을 연구·분석함으로써 마케팅 담당자는 급변하는 시장의 요구를 충족시키는 제품과 서비스를 개발할 수 있다. 예를 들면, 거시적 환경추세(macro environment trend)는 — 수명의 연장 — 노년층을 위한 양로원과 건강지원 프로그램의 등장을 야기시키며, 또 다른 거시적 환경추세는 — 관리직 보유의 여성 증가 — 백화점이 여성관리자를 위해 여성복 의류 장식품점을 개설하도록 하는 근원이 되었다. 비록 거시적 환경요인이 미시적 환경요인보다 그 영역이 훨씬 광범위하지만 반드시 더 중요하다고는 할 수 없다.

1 인구통계적 환경

가치(value)는 시간의 경과 속에서 변화하지만 인구통계적 변화는 일반적으로 그 수명이 좀 길다고 할 수 있다. 인구통계적 환경(demographic environment)은 연령, 인종, 인구밀도, 성별, 소득, 교육과 같은 측정 가능한 인구특성 등을 포함한다. 마케팅 담당자는 표적고객과 시장을 파악하기 위해 인구통계적 환경은 표적시장을 구성하고 있는 소비자와 밀접한 관련이 있기 때문에 기업의 입장에서는 표적고객과 시장을 파악하기 위해 인구통계적 환경요인을 보다 면밀히 조사해야 한다. 우리나라 평균수명이 2050년에는 83.5세로, 65세 이상 고령인구 비율이 38.2%에 달할 것으로 예측하고 있다.

▮표 3-3▮ 거시적 환경요인과 구성요소

거시적 환경요인	구성요소
인구통계적 환경	연령, 인종, 인구밀도, 인구 수, 성별, 소득, 교육
경제적 환경	소비자구매력, 인플레이션, 고용수준, 실업률 및 실업구조, 국제무역수지
자연적 환경	원자재 부족, 에너지 비용의 상승, 공해 수준의 증가
기술적 환경	혁신적 기술개발, 생명공학과 생체기술 같은 상이한 분야에서 기술의 진보
정치 · 법률적 환경	정보 및 지방단체의 공공정책, 마케팅에 영향을 미치는 법률
사회 · 문화적 환경	시민권리와 여성운동, 소비자 운동, 건강과 복지, 장기적 추세

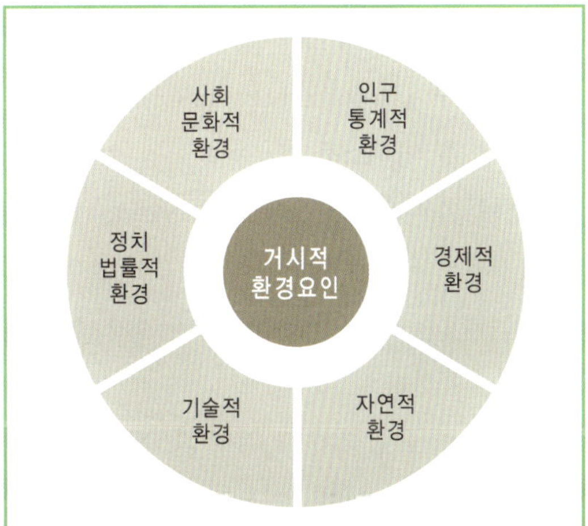

그림 3-8 마케팅 관리에 영향을 미치는 거시적 환경요인

의학기술의 발달, 식생활의 개선, 신체적 체중조절 프로그램의 개발로 인해 노년층의 수명이 보다 길어지면 이에 맞추어 마케팅 담당자는 이러한 고객(노년층)에게 소구하는 제품을 촉진시켜야 할 것이며, 핵가족화, 여성의 사회참여 증가 등과 같은 사회구조의 변화에 따라 발생할 수 있는 여러 상황들에 적합한 마케팅 전략의 수립이 필요하다.

인구밀도는 하나의 주어진 지역에서 살아가는 사람들의 수를 의미한다. 우리나라의 경우 1980년대 이후 도시의 인구증가율이 지속적으로 증가하고 있는 반면 농촌의 인구 증가율은 감소하고 있다. 따라서 마케팅 담당자는 인구이동을 분석하기 위해 인구밀도를 조사하여 마케팅 노력을 강화하거나 또는 변화시킬 지역을 결정해야 한다.

이밖에도 교육 수준의 향상, 결혼 적령기의 연장, 독신주의 선호 증가, 실질소득수준의 증가, 수명의 연장(한국사회고령화는 잠재성장률 2010년대 연평균 4.21%에서 2040년대 0.74%로 급감 전망), 의료기능의 발달, 인구증가율, 취업주부의 증가, 주거환경의 변화 등도 시장구조에 중요한 변화를 일으키는 요인들이다.

2 경제적 환경

마케팅 담당자는 지속적으로 변화하는 경제적 상황에 직면하고 있다. 경제가 호황에서 불황으로 이동하거나 반대의 경우 기업은 자사의 마케팅믹스를 바꾸어야 한다. 예를 들면, 경제활동이 호황일 때 소비자는 한정된 모델 중에서 유명 브랜드제품을 구입하고 제조업자 표시가격을 기꺼이 지불하고자 한다. 그러나 경기가 불황인 경우 소비자는 종종 할인 가격하에 특정모델을 추구한다. 마케팅 담당자는 자사의 마케팅전략을 최적화하기 위해 경제적 환경의 장점 등을 끊임없이 재평가해야 한다.

(1) 소비자 구매력

소비자 구매력(consumer's purchasing power)은 소득, 부, 그리고 신용으로 구성된다. 세제 후 잉여소득으로 이루어진 가처분 개인 소득(disposable personal income)은 소비자의 소비력(consumer's spending power)내지 지출 규모를 나타내며, 의식주와 같은 기본적 욕구에 대한 지출 이후에 소비자에게는 자유재량 소득(discretionary income)이 남는다. 마케팅 담당자는 소비자가 이 소득을 가지고 자사의 유명 브랜드를 구입하도록 설득한다.

소비자 소득에 대한 초기의 중요한 연구는 독일의 통계학자인 Ernst Engel에 의해 이루어졌다. 1857년에 그는 가계소득 증가와 소비지출 패턴의 변화가 서로 관련이 있다는 일련의 법칙들을 발견했다.

① 음식에 대한 지출비용은 감소한다.
② 소득의 증감과는 관계없이 의복비, 주거비의 지출비용이 일정하다.
③ 교육, 건강, 오락, 교통비 등과 같은 기타 항목에 대한 지출비용은 증가한다.

일반적으로 Ernst Engel의 법칙은 오늘날의 소비자 지출패턴을 반영하고 있다고 할 수 있다.

개인의 부(an individual's wealth)는 주택, 자동차, 가구와 같은 물질적 소유물과 생명보험 증서, 증권과 같은 유가증권에 대한 지배권리 등으로 이루어진다.

신용(credit)은 대가로 장래에 지불한다는 약속과 현재 가치 있는 것과의 교환하는 능력을 의미한다. 사람들은 카드로 구매하여 소비지출을 증가시키지만, 그 이상의 구매력을 창조하지는 않는다. 그들은 특정구매를 하기 위해 저축을 증가시키는 대신 자금을 은행 등에서 차입하여 구매를 하기도 한다.

(2) 인플레이션

물가상승과 통화팽창을 야기하는 인플레이션은 오늘날 많은 국가에서 나타나는 현상이므로 마케팅 전략계획에 반드시 반영되어야 한다. 인플레이션은 화폐의 가치를 감소시키고 제품가격을 상승시킨다. 인플레이션이 발생하면 소비자들은 소득에 비해 제품가격이 상승하게 됨으로써 실질 소득의 증가 없이 물가가 상승하기 때문에 소비를 억제하게 되고 최소한의 소비만 이루어진다. 즉, 인플레이션의 발생은 소비자들의 소비심리를 위축시켜 구매력 감소로 이어져 시장전체가 침체하게 된다.

따라서 기업들은 인플레이션 발생 시 제품생산 활동의 억제나 감축, 가격에 대한 탄력성 등으로 인하여 수익률이 감소되어 상당한 마이너스 요인으로 작용한다. 그러나 이러한 최소한의 소비도 심리적으로 최대한 억제된 상태에서의 소비이기 때문에 비합리적인 소비행태가 나타난다.

(3) 고용수준

한 나라의 경제적 안정도는 고용수준(employment levels)을 말한다. 높은 실업률은 소비자의 소비력이나 지출을 감소시키며, 마케팅 관리자의 업무를 계획·장기적이지 못한 결과를 초래하여 결국은 마케팅전략 수립에 차질을 가져오게 할 수 있다.

실업률의 증가는 소비자들의 구매의욕을 상실시켜 소비를 억제시키는 결과를 초래하며, 기업에게는 감량경영이라는 새로운 경영환경을 가져오게 한다.

(4) 기타 추세

기타 여러 가지 중요한 추세가 마케팅에 영향을 미친다. 1970년대 이후 농업경제에서 산업경제로, 산업경제에서 정보산업경제로 전환해왔다. 따라서 많은 노동자들은 공장 취업보다는 서비스나 정보·통신관련 직업에 보다 더 많이 고용되었다. 그러므로 제품과 촉진활동은 이러한 새로운 경제를 반영하여 수립되어져야 한다.

21세기 들어서 대부분의 나라가 국가경제에서 세계경제로 전환을 모색하고 있다.

특히, 일부 대기업들의 경우 현재 국내에서의 활동보다는 세계를 무대로 마케팅활동을 하고 있으며 준비 중이다.

경제적 환경의 또 다른 중요한 측면이 시간이다. 과거에는 대부분의 마케팅 담당자들은 단지 단기 이익만을 중요하게 생각하고 장기적인 측면은 고려하지 않았다. 그 당시의 이러한 관행을 수행했던 많은 기업들은 현재 더 이상 생존할 수 없게 되었다. 따라서 마케팅 지향적인 접근방법을 도입해서 마케팅 담당자는 오늘날 계획수립의 대상뿐만 아니라 장래에 무엇이 필요한가를 스스로 자문해 보아야 할 것이다.

3 자연적 환경

1990년대에 이르러 현대국가의 산업활동에 의해 자연환경이 어떠한 영향을 받았는가에 대한 평가가 이루어지고 있으며, 또한 이에 대한 일반공중의 관심이 증폭되고 있는 추세이다. Kenneth Boulding은 지구가 자원 재활용에 실패한다면, 연료부족으로 위험에 처해 있는 우주 항공모함과 같다고 지적하고 있으며 「The Limit to Growth」에서 Meadowses는 경제성장을 지속시키기 위한 자연자원의 적정성에 관한 관심을 불러 일으켰다. 그리고 「Silent Spring」에서 Rachel Carson은 산업활동의 결과로 인한 수질오염·지질오염·대기오염을 지적했으며, Sierra Club과 Friends of the Earth와 같은 자연환경 감시단체들이 등장하였고, 자연환경에 관심을 가지고 있는 의회위원들이 환경을 보호하기 위해 여러 법안들을 제시하였다.

마케팅 담당자는 자연환경(natural environment)에서 다음 네 가지 추세와 관련된 위협과 기회를 파악해야 할 것이다.

(1) 원자재 부족

지구의 원자재는 재생 가능한 유한·무한자원과 재생불가능한 무한자원으로 구성된다. 공기, 물과 같은 무한자원(infinite resources)은 일부 단체에서는 장기적 위험에 처할 수 있다고 보지만 당장 자원부족 문제가 없는 자원이다. 그러나 최근 들어 수질문제나 오염문제는 전 세계에 걸쳐 이미 국가나 사회 문제로 대두되고 있고 그 해결책을 찾기 위해 많은 노력을 기울이고 있다.

산림, 식량과 같은 재생가능한 유한자원(finite renewable resources)은 현명하게 이용해야 한다. 목재회사는 토양보호와 미래 목재수요에 목재공급이 충분할 정도의 나무를 심도록 요청 받고 있으며, 식량자원의 경우 경작가능 지역이 상대적으로 고정되어 있고 농촌지역은 지속적으로 황폐화되고 있다는 점에서 식량공급 역시 주요 문제라고 할 수 있다.

석유, 석탄, 기타 광물자원과 같은 재생불가능한 유한자원(finite nonrenewable resources)은 심각한 문제를 제기하고 있다. 백금, 금, 아연, 납은 현재 수요를 충족시키지 못하고 있으며, 은, 주석, 우라늄은 금세기 말쯤에는 그 값이 아무리 비싸더라도 공급부족 현상이 생길 것이며, 이러한 소비율이 계속된다면 2050년에는 많은 광물들이 고갈되어 버릴 것으로 예측하고 있다.

이러한 자원고갈 현상이 마케팅에 주는 의미는 엄청나다. 비록 부족한 자원을 사용하는 기업은 원료를 구입할 수 있다 하더라고 상당한 원가상승 요인에 직면하게 된다. 그들은 증가하는 원가를 소비자에게 전가시키는 것이 쉽지 않으므로 연구 개발, 탐사 등을 전문적으로 수행하며 가치 있는 새로운 대체자원 및 공급원을 개발하려는 기회를 탐색해야 할 것이다.

(2) 에너지비용의 상승

fairway 유기농식품 전문마켓

재생 불가능한 유한자원 중의 하나인 석유는 미래의 경제성장에 가장 심각한 문제를 야기한다. 주요 산업경제는 석유에 크게 의존하고 있으며, 원가 효율성을 갖는 대체에너지 개발이 있기 전에는 석유가 계속 세계정치 및 경제를 지배할 것이다. 석유의 고가격은 대체에너지 연구에 박차를 가하는 원동력이 되었다. 현재 태양열, 원자력, 풍력, 기타 에너지 등을 개발하기 위한 연구가 진행 중이다. 태양에너지 분야에서는 많은 기업들이 가정의 난방 등에 태양에너지를 사용할 수 있는 제품들을 시판하고 있다.

(3) 공해수준의 증가

어떤 산업활동 등은 불가피하게 자연환경의 질을 손상시킨다. 화학물질과 핵·폐기물 처리문제, 위험수준인 수은 농도, 토양과 식품에서의 DDT와 화학물질의 양, 비생물에 의해서도 분해가 불가능한 용기, 플라스틱 기타 포장물질에 의한 자연환경 파괴가 그것이다.

공해 없는 자연환경에 대한 공중의 민감한 관심은 기업에 여러 가지 마케팅 기회를 가져다준다. 즉, 가스정제장치, 재 순환 센터와 같은 공해방지 시설에 대한 대규모 시장을 창조하며, 또한 환경을 오염시키지 않는 생산방법과 포장제품 등을 연구하도록 유도한다.

(4) 자연자원관리에 대한 정부의 강력한 개입

여러 정부기관들은 자연환경 보호에 적극적인 역할을 수행한다. 그러나 기업으로 하여금 고급생산 설비에 투자하는 대신에 고가의 공해방지 설비를 구매하도록 강요하는 등의 노력은 고용증대에 역행하는 이율배반적인 것이 되기도 한다. 때로는 보수적인 정책이 경제성장을 후퇴시키기도 한다.

마케팅관리는 필요한 자원의 확보와 자연환경의 훼손을 막기 위해 자연환경에 더욱 세심한 주위를 기울여야 한다. 또한, 기업은 정부와 압력 집단으로부터 강력한 통제를 받을 수 있는데 이러한 각 종 규제를 반대하기보다는 국가가 직면하고 있는 자원 및 에너지 문제에 대해 적절한 해결방안을 모색하는데 도움을 주어야 한다.

4 기술적 환경

마케팅 노력에 영향을 미치는 가장 강력한 거시적 환경요인의 하나가 실용적인 목표를 달성하기 위한 기술적 환경(technological environment)이다.

새롭고 혁신적인 기술개발은 대부분 기업의 마케팅 프로그램에 커다란 영향을 미치므로 마케팅 담당자는 새로운 기술에 신속하게 대응하여 행동해야 한다. 생명공학, 생체기술, 전자기술과 같은 상이한 여러 분야에서 기술의 진보는 기존의 산업을 변화시키며, 전혀 새로운 산업을 가능하게 한다. 그리고 소비자 라이프스타일도 변화 시킨다.

전 세계 다국적 기업 가운데 R&D에 가장 많은 자금을 투자하는 General Motors는 자동화된 제조공정 시스템에 컴퓨터, 소프트웨어, 로봇, 센서 그리고 원격 통신장치 등을 결합시키는데 많은 노력을 투입했다. 그 결과 이 시스템은 자동차 생산비용을 줄였으며 또한 미국 자동차 제조업체가 일본 자동차 제조업체와 격렬한 경쟁을 할 수 있도록 해주었다. 마케팅 담당자들은 General Motors의 프로그램이 타 기업의 전 생산과정을 혁신시켰다는 사실을 주지해야 한다.

5 정치적·법률적 환경

정치적·법률적 환경(political and legal environment)은 끊임없이 변하고 있으며, 마케팅 담당자는 이러한 변화의 속도에 보조를 맞추어야 한다. 소비자로서 우리는 대부분 "불만 내지 불평"을 가지고 있다. 그리고 이러한 불만·불평은 즉, 소비자 관심사는 종종 법률로써 전환되고 결국 이러한 법률은 기업의 경영활동에 직접적인 영향을 미친다. 한국소비자보호원과 같은 공중관계이해집단은 소비자 행동을 활기차게 하는 원동력이 되었으며, 공중의 이해를 위한 감시자로써 활동하고 있다.

마케팅 담당자는 환경이 전혀 존재하지 않은 상황에서 활동하는 것은 결코 아니다. 미국의 경우 연방거래위원회(The Federal Trade Commission), 식품 의약품관리(The Food and Drug Administration), 소비자 제품안전위원회(The Consumer Products Safety Commission), 환경 보존국(The Environmental Protection Agency), 소비자 문제국(The Office of Consumer Affairs)과 우리나라의 소비자정책심의위원회, 한국소비자보호원, 식·의약품안정청과 같은 정부기관은 소비자 이익을 위해 활동하고 있다. 이러한 기관들은 기업으로 하여금 소비자 이익이 그들의 마케팅 프로그램에 수용되도록 유도하거나 강요한다.

우리나라 최초의 소비자 보호법은 1980년 1월 4일(법률제정 제3267호) 제정되어 소비자 단체를 조직할 수 있는 정치적 여건이 마련되었으며, 1982년 9월 13일에 소비자 보호법 시행령(대통령령 제10907호)이 제정되었다.

이 법의 시행으로 민간차원의 "대한여자 기독청년회", "대한주부 클럽연합회", "전국여성단체협의회", "대한YWCA연합회", "전국주부교실중앙회", "한국부인회" 등 소비자 행동연구는 질적으로나 양적으로 급속한 발전을 하게 되었다. 그러나 동법의 벌칙 규정이 미온적인 점, 소비자보호시책의 총괄적인 시행을 위한 총괄기구가 마련되어 있지 아니한 점 등의 문제점들을 보완하기 위해 1986년 12월 31일 법률 제3921호로 동법을 개정하였으며, 1987년 7월 소비자보호원이 설립되어 보다 전문적인 소비자 운동이 전개되었다.

소비자보호법은 소비자의 기본권익을 보호하기 위하여 국가, 지방자치단체 및 사업자의 의무와 소비자 및 소비자 단체의 역할을 규정함과 동시에 소비자보호 시책의 종합적 추진을 위한 기본적 사항을 규정함으로써 소비 생활의 향상과 합리화를 목적으로 하고 있다.

표 3-4 소비자 보호 관련 법규

내 용 별	관 련 법 규
• 위해를 방지하기 위한 법률	• 식품 위생법, 위생사 등에 관한 법률, 약사법, 종묘 관리법, 농약 관리법, 농산물 검사법, 축산물위생관리법, 품질경영촉진법, 전기용품관리법
• 계량 표시 규격의 적정화를 도모하는 법류	• 계량법, 물가 안정 및 공정거래에 관한 법률, 브랜드법, 공업 표준화법
• 계약관계의 적정화를 도모하기 위한 법률	• 약관규제법, 할부거래법, 방문판매법, 보험업법, 증권 거래법, 상품권법, 전기 사업법, 자동차 운수사업법
• 적정한 가격 유지를 위한 법률	• 물가안정 및 공정거래에 관한 법률, 농산물가격유지법, 양곡관리법, 농산물유통 및 가격안정에 관한 법률
• 공정하고 자유로운 경쟁의 확보를 위한 법률	• 부정경쟁방지법, 독점규제 및 공정 거래에 관한 법률

우리나라에서는 기본법인 소비자보호법 이외에도 많은 개별법이 있어 소비자보호가 이루어지고 있다(〈표 3-4〉 참조).

6 사회·문화적 환경

종교적 신념, 가치관, 태도, 가정, 민주주의, 교육 등과 같은 사회·문화적 가치는 사회조직의 기초를 구성하는 가치들이다. 그러나 최신 패션 스타일, 여성의 사회참여 등과 같은 가치들은 부차적인 가치라고 할 수 있다. 사회조직의 기본적 가치는 장기간에 걸쳐 매우 완만하게 변화한다. 그리고 이러한 기본적 가치들은 거의 통제할 수 없다는 것을 잘 알고 있기 때문에 기업의 마케팅 담당자는 일반적으로 부차적인 가치에 영향을 미치고자 한다. 따라서 부동산중개업자는 무주택자들에게 아파트나 주택을 판매하고자 하며 패션디자이너는 새로운 패션을 창조하고자 한다.

사회·문화적 규범 내지 표준은 소비자 행동에 커다란 영향을 미친다. 저소득계층의 소비자들은 유명백화점에서 쇼핑하는 동안 불안감을 느끼는 반면에 고소득 계층의 소비자들은 대형마트, 전문할인점, 동네의 재래시장에서 거의 모든 구매를 한다. 그리고 특정 사회집단은 유사한 옷차림과 행동을 한다. 즉, 기업들은 화이트칼라층에게 정장을 착용하도록 요구하고 있으며, 일부 기업에서는 여성 관리자의 필수품으로 실크블라우스, 스카프 그리고 검정색 구두를 규정하고 있다. 트럭운전자는 종종 청바지, 면 셔츠 그리고 차양이 있는 모자를 선호한다. 따라서 마케팅 담당자는 제품 촉진활동을 준비할 때 이러한 소비자의 다양성과 선호도를 주의 깊게 고려해야 한다.

사회·문화적 추세에 대한 마케팅 담당자의 현재의 관심사는 소비자 운동, 건강에 대한 집중적인 관심, 소수집단과 여성들에 관한 새로운 기회의 진입 등을 들 수 있다.

(1) 시민권리와 여성운동

시민권리와 여권신장운동은 사회전반에 걸쳐 엄청난 변화를 초래하였다. 소수집단과 여성들은 과거 몇 년 전에 확고하게 폐쇄된 여러 분야에서 자신들에게 개방되는 문을 탐색하고 있으며, 이러한 새로운 기회는 다양한 조직들에게 광범위한 마케팅 기회를 제공하는 계기가 되었다.

(2) 소비자운동

미국의 경우 1900년대 초기에 작가겸 개혁운동가인 Upton Sinclair는 그의 저서 『The Jungle』에서 육류포장산업에서의 충격적인 불결한 근로조건 상황에 관해서 기사를 게재한 결과 미국에서 최초의 소비자 운동이 불같이 일어났으며 1906년에 The Food and Drug Act가 의회에서 통과되었다. 적극적인 소비자활동주의의 부활이 노동인구의 1/3이 해고되고 일반적인 가격을 지불할 수 없었던 1930년대의 경기불황기 때 일어났다. 소비자운동 옹호론자인 Stewart Chase의 저서 『Your Money's Worth』는 소비자활동을 강화하는데 많은 도움을 주었다. 그리고 1960년대 중반에 Colorado주 Denver에 거주하고 있는 주택 건축업자들은 높은 식료품 가격에 대항하여 슈퍼마켓에서 시위를 했으며, 그 결과 세 번째 소비자운동을 촉발시켰다. Ralph Nader의 1965년도 저서 『Unsafe at Any Speed』는 자동차 안전문제에 공중의 주의를 불러 일으켰다.

John F. Kennedy 대통령은 ㉠ 자유롭게 선택할 권리 ㉡ 정보를 얻을 권리 ㉢ 말할 권리 ㉣ 안전할 권리 등 네 가지의 소비자 권리를 주장하였다.

우리나라의 경우 소비자 이익과 밀접한 관계를 가진 소비자보호입법은 1961년에 제정된 부정 경쟁 방지법이다. 또한 같은 해 계량법, 공업표준화법, 상품권법, 증권거래법, 보험업법, 식품위생법, 1963년 소비자보호기능을 가진 약사법, 1975년 물가 안정 및 공정거래에 관한 법률, 1976년 농수산물 유통 및 가격 안정에 관한 법률이 제정되었으며, 1978년부터 소비자보호단체에 정부의 재정적인 지원이 시작되어 소비자운동이 촉진되었다. 1980년에는 소비자보호법이 마련되었으며, 1986년에 소비자 7대 권리가 제정되었다. 그리고 1987년에는 소비자보호원이 설립되어 보다 전문적인 소비자운동이 전개되었으며, 1991년 할부거래에 관한 법률과 방문 판매에 관한 법률, 1999년 소비자의 기만이나 허위표시·광고를 금지하기 위한표시·광고의 공정화에 관한 법률, 2002년 전자상거래 등에서의 소비자보호에 관한 법률 등이 있다.

이러한 소비자운동의 결과로 많은 생산업자들은 소비자문제를 더욱 더 많이 인지하게 되었고 소비자문제에 대한 명확한 해결방안을 찾고자 노력하게 되었다. 삼성, 현대, LG, SK 같은 대 기업들은 자사의 소비자관련 부서에 소비자 불만·불평을 처리하는데 많은 권한을 부여하고 있다. 품질개선, 유통 기한 명시, 반품이나 환불, 가격정찰제 등은 소비자운동의 결과이다. 소비자와의 의사소통을 통하여 마케팅 담당자는 자사의 제품, 촉진, 기타 마케팅 요인에 대한 소비자의 반응을 감지한다. 소비자운동의 궁극적인 목적은 소비자에게 보다 나은 삶의 질을 제공하는데 있다.

(3) 건강과 복지

건강추세는 여러 가지 새로운 형태의 산업을 창조하고 기존 산업을 변화시킨다. ─ 금융연구원은 한국이 고령화사회 65세 이상 7% 이상에서 초고령화사회 65세 이상 인구가 20% 이상으로 진입하는데 26년이 될 것으로 예측했다. 이는 고령화사회에서 초고령사회로 진입하는데 프랑스 154년, 미국 94년, 독일 77년, 일본 35년 등 다른 선진국과 비교할 때 매우 빠른 수준이다. ─ 라켓볼 클럽, 헬스클럽, 보디빌딩센터, 스포츠웨어, 운동화, 등산용품 등과 같은 제조업체들은 이러한 추세로부터 많은 혜택을 받는 산업이다. 심장병과 암, 당뇨병 같은 질병에 관심이 높아지면서 식품업계는 현재 콜로스테롤의 억제나 설탕이 들어 있지 않는 일련의 자연식품, 다이어트 식품 등을 선보이고 있다.

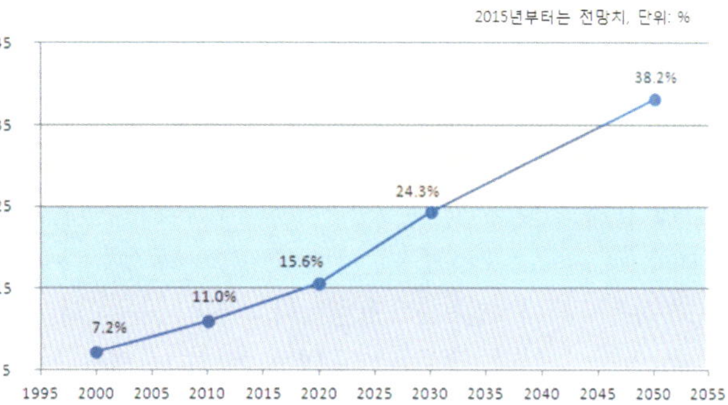

자료: 한국금융연구원

그림 3-9 급증하는 65세 이상 한국 고령인구 비율

(4) 장기적 추세

마케팅 담당자가 더욱 효과적인 활동을 하기 위해서는 국가사회와 문화 속에서 어떤 장기적인 추세를 인지해야만 한다. 이것은 기관(institutions)과의 관계에서부터 자신과의 관계에 이르는, 네트워크에 대한 관계에서부터 기타 상황에 이르는 동향을 포함한다. 기본적으로 이러한 추세는 소비자가 기관에 의존하기보다는 그들 자신, 즉 타인과의 관계에 더욱 의존한다는 것을 의미한다. 그러므로 마케팅 담당자는 기관이 아니라 개개인에게 소구하고 촉진하는 활동에 전념해야 할 것이다.

요약정리

기업의 성패는 기업을 둘러싸고 있는 사회적 가치, 희소 자원, 생태학적 문제, 진보하는 기술 그리고 인플레이션과 같은 경제적, 정치적 환경 즉, 통제 불가능한 환경요인과 기업이 통제할 수 있는 다양한 변수 — 마케팅 믹스의 구성요소 — 와 같은 역동적 환경변화 속에서 또한 고객과의 관계에서 얼마나 잘 적응하며 대응하느냐에 따라 그 성패가 좌우된다. 즉, 역동적 환경에 대한 전략적 계획수립을 얼마나 잘 수행하며 평가하고 피드백 하느냐에 달려 있다고 할 수 있다.

그리고 사회 내부의 변화를 추구하게 하는 요인 중의 하나가 사회적 가치인데 이는 "시대의 분위기"라고 하는 "시대정신"으로 표현된다. 사회적 가치의 변화요인을 세가지 측면에서 보면, 첫째, 안전의 권리, 정보를 전달받을 권리, 선택의 권리, 알려질 권리로 표현되는 소비자 권리의 생성. 둘째, 제품결함, 광고상의 문제, 빈약한 개인서비스, 잘못된 브랜드명 포장 안내, 빈약한 수선서비스, 소비자의 불만·불평 처리의 미숙, 대금결재상의 제반문제, 품질보증 문제와 같은 이슈들로 야기된 소비자 운동의 생성. 셋째, 소비자주의에 대한 마케팅 반응으로서 마케팅 담당자는 "만족", 집중적인 제품검사, 품질통제의 엄격성, 제품상기 정책, 좀 더 나은 품질보증, 소비자 불만처리의 개선과 같은 행동을 들 수 있다.

기업, 원료 공급업자, 마케팅 중간상, 경쟁업자, 고객, 공중 등과 같은 기업의 미시적 환경요인들은 기업이 보다 신속하게 반응하며 좀 더 강력한 통제를 한다. 즉, 기업내부의 타부서와 긴밀한 협조를 통해 마케팅 관리자는 이러한 요인들의 긍정적 효과를 극대화시키는 동시에 부정적 효과를 최소화시킨다는 것이다.

거시적 환경요인은 인구통계적 환경, 경제적 환경, 자연적 환경, 기술적 환경, 정치·법률적 환경, 사회·문화적 환경과 같은 광범위한 환경들로 기업 측면에서 통제할 수 없으며 단지 영향을 받는 그런 요인들인데 마케팅 담당자는 이러한 환경요인들을 연구분석함으로써 급변하는 시장의 욕구를 충족시키는 제품과 서비스를 개발할 수 있으며 이들의 영향을 극소화시키기 위해 마케팅 믹스의 최적화를 도모해야 한다.

그리고 사회 내부의 변화를 추구하게 하는 요인 중의 하나가 사회적 가치인데 이는 "시대의 분위기"라고 하는 "시대정신(Zeitgeist)"으로 표현된다. 사회적 가치의 변화는 인지, 직업, 생활 스타일에 영향을 미치며 변화하는 시장에서 활동적인 역할을 수행한다. 또한 마케팅 전략 역시 사회적 가치의 변화에 영향을 미치기 때문에 상호작용하고 있다고 볼 수 있다.

용어해설

마케팅 환경(marketing environment)
표적시장과의 성공적인 거래를 개발하고 유지하는 기업의 마케팅 관리능력에 영향을 미치는 기업 내·외부의 요인과 행위자

미시적 환경(micro environment)
기업의 마케팅 노력에 직접적인 영향을 미칠 수 있는 기업 자체의 내부조직, 원료 공급업자, 마케팅 중간상, 경쟁업자 그리고 고객과 같은 소규모 환경요인

거시적 환경(macro environment)
기업에 영향을 미치는 경제적, 사회·문화적, 기술적, 정치적·법률적, 인구 통계적 요인을 포함하는 외부환경 요인

소비자주의(consumerism)
판매자와의 관계에 있어서 구매자와의 권리와 권력을 향상시키려는 시민 또는 정부의 조직화된 운동

마케팅 중간상(marketing intermediaries)
생산자로부터 최종 소비자에게로의 제품이나 서비스의 이동을 도우며, 이의 존재 근거로는 마케팅 과정을 구축하는 경제성과 효율성이다

광고 대행사(advertising agencies)
판매와 촉진목표를 달성하기 위해 설계된 촉진전략을 창조하거나 수행하는 활동을 함으로써 기업을 보조하는 기관

물적유통 기관(physical distribution specialists)
제품을 시장에 이동시키는 수송기능과 필요할 때까지 제품을 저장하는 보관기능, 재고 기능, 정보 기능을 수행하는 기관

소비가 구매력(consumer`s purchasing power)
가장 중요한 요인인 소득과 관련하여 부, 신용으로 구성된 함수

가처분 개인소득(disposable personal income)
세금을 공제한 후 개인소득의 나머지 부분으로 소비력 내지 지출범위를 나타낸다

재량 소득(discretionary income)
의식주와 같은 기본적 욕구에 대한 지출을 한 이후에 남는 소득

엥겔 법칙(engel`s law)
가계소득이 증가함에 따라 음식지출 비율이 감소하고, 주거비·의복비 지출비용은 일정하며, 교육·건강 그리고 오락·교통비와 같은 기타 항목에 대한 지출비용은 증가한다는 일련의 법칙

부(wealth)
주택, 자동차, 가구를 담고 있는 개인의 물질적 소유물과 증권과 생명보험 증서와 같은 모든 주장 내지 권리의 총합

신용(credit)
대가로 장래에 지불한다는 약속과 현재 가치 있는 것과 교환하는 능력

인플레이션(inflation)
화폐의 구매력을 감소시키는 반면 제품가격을 상승시키는 경제상황

인구통계적 환경(demofraphic environment)
나이, 인종, 인구밀도, 남녀 인구구성 비율, 성, 소득과 같은 측정가능 한 인구특성들을 포함한 환경요인

경제적 환경(economic environment)
소비가 구매력과 인플레이션, 고용 그리고 기타 추세 요인을 포함하는 환경요인

기술적 환경(technological environment)
마케팅에 영향을 미치는 연구개발 활동이나 생명 공학, 생체 기술, 전자 기술 등과 같은 하이테크/하이터치 등의 요인

자연적 환경(natural environment)
마케팅 담당자가 원자재 부족, 에너지 비용의 상승, 공해 수준의 증가 그리고 자연자원 관리에 대한 정부의 강력한 개입 등과 자연적 환경에 관련된 위협과 기회를 파악해야 하는 영향요인

정치적·법률적 환경(political and legal environment)
소비자 이익 보호, 기업 상호간 보호, 공정한 경쟁을 유지하도록 하기 위해 영향력을 행사하는 요인

사회·문화적 환경(social and cultural environment)
기업이 통제할 수 없지만 소비자 행동에 영향을 미치는 종교적 신념, 가정, 민주주의, 교육, 자유 연설, 시민 권리와 여성 운동, 소비자 운동, 건강과 복지 기타 장기 추세요인과 같은 환경요인

공정거래법(fair-trade laws)
제조업자가 자사의 제품에 최저 재판매가격을 설정할 수 있도록 반트러스트법에 예외를 부여한 법안

불공정거래법(unfair-trade legislation)
도·소매상이 원가 이하로 제품을 판매하는 것을 금지하는 법안

토의문제

1. 마케팅 환경 분석의 의의와 필요성에 대해서 설명하시오.

2. 기업의 마케팅 환경상의 기회와 위협요인은 경영에 어떠한 영향을 미치며 각각의 요인들에 대해서 설명하시오.

3. 기업의 마케팅 담당자에게 엥겔의 법칙이 어떤 의미에서 중요한 고려 대상이 되는지 설명하시오.

4. 기업활동에 영향을 미치는 내·외적인 요인 중에서 통제가능 요인과 통제불가능 요인의 주요 차이점을 설명하시오.

5. 경쟁이 자유시장체제에서 중요한 이유는 무엇인가? 경쟁이 소비자 선택의 자유와 어떤 관련이 있는지 자유토론 하시오.

6. 외부환경에 관해서 지역 중소기업의 간부를 인터뷰하는 기회가 있었다고 가정하자. 기업의 마케팅 프로그램에 영향을 미치는 외부요인에는 어떠한 것들이 있다고 답하는지 예상해 보고, 만약 자신이 중소기업의 간부라면 어떻게 답할 것인지 서로 비교해 보시오?

7. 기업활동을 규제하는데 있어서 법률이 반드시 필요하다고 생각한다면 그 이유는?

8. 경쟁업자와의 유사한 제품을 생산하고 있는 제조업자에게 경쟁적 우위를 제공하는 마케팅믹스의 각 측면에 대해 설명하시오.

9. 마케팅계획의 구성요소인 상황분석을 하는 데 있어 실행하기가 가장 힘든 측면은 무엇인지 그리고 그 이유에 대하여 논하시오.

10. 마케팅 관리과정의 구성요인을 들고 구체적으로 설명하시오.

참고문헌

1) Philip Kotler, "What Consumerism Means for Marketers," Harvard Business Review (May-June 1972)

2) John F. Kennedy, "Kennedy Recommends Consumer Production," Congressional Quartery Almanac, 87th Congress, Second Session, Congressional Quartery Service, Washington, D.C., 1962, p.890.

3) American Newspaper Publishers Association, Newspaper Information Service Newsletter, 12, 8 (August 31, 1972), p.1.

4) Keith K. Cox, James Higginbotham, and John Burton, "Consumerism and Marketing Management," Journal of Marketing, 39 (April 1975), p.5.

5) For further information See Forbes (November 1, 1975), p.58.

6) "Sears Buyer is Now Product Marketing Manager : swift," Marketing News, June 30, 1978, p. 1.

7) Milton Moskowitz, Micheal Katz, and Robert Levering, Enverbodys Business (New York : Harper & Row Publishers, Inc., 1980), p.813.

8) Donella H. Meadows, Dennis L. Meadows, Jorgen Randers, and William W. Behrens III, The Limit to Growth (New York : New American Library, 1972), p.41.

9) Rachel Carson, Silent Sparing (Boston : Houghton Mifflin, 1962).

10) First Annual Report of the Council on Environment Quality (Washington, DC : Government Printing Office, 1970), p.158.

11) See Karl E. Henion H, Ecological Marketing (Columbus, OH : Grid, 1976).

Speed란 중요한 것에는 시간을 투자하고 중요하지 않은 것에 소비하는 시간을 제거하는 것이다.

- 톰 피터스 -

Maketing

마케팅 조사와 마케팅 정보시스템

CHAPTER

04

제1절 의사결정시 정보의 중요성

최근의 소비자는 단순히 필요에 의하여 가격이 저렴한 제품을 구매하는 것이 아니라 자신의 라이프스타일을 반영하거나 자아실현이 가능한 제품을 선택적으로 구매하고 있다. 이러한 소비성향의 변화와 함께 시장의 성장이 둔화되면서 기업 간의 경쟁은 한층 심화되고 있어 기업이 소비성향의 변화에 어떻게 대응하느냐가 기업의 성패를 좌우할 정도로 중요해졌다.

기업마케팅담당자들은, 21세기 치열한 경쟁환경에서 경쟁우위를 확보하기 위한 경쟁은 소비자의 욕구를 충족시킬 수 있는 유용한 정보를 확보하기 위한 경쟁의 시대라고 말한다.

이렇듯 소비자의 의미가 보다 중요해지면서 기업들은 앞다투어 고객중심 경영이념을 도입하고 있으며 이를 자사의 마케팅 전략(marketing strategy)에 반영하고 있다. 기업이 소비성향의 변화에 대응하기 위해서는 소비자에 관한 정보수집이 선결되어야 한다. 또한, 경쟁사가 어떠한 마케팅전략을 수립하고 있는지에 관한 조사와 분석도 병행되어야 한다.

이러한 마케팅 환경에 관한 정보를 수집, 분석, 평가하여 기업의 마케팅 관련 관리자나 나아가 경영진에게 제공함으로써 이들의 적절한 의사결정이 가능하게 해 주는 시스템을 마케팅 정보시스템이라 한다. 경영진은 성공적인 마케팅 의사결정을 위하여 마케팅 정보시스템(marketing information system)을 통해 객관적인 시장정보를 적시에 정확하게 제공받는다.

1 의사결정의 유형

경영진이 의사결정을 할 때 정보가 수행하는 역할은 의사결정의 유형에 따라 상이하며 일반적으로 의사결정의 유형은 [그림 4-1]에서처럼 일상적인 의사결정과 비일상적인 의사결정(nonroutine decisions)이 있다. 기업의 마케팅 담당자는 중요하다고 생각하는 의사결정에 적합한 정보를 획득하거나 수집된 정보를 이용하고자 하는데 많은 노력을 기울인다.

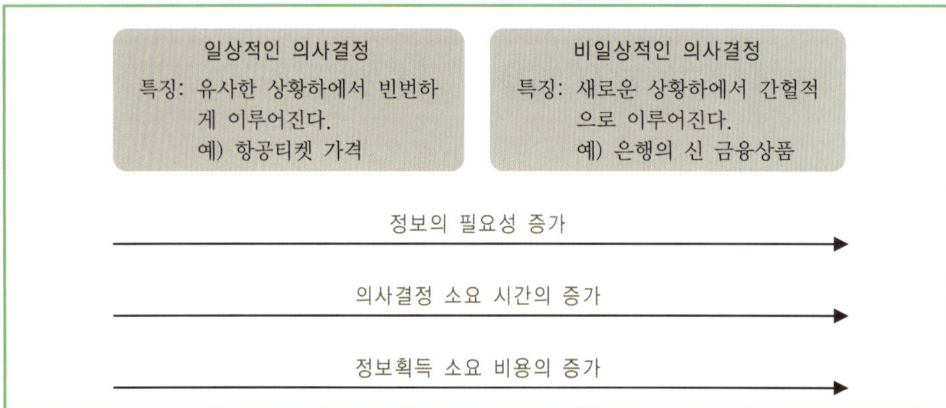

그림 4-1 의사결정의 유형

(1) 일상적인 의사결정

비록 빈번하게 이루어지지만 일상적인 의사결정(routine decision)은 조직의 번영이라는 측면에서 매우 중요하다. 가격결정이 그 전형적인 예이다. 항공사는 거의 매일 가격결정을 하지만 그들이 행해 왔던 의사결정의 빈도가 중요하다는 것을 의미하지는 않는다. 사실 가격결정은 판매와 수익에 커다란 영향을 미친다.

일상적인 의사결정의 특징은 기업으로 하여금 장래 필요로 하는 정보를 예상하게 하며 이러한 목적을 위해 정보를 수집하게 한다는 것이다. 일반적으로 정보는 일상적인 의사결정을 하기 이전에 수정되어 사용된다.

마케팅 담당자는 사전에 의사결정에 도움이 될 수 있도록 대안과 중요 변수들을 파악한다. 이를 위해서는 이러한 변수들에 영향을 미치고 있는 현 상황에서의 정보가 필요하다. 예를 들면, 항공티켓 가격결정을 하는데 있어 지속적인 기준에 의거해서 경쟁업자의 가격이라는 변수를 파악하는 것이 매우 중요하다.

(2) 비일상적인 의사결정

비일상적인 의사결정(nonroutine decisions)은 흔히 의사결정자에게 당혹감을 준다, 이러한 상황 하에서 의사결정자는 보통 실제 의사결정의 결과뿐만 아니라 자신이 내린 의사결정에 대한 확신을 강화시키기 위해서 정보를 탐색한다.

은행에 대한 정부의 규제완화가 경쟁(예 고객유치)을 심화시켰으며 이전의 많은 일상적 의사결정을 비일상적 의사결정으로 전환시켰다. 예를 들면, 은행은 새로운 금융

상품을 시장에 출시하기 전에 자사의 고객들이 그 신상품에 어떻게 반응하는지 알고자 한다.

정보는 일상적인 의사결정과정 보다 이와 같은 비일상적인 의사결정과정 에서 보다 광범위한 역할을 수행한다. 즉, 정보는 주요상황변수 내지 대안을 확인하는 역할을 한다. 정보란 장래에 발생할 수 있는 결과(outcomes)를 예측하기 위한 기준을 형성하는 것이라 할 수 있다.

2 의사결정에 필요한 정보의 내용

마케팅 의사결정을 하는데 필요한 정보는 무엇인가? 라는 물음에 대한 답은 구체적인 의사결정의 유형에 달려 있다. 그러나 대다수 마케팅 관리자들이 추구하는 정보를 살펴보면 다음과 같다.

(1) 소비자와 시장에 관한 정보

최고경영층이 특수한 문제를 해결하는데 도움이 되는 비일상적인 자료(nonroutine data)는 시장조사를 통해 획득된다.

(2) 과거의 판매량과 판매량 예측에 관한 정보

과거의 판매량과 미래의 판매예측에 관한 일상적인 분석을 통해 관리자는 현행 프로그램의 효율성을 평가하고 미래의 전략을 수립하는데 필요한 유용한 정보를 얻는다.

(3) 코스트 정보

관리자가 담당하고 있는 제품과 프로그램에 관련된 비용자료는 마케팅 코스트, 수익성분석기법을 통해 획득된다.

(4) 환경에 관한 정보

기업외부의 모든 요인들은 기업환경을 구성하는 구성요소가 된다. 이것은 정보시스템이 유동시스템, 상업시스템, 거시시스템에 관한 자료를 담고 있어야 한다는 것을 의미한다. 특히 정보시스템은 경제, 경쟁, 공공정책, 환경에 관한 정보를 저장·보관하고 있어야 한다.

3 유용한 정보의 특성

정보가 일상적 혹은 비일상적인 의사결정에 유용하게 사용되기 위해서는 다음과 같은 구체적인 특성을 가지고 있어야 한다.

표 4-1 유용한 정보의 특성

특성	내 용
유용성	정보가 필요할 때 그 정보가 유용하게 사용될 수 있어야 한다. 최종순간에 제공된 정보는 경쟁을 대비하는데 시간이 소요되기 때문에 그 가치가 별로 크지 않다.
연관성	정보는 의사결정에 적합하게 서로 연관성을 가지고 있어야 한다.
정확성	의사결정에 필요한 정보는 정확성을 가지고 있어야 한다.
충분성	의사결정을 하는데 필요한 정보가 충분히 있어야 한다.
비용 < 이익	정보 수집, 처리 비용이 조직이 필요로 하는 정보의 가치를 초과하지 않아야 한다.

첫째, 정보는 유용하게 사용되어야 한다. 예를 들면, 여러 가지 이유 때문에 자료가 의사결정 이전에 수집조차 되지 않거나 혹은 경쟁업자에게만 너무 치중되어 있는 자료는 유용하게 사용될 수 없다. 자료의 유용성을 고려할 때 "자료를 누가 소유하고 있는지" 그리고 "자료를 언제 수집하는지" 하는 두 가지 질문을 신중하게 생각해야 한다.

둘째, 자료는 정확해야 하며, 정확한 자료는 오류가 없는 사실에 근거한 자료를 말한다. 만약 동일한 오류가 되풀이되어 발생한다면 그 자료는 정확성이 부족하다고 할 수 있는데 이는 정보를 수집하거나 분석하는데 체계적인 오류(systematic error)가 존재한다는 것을 의미한다. 임의적인 착오(random mistakes)가 있는 자료는 신뢰성이 없으며, 이는 자료를 수집하는데 이용되는 측정기법의 정확성과 관련이 있다.

유용한 정보가 필요할 때 수집·처리·저장·분배하기 위한, 처리비용이 증가하는 만큼 정보의 가치를 초과하지 않아야 한다. 기업은 추가적인 정보를 수집함에 따른 효율성이 그 정보를 취득하는데 드는 처리비용만큼 가치가 있는지 판단해 보아야 한다.

제2절 마케팅 조사과정

공식적인 마케팅 조사의 경우 자료를 수집하고 수집된 자료를 유용한 정보로 전환시키는 과정은 [그림 4-2]와 같이 다섯 개의 기본적인 단계로 분류할 수 있다.

❶ 문제의 확인
a. 마케팅 조사정보로 어떤 유형의 의사결정이 이루어지는가를 결정한다.
b. 이러한 의사결정을 하는데 어떤 정보가 필요한가를 결정한다.
c. 마케팅 조사에 집중하기 위해 탐색조사를 수행한다.

→

❷ 조사계획의 수립
a. 정보의 유형 확인
b. 1·2차 자료의 확인
c. 샘플 선정
d. 마케팅 조사방법과 측정기법 선정
e. 방법과 기업들의 사전 테스트

↓

❸ 자료 수집
a. 2차 정보 수집
b. 1차 자료 수집

←

❹ 자료 분석
a. 자료의 감사와 명확화
b. 자료의 코드화
c. 질적·판단적 분석 수행
d. 양적·통계적 분석 수행
e. 결과의 마케팅 조사 문제에의 적용

↓

❺ 결과 보고
a. 연구의 한계와 마케팅 조사복서 준비
b. 결과 분류
c. 결괴보고 준비

그림 4-2 마케팅 조사 과정

1 문제의 확인

문제의 확인(identifying the research problem)은 기업이 문제를 해결하는데 필요한 정보를 획득할 수 있도록 문제를 명확화 하는 과정이다. 문제를 정확히 정립 내지 확인하지 못한다면 마케팅 조사과정의 나머지 부분들은 아무런 의미가 없다. 즉, 문제를 명확하게 파악하지 못한다면, 자료 수집이 아무리 훌륭하다고 할지라도, 조사계획이 순조롭게 수립되어 자료의 분석이 아무리 정확하더라도 그것은 문제해결에 아무런 도움이 되지 못한다.

이 단계에서 가장 중요한 것은 문제를 어떠한 조건이나 피상적인 측면과 혼동하지 않고 구별하는 것이다. 예를 들면, 어느 한 지역에서 판매 내지 이익이 계획수준 이하로 하락하면 이러한 현상은 단지 문제의 한 피상적인 측면에 불과하다는 것이다. 문제는 경쟁활동, 빈약한 소매단계의 협동, 판매 성과의 감소 등을 강화 내지 증대시키는 것이라 할 수 있으며, 코스트를 증가시키는 제품의 제조상에 문제가 있을 수도 있다.

문제의 성격을 결정할 수 없다면 어떻게 될까? 이에 대한 해답은 탐색조사에 달려 있다. 탐색조사(exploratory research)는 마케팅 조사 자체에 해답을 구하는 것이 아니라 정보와 여러 가지 의문사항을 명확하게 하는 것이다.

탐색조사가 필요하든 아니면 필요하지 않든 마케팅 조사과정에서 첫 번째 단계의 결과는 조사해야 하는 기본 문제의 성명서(a statement)이어야 한다. 또한 이 성명서는 마케팅 조사활동이 수행되어 달성하고자 하는 목적과 마케팅 조사활동의 결과로써 이루어지는 의사결정과 관련되어 있는 이들에게 정확하고 신속하게 전달되어야 한다. 문제를 확인하는 활동은 마케팅 조사과정을 이끄는 일련의 조사 질문 내지 가설을 탐색하는 과정이다.

2 조사계획의 수립

공식적인 마케팅 조사는 기업이 시간과 자금이라는 비용을 투입해야 하는 활동이다. 마케팅 조사과정의 초기에 관리자는 위와 같은 비용이 활동 가치를 초과하는지 파악할 필요가 있다.

마케팅 관리자는 먼저 자신들이 공식적인 마케팅 조사활동으로부터 얻고자 하는 것이 무엇인지 생각해야 한다. 아마도 이러한 얻고자 하는 가치를 평가하는 최상의 방법은 마케팅 조사활동이 제시하는 결과에 크게 의존하는 기업에게 효과적인 여러 상이한 옵션(options)을 조사하는 것이다.

마케팅 조사활동의 결과와 관계없이 기업의 활동이 전과 동일하다면 이때 마케팅에 투입된 시간과 비용은 낭비하였다고 할 수 있다. 따라서 마케팅 정보시스템(MIS) [그림 4-3]에서처럼 마케팅 조사 단계에서 피드백 접근방법을 이용해야 한다.

마케팅 조사활동의 결과에 따라 매우 상이한 의사결정을 하게 되는 경우에 관리자들은 비용적인 측면을 우선적으로 고려해야 한다. 마케팅 조사활동 비용은 문제에 대한 자료를 수집하기 위해 사용된 연구와 방법의 크기에 따라 다를 수 있다. 어떤 경우에는 정부통계를 탐색하는 것만으로 기업이 필요로 하는 모든 자료를 수집할 수 있으며 또 다른 경우에는 마케팅 조사 방법들의 복잡한 결합을 필요로 하는 경우도 있다.

마케팅 계획안에는 방법(methodology), 예산(budget), 스케줄(schedule) 등 기타 여러 요인들이 포함되어야 하며, 또한 구체적인 계획수립활동은 관련된 정보원천의 유형과 적절한 마케팅 조사방법 및 측정기법을 확인하는 활동도 포함되어야 한다.

3 자료수집

자료수집에 투입된 시간, 노력 그리고 에너지는 기업이 자료를 획득하는 방법에 따라 결정된다.

(1) 1차 자료와 2차 자료

자료의 원천은 1·2차 자료로 분류된다. 1차 자료(primary data)는 조사자인 기업 혹은 기업이 고용한 조사기업이 당면한 의사결정 문제를 해결하기 위하여 직접 수집한 자료를 말한다. 2차 자료(secondary data)는 다른 조사자에 의해 이미 존재하는 그리고 일부 다른 목적을 위해 수집된 자료를 말한다.

2차 자료는 도서관, 데이터베이스 그리고 기타 여러 장소에 존재하는 보고서에 실려 있다. 마케팅 조사자는 2차 자료가 지속적으로 유용성을 가지고 있으며, 또한 상대적으로 값싸며 무료수집이 가능하기 때문에 가능하다면, 2차 자료를 활용하고자 한다.

(2) 2차 자료의 기타 원천

2차 자료를 얻기 위해 마케팅 조사부서는 정부와 기업의 간행물을 통한 자료수집보다 정보력이 뛰어난 기업의 자료와 데이터베이스 그리고 연합 조사(syndicated research)를 보다 많이 이용하며 자료를 수집한다.

데이터베이스라 불리는 대규모 정보 수집은 산업통계를 포함하는 다양한 종류의 자료를 내포하고 있다. 대부분의 중소기업 마케팅 관리자들은 도서관, 각종 실무교육을 담당하는 단체, 상공회의소, 무역협회, 정부기관을 통해 데이터베이스에 기여한다.

데이터베이스의 개념은 처음 미국에서 생성되었으며, 지금은 전 세계 여러 지역에서 급속도로 확장되고 있다. 예를 들면, 유럽에서의 마케팅 데이터베이스는 1992년 단일 시장을 창설하고자 하는 EC 통합운동처럼 전개되었다. 영국에서 가장 큰 데이터베이스 센터를 운영하고 있는 The London Chamber는 유럽이나 자국 시장에 제품을 판매하는 영국 기업들에게 유용한 1,000개 이상의 개별 데이터베이스를 갖춘 영국에서 가장 큰 데이터베이스 의사소통 서비스 센터를 운영하고 있다. 최근에는 PC통신과 인터넷(Internet)의 발달 및 보급 확산으로 인하여 여러 2차 정보자료들을 손쉽게 수집할 수 있게 되었다.

(3) 2차 자료의 단점

2차 자료는 수집이 용이하고 비용이 적게 소요되는 장점이 있지만 또한 여러 가지 단점들을 가지고 있다. 2차 자료는 경쟁사를 포함하는 모든 이들이 유용하게 사용할 수 있는 일반적인 지식이다. 게다가 2차 자료는 간혹 충분성과 구체성이 결여되어 있다. 2차 자료에 있어 또 다른 문제점은 신뢰성이다. 즉, 2차 자료의 정확성을 테스트하는 방법이 없다는 것이다. 그러나 이러한 문제점들이 있음에도 불구하고 2차 자료는 매우 광범위하게 그리고 유용하게 이용 되고 있다.

(4) 1차 자료의 원천

2차 자료가 마케팅 문제에 부정확한 답을 하는 경우에 마케팅 조사자는 1차 자료를 수집하여야 한다. 1차 자료는 기업의 구체적인 마케팅 질문에 답하기 위해서 정확하게 가공 처리되어 통용될 수 있어야 한다. 이러한 자료는 수수료를 받고 마케팅 조사활동을 수행하기로 동의한 외부기업에 의해 수집되기도 한다.

그러나 최근 일부 기업들은 스스로 자사의 정보원천을 수집하고 관리하는 체계적인 방법들을 개발하고 있다. 구매·저장·관리·판매되는 일용품처럼 정보를 처리함으로써 관리자들은 의사결정 노력과 동행하는 불확실성을 줄일 수 있다.

(5) 1차 자료 수집방법

1차 자료가 기업외부 또는 내부에서 수집되는 것과 관계없이 조사연구 활동이 기존의 자료보다 더 비싸다는 단순한 이유 때문에 1차 자료를 탐색하는데 많은 비용이 투입된다. 주요 산업 세분화에 대한 마케팅 조사활동에도 많은 비용이 소요되며, 또한 1차 자료를 수집하는 데에도 많은 시간이 소요되기도 한다. 1차 자료 수집활동의 결과를 산출하는데 4~6주 이상의 시간이 소요되며, 포지셔닝과 재포지셔닝 조사와 같은 대규모 프로젝트는 보통 3~5개월이 소요되기도 한다.

마케팅 조사자는 모든 구매 가능성이 있는 소비자들과 대화할 수는 없다. 왜냐하면 모집단을 전부 조사대상으로 할 경우 많은 시간과 비용이 투입되기 때문이다. 따라서 그들이 대화하고자 하는 시장의 일부분 — 표본(sample) — 이 전체시장을 대표하고 있다고 확신할 수 있어야 한다. 대표성을 지닌 표본은 마케팅 조사자들로 하여금 전체의 일부에서 전체를 표시할 수 있는 결론을 도출해 내는 정보를 이용할 수 있게 한다.

표본 선정은 본질적으로 다음과 같은 3가지 물음에 대한 답과 관련이 있다

① **질문의 대상은?**

이러한 질문에 대한 답은 인구에 대한 적절한 정의를 필요로 한다. 이것이 바로 표본선정이라는 과제이다.

② **질문 대상의 규모는?**

소규모 표본은 대규모 표본보다 시간과 비용이 절약되지만 대규모 표본은 정확성 때문에 시간과 비용이 증가한다. 따라서 마케팅 조사자들은 이러한 장·단점과 예산 규모 등을 고려하여 균형 있는 그리고 합리적인 표본을 결정해야 한다.

③ **질문 대상의 신뢰도는?**

이러한 신뢰도를 확신할 수 있는 표본을 선정해야 한다.

마케팅 조사자는 개별 구성원들이 선택되는 동일한 기회를 가지고 있다고 확신하는 확률표본(probability sample)을 이용하여 위의 물음에 대한 해답을 구해야 할 것이다. 마케팅 조사자는 표본추출오류(sampling error)와 조사의 정확성을 예측할 수 있다. 확률표본추출의 유형에는 단순무작위표본(simple random sample)은 모집단의 모든 원소가 알려져 있고 선택될 확률이 똑 같은 표본추출방법이며, 층화확률표본(stratified random sample)은 모집단을 몇 개의 동질적인 세분집단으로 나누고, 각 세분집단에서 표본의 구성요소들을 단순무작위로 추출하는 방법을 말하는데 이에는 비례층화확률표본과 불비례층화확률표본이 있다. 그리고 마지막으로 군집표본(cluster sample)은 모집단이 체계적 표본과 지역별 표본으로 나누어지며, 조사자는 면접할 집단 중에서 표본을 추출한다.

그러나 이러한 방법의 활용에 시간과 비용이 많이 소요되는 경우, 마케팅 담당자는 비확률표본추출(nonprobability sampling)을 사용해야 한다. 표본선정을 통제하는 규칙의 결핍은 정확성에 영향을 미치고 표본추출방법이 어떤 상황에서 보다 충분한 정확성을 갖는 경우도 있다. 비확률표본추출 유형에는 편의표본과 판단표본 그리고 할당표본이 있다. 편의표본(convenience sample)은 마케팅 조사자가 정보를 얻기 위하여 가장 접근하기 쉬운 모집단 요원을 선정하는 방법이며, 판단표본(judgement sample)은 마케팅 조사자가 자기의 판단에 따라서 정확한 정보를 줄 수 있는 모집단 요원을 선정하는 방법이다. 그리고 할당표본(quota sample)은 마케팅 조사자가 소수의 개별범주에서 사전에 규정된 수의 사람을 찾아서 면접을 하는 방법이다.

1차 자료 수집방법에는 다음과 같은 조사법이 있다.

① **관찰법(observation method)** : 훈련을 받은 조사자가 현장에서 구매자의 행동을 관찰하고 기록하는 자료수집 방법이다. 소비자의 실제 구매형태, 소매기관 내에서의 브랜드의 실제 노출량과 같은 마케팅 현실에 관한 자료들이기 때문에 최상의 정보 원천중의 하나이다. 이 방법은 비용이 많이 들지 않고 간단하며 신뢰할 수 있는 방법이다.

② **면접법(interview method)** : 마케팅 조사자가 직접 대상자와 대면접촉하여 자료를 수집하는 방법이다. 이는 사무실이나 가정에서의 면접, 쇼핑몰이나 거리를 지나가는 소비자들을 대상으로 하는 면접, 온라인을 통해 응답하는 면접 등으로 나눌 수 있다. 면접법은 대상자에게 질문내용을 상세히 설명할 수 있으며 사례품을 제공함으로써 비교적 유효한 답변을 얻을 수 있다는 장점이 있다. 하지만, 비용이 많이 들고 조사자가 응답자에게 영향을 미칠 수 있다는 단점도 존재한다.

③ **심층집단면접법(in-depth group interviewing)** : 구체적인 형태는 훈련을 받은 조정자가 면접을 이끌고 소규모 집단이 제품과 광고에 대해 토의하는 초점집단이다. 이 집단을 구성하는 이들은 유사한 라이프스타일, 관점 그리고 기타 특성들을 공유하는 공정한 동성의 사람들이어야 한다.

④ **초점집단조사(focus group research)** : 보통 8~10명으로 구성된 3~4개 집단으로 운영된다. 한 집단에서 산출된 결과는 비생산적이거나 논제에서 벗어난 것으로 판명될 수도 있다. 따라서 마케팅 조사자는 보통 여러 개의 초점집단을 계획한다.

회의는 오디오 내지 비디오테이프와 훈련을 받은 조정자와 함께 회의실에서 개최되며, 기업 마케팅 부서와 경영진 그리고 기관에 속해 있는 이들이 반투명 유리를 통해 옆방에서 회의를 관찰한다.

조정자는 탐색하는 질문들을 하고 즉각적이고 진솔한 코멘트를 추출하기 위해서 집단역학(group dynamics)을 이용한다. 관찰자들은 어떠한 부분에서는 부수적인 일련의 질문들을 위한 제안을 담은 메모지를 조정자에게 건네기도 한다.

초점집단은 본래 아이디어를 테스트하기보다는 소비자로부터 아이디어 — 광고나 제품 개발을 위한 창조적인 아이디어를 자극할 수 있는 소비자 행동과 태도에 관한 상세한 항목 — 를 얻는 것을 그 목적으로 한다. 결과는 보통 해답을 유도하지 않으며 조사자들은 조사 문제나 상황을 명확하게 하는 긍정적인 증명으로써 초점 집단을 인용하지만, 전문가들 중에는 초점집단이 반드시 인구의 대표성을 표시하지는 않는다는 것을 잘 알고 있다.

⑤ **소비자패널조사법**(consumer panel research method) : 동일한 표본의 응답자에게서 일정기간에 걸쳐 반복적인 자료를 수집하고자 이용되는 방법이다. 패널참가자는 서로 접촉하지는 않지만 모두 장기적으로 특정구매나 소비행동의 변화를 기록한다.

소비자패널참가자는 과거의 그리고 계획된 가정의 소비 지출, 다양한 광고 매체에의 노출, 레크리에이션과 여가 활동, 사회추세에 관한 태도와 의견 등과 같은 항목을 포함하는 다양한 정보에 대한 질문을 받는다. 패널은 특히 변화를 관찰하고 탐지하는데 유용한 조사방법이다.

⑥ **실험조사법**(experiments method) : 마케팅 조사자가 인과관계를 테스트 하고자 하는 경우에 사용하는 방법이다. 제품의 가격이 10% 상승할 때 포장에 대한 재설계가 소비자인지에 영향을 미칠 때, 제품에 대한 판매는 어떻게 변할까? 하는 문제를 마케팅 조사자가 알고자 하는 경우에 사용되는 방법이다.

실험조사법으로 마케팅 변수(제품 특성, 가격, 유용성, 광고)중의 한 요인의 변화가 결과 — 보통 구매와 같은 소비자 행동유형 — 에 어떠한 영향을 미치는지 알고자 한다. 마케팅 조사자는 통제된 상황하에서 마케팅 변수요인을 조정하고 그 후에 행동변화(효과)를 측정한다. 이 방법은 실험실 같은 인위적인 상황에서 수행되지만 대부분 시장 내부의 테스트형태로 실행된다. 거의 모든 마케팅 믹스

요인은 하나 혹은 그 이상의 시장에서 현장 테스트되며 소비재 시장에서 신제품의 테스트에도 이용된다.

실험조사법은 마케팅 믹스의 변화로부터 실질적인 영향의 존재 유·무와는 관계없이 최상의 기회를 제공하기 때문에 마케팅 조사자나 관리자에 매우 유용한 조사방법이다. 시장을 테스트하는 것 역시 예측가능한 도구로서 유용하게 사용된다. 시장테스트 결과를 사용해서 마케팅 조사자는 시장 점유율, 유통단계 그리고 마케팅 노력이 대규모 시장에서 전개될 때 발생되는 활동과 상황을 예측한다.

그러나 실험조사법은 시간과 비용이 많이 소요되고 경쟁업자들에게 노출될 수 있으며, 또한 실험조사 결과의 높은 오류 가능성등의 단점이 있다. 따라서 조사방법과는 관계없이 유용한 정보를 제공하기 위해서 조사방법은 다음과 같은 기준들을 충족시켜야 한다.

㉠ 객관성 : 어떤 유형의 편견으로부터 자유로워야 한다.
㉡ 정확성 : 측정하고자 하는 대상의 진실한 가치를 반영하여야 한다.
㉢ 철저한 검토 : 모두 관련된 범위와 중요 원천이 철저하게 검토되고 고려되어야 한다.

4 자료분석

일단 자료가 수집되면 유용한 정보형태로 분석되고 전환되어야 한다. 현장에서 나오는 모든 자료수집 형태가 유용한 것만은 아니다. 때로는 응답자가 어떤 질문에 답을 선택할 수도 없고 답할 수도 없는 경우도 있으며 또한 설문지 위에 작성된 답을 읽을 수도 없는 경우도 있다. 이러한 여러 가지 상황 때문에 제외된 것이 있는지, 해독 불가능하고 모순되는 응답이 있는지, 그리고 자료를 사용하지 못하게 하는 기타 다른 곤란한 점이 있는지를 점검하고 질문항목을 편집하는 것이 필요하다. 따라서 어떤 질문 항목들은 자료의 최종 분석단계에서 제외되기도 한다.

질문항목으로부터 자료를 분석하기 위해서 마케팅 조사자는 그것을 부호화하여야 한다. 이러한 부호화된 개개의 응답 범주는 표로 작성되거나 계산될 수 있는 수치나 척도로 나타낸다.

5 결과보고

분석으로부터의 결론을 의사결정자가 이해할 수 있도록 문장과 도표로 요약 정리해 놓아야 한다. 조사의 목적은 일련의 조사질문에 답하는 것이다. 이러한 응답들은 직접 마케팅 계획이나 정략적 의사결정에 투입되어야 한다. 따라서 어떤 유형의 마케팅 조사에 입각한 보고서이든지 관리자가 의사결정을 하는데 필요한 정보를 제공하는 것을 목적으로 하여야 한다.

결과를 보고하는 활동은 고객 또는 마케팅 관리자에게 명확하고 정확하게 의사전달해야 하는 구두 제시든 문서든 양자에게 무두 중요한 단계이다. 대부분의 관리자들은 조사용어를 읽는데 많은 시간을 소비하고자 하지는 않는다. 그들은 결과에 대한 단순하고도 명확한 보고서와 명쾌한 조사 한계 — 표본 한계, 통계적 한계 기타 요인 — 를 원한다. 만약 고객과 마케팅 관리자가 이해, 신뢰 및 결과에 근거한 어떤 행동을 하지 못한다면 투입된 모든 노력은 쓸모없는 것이 되어 버린다.

제3절 마케팅 정보시스템

과거에는 미케팅 조사를 통해 마케닝 성보가 수집·분식·처리·평기되어 마케팅 관리자에게 제공되어 왔다. 그러나 이떤 의사 결정을 내리거나 실행을 할 때마다 이를 통해 필요한 모든 자료와 정보를 충분히 수집한다는 것은 정보의 필요성이 증가되고 아울러 피드백의 소요기간이 짧아진 오늘날에 있어서는 사실상 어렵다. 그러므로 어떤 결정을 내리고 계획을 하는 데는 어떠한 정보가 필요한가 미리 예측하고 사전에 이러한 정보를 수집·분류·축적·보관하고 있어야 한다.

이와 같은 광범위하고 정확한 정보를 검색하여 기업이 제품 원가절감, 기업운영 비용절감, 품질 향상, 고객 서비스, 경쟁력 강화에 이용할 수 있게 해 주는 종합적인 시스템이 경영정보시스템(management information system)이며 이를 지원해주는 하위 시스템이 마케팅 정보시스템이다. 마케팅 정보시스템(marketing information system)이란 마케팅 의사결정자를 위해 적기에 정확하고도 필요한 정보를 수집·분류·분석·평가 및 공급하는 구성원, 설비 및 절차로 구성되어 있는 체제를 말한다.

마케팅 정보시스템 개념은 [그림 4-3]과 같이 나타낼 수 있다. 마케팅 관리자는 분석, 계획, 집행 및 통제에 대한 책임을 이해하기 위해 마케팅 환경내의 진보 추세에 대한 정보가 필요하다. 마케팅 정보시스템은 경영자의 정보 욕구를 평가하여 마케팅 관리자에게 적시에 정보를 공급하는 역할을 한다. 필요로 하는 정보는 기업의 내부보고, 마케팅 일상 정보활동, 마케팅 조사 및 마케팅 의사결정 지원 분석을 통해서 추출되는데, 기업의 마케팅 정보시스템을 구성하는 4가지 하위 시스템에 대해서 살펴보기로 한다.

1 내부보고 시스템

마케팅 담당자가 사용하는 가장 기본적인 정보시스템은 내부보고시스템(internal record system)인데 주문, 판매, 가격, 재고 수준, 외상매출 및 외상 매입 계정 등에 대한 보고가 포함된다. 이러한 정보를 분석함으로써 마케팅 관리자는 중요한 문제와 기회를 정확하게 파악할 수 있다.

(1) 주문-인도-청구 순환주기

내부보고 시스템의 핵심은 주문-인도-청구 순환주기(the order-shipping-billing cycle)이다. 판매 대리점, 도매상 및 고객들은 기업에 주문을 하게 되고 주문 부서는 청구서를 작성하여 여러 관련 부서에 복사본을 보낸다. 재고가 없는 품목은 재 주문된다. 선적, 발송품목 역시 여러 부 복사되어 여러 관련 부서로 보내질 선적서 및 청구서와 함께 동봉된다.

기업은 이 단계를 신속하고 정확하게 수행하고자 한다. 판매 대리점은 제품이 주문대로 도착되기를 기대한다. 그러므로 주문 처리부서는 신속하게 주문을 처리하여야 한다. 창고는 가능한 한 신속하게 제품을 보낼 준비를 하고, 청구물은 가능한 한 빨리 발송하여야 한다.

컴퓨터프로그램은 주문-인도-청구의 순환주기가 원활하게 이루어지도록 설계되어야 한다.

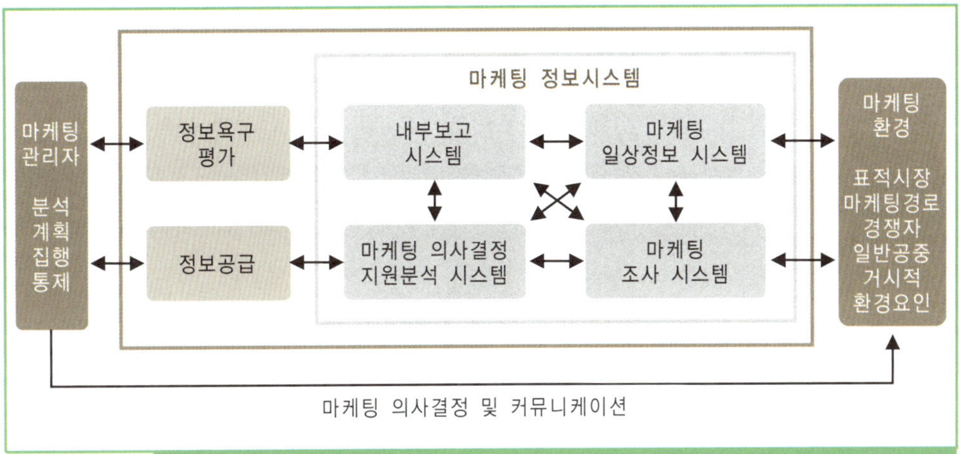

그림 4-3 마케팅 정보시스템

(2) 판매 보고 시스템

마케팅 담당자는 판매가 이루어진 후 어느 시점에 이르러 판매 보고서를 받는다. 소비자용 식료품 기업들의 경우 창고출고 보고서는 정규적으로 작성되지만 실제 소매 보고서는 특별점포 또는 소비자 패널 결산에 근거하여 약 1개월이 소요된다. 대부분의 마케팅 담당자는 판매결과가 충분하면서도 신속하게 보고되지 않는다고 불평을 한다. 전반적인 판매 보고 시스템을 설계한 기업의 사례를 보면 다음과 같다.

① American Hospital Supply : AHS는 병원들이 자사의 판매부서에 직접 주문할 수 있도록 병원 구매부에 컴퓨터를 공급하였는데, 주문이 적시에 도착되면 AHS는 재고를 줄일 수 있고, 고객 서비스를 향상시킬 수 있는 반면 병원은 많은 양을 구입함으로서 공급업자들로부터 좋은 구매조건을 획득할 수 있었다. 결국 AHS는 경쟁자들보다 경쟁적 이점을 획득함으로써 경쟁자들의 시장 점유율을 잠식하였다.

② Wrangler Womenswear : Blue Bell의 한 사업부인 Wrangler Womenswear의 판매원들은 그들의 소형 컴퓨터를 기업본부의 중앙컴퓨터에 연결하였다. 그 결과 판매원은 메시지를 보내고 검색할 수 있으며, 주문을 받는 동시에 최신의 판매정보를 받을 수 있게 되었다. 판매원은 주문서를 작성하는데 소요되는 시간의 약 절반 동안에 많은 주문을 처리할 수 있었다.

(3) 사용자 지향적 보고시스템 설계

향상된 판매 정보시스템을 설계하는 경우 기업은 몇 가지 함정에 주의해야 한다.

첫째, 너무 많은 정보를 전달하는 시스템을 만들 가능성이 있다는 것이다. 관리자는 매일 아침 사무실에 와서 수치화된 판매 통계치에 직면하게 되는데 처리해야 할 정보가 너무 많다면 관리자는 그것을 무시하거나 또는 그것을 보는데 너무 많은 시간을 소비하게 된다.

둘째, 최근의 정보를 전달하는 시스템을 만들 가능성이 있는데, 이는 관리자들로 하여금 아주 미세한 판매변화에도 너무나 과잉된 행동을 취하게끔 한다.

기업의 마케팅 정보시스템은 관리자들이 필요하다고 생각하는 자료, 경영자들이 실제로 필요로 하는 자료, 경제적으로 제공 가능한 자료 등이 잘 어우러진 정보를 제공하여야 한다. 이에 유용한 조치로는 내부 마케팅 정보시스템위원회(internal marketing information systems committee)를 설치하는 것으로써 동위원회는 제품 관리자, 판매 관리자, 판매 대행업자 등 마케팅 담당자의 연관 부서들의 정보욕구를 파악하기 위하여 상기 담당자들과 면담을 한다.

표 4-2 마케팅 정보 욕구를 결정하기 위한 질문내용
• 규칙적으로 결정해야 하는 의사결정의 유형은 어떤 것인가? • 그와 같은 의사결정을 하는데 어떤 유형의 정보가 필요한가? • 어떤 유형의 정보를 정기적으로 수집하고 있는가? • 어떤 유형의 특정조사를 정기적으로 필요로 하는가? • 현재 수집하지 못하고 있는 정보 유형 중 어떤 정보를 필요로 하는가? • 매일, 주별, 월별 또는 연별로 수집할 필요성이 있는 정보 유형으로는 어떤 것이 있는가? • 어떤 잡지와 업계지를 규칙적으로 보기 원하는가? • 어떠한 문제와 관련하여 정보를 수집하였으면 하는가? • 어떠한 유형의 자료 분석 프로그램(date-analysis program)을 이용할 수 있으면 좋겠는가? • 현재의 마케팅 정보시스템과 관련하여 개선할 점으로는 어떤 것이라고 생각하는가?

2 마케팅 일상정보 시스템

내부보고 시스템이 관리자에게 결과에 대한 자료(results date)를 제공하는 반면, 마케팅 일상정보 시스템은 일상적인 사건에 대한 자료를 제공한다. 마케팅 일상정보 시스템(marketing intelligence system)을 마케팅 환경과 연관된 매일 매일의 정보를 확보하기 위해서 최고 경영자가 사용할 수 있는 절차와 원천의 일체라고 정의할 수 있다.

관리자들은 다음과 같은 4가지 방법으로 환경을 조사한다.

① **간접적 관찰**(undirected viewing) : 관리자가 마음속에 어떤 특별한 목적이 없는 경우 정보에 일반적으로 노출되는 것

② **조건적 관찰**(conditioned viewing) : 적극적이며 능동적인 탐구가 아니라 어느 정도 분명하게 규명된 분야나 유형의 정보에 직접 노출되는 것

③ **비공식적 탐색**(informal search) : 특별한 정보나 목적을 위한 정보를 획득하기 위해서 상대적으로 제한되고 비체계화된 노력을 하는 것

④ **공식적 탐색**(formal search) : 특별한 문제와 관련된 정보나 특정한 정보를 획득하기 위해 미리 수립한 계획, 절차 및 방법에 의해서 정교하게 노력하는 것

마케팅 담당자는 책자, 신문 그리고 업계 간행물을 읽고 고객, 공급업자 유통업자 그리고 기타 외부의 이해자 집단들과 대화하고, 기업 내 다른 부서의 관리자 내지 담당자들과 대화를 함으로써 자기 자신과 관련된 마케팅 일상정보를 처리한다. 그러나 이 시스템들은 너무나 우발적이며 그리고 가치 있는 정보가 누락되거나 너무 늦게 도달될 수 도 있다. 즉, 관리자들은 경쟁적 움직임, 새로운 고객의 욕구 또는 판매상들의 문세에 대해 너무나 늦게 인식하게 됨으로써 최상의 반응을 할 수 없게 된다.

마케팅 정보시스템이 잘 운영되고 있는 기업들은 마케팅 일상정보의 양과 질을 향상시킬 수 있는 추가적인 조치를 취한다.

첫째, 그들은 판매원들을 훈련시켜 판매원들로 하여금 새로운 정보를 탐색하여 보고하도록 동기를 부여한다. 판매 대리상들은 기업의 눈과 귀이므로, 그들은 다른 방법으로 누락된 정보를 획득하는데 탁월한 노하우를 보유하고 있다. 기업은 자사의 판매원들이 일상정보의 수집자로서 그들이 매우 중요한 역할을 담당하고 있다는 동기부여에 힘써야 한다. 판매원에게는 보고서를 쉽게 쓸 수 있도록 해야 하고, 판매 대리상들은 자사의 상이한 관리자들에 따라 어떤 유형의 정보를 보고해야 하는지를 교육과 훈련을 통해 주지시켜야 한다. 혁신적인 접근방법은 판매원들이 초점집단을 형성하여 활동하는 것을 포함한다. 이러한 접근방법을 통해 기업은 고객 욕구에 관한 사고를 자

극하여 고객 문제에 종업원을 참여함으로서 귀중한 마케팅 정보를 획득할 수 있다.

둘째, 기업은 중요한 일상정보를 놓치지 않도록 중간상에게 동기를 부여해야 한다. 일부 기업들은 마케팅 일상정보를 수집하기 위해 전문가를 고용하기도 하지만 거의 대부분의 기업들은 소매점원의 태도, 내지 표정을 조사하기 위해 위장 쇼핑자(ghost shoppers)를 파견하여 경쟁사의 제품을 구매하고, 공식적인 파티와 업계의 전시회 참석하고, 경쟁사가 발생한 보고서를 구독한 다음 주주총회에 참석하고, 경쟁업체에서 근무한 경험이 있는 종업원과 현재의 종업원·도매상·유통업자·공급업자 그리고 운송대리인들과 대화를 하고, 경쟁업체의 광고를 수집하고, 기업연감, 경제신문 그리고 상공회의소에서 발행하는 각종 보고서 등을 구독함으로써 경쟁자에 관한 많은 정보를 수집할 수 있다.

셋째, 기업은 외부 공급업자로부터 정보를 구입한다. A. C Nielsen Company는 슈퍼마켓, 드럭스토어, 대규모 중간상의 점포감사(store audit)에 근거한 자료를 판매하고 있는데 이 자료는 브랜드 점유율, 소매가격, 점포재고 품목비율, 촉진노력 그리고 무재고 점포비율 등과 같은 정보를 담고 있다.

넷째, 어떤 기업들은 마케팅 일상정보를 수집하고 배포하기 위해 내부에 마케팅 정보 센터를 설립한다. 이 센터의 스텝들은 주요 간행물을 읽고, 관련 뉴스를 정리하고 그리고 마케팅 관리자에게 뉴스회보를 보낸다. 또한, 관련정보를 수집하고 정리하여 관리자들이 새로운 정보를 평가하는데 도움을 준다. 이러한 서비스는 마케팅 관리자들에게 유용한 정보의 질을 크게 개선시켜 준다.

3 마케팅 조사시스템

마케팅 조사시스템(marketing research system)이란 기업이 직면하고 있는 특수한 마케팅 상황과 관련된 자료와 사실들을 체계적으로 계획·수집·분석하고 보고하는 것이다.

(1) 마케팅 조사의 공급자

기업은 여러 가지 방법으로 마케팅 조사를 수행한다. 소규모 기업들은 마케팅 조사계획의 설계와 실행을 각 대학의 학생들이나 교수들에게 요청하거나 또는 마케팅 조사 기업에 의뢰하기도 한다. 대기업은 자체의 마케팅 조사부를 갖고 있으며 마케팅 조사부서는 1명에서 수십 명의 조사원으로 구성되어 있다. 마케팅 조사 관리자는 보통 마케팅담당 부사장에게 보고하고 연구 감독관, 관리자, 기업 상담자 그리고 조언자로서의 역할을 수행한다.

마케팅 조사 기업은 다음과 같이 3개의 집단으로 나누어진다.

① **연합서비스 조사기업**(syndicated-service research firms) : 기업들은 주기적인 소비자 정보와 거래 정보를 수집하여 고객들에게 판매한다.

② **고객마케팅 조사기업**(customer marketing research firms) : 이 기업들은 특별한 조사 계획 프로젝트를 수행하기 위해 이용된다. 그들은 연구 프로젝트를 설계하는데 참여하고, 그 결과인 보고서는 의뢰인의 자산이 된다.

③ **전문계열마케팅 조사기업**(specialty-line marketing research firms) : 이 기업들은 다른 마케팅 조사기업과 기업 마케팅 조사부서에 전문적인 서비스를 제공한다. 가장 좋은 예가 현장 서비스 기업인데 이 기업은 다른 기업들에게 현장면접 서비스를 판매한다.

(2) 마케팅 조사의 범위

마케팅 조사자들은 꾸준하게 자신들의 활동을 확대해 왔다. 10개의 가장 일반적인 조사활동은 시장 특성의 결정(determination of marketing characteristics), 시장잠재력의 측정(measurement of market potentials), 시장 점유율 분석(market-share analysis), 판매분석(sales analysis), 기업 추세연구(studies of business trends), 단기예측(short- range forecasting), 경쟁제품 연구(competitive- product studies), 장기예측(long-range forecasting), 가격연구(pricing studies), 기존제품의 실험(testing of existing products) 등이다.

4 마케팅 의사결정 지원 분석시스템

최근 들어 많은 기업들이 네 번째 정보 시스템인 마케팅 의사결정 지원 분석시스템([그림 4-4])을 추가함으로써 마케팅 관리자들의 업무를 지원하고 있다. 마케팅 의사결정 지원 분석시스템(marketing decision support an analysis system)이란 마케팅 관리자들이 자료를 분석하여 더 좋은 마케팅 의사결정을 하는데 도움이 될 수 있도록 이용할 수 있는 보조적인 하드웨어와 소프트웨어로 된 통계적 도구와 의사 결정 모델의 일체라고 정의할 수 있다.

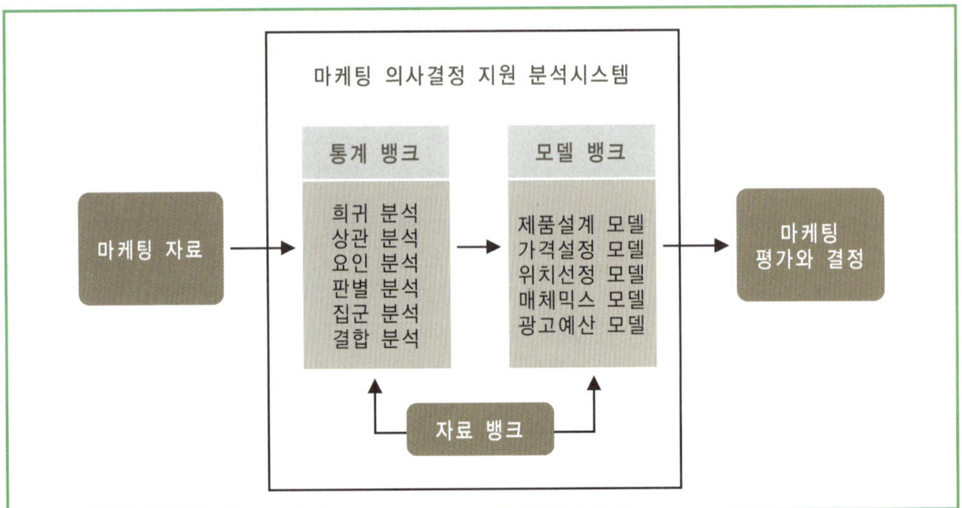

그림 4-4 **마케팅 의사결정 지원 분석시스템**

(1) 통계뱅크

통계뱅크(statistical bank)란 자료에서 의미하는 정보를 추출하기 위한 통계적 절차가 모아진 것으로써 여기에는 평균, 분산치 그리고 자료의 비교표를 계산할 수 있는 일상적인 통계적 절차가 포함된다. 이와 더불어, 조사자들은 이들 자료에서 중요한 연관성을 발견하기 위하여 여러 가지 다변량 통계기법을 이용할 수 있는데 가장 중요한 다변량 기법들을 보면 다음과 같다.

① **다중회귀분석(multiple regression analysis)** : 마케팅 관리자나 조사자는 판매와 같은 요인이 일정한 시점이나 지점에서 왜 변화하게 되는지 그 원인을 알고자 한다. 이러한 경우, 판매가 어떤 요인에 의해 영향을 받았는지 알기 위해 가설(hypothesis)을 세우는데 이 때 전자가 종속변수 후자가 독립변수가 된다.

회귀분석은 독립변수의 변동이 종속변수의 변동에 미친 영향을 나타내는 방정식을 추정하는 기법이다. 하나의 독립변수가 관련되는 경우 그 통계적 절차를 단순회귀분석(sample regression analysis)이라 하며, 두개 이상의 독립변수가 관련되는 경우 그 절차를 다중회귀분석(multiple regression analysis)이라 한다.

② **판별분석(discriminant analysis)** : 여러 마케팅 상황에 있어서 종속변수는 숫자 이외에도 여러 분류적 요인으로 표현되는데 아래 상황을 살펴보자.

㉠ 어떤 자동차 회사는 경쟁사에 대한 브랜드 선호성과 관련된 소비자의 특성을

확인하고자 한다.

㉡ 어떤 세척제 회사는 자사 브랜드의 다량, 중량, 소량 사용자들이 어떤 소비자 특성과 관련되는가를 파악하고자 한다.

㉢ 어떤 소매점은 잠재적으로 성공적인 점포위치와 비성공적인 점포 위치간의 차이를 규명하고자 한다.

상기의 경우에서 분석자는 어떤 사람이나 어떤 목적물이 속하는 두개 또는 그 이상의 집단을 예상하게 되는데 문제는 판별하는 변수를 발견하는 것이다. 이때의 판별변수는 그 집단에 대하여 그 실체를 보다 월등하게 나타낼 수 있는 예측가능한 등식과 결합되어야 한다. 이러한 문제를 해결하기 위한 기법이 바로 판별분석인데, 이 분석은 시장세분화와 관련된 기준을 개발하고 또한 소비자들 브랜드 선호성 행동을 실험하는데 사용된다.

③ **요인분석(factor analysis)** : 많은 변수들 중에서 어떠한 변수들이 서로 상관관계가 있는지 설명해줄 수 있는 소수의 기본적인 변수를 발견하는데 사용되는 통계기법이다. 마케팅 면에서는 항공여행이나 주류 및 TV프로에 대한 태도를 형성하는 기초적인 요인이 무엇인지 알고자 할 때 사용된다.

④ **군집분석(cluster analysis)** : 어떤 대상(제품, 사람, 장소 등)의 집합을 몇 개의 하위 집단(sub-groups) 또는 집군(clusters)으로 분류할 때 쓰이는 기법으로 집군 내에서는 유사성이 크고 집군 간에는 유의성이 생기도록 분류하는 것이다. 이때의 대상은 다차원 자료(multi dimensional date)로 표현되며, 이것은 미리 정해진 수의 집군으로 분류된다. 군집분석은 시장을 세분화하는데 널리 사용된다.

⑤ **결합분석(conjoint analysis)** : 목표시장에 소구력이 강한 제품을 설계할 때 어떤 수준의 제품속성으로 할 것인가를 결정하는 경우에 이용되는 기법이다. 이때에는 속성이 다른 가상적인 제품의 일부분을 소비자에게 보여 소비자로 하여금 제품에 대한 순위를 매겨 주도록 요청한다. 이를 통해 각 제품속성의 중요성과 이들 제품속성의 가장 효과적인 결합(combination)을 결정할 수 있다.

(2) 모델뱅크

마케팅 관리자가 보다 합리적인 마케팅 결정을 하는데 도움이 되는 여러 모델을 보아 놓은 것이다. 모델(model) 그 자체는 실제의 어떤 시스템이나 과정을 나타내도록 설계된 변수와 그 변수들의 상호관계의 집합이다. 이는 조건부 예측과 최량 결정(which is best) 문제해결에 유용하다. 마케팅 문제와 관련하여 여러 가지 모델이 개발되어 있기 때문에 마케팅 관리자는 신제품 판매예측(new-product sales forecasting), 위치선정(site selection), 판매원 방문계획(sales-call planning), 매체믹스(media mix), 마케팅믹스 예산(marketing mix budgeting) 등의 결정에 모델뱅크(model bank)를 이용하고 있다.

(3) 자료뱅크

수집된 자료를 저장·검색·조작·변환하는 기능을 수행하는 하위시스템을 자료뱅크(data bank)라고 한다. 컴퓨터의 기억장치에 저장되어 있는 경우에는 데이터베이스라고도 한다. 자료 뱅크에는 〈표 4-3〉에서 보는 것과 같은 정보가 입력되어 있다.

표 4-3 자료뱅크 내의 자료

(자료 범위 : 소비용품 기업)

구분	자료
내부 회계 기록	■ **내부보고 자료** • 판매원 방문 기록 • 제품별·기간별 및 시장별 마케팅 믹스 자료 • 이전에 시판된 신제품의 판매실적 자료 • 제품계열 내의 제품의 수명주기 자료 • 광고물의 문안과 구성 ■ **판단적 입력 자료(Judgemental Inputs)** • 제품별·기간별 및 예측자별 예측 자료 • 자사 및 경쟁업자의 마케팅 활동에 대한 시장 감응성 추정 자료 ■ **제품별 및 기간별 재무 및 원가 자료**
외부 자료	■ **2차 자료** • 지역별로 기호화된 인구통계 자료와 같은 정부 통계 • 자료수집 전문회사에 의해 제공되는 영업적 자료 • 운임률 ■ **1차 자료** • 시장 테스트 자료 • 시장 실험 자료 • 시장구조 분석 자료 • 경쟁업자의 마케팅 활동 자료 • 광고 실적 자료

요약정리

의사결정을 할 때 정보가 수행하는 역할은 의사결정의 유형에 따라 상이하다. 일반적으로 의사결정의 유형에는 유사한 상황하에서 빈번하게 이루어지는 일상적인 의사결정과 새로운 상황하에서 간헐적으로 이루어지는 비일상적인 의사결정이 있다. 그리고 의사결정에 필요한 정보는 우선적으로 소비자와 시장에 관한 정보, 과거의 판매량과 판매량 예측에 관한 정보, 코스트 정보, 환경에 관한 정보를 담고 있어야 한다. 이러한 여러 정보들이 유용한 정보가 되기 위해서는 특성을 가지고 있어야 하는데 ① 유용성 ② 연관성 ③ 정확성 ④ 충분성 ⑤ 비용<이익을 들 수 있다.

마케팅 조사과정으로는 ① 문제의 확인 ② 조사 계획의 수립 ③ 자료수집 ④ 자료분석 ⑤ 결과 보고의 순으로 이루어진다.

과거에는 마케팅 조사를 통해 마케팅 정보가 수집, 분석, 처리, 평가되어 마케팅 관리자에게 제공되어 왔다. 그러나 어떤 의사결정을 할 때마다 필요한 정보를 수집한다는 것은 정보의 필요성과 피드백이 짧아진 오늘날에는 매우 어렵다. 따라서 의사결정시 사전에 필요한 정보를 수집, 분류, 축적, 보관하고 있다가 마케팅 관리자가 요구하면 즉시 제공하는 마케팅 정보시스템이 필요하게 되었다. 마케팅 정보시스템은 그 하위 시스템으로 내부보고 시스템, 마케팅 일상정보 시스템, 마케팅 조사 시스템, 마케팅 의사결정 지원분석 시스템으로 구성되어 있다.

내부보고 시스템은 마케팅 담당자가 사용하는 가장 기본적인 정보 시스템인데, 이것은 주문, 판매, 가격, 재고 수준, 외상 매출 및 매입 계정 등에 대한 보고가 포함된다. 이러한 정보를 분석함으로써 마케팅 관리자는 중요한 문제와 기회를 파악할 수 있다.

마케팅 일상정보 시스템은 일시적인 사건에 대한 자료를 제공하는 것으로 마케팅 환경과 연관된 진보발전에 대한 매일 매일의 정보를 확보하기 위해 최고 경영자가 사용할 수 있는 절차와 원천의 일체를 말한다. 기업은 마케팅 일상정보의 양과 질을 향상시키기 위해 다음과 같은 노력을 한다.

첫째, 판매원을 훈련시켜 판매원들로 하여금 새로운 정보를 탐색하고 보고하도록 동기를 부여한다.

둘째, 기업은 중요한 일상정보를 놓치지 않도록 중간상들에게 동기를 부여한다.

셋째, 기업은 외부 공급자로부터 정보를 구입한다.

넷째, 마케팅 일상정보를 수집하고 배포하기 위해 기업 내부에 마케팅 정보센터를 설치·운영한다.

이러한 조치들은 마케팅 관리자들에게 유용한 정보의 질을 크게 개선시켜 준다.

마케팅 조사 시스템은 기업이 직면하고 있는 특수한 마케팅 상황과 관련된 자료와 사실들을 체계적으로 계획·수집·분석·보고하는 시스템을 말한다. 최근 많은 기업들이 네 번째 정보시스템인 마케팅 의사결정 지원분석 시스템을 추가함으로써 마케팅 관리자들의 업무를 지원하고 있다. 마케팅 의사결정 지원분석 시스템은 마케팅 관리자들이 자료를 분석하여 더 좋은 의사결정을 하는데 도움이 될 수 있도록 이용할 수 있는 하드웨어와 소프트웨어로 된 통계적 도구와 의사결정모델의 일체라 할 수 있는데 이는 크게 통계뱅크, 모델뱅크, 자료 뱅크로 구성된다.

용어해설

일상적인 의사결정(routine decisions)

유사한 상황 하에서 빈번하게 이루어지는 의사결정

비일상적인 의사결정(nonroutine decisions)

특수한, 즉 새로운 상황하에서 간헐적으로 이루어지는 의사결정

문제의 확인(identifying the research problem)

기업의 문제를 확인하는 데 필요한 정보를 획득할 수 있도록 문제를 명확화 하는 과정

탐색 조사(exploratory research)

마케팅 조사 물음에 답하는 것이 아니라 정보와 여러 가지 물음을 명확하게 하는 것이다.

단순무작위표본(simple random sample)

모집단의 모든 원소가 알려져 있고 선택될 확률이 똑같은 표본추출방법

층화확률표본(stratified random sample)

모집단을 몇 개의 동질적인 세분집단으로 나누고 각 세분집단에서 구성요소들을 단순무작위로 추출하는 방법을 말하는데 이에는 비례층화확률표본과 불비례층화확률표본이 있다.

군집표본(cluster sample)

모집단이 체계적 표본과 지역별 표본으로 나누어지며, 조사자는 면접할 집단 중에서 표본을 추출한다.

편의표본(convenience sample)

마케팅 조사자가 정보를 얻기 위해 표본선정 방법이 가장 용이하고 시간과 비용면에서도 절약을 많이 할 수 있다. 즉, 조사자가 표본선정을 임의적으로 할 수 있는 방법이다.

판단표본(judgement sample)

마케팅 조사자가 자기의 판단에 따라서 정확한 정보를 줄 수 있는 모집단 요원을 선정하는 방법

할당표본(quota sample)

마케팅 조사자가 소수의 개별범주에서 사전에 규정된 수의 사람을 찾아서 면접을 하는 방법

마케팅 정보 시스템(marketing information system)

마케팅 의사결정자를 위해 적시에 정확하고도 필요한 정보를 수집, 분류, 분석, 평가 및 공급하는 구성원, 설비 및 절차로 구성되는 체계로서 마케팅 정보시스템은 내부보고 시스템, 마케팅 일상정보 시스템, 마케팅 조사 시스템, 마케팅 의사결정 지원 분석 시스템으로 구성된다.

내부보고 시스템(internal records system)

주문, 판매, 가격, 재고 수준, 외상 매출 계정, 외상 매입 계정 등에 대한 정보를 분석함으로써 마케팅 관리자에게 중요한 문제와 기회를 제공한다.

마케팅 일상정보 시스템(marketing intelligence system)

마케팅 환경과 관련된 진보발전에 대한 매일매일의 정보를 확보하기 위해 최고 경영자가 사용할 수 있는 절차와 원천의 일체

마케팅 조사 시스템(marketing research system)

기업이 직면하고 있는 특수한 마케팅 상황과 관련된 자료와 사실들을 체계적으로 계획하고·수집·분석·보고하는 시스템

마케팅 의사결정 지원분석 시스템(marketing decision support analysis system)

마케팅 관리자들이 자료를 분석하여 더 좋은 마케팅 의사결정을 하는데 도움이 될 수 있도록 이용할 수 있는 보조적인 하드웨어와 소프트웨어로 된 통계적 도구와 의사결정 모델의 일체

통계 뱅크(statistical bank)

자료에서 의미있는 정보를 추출하기 위한 통계적 절차가 모아진 것으로서 여기에는 평균, 분산치 그리고 자료의 비교표를 계산할 수 있는 일상적인 통계적 절차가 포함된다.

모델 뱅크(model bank)

마케팅 관리자가 보다 합리적인 마케팅 결정을 하는데 도움이 되는 여러 모델을 모아놓은 것인데 신제품 판매예측, 위치선정, 판매원방문계획, 매체믹스 그리고 마케팅믹스예산 등의 결정에 이용된다.

자료 뱅크(data bank)

수집된 자료를 저장(보관)하고, 검색하고, 조작하고, 변화하는 기능을 수행하는 하위 시스템이다. 컴퓨터의 기억장치에 저장되어 있는 경우에는 데이터베이스라고 한다.

토의문제

1. 마케팅 관리자가 직면하는 의사결정의 유형을 설명하고, 의사결정에 필요한 정보는 어떠한 내용을 담고 있어야 하는지 그리고 유용한 정보의 특성이 무엇인지 설명하시오.

2. 마케팅 정보 시스템의 구성요소를 열거하고 그 편익을 토의하시오.

3. 마케팅 조사와 마케팅 정보 시스템을 구별하고 그 차이점을 설명하시오.

4. 1차 자료와 2차 자료의 차이점은? 이러한 차이점이 의사결정자에게 중요한 이유는 무엇인가? 그리고 1차 자료 수집방법을 설명하고 1·2차 자료의 장·단점을 토의하시오.

5. 마케팅 조사과정의 첫 단계인 문제의 확인이 중요한 이유는 무엇이며, 마케팅 조사자 혹은 관리자가 문제의 확인단계에서 수행하는 역할은 무엇인가?

6. 기업이 동일한 사람들을 표적으로 하여 개별면접을 하기보다 초점집단면접을 선호하는 이유를 설명하시오.

7. 탐색조사를 설명하고 이러한 조사방법이 이용되는 이유는 무엇인가?

8. 마케팅조사자가 비확률표본추출법보다 확률추출법을 선호하는 이유는? 그리고 마케팅 조사자가 때때로 비확률표본추출법을 이용하는 이유를 설명하시오.

참고문헌

1) This point is well illustrated in the description of an information system developed for use at General Mills. See L.D. Gibson et al., "An Evolutionary Approach to Marketing Information System," Journal of Marketing, April 1973, pp.2~6.
2) W.R. King and D.I. Cleland, "Environmental Information System for Strategic Marketing Planning," Journal of Marketing, October 1974, pp.35~40.
3) This definition is adapted from "Marketing Information System : An Introductory Overview," in Readings in Marketing Information System, Samual V. Smith, Richard H. Brien, and James E. Stafford, eds. (Boston : Houghton Mifflin, 1968), p.7.
4) Catherine L. Harris, "Information Power : How Companies Are Using New Technologies to Gain a Competitive Edge," Business Week, October 14, 1985, pp.108~14. Also See "Decision System for Marketers," Marketing Communications, March 1986, pp.163~90.
5) Peter Finch, "How Computers Are Reshaping the Sales Process," Business Marketing, June 1985, pp.108~18.
6) Francis Joseph Aguilar, Scanning the Business Environment (New York : Macmillan, 1967).
7) Eugene H. Fram, "How Focus Groups Unlock Market Intelligence : Tapping In-House 'Researchers'," Business Marketing, December 1985, pp.80~82.
8) James A. Narus and James C. Anderson, "Turn Your Industrial Distributors into Partners," Harvard Business Review, March-April 1986, pp.66~71.
9) Dick Warren Twedt, ed., 1983 Survey of Marketing Research : Organization, Functions, Budget, Compensation (Chicago : American Marketing Association, 1983)
10) For an Overview, See Kinnear and Taylor, Marketing Research, pp.517~65.

나 자신을 사랑 한다는 것은?

중요한 것은 나 자신을 사랑한다는 것은 무엇을 의미하는가?
내가 고민 해오던 것 보다 간단하게 보인다.
나 자신을 사랑 한다는 것은
나 자신을 받아들이는 것 일 뿐 아니라,
호의적이고 사랑스런 눈으로 나 자신을 보고
나에게 호감을 갖는 것이며,
나를 진정으로 좋아하는 것을 뜻한다.

나를 사랑 한다는 것은
하느님께서 나를 위해 만드신 고유한 나만의 이미지를
사랑한다는 뜻하기도 함을 느낀다.
나 자신을 사랑하는 것이 진실하면 이웃에 대한 사랑이나,
하느님께 대한 사랑에 충실해 질것으로 믿는다.

— 강영희 —

소비자 구매행동

CHAPTER

05

제1절 소비자 행동분석

1 소비자 행동분석의 의의

소비자 행동(consumer behavior)이란 어떤 개인이 자신의 욕구를 충족시키기 위하여 제품과 서비스를 결정하는 과정에서 나타나는 물리적·심리적 행동을 의미한다. 그러므로 소비자 행동관련 연구는 소비자들이 언제, 어디서, 무엇을, 어떻게, 누구로부터 구매할 것인가 등 소비자 의사 결정 과정에 대한 예측·분석이라 할 수 있다. 따라서 마케팅 담당자들은 불확실성의 시장 환경하에서 소비자들이 자사의 제품과 서비스에 대해 어떠한 반응을 보이며 어떠한 절차에 의해 구매를 결정하는가 하는 소비자 행동을 파악하여 구매를 유도하고 갑작스런 구매에 대한 저항을 완화시킬 수 있도록 마케팅 계획에 의해 소비자의 반응을 정확하게 예측해야 한다. 이러한 기업의 마케팅 활동을 위하여 소비자의 구매행동을 보다 효과적으로 파악하기 위해 필요한 소비자의 행동을 분석하는데 행동분석의 의의가 있다.

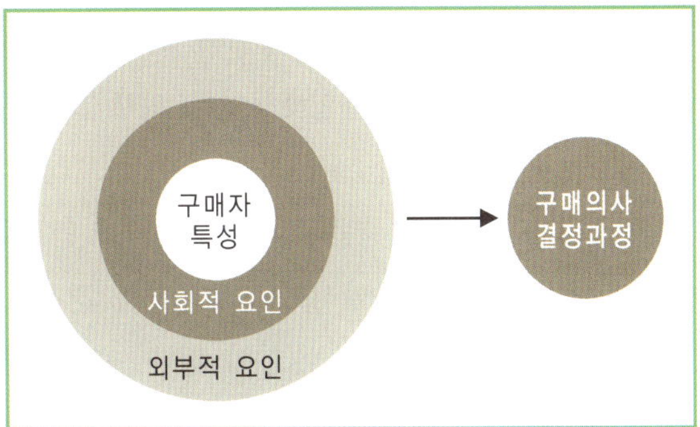

그림 5-1 소비자 구매행동 모델

2 소비자 행동의 특성

① **소비자 행동은 상당히 적극적이고 목표 지향적인 성격을 가진다** : 어떠한 상품과 서비스의 구매의사결정을 하기까지는 소비자들은 그것에 대한 많은 정보를 습득하여 학습하고, 가장 합리적인 판단에 의해서 행동하게 된다. 따라서 소비자는 자신의 구매행동이 정상적인 절차에 의해 합리적으로 행하여진다고 믿기 때문에 상당히 적극적이고 목표 지향적인 특성을 갖는다.

② **소비자는 자주적이고 적극적인 사고를 갖는다** : 소비자들은 구매의사 결정시 의식적

으로 배타적인 사고를 갖게 된다. 왜냐하면 자신의 행동이 상당한 학습에 의해 내려진 합리적인 결정으로 판단하기 때문에 자신에게 필요하지 않는 정보 획득이나 학습에의 노력을 기울이지 않는 자주적이고 적극적인 사고를 갖는다.

③ **소비자의 행동은 마케팅 담당자에 의해서 분석될 수 있다** : 소비자 행동은 복합적 요인에 의해서 지배되는데, 특히 소비자 구매행동은 여러 가지 소비자 행동 중의 하나에 불과하다. 따라서 마케팅 담당자들에 의해서 비교적 정확하게 이들의 구매의사 결정의 동기와 행동이 파악될 수 있다. 예를 들면, 소비자 구매행동이 내부적 영향요인에 의해서인지 외부적 영향요인에 의해서인지를 판단하는 것은 소비자 구매행동을 규명하는 변수를 고려하여 찾을 수 있다.

④ **소비자의 동기와 행동은 외부의 자극에 영향을 받는다** : 소비자의 의식구조는 어떤 학습에 의해서 자발적으로 변화하는 경우도 있지만 대부분 주위 환경에 의해서 수동적으로 변화되는 경향이 있다. 즉, 소비자 행동에 관련된 여러 가지 동기나 행동은 다양한 외부자극에 영향을 받게 된다. 소비자들은 어떤 행위를 하는데 있어서 의도적·논리적으로 또는 본능적으로 잠재의식뿐만 아니라 외부적인 자극에 의해서도 영향을 받게 되는데 이는 의사결정자(a rational decision maker)로서 합리적인 행동을 위한 하나의 과정으로 이해할 수 있다.

⑤ **소비자 행동은 학습에 의해서 합리화 된다** : 일반적으로 소비자는 의도적으로 학습을 회피하려는 의식이 있기 때문에 구매의사 결정 시 비합리적인 사고와 행동을 하게 되는 경우가 많다. 한편, 소비자가 의사결정을 위해 적극적이고 목표 지향적인 사고를 하여 자주적인 구매행동을 한다고 하더라도 곧 합리적인 구매를 실천한다고 볼 수는 없다. 따라서 소비자는 합리적 구매를 위해 소비자 교육을 받아 제품을 올바르게 평가하고 선택할 수 있는 능력을 배양해야한다.

⑥ **소비자는 자신들이 조직적이고 체계화되어 있지 못하다고 판단한다** : 대부분의 소비자는 집단화와 체계화되어 있지 못하다고 생각한다. 따라서 자신들의 의사 전달을 상대에게 정확히 전달하여 해결 할 수 없다고 판단하기 때문에 의도적인 불평행동을 적극적으로 하게 된다. 이러한 현상은 구매의사결정과정에서의 충분한 사고와 학습이 되어 있지 않은 상태에서 대부분 발생하기 때문에 자신의 행동을 광범위하게 전달하는 수단을 찾게 되어 효과의 유·무를 판단하지 못한 상태에서 여러 가지 방법 등으로 자신의 의사전달을 하고자 노력하게 된다. 따라서 자신

의 구매의사와 행동이 합리적이지 못하다고 판단하여 성공하지 못한다 하더라도 그 행동은 계속하게 된다.

제2절 소비자 행동의 외부영향요인

소비자 구매행동에 영향을 미치는 외부영향요인으로는 인구 통계적요인, 상황적 요인, 사회적 요인, 기술적 요인을 들 수 있는데 이에 대해서 자세히 살펴보고자 한다.

1 인구 통계적요인

우리의 가치체계가 변화하고 있는 것처럼 우리의 인구 통계적요인 역시 변화하고 있다. 인구 통계적요인(demographic influences)은 인구크기, 인구분포 그리고 인구구조 측면에서 인구를 설명하는데 이용되는 요인이다. 인구크기는 인구를 구성하고 있는 개개 구성원의 수를 말하며 인구구조는 연령, 소득, 교육 그리고 직업이라는 측면에서 인구를 설명하는 개념이다. 마지막으로 인구분포는 지리학적 지역, 도시, 농촌 그리고 도심외곽 지역이라는 면에서 개개 구성원들의 거주지를 의미한다. 이러한 개개의 구성요인들은 소비사 구매행동에 영향을 미치며 또한 다양한 제품과 서비스에 대한 전반적인 수요에도 공헌한다.

(1) 인구의 크기와 인구분포

전세계 인구의 크기는 꾸준히 증가해 오고 있으며 앞으로도 계속해 증가할 예정이다. 이러한 지속적이고 꾸준한 증가는 일부 산업으로 하여금 발전을 가능하게 해주며 또 다른 산업으로 하여금 지속적인 성장을 하게끔 해준다. 만약 인구증가가 완만하거나 중단된다면 많은 산업들이 안정적인 수요 내지 일반적인 수요 감소에 직면하게 될 것이다. 이것은 기업의 좌절, 다각화의 증대, 격렬한 경쟁적 환경 그리고 판매, 수출에 대한 증대를 유도하게 될 것이다.

(2) 직업

최근 우리 사회는 화이트칼라 직업 종사자의 수가 블루칼라 직업종사자의 수보다 빠르게 증가하고 있다. 그리고 화이트칼라 직업종사자도 세분화 되어 전문직과 고임금 종사자가 과거에 비해 상당히 증가하였다. 우리의 직업이 개인의 의복, 그리고 먹는(의·식·주)에 영향을 미치기 때문에 수요 측면에서 보면 화이트칼라 종사자의 수요가 블루칼라 종사자의 수요보다 훨씬 크다고 할 수 있다. 그리고 광고매체 선호, 취미생활, 쇼핑패턴 등 직업계층에 의해 영향을 받는다.

(3) 교육

최근 우리나라의 교육수준은 계속해서 상승하고 있다. 고등학교와 대학교를 졸업하는 인구비율이 급속히 상승하고 있는 반면, 초등학교와 중학교만을 졸업하는 인구비율은 감소하고 있는 실정이다.

우리 사회에서의 교육은 신분상승의 척도가 되고 개인의 가치관, 학습, 인지, 태도, 정보처리능력 등에 직접적인 영향을 미치게 된다. 그러나 모든 소비자의 행동은 언제나 정확하게 교육수준을 반영하는 것은 아니다. 예를 들면, 교육수준이 상승할 때 고급가전제품, 음료수, 자동차, 광고매체, 개인용 컴퓨터에 대한 수요에서 발생하는 선호도에 많은 변화를 예측할 수 있다. 마케팅 담당자가 표적시장에 효과적으로 접근하여 의사를 전달하기 위해서는 표적시장 구성원들의 교육수준을 정확히 파악해야 한다.

(4) 소득

축적된 부로 결합된 가정의 소득은 가족의 구매력을 결정한다. 대부분의 많은 구매가 신용이나 현금으로 이루어지기 때문에 구매자의 능력은 구매자의 현재와 과거의 소득에 의해 궁극적으로 결정된다. 소득은 소비자들로 하여금 제품을 구입하게 하고 욕구를 충족시킬 수 있도록 해주는 원천이기 때문에 마케팅 담당자가 소득을 하나의 중요한 인구 통계적변수로 생각하는 것은 그리 놀라운 일은 아니다.

1950년대 전쟁이후 1인당 국민소득은 지속적으로 증가하고 있는 것으로 특징 지워진다. 그러나 비록 1인당 국민소득이 증가하고 있지만 비용을 따라잡지 못하고 있다는 문제점을 안고 있다. 이는 특히 젊은 세대나 전문적인 기술이 없는 이들에게 위의 사실이 명확하게 판명된다. 그러나 일정한 소득수준에 있는 소비자들은 가격에 적합한 중요한 성과–가치, 편익–를 주는 제품을 소비하고 있다. 예를 들면, 저소득층 소비자들은 소형차와 같은 저 가격대 자동차에 가치나 편익을 찾는 반면, 고소득층의 소비자들은 고급차와 수입차에서 고 가치나 높은 편익을 찾는다.

(5) 연령구조

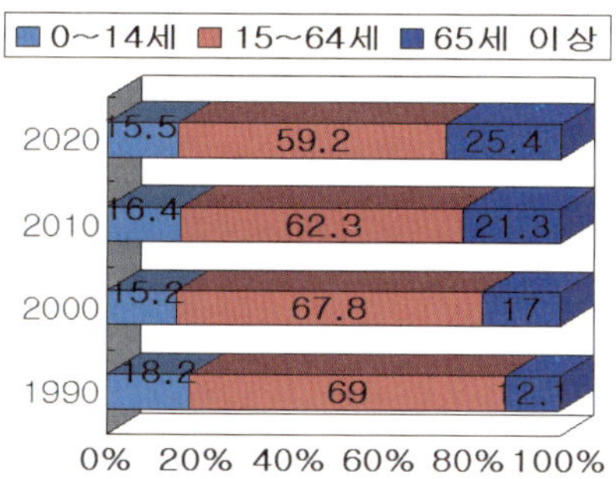

연령 3구분별 고령화 인구추이

연령은 소비하는 제품이나 서비스의 종류와 양, 구매력에 영향을 미치는 것으로 판명되었다. 그리고 또한 이것은 매체선정, 쇼핑장소, 제품사용방법, 마케팅 활동에 관해서 우리가 어떻게 생각하고 느끼는지 구체화하는 요소이다. 우리나라의 저출산율(약 2.13명)과 초 고령화 사회 진입에 대비한 앞으로 10년 내 연령 구조의 추이에 관한 심도 있는 마케팅전략의 시사점을 다음과 같이 제시한다.

① 인형, 기저귀, 의복과 같은 아동용 제품에 대한 수요는 10세 이하의 인구가 이 기간 동안에 안정적일 때 지속성을 유지하게 될 것이다.

② 30대 젊은 세대들이 소비하는 제품은 이 인구 집단이 약간씩 증가할 때 감소하게 될 것이다. 이 집단은 최초로 가정을 형성하고 구매하는 세대이기 때문에 특수한 제품과 전반적인 경제에 중요한 시사점을 준다. 아파트, 자동차, 고급가구, 가전제품 등과 같은 제품을 생산하는 기업은 중·장년층집단의 소비가 증가하지 않을 경우 손해를 입게 될 것이다.

③ 대체적으로 소비에 가장 큰 영향을 미치는 집단은 35~65세 사이의 인구구성원들이다. 이 집단은 계속적인 소득과 안정된 삶을 추구하는 세대이다.

일반적으로 연령은 소비자 행동분석의 하나의 구성요소에 불과하며, 불변하는 진리이다. 몇몇의 마케팅 담당자는 "대부분의 소비자들은 나이에 대해서 그렇게 심각하게 생각하지 않기 때문에 연령에 소구하기보다는 그들이 관심을 가지고 있는 것들에 소구하는 것이 중요하다"라고 발한다. 따라서 이러한 소비자를 표적으로 광고를 사전에 테스트하는 것이 매우 중요하다.

2 상황적 요인

구매자가 구매결정을 하는 경우의 상황 역시 그들의 의사결정에 영향을 미친다. 집에서 TV 홈쇼핑을 통해 제품을 구매할 경우와 직접 소매점에 가서 제품을 구매했을 경우 소비자들의 행동은 전혀 다르게 나타날 것이다. 만약 여러분들이 정장을 구매하기 위해 하루 종일 쇼핑을 함으로써 피곤함을 느끼는 경우 여러분들은 단순하게 일반 신사복을 구입하겠다고 결정할지도 모른다. 그러나 결혼예복을 구입하고자 쇼핑을 하는 경우에는 매우 신중을 기하게 될 것이다. 또한 최근 들어 맞벌이 부부의 증가로 취업주부의 경우 전업주부에 비해 가사 시간을 절약하기 위해서 인스턴트식품이나 비교적 간편한 제품의 구매를 선호하는 구매행동을 한다. 이처럼 상황적 요인은 구매의사 결정과정에 있어서 여러 가지 강력한 영향을 미친다고 할 수 있다.

3 사회적 요인

모든 의사결정은 문화, 준거집단 그리고 사회계층과 같은 사회적 요인에 대한 반응이라 할 수 있다.

(1) 문화

문화(culture)란 사람들로 구성된 하나의 집단을 다른 집단과 구별하는 삶의 방식이다. 문화는 학습되어지며, 한 세대에서 다른 세대로 이전됨에 틀림이 없다. 이것은 태도와 가치, 일반적으로 수행되는 행위의 패턴, 언어, 종교, 교육, 계층구조와 다른 사회적 패턴을 포함하는 삶의 방식을 말한다. 하나의 거대한 문화 속에는 일반적으로 나이, 인종, 종교, 그리고 윤리적 배경, 지리적 환경으로 정의되는 하위문화(subculture)가 존재한다. 하위문화는 마케팅활동을 집중시키는 기준이 될 수도 있다.

마케팅 관점에서 보면 문화는 필요를 나타내는 방식, 즉 무엇을 원하는지를 결정하는 요소이다. 우리가 일상생활에서 흔히 접할 수 있는 문화는 제품, 가격, 유통, 촉진에 어떠한 영향을 미치는가? 예를 들면, 여러분이 미국이나 영국에서 살고 있다고 가정하고 개고기를 먹을 수 있을까? 만약 이슬람교 문화 속에서 생활한다면 알코올음료의 판매는 생각하지도 못할 것이다.

그러나 문화적 가치는 항상 변화한다. 그 변화의 속도가 과거보다 훨씬 빠르다. 따라서 마케팅 관리자들은 진출하고자 하는 시장의 기본적인 문화를 이해하도록 노력하여야 할 것이며, 기업의 마케팅 믹스와 표적시장내 집단의 문화가 접목되었을 때 그 효과는 더욱더 크게 나타날 수 있다.

(2) 준거집단

많은 집단들이 한 개인의 행동에 영향을 미친다. 준거집단(reference groups)이란 개인의 태도와 행동에 직접적 혹은 간접적으로 영향을 미치는 모든 집단을 말한다. 대다수의 소비자집단에게 가장 중요한 준거집단은 가족이다. 대부분의 사람들은 2개 가정의 구성원이 된다 : 하나는 출생지의 가정, 둘째는 결혼으로 형성되는 가정.

개인이 구매하는 대부분의 제품들은 가족구성원들의 제품에 대한 욕구(필요성)와 제품구매에 대한 기회를 설명한다. 당신이 가정을 떠난 이후 오래 전에 구입한 샴푸 브랜드가 당신의 부모가 구입했던 브랜드일지도 모른다.

1) 가족

① **구매의사결정시 남편과 아내의 영향력 정도** : 구매결정에 있어 배우자의 상대적 중요성이 연구의 대상이 되기도 한다. [그림 5-2]는 다양한 제품의 구매에 있어 배우자의 상대적 영향력을 보여주고 있다. 당신이 예상하고 있는 것처럼, 남편지배적/부인지배적(wife- dominant) 상황에서 상대적 배우자는 거의 언제나 영향력이 별로 없으며 자율적 상황에서는 양 배우자가 동일한 구성원으로 거의 개별적인 구매결정을 한다. 그리고 혼합적 상황(syncretic situa-

그림 5-2 구매결정에서의 남편·아내의 역할

tion)에서는 양 배우자가 의사결정에 공동으로 참여한다. 그러나 과거 가정에서의 남편의 영향력은 상당하였으나 최근에는 남편의 영향력은 줄어들고, 제한적이었던 부인의 영향력은 상대적으로 상승하여 구매의사결정시 남편과 아내의 역할 구분이 점점 줄어들고 공동에 의한 의사결정이 이루어지는 경우가 증가하고 있다.

② **가족생활주기** : 가족생활주기(family life cycle)는 시간의 경과에 따른 가족 구성원의 변화를 발생시키는 단계를 말한다. 가족은 명확한 단계를 가진 라이프 사이클을 경험하는 경향이 있으며 가정이 각 단계 중 어디에 해당하는가에 따라 새로운 소비의 필요를 초래한다. 예를 들면, 신혼부부는 새로운 가정을 구성하기 위해 미혼일 때와는 다른 제품들을 필요로 한다. 첫 아이가 태어날 때 그들은 아이를 돌보는데 필요한 제품을 구입하고자하고 자녀가 성장함으로써 교육비와 자녀용 제품에 대한 지출이 많아지게 된다.

2) 준거집단의 유형

가정의 중요성에도 불구하고, 가정이 유일한 준거집단은 아니라는 것이다. 사실 대부분의 사람들은 3개의 상이한 유형의 준거집단에 의해 영향을 받는다.

① **회원집단(membership groups)** : 한 개인이 소속되는 집단을 말하며 한 개인이 가장 많이 접촉하고 가장 많은 영향을 받는 소규모 비공식적 1차 회원집단(가족, 친구, 동료학생, 협력자)과 교회조직, 전문 협회 그리고 단체와 같은 대규모 공식적 2차 회원집단을 포함한다.

② **열망집단(aspirations groups)** : 한 개인이 가입하고자 희망하는 집단을 말한다. 예를 들면, 기업에서 지위상승을 바라는 한 젊은 관리자는 최고경영자가 하는 유형의 행동(의복 스타일과 차종의 종류), 행위(업무습관) 그리고 가치(노조에 대한 견해)를 모방한다.

③ **회피집단(dissociative groups)** : 사람들은 일반적으로 그들이 회피집단이라고 생각하는 집단에 소속되는 것을 회피하거나 싫어한다. 예를 들어, 오토바이를 타는 사람들은 주말에 오토바이를 타면서 여가를 즐기지만 오토바이 폭주족의 일원으로 보이는 것을 싫어한다.

준거집단은 문제의 제품이 명품으로 인식되거나 제품의 소비가 타인에게 명확하게 인식될 때 소비자 행위에 가장 큰 영향력을 미친다. 예를 들면, 준거집단은 다이아몬드 보석구매에는 강한 영향력을 미치지만 청소기 선정에는 거의 영향을 미치지 않는다.

3) 의견 선도자

거의 모든 준거집단에는 의견 선도자(opinion leader) ─ 타인이 충고 내지 정보를 위해 문의하는 집단 내의 객관적인 전문가 내지 영향력이 있는 사람 ─ 가 있기 마련이다. 의견 선도자는 문제의 대상에 관해 객관적인 전문가로서 인식되기 때문에 그들은 높은 신뢰를 받고 있으며, 그에 따라 큰 영향력을 행사한다. 최근 온라인상에서 주목받고 있는 파워블러거들이 대표적인 의견선도자라 할 수 있을 것이다. 따라서 마케팅 담당자는 명확하게 의견 선도자를 파악하고 그들이 대규모 시장에 영향력을 행사한다는 원칙하에 그들을 표적으로 하여 정보를 얻고자 한다.

(3) 사회계층

부모의 배경, 직업, 교육 그리고 소득의 원천과 같은 요인으로 표현되는 한 문화 속에서 사람들의 지위는 문화의 사회계층구조로 정의된다.

일반적으로 미국에서는 사회계층구조를 다음과 같은 일곱 가지의 범주로 설명하고 있다.

① **상상층(1% 미만)** : 그들은 많은 유산을 상속받고 명망 있는 가정배경을 가진 사회적 엘리트들이다.

② **상하층(약 2%)** : 중간계층에서 생활하지만 특수한 능력과 소득 때문에 상승하는 전문가와 기업가들이다.

③ **중상층(12%)** : 안정적 소득을 가지고 있는 전문가, 소규모 독립적인 사업가, 기업 관리자들

④ **중간층(31%)** : 도시 지역에서 거주하면서 도시가구의 평균소득을 받는 화이트-블루칼라 종사자들

⑤ **노동자층(38%)** : 블루칼라 라이프스타일을 선택하지만 도시가구의 평균소득을 받는 블루칼라 종사자들

⑥ **하상층(9%)** : 최소한의 임금을 위해 비숙련 노동과 비천한 일을 하는 노동 빈곤층

⑦ **하하층**(7%) : 가난하게 살아가는 동시에 항상 직업이 없는 복지혜택의 수혜자들

제3절 소비자 행동의 내부영향요인

외부영향요인은 구매행동에 실질적인 효과를 가지고 있지만 태도, 신념, 가치, 학습, 동기와 욕구, 지각, 개성과 같은 내부영향요인만큼 중요하지는 않다. 이하에서 소비자 구매행동에 영향을 미치는 내부영향요인들에 대해서 살펴보고자 한다.

1 태도, 신념, 가치

태도, 신념, 가치는 소비자의 구매의사 결정에 중요한 요소들이다.

① **태도**(attitudes) : 어떤 대상이나 행위에 대해 한 개인이 지속적으로 갖고 있는 호의적 내지 비호의적인 느낌을 말한다. 즉, 태도는 제품의 속성에 관한 여러 가지 사고와 평가가 축적된 효과라고 할 수 있다.

② **신념**(beliefs) : 제품의 속성에 관해서 한 개인이 강력하게 지니고 있는 의견—반드시 객관적인 사실이 아니더라도—을 말한다.

③ **가치**(values) : 어떤 사물이 인간의 욕구나 관심의 대상물로서, 또는 목적 실현에 얼마만큼 쓸모가 있고 중요한가의 정도를 가리킨다.

사회적 요인들이 많은 태도나 신념 그리고 가치를 형성하고 영향을 미친다. 그러나 한 소비자의 태도, 신념, 그리고 가치는 생활 속에서 개인의 독특한 지각과 인지로부터 기인하는 극히 개인적인 특성들이다.

(1) 태도의 변화

태도는 마케팅 노력에 의해 신념이나 가치보다 변화가 훨씬 용이하고 빠르다. 따라

서 마케팅 담당자는 어떤 대상에 대해 개인의 태도를 변화시키거나 제품에 대한 긍정적 태도를 구축하게 하는 필요성에 대해서 느끼게 되면 흔히 소비자가 제품과 서비스를 구매하도록 하는 마케팅 노력의 초점을 맞추게 된다.

기업의 마케팅 담당자가 소비자의 태도에 영향을 행사하거나 변화시키는 문제에 접근할 수 있는 방법은 기본적으로 다음과 같은 5가지 방법이 있다.

① 긍정적 결과의 가능성을 증가시키는 방법이다.

② 부정적 결과의 가능성을 감소시키는 방법이다. 즉, 부정적 결과의 확률이 생각보다 더 적다라고 믿도록 소비자를 설득한다.

③ 경쟁업자의 제품과 관련된 긍정적 결과의 가능성을 줄이는 방법이다.

④ 경쟁업자의 제품과 관련된 부정적 결과의 가능성을 증가시키는 방법이다.

⑤ 신념을 증가시키는 방법이 있다.

(2) 브랜드충성도

마케팅 담당자가 창출하고자 하는 태도의 특수한 유형의 하나가 브랜드충성도(brand loyalty)이다. 이는 시간의 경과에 따라 브랜드를 계속 구입하거나 하나의 브랜드에 대한 지속적인 긍정적 태도를 가지는 소비자의 성향을 말한다. 비브랜드충성 소비자(nonbrand- loyal consumers)와는 달리 브랜드충성 소비자는 다음과 같은 경향을 가지고 있다.

① 준거집단에 더욱 강한 영향을 받는다.

② 자신들의 의사결정 능력에 더우 확신을 갖는다.

③ 타브랜드의 구매를 위험한 행위로 파악한다.

④ 점포애호의 경향이 있다.

브랜드충성도를 촉진하는 활동은 그리 쉬운 일은 아니다. 따라서 브랜드충성도를 측정하는 것 자체도 매우 어렵다. 만약 누군가가 연속해서 5차례 동일한 브랜드를 구입한다고 할 때 과연 이러한 행위가 브랜드충성도를 의미하는가? 습관, 무관심, 가격거래(price deals), 대체안의 비유효성, 쿠폰의 사용, 진열의 효과성 등과 같은 요인을 나타내는 일부 반복적인 구매행위는 엄밀한 의미에서 브랜드충성도라고 할 수 없다.

이와 같은 일부 마케팅 담당자는 브랜드충성도를 하나의 사라져가는 현상이라고 믿는 경우가 발생한다.

2 학 습

소비자들은 경험이나 수집된 정보가 자신들의 구매행동에 변화를 일으킬 때 학습을 하게 된다. 따라서 학습(learning)이란 경험이나 경험의 해석을 통해 하게 되는 개인행동의 변화를 의미한다. 많은 행동 이론가들은 학습이 우연히 발생한다는 사실에 동의를 하지 않는다. 그 이유는 사람들은 상이한 방식으로 학습하고 이러한 개개의 학습 방법은 학습과정에 관한 일반적인 이론을 제공한다는 것이다. 학습의 연구 방법에는 다음과 같은 세 가지 기본적인 접근방법이 있다.

(1) 고전적 조건화

이 학습 이론은 Pavlov의 조건반사에 이론적 근거를 두고 있으며, 한 쌍의 자극과 반응에 의해 사람들은 학습된다. 고전적 조건화의 초기 연구에 의하면, 개는 자극(저녁 수프 한 사발)에 대해서 반응(침을 흘리는)을 보였다. Pavlov가 개에게 음식을 가져다주기 전에 단지 벨을 울렸을 때 개는 수프가 가득 담아 있는 사발과 벨이 서로 연관이 있다는 것을 알았으며 그들이 벨소리를 들었을 때 침을 흘리기 시작했다.

기업의 마케팅 담당자는 광고에 고전적 조건화(classical conditioning) 기법을 전개하여 사용할 수 있다. 예를 들면, 마케팅 담당자는 광고에서 어린이나 동물들을 이용해 소비자들로부터 "따뜻하고 퍼지(fuzzy)한 느낌"을 불러일으키게 할 수 있으며, 소비자들이 그 느낌을 광고 중인 자사의 브랜드에게로 이전되기를 희망한다.

(2) 오퍼런트 조건화

단순한 한 쌍의 자극과 반응으로 학습된다고 하는 고전적 조건화와는 달리, 오퍼런트 조건화(operant conditioning : 시행 착오적 학습)는 어떠한 행동을 어떠한 결과에 연계되도록 사람들을 학습시킨다. 이 학습이론의 중심은 보상과 처벌시스템(a system of rewards and punishments)이다. 의도했던 행동(자사브랜드의 제품구매 혹은 기업에 대한 긍정적 태도를 갖는 것과 같은 행동)을 수행하도록 확률을 증가시키기 위해서는 의도한 대로 행동할 때 그들에게 보상을 해주며, 이와는 반대로 바라는 대로 그들이 행동하지 않으면 그들에게 보상을 해주지 않는다. 예를 들면, 하나의 제품을 구입하기 위해 점포를 방문한 경험이 있다면, 그리고 경험이 긍정적이라면 소비자는 그 제품과 소매점을 좋아하게 될 것이다. 또한, 그 제품과 점포가 자신의 욕구를 충분히 충족시킬 것이라는 것을 알게 된다면 소비자는 어떠한 보상을 생각하게 될 것이다.

이러한 보상은 소비자의 초기 행동을 강화시키고 더 많은 동일브랜드의 제품을 구입하게 하거나 혹은 그 점포를 다시 이용하게 할 가능성을 증가시킨다. 그러나 반대의 경우, 즉 부적절한 제품에 대한 경험을 가지고 있는 경우에는 그 점포를 재방문하지 않으며, 부적절한 브랜드의 제품을 구입하지도 않을 것이다.

마케팅 담당자는 소비자가 제품에 대해 만족스러운 경험을 가지고 있다고 가정하는 오퍼런트 조건화 학습이론을 사용한다면 마케팅은 소비자가 자사의 브랜드에 대한 우호적인 경험을 되풀이하도록 초점을 맞추어야한다. 이러한 조건화 학습이론은 제품의 질이 이미 신뢰할 수 있는 수준까지 도달하였으며 특성이 대부분의 소비자들에게 널리 알려져 있는 경우에 가장 많이 이용된다.

(3) 인지학습

소비자는 어떤 제품이나 브랜드를 평가하는데 있어 그 제품과 브랜드에 대한 과거의 경험이나 선택 시 제공되는 정보를 기초로 하여 신념을 형성하거나 신념이 굳어져 태도를 형성하게 된다. 이러한 경험이나 정보를 통해 학습하는 데는 한계가 없다고 할 수 있다. 이와 같이 의사결정과정에서 경험이나 정보로부터 문제해결이나 사고를 함으로써 얻어진 학습을 인지학습(cognitive learning)이라 한다.

인지적 접근방법은 우리가 과거에 경험하지 못했던 목적, 새롭게 인식된 필요와 목표를 충족시키기 위해 신제품을 도입하는데 특히 유용하다.

소비자들은 타인의 경험을 통해서 대리학습을 하며 자신이 존경하는 이들의 행동을 모방하기도 한다. 이러한 형태의 인지학습은 종교계에서 성서 속의 인물의 이름을 따라 부르며 그 인물의 생존시 하였던 행동을 그대로 답습하는 경우에도 찾아 볼 수 있다.

3 동기, 욕구 — Maslow의 단계론

인간의 모든 행동의 기본이 되는 제품과 서비스에 대한 수요는 인간의 욕구와 요구에 달려 있다. 이러한 인간의 욕구(needs)를 충족시키도록 압력을 가하는 행동이 동기(motive)를 불러일으킨다.

Abraham Maslow의 욕구계층이론은 다음과 같은 두 가지의 가정에 근거를 두고 있다.

① **욕구는 중요성의 계층에 따라 배열된다** : 한 수준에 있는 욕구가 거의 충족되었을 때에만 다음 수준의 욕구로 이동한다.

② **충족된 욕구는 더 이상 동기가 되지 않는다** : 중요한 욕구가 특정기간에 충족되지 않을 때에만 행위에 영향을 미친다.

우선 의식주에 대한 욕구와 같은 생리적 욕구(physiological needs), 신체의 보호와 연관된 안전의 욕구(safety and physical security needs), 타인에 의한 사랑과 인정을 받고 싶어 하는 것과 같은 사회적 욕구(belongingness and love needs), 타인으로부터의 존경과 개인적인 업적을 달성하고자 하는 존경의 욕구(esteem needs), 창조성, 새로운 아이디어나 도전에 대한 개방, 자아 개발에 대한 욕구와 같은 자아실현 욕구(self- actualization needs)가 발생한다고 하였다([그림 5-3] 참조).

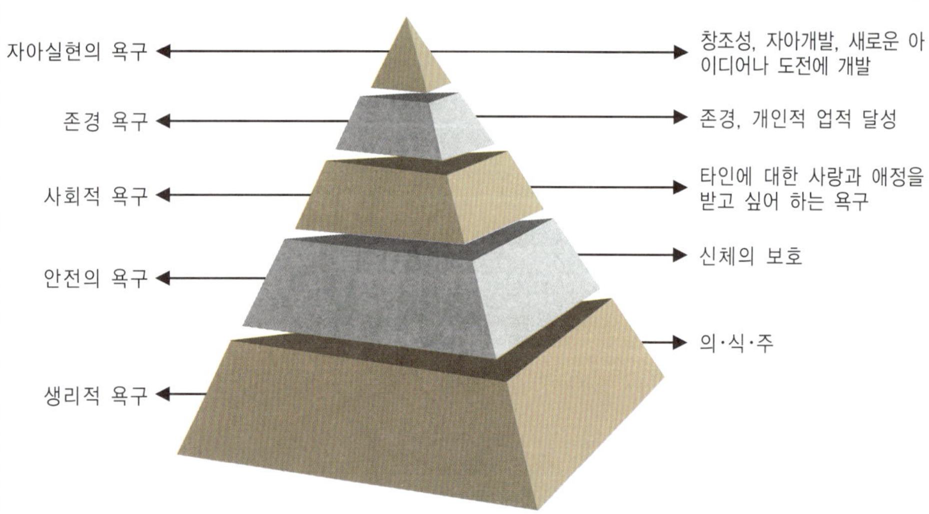

그림 5-3 **Maslow의 욕구 5단계**

– 생리적 욕구 : 대부분의 사람들은 의·식·주와 같은 생리적 욕구 수준에서 기본적

인 안정을 찾는다. 이는 인간에 있어서 가장 기본적이며 중요한 욕구이다.

- 안전의 욕구 : 밖에 외출할 때 보다 안전한 이웃에게 접근하거나 혹은 문에 자물쇠를 부착하여 안전욕구를 충족하고자 한다.
- 사회적 욕구 : 사람들이 새로운 집을 구입하기 전에 이웃과 사이좋게 살아갈 수 있을까? 하는 것에 관해 신중하게 생각하는 이유를 설명한다.
- 존경의 욕구 : 사람들은 타인의 존경, 개인적 업적을 달성할 수 있다는 것을 보여주기 위해 부분적으로 자신의 집을 새롭게 꾸밀 수도 있다.
- 자아실현의 욕구 : 도심근교에 전원주택의 구입은 새로운 아이디어를 제공할 수 있다고 생각하여 자아실현욕구의 개인적 충족상태를 반영한다.

4 정보처리과정

동기를 부여받은 사람은 행동할 준비가 되어 있다. 여기에서 행동은 개인을 둘러싸고 있는 환경에서 나오는 정보에 의해 형성화된다. 정보처리과정(information processing)은 개인이 정보를 수용하고, 해석하고 그리고 보유하는 절차를 말한다. 이 과정의 5단계는 다음과 같다. 노출(exposure), 주의(attention), 이해(comprehension), 수용(acceptance), 그리고 보유(retention)

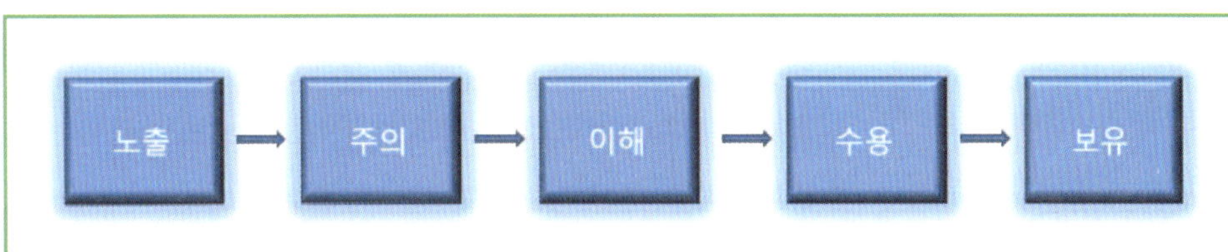

그림 5-4 정보처리과정

노출단계에서 하나의 자극에 대하여 오감 중의 하나 내지는 그 이상의 감각으로 활동하게 된다. 수많은 자극에 노출되었을 때는 관련되어 있는 몇 가지의 자극에만 주의를 기울이게 되고, 이러한 자극들은 조직화하고 해석하는 활동은 이해의 정도를 높인다. 그리고 정보가 이미 알고 있는 내용을 담고 있다면, 그것을 수용해서 의사결정을 할 때 사용하기 위해 보유한다.

5 지 각

지각(perception)이란 감각기관에 의해 수용된 자극을 선정하고, 이해하며 그리고 해석하는 과정을 말한다.

동일한 자극에 노출된 소비자들도 상이하게 해석하는 데 세 가지의 지각 과정을 거치기 때문이다.

선택된 노출(뉴욕42번가)

① **선택적 노출**(selective exposure) : 우리가 항상 우리 주위에 있는 모든 자극을 파악할 수 없다는 사실을 의미한다. 우리는 이와 같은 수많은 자극의 노출 중에 일부 자극(현재의 관심사와 연관된 것)만 관심을 갖게 되고 다른 자극은 무시해 버린다.

② **선택적 왜곡**(selective distortion) : 소비자들은 어떤 것에 관한 새로운 정보를 그들이 가지고 있는 기존의 사고의 틀에 적합하게 하여 유리하게끔 해석하려고 하는 선택적 왜곡 현상이 있다.

③ **선택적 보유**(selective retention) : 소비자들은 자신들이 이전에 가지고 있던 신념이나 태도에 도움이 되는 정보만을 기억하려고 노력하고 그것을 확인하는 자극을 상기하는 경향이 있다.

범죄자를 체포하고자 모든 노력을 경주하고 있는 경찰은 이러한 과정을 사용하여 종종 좌절을 경험하기도 한다. 어떤 범죄의 목격자들은 도둑이 45구경 권총을 자신들에게 겨누었던 상황만을 기억할 수 있고(선택적 노출), 혹은 그 도둑이 약물 중독 상태에 있는 것 같아 보였다는 상황만을 기억할 수도 있다(선택적 보유). 또는 그들은 보통 사이즈의 도둑을 체구가 큰 그리고 억센 부랑자로 묘사하기도 한다(선택적 왜곡). 이러한 잘못된 지각을 극복하는 것이 마케팅 담당자에게는 하나의 도전이다. 따라서 마케팅 담당자는 창조적인 메시지, 계획적인 반복 그리고 신뢰할 수 있는 소비자 조사활동으로 소비자가 그리는 심리적 장벽을 제거하고자 노력하게 된다.

- 지각된 위험 : 구매자 행동에 있어 중요한 특정 이슈가 바로 소비자가 구매결정을 할 때 포함되는 위험이 지각된 위험(perceived risk) — 소비자가 구매결정을 할 때 포함되는 위험 — 이다. 다음의 두 가지 요인이 위험에 공헌한다 : ① 결과에 대한 불확실성, ② 영향력. 불확실성이 증가하면 위험도 증가하고 영향력이 증가하면 할수록 그에 대한 위험은 소비자에게 더욱 중요하게 된다. 보통 제품가격이 높은 경우 오랫동안 지속되고 사회적으로도 가치가 있는 경우와 하나의 의사결정이 다른 의사결정을 유도하는 경우에 보다 큰 지각된 위험이 발생한다.

  소비자들이 지각된 위험상황인 경우 마케팅 담당자는 전문가의 증언을 제시하거나 국가가 지정한 공인기관과 같은 조직으로부터 보증을 얻거나 테스트에 근거한 증거를 제시하거나 정확한 제품정보를 제공하는 것과 같은 전략으로 소비자에게 확신을 심어주어야 한다.

  지각된 위험을 감소시킬 수 있는 마케팅 전략으로는 보증, 담보, 구매 후 서비스, 보상 제공 등이 있다.

6 개 성

비록 심리학자들은 개성의 정의에 동의를 하지 않지만, 개성(personality)을 개인의 사고와 행동을 결정하는 정신물리학적 시스템의 다이내믹한 혼합물로서 간주한다. 소위 정신물리학적 시스템(psychophysical system)은 물리적·정신적 특성뿐만 아니라 동기, 지각, 태도 그리고 학습의 상호작용의 결과를 담고 있다.

예를 들어, 사람들은 다음과 같은 개성의 형태로 종종 분류된다 : 비관적(pessimistic)/낙관적(optimistic), 공격적(aggressive)/순응적(submissive), 외향적(extrovert)/내향적(introvert). 한 사람의 개성과 자아 이미지에 대한 인식은 구매자가 구매하고자 하는 제품의 유형에 관한 단서를 제공한다.

극히 보수적인 성향의 사람은 스포츠카를 구매하는 것과 디스코를 선호하는 것 등을 달갑게 생각하지 않는다. 즉, 이러한 유형의 사람은 전통적인 스리피스 드레스를 입거나 부드러운 색상의 자동차를 소유하고자 하며, 보수적인 정당의 후보에게 자신의 표를 던지는 것을 더 좋아할 것임에 틀림이 없다.

비록 개성이라는 특성에 의거해 구매자의 제품선호도를 정확하게 예측할 수는 없지만 개성특성과 제품사용과의 관계에는 어느 정도의 연관성이 있다고 볼 수 있다. 일반적으로 사교적이고 모험심이 강하며, 자기 과신적인 성향의 사람들로 구성된 시장을 표적시장으로 인식하면, 이러한 특성들은 제품설계와 촉진캠페인을 창조하는 데 유용하게 사용될 수 있다.

7 상황적 요인

소비자가 구매결정을 하는 경우의 상황 역시 그들의 의사결정에 영향을 미친다. 집에서 TV 홈쇼핑을 통해 ,제품을 구매할 경우와 직접 소매점에 가서 제품을 구매했을 경우 소비자들의 행동은 전혀 다르게 나타날 것이다. 만약 여러분들이 정장을 구매하기 위해 하루 종일 쇼핑을 함으로써 피곤함을 느끼는 경우 여러분들은 단순하게 일반 신사복을 구입하겠다고 결정할지도 모른다. 그러나 결혼예복을 구입하고자 쇼핑을 하는 경우에는 매우 신중을 기하게 될 것이다. 또한 최근 들어 맞벌이 부부의 증가로 취업주부의 경우 전업주부에 비해 가사 시간을 절약하기 위해서 인스턴트식품이나 비교적 간편한 제품의 구매를 선호하는 구매행동을 한다. 이처럼 상황적 요인은 구매의사 결정과정에 있어서 여러 가지 강력한 영향을 미친다고 할 수 있다.

제4절 소비자 구매의사 결정과정

소비자가 구매의사결정을 하는 방법을 연구하는 이론들은 많이 있지만 대다수의 이론들이 마케팅 담당자가 탐구하는 소비자의 욕구보다는 소비자의 구매행위에 대한 구매의사결정과정과 구매 후 평가에 집중되어 있다. 그러나 대부분의 이론들은 소비자 구매의사결정이 문제 해결의 한 형태라는데 동의를 한다. 이러한 소비자 구매의사결정 과정은 [그림 5-5]와 같이 5단계로 이루어진다. 그러나 이 모델이 모든 경우에 전부 적용되지는 않는다. 소비자들은 상황에 따라 어떤 단계는 뛰어넘기도 하고 어떤 단계는 역행되어 오기도 한다.

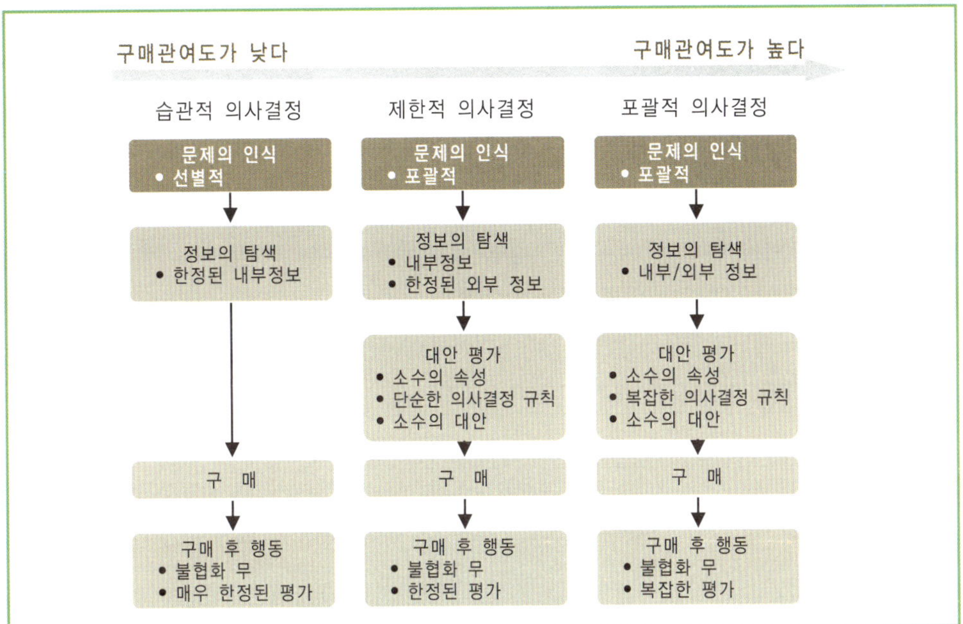

그림 5-5 소비자 구매의사 결정과정

1 문제의 인식

문제의 인식은 소비자가 원하는 상태와 자신의 실제적 상태에 차이가 있음을 인식할 때 발생하는데 소비자는 이 차이를 줄이기 위해 여러 가지 활동을 한다.

그리고 소비자가 충족시키고자 하는 욕구는 여러 가지 이유들로 인하여 발생한다. 당신은 배고픔을 느끼거나 기타의 다른 욕구를 느낄 수 있을 것이다. 매일 소비하는 식품에 대한 재고가 부족해서 빈번하게 점포를 이용할 수 있으며, 가족의 라이프 사이클, 재정상태 혹은 기타 상황이 변할 수도 있다. 예를 들어, 당신의 준거집단에 대한 믿음, 패션기호 등이 변할 수도 있다는 것이다. 원하는 상태가 다른 의사결정 — 새로운 셔츠를 구입하는 것은 새로운 액세서리에 대한 욕구를 촉진 시킨다 — 때문에 변할 수도 있다. 마케팅 노력 역시 광고와 같은 자극물을 제시함으로써 하나의 역할을 수행한다. 마케팅 담당자는 욕구를 창조할 수는 없지만 소비자의 불확실성한 욕구를 자극해서 지각이 있는 수준으로 이끄는 것이 그들의 임무라고 할 수 있다.

2 정보의 탐색

문제를 인식한 소비자는 해결책을 찾고자 하며, 그 해결책에 이르기 위해 정보를 탐색한다. 정보 탐색은 평가의 기준 혹은 대안의 설명일 수도 있다. 당신은 구매의사결정을 하는 영역에 익숙하지 않으면 않을수록 구매를 하는 과정에서 제품속성과 기타 요인에 관해 더욱 더 많은 것을 알고자 한다.

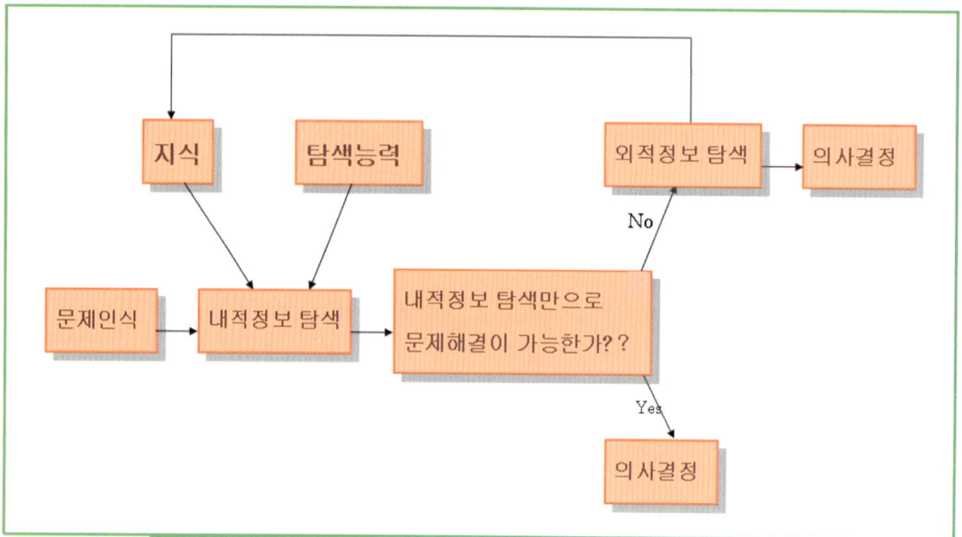

그림 5-6 문제인식과 정보탐색 과정

정보의 유형에 따라 정보의 탐색은 내부·외부 정보탐색방법으로 나눌수 있는데, 내부탐색의 경우에 소비자는 과거의 경험으로부터 기억 속에 보관되어 있는 하나의 해결책을 검색한다. 그리고 이러한 정보탐색방법은 만족스러운 해결책이 이미 널리 알려져 있거나 예측이 가능한 상황에 직면해서 더욱 빈번하게 이용된다. 그러나 문제를 해결하는데 있어서 경험이 부족하거나, 구매가 아주 중요하거나, 이러한 상황에서 행하는 의사결정에 확신이 없는 경우에 소비자는 외부정보 탐색을 선호하게 될 것이다. 외부정보 탐색방법은 광고·판매원과 같은 상업적 원천, 친구·가족 그리고 이웃·친지와 같은 개인적 원천, 대중매체·중립적 기관인 소비자보호원이나 각종 관련기관에서 발행하는 간행물과 같은 공공적 원천, 취급·조사·제품사용과 같은 경험적 원천으로부터 정보를 탐색한다.

3 대안평가

소비자의 구매의사결정과정에서의 다음 단계는 상이한 중요성을 가지고 있는 평가기준을 소비자가 인지하고 있는 모든 대안 해결책에 적용하는 것이다. 개개의 대안은 만족스러운 해결(a satisfactory solution)을 제시할 수 있는 "편익 꾸러미(bundle of benefit)"라 할 수 있다.

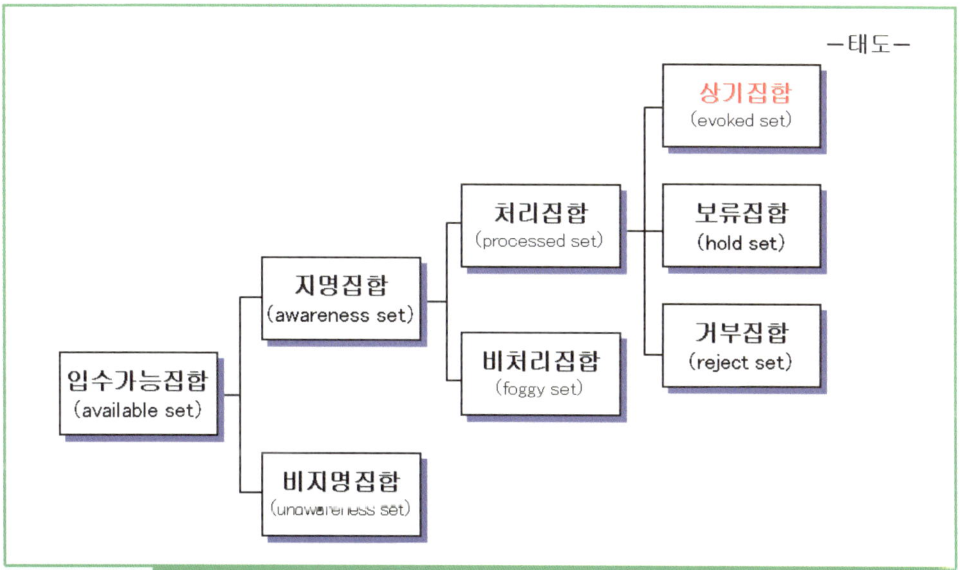

그림 5-7 Brisoux-Laroche의 Brand-Categorization Model

결국, 각개의 평가된 대안은 다음 3개의 범주 중 한 범주에 포함된다. [그림 5-7]은 이를 도식화한 것이다

① 상기집합(an evoked set)은 마지막 선택하는 시기에 적극적으로 고려되는 대안들만을 포함하며, 4~5개의 선택할 수 있는 소규모 집합만을 말한다.

② 중립인 대안들은 불활성 집합, 보류 집합(an inert set, hold set)을 형성한다.

③ 부적합집합, 거부집합(an inept set, reject set)으로 분류된다(거절된 대안들은 부적합집합으로 분류된다). 예를 들면, Coca-Cola, Pepsi와 같은 음료는 상기집합

이고, RC Cola, Dr. Pepper와 같은 중립적인 제품은 불활성집합이며, Shasta와 Big K Cola와 같은 기피 제품은 부적합한 집합이다.

4 구매

소비자의 구매 의사결정과정의 네 번째 단계가 최종적인 구매결정이다. 소비자는 최적의 대안을 선택하거나, 더 많은 대안들을 탐색하거나 구매결정을 연기하는 활동들을 하게 된다. 만약에 소비자가 여러 브랜드들의 비교·평가 과정을 거쳐 특정브랜드를 구매하기로 결정한다면, 소비자는 구매 장소, 구매 기, 지불방법 등을 결정해야 한다.

상황적 요인들이 구매결정에 중요한 영향을 미친다. 구매결정에 영향을 미칠 수 있는 상황은 소음·빛과 같은 물리적 환경, 개인 내지 타인과 같은 사회적 환경을 포함한다. 자신 내지는 타인을 위한 쇼핑을 하는 일 역시 영향을 미치며, 유용하게 사용할 수 있는 시간과 같은 시간적 상황과 소비자의 자원과 분위기와 같은 선행적 조건 역시 구매결정에 영향을 미친다.

5 구매 후 평가

제품 소비가 시작되는 순간부터 구매 후 평가 역시 시작된다. 선택된 대안이 예측한대로 실행되면 소비자는 만족감을 느끼고 그 반대의 경우에는 불만족감을 느끼게 될 것이다. 만족감과 불만족감은 장래 유사한 문제에 직면하게 될 때 소비자의 반응에 영향을 미친다.

구매 후 평가의 또 다른 심리적인 형태가 인지적 부조화(cognitive dissonance)－소비자의 상이한 신념과 태도 사이에 심리적으로 느끼는 불안정한 갈등－이다. 이것은 종종 선택된 대안이 어떤 결점을 가지고 있거나, 거절된 대안이 어떤 긍정적인 특성들을 가지고 있을 때 발생한다. 이러한 상황에 직면하였을 때, 소비자는 "내가 올바른 구매 의사결정을 하였는가?"라는 물음에 괴로워할 것이다. 이때 소비자는 자신의 구매 의사결정을 지원하는 정보－예를 들어, 구매한 브랜드에 대한 광고를 읽는다거나 혹은 동일한 선택을 한 다른 소비자들과 대화를 한다.－를 탐색함으로써 인지된 부조화를 줄이고자 노력하며, 거절된 대안을 지원하는 정보를 회피하기도 한다. 심지어 극단적인 경우에는 구입한 제품을 재판매하거나 반품함(백화점 일주일 이내 반품가능)으로써 불만족스러운 구매결정을 반전시키려고 한다.

따라서 마케팅 담당자는 인지적 부조화를 줄이기 위한 준비 내지는 대책을 마련해야 할 것이다. 예를 들면, 판매원들이 소비자가 올바른 선택을 했다고 확신시키거나 구입한 제품의 광범위한 품질보증을 주지시킨다. 자동차 딜러들은 구매를 할 때 어려움을 경험한 소비자를 위해 전화상담 서비스 프로그램(hotline program)을 제공할 수 있다. 또한 서비스의 내용을 담고 있는 안내책자, 편지, 전화, e-mail 등으로 자사의 제품 판매를 수행하고 있다.

제5절 고객만족

1 고객만족의 중요성

오늘날의 소비자들은 객관적인 가치창조보다는 주관적인 가치창조의 실현을 더욱 중요하게 생각한다. 그만큼 소비자들의 욕구는 다양화되고 고도화 되었다는 것을 의미한다. 대부분의 기업들은 자신들의 역량으로 이와 같이 다양해진 소비자들의 욕구를 완벽하게 만족시킨다는 것은 거의 불가능하다.

지금까지 기업들이 고객만족과 관련하여 실행해 온 고객만족 전략의 핵심내용은 광고나 판촉활동, 종업원들의 친절과 서비스 제공, 제품구매 후 서비스 등으로 자사에 대한 친밀감을 갖게 하거나 우호적인 태도를 형성시킴으로써 자사제품에 대한 고객충성도를 높여 시장점유율을 향상시키는 데에 초점을 두었다. 또한, 일부 기업은 비용요소의 절감에 의한 가격적인 우위요소의 측면을 강조하는데 마케팅의 초점을 두고 있었던 것이 사실이다.

그러나 이러한 단순한 마케팅 활동에 의해서는 일시적으로 고객에 대하여 자사제품에 대한 관심을 갖게 할 수 있을지는 모르나 장기적으로 고객의 수를 증가시킬 수 없다. 따라서 계속적으로 재 구매행동을 유도하게 하기 위해서는 현재의 고객뿐만 아니라 장래의 잠재고객까지도 흡수할 수 있는 혁신적인 고객만족전략을 수립하여야 한다.

이러한 혁신적인 고객만족전략이 성공을 거두기 위해서는 다음과 같은 두 가지의 선행요건을 충족시켜야 한다.

첫째, 기업의 핵심경영전략이 판매위주의 사고에서 고객중심의 사고로 전환되어져야 한다.

과거와 달리 현재는 기업의 마케팅 중심이 고객의 가치창출에 초점이 맞추어져 있기에 기업으로서는 고객이 곧 생산이자 판매이기 때문이다. 고객에 대한 개념을 단순하게 자사제품을 소비하는 최종소비자라는 전근대적인 사고에서 벗어나 한 차원 높은 관계로 끌어올려 실질적으로 기업이 존재할 수 있게 하는 조직체로 확대하여야 한다. 즉, 기업의 경영활동이 성공을 거두기 위해서는 지금까지 고객에 대한 고정관념을 버리고 고객에 의해 존재하고 고객에 의해 성장과 발전이 이루어 질 수 있다는 인식의 형성이 무엇보다 중요하다.

따라서 기업의 마케팅 관리자는 고객만족전략을 수립할 경우 고객에 대한 개념을 자사제품을 구매하여 소비하는 소비자의 한 개인으로서의 협의의 고객이 아닌 자사의 현재와 미래를 책임지는 광의의 고객이라는 개념 하에서 그들이 추구하는 편리성을 창출하고 제품과 서비스의 질과 양적인 모두의 면에서의 가치추구를 위한 마케팅 전략이 절실히 요구된다.

둘째, 기업들이 고객들에게 제공하는 가치는 합리적이고 실질적이어야 하며, 객관적으로 가치의 척도를 구분 할 수 있어야 한다.

과거에 비해 오늘날 대부분의 고객들은 제품의 소유가치보다는 사용가치를 더 중요하게 생각한다. 그 결과 소비자들의 구매패턴은 합리적이고 이상적인 형태로 바뀌어가고 있으며, 소비행태 또한 품질지향이나 실용성 위주로 변화되어 가고 있다.

따라서 기업들이 제공하는 여러 가지 형태의 고객만족서비스는 소비자가 궁극적으로 그 제품을 구매함으로써 행복한 삶을 영위하기 위해 필요한 것이어야 한다. 이러한 고객만족에 관한 기업의 마케팅 전략은 소비자들의 합리적인 소비행태에 근간을 두어야 하며, 그것을 구매함으로써 얻어질 수 있는 모든 편익을 객관적인 척도에 의해 측정 가능한 것이어야 한다.

2 고객분석

소비자의 욕구충족은 현대마케팅 이념의 기본적 목표라고 할 수 있으며, 고객은 기업의 마케팅 전략 수립에 가장 중요한 출발점이다.

오늘날 소비자는 기업활동의 성패를 결정하는 핵심적 요인이 된다. 그러므로 기업이 효과적인 마케팅 활동을 수행하기 위해서는 소비자의 구체적 구매행동, 즉 누가, 언제, 어디서, 왜, 어떻게, 무엇을, 얼마만큼 구매하는가를 명확하게 분석하는 것이 필수적이다.

인간이 추구하려는 욕구에 대한 객관적인 측정과 어떤 행동을 취하는가 하는 연구는 상당한 노력이 뒤따른다. 또한, 소비자는 자기 나름대로 욕구의 우선순위를 지니고 있기 때문에 마케팅 전략의 수립 시 고객이 추구하는 욕구를 충족시켜 줄 수 있는 상황에 적합한 목적적이고 유동적이며 전문적인 전략이 필요하다.

또한, 소비자는 적당한 자기통제와 자기감정억제와 같은 심리적 요인을 극복할 수 있으므로 추상적이고 비합리적인 문제파악과 해결을 위한 전략은 오히려 소비자에게 기업에 반하는 행동을 유발 시키는 계기를 마련해줄 수 있는 위험이 있다.

그러므로 "기업은 고객이 무엇을 원하는가?, 우리는 고객을 위해서 무엇을 해야 하는가?, 어떻게 고객의 요구를 만족시킬 것인가?"라는 물음에 답을 하여야 하며, 답을 위해서는 마케팅 전략 수립 시 고객이 무슨 생각을 하며 무엇을 요구하는가를 정확히 분석하여야 한다.

기업에 있어서 고객은 마케팅 전략 수립 목적의 출발점이자 핵심이며, 고객분석을 어떠한 방법으로 어떻게 실시하느냐에 따라 기업의 성패가 좌우된다고 할 수 있다.

3 고객인식

고객인식이란 어느 시점에서 불충분한 욕구를 인식하는 것이다. 즉, 소비자들이 불충족된 욕구를 충족시키고자 하는 행위와 지금까지와는 다른 구매형태의 의사결정과정에서의 인식이다.

이러한 인식과정에서 기업이 제시하는 마케팅 전략은 철저하게 소비자 중심적이어야 한다. 불 충족된 욕구를 충족시키면서 동시에 구매행태의 변화과정에서 자사제품의 구매나 재구매를 위한 전략수립은 소비자가 대안으로 생각하고 있는 경쟁사의 제품이나 서비스와는 뚜렷한 차별화를 두어야하며, 차별화는 소비자가 직접적으로 느낄 수 있을 정도여야 한다.

요약정리

소비자 구매행동은 개인적이나 가족의 사용목적에 의해 제품을 구매하고 사용하는데 투입되는 모든 활동들로 구성되며, 소비자 구매행동에 영향을 미치는 요인으로는 사회·문화적 요인, 개인·심리적 요인, 상황적 요인 등이 있다.

기업의 마케팅 담당자가 표적시장 내 소비자들을 파악하는데 도움이 되는 직업, 소득, 교육, 연령, 성별 등과 같은 인구통계적 요인 등이 있고, 개인·심리적 요인으로는 개인의 태도, 학습, 동기, 정보처리, 지각 등이 있다. 또한, 상황적 요인은 구매 의사결정 시 시장이나 소비자 상황 등이다. 문화, 준거 집단, 사회 계층을 포함하는 사회적 요인, 신제품이 소비자의 욕구 충족을 가능하게 하는 기술적 변화 요인이 있다.

소비자구매행동에 영향을 미치는 내부 요인에는 태도, 학습, 동기, 정보 처리, 지각 등이 있다. 태도, 신념, 가치는 일반적으로 제품과 생활에 관한 강한 느낌을 반영하는데 이들은 변화의 정도가 약한 반면 브랜드충성도면에서는 강도가 크다. 학습은 고전적 조건화, 오퍼런트 조건화, 인지학습을 통해 일어난다.

매슬로우의 욕구 계층 이론은 개인이 행동을 하게끔 동기 부여를 하는 일련의 광범위한 욕구를 설명하고 있으며, 생리적 욕구, 안전의 욕구, 존경의 욕구, 자아실현의 욕구 등이 있다.

마지막으로 소비자의 구매의사결정과정은 문제의 인식, 정보의 탐색, 대안평가, 구매, 구매 후 행동 순으로 이루어진다.

오늘날 기업이 계속해서 성장과 발전을 위해서는 현재의 고객뿐만 아니라 잠재고객까지도 흡수할 수 있는 혁신적인 고객만족전략을 수립하여야 한다. 혁신적인 고객만족전략이 성공을 거두기 위해서는 첫째, 기업의 핵심경영전략이 판매위주의 사고에서 고객중심의 사고로 전환되어져야 하며, 둘째는 기업들이 고객들에게 제공하는 가치는 합리적이고 실질적이어야 하며, 객관적으로 가치의 척도를 구분 할 수 있어야 한다.

기업이 효과적인 마케팅 활동을 수행하기 위해서는 소비자의 구체적 구매행동, 즉 누가, 언제, 어디서, 왜, 어떻게, 무엇을, 얼마만큼 구매하는가를 명확하게 분석하는 것이 중요하다. 즉, 고객의 요구를 충족시키기 위해서는 우선적으로 그들에 대한 종합적이고 체계적인 분석이 선행되어져야한다.

고객인식이란 어느 시점에서 불충분한 욕구를 인식하는 것이다. 즉, 소비자들이 불충족된 욕구를 충족시키고자 하는 행위와 지금까지와는 다른 구매형태의 의사결정과정에서의 인식이다. 따라서 소비자 인식과정에서 기업이 제시하는 마케팅 전략은 경쟁자의 제품과 철저한 차별화가 이루어져야 한다.

용어해설

소비자 구매행동(consumer behavior)
개인적 또는 가정의 사용목적에 의해 제품을 구매하고 사용하는데 투입되는 모든 활동

인구통계적 요인(demographic influences)
인구를 구성하고 있는 개개 구성원의 수(인구 크기), 연령, 소득, 교육, 직업이라는 측면에서 인구를 설명하는 인구 구조, 지리학적 지역, 도시·농촌, 도심외곽 지역이라는 면에서 구성원의 거주지(인구 분포)를 포함하는 요인

문화(culture)
사람들로 구성된 하나의 집단을 다른 집단과 구별하는 삶의 방식, 즉 태도와 가치, 일반적으로 수용되는 행위의 패턴, 언어·종교·교육·계층구조와 다른 사회적 패턴을 포함하는 삶의 방식

준거 집단(reference groups)
개인의 태도와 행동에 직접적 혹은 간접적으로 영향을 미치는 모든 집단

의견 선도자(opinion leader)
타인이 충고 내지 정보를 위해 문의하는 집단 내의 객관적인 전문가 내지 영향력이 있는 사람

사회 계층(social class)
부모의 배경, 직업, 교육 그리고 소득의 원천과 같은 요인으로 표현되는 한 문화 속에서의 사람들의 지위

태도(attitudes)
어떤 대상이나 행위에 대해 한 개인이 지속적으로 갖고 있는 호의 내지 비호의적 느낌

신념(beliefs)
제품의 속성에 관해서 한 개인이 강력하게 지니고 있는 의견

가치(values)
어떤 사물이 인간의 욕구와 관심의 대상물로서 또는 목적 실현에 얼마만큼 쓸모가 있고 중요한가의 정도

브랜드 충성도(brand loyalty)
시간의 경과에 따라 브랜드를 계속 구입하거나 하나의 브랜드에 대한 지속적인 긍정적 태도를 가지는 소비자의 성향

학습(learning)
경험이나 경험의 해석을 통해 하게 되는 개인행동의 변화

동기(motive)
충분히 강한 욕구가 개개인에게 부족한 것을 충족시키도록 하는 것

정보처리과정(information processing)

개인이 정보를 수용·해석하고, 보유하는 절차를 말한다. 이 과정은 노출, 주의, 이해, 수용, 보유의 5단계의 과정으로 이루어진다.

지각(perception)

감각기관에 의해 수용된 자극을 선정하고 편성하며, 해석하는 과정

선택적 노출(selective exposure)

현재의 관심사와 연관된 자극에 초점을 집중하고 다른 자극물을 무시하는 성향

선택적 왜곡(selective distortion)

사람들이 어떤 것에 관한 새로운 정보를 그들이 가지고 있는 기존의 아이디어에 적합하게끔 해석하려고 하는 성향

선택적 보유(selective retention)

자신들이 이전에 가지고 있던 태도를 확인하는 자극을 상기하는 성향

지각된 위험(perceived risk)

소비자가 구매결정을 할 때 포함되는 위험으로 결과에 대한 불확실성, 영향력에 의해 발생되는 위험

개성(personality)

개인의 사고와 행동을 결정하는 정신 물리학적 시스템의 다이내믹한 혼합물

인지적 부조화(cognitive dissonance)

소비자의 상이한 신념과 태도 사이에 심리적으로 느끼는 불안정한 갈등

토의문제

1. 문화와 사회적 계층을 구분하고 어떤 제품에 대한 시장을 분석하는데 사회계층 분석이 유용한 이유를 설명하시오.

2. 태도, 신념, 가치를 구분하고 이들의 예를 들어보시오.

3. 소비자 구매행동을 이해하는데 학습, 동기가 중요한 이유는 무엇인가?

4. Maslow의 욕구5단계를 제시하여 각각의 욕구들에 대해서 설명하시오.

5. 마케팅 담당자가 소비자의 구매행동에 대해 통제가 가능한지 혹은 불가능한지를 토의하시오.

6. 기업의 고객만족전략이 성공을 거두기 위해서 선행되어야할 충족요건에는 어떤 것이 있는가?

7. 소비자의 구매행동에 관해 설명하는 최적의 모델은 어떠한 모델인지 들고 그 이유를 설명하시오. 경제적인 모델, 심리분석학적 모델

8. 준거집단이 컴퓨터 판매에서 중요한 역할을 수행하는가? 수행한다면 그 이유를 설명하시오.

9. 선택적 지각에 대해서 설명하고 이것이 광고설계시 중요 요인으로 작용하는 이유는 무엇인가?

10. 소비자와 상호 교류하는 직원들에게 유니폼을 입도록 요구하는 정책은 어떤 긍정적/부정적 측면이 있는가?

11. 소비자는 항상 옳은가? 그렇다면 이유가 무엇인가? 또는 그렇지 않다면 그 이유는 무엇인가?

참고문헌

1) Harry L. Davis and Benny P. Rigaux, "Perception of Marital Roles in Decision Processes" Journal of consumer Research 11(1974), pp.51~62.
2) Harold W. Berkman and Christopher C. Gilson, Consumer Behavior : Concepts and Strategies, Dickenson Publishing Co., Encino, Ca., 1978, p.290.
3) Harold H. Kassarjian, "Personality and Consumer Behavior : A Review," Journal of Marketing Research, 8(November 1971), pp.409~418.
4) John Dewey, How we think (Boston : Heath, 1970).
5) Russel W. Belk, "An Exploratory Assessment of Situational Effects in Buyer Behavior" Journal Marketing Research, May, 1974, pp.156~163.
6) Henry Assael, *Consumer Behavior and Marketing*, Boston : Kent, 1981, p.351.
7) Abraham H. Maslow, *Motivation and Personality*, 2nd ed.(New York : Harper & Row, 1970), pp.35~58.
8) John Dewey, *How we think*(Boston : Heath, 1970).
9) See B.M. Campbell, "The Existence of Evoked Set and Determinants of Its Magnitude in Brand Choice Behavior", in John A. Howard and Lonnie Ostrom, eds., *Buyer Behavior and Empirical Foundations*(New York : Knopf, 1973), pp.243~244.

현재의 모습 그대로 상대방을 대해주면 그 사람은 현 상태 그대로 남아있을 것이다. 하지만 상대방이 할 수 있는 잠재능력대로 그를 대해주면 그 사람은 결국 그것을 이루어낼 것이다.

– 괴테 –

Maketing

시장세분화, 표적시장선정 및 포지셔닝

CHAPTER

06

제1절 시장세분화

시장(market)이란 특정제품에 의해 충족되는 보편적인 욕구와 제품에 대한 지불의사와 지불능력이 있는 조직이나 개인들의 집단을 말한다. 기업들은 계속적인 성장과 발전을 위해 시장의 욕구를 충족시키는 제품과 서비스를 생산하여 판매하고자 한다.

그러나 시장은 매우 상이하다. 한 때, 많은 기업가들은 대량마케팅(mass marketing)에 집중하는 것이 효과적인 경영이라 믿었다. 따라서 그들은 모든 사람들에게 동일한 제품, 가격, 유통 그리고 마케팅 커뮤니케이션(marketing communication)의 마케팅 믹스를 판매할 수 있다고 믿었다. 그러나 오늘날 거의 모든 마케팅 담당자들은 대량마케팅이 불가능하다는 사실에 동의한다. 범세계적으로 자사만의 독특한 Coke제품을 생산·판매하고 있는 다국적 기업의 선도주자인 Coca-Cola도 현재는 소비자의 다양화된 욕구를 충족시키기 위한 마케팅 전략(marketing strategy)의 일환으로 전체 청량음료 시장의 일부를 세분화하여 청량음료 제품에 변화를 주고 있다. 예를 들면, 체중 감량자를 위한 Diet Coke, 카페인 섭취를 염려하는 소비자를 위한 Caffeine-Free Coke, Coca-Cola를 마시지 않는 이들을 위한 Sprite 이외에도 New Coke와 Cherry Coke와 같은 제품들을 제공하고 있다.

빨간색과 흰색을 조화시켜 경쾌한 이미지를 연상케함. 120여년을 역사를 지닌 코카콜라의 브랜드가치는 유형자산의 15배로 약 653억 달러에 이른다.

그림 6-1 Coca-Cola 제품종류

현대 마케팅 담당자들은 대량마케팅을 추구하기보다는 세분시장과 표적시장을 추구한다. 시장세분화(market segmenting)는 공통된 시장 욕구를 가진 소비자 집단을 확인하는 것을 의미한다. 표적시장선정(targeting)은 다양한 세분시장을 평가하고 기업의 마케팅 투자에 대한 최대의 이익을 제공하는 하나의 시장을 선택하여 독특한 이미지를 심어주기 위한 방안을 모색하는 것이다. 그리고 포지셔닝(positioning)은 표적시장의 잠재적 구매자의 마음속에 자사의 제품을 고정시키는 하나의 방법을 찾는 것을 의미한다. [그림 6-2]는 이와 같은 내용을 잘 보여 주고 있다.

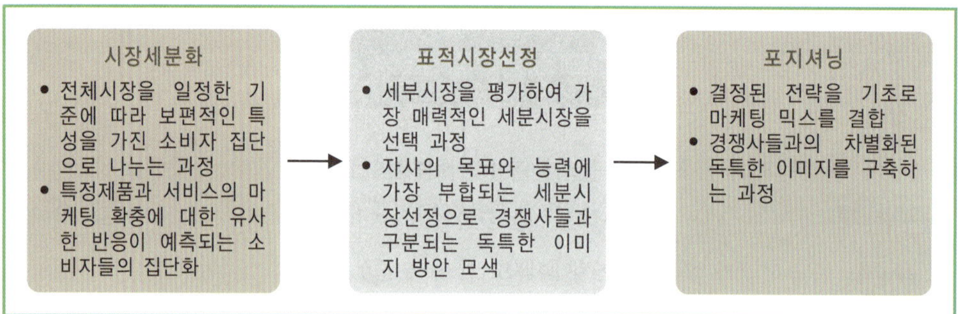

그림 6-2 시장세분화, 표적시장선정 및 포지셔닝

시장세분화, 표적시장선정 그리고 포지셔닝 전략은 특정고객 집단의 욕구를 충족시키는 제품믹스를 설계하고자 하는 기업의 욕구를 반영한다. 특정집단을 표적시장으로 선정하는 것은 불특정 다수를 표적으로 하여 접근하는 것보다 효율적이고 소요되는 비용 면에서도 저렴하다. 시장세분화와 표적시장선정은 마케팅 담당자들로 하여금 좀 더 직접적으로 특정고객의 욕구나 기호를 자신들의 특정제품과 제품의 변화에 일치시킬 수 있도록 해준다. 결국 기업의 마케팅 담당자들은 세분시장에 적합한 마케팅 믹스를 개발할 수 있게 된다.

시장이란 그 규모가 클 수도 혹은 그 반대일 수도 있다. 시장규모가 적을 때 흔히 적소시장으로 언급된다. 적소시장(niche market)이란 큰 시장 점유율을 가진 대기업이 추구하지 않는 작은 세분시장을 말한다. 모든 사회 구성원들은 대부분 하나 이상의 세분시장에 속해 있다고 할 수 있다. 예를 들면, 여러분들은 대학생 시장에 속해 있으며, 또 19~27세 연령의 시장, 스포츠웨어 구매시장, 탄산음료 소비자시장, 아파트 임차인 시장, 패스트푸드 소비자 시장과 같은 집단에 속해 있을지도 모른다. 이러한 의미의 시장은 여러분들의 라이프스타일에 의해 이동하거나 병합한다. 아마 여러분들의 부모 역시 수많은 상이한 세분시장에 속해 있을 것이다.

일반적으로 마케팅 담당자들은 인구통계적 변수, 지리적 변수, 심리분석적 변수, 행동분석적 변수 그리고 추구하는 편익과 같은 기준을 이용하여 시장을 세분화한다.

1 시장세분화의 이점

(1) 시장세분화를 통하여 하나의 시장을 세분화하는 방법을 탐색할 수 있다

시장의 세분화를 실행하는 기업들은 소비자들의 욕구, 소득, 취미, 구매력, 지리적 위치, 구매태도 및 구매습관은 상이하다는 사실을 인식하고 있다. 그러나 특정 제품의 시장은 여러 세분시장들로 구성되어 있어, 기업들은 어떤 시장을 세분시장으로 구분할 것인가에 고민하게 되고, 이러한 것은 소비자들의 집단화에 따른 소비자들의 반응을 정확히 예측하여 마케팅 믹스를 실행할 수 없게 하는 어려움이 따른다. 따라서 일반적으로 여러 세분 시장들로 구성되어 있는 시장을 자사 제품의 특성에 맞는 특정세분시장으로 구분 가능하다면 보다 정확한 정보를 수집할 수 있으며 소비자들의 욕구와 구매력의 차이 등을 정확히 파악할 수 있게 하는 이점이 있다.

(2) 시장수요의 정확한 예측이 가능하다

시장환경은 빠르게 변화하기 때문에 환경이 불확실한 상황에서 시장수요를 예측하거나 소비자들의 자사의 특정 제품에 대한 반응을 감지하여 적극적으로 대처한다는 것은 매우 어려운 일이다. 따라서 소비자들의 수요에 대한 상당한 어려움을 겪게 된다. 그렇지만 시장세분화는 유사 소비자 집단별로 시장 수요를 탐지하거나 예측이 가능하여 기업의 입장에서는 시장환경과 소비자환경의 변화에서 발생할 수 있는 위험들을 최소화 할 수 있다는 이점이 있다.

(3) 소비자들의 개인별 마케팅이 가능하다

시장내 동일집단의 구성원들도 각 개인의 여러 가지 상황에 의해 상이한 욕구를 갖게 된다. 예를 들면, 호텔 숙박료의 경우 FAX나 인터넷 설치 등의 추가적인 서비스 제품으로 투숙객들을 만족시키는 경우도 있지만 그 반대의 경우 추가적인 서비스의 제공 없이 숙박료가 인하되는 것을 바라는 소비자도 있다.

따라서 세분시장은 대량마케팅을 추구했을 경우보다 각각의 구성원들의 시장수요에 창조적으로 대응할 수 있어 개별적인 소비자들의 욕구를 충족시키는데 용이하다.

(4) 경쟁사와의 비교우위가 용이하다

세분시장 마케팅은 표적고객들의 욕구를 충족시킬 수 있는 제품과 서비스를 창출할 수도 있고 적절한 가격을 결정할 수 있다. 만약 경쟁자들이 세분시장에 집중한다면, 기업들은 소수 혹은 다수의 경쟁자들과 경쟁하게 될 것이다. 그러나 기업의 자원은 한정되어 있다. 기업의 자원이 무한하다면 모든 소비자들의 욕구를 충분히 충족시켜 줄 수 있기 때문에 경쟁이란 것은 의미가 없다. 그렇지만 기업의 자원은 한정되어 있어서 그 제한된 자원을 효율적으로 사용하여야만 성공적으로 사업을 영위할 수 있다. 이러한 한정된 자원의 사용을 어떻게 합리적이고 효과적으로 표적고객과 잠적시장에 집중하여 사용하느냐에 따라 기업의 성·패는 좌우된다. 이는 경쟁사와의 비교우위를 확보할 수 있는 마케팅 자원의 효율적인 배분을 의미한다.

2 소비자 시장을 세분화하는 기준

시장세분화의 변수란 소비자들을 유사한 집단으로 구분할 때 기준이 되는 변수이며, 시장세분화 목적을 달성하기 위한 요소이다. 〈표 6-1〉은 소비자 시장을 세분화하는 기준과 그 하위요소들을 제시하고 있다.

비록 시장세분화가 마케팅에 있어서 매우 중요하고 또 일반적인 접근방법으로 보이지만, 이것은 숙련된 마케팅 담당자들에게조차 쉽거나 명쾌한 과정이 결코 아니라는 사실을 깨닫는 것이 중요하다. 소비자 집단은 세분시장의 구성원으로서 자신들을 인식하는 특성을 가진 시장에서 오랫동안 머물러 있지는 않고 집단을 이탈하고자 하기 때문이다.

연구 자료에 의하면 소비자들이 흔히 그들의 상황이나 욕구가 변할 때, 상이한 유형의 제품사이에서 고민하게 되며, 어느 한 순간에 제품을 구매한다는 사실을 시사해 주고 있다. 비록 과거에 추측을 매우 빈번하게 사용했던 마케팅 전략가들이 오늘날 추측(guesswork)을 많이 사용하고 있지는 않지만, 시장세분화 계획수립과 표적시장 선정 전략은 여전히 복잡하면서도 직관적인 영향이 있기 때문에 이러한 추측을 종종 사용하고 있다.

표 6-1 시장세분화의 기준

세분화 기준		변 수
소비재시장	인구통계	연령, 세대, 성별, 가족수, 라이프 스테이지(독신, 신혼, 은퇴 등)
	사회경제	소비자의 소득, 자산, 직업, 교육수준, 사회계층
	지리	거주지역, 기후대, 도시권과 지방권, 인구밀도
	심리	소비자의 라이프스타일, 성격(보수적, 사교적, 수동적 등)
	생활행동	사용경험의 유무, 충성도의 정도, 사용율, 사용하는 시간대, 구매하는 점포, 인터넷 이용빈도, 미디어의 접촉빈도 등
	제품 및 서비스의 속성	제품 및 서비스의 품질, 성능, 사이즈, 스타일 등
산업재시장	산업통계	거래기업의 기업규모, 소재지, 업종, 업태 등
	사용상황	거래기업이 요구하는 기술수준, 표준화의 정도 등
	조직구매행동	거래기업의 충성도의 정도, 주문수량, 돌발적인 주문의 유무, 구매기준(신뢰, 품질, 가격, 서비스 등), 구매부문에의 집권화 정도
	제품 및 서비스의 속성	제품 및 서비스의 품질, 성능, 사이즈, 스타일 등

(1) 인구통계적 세분화

세분화를 설명하는 가장 보편적인 방법이 인구통계적 특성을 이용한 시장세분화이다. 이러한 세분화는 연령, 성별, 인종적 배경, 종교, 소득, 직업, 교육수준 그리고 가정규모와 같은 요인들을 포함하고 있으며, 이중에서도 연령·성별 그리고 소득이 가장 많이 이용되는 요인들이다.

① **연령과 생활주기**(age and life cycle) : 연령은 교육상태, 가족상태, 소득과 같은 기타 인구통계에 영향을 미치는 중요한 인구통계적 요인이다. "베이비 붐 세대(baby boomers)"의 엄청난 인구는 마케팅 담당자에게 매우 큰 관심의 대상이 된다. 의류시장은 연령을 기준으로 한 하나의 세분시장이다. 초등학생들이 입는 의복은 최신 패션을 추구하는 십대의 욕구를 충족시킬 수 없으며, 또한 십대들

이 입는 의복 역시 위엄 있고 노출이 심하지 않는 의복을 선호하는 장년들의 욕구를 충족시킬 수 없다.

동일한 생활주기 단계에 있는 이들은 구체적인 욕구를 공유한다. 예를 들면, 대학을 갓 졸업한 많은 이들은 50세 연령의 인구 구성원들이 가지고 있는 욕구와는 거리가 먼 자동차, 여러 종류의 가구들 그리고 직장과 같은 것들을 무엇보다 우선해서 필요로 한다. 그러나 연령이 반드시 생활주기 단계와 서로 동일한 것은 아니다. 자녀들이 모두 결혼하여 분가한 40대의 부부가 있는 반면, 첫 아이를 갖는 40대의 부부도 있을 것이다. 이러한 40대의 부부들이 소비하는 제품은 여러 가지 면에서 서로 크게 다를 수 있다.

② **성(sex)** : 남성과 여성의 상이한 욕구 때문에 많은 마케팅 담당자는 성별에 따라 시장을 세분화하는 것이 매우 유용하다는 사실을 발견한다. 예를 들면, Proter & Gamble는 미국, 독일에서 성별로 상이한 Luvs라는 기저귀를 출시하였다. Luvs의 초강력 흡수물질은 남아와 여아가 적응하도록 상이하게 위치되어져 있다. P&G는 다음과 같이 광고한다. "남아와 여아는 약간의 차이가 있으며 그들의 기저귀가 젖는 부분도 다르다."

그러나 마케팅 담당자들은 미국이나 서유럽 등 선진국을 중심으로 대부분의 생활 속에서 성별차이가 붕괴되고 있다는 사실을 인식하고 있다. 즉, 현재의 남성들은 자신들의 외모에 더욱 많은 관심을 갖게 되었으며, 전통적인 여성용 제품에 대한 거부감도 줄어들고 있다. 그리고 직업여성들이 증가함에 따라 여성들의 욕구 역시 주요 사무기기, 비즈니스 정장 그리고 상담소와 같은 서비스를 포함하게 되었다. 광고는 이러한 변화를 반영한다. "오늘날 광고에 여성이 등장하지 않으면 공허한 광고가 되리라는 것을 우리는 너무나 잘 알고 있다"라고 한 대기업의 마케팅 부사장은 이야기하고 있다.

③ **인종과 종교(ethnic and religious)** : 대부분의 국가들은 종교적·문화적 배경이 상이한 소수민족을 보유하고 있다. 예를 들면, 미국의 경우 인구의 약 1/4를 소수민족이 점하고 있다.

어떤 제품들은 그들의 목적을 달성하기 위해 인종적 내지는 종교적 세분화를 성공적으로 이용하고 있다. 인종에 의한 세분화는 마케팅 커뮤니케이션을 준비하는데 유용하게 사용된다. 예를 들면, 미국의 경우 스페인어로 된 광고나 게시판은 스페인계 인구가 많이 거주하고 있는 지역에 있는 것이 보통이다.

그러나 인종과 종교를 기초로 시장을 세분화 하는 것은 매우 위험하고 또 오해를 살 여지가 매우 높다. 흔히 하나의 인종이나 종교 집단 내의 사람들은 타 인종이나 타종교 집단 내의 사람들과는 매우 다르며, 우리나라에서 인종과 종교는 사실상 세분화의 기준으로 사용하여 마케팅 전략을 수립하는 데에는 별다른 의미가 없다.

④ **소득과 교육**(income and education) : 지불능력은 시장구성원의 중요한 요인이기 때문에 소득은 보통 시장을 세분화하는 매우 유용한 기준이 된다. 3캐럿 다이아몬드 반지와 Rolls-Royce 자동차와 같은 일부 사치품들은 매우 규모가 작은 세분시장(수익이 매우 높은)을 가지고 있다. 이동 주택이나 이동식 실내 전기난로와 같은 품목들은 제한된 소득을 가지고 있는 개별 소비자들에게 강력한 소구력을 갖는다. 그리고 화폐 역시 수많은 사람들의 기호에 영향을 미친다.

대부분의 경우 소득은 교육수준과 매우 밀접한 관련이 있다(소득 세분화는 동일하지 않지만 대부분 사회계층과 깊은 연관이 있다). 그러나 소득 수준과는 관계없이 높은 교육을 받은 사람일수록 책과 신문을 구입하고자 하고자 하는 경향이 있으며, TV 프로그램과 라디오를 모니터하고 고품격의 간행물을 구독하고자 한다.

⑤ **가족규모**(household size) : 대부분의 경우 가정에서 생활하는 가족의 수가 수요에 영향을 미친다. 우리나라에서의 평균 가정규모는 지난 30~40년간에 걸쳐 감소되어 오고 있다. 보통 혼자서 생활하고 있는 미혼 및 독신자들과 자녀가 없는 부부들이 증가함에 따라 가구회사는 미혼 및 독신자를 표적으로 하는 가구시장, 자녀가 없는 부부를 표적으로 하는 가구시장에 대한 새로운 전략을 필요로 한다. 점차 감소되고 있다. 보통 혼자서 생활하고 있는 미혼 및 독신자들과 자녀가 없는 부부들이 증가함에 따라 아파트를 건설한 회사들은 미혼 및 독신자를 표적으로 하는 아파트 시장, 자녀가 없는 부부를 표적으로 하는 아파트 시장에 대한 새로운 전략을 필요로 한다.

(2) 지리적 세분화

여러 해에 걸쳐 마케팅 담당자들은 어느 한 지역에서 매우 성공적이었던 특정제품과 서비스의 판매가 다른 지역에서 실패한다는 사실을 알게 되었는데 그 이유는 단순하였다. 즉, 특정제품에 대한 소비자의 욕구는 소비자의 주거지역에 따라 상이하다는 것이다. 따라서 마케팅 담당자는 세분시장에서의 지리적 차이에 관심을 갖게 되는데 세분시장은 국가, 도시, 농촌별로 서로 다르며, 마케팅에 영향을 미치는 지리적 차이로는 기후, 인구밀도, 도시와 농촌의 인구성격 면에서의 차이 등을 들 수 있다.

국가 역시 어떤 경우에는 세분화를 위한 유용한 기준이 된다. 국가 간의 차이점은 언어, 화폐, 법률, 경쟁 그리고 소비자 선호 등을 포함하며, 이러한 차이점은 일반적으로 마케팅 믹스의 변화를 필요로 한다.

기후는 소비자들이 소비하는 많은 제품에 영향을 미친다. Alaska에 거주하고 있는 소비자들은 두건 달린 모피자켓을 필요로 하며, 시원하고 헐렁한 흰 면으로 만들어진 의복은 열대지역에 살고 있는 소비자들에게 필요한 제품이다. 또한, 대부분의 영국인들은 매일 손에 우산을 들고 일을 하러 나가는 반면, 사우디 아라비아인들은 이러한 품목들을 소유하지도 않는다. 마케팅 담당자를 위한 지리적 세분화(geographic segmentation)의 매력적인 한 측면은 세분화 작업이 비교적 용이하다는 점이다.

(3) 심리분석적 세분화

심리분석적 자료는 마케팅 담당자들로 하여금 사회계층이나 개성과 같은 요인들로 소비자들을 분류할 수 있게 한다. 유사한 관리직과 소득수준을 가지고 있는 두 이웃의 경우를 생각해 보자 : 한 이웃은 BMW를 몰고 다른 한 이웃은 현대차를 몰고 있다고 가정하면, BMW를 소유하고 있는 가족은 호화로운 콘도에서 휴가를 보내는 반면, 현대차를 소유하고 있는 가족은 가족 캠핑을 간다. 이러한 가족들은 자동차와 레저활동을 위한 시장에서 매우 상이한 심리분석적 세분화를 나타낸다.

① **사회계층(social class)** : 세분화를 위한 하나의 기준으로서 사회계층 문제에 대한 토의가 어느 정도 있었다. 예를 들면, 어떤 광고가 "blue collar"세분시장에 소구하고 있다고 하지만, 이것이 과연 마케팅 담당자가 사회계층을 근거로 소비자 집단을 파악하고 있다는 것을 의미할까? 한편 몇몇 분석가들은 적어도 소득의 증가가 전통적인 계층의 차이를 제거하거나 해소시키는 경향이 있다고 믿고 있다. 그러나 기타 다른 이들은 사회계층이 소득이 아니라 라이프스타일에 근거한다면 세분화 기준으로서 아직도 유용하게 사용된다는 데 동의한다.

사실적인 문제로서 대다수 마케팅 담당자는 지각, 태도 그리고 가치의 차이에서도 사회계층 차이가 나타난다는 사실에 동의한다. 결과적으로 사회계층 차이가 소비자 행동의 일부 측면에 영향을 미친다고 가정하는 것은 아마 합리적인 것이라고 할 수 있다. 따라서 사회계층은 세분화의 한 요소로서 유용하다고 할 수 있지만, 대부분의 분석가들은 다른 요인들 — 제품의 특성, 사용 패턴, 경쟁적 환경 — 이 전반적인 마케팅 전략에 두드러지게 나타날 때만 가장 유용하다는 신중한 태도를 보인다.

② **라이프스타일(life style)** : 라이프스타일은 매우 중요한 심리 분석적 요인이다. 이것은 사실 여러 요인들 — 소득, 교육, 사회계층, 개인의 선호도, 신념, 태도, 가치 기타 등등 — 의 결합을 의미한다.

1980년대의 가장 유명한 라이프스타일 범주로는 많은 재량소득(discretionary income)과 질적인 삶에 대한 기호를 가지고 있는 젊은 독신자들 내지 젊은 부부들을 의미 하는 "Yuppie(도시의 젊은 전문직 종사자)"족을 들 수 있다. 이들은 오디오, 고급 자동차, 요리법, 고급시계가 대중화된 집단이다. 베이비 붐 세대의 아이들인 "Yuppie Puppies"족들은 일반적으로 자신들이 요구하는 모든 것을 기꺼이 마련해 주고자 하는 그들의 부유한 부모들 때문에 특히 부유한 어린 시절을 냈다.

기타 다른 라이프스타일 범주는 전통적인 가정주부, 직장주부, 자녀가 출가한 노년부부, 건강식품과 복지증진에 종사하는 이들 그리고 환경주의자들을 포함한다. 영양섭취를 중요시하는 소비자들은 아침대용 시리얼을 생산하는 제조업자들에게 섬차 중요한 표적이 되고 있다.

독신자 시장은 보통 라이프스타일이나 인구 통계적 범주로 분류된 시장으로 간주되며, 여기에는 미망인, 이혼한 이들뿐만 아니라 전통적으로 결혼을 하지 않은 독신자들이 포함된다.

③ **개성(personality)** : 세분화 범주는 개성에 의해서도 결정될 수 있다. 한 연구조사에 의하면 Player의 느낌에 따라 다음과 같은 3가지 유형의 Player세분시장으로 분류할 수 있다는 것이다. 승리에 대한 흥분을 추구하는 Player, 자신들의 패가 특별하다는 느낌을 위해 게임을 하는 Player, 승리의 기회를 간과하지 않음으로써 현명한 일을 하고 있다고 느끼기 때문에 게임을 하는 Player가 그것이다. 일부

다른 연구들은 "스릴 추구자(thrill seeker)", "보수적인 성향의 사람(conservative)", 전통적인 사람(traditional)", "혁신자(innovator)", "소속자(belonger)", "조직자(organizer)"와 같은 개성 차원으로 파악하기도 한다. 그러나 지금까지는 이러한 연구결과가 마케팅 담당자에게 그렇게 유용한 것은 아니었다. 즉, 느낌이 언제나 행동으로 전환되지는 않는다는 것이다. 궁극적으로 마케팅 담당자는 소비자가 어떻게 행동하는가에 관심을 갖게 되었다. 사실 마케팅 담당자들은 소비자들의 구매행위의 척도로서 한 제품에 대한 소비자의 느낌에 관심을 가지고 거기에 적합한 마케팅 전략을 수립하기 위해 노력을 기울이고 있다.

④ **VALS2 모델** : 심리분석적 기준을 사용해서 시장을 세분화하기 위해 대부분의 많은 마케팅 담당자들은 the Stanford Research Institute's Value and Life Styles 프로그램을 이용한다. 중소기업이나 대기업 모두 세분시장을 파악하거나 마케팅 커뮤니케이션 프로그램을 개발하는데 VALS를 이용한다. 이 모델에 의하면 소비자를 자아, 열망 그리고 그들이 사용하는 제품을 근거로 9개의 라이프스타일로 분류하였다. 이러한 소비자 집단은 외부 지향적, 내부 지향적 또는 욕구추구 지향적으로 묘사되기도 한다. 1989년 Stanford는 이 모델을 수정하였는데, VALS2는 소비자들을 원칙 추구자(principle oriented), 지위 추구자(status oriented), 행동 추구자(action oriented)로 정의하였다.

(4) 행동분석적 세분화

행동분석적 세분화(behavior segmentation)의 가장 커다란 이점은 소비자들이 실제 어떻게 행동(그들이 하나의 제품을 사용하는지 혹은 사용하지 않는지, 사용빈도, 사용량 그리고 브랜드 충성도)하는지에 초점을 두고 있다는 것이다.

사용률(usage rates)은 그들이 하나의 제품을 구입해서 사용하는 양에 따라서 소비자들을 집단화하는 것과 관련이 있다. 가장 보편적으로 분류하는 기준으로는 대량사용자, 중간사용자, 비사용자로 분류하는 것이며, 구매행태는 잠재적 사용자, 비사용자, 기존사용자, 규칙적인 사용자, 최초 사용자, 경쟁업자 제품사용자로 분류하는 것과 관련이 있다. 계속적으로 반복해서 동일한 브랜드를 구매하는 브랜드애호가(brand loyalists)들은 특정제품에 대한 가장 중요한 시장세분화 기준이 되며 이들은 경쟁업자가 접근하기 가장 어려운 집단이다.

하나의 문제나 욕구가 휴대용컴퓨터나 이동전화기를 원하는 사람들과 같은 사용자 집단에게 제시될 수도 있으며, 소비자 역시 구매행위에 의해 "탐색자(searchers)", "충동구매자(impulse buyers)"와 대량구입해서 비축해 놓은 소비자 등으로 분류될 수 있다. 이러한 구매행위는 소비자들로 하여금 어느 특정제품에 대한 잠재적 기대를 바꾸게 하는 것들이 무엇인지 설명하는 중요한 단초를 제공할지도 모르기 때문에 이러한 모든 구매행동은 마케팅 담당자가 세분화 전략을 수립하는데 있어 고려해야 하는 매우 중요한 요인들이다.

(5) 추구하는 편익에 의한 세분화

마케팅 담당자들은 제품이 해결하는 문제점 내지 제품이 제공하는 편익을 근거로 시장을 세분화할 수 있는데 이러한 전략을 추구하는 편익에 의한 세분화(segmentation by benefit sought)라 한다. 현재의 치약 시장은 매우 다양한 제품들이 존재하는데 어떤 치약은 펌프형식을 사용하고 있으며, 또 다른 치약은 전통적인 튜브형식을 사용하고 있다. 어떤 치약은 이를 희게 하고 충치를 예방하며, 입 냄새를 제거하는데 많은 도움이 된다. 또한, 어린이들이 선호하는 좋은 향긋한 향기와 예쁜 포장으로 꾸며진 치약들도 있다. 이와 같이 제품은 하나의 문제에 대한 해결책을 제시해 주거나 사용자에게 편익을 제공해 준다.

3 산업재 시장을 세분화하는 기준

소비자 시장처럼, 산업재 시장도 규모, 지리적 변수 그리고 구매자의 구매행동과 같은 변수들을 이용하여 세분화될 수 있다. 이 과정은 많은 동일한 변수들을 사용하기 때문에, 산업재 시장을 세분화하는 것은 소비자시장을 세분화하는 것만큼이나 힘든 일이다. 〈표 6-2〉는 몇몇의 일반적인 산업재 세분화전략을 보여주고 있다.

소비자 시장에서처럼 산업재 시장을 세분화하는 기준을 선정하는 것은 제품이나 구매자에게 의존한다. 예를 들면, 콘크리트를 판매하는 기업은 반복구매하는 소비자를 원하기 때문에 사용과 충성도를 걱정할런지도 모른다. 상이한 최종 용도지가 상이한 등급의 콘크리트를 요구하거나 상이한 배달운송시스템을 필요로 하는 경우, 콘크리트의 최종 용도지 — 다리, 주요도로 그리고 선물 — 는 산업재 콘크리트 시장을 세분화하는데 있어 중요한 요소가 될 수 있다.

이와는 대조적으로 행동분석적 세분화는 흔히 산업용 소프트웨어 시장에서 매우 유용하다. 산업용 소프트웨어는 보편적인 업무를 보다 효율적으로 조정해서 기업이 이익을 획득할 수 있도록 지원하기 위해 고안된 것을 의미한다. 소프트웨어 제품은 품질이 개선되기 전에 단지 단기의 제품수명주기(product life span)를 가지기 때문에 이러한 제품범주에서는 타이밍이 매우 중요하다. 시장선도자는 보통 품질이 개선될 때까지, 즉, 기회의 창(window of opportunity)이 경쟁자에게 개방될 때까지 이 제품범주를 지배한다. 예를 들면, 경쟁자들은 기회의 창을 이용하여 기술적 변화 내지 성장을 확인한 다음에 선도기업을 추월하고자 한다. 이러한 상황은 자동차 경주에서 선두를 달리고 있는 선수가 경주용 자동차에 급유받는 동안에 선두를 빼앗기는 상황과 매우 유사하다.

편익은 소비자에게 만큼이나 산업재 구매자에게도 매우 중요한 요인이다. 예를 들면, 컴퓨터 시장은 다양한 형태의 컴퓨터가 제공하는 용도에 따라 세분화 된다. 대형 컴퓨터는 빠르고 방대한 데이터 뱅크를 다룬다. 마이크로 컴퓨터와 위크스테이션은 단말기 통신망 연결에 적합하다. 개인용 컴퓨터는 상대적으로 저렴한 가격으로 개별 사용자에게 계산력이라는 편익을 제공한다.

표 6-2 적정가격결정

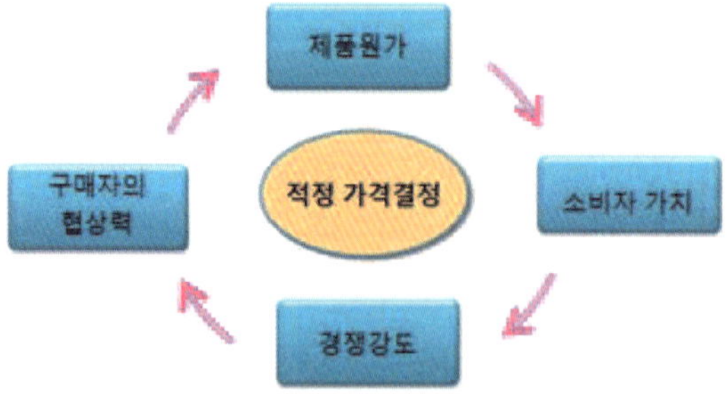

시장은 소비자의 규모나 판매수준에 의해 다수 고객 내지 소수 고객으로 파악될 수 있다. 다수의 고객은 대량구매를 하고 수량할인 해택을 받는다. 조직의 유형 — 제조업자, 도매상, 소매상, 정부 내지 비영리 조직 — 역시 매우 중요한 요인이다. 기업의 규모와 유형은 인구 통계적 변수에 속하는 요인들이다. 지리적 변수는 국가간, 도시간

내지는 40마일 이내의 지역과 같이 세분화된 시장에 배달하는 데 중요한 영향을 미친다.

산업재 시장의 세분화는 기업 문화와 같은 요인을 고찰하고 심리 분석적 변수를 고려해야 할 것이다. 일부 몇몇 기업들은 혁신적이라고 할 정도로 기꺼이 실험을 하고자 하는 반면, 기타 다른 기업들은 다소 보수적인 성향이 있는 경우도 있다. 그리고 일부 기업은 구매과정에 어느 정도의 가변성을 조장하는 반면 정부와 같은 기관은 경직된 구매절차를 가지고 있다. 대다수의 산업재는 특정산업의 욕구에 맞도록 설계되기 때문에 산업재 시장세분화는 소비자 시장세분화 보다 더욱 협소해지는 경향이 있다.

4 효과적인 세분화의 조건

위에서 언급한 시장세분화 변수를 기준으로 시장세분화 계획과 전략을 수행하는 데는 다음과 같은 조건들이 충족되어야 한다.

(1) 측정가능성

하나의 세분시장을 파악하기 위해서 구매단위 — 개별소비자, 가정, 조직 — 가 측정가능(measurability)해야 한다. 즉, 구매단위가 속해 있는 세분시장에서 확실하게 파악가능해야 한다는 것이다. 이렇게 해서 각 세분시장에 있는 구매자와 다른 세분시장에 있는 구매자를 구별할 수 있게 된다.

(2) 실질성

세분화 과정은 적어도 표적시장으로 충분할 정도의 잠재적 이익을 내는 하나의 세분시장을 산출해야만 한다. 하나의 세분시장이 위에서 언급한 여러 세분화 기준들을 충족시킬 수 있지만 표적시장으로서 너무나 규모가 협소하여 이익을 창출할 수 없을지도 모른다. 50인치나 그 이상의 허리 사이즈의 고객을 위해 개발된 벨트가 이의 전형적인 예이다. 이 집단에 속하는 소비자들은 극소수에 불과하다. 따라서 매우 높은 고가격 정책이 필요하다. 그러나 소비자는 아마도 수익을 창출하는 표적시장으로 고려한 벨트에 대한 고가격을 지불하고자 하지 않을 것이다.

(3) 안정성

[그림 6-2]에서처럼 시장세분화과정에서 여러 단계의 공통점은 일반적으로 상당한 시간적 공간을 담고 있다는 점이다. 특히 세분화정보가 수집되어 분석되는 시기와 그리고 이러한 정보를 바탕으로 수립된 마케팅전략이 실행되어 결과의 목표치가 달성되는 시기에는 어느 정도의 차이가 존재한다. 따라서 세분시장은 적절한 마케팅전략과 관련해서 안정성(stability)이 필요하다. 또한 세분시장은 정보가 분석되는 시기에서부터 세분시장에 적합하면서 적절한 마케팅전략이 실행되기까지 매우 많은 공통점을 가지고 있다. 만약 세분시장이 불안정하다면, 세분시장을 목표로 한 마케팅 전략 역시 부적절한 것이 될 수밖에 없고, 세분화의 편익이 극히 적을 수도 있으며 심지어 부정적인 것이 될지도 모른다.

제2절 표적시장선정

하나의 시장을 세분화하는 것은 단지 시작에 불과하다. 시장세분화와 표적시장선정의 궁극적인 목표는 자사제품과 서비스의 수용가능성이 가장 높다고 판단되는 집단과 소비자에게로 기업의 관심을 집중시켜 자사에 대한 우호적인 이미지 창출과 브랜드충성도를 높이는 것이다. 이러한 목표는 다양한 세분시장과 최적기회인 표적시장선정에 대한 깊은 통찰력을 요한다.

가장 유리한 시장을 파악함으로써, 표적시장 선정은 마케팅 담당자로 하여금 최대의 판매이익을 제공하는 마케팅 믹스를 주문·설계하도록 해준다. 예를 들면, 유통은 세분시장의 지리적 특성에 맞게끔 조정되고 광고 메시지 또한 무작위 대중 오디언스에게 전달되는 것보다 전형적인 소비자에게 직접 전달되어야 한다. 표적시장을 결정하는 것은 기업이 가능한 한 정확하게 하나의 집단을 규정하는 데 도움을 주는 각종 전문지나 기타 다른 원천에 의존할 수 있다는 것을 의미한다.

성공적인 표적시장선정은 기업으로 하여금 최대의 판매이익을 제공하는 마케팅 믹스를 계획·설계하도록 해준다. 1999년 발매된 신한카드(구LG카드)의 레이디카드가 그 대표적인 사례라 할 수 있을 것이다. 카드사간의 경쟁이 갈수록 치열해지던 당시, 신한카드는 저성장 불황기에도 젊은 여성들의 소비성향은 그다지 감소하지 않는다는 사실과 연체율도 낮다는 사실에 주목했다. 또한, 여성들의 사회진출이 늘어남에 따라 여성들의 소비가 많아질 것이라는 판단 하에, 여성 전용카드인 레이디카드를 출시한다.

이 카드는 결제나 현금 서비스와 같은 기능적 측면을 중시했던 다른 카드와 달리 쇼핑, 문화, 웨딩, 미용, 자동차, 여행, 레저 등 다양한 서비스를 중시하였다. 이러한 전략이 먹혀들며 단일 브랜드로는 최초로 2년 만에 회원 수 4백만 명을 넘기는 대히트를 기록했다.

1 표적시장 선정기준

표적시장을 결정하면서 기업의 마케팅 담당자는 먼저 세분시장의 현재 규모와 예상규모, 세분시장에 대한 현재 및 잠재적 경쟁, 표적시장이 기업의 전반적인 목표와 일치하는가의 여부를 고려해야 한다.

(1) 세분시장의 현재규모와 예상규모

시장의 크기는 어느 정도인가? 성장 가능성은 있는가? 세분시장의 현재규모와 잠재적 성장 가능성은 매우 중요한 요인이다. 그러나 세분시장의 규모가 가장 크고 가장 빠르게 성장하는 세분시장이 항상 최상의 선택은 아닐 수 있다는 점에 주의해야 한다. 왜냐하면, 규모가 크고 빠르게 성장하는 세분시장에서 많은 경쟁사들과 경쟁해야 한다. 그러나 대체로 시장은 기업이 이익을 창출할 수 있을 정도 크기의 시장이어야 한다.

(2) 잠재적 경쟁

격렬한 경쟁은 시장 세분화를 회피할 수 있는 좋은 이유가 될 수도 있다. 그러나 마케팅 담당자는 시장에 경쟁과 수요가 존재하지 않는 이유를 신중히 검토하여 마케팅전략을 수립하여야 한다.

(3) 표적시장과 기업의 전반적인 목표와의 일치 여부

시장의 규모가 충분히 크고 경쟁이 거의 없다면 기업은 표적시장에 접근할 수 있는지의 여부를 고려해야 한다. 만약 기업의 전반적인 목표에 부합되지 않는 표적시장을 추구한다면 기업의 자원과 에너지를 낭비하게 되는 것이다. 고려해야 할 또 다른 문제점으로는 기업이 선정된 표적시장에 접근하는 여유가 있는지의 여부이다. 일반적으로 소규모 기업은 일부 대규모 세분시장에 접근하는데 필요한 전국적 광고를 수행할 수 없다. 기업은 자신의 비전과 미션 그리고 목표를 표적시장(targeting)에서 얼마나 효과적(effective)으로 달성할 수 있겠는가를 신중하게 고려하여 표적시장을 선정하는 것이 중요하다.

2 표적시장 전략선택

위에서 언급한 여러 기준의 평가를 토대로 기업의 마케팅 담당자는 최적의 표적시장 전략을 결정해야 한다. 이러한 전략들은 크게 비차별적 마케팅 전략, 집중적 마케팅 전략, 차별적 마케팅 전략으로 분류된다([그림 6-3] 참조).

(1) 비차별적 마케팅전략

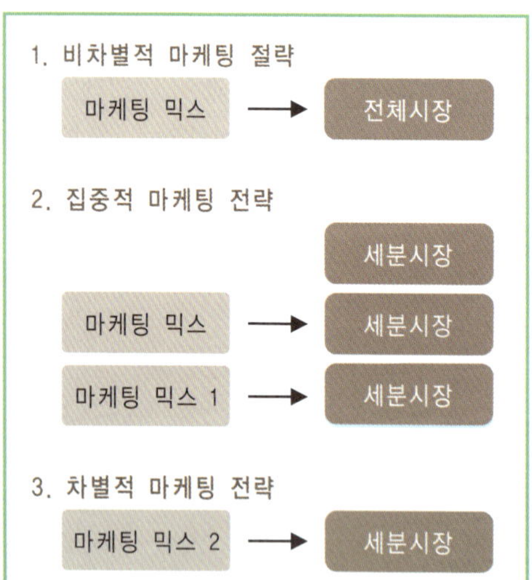

그림 6-3 표적시장 전략선택

비차별적 마케팅 전략(undifferentiated marketing strategy)은 모든 잠재적 구매자를 위한 제품, 가격, 유통, 촉진 등에 대한 동일한 마케팅 믹스를 의미하는 대량마케팅(mass marketing)이라 할 수 있다. 대량마케팅은 세분화를 하지 않는 것을 의미한다. 이것은 표적시장선정을 하지 않는다는 것과 동일한 의미이다.

시장에서 이와 같은 접근방법은 극히 극소수에 불과하지만 이러한 접근방법의 장점은 명확하다.

첫째, 기업이 제품을 대량생산할 수 있고, 시장 세분화와 표적시장 선정에 소요되는 시간과 노력을 절약할 수 있다는 것이다.

둘째, 비차별적 마케팅 활동이 성공적으로 실행되면 그 성과는 시장의 크기만큼이나 확대될 수 있다는 점이다. 그러나 오늘날에는 대기업만이 대량 마케팅 활동에 소요되는 비용과 시간, 노력 등을 투입할 수 있다.

(2) 집중적 마케팅 전략

집중적 마케팅 전략(concentrated marketing strategy)은 동일한 마케팅 믹스로 접근 가능한 1~2개의 세분시장을 표적으로 하는 것이다. 집중적 마케팅 전략은 다음과 같은 이유들로 인하여 소규모기업이 선호한다.

첫째, 집중적 마케팅 전략은 제품을 생산하고 촉진하는데 필요한 자원을 제한하고 있다.

둘째, 기업으로 하여금 협소한 시장에 관해 많은 것을 배우게 하고 나중에 경쟁적인 공격에도 견딜 수 있는 강력한 시장 점유율을 획득할 수 있게 해 준다.

셋째, 매우 효율적인 마케팅을 가능하게 하고 다양한 마케팅 계획의 소모를 예방할 수 있게 해준다.

그러나 집중적 마케팅은 협소한 표적시장이 쇠퇴기에 접어들거나 경쟁사들이 속속 유입되면 매우 위험하며 결국 집중적 마케팅 전략 담당자는 나아갈 방향을 상실하게 된다.

(3) 차별적 미케팅 전략

차별적 마케팅 전략(differentiated marketing strategy)을 채택한 기업은 제품, 가격, 유통, 촉진에 대한 다양한 마케팅 믹스로 다양한 세분시장을 표적으로 한다. 이 전략은 많은 마케팅 계획들이 계속해서 입안되고 실행되며, 수정되어야 하기 때문에 실행하는데 많은 어려움이 뒤따른다.

제3절 시장 포지셔닝

시장을 세분화하고 표적시장을 선정하는 것으로 마케팅 전략이 충분한 것은 아니다. 오늘날과 같은 소비자 지향적 마케팅시대에서 제품을 위치화하기 위해 표적시장에 접근하는 방법을 계획하는 것이 대단히 중요하다. positioning 이라는 용어는 1969년 Al Ries and Jack Trout의 Industrial Marketing이라는 논문에 처음 등장하였다. Ries와Trout는 성공적인 광고는 판매를 위해 단지 무언가를 제공하는 것 이상의 것을 해야 한다는 — 광고가 어느 정도의 효과를 보려면 소비자의 마음속에 심어져야만 한다 — 1970년대의 현실을 설명하기 위해 "포지셔닝 시대"라는 용어를 사용하였다.

Chancy와 Robert(1994)는 그들의 저서 "비즈니스를 죽이는 마케팅 신화"라는 책에서 positioning이 실패하는 세 가지 요인으로 ㉠ 포지셔닝을 할 때 기업이 분명한 포지셔닝 전략을 갖고 있지 않다 ㉡ 잠재적 고객에게 향하는 포지셔닝이 분명치 않다 ㉢ 적절한 포지셔닝 노력을 유지할 수 있을 정도의 지원이 부족하다 등을 지적하며 실패하는 포지셔닝의 대부분은 마케터가 믿고 있는 포지셔닝과 실제와의 차이를 극복 못하는 오류 때문이라고 강조한다(〈표 6-3〉 참조).

표 6-3 포지션에 대한 마케터의 잘못된 믿음

잘못된 믿음	실 제
• 브랜드는 시장에서 포지션된다. • 브랜드는 마케터에 의해 포지션된다. • 포지셔닝은 마케터가 취한 행동에 의해서 결정된다. • 브랜드는 한 제품군내에서 다른 브랜드에 대항하여 포지션된다. • 한번 브랜드 포지셔닝이 끝나면 포지셔닝 전략은 추가의 변화 없이 그대로 유지된다. • 오직 브랜드만이 포지셔닝 되어 질 수 있다.	• 브랜드는 잠재고객의 마음속에서 포지션된다. • 브랜드는 마케터의 포지셔닝 촉진노력으로 잠재고객에게 포지션된다. • 포지셔닝은 보통 마케터에 의해 시작되고 잠재고객에 의해서 소비되는 연속적인 재고(rethinking)과정이다. • 브랜드는 잠재고객의 현실에서 같은 범위내의 다른 브랜드를 포함한 여러 가지 대안들에 대항하여 포지션된다. • 포지셔닝 전략은 반드시 시장의 변화에 맞게 고쳐져야 한다. • 제품범주도 브랜드가 그런 것처럼 종종 소비자들에 의해 포지셔닝되어 진다.

마케팅 계획에서 포지셔닝 설명서는 언제나 소비자가 제품을 어떻게 볼 것인가라는 측면에서 작성된다. 즉, 이것은 경쟁사의 제품과 비교한 자사제품의 객관적인 평가를 요약한 것이다. 예를 들면, Rockport Shoes는 "경보와 같은 운동 경기화 업계의 선두주자"로 소비자의 마음속에 위치해 있다.

포지셔닝과 시장의 경쟁강도는 상관 관계가 있다. 만약 경쟁이 존재하지 않는다면 포지셔닝 전략을 수립할 필요가 없지만, 표적시장이 경쟁적일수록 소비자에게 소구하고 경쟁사의 제품과 자사의 제품을 분리하는 포지셔닝 전략에 대한 필요성은 더욱 커진다.

제품의 위치를 시험하는 하나의 빠른 방법은 소비자에게 ― "제가 제품범주를 이야기할 때 어떤 브랜드들이 생각나고 또 그 브랜드들을 어떻게 비교하십니까?" ― 라는 질문을 하는 것이다. 소비자들의 반응은 보통 "가장 저렴하다", "고품질이다", "최상의 스타일이다", "내구성이 좋다", "귀엽다", "가장 비싸다"라는 문구들로 표현될 것이다.

엄격한 의미에서의 포지셔닝은 신제품이나 신브랜드에 있어서 최초의 시도이다. 코리아나 화장품(주)이 머드를 이용한 화장품 ― 머드 팩 ― 을 개발하여 초반 시장에 처음 진입시킬 때의 광고전략은 우리나라에서 머드를 이용한 화장품을 처음으로 개발하였다는 것에 메시지의 초점을 두었다. 이 메시지는 모든 여성들이 이 제품을 사용하면 피부가 순하고 부드러워질 수 있다는 이미지로 제품을 위치시키는데 많은 도움을 주었다.

그림 6-4 시장에서 완벽한 포지셔닝이 구축된 자동차 광고

이와는 대조적으로 재포지셔닝은 고객의 마음속에 위치해 있는 기존의 제품이나 브

랜드의 위치를 변화시키는 활동을 말한다.

1 포지셔닝의 역할

포지셔닝은 다음과 같은 세 가지 목표를 달성해야만 한다. 즉, 소비자를 위해 제품을 규정하는 것이고, 소비자가 제품을 기억하도록 돕는 것이며, 고객과 관련된 제품의 속성을 전달해야 한다는 것이다.

(1) 제품의 규정

포지셔닝은 제품을 규정하는 것으로 시작한다. 만약 여러분이 Pillsbury 브랜드관리자로서 Figurines라 명명된 신제품을 소비자에게 소개하는 책임을 부여받는다면, 여러분은 신제품의 위치를 영양가 있는 아침식사 대용으로 정하거나 아니면 기타 다른 인스턴트 아침식사 대용과 경쟁할 것인지, 혹은 저 칼로리 스낵으로 포지셔닝 하거나 건강식품 바(bar)와 경쟁할 것인지를 결정해야 할 것이다.

때때로 포지셔닝 문제는 제품범주를 규정하는데 있다. 예를 들면, Mazda는 자사의 새로운 MPV를 출시하였을 때 Motor Trend를 "올해의 트럭"으로 포지셔닝하고자 하였다. 그러나 Mazda는 "트럭"이라는 브랜드명을 부착하는 것이 적당치 않았기 때문에 매우 당혹해 했다. 그리고 "밴(van)"이라는 명칭도 부적절하다고 생각하였다. 결국 Mazda는 자사제품(Motor Trend)을 "독특한 신제품의 스포티한 가정용 운송수단"이라고 명명하였으며 업계에서는 그것을 "미니 밴(minivan)" 또는 "자동차 같은 트럭(car-like-truck)"이라고 불렀다.

(2) 상기와 평가

간단한 테스트를 시도해 보자 : 종이 한 장을 꺼내 여러분이 생각할 수 있는 모든 샴푸, 치약 브랜드명을 기록해 보라. 당신이 일곱 개 이상을 생각할 수 있는 확률은 거의 없다. 당신이 상기했던 브랜드명은 샴푸의 경우에 상기집합(evoked set) — 마케팅 담당자가 당신의 마음속에 브랜드를 포지셔닝함으로써 진입하고자 하는 독점적인 클럽 — 에 속한다.

포지셔닝은 또한 Trout와 Ries가 "제품 사다리(product ladders)"라 부르는 무언가를 반영하는데 이는 소비자가 하나의 제품을 다른 제품과 비교해서 어떻게 평가하는지를 설명하기 위해 고안된 개념이다. 당신의 샴푸목록을 보고 비교기준 — 보다 좋은 세척력, 좋은 향기, 머릿결을 부드럽게 하면서 머릿결 손상이 적은 — 을 합계해서 계산해 보면 일부 브랜드는 높은 위치를 점하며, 또 다른 브랜드들은 낮은 위치를 점한다는 사실을 알게 될 것이다.

(3) 커뮤니케이션

하나의 제품위치가 소비자 마음속에 존재하지만 이것은 일반적으로 제품광고를 통해 소비자에게 전달된다. 흔히 포지셔닝은 특정한 제품의 속성을 이용하여 이루어지기도 한다. 예를 들면, 한국산 고려인삼은 세계에서 품질이 가장 우수한 인삼으로 포지셔닝되어 있다. 소비자에게 전달되는 제품의 속성은 흔히 물리적인 차이가 아니라 하나의 지각(perception)이다. 예를 들면, 삼성의 "인간존중"과 LG의 "고객사랑"이 기업의 신뢰도를 구축하는데 상당한 영향을 미치고 있다고 가정하였을 때 이러한 모든 소비자들에 대한 우호적인 포지셔닝은 대부분 대량광고를 통해 이루어진다.

그림 6-5 소비자에게 우호적인 이미지를 각인시키기 위한 기업이미지 광고

2 포지셔닝 전략선택

마케팅 담당자는 실제 경쟁제품과 대비해 자사제품을 포지셔닝하는데 있어 단지 두 개의 선택을 한다. 즉, 타기업과의 직접적인 경쟁을 통해 접근해가는 방법과 간접적인

경쟁이 아닌 자사제품을 매우 독특하게 하는 즉, 자사제품을 차별화하는 방법이 있다.

기업들은 다음과 같은 6개의 기본전략 중에서 하나 또는 몇 개의 접근방법을 선택한다.

(1) 제품속성과 편익

대부분의 기업이 주로 사용하는 포지셔닝 전략은 특정제품의 속성, 편익, 또는 특징을 이용하는 방법이다. 이 전략에서 가장 빈번하게 이용되는 속성요인에는 경제, 신뢰성, 내구성을 들 수 있다. 예를 들면, Volvo는 충돌하는 경우 견고한 구조와 내구력으로 유명하다.

제품은 또한 속성들의 결합으로 포지셔닝될 수 있다. 브랜닥스치약은 "잇몸 예방"이라는 편익이 판명되어 포지셔닝함으로써 선도브랜드가 되었으며, 2080치약은 20대의 치아를 80세까지라는 광고 카피로 연령에 구애받지 않고 남녀노소모두 사용할 수 있다는 제품으로 소비자에게 포지셔닝되었다. 그러나 포지셔닝 전략에서 제품에 대한 너무나 많은 속성들의 사용은 제품이 상징성을 희석시켜 소비자들을 혼란스럽게 할 수 있다.

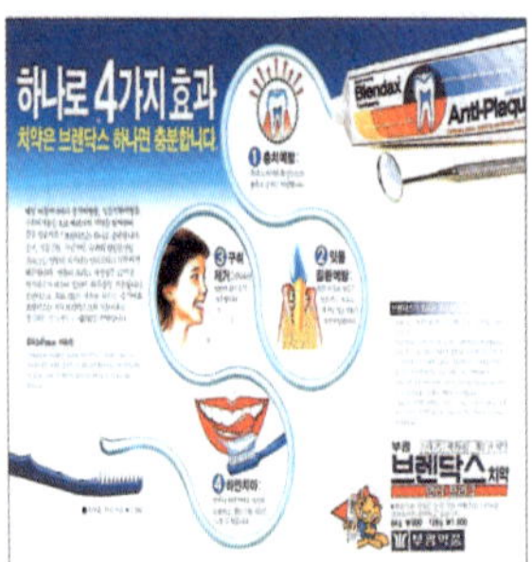

그림 6-6 제품의 속성들을 강조하고 있는 치약 광고

(2) 제품품질과 가격

이 전략은 품질을 유지하면서 시장점유율 향상을 위해 고가격에서 저가격으로의 전환을 고려하는 경우 매우 유용하다. 일부기업들의 몇몇의 사례를 보면, 마케팅 담당자가 고의적으로 기업의 마케팅 전략의 하나의 방법으로 고품질과 고가격전략을 추구하는 경우도 있고 저가격에 고품질전략을 추구하는 경우도 종종 있다. 예를 들면, 소매

기관의 경우 롯데나 현대, 신세계와 같은 고급백화점은 계속해서 고가격에 자기 자신들을 포지셔닝하고 있으며, 이마트나 롯데마트 등과 같은 대형마트들은 소비자들에게 저가격의 포지셔닝을 위해 노력하고 있다.

(3) 사용목적

성장이 완만한 제품의 소비를 자극하기 위해, 마케팅 담당자는 때때로 소비자가 제품을 사용하는 새로운 방법들을 개발한다. 이러한 접근방법의 고전적인 예가 Arm & Hammer의 Baking Soda이다. 수년 동안 빵 굽는 제품으로 포지셔닝되어 온 이 제품은 냉장고 방취제로서 재포지셔닝되었다. 구매자들은 2상자 — 하나는 벽장용으로 그리고 또 하나는 냉장고용으로 — 를 적극적으로 구매한다. 사용목적에 의한 포지셔닝은 계절을 토대로 점차 증가하는 소비지출을 목적으로 하는 부차적인 포지셔닝이라 할 수 있다.

(4) 사용자

앞에서 언급한 바와 같이 코리아나화장품사의 머드화장품의 성공사례에서 보았듯이, 또 다른 전략은 사용자나 사용자계층과 연계되는 제품을 필요로 한다.

그림 6-7 Mountain Dew의 새로운 이미지 광고

많은 청량음료 제품들이 사용자에 의해 포지셔닝되거나 재포지셔닝되었다. Pepsi사는 도시지역에서의 소비지출을 확장하기 위한 하나의 노력으로 남부 미개척지의 주민과 같은 허름한 이미지에서 벗어나기 위해 Mountain Dew(청량음료)의 재포지셔닝을 시도하였다. Mountain Dew는 전통적으로 Dakotas, 시골풍의 Illinois와 Indiana, 그리고 Carolinas에 집중해 있는 핵심 소비자들인 농촌 젊은이들과 블루칼라계층의 젊은이들에게 소구하였다. 도시의 십대 청소년들에게 소구하기 위한 하나의 시도로 새로운 광고는 배우인 Patrick Swayze를 주연으로 제작하였으며 그리고 새로운 표지는 산, 상록수, 시내 개울물 등을 특징으로 하였다.

최근 국내 탄산음료 시장의 경우 기존의 단조로운 색깔과 맛을 변화시켜 핵심 소비자들인 어린이들에게 소구하기 위해 핑크, 파랑, 노랑, 빨강 등의 다양한 색깔과 독특한 맛의 탄산음료를 선보이고 있다.

(5) 제품범주

기업들이 사용하고 있는 제품범주에 의한 포지셔닝의 목적은 소비자가 긍정적인 이미지를 가지고 있는 제품범주에 하나의 제품을 연계시키는 것이다.

이 전략은 소비자가 부정적인 이미지를 가지고 있는 제품범주에서 하나의 제품을 분리하는 형태를 취할지도 모른다. 미국의 중형차의 차종은 전통적으로 GM사가 새로운 고객으로 추구하였던 35~44세의 고객들이 아니라 50세 이상의 노년층이 오히려 선호하였다. Oldsmobiles는 높은 소비자 인지도와 가장 기억에 남는 광고카피라는 여론조사에도 불구하고 상대적으로 극소수의 젊은 사람들만이 Oldsmobiles를 구입하였다. 이것은 젊은이들에게 접근하기 위한 포지셔닝 전략이었음에도 불구하고 Oldsmobiles는 젊은이들에게 강하게 어필하지 못하였다. 이것은 그 당시 대부분의 Oldsmobiles는 실제 전통적인 자동차 구매자인 노년층에 맞게끔 설계되었다는 것이 하나의 이유가 될 수 있을 것이다.

(6) 경쟁자

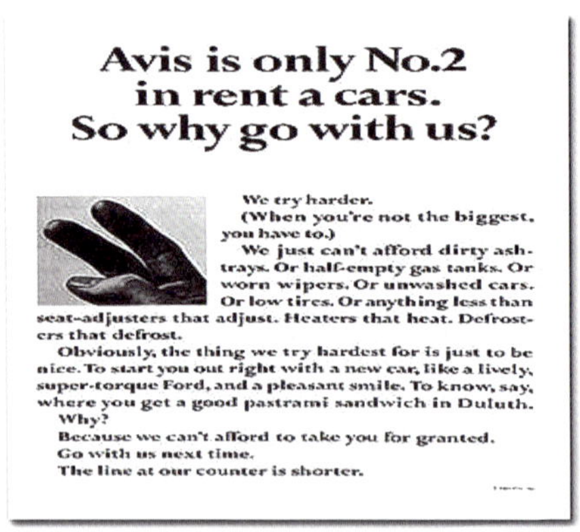

그림 6-8 1959년 AVIS의 광고

경쟁사와 연관되는 포지셔닝은 그 경쟁사의 인지도가 매우 높거나 확고한 이미지를 가지고 있는 경우에 성공할 수 있는 확률이 매우 높다. 이러한 전략의 가장 유명한 예가 자동차 렌트 기업인 Avis가 다음과 같은 대담한 광고 슬로건 — "우리는 2등이지만 열심히 하고 있습니다" — 을 사용했던 1959년으로 거슬러 올라간다. 이 슬로건은 대다수 사람들이 이미 알고 있는 사실 — Hertz가 선두 기업이었다 — 을 인지시켰기 때문에 매우 친근한 광고였다. Avis는

"더 열심히 하는" 패배자로 자사를 재포지셔닝시켰다. 그 결과 그 광고는 큰 성공을 거두었다. 어떤 특수한 것에(Hertz) 대비해 스스로를 재포지셔닝함으로써 Avis사는 기타 다른 자동차 렌트 회사에 비해 상당한 소비자 인식을 획득하였다. Avis의 유명한 포지셔닝 전략 이전에는 Hertz와 "기타 나머지"로 분류되었으나 Avis의 광고 이후에는 Hertz와 Avis 그리고 "기타 나머지"로 분류되었다.

우리나라의 경우 생명보험업계의 광고에서 위와 같이 경쟁사와 연관되는 포지셔닝 광고전략을 자주 사용하고 있다.

나의 경영 이념은 '소니와 이해관계에 있는 모든 사람들에게 행복을 선사하는 것이다. 그 중에서도 특히 직원들의 행복이 나의 최대 관심사다. 그들은 한 번 밖에 없는 인생의 가장 소중한 시기를 소니에 맡긴 사람들이기 때문에 반드시 행복해져야 한다. – 모리타 아키오 소니 전 회장 –

요약정리

시장세분화, 표적시장선정 그리고 시장포지셔닝의 목적은 특정제품을 구입하거나 특정 마케팅 믹스에 반응하는 고객에게 마케팅 노력을 집중하는 것이다. 일반적으로 기업이 혁신적인 신제품을 시장에 접근시키고자 할 때 마케팅 담당자는 먼저 몇 가지의 보편적인 특성을 가진 집단으로 시장을 세분화하고 난 다음 자신들의 목표와 능력에 가장 부합된다고 생각되는 부분을 선정한다. 그리고 마지막으로 표적시장의 고객에게 자신들의 제품을 포지셔닝한다.

마케팅 담당자는 보통 인구통계적, 지리학적, 심리 분석적, 행동 분석적 특성, 또는 추구하는 편익에 의해 시장을 세분화한다. 그리고 이러한 시장세분화 기준을 이용하여 시장세분화 계획과 전략을 수행하는 데는 측정가능성, 실질성, 안정성과 같은 조건들이 충족되어야 한다.

표적시장을 선정하는 경우 기업은 시장의 현재의 규모와 예측규모, 잠재적 경쟁, 표적시장이 기업의 전반적인 목표와 자원에 일치하는지의 여부를 고려해야 한다. 표적시장 전략 선택은 크게 비차별적 마케팅 전략, 집중적 마케팅 전략, 차별적 마케팅 전략으로 분류된다.

기업의 입장에서 고객의 마음속에 제품을 포지셔닝하거나 재포지셔닝하는 것은 매우 복잡한 과정이다. 이러한 목표를 달성하기 위해 기업은 표적시장내에서 다른 경쟁자와 직접경쟁할 것인지 아니면 자사의 제품을 차별화할 것인지 결정해야 한다. 포지셔닝과 재포지셔닝을 위한 구체적인 전략으로는 제품속성과 편익, 제품품질과 가격, 사용목적, 사용자, 제품범주, 경쟁사에 의한 포지셔닝 전략들이 있다.

포지셔닝 전략이 성공을 거두기 위해서는 현재의 고객뿐만 아니라 잠재적 고객에게 적합한 최적의 제품을 생산하고 제품에 대한 정보를 상기 및 평가하도록 지원하고 이러한 정보를 소비자에게 전달하여야 한다.

용어해설

대량 마케팅(mass marketing)

다양한 유통경로를 통해 여러 지역에 있는 다양한 소비자들에게 동일한 제품을 판매하는 마케팅

시장 세분화(marketing segmenting)

전체시장에서 하위시장을 구성하는 공통된 특성을 가진 이들의 다양한 집단을 확인하는 활동

표적시장 선정(targeting)

다양한 세분시장을 평가하고 기업의 마케팅 투자에 대한 최대의 이익을 제공하는 하나의 시

장을 선택하는 활동

포지셔닝(positioning)
표적고객에게 하나의 제품특성을 전달하는 활동

적소시장(niche market)
큰 시장 점유율을 가진 대기업이 추구하지 않는 작은 세분시장

지리 인구 통계(geodemographics)
유사한 인구 통계적 특성을 가진 하나의 특정지역의 거주자를 파악하기 위한 인구 통계적 요인들과 지리적 요인들의 결합

사용률(usage rates)
소비자들이 하나의 제품을 구입해서 사용하는 양에 다라서 소비자들을 집단화 하는 것과 관련된 개념

사용자 상태(user status)
잠재적 사용자, 비사용자, 기존 사용자, 규칙적 사용자, 최초 사용자 그리고 경쟁업체의 제품을 사용하는 사용자로 세분시장을 분류하는 데 이용되는 기준

브랜드 충성도(brand loyalty)
계속적으로 되풀이해서 동일한 브랜드를 구매하는 일부 소비자의 성향

편익에 의한 세분화(benefit segmentation)
특정고객의 개인적 관심을 충족시키는 제품의 소구력에 의해 시장을 세분화 하는 활동

비차별적 마케팅 전략(undifferentiated marketing strategy)
모든 잠재적 구매자를 위한 제품, 가격, 유통, 마케팅 커뮤니케이션에 대한 동일한 마케팅 믹스

집중적 마케팅 전략(concentrated marketing stratogy)
동일한 마케팅 믹스로 접근 가능한 1~2개의 세분시장을 표적으로 하는 전략

차별적 마케팅 전략(differentiated marketing strategy)
제품, 가격, 유통, 마케팅 커뮤니케이션에 대한 다양한 마케팅 믹스로 다양한 세분시장을 표적으로 하는 전략

재포지셔닝(repositioning)
고객의 마음속 에 위치해 있는 기존의 제품이나 브랜드의 위치를 변화시키는 활동

토의문제

1. 대량 마케팅과 세분화 마케팅의 주요 차이점을 설명하시오.

2. 시장을 세분화의 이점에 대해서 설명하시오.

3. 시장을 세분화 하는 기준과 그 하위요소들을 제시하시오.

4. 비차별적, 집중적, 차별적 마케팅의 장·단점에 대해 토의하시오.

5. 6개의 주요 포지셔닝 전략과 각 전략에 대응하는 제품을 들고 설명하시오.

6. 기업이 표적시장을 선정할 때 대표적으로 고려하여야할 선정기준 3가지를 설명하시오.

7. 시장세분화, 표적시장선정 그리고 포지셔닝의 차이점이 무엇인지 설명하시오.

8. 산업재 시장의 세분화 방법과 그 주요 유형의 예를 들고 설명하시오.

9. 포지셔닝이란 시장이 아니라 인간의 마음속에 상표나 차별적 요인 등을 각인시키는 것이다. 포지셔닝이 중요한 이유는 마케팅은 궁극적으로 제품의 싸움이 아니고 인식의 싸움이기 때문이다. 대표적인 포지셔닝전략 4가지에 대하여 간략하게 예를 들어가며 설명해 보자.

10. 당신이 차(tea)를 판매하는 기업의 마케팅관리자라고 가정하고 당신이 소속되어 있는 기업이 소비자의 20%가 차를 마시는 반면, 80%는 차를 마시지 않는 소비자라고 분류하였을 때 당신은 사용자와 비사용자 중 어떤 요인에 집중해서 마케팅전략을 수립할 것인지 들고 그 이유를 설명하시오.

참고문헌

1) 김주호, 『BRANDING』, 도서출판 두남, 2008, p.160.
2) Geoff Lewis, "The Laptop Market Is Bursting Out of Diapers," Business Week, Nov. 14, 1988, pp.28~31
3) Judith Graham, "Research Finds Fickle Consumers," Advertising Age, June 26, 1989, p.31.
4) "Special Report : Hottest Markets 1988," Adweek, Nov. 21, 1988 : H. M. pp.7~30.
5) Cathy Madison, "New Illinois Lottery Spots Target Player Personalities," Adweek, Apr. 3, 1989, p.8.
6) Brian Bagot, "Number Crunchers," Marketing&Media Decision, Apr. 1989, pp.101~12.
7) "Find the Lady," The Economist, July 1, 1989, p.68.
8) Al Ries and Jack Trout, Positioning : The Battle for Your Mind (New York : Warner Books, 1982), p.44.
9) Cathy Madison, "New Illinois Lottery Spots Target Player Personalities", Adweek, *April*. 3, 1989, p.8.
10) Michael J. McCarthy, "Mountain Dew Goes Urban to Revamp Country Image", *The Wall Street Journal* 19 April. 1989, p.B1.
11) Joseph B. White, "New Ads Give a Boost to the Olds Image but Don't Help the Olds Sales Woes Much", *The Wall Sueet Journal* 19 June, 1989, p.B1.

Maketing

제품전략 : 제품, 브랜드, 포장 및 서비스

CHAPTER

07

제1절 제품의 정의

제품(product)이란 구매자가 화폐나 기타의 다른 대가로 지불하여 얻게 되는 일체의 유체적(tangible)·무체적(intangible)편익을 말한다. 따라서 이에는 물리적 대상물, 서비스 그리고 개념 등의 개별적 내지 혼합적 형태가 포함된다. 소비자가 구매하는 것은 제품 그 자체가 아니다. 제품이 제공하는 총체적 효용을 구매한다. 효용이란 소비자의 욕구를 충족시켜주거나 필요한 과업의 이행을 도와주는 정도에 따라 결정된다. 마케팅에서는 제품을 기업이 소비자에게 전달하는 혜택의 총합(bundle of benefits) 또는 소비자 문제에 대한 종합적 해결책(total soultions)으로 정의한다. 제품은 여러 기능을 수행한다. 예를 들면, 컴퓨터는 정보를 첨가하거나 삭제 또는 정리·가공 처리한다. 또한 제품은 고객에게 만족을 제공하는데 컴퓨터의 경우 이는 소유로 인한 심리적 우월, 컴퓨터의 사용으로 인한 시간 절약, 작업의 정확성과 속도에서 발생하는 어떤 긍지 등을 들 수 있다.

기업의 관점에서 제품은 기업의 생산설비, 제조공정, 근로자의 노동 등으로 생산되어 일정한 유통경로를 거쳐 소비자의 욕구를 충족시키기 위해 제공되는 제품과 서비스라 할 수 있다.

제품이 소비자에게 전달되기까지는 [그림 7-1]에서처럼 여러 구성요소들로 이루어지는데 마케팅 담당자는 물리적 대상물보다는 서비스, 브랜드와 같은 무체적 요인들을 더욱 강조한다. 개인기업의 관점에서 제품을 정의하면, 기업에 의해 제공되는 고객의 욕구충족이라 할 수 있다. 깊은 통찰력을 갖춘 마케팅 관리자는 제품이 최종적으로 소비되기 전에 다른 조직체에 의해 어떻게 변형되었는지를 신중하게 생각한다.

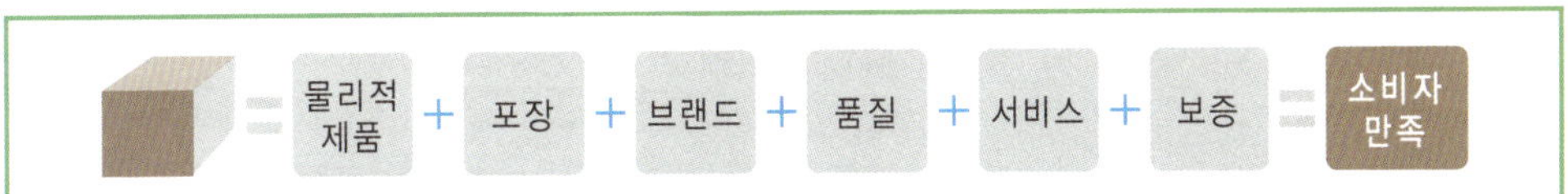

그림 7-1 총제품 개념

제2절 제품의 분류

마케팅 담당자는 제품의 판매를 실행하기 전에 상이한 유형의 제품차이를 이해하기 위하여 다음과 같은 몇 가지의 제품 분류 방안을 개발한다. 일반적으로 제품의 사용기간(period of use)과 구매자 지향성(buyer orientation)에 따라 분류한다. 〈표 7-1〉은 제품의 분류와 그 하위범주를 요약한 것이다.

표 7-1 제품의 분류

1. 사용 기간에 의한 분류 (classification by period of use)	(1) 내구재(durable goods) : 광범위한 기간에 걸쳐 지속적으로 소비되는 유체적 형태의 제품 ① 대형 가정용 기구(white goods) ② 섬유 제품(soft goods) (2) 소모품 또는 비내구재(consumable or nondurable goods) : 상대적으로 짧은 기간에 소비자에 의해 빈번하게 구매되는 형태의 제품 ① 포장 제품(packaged goods) (3) 처분가능한 제품(disposable goods) : 매우 짧은 기간 동안 사용한 다음 버리도록 고안된 제품 (4) 수집할 가치가 있는 제품(collectable goods) : 가치집단의 구성요소가 되어 가치가 증가하는 제품
2. 구매자 지향성에 의한 분류 (classification by buyer orientation)	(1) 소비재(consumer goods) : 최종 소비자에게 직접적인 만족 내지 편익을 제공하는 제품 ① 편의품(convenience goods) : 소비자가 빈번하게 그리고 즉각적으로 구매하며, 비교와 구매에 있어서 최소한의 노력을 투입하는 제품 ⓐ 필수품(staples) : 소비자가 정규적으로 구입하는 제품 ⓑ 충동품(impulse goods) : 사전계획이나 정보의 탐색 없이 보이는 즉시 구입하는 제품 ⓒ 긴급품(emergency goods) : 보통 예기치 않는 특정시기 즉, 급히 필요로 하는 시기에 제공되는 제품 ② 선매품(shopping goods) : 소비자가 제품선택 및 구매과정상 특징적으로 적합성, 품질, 가격 그리고 스타일과 같은 기준을 비교하여 구매하는 제품

ⓐ 동질적 선매품(homogeneous shopping goods) : 구매선택 비교를 하는 과정에서 품질은 같으나 가격은 크게 다르다고 보는 제품

ⓑ 이질적 선매품(heterogeneous shopping goods) : 소비자가 제품의 품질이나 속성에 차이가 있다고 느끼는 선매품

③ 전문품(specialty goods) : 상당수의 구매자 집단이 습관적으로 특수한 구매노력을 하도록 하는 고도의 특성을 보유하거나 브랜드식별을 하는 제품

④ 비탐색품(unsought goods) : 소비자가 알지 못하거나 알아도 관심이 없는 제품

(2) 산업재(industrial goods) : 기업이나 조직체로 구성되는 산업시장에서 구매되는 제품

① 소모품(supplies) : 제품과 서비스 생산을 위해 사용되지만 완제품의 구성요소가 되지 않는 품목

② 원료품(raw materials) : 농산품과 천연제품과 같은 품목

③ 제조 원료품(manufactured materials) : 생산에는 이용되지만 제품의 식별가능한 구성 요소가 되지 않는 품목

④ 구성품(component parts) : 어느 정도의 추가적인 가공처리가 필요하고 실체적인 제품의 일부를 구성한다.

⑤ 보조 설비품(accessory equipment) : 완제품의 일부를 구성하지는 않지만, 한 조직의 생산 운영공정을 지원한다.

⑥ 시설품(installations) : 어느 한 기업의 제품과 서비스를 생산하는데 소요되는 주요 자본 투자를 필요로 한다.

⑦ 서비스(services) : 조직체의 운영활동에 필요한 무체적 형태

자료 : Warren Keegan and Sandra Moriarty, Tom Duncan, Marketing, (Englewood Cliffs, N.J. : Prentice-Hall, Inc.), 1992, pp.341~344에서 정리함.

CHAPTER 07

1 사용기간

일부 몇몇 제품들은 빈번하게 구입되어 소비되는 반면, 기타 다른 제품들은 가끔 구매되어 드물게 또는 장기간에 걸쳐 소비된다. 이러한 사용기간에 의한 분류방법은 제품형태와 제품판매 방법에 있어 주요한 차이점을 제시해 준다.

(1) 내구재와 소모품 또는 비내구재

내구재란 보통 오랜 기간에 걸쳐 계속해서 사용할 수 있는 유형의 제품으로써 가끔 구매되어 매우 광범위한 기간에 걸쳐 지속적으로 소비된다. 즉, 자동차, 에어컨, 세탁기, 가구, 컴퓨터 등을 말한다. 내구재는 보통 제품특성과 품질에 의해서 판매된다.

이와는 대조적으로 소모품 또는 비내구재는 상대적으로 낮은 가격에 빈번하게 구매되어 소비된다. 이는 식료품과 같은 생필품, 종이 제품, 음료수뿐만 아니라 의상, 린네르제품(셔츠, 시트 등), 직물과 같은 섬유제품(soft goods)을 들 수 있다. 브랜드충성도를 구축하는 것은 소모품을 판매하는 경우에 특히 바람직하다. 왜냐하면, 대부분의 광고가 소모품의 브랜드명과 브랜드 이미지에 초점을 두고 있기 때문이다. 많은 소비자는 때때로 포장제품(packaged goods)이라 불리는 제품에 상당한 관심을 가지고 있기 때문에 소비자 시장에서 소모품(비내구재)을 구입할 때 포장도 매우 중요한 역할을 한다.

(2) 처분가능한 제품과 수집할 가치가 있는 제품

소비자가 좀 더 나은 편리함을 추구할 때 포괄적 내구재 범주에 속하는 처분 가능한 제품은 소모품 범주로 이동하는 값싼 내구재이다. 예를 들면, 날이 있는 면도기는 날이 대체되기 때문에 처분 가능한 다양성과 좀 더 지속적으로 사용할 수 있다는 다양성 모두를 갖추고 있다. Kodak과 기타 다른 기업들은 현재 처분 가능한 카메라(일회용 카메라)를 만들고 있다. 처분 가능한 제품들을 소유하고자 하는 소비자들은 첨가된 편익을 탐색하고, 그 편익을 획득하기 위해 기꺼이 추가적인 가격을 지불하고자 한다.

이와는 반대로 주화, 우표, 골동품, 그림과 같은 수집할 가치가 있는 제품들은 내구재와 같이 판매되는 소모품들이다. 이는 제품이 주는 편익보다는 잠재적 가치의 증가로 인해 구매되는 경우의 제품을 말한다.

2 구매자 지향성

소비재와 산업재는 구매자의 구매목적에 의해 분류되는데 소비자에게 직접적인 만족 내지 편익을 제공하는 제품을 소비재라 하며, 또 다른 제품이나 서비스의 판매를 위한 생산목적을 위해 구매되는 제품을 산업재라 한다. 산업재를 구매하는 구매자 유형에는 제조업자, 도매상, 소매상, 중개상, 개별 구매자 그리고 판매목적으로 기타의 제품을 생산하기 위해 제품을 구매하는 조직체들이 있다. 주의해야 할 것은 동일한 제품이 산업재가 될 수도 있고 소비재가 될 수도 있다는 사실이다. 공구 제조업자가 구입한 드릴비트(dril bit)는 산업재이지만 지붕을 수선하기 위해 드릴비트를 구입한 소비자 입장에서는 이 제품은 소비재에 해당한다고 할 수 있다.

(1) 소비재

소비재는 광범위한 제품계층을 포함한다. 소비재 범주는 소비자 구매행위의 유형, 양, 빈도에 의해 더 세부적으로 나누어진다.

① **편의품(convenience goods)** : 편의품은 소비자가 빈번하게 그리고 즉각적인 의사결정하에 구매하는 제품들이다. 비교와 구매에 있어서 최소한의 노력을 투입하는 품목들로 구성되며, 가장 가까운 위치에 있는 점포에서 일상적으로 구매되는 제품을 말한다. 예를 들면, 샴푸, 비누, 치약, 음료수, 휴지, 우유 등을 들 수 있다.

편의품을 담당하는 마케팅 관리자는 다음과 같은 방법을 이용하여 판매를 증가시키고자 한다.

첫째, 최대한 광범위한 지역에서 소비자가 유용한 제품을 구비한다.

둘째, 전국적으로 포괄적인 광고를 이용하여 제품과 브랜드에 대한 이미지를 확립시켜 소비자의 수요를 환기시킨다.

셋째, 소비자를 유인할 수 있도록 매력적이고, 눈길을 끄는 포장, 대규모 제품진열 내지 잘 계획된 제품진열, 구매시점 광고로 높은 구매시점 인식과 브랜드 식별을 유지한다.

일상적으로 빈번하게 구매되는 편의품을 필수품(staples goods)이라 하는데 이는 소비자가 마음에 드는 제품이나 브랜드를 인식하는 순간에 아무런 생각 없이 구매가 이루어진다. 필수품 구매에 있어 주요 요인은 소매상의 위치와 이미지이며 비누나 휴지 등과 같이 가격이나 제품의 특성을 고려하지 않고 과거의 경험에 의해 습관적으로 구매하는 제품들이다.

사전계획이나 정보의 탐색 없이 보이는 즉시 구입되는 캔디나 사탕, 껌, 청량음료 등과 같은 편의품은 충동품(impulse goods)으로 구분된다. 이와 같은 충동품의 경우 판매에 있어 시각적인 소구가 매우 중요하다.

보통 예기치 않는 특정시기 즉, 급히 필요로 하는 시기에 제공되는 제품을 긴급품(emergency goods)이라 한다. 일반적으로 소비자가 필요로 하는 필수품이 부족한 경우 긴급품이 될 수 있다. 우유, 달걀, 기타 요리재료가 부족한 경우 소비자에게 긴급품이 된다. 긴급품은 보통 기존에 이용하던 점포에서보다

가격이 높거나 서비스가 빈약해도 가장 편리한 위치의 점포에서 구매되는 경향이 있다.

집단으로써 소매상은 편의품 판매에 매우 중요한 역할을 수행하지만 개별 소매상은 소비자가 요구하는 편리함을 대규모 유통 중간상들이 제공한 이후부터 그 중요성이 점차 감소하고 있다. 소매상들은 동일한 브랜드를 취급하지만 편의품 촉진활동에는 별로 관심을 기울리지 않는다. 따라서 촉진활동 노력을 제조업자에 의해 이루어진다.

② **선매품(shopping goods)** : 소비자가 제품선택 및 구매과정상 특징적으로 여러 브랜드들의 적합성, 품질, 가격, 스타일과 같은 기준을 비교한 후 구매하는 제품을 말한다. 그들이 원하는 제품과 서비스에 대한 확신이 서지 않는 경우, 소비자는 경쟁점포에서 경쟁제품을 서로 비교한 다음 구매를 하게 되며 이때 소비자의 쇼핑목적은 정보를 수집하는 것이다.

선매품을 취급하는 점포가 서로 인접해 있는 경우에는 소비자가 투입하는 시간과 노력이 감소하는 경향이 있다. 한편, 소비자가 투입 하는 노력을 확장하고 있는 상황은 마케팅 담당자에게 여러 점포에서 소비자가 원하는 제품이 판매되지 않는다는 사실을 시사해 준다. 선매품은 편의품보다 가격이 높지만 구매빈도는 약하다. 선매품에 해당되는 제품으로는 고급가구, 자동차, 고급의류, 고급 가전제품, 보석류 등을 들 수 있다.

㉠ 동질적 선매품(homogeneous goods) : 구매선택을 하는 과정에서 제품의 품질은 같지만 가격면에서 차이가 있는 제품을 말한다. 이 경우 제조업자나 소매상들은 디자인이나 서비스를 차별화시킴으로써 이를 가격에 반영하고자 노력한다.

㉡ 이질적 선매품(heterogeneous goods) : 소비자가 제품의 속성이나 품질을 상이하게 느끼는 제품이다. 예컨대 식기류나 가구와 같은 제품이 여기에 속한다. 일반적으로 브랜드는 이질적 선매품에서 보다는 동질적 선매품의 경우에 보다 중요한 요소가 된다. 이질적 선매품은 소비자가 각기 독특한 제품으로 인식하기 때문에 제조업자나 소매상이 가격결정에 보다 자유롭다. 이와 동시에 소비자들은 구매시점에서 보다 더 많은 지원을 기대한다.

③ **전문품(specialty goods)** : 소비자들은 제품을 비교하기 위해 여러 점포를 경유하기

도 전에 구매의사결정을 한다. 그들이 특정 브랜드명을 요구하는 경우, 소비자는 점포에서 전문품을 보유하기 위한 구매 노력을 경주하고 있다고 할 수 있다. 소비자가 전문품을 구입하기 위해 시간과 상당한 노력을 하기 때문에 소매상의 위치와 수는 다른 유형의 소비재 경우보다 그 중요성이 감소한다. 전문품을 취급하는 소매상은 특정 제조업자브랜드를 판매하는 권리를 얻고자 하며, 이러한 소매상은 지역에서 상당한 자본과 규모를 갖추고 있는 경우가 대부분이다. 따라서 전문품에 대한 소비자의 브랜드충성도를 인지하고 있는 제조업자는 소매상을 선택하는데 있어 매우 신중해야 하며 일단 선정된 소매상은 재고와 표준관리를 유지하도록 해야 한다.

이렇게 하여 소매상은 전문품을 구비하게 되고 이 경우 소비자는 그 특정 소매상으로부터 전문품을 구입하게 된다. 대다수 소비자들은 에이스침대, 리바트 가구점을 전문품을 구비한 점포로 인식하고 있다. 즉, 소비자들은 소매상이 정확한 제품을 제공하고 있다고 믿는다는 것이다. 〈표7-2〉는 소비재 분류에 따른 마케팅 믹스를 보여준다.

표 7-2 소비재 분류에 따른 마케팅 믹스

마케팅 변수	편의품	선매품	전문품
광 고	제조업자	제조업자/소매상	제조업자/소매상
소매상 수	다수	소수	한정
가격/단위	저	상대적으로 높음	고
소매상의 이미지	중요하지 않음	상대적으로 중요함	중요함
경로 길이	길다	짧음	매우 짧음

시간이 경과함에 따라, 소비자가 특정브랜드를 요구함과 동시에 선매품과 편의품이 전문품으로 전환되는 경우가 있다. 대다수 마케팅 담당자들은 마케팅계획을 실행할 때 이처럼 하나의 브랜드가 전문품이 될 수 있는 가능성을 고려해야 한다.

④ **미탐색품**(unsought goods) : 잠재적 고객이 알지 못하거나 알아도 구입하고자 하는 관심도 없는 제품을 말한다. 따라서 그들은 결국 이러한 제품을 탐색하지 않는다. 사실, 촉진활동이 미탐색품의 가치를 보여주지 않는 한 잠재고객이 제품을

인지하고 있더라도 아마 구입하지 않을 것이다.

미탐색품에는 아래와 같은 두 가지 유형이 있다.

㉠ 새로운 미탐색품(new unsought goods) : 잠재적 고객이 아직 알지 못하는 새로운 아이디어를 실제로 제공하는 제품을 말한다. 정보 전달적 광고는 소비자가 제품을 수용하거나 탐색하는데 ― 미탐색 상태를 끝낼 수 있는 ― 확신을 갖도록 하는데 도움을 준다. 시장에 최초로 전자레인지가 도입되었을 때 소비자들은 그 전자레인지가 무엇을 하는지 알지 못하였다. 따라서 제조회사의 촉진활동은 신제품이 제공하는 편익을 알리는데 주력하였으며, 그 결과 오늘날에는 전자레인지 사용은 일반화되었다.

㉡ 정규적 미탐색품(regularly unsought goods) : 소비자가 제품에 대해 인식하고 있지만 구매의 필요성을 느끼지 못하는 생명보험, 백과사전과 같은 상품을 말한다. 욕구가 존재하지만 잠재고객이 욕구를 충족시키기 위해 동기유발을 하지 않는다. 이러한 제품들은 미탐색품 범주에서 벗어날 가능성이 거의 없다. 이러한 형태의 제품에는 인적판매가 매우 중요하다.

(2) 산업재

산업재에는 다른 제품의 생산을 위한 목적으로 구매되는 제품을 말하는데, 소비자 행위에 의해 분류되는 소비재와는 달리 산업재는 완제품 생산에 투입되는 제품의 기능에 따라 분류된다.

① **산업재의 분류**(classification industrial goods) : 산업재의 분류는 제품이 수행하는 생산 기능에 근거하지만, 마케팅 담당자가 산업재를 효과적으로 판매하기 위해서는 제품형태별 산업재 구매자의 행동을 이해할 필요가 있다. 산업재는 다음과 같이 7개의 하위범주로 나누어진다.

㉠ 소모품(operating supplies) : 제품과 서비스 생산을 위해 사용되지만 완제품의 구성요소가 되지 않는 품목으로서 가솔린, 석탄, 전구 등이 여기에 해당된다.

㉡ 원료품(raw materials) : 원자재는 다른 제품의 재료가 되는 것으로써 농산품과 천연제품과 같은 품목이다. 예를 들면, 목재 펄프는 종이 제지를 생산하는데 사용되는 원료품이며, 보리는 맥주를 생산하는 원자재이다.

㉢ 제조 원료품(manufactured materials) : 생산에는 이용되지만 제품의 식별가능한 구성요소가 되지 않는 품목으로서 인화중인 필름이 여기에 해당된다.

㉣ 구성품(component parts) : 어느 정도의 추가적인 가공처리가 필요하고 실체적 제품의 일부를 구성한다. 종이는 교재를 만드는데, 철과 시멘트는 건물을 건축하는데 필요한 구성품이다.

㉤ 보조 설비품(accessory equipment) : 완제품의 일부를 구성하지는 않지만 한 조직의 생산운영 공정을 지원하며, 사무기기(컴퓨터)가 여기에 속한다.

㉥ 시설품(installations) : 어느 한 기업의 제품을 생산하는데 소요되는 주요 자본투자를 필요로 하며, 건물과 선반이 여기에 속한다.

㉦ 서비스(service) : 조직체의 운영활동에 필요한 무형의 형태로서 수선·유지활동이 여기에 해당된다.

② **산업재 마케팅(marketing industrial goods)** : 다양한 현대적 경제상황하에서 많은 기업들은 궁극적으로 소비재를 구성하는 산업재를 생산한다. 따라서 산업재 마케팅 활동은 복잡하면서도 매력적인 기회를 제공하는 과정이다. 개개의 산업재와 관련된 구매자의 구매행위에 대한 이해는 구매행위에 근거한 마케팅 계획과 특히 마케팅 믹스를 수행하는 마케팅 관리자에게 큰 도움이 된다.

구매행위는 산업재의 범주에 따라 매우 다르다. 〈표 7-3〉은 구매자의 구매행위를 토대로 개별 산업재에 대한 마케팅 믹스를 보여주고 있다. 예를 들면, 산업재중의 하나인 소모품은 소비재의 편의품과 어느 면에서 매우 유사하다. 그러므로 소모품을 취급하는 마케팅 담당자는 광범위한 유통, 단위당 저가격, 구매자에게의 일반적인 편리성, 기타 다른 구성요인을 포함하는 마케팅 계획을 수립해야 한다.

구성품 범주와 관련된 구매행위 역시 매우 상이하다. 여기에서 구매자는 장기계약에 관심을 가지고 있으며, 품질통제와 신뢰할 수 있는 공급을 확보하기 위해서 공급업자와 밀접한 관계를 맺고자 한다. 구매자의 구매행위에서 이러한 요인들은 마케팅 믹스상에서 중요한 것은 인적판매이며, 분배는 극소수의 대형 구매자에게 한정되고 유통경로는 짧아지게 되어 결국 생산자는 구성품 사용자와 직접적인 협력관계를 유지하게 될 것이라는 사실을 마케팅 관리자에게 시사해준다. 초기에 구매자들은 자격을 갖춘 몇몇 공급업자들을 고려하기 때문에 가격은 경쟁적일 수밖에 없다.

따라서 단위당 가격은 〈표 7-3〉에서 보는 것처럼 낮다. 마지막으로, 자격을 갖춘 공급업자로서 생산자는 제품이 명세서를 완벽하게 충족시키고 있다는 사실을 보증해야 하며, 또한 지속적인 고품질의 제품을 제공하여야 한다. 제품명세서를 충족시키는 것과 지속적인 고품질의 제품을 제공하는 것이 어려우면 어려울수록 제품의 성공적인 판매요인으로서 공급업자의 명성이 더욱 중요한 역할을 한다.

결국, 구성품 마케팅 계획을 위한 마케팅 믹스를 설계하는 마케팅 관리자는 인적판매를 강조하고 제품이 명세서를 충분히 충족시키고 있다는 사실을 확인하여야 한다. 또한, 지속적인 고품질의 제품공급을 보증하고 경쟁적 가격 하에서 사용자와의 직접적인 접촉을 대비해야 할 것이다.

표 7-3 마케팅 믹스-산업재 분류

마케팅 변수	서비스	시설품	보조 설비품	천연 원료품	구성품	소모품
인적판매	중요 요인이 아님	매우 중요함	중요함	중요함	약간 중요함	약간 중요함
유통	광범위함	제한적임	제한적임	제한적임	광범위함	광범위함
가격/단위	저-중	고	저-중	저-중	저	저
판매자/이미지	저-고 중요함	고	중-고	중-고	저	저
경로길이	짧음	매우 짧음	짧음-중간	짧음-중간	중간-길다	중간-길다

제3절 브랜드(상표)정책

1 브랜드의 가치

(1) 브랜드의 정의

소비자는 브랜드를 인식하는데 매우 익숙하다. 나이키, GALAXY, 한국화장품 은 우리가 알고 있는 수많은 브랜드 중에서 극히 일부에 속한다.

브랜드(brand)란 한 판매자 혹은 판매자 집단의 제품을 경쟁사의 제품과 구분하기 위해 사용하는 명칭, 용어, 기호, 상징, 디자인 혹은 이들의 결합이라고 할 수 있다.

브랜드명(brand name)은 브랜드명 중 발음할 수 있는 부분을 말하며, 브랜드 마크(brand mark)란 브랜드 중 상징, 디자인, 색상이나 독특한 문자로 되어 있기 때문에 형체는 인식할 수 있으나 발음이 불가능한 부분을 말한다.

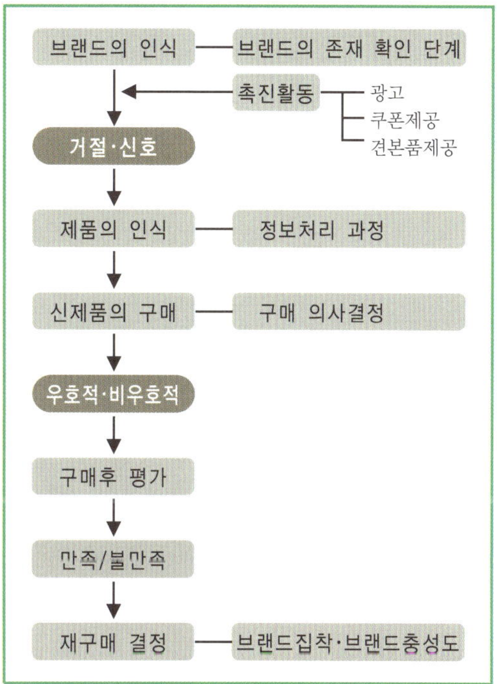

그림 7-2 브랜드의 소비자 반응 단계

등록브랜드(trademark), 서비스 마크, 등록 브랜드명(trade name) 등은 법적보호를 받는데 이러한 법적보호를 받기 위해서 브랜드는 모두 특허청에 등록해야 한다. 그 결과 기타 다른 유사한 브랜드는 존재할 수 없으며, 최초로 등록한 기업이 브랜드를 이용할 독점적 권리를 획득하게 되는 것이다.

브랜드와 관련된 또 하나의 용어가 저작권(copyright)인데 이는 문학, 음악, 예술작품을 독점적으로 제작·발행·판매할 수 있는 법적권한을 말한다.

(2) 브랜드의 역사

마케팅의 역사는 브랜드와 함께 발전해 왔다. 브랜드의 기원에 대해서는 여러 가지 학설이 존재한다. 중세 길드의 문장, 목장의 말이나 소에 찍었던 낙인, 더 나아가서는 고대 도공이나 석공의 각인까지 거슬러 올라가는 학자도 있다. 그러나 경영학에 있어 브랜드의 의미가 현재와 같이 중요해 진 것은 20세기 초반 이후이다.

사실, 현대 경영학에 있어 의미있는 최초의 브랜드는 1879년 P&G의 창시자 중 1인인 Haley Procter가 기존의 막대형 비누를 소형화하여 "Ivory"라는 브랜드로 출시한 비누이다.

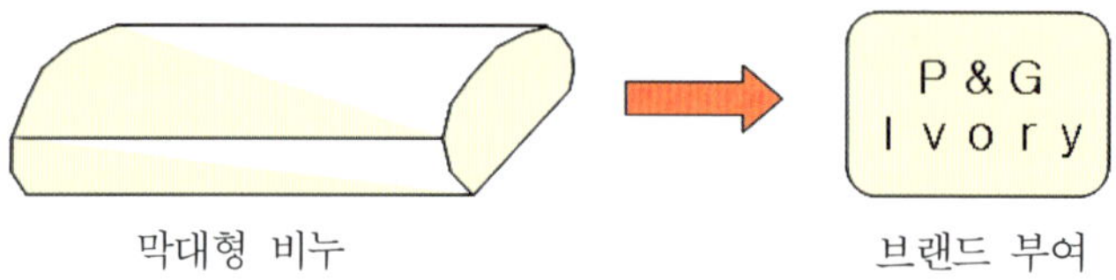

그림 7-3 P&G의 아이보리 비누

이후 20세기에 접어들며 대량생산 시스템이 급속히 진전하며 미국의 다양한 산업분야에서 기업들이 상품에 브랜드를 부착하여 전국에 유통시키기 시작하였다. 이와 함께 기업들은 제품의 규격과 디자인, 유통망의 구축, 광고활동 등 마케팅 활동을 수행하였다. 이러한 마케팅 활동의 결과, 1925년 시점에 이미 켈로그, 델몬트, 코카콜라, 코닥, 질레트 등의 브랜드가 각각의 상품 카테고리를 대표하는 미국의 Top-Brand가 되었다.

이들 브랜드는 현재에도 미국의 대표적인 브랜드의 지위를 유지하고 있으며 우리에게도 익숙한 브랜드이다. 이와 같이 우수한 브랜드의 수명은 개개의 제품이나 심지어 사람의 수명보다 길며 국경이나 문화의 벽마저 초월한다. 따라서 브랜드는 기업에 있어 매우 우량한 '자산'이 될 수 있다.

(3) 자산으로서의 브랜드

현재 팔리고 있는 자사의 제품이나 서비스가 언제까지 순조로운 매출을 기록할 것인지 마케팅 담당자는 알 수가 없다. 현재의 성과도 중요하지만 기업의 장래를 생각하면 향후 성장의 가능성을 높이기 위한 다양한 시도가 필요하다. 따라서 기업은 미래를 대비한 투자를 추진한다. 투자는 단기적인 수익에 있어서는 마이너스인 경우가 많다. 하지만 그럼에도 불구하고 기업이 투자를 계속하는 것은 투자를 통하여 사업의 존속과 성장이 가능해지기 때문이다.

투자의 대상이 되는 자산에는 여러 종류가 있다. 토지나 건물 등의 부동산이나 예적금, 주식과 같은 금융자산 등이 대표적인 자산이라 할 것이다. 그러나 투자의 대상이 되는 자산은 이외에도 다양하다. 차세대기술 개발을 위한 R&D 투자, 공장의 생산성을 높이기 위한 투자 등 자사의 역량을 높이기 위한 투자는 부동산이나 금융자산에 비견될 만큼 중요한 투자라 할 수 있다.

자사의 역량을 높이기 위한 투자는 연구개발이나 생산 관련 투자 이외에 마케팅 부문에 있어서도 존재한다. 그 대표적인 자산이 브랜드이다. 브랜드는 유통업자와의 거래관계를 보다 강력하게 하고, 고객과의 장기적인 관계를 구축하게 하는 기업의 유력한 자산이다.

하지만, 기업들이 브랜드를 자산으로 인식하기 시작한 것은 그리 오래되지 않는다. 사실 우리나라의 기업들이 브랜드를 자산으로 인식한 것은 1990년대에 들어오면서부터라 할 수 있다. 구미의 글로벌 기업들은 다소 이른 시기부터 브랜드를 자산으로 인식하였으나 그 이전까지 브랜드는 단기적인 매상이나 이익을 향상시키기 위한 하나의 툴에 불과했었다.

그러나 현재는 기업자산으로서 브랜드의 가치는 매우 중요하며 가치평가의 대상이 되고 있다. 기업을 매수할 때 매수액의 반 이상을 브랜드 가치가 차지하는 사례는 이제 그다지 진기한 경우가 아니다. 예를 들면 코카콜라라는 세계적인 브랜드를 자산으로 평가하면 700억 달러를 초과한다는 조사결과가 있다. 하지만 코카콜라사의 재무재표에 기재되어 있는 자산은 약 250억 달러에 불과하다. 즉, 코카콜라사와 같이 탁월한 브랜드기업의 경우 그 자산가치의 대부분은 브랜드자산이라는 말이 된다.

그동안 브랜드 매니지먼트에 적극적이었던 것은 어패럴이나 화장품, 식품, 시판의약품 등 성숙한 소비재 분야였었다. 하지만 최근에는 부품기업이나 시스템 프로바이더, 컨설팅기업 등의 산업재 기업이나 첨단기술을 경쟁우위의 원천으로 하는 하이테크 기업까지도 브랜드를 육성하여 활용하는 브랜드 매니지먼트에 힘쓰고 있다.

(4) 브랜드의 효과

그렇다면 왜 브랜드가 기업의 자산으로 평가받고 있는 것일까? 그 이유는 바로 강력한 브랜드가 사업의 수익성과 성장성을 높여주기 때문이다. 브랜드의 효과를 구체적으로 나타낸 것이 [그림 7-4]이다.

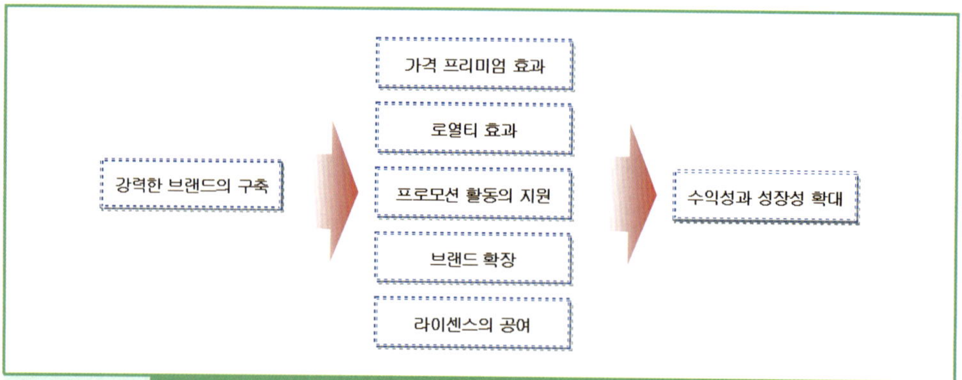

그림 7-4 브랜드의 효과

먼저, 브랜드의 중심적인 역할은 제품·서비스와 고객과의 관계를 보다 긴밀하게 한다는 점이다. 기업은 시장에서 소비자에게 있어 자사의 제품 및 서비스에 대한 다양한 선택대안이 존재한다는 문제에 직면하게 된다. 브랜드의 중심적인 역할은 바로 이러한 선택대안이 존재하는 와중에도 소비자가 자사의 제품이나 서비스를 선택하게 만드는 것이다.

이는 「가격프리미엄 효과」와 「로열티 효과」로 대변된다. 가격프리미엄 효과란 경쟁사의 유사한 제품이나 서비스보다 높은 가격에 자사의 제품이나 서비스를 판매 가능하게 하는 효과를 의미한다. 그리고 로열티 효과는 고객이 자사의 제품이나 서비스를 반복하여 구매하게 만드는 효과를 뜻한다. 즉, 강력한 브랜드는 자사의 제품 및 서비스를 높은 가격에 반복적인 구매를 만드는 효과가 있다.

또한, 강력한 브랜드는 브랜드가 구축한 고객과의 관계를 배경으로 마케팅의 다른 분야에도 긍정적인 영향을 미친다. 브랜드를 육성함으로써 기업은 유통업자에 대한 교섭력이 강해지고, 프로모션 활동을 전개하기 쉬워지기도 한다. 그리고 마케팅 이외의 분야인 인재채용이나 자재조달이 용이해지는 효과도 있다.

뿐만 아니라, 강력한 브랜드는 브랜드를 확장하거나 라이센스를 공여하는 등 기업에게 새로운 사업기회를 가능하게 한다. 브랜드 확장이란 새로운 제품 및 서비스를 개발하거나 판매할 때 자사의 기존 제품이나 서비스의 브랜드를 활용하는 것을 의미한다. 위의 사례에 나온 P&G의 아이보리 비누는 큰 성공을 거두었으며 P&G사는 이를 활용하여 샴푸, 액체비누, 식기세척기용 세제 등에도 아이보리라는 브랜드를 확장 도입하여 큰 성공을 거두었다.

그림 7-5 아이보리 브랜드의 확장 사례

라이센스 공여는 자사의 브랜드의 사용을 타사에 허가하는 대가로 브랜드 사용료를 받는 것이다. 일반적으로 라이센스 공여는 자사가 취급하지 않는 상품카테고리나 지역을 대상으로 행하여진다. 브랜드 확장이나 라이센스 공여가 이루어지는 이유는 많은 소비자들이 인지하고 있는 브랜드를 사용하는 것이 새로운 제품이나 서비스를 판매하는데 도움이 되기 때문이다.

이와 같이 강력한 브랜드는 다양한 형태로 사업의 존속과 성장을 지원한다. 그러나 이미 설명했듯이 기업의 중요한 자산으로 브랜드가 평가받기 시작한 것은 비교적 최근의 일이다. 브랜드는 이전부터 마케팅에서 사용되어왔음에도 불구하고 왜 최근이 되어서야 그 자산가치가 주목받기 시작했을까? 그 이유로는 크게 네 가지를 들 수 있다.

첫 번째 이유로는 소매기업이 대규모화되었다는 점을 들 수 있다. 세계 최대기업인 월마트와 그에 비견되리만큼 거대한 소매체인인 까르푸, 세븐일레븐 등 거대화된 소매기업은 그 규모의 경제와 고객정보를 무기로 제조기업으로부터 거래의 주도권을 빼앗았다. 그 동안 제조업자는 소비자와 직접 관계를 구축하기보다 중소유통업자에 대한 파워의 행사를 통해 기업의 경쟁력을 키워왔다. 하지만 소매기업이 대규모화되자 더 이상 유통업자에 파워를 행사하지 못하게 되면서 브랜드를 통하여 소비자와 직접적인 관계를 강화할 수 밖에 없게 된 것이다.

두 번째 이유로는 글로벌화의 진전이다. 휴대전화나 인터넷의 보급, 국제적인 규제완화 동향, 국내외의 물류시스템의 고도화, 국내시장에의 외자참여 증가 등 최근 진전되고 있는 시장환경의 변화에 따라 소비자는 보다 다양한 선택지를 갖게 되었다. 반면 이러한 변화는 기업이 자사의 제품 및 서비스에 대한 충성고객을 유지하기 힘들게 만든다. 따라서 기업은 브랜드를 강력하게 육성함으로써 브랜드가 갖고 있는 가격프리미엄효과와 로열티효과를 최대한 누리려는 노력을 기울이게 된다.

세 번째 이유는 기업경영에 있어 실물자산의 중요성이 감소한다는 점이다. 그동안은 거대한 설비나 건물, 혹은 토지와 같은 유형자산이 기업의 경쟁력이었으며 장기에 걸친 사업의 존속과 성장을 보증하였다. 하지만 현재는 이러한 실물자산의 중요성이 오히려 기업의 효율을 나쁘게 만드는 부의 자산으로 전락해버린 케이스가 적지 않다. 이러한 변화는 기업의 존속과 성장을 지탱하는 새로운 자산, 즉 브랜드에의 관심을 불러일으키는 동인이다.

마지막으로 보이지 않는 자산의 중요성이 높아지고 있다는 점을 들 수 있다. 사실 브랜드의 효과는 간접적이기에 보이지 않는다. 브랜드를 직접 볼 수 있는 것은 제품이나 서비스에 부여된 명칭이나 마크를 통해서이다. 하지만 이러한 명칭이나 마크 그 자체에 커다란 가치가 있는 것은 아니다. 브랜드의 가치는 마케팅과 소비자와의 관계 속에 내재되어 있는 것이며 그 속에서만 의미를 갖는다.

2 브랜드의 기능

(1) 브랜드의 요소

이미 설명했듯이 코카콜라는 세계에서 가장 강력한 브랜드로 유명하다. 그렇다면 코카콜라라는 제품을 구성하고 있는 여러 요소 중에서 무엇이 브랜드를 형성하는 것일까? 코카콜라라는 브랜드를 구성하는 요소로는 직접적으로는 "코카콜라" 라는 명칭이 있으며 그 특징적인 로고나 강렬한 Red라는 색채가 있을 것이다. 또한, 광고에 자주 등장하는 산타클로스나 그 유명한 병의 디자인 등도 브랜드를 구성하는 데에 빠질 수 없는 요소이다.

이와 같이 브랜드는 기업이 자사의 제품 및 서비스를 차별화하는 데에 활용하는 여러 요소의 총칭이라 할 수 있다. 그렇다면 기업이 새로운 브랜드를 만들려면 어떠한 요소들에 유의해야 할까?

브랜드를 만들기 위해서는 먼저 제품이나 서비스를 특징짓는 독자의 기호를 선정해야 한다. 브랜드의 기호로는 명칭, 색채, 마크, 캐릭터, 징글(Jingle), 스타일, 패키지 등이 있다. 이들 기호에 대해서는 기업이 법률에 기초하여 브랜드등록, 의장등록을 하거나, 저작권을 적용하여 배타적으로 사용하는 것이 가능하다. 특히 중요한 것은 「브랜드권」이다. 브랜드권은, 갱신함으로써 반영구적으로 존속기간을 연장할 수 있다.

명칭 : 제품 및 서비스나 기업의 명칭. 예를 들면, 삼성, 신라면 등.

색채 : 제품 및 서비스나 기업을 특징짓는 컬러. 코카콜라의 빨강 등

마크 : 제품 및 서비스나 기업의 명칭을 감각적으로 디자인 한 것. 심볼.

캐릭터 : 가공의, 혹은, 실존하는 인물이나 동물, 식물 등을 묘사한 것.
KFC의 할아버지, 디즈니의 미키마우스

징글 : 주로 TV나 라디오의 광고에 활용되는 짧은 음악, 사운드. "♬ 손이가요 손이가", "생각대로 T ♬"

스타일 : 제품 및 서비스를 특징짓는 디자인이나 분위기.

패키지 : 제품 및 서비스를 특징짓는 포장이나 용기.

(2) 브랜드의 기능

"만약 매장에 로고가 붙어있는 셔츠의 옆에 로고가 없는 같은 컬러의 같은 가격의 셔츠가 놓여있다면 로고가 있는 셔츠가 로고가 없는 셔츠의 적어도 10배 이상은 팔릴 것" 이라는 연구결과가 있다. 이렇듯 소비자가 브랜드가 있는 제품에 높은 충성도를 보이거나 높은 가격에도 불구하고 구매를 결정하는 행동은 셔츠 뿐만이 아닌 다양한 제품분야에서 관찰되는 현상이다.

그렇다면 왜 소비자는 다소 불합리한 의사결정으로도 받아들여질 수 있는 브랜드지향 심리를 보이는 것일까? 이하에서는 왜 소비자가 브랜드 제품에 관하여 가격프리미엄을 지불하는지 브랜드의 기능을 중심으로 설명한다.

㉠ **보증기능** : 먼저, 브랜드에는 보증기능이 있다. 기업이 자사의 제품이나 서비스에 특징있는 명칭이나 마크를 부여하거나, 유사한 제품라인에 동일한 브랜드를 부여한다는 사실은 곧 "당사는 우수한 품질의 제품 및 서비스를 지속적으로 공급할 것"이라는 기업의 의사표시로 볼 수 있다. 중세 길드가 길드의 문장을 부여한 이유는 조악한 제품의 제조자와의 차별화를 위함이었다고 한다. 제품에 고유의 명칭과 마크를 부여하면 누가 그 제품을 만들었는지 일목요연하게 알 수 있다. 그렇게 되면 그 책임소재가 명확해져 기업이 불량품을 만들기 어려워진다. 즉, 브랜드는 소비자에게 제품의 내용을 보증하는 기능을 수행한다.

반면, 제품에 브랜드를 부여한다는 사실은 기업에게는 큰 리스크로 작용할 수도 있다. 브랜드가 부여된 제품의 품질이나 성능에 있어 중대한 트러블이 발생한다면 소비자는 동일한 브랜드로 공급되고 있는 다른 제품이나 나아가서 그 브랜드를 발매한 기업의 모든 제품까지 구매하지 않을 위험성이 존재하는 것이다. 따라서, 기업이 제품이나 서비스에 브랜드를 부여하기 위해서는 자사 제품의 품질이나 기능을 관리하고 보증할 수 있는 체제를 확립하는 것이 선결되어야 할 것이다. 즉, 기업이 브랜드를 부여한다는 것은 자사 제품 및 서비스의 품질과 기능에 대한 자신과 책임을 표명하는 것이다.

㉡ **식별기능** : 둘째로, 브랜드에는 식별기능이 있다. 예를 들어 장호원과 음성 지역에서 생산된 복숭아는 "햇사래"라는 브랜드가 붙어있다. 이는 동지역에서 생산된 복숭아의 품질을 보증하는 시도의 일환인데, 이로 인하여 햇사래는 다른 지역의 복숭아와는 다른 복숭아라는 사실이 강조된다. 동시에, 같은 햇사래라는 브랜드를 사용함으로써 장호원과 음성지역에서 생산되는 모든 복숭아는 같은 과일로 취급된다. 즉, 브랜드의 부여는 그 대상이 되는 제품군을 하나의 제품군으로 특정화하여 기타 유사제품군과 식별하는 기능을 수행한다.

이와 같이, 브랜드는 제품 및 서비스를 식별하기 위한 표시이다. 기업이 자사의 제품을 타사의 제품과 차별화해야 할 때 브랜드의 식별기능은 그 해결책의 하나가 될 수 있다.

기업이 차별화를 추진하는 기본적인 이유는 가격경쟁에 말려드는 것을 피하기 위해서이다. 어디에서든 손쉽게 구입할 수 있는 코모디티 제품은 가격경쟁에 말려들기 쉽다. 소비자는 비슷한 제품을 같은 카테고리라 인식하기에 가격이 저렴한 제품을 고르기 때문이다.

차별화를 실현하기 위해서 기업은 탁월한 특성을 가진 제품을 개발하려고 노력한다. 하지만 제품의 성능만으로 차별화를 실현하는 것은 결코 쉽지 않다. 또한 차별화된 성능의 제품을 개발했다손 치더라도 얼마 되지 않아 경쟁사도 유사한 성능의 제품을 앞다투어 출시하여 소비자는 제품선택에 혼란을 초래한다. 품질이나 기능에 있어 많은 차이가 있다고 하더라도 그 차이를 소비자가 식별하지 못한다면 자사의 제품은 경쟁사의 유사품과 같은 제품이라고 인식될 가능성이 있다. 따라서 자사 제품의 탁월한 성능과 타사 제품과의 차이를 매장에서 소비자에게 직접 소구할 수 있는 브랜드의 식별기능이 중요해진다.

그림 7-6 햇사래 브랜드

ⓒ **상기(想起)기능** : 이미 설명하였듯이 마케팅에 있어 브랜드의 가치는 명칭이나 마크와 같은 브랜드 그 자체에 있는 것이 아니다. 위에서 설명한 「보증」, 「식별」의 2기능도 브랜드를 매개로 기업의 마케팅 활동과 그에 대한 소비자의 인식이 융합하여 가능해진다. 제품 및 서비스에 브랜드를 부여함으로써 생산과 개별, 물류, 프로모션의 성과가 소비자의 인식과 결합함으로써 보증, 식별이라는 브랜드의 기능이 수행되는 것이다.

그렇다면, 제품이나 서비스에 특징적인 명칭이나 마크를 붙인다고 자동적으로 그 품질이나 속성이 보증되어 차별화가 가능해질까? 대답은 물론 'NO'이다. 브랜드가 그 기능을 발휘하기 위해서는 제품 및 서비스의 품질이 우수해야 하며 유통채널과의 커뮤니케이션이 원활해야 하는 것이 전제되어야 한다. 일단 제품 자체가 소비자에게 충분히 매력이 있어야 하며 이러한 매력을 브랜드를 통해 소비자에게 상기시킴으로써 보증과 식별기능이 가능해지는 것이다.

브랜드의 상기기능이란 브랜드가 소비자에게 일종의 지식이나 감정, 혹은 이미지를 상기시키는 기능을 의미한다. 이러한 브랜드의 상기기능은 브랜드의 육성을 통해 보다 강력해진다. 보증기능과 식별기능이 브랜드의 기능의 전부라면 브랜드는 자산으로서의 가치가 없어야 한다. 즉, 보증기능과 식별기능은 브랜드를 활용하는 것이지 브랜드를 자산으로 매니지먼트하는 것이 아니기 때문이다.

나이키의 로고로 유명한 스워시도 최초에는 단순히 35달러에 제작된 12개의 마크 중에 하나에 지나지 않았다. 당시의 스워시는 그리 높은 평가를 받지 못했지만 브랜드의 보증기능과 식별기능은 수행 가능했다. 하지만, 시간이 흐르면서 나이키는 브랜드와 마케팅활동을 유기적으로 연결하여 강력한 이미지를 구축하였다. 나이키의 성장과 함께 스워시의 가치도 높아졌으며 스워시는 소비자에게 도전, 성능, 강력함 등의 이미지를 상기시키는 브랜드가 되었다. 즉, 나이키는 스워시라는 로고를 잘 만들었기에 성장한 것이 아니라 광고, 스타마케팅 등 모든 마케팅 활동을 통해 브랜드가치가 성장하여 현재의 나이키 브랜드 가치가 큰 자산이 된 것이다.

브랜드의 상기기능을 강화하기 위해서는 나이키의 예에서 볼 수 있듯이 브랜드를 육성해야 한다. 마케팅 믹스에는 브랜드를 육성하기 위한 많은 방법이 존재한다. 광고, 판촉, 스폰서십, 이벤트, 매장에의 상품진열, 매스컴의 화제가 될 수 있는 다양한 활동 등 소비자가 그 브랜드를 보거나 듣거나, 생각하거나, 사용할 수 있는 경험이 가능하도록 하는 방안들이 그것이다. 이러한 방법들을 통하여 제품의 브랜드에는 소비자의 각각의 이미지가 투영됨으로서 보증기능이나 식별기능도 보다 효과적이게 되는 것이다.

(3) 브랜드인지와 브랜드연상

소비자가 제품이나 서비스를 구매할 경우 의사결정에 도움이 되는 것들은 어떠한 것들이 있을까? 일반적으로 소비자들은 과거의 경험이나 기억을 의사결정을 위한 정보로 활용한다. 이 과거의 경험이나 기억의 상기과정에 있어 브랜드는 「인지」와 「연상」이라는 2가지 중요한 역할을 담당한다.

먼저 브랜드 인지란 그 브랜드를 구성하는 명칭과 마크가 얼마나 많은 사람들에게 알려져 있는가에 관한 개념이다. 브랜드인지는 소비자가 브랜드를 알고 있느냐 모르고 있느냐에 관한 개념이다. 예를 들면, 나이키의 스워시 로고를 보고 "이 마크를 알고 있다" 라고 인식하는 것이나, "아이스크림 하면 무엇이 생각나나요?" 라는 질문에 "하겐다스"라고 대답하는 것과 같은 경우이다.

브랜드는 판매자가 자신의 제품 혹은 서비스를 다른 경쟁자의 것과 차별화하기 위하여 사용하는 명칭, 용어, 상징, 디자인, 색상이나 독특한 문자의 결합체이다.

그림 7-7 브랜드전략

제시된 브랜드의 명칭이나 마크를 이미 알고 있다고 대답한 비율을 「재인율」이라 하며, 제시된 특정한 상품카테고리에서 그 브랜드를 상기하는 소비자의 비율을 브랜드의 「재생율」이라 말한다. 상품카테고리가 제시되었을 때 가장 먼저 상기되는 브랜드를 Top Of Mind라고 표현한다. 기업은 재인율과 재생율을 높여 타겟시장의 Top of Mind가 되기 위하여 많은 노력을 기울이고 있다.

브랜드 연상이란 특정 브랜드를 제시했을 때 소비자가 느끼는 감정이나 이미지를 의미한다. 소비자가 브랜드로부터 연상할 수 있는 것으로는 상품카테고리, 제품의 품질, 속성, 용도, 사용경험, 생산자와 생산지, 전형적인 사용자의 이미지, 감정이나 태도, 인격적인 이미지 등이 있다.

소비자는 시간의 경과에 따라 브랜드에 매우 상이한 반응을 한다. 반응단계는 인식단계(awareness stage), 신호단계(preference stage), 소망단계(desirable stage), 상표집착(brand insistence)으로 구분된다. 촉진과 마케팅 전략은 브랜드에 대한 지식이 없는 소비자 상태를 상표집착의 상태로 이전시키는데 그 목적이 있다. 이러한 과정에서 소비자는 언제든지 브랜드를 평가하고 거절할 수 있다.

브랜드가 갖는 의미는 항상 명칭이나 마크의 어원이나 형태에 규정되는 것은 아니다. 오히려 브랜드의 의미는 다양한 마케팅의 결과 초창기의 의미에서 변화하는 것이 일반적이다. 기업은 마케팅 믹스를 통하여 소비자의 브랜드인지도와 브랜드와 긍정적인 소비자의 이미지가 연상될 수 있도록 노력해야 할 것이다.

할리 데이비슨과 브랜드 연상

할리데이비슨의 사례는 브랜드연상의 가치가 얼마나 중요한지를 알 수 있는 매우 좋은 사례이다.

할리데이비슨사는 미국의 대표적인 오토바이 제조회사이다. 1950년대 미국 오토바이 시장의 70%에 해당하는 점유율을 보였던 할리데이비슨사는 혼다를 필두로 한 일본기업의 공세에 밀려 1983년에는 점유율이 3%까지 곤두박질치게 된다.

일본기업의 오토바이는 무엇보다 연비가 좋으며 엄격한 생산관리로 인한 고품질의 제품이었기에 할리데이비슨의 부활은 불가능해 보였다. 하지만, 1990년대에 할리데이비슨은 대형오토바이 시장의 60%를 넘는 점유율을 획득하며 화려하게 부활하였다. 무엇이 할리데이비슨을 부활시켰을까?

당시 할리데이비슨의 대응전략은 2가지였다. 첫째로 일본기업의 생산관리를 연구하여 Just-in-time, QC-Circle 등의 기법을 도입하였다. 그 결과 할리의 생산량과 품질은 크게 향상하였다. 그럼에도 불구하고 여전히 일본기업과의 기술력의 격차는 상당한 수준이었다.

두 번째 대응전략으로 할리는 브랜드가치의 재구축을 시도하였다. 이를 위해 우선 대대적인 마케팅 리서치에 나섰다. 왜 할리데이비슨을 구입하지 않느냐는 질문에 대다수의 소비자는 "너무 크고 무겁다", "연비가 좋지 않다", "너무 시끄럽다", "승차감이 좋지 않다" 등의 이유를 꼽았다.

반면, 할리 데이비슨이라는 브랜드에 대한 이미지는 의외로 긍정적이었다. 미국인의 마음속에 할리데이비슨이라는 브랜드는 "서부개척시대의 히어로", "남자다움", "미국에의 애국심", "사회적 속박으로부터의 자유" 등의 긍정적인 이미지를 연상시켰다. 할리사는 이러한 브랜드 연상을 다양한 마케팅활동을 통하여 강조하기 시작하였다.

대대적인 광고활동을 포함한 다양한 프로모션 활동은 물론, 고객클럽인 HOG(Horley Owners Group)의 운영, 라이센싱의 확대와 관리강화 등의 마케팅 활동에 주력한 결과 기존의 고객이었으나 이탈하였던 고객들을 다시 불러들였으며 새로이 고소득의 도회적인 라이프스타일의 고객층을 끌어들이는데 성공하였다.

이와 같은 할리데이비슨의 부활은 물론 생산관리를 통한 생산성과 품질개선이라는 측면을 무시할 수 없다. 그러나 기능적인 측면의 개선에도 불구하고 일본기업과의 기술적인 차이는 여전했다는 점을 감안하면 할리의 부활을 생산관리의 성과로 치부하기는 무리가 있다. 그렇다면 할리의 부활은 두 번째 대응전략인 브랜드 연상을 최대한 활용한 마케팅 활동의 결과라는 해석이 가능하다.

할리는 자사 오토바이의 기능적인 약점을 브랜드 연상을 통해 장점으로 변화시켰다. 즉, "크고, 무거운 오토바이"이기에 오히려 "가장 남자다우며 서부개척시대의 히어로"가 될 수 있다고 어필하였다. 또한, "다소 시대착오적인 디자인과 시끄러운 배기음"도 오히려 "남자다움과 사회적 속박으로부터의 자유"의 상징이라는 논리를 전개하였다. (심지어 할리는 오토바이의 배기음 소리를 특허신청하기도 하였다.)

이와 같은 브랜드 연상을 통한 마케팅 활동의 결과, 할리에 대한 고객의 평가는 크게 달라졌다. "주행기능", "승차감"과 같은 제품의 기능적인 관점에서 할리는 경쟁사의 제품에 비하여 우수하지 못하였지만, "남자다움", "서부개척시대의 히어로", "미국에의 애국심" 등의 관점에서 할리는 매우 매력적인 속성을 지닌 제품이었다. 이러한 긍정적인 브랜드연상의 가치를 소비자에게 어필함으로써 할리의 화려한 부활은 가능했던 것이다.

그림 7-8 할리데이비슨 오토바이

3 브랜드의 활용과 육성

(1) 브랜드 매니지먼트의 기본 프로세스

이상 설명했듯이 브랜드의 효과는 다양한 메커니즘을 통해 기능한다. 브랜드의 기능과 그로부터 비롯되는 효과를 정리하면 [그림 7-9]와 같이 정리할 수 있다.

브랜드의 기능	브랜드의 효과
1. 보증	1. 제품의 품질과 성능에 대한 자신과 책임 표명
2. 식별	2. 경쟁사의 제품과의 차별성 강조
3. 상기	3. 소비자의 상기집합에의 참여
	4. 소비자 구매의사결정에의 도움
	5. 제품 및 서비스의 유용성 추가

그림 7-9 브랜드의 기능과 효과

기업이 이러한 브랜드의 기능과 효과를 최대한 누리기 위해서는 브랜드를 강력하게 육성해야 한다. 이를 위해서는 다음과 같은 매니지먼트가 필요하다.

1) 다양한 기능 중 어떠한 기능을 어떠한 타이밍에 전개할 것인가의 결정

브랜드의 효과를 실현하는 메커니즘은 매우 다양하다. 브랜드에는 제품, 및 서비스의 보증, 식별, 상기집합에의 참여 등 다양한 기능이 있다. 브랜드 매니지먼트를 위해서는 복잡하게 얽혀있는 관계의 전체를 조망하면서 브랜드의 무엇을 활용할 것인지, 혹은 육성할 것인지를 결정하고 필요한 활동을 적시에 전개해야 한다.

2) 명칭과 마크를 부여하는 것만으로는 제한된 효과밖에 얻을 수 없음

기업의 성장에 따라 브랜드는 마케팅 믹스를 통해 소비자에게 다양한 이미지를 축적시킨다. 바로 이 점을 마케팅 담당자는 이해하고 대응할 필요가 있다. 단순히 특징적인 명칭이나 마크를 제품 서비스에 부여하는 것 만으로는 브랜드의 기능 중 매우 한정적인 기능만이 발휘될 것이다.

브랜드의 효과를 얻기 위해서는 소비자에게 자주 브랜드를 노출시켜야 하며, 브랜드 제품을 사용하게 하고, 생각해 볼 수 있는 기회를 증가시켜야 한다. 이러한 경험축적을 통해 소비자의 마음 속에 브랜드에 대한 이미지가 축적되어 브랜드 연상기능으로 인한 효과가 발생하게 되는 것이다.

3) 브랜드는 일조일석에 만들어지는 것이 아니다.

브랜드를 육성하기 위해서는 광고, 프로모션, 스폰서십, 이벤트, 점포에의 상품진열, 신제품개발, 가격설정, 사업 도메인 설정 등 다양한 마케팅 활동을 장기적으로 전개해야 한다. 브랜드의 육성은 이와 같은 마케팅의 총체적 활동의 결과물인 것이다.

따라서, 거액의 비용을 투입하거나 타사의 기존브랜드를 매수하거나 라이센스를 공여하거나 하는 경우가 처음부터 자사 브랜드를 육성하는 것 보다 효율적인 경우도 있다. 즉, 브랜드와 소비자의 경험이나 이미지의 결합은 하루아침에 만들어지는 것은 아니다.

4) 브랜드와 마케팅은 상호보완적인 관계이다.

브랜드는 마케팅 활동의 산물이지만, 우수한 브랜드는 다양한 기능을 통해 마케팅 활동을 지원한다. 이와 같이 브랜드 매니지먼트는 브랜드의 「활용」과 「육성」이라는 두 가지 측면이 있다. 브랜드를 육성하는 것은 마케팅 활동의 결과이지만 육성한 이후 브랜드를 활용함으로써 기업의 마케팅 활동은 보다 원활해 질 수 있는 것이다.

(2) 프로덕트인가 브랜드일까

위의 브랜드 매니지먼트의 기본 프로세스는 [그림 7-10]과 같이 정리할 수 있다. 하

지만, 브랜드 매니지먼트에는 종종 다음과 같은 문제가 발생한다. 마케팅의 계획, 실행, 평가의 기준을 어디에 둘 것인가에 관한 문제이다.

제 1의 선택지로는 브랜드가 「제품 및 서비스를 구성하는 다양한 요소 중 하나」라는 관점 하에 마케팅의 기축을 제품 및 서비스에 두는 방법이 있다. 이는 브랜드는 히트하는 제품이나 서비스를 만들기 위한 다양한 구성요소 중 하나라는 사고방식과 유사하다.

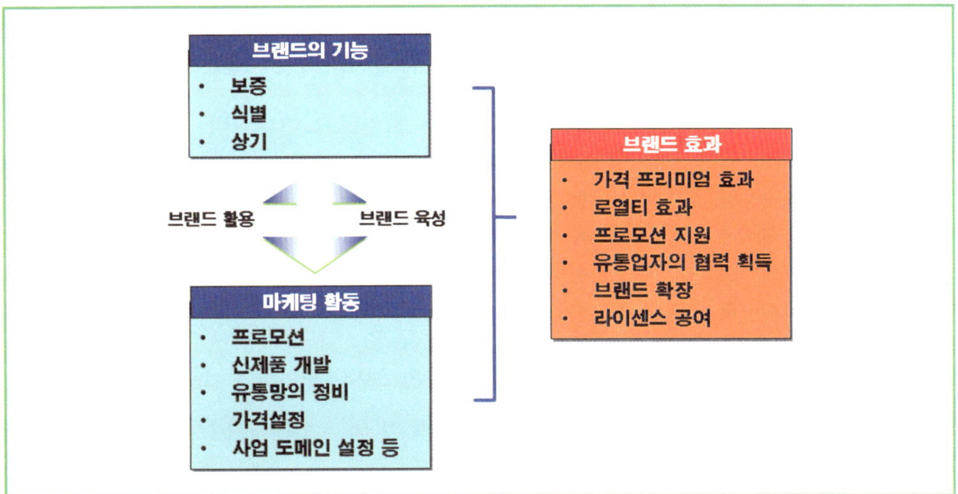

그림 7-10 브랜드 매니지먼트의 기본 프로세스

그러나 역으로 제품 및 서비스가 브랜드를 구성하는 다양한 요소 중 하나라는 해석도 가능하다. 이러한 선택지가 제 2의 선택지이다. 왜냐하면 기업이 한 제품이나 서비스를 장기간 공급한다 하더라도 포장용기나 디자인, 내용물의 성분 등은 변할 수 있으나 브랜드는 변화하지 않기 때문이다. P&G사의 「Ivory」 브랜드는 130여 년간 지속적으로 이용되어 왔지만 그 동안 헤아릴 수 없을 만큼 포장이나 성분은 변화하였다. 이러한 관점에서 보면 마케팅의 기축을 브랜드에 두고 제품이나 서비스는 브랜드의 가치를 높이는 수단에 불과하다는 해석이 가능하다.

제 1의 선택지인 제품 및 서비스를 기축으로 한 마케팅의 경우 브랜드는 제품 및 서비스의 매출을 도와주는 하나의 수단으로 활용된다. 이 경우 브랜드를 자산으로 육성하고자 하는 발상은 그다지 활성화 되지 않는다. 브랜드 인지나 연상을 강화하기보다는 제품이나 서비스의 매출과 이익이라는 목표달성이 우선시되기 때문이다.

반면, 제 2의 선택지인 브랜드를 기축으로 한 마케팅은 중장기적인 브랜드의 가치를 높이는 것이 마케팅의 목표가 된다. 최근에 이러한 브랜드를 기축으로 한 마케팅을 전사적인 과제로 철저히 추진하고자 하는 경향이 나타나고 있다. 이러한 경영방식을 「브랜드 가치경영」이라 한다. 브랜드 가치경영은 브랜드를 육성하는 것을 기업경영의 최우선과제의 하나로 삼고 브랜드를 설비나 토지와 같은 유형자산, 기술이나 인재와 같은 무형자산과 동등한 기업의 주요한 자산으로 인정한다.

이러한 브랜드 가치경영을 기업조직에 정착시키기 위해서는 난관이 존재한다. 왜냐하면 오랜 기간동안 기업의 최우선 목표는 매출액과 영업이익 등의 실적이었기 때문이다. 이러한 난관을 돌파하기 위해서는 몇 가지 포인트가 존재한다.

첫 번째 포인트는 기업활동의 성과에 대한 「평가축의 전환」이다. 브랜드 가치경영을 단순한 이해의 대상이 아니라 실천적인 행동원리로 전환하기 위해서는 브랜드 육성에 관한 사내의 활동들을 촉진할 수 있는 성과지표의 개발이 매우 중요하다.

두 번째 포인트는 「조직구조의 전환」이다. 조직구조를 제품 및 서비스 베이스에서 브랜드 베이스로 전환함으로서 브랜드 가치경영은 보다 용이하게 실천될 수 있을 것이다. 프로덕트 매니저제에서 브랜드 매니저제로 바뀌는 것이 대표적인 예라 할 수 있을 것이다.

세 번째 포인트는 「기업 성장의 기축 전환」이다. 일반적으로 기업은 설비나 토지, 기술, 인재 등을 기축으로 성장해 왔다. 이에 비하여 브랜드를 기업성장의 원동력으로 하기 위해서는 「브랜드 확장」을 기축으로 하는 성장을 실현해야 한다. 기업은 브랜드 확장을 통해 사업영역의 확장이 원활히 가능해지며 소비자와 브랜드의 관계가 보다 긴밀해 질 수 있을 것이다. 물론 잘못된 브랜드 확장은 부의 효과를 불러올 수 있다는 점은 굳이 설명하지 않아도 될 것이다.

4 브랜드정책결정

브랜드에 관한 의사결정은 여러 개의 연관된 의사결정을 초래한다 : 브랜드명이 하나의 제품에 한정되느냐 아니면 여러 제품에 적용되느냐 하는 여러 개의 연관된 의사결정. 만약 하나의 기업이 하나의 브랜드를 하나의 제품에만 사용한다면 이는 개별브랜드전략을 수행하는 것이다. 이와는 달리 하나의 브랜드를 한 개 이상의 제품에 적용한다면 공동브랜드전략을 사용하는 것이다. 기업은 또한 브랜드의 품질수준과 브랜드가 전달하고자 하는 이미지에 관한 의사결정을 해야만 한다.

(1) 개별브랜드전략

제품계열에 적합한 브랜드라기보다는 제품계열마다 각각 별개의 브랜드가 부착되는 경우의 브랜드를 개별브랜드(an individual brand)라 한다. 예를 들면, LG(주)가 치약에 페리오 치약, 페리오 닥터, 죽염 등의 개별 브랜드화 전략을 전개하고 있는 경우를 들 수 있다. 개별브랜드는 소비자의 다양한 욕구를 충족시키기 위해 차별화된 제품에 주로 사용된다.

개별브랜드전략을 사용함으로써 얻어 질 수 있는 이점은 다음과 같다.

① 같은 제조업체가 생산하는 여러 제품 중에서 한 상품이 성공하지 못하더라도 그 제품에 대한 좋지 않은 인식이 다른 제품에 파급되지 않아 그에 따른 위험을 분산시킬 수 있다.
② 신제품을 시장에 출하했을 때 새로운 브랜드명으로 판매하기 때문에 소비자들의 새로운 제품에 대한 호기심을 확대하여 구매를 유도할 수 있다.
③ 개별브랜드전략하에서 하나의 브랜드는 다른 브랜드와 판매경쟁을 한다. 마케팅관리자는 경쟁사의 브랜드뿐만 아니라 자사의 다른 유사한 브랜드와의 구분을 위하여 노력한다. 소비재 판매에 있어 매우 중요한 소매상에서의 진열공간 확보는 브랜드를 기준으로 하여 할당되는 경우가 많은데 기업이 여러 개의 브랜드를 보유하고 있으면 제품의 진열공간 역시 그 만큼 확대되고 나아가 경쟁자의 진입을 막는 효과도 있다.

개별브랜드의 진보화된 형태가 개별 세분화 시장을 표적으로 여러 브랜드를 이용하는 복수브랜드정책(multiband approach)이다. 의류업체인 이랜드가 중·저가 시장에 브렌따노, 언더우드, 헌트, 리틀 브렌따노 등의 의류브랜드를 보유하고 있는 경우를 들 수 있다. 복수브랜드정책은 기업이 시장에 전념하는 것을 돕는다. 개별브랜드는 상이한 가격, 품질, 이미지, 수준을 가지고 있는 경우에 특히 유용하다.

(2) 공동브랜드전략

공동브랜드(family brand)는 여러 개의 관련제품에 단일 브랜드명을 적용하는 것을 말한다. 삼성, LG 등과 같은 가전제품 제조업체를 들 수 있다.

공동브랜드전략을 채택함으로써 얻을 수 있는 이점을 살펴보면 다음과 같다.

① 어느 한 제품에 관한 촉진비용지출은 공동브랜드명의 우산 하에 있는 모든 제품에 대한 수요를 자극하는 경향이 있다. 이는 저렴한 비용으로 소비자들에게 다양한 브랜드명을 쉽게 인식시킬 수 있다는 의미이다.

② 신제품의 브랜드하에 공동 브랜드명 접근방법을 이용하면 매우 유용하게 시장이나 소비자에게 접근할 수 있다. 공동브랜드명의 명성은 신제품에 대한 소비자의 수용을 용이하게 한다.

③ 소비자는 공동브랜드에 익숙하게 되고 신제품의 품질을 공동 브랜드품의 품질과 동일시한다는 것이다. 도매상과 소매상은 공동브랜드에 대한 수요와 촉진지원 활동을 신제품에 대한 수요와 촉진지원 활동과 동일시하는 경향이 있다.

그러나 신제품은 소비자의 마음속에 있는 공동 브랜드품과 동일 시 되기 때문에 신제품이 동등한 가치나 편익 내지는 그 이상의 것을 제공하지 못하면 공동 브랜드명의 명성은 소멸될 것이 틀림없다.

(3) 품질과 이미지 결정

제품과 브랜드 계획수립의 초기 단계에서 품질수준이 결정된다. 브랜드의 품질은 소비자의 마음속이나 생산 도중에 바꾸는 것이 어렵기 때문에 사전에 미리 고려되어야 한다. 시장정보를 근간으로 하여, 품질수준이 제품이 도입되기 전에 구체화되어야 한다.

이미지는 부분적으로 품질에 의해 결정되며, 품질처럼 일단 소비자의 마음속에 자리를 잡게 되면 그 변화가 매우 어렵다. 그리고 이미지는 시장정보를 기초로 해서 결정된다. 그러면 과연 소비자가 하나의 브랜드를 평가하는데 사용되는 기준은 무엇일까? 하나의 이미지가 모든 것을 충족시킬 정도로 시장이 협소하지는 않다.

(4) 라이센싱 결정

브랜드주는 간혹 브랜드명 그 자체가 매우 가치 있는 자산이라는 것을 알게 되며, 이러한 상황하에서 브랜드주는 다른 기업에게 브랜드명의 사용을 허가하는 경우가 있다. 이의 예로는 Budweiser Beach Towels, Calvin Klein, Cabbage Patch인형 등. 라이센싱(licensing)은 다른 기업들로 하여금 합법적으로 브랜드를 사용할 수 있도록 해주는데 이 때 사용에 대한 대가로 로열티(royalty)는 브랜드주에게 지불된다.

제4절 표찰정책

보통 포장의 일부로서 간주되는 표찰(labels)은 법적 기재사항을 게재함으로써 구매자나 기타 다른 이들에게 정보를 제공하고 브랜드주를 파악하는데 도움을 준다. 개별 표찰이 전달하고자 하는 정도는 제품에 따라 매우 다양하다.

표찰의 가장 중요한 목적중의 하나가 구매자에게 정보를 제공하는 것이다. 표찰이 담고 있는 전형적인 정보에는 내용물, 사용법, 부작용, 추가 정보나 소비자 불만을 위한 신고처, 제품품질 보증과 유통기간 보증, 제품과 포장 처분방법 등을 포함하고 있다. 많은 마케팅 담당자의 마음속에는 어느 정도의 정보와 어떤 유형의 정보를 제공해야 하는가 하는 의문이 항상 존재한다. 너무나 적은 정보는 소비자 만족을 줄이는 결과를 야기할 수 있으며 그와 반대되는 경우에는 소비자가 단순히 간과해 버릴 수도 있을 것이다.

소매상과 유통업자들 역시 표찰정보로부터 이익을 얻는다. 올바른 정보가 제공되면, 그들은 처음부터 보다 나은 제품의 진행상황과 판매활동을 할 수 있다. 통일브랜드코드(Universal Product Code)는 제조업자와 특정제품(브랜드, 크기 등)을 확인시켜 준다. 즉, 스캐너로 읽으면 UPC는 컴퓨터로의 신속한 자료입력을 가능하게 한다. 일단 코드가 입력되면 컴퓨터는 가격과 재고와 같은 제품에 관해서 기존에 저장되어 있는 정보와 현재 입력되는 제품에 관한 정보를 배합시킨다. 그리고서 소비자가 볼 수 있도록 체크아웃 스크린에 가격이 표출되며, 이와 동시에 컴퓨터는 재고수준을 한 단위 감소시킨다. 소매상은 저장 창고에서의 인건비 절감, 제품회전에 대한 보다 신속한 기록 그리고 재고에 대한 보다 강력한 통제와 같은 이점을 얻는다. 소비자의 입장에서, UPC는 보다 신속한 계산과 보다 적은 계산상의 오류를 의미하지만, 일부 소비자는 소매상이 개별적으로 모든 제품을 계산하지 않고 단지 체크아웃 스크린에 가격이 표출되기 때문에 UPC 체크아웃을 위한 스캐너의 사용을 극히 싫어한다. 소비자들은 체크아웃 스크린 가격표출이 의심의 여지를 남겨 놓는다고 생각하며 그리고 체크아웃 과정에서 높은 가격이 책정된다고 생각한다.

제5절 포장정책

포장(package)은 제품을 담는 용기나 싸개를 말한다. 용기를 구하여 포장하는 것이 단순한 마케팅 업무처럼 보일지도 모르지만 그러나 포장은 보통 하나의 용기 그 이상의 의미를 갖는다. 현대에 와서 소비자들은 제품의 질뿐만 아니라 제품을 감싸는 용기에 대한 시각적인 만족감을 얻고자 한다. 따라서 기업들은 제품의 특성에 맞는 용기의 개발과 포장으로 소비자들의 욕구를 충족시키고자 노력한다. 또한 이것은 제품을 구입하는 이유일 수도 있다. 예를 들면, Avon은 독창적인 형태의 병에 든 로션과 기타 다른 제품들을 성공적으로 판매하였다. 기업이 정기적으로 병의 디자인을 바꾸었기 때문에 로션을 담은 병은 많은 수집가가 Avon에서 직접 구입하고자 하는 수집가의 선호품이 되었다. 마케팅 담당자는 제품을 독특하거나 경쟁사의 제품과 차별화 하거나 또는 구매자의 주의를 끌기 위해서 독창적인 포장을 이용할 수도 있을 것이다.

1 포장설계

포장은 다양한 기능을 수행하는데, 동시에 모든 기능을 통합하는 단일 포장은 존재하지 않는다. 포장을 효율적으로 수행하는 것은 표적시장, 환경, 기업의 목표에 달려있다. 특히 포장기능은 포장설계를 하는데 매우 중요하다.

포장은 다음과 같은 5개의 기본 기능을 수행한다.

① **제품을 보호하는 기능** : 포장은 선적, 저장, 보관 그리고 사용 중에도 습도와 기온의 변화로부터 제품의 손상을 보호한다.

② **제품판매를 지원하는 기능** : 제품이 유통경로를 통해 이동할 때 포장은 각 단계에서－도·소매상, 소비자－제품의 판매를 지원 한다. 소매상의 관점에서 포장과 정보는 소비자로 하여금 판매원의 도움 없이도 구매할 수 있도록 해 주어야 한다. 포장은 최소한의 공간에 용이하게 선적·보관·저장되어야 한다.

소비자는 제품조사의 용이성, 크기, 형태, 색상, 재질 등에 관심을 가지고 있으며, 또한 포장의 중요한 측면으로서 제품의 투명도(visibility)를 강조한다. 포장이 제품판매를 지원한다면, 그것은 결국 제품의 바람직한 이미지를 확립하고 유지하는데 도움을 준다.

③ **경제적 기능** : 이는 포장이 최소한의 비용으로 기대되는 모든 기능을 만족시킬 정도로 수행되어져야 한다는 의미에서 경제적이어야 한다는 것을 의미한다. 총 유통비용이 아닌 포장비용만을 별개로 고려하는 것은 마케팅 과정에서 매우 어려운 일이다. 그러나 낮은 포장비용은 높은 선적, 저장, 보관비용을 초래하며 보다 많은 제품의 손상을 야기 시킨다.

④ **소비자로 하여금 제품을 사용하게 하는 기능** : 제품의 개폐, 사용, 저장, 처리가 용이해야 한다는 것이다. 대부분의 액체세제의 플라스틱 용기, 분사식 모기약, 고리를 당겨서 마실 수 있는 음료수 및 식품 통조림, 펌프가 부착되어 있는 향수병 등이 그 예이다.

⑤ **제품의 사회적 관심사를 충족시켜주는 기능** : 제품에 대한 안전은 지속적인 사회의 주된 관심사이다. 의약품과 식품에 관련된 제품들은 어린이의 주의와 도난 방지용 용기가 필요하며, 약물오용(mistaken use)을 막기 위한 상이한 유형의 제품에 적합한 특색 있는 포장 역시 주요 관심사이다. 이외에 다른 사회적 관심사에는 포장재의 남용으로 인한 천연자원의 고갈, 과도한 포장비용, 저소득 계층에게 너무 부담 스러운 제품제조 원가, 포장에서의 기만(내용물의 빈약) 그리고 부적절한 포장의 처리에 의해 발생하는 건강과 환경의 위험 등을 들 수 있다. 이것은 포장이 절대적으로 필요한 것은 아니라는 것을 의미한다. 즉, 적어도 모든 제품에 포장이 필요하지 않는다는 것을 의미한다. 한때 비포장 식품의 판매가 유행

한 적이 있는데 포장을 하지 않는 일부 품목의 구매에 관한 관심이 다시 일어나고 있다.

2 포장설계의 개발

제품에 대한 포장이 결정된 후 마케팅 담당자들은 스스로 포장설계를 개발하거나 여러 대안들의 설계를 개발하기 위해 포장설계 전문가를 고용해야 한다. 최적의 대안들이 포장설계의 원형이 된다. 개개의 포장설계의 원형들은 일련의 테스트(제품 보호력, 강도, 포장의 용이성, 비용을 측정하기 위한 공학 테스트 ; 개폐, 취급, 저장의 용이성, 포장의 폐기 내지 처리를 측정하기 위한 소비자 테스트 ; 제품의 인식 정도, 제품의 독창성, 포장이 전달하는 이미지를 측정하는 시각적인 테스트)를 받게 된다. 이러한 테스트를 근거로 포장설계가 결정된다.

3 기타 포장결정

동일한 기본 포장형태로 전제품 계열을 포장하는 데는 몇 가지의 이점이 있다. 포장자재와 포장 기기장치에서의 경제성이 달성되며, 제품계열의 포장은 소비자에게 더욱 시각적인 영향을 미친다. 그리고 제품계열이 진열공간을 지배하게 된다.

다양한 포장을 함으로써 더욱 많은 제품을 판매할 수 있다. 예를 들면, 2개, 3개, 4개씩의 꾸러미 형태의 포장은 일부 제품을 판매하는데 성공적인 포장형태인 것이다.

포장은 재사용되도록 설계되어져야 하는가? 일부 포장은 동일한 제품을 위한 용기로써 재사용 되도록 설계되어 있으며, 또 다른 포장은 부수적인 용도로 사용되도록 설계되어 있다. 특히, 유치원이나 탁아소에 종사하는 사람들은 부모를 위한 미술품 내지 선물로서 포장재료를 이용하는 부수적인 용도를 발견할 정도로 창조적이다. 많은 부수적인 용도가 의도적인 것은 아니지만 일부는 의도적인 포장으로 설계된다.

포장변화의 빈도 역시 포장관리의 한 요인이다. 제품이나 촉진전략에서의 변화가 포장을 재설계하는 충분한 이유가 될 수 있으며 포장재료와 기술의 변화 역시 포장을 변화시키는 원인을 제공한다. 무균의 “종이 팩(paper bottle)”은 밀폐된 용기를 만드는 새로운 기술을 이용하여 얇은 판지와 플라스틱 사이에 알루미늄 호일로 구성된다. 종이 팩은 캔이나 병보다 제조비용이 싸고 더 많은 양이 채워진다. 그리고 이 제품은 냉동 처리되지 않고도 6개월까지 진열 할 수 있어 수명의 연장이 가능하다. 소비자들은 이러한 제품포장이 편리하기 때문에 썬키스트, 델몬트 같은 과일음료나 우유 같은 제품의 종이 팩이 적합하다고 점차 인식하고 있다. 그러나 소비자가 우유 용기로서 종이 팩을 수용할 것인가에 대해서는 의문의 여지가 있다.

제6절 고객 서비스정책

소비자는 제품이 원활한 기능을 수행해서 자신들의 욕구와 필요를 충족시켜 줄 것을 기대하며 또한 제품의 안전성을 기대한다.

1 제품안전

위험이 없는 제품생산과 제품의 안전한 사용은 기업이 추구해야 하는 바람직한 목표들이다. 제품이 안전성을 결여되어 있는 경우 책임소재만을 파악하는 것은 의미가 없다. 이와 같은 책임소재에 근거한 처벌은 손해금액을 보상할 수는 있지만 그것들을 원상회복 시키지는 못한다.

안전한 제품을 설계하는 것과 관련되는 많은 마케팅 목표는 매우 달성하기 어려운 목표이다. 어린이의 주의를 요하는 의약품을 담아 놓는 용기는 감염된 어린이의 수를 줄이는데 효과적이지만, 성인들 역시 주의를 요한다. 자동차에 부착되어 있는 안전용 공기 주머니(air bags)는 안전성을 높이는 것 같지만, 한편으로 이러한 장치의 부착은 실질적으로 자동차의 가격을 상승시킨다.

안전한 제품의 정의에 어느 정도의 불일치가 존재하지만, 가능한 한 제품의 안전성을 고려하여 설계 내지 제조되어야 하며, 포장과 표찰 역시 부정확하고 우발적인 사용 내지 오차를 줄이도록 설계되어야 한다. 그리고 정확한 사용법과 경고(부작용)가 뚜렷하게 표시하여야 한다. 제조업자나 마케팅 담당자는 제품에 대한 책임－자사의 제품으로 야기된 신체적 손상과 피해액에 대한 책임－을 부담해야 한다.

2 제품품질보증과 환불보증

품질보증(warranties)은 하나의 제품에 결점이 없거나 특정기간 동안 제품의 기능이 잘 수행되리라는 것을 의미하는 확신을 말한다. 품질보증은 총제품 개념 하에서 제품의 일부로 간주된다.

소비자의 입장에서 품질보증은 화폐적 구매위험(monetary purchase risk)과 비화폐적 구매위험(nonmonetary purchase risk) 양자를 줄이는 역할을 한다. 또한, 품질보증은 소비자의 마음속에 제품의 안정성에 대한 신뢰감을 갖게 한다.

Holiday Inn사는 자사의 서비스 개념을 강화하고 투숙 후 만족감을 느끼지 못하는 소비자들에게 돈을 환불해 주는 환불보증(guarantees)을 실시하였다. 여기에서 환불보증이란 소비자가 하나의 제품이나 서비스에 만족하지 못한 경우 소비자에게 보상을 하는 기업의 약속을 의미한다. Holiday Inn사는 "변명이 아닙니다. 환불해 드립니다(no excuses, guaranteed)"라는 광고 문구를 가지고 보증 프로그램을 수행하였다.

문서화된 제품보증서는 구매 전에 제품의 점검을 위해 이용되며, 비공식적인 소비자 불만처리과정이 확립되어야 한다. 보증은 보증범위, 보증인, 보증의 객체(대상), 보증의 종류, 보증청구절차 등을 자세하게 표시해야 한다. 그리고 소비자의 의무 역시 구체적으로 규정되어야 한다. 보증제공결정은 하나의 마케팅 전략결정이며, 이것은 기업이 개발한 총제품 개념에 의존한다. 보증결정은 표적시장과 판매원에게 정확하게 전달되어 소비자에게 설명하도록 해야 한다.

그림 7-11 무료반품/교환제

요약정리

제품이란 구매자가 화폐나 기타 다른 대가의 교환으로 받는 일체의 유체적, 무체적 편익을 말하며 이에는 물리적 대상물, 서비스 그리고 개념 등의 개별적 내지 혼합적 형태가 포함된다. 그리고 마케팅 담당자는 일반적으로 제품의 사용기간에 의해 제품을 내구재와 비내구재, 처분가능한 제품과 수집할 가치가 있는 제품으로 분류하며, 구매자의 지향성에 의해 소비재와 산업재로 분류한다.

기업은 자사의 제품과 서비스를 식별하기 위해 브랜드명, 상징, 색상, 형태, 포장 등을 이용한다. 브랜드는 한 판매자 내지 판매자 집단이 자사의 제품이나 서비스를 경쟁사의 것과 구분하기 위해 사용하는 명칭, 용어, 상징, 디자인 혹은 이들의 결합을 말하며, 이러한 브랜드는 소비자 측면에서 제품에 대한 특정 품질수준을 상징하며, 보다 능률적인 쇼핑을 가능케 하며, 브랜드와 관련된 심리적 보상을 제공한다. 판매자 측면에서는 격렬한 경쟁을 회피하게 해주며, 가격결정에 관한 보다 많은 선택의 폭을 제공하며, 촉진활동을 지원하는 역할을 한다. 그리고 마지막으로 반복구매를 가능하게 한다.

마케팅 담당자가 브랜드를 결정하기 전에 고려해야 하는 요인에는 제품품질, 제품의 편익가치, 경쟁 제품과의 차별화, 자금, 충분한 마진, 규모, 일관성과 접근 가능성을 고려해야하며, 브랜드에 대한 소비자의 반응패턴을 보면 인식, 선호, 브랜드집착, 평가과정을 거친다. 그리고 브랜드주체를 누구로 하느냐에 따라 제조업자브랜드 내지는 유통업자브랜드로 분류할 수 있다. 브랜드명과 브랜드마크를 선정하는 것은 제품에 대한 소비자의 인식, 지각 그리고 수용에 영향을 미치며, 법적보호를 받기 위해서는 법적기재사항을 충분히 충족시켜야 할 것이다.

브랜드전략에는 브랜드와 무브랜드전략, 제조업자브랜드전략과 유통업자브랜드전략, 공동브랜드전략, 개별브랜드전략 등이 있다.

보통 포장의 일부로써 간주되는 표찰은 법적기재사항을 게재함으로써 구매자나 기타 다른 이들에게 정보를 제공하고 브랜드를 파악하는데 도움을 주는 것인데 반해 포장은 제품의 용기나 싸개를 말하며 이는 제품보호, 판매지원, 경제성, 편리성, 사회적 관심사 충족기능을 수행한다.

기업은 또한 제품의 원활한 기능수행과 안전성 그리고 제품품질보증과 환불보증을 만족을 느끼지 못하는 소비자에게 제공하여야 한다.

CHAPTER 07

용어해설

소모품(consumable goods)
상대적으로 짧은 기간에 소비자에 의해 빈번하게 구매되는 형태의 제품

내구재(durable goods)
광범위한 기간에 걸쳐 지속적으로 소비되는 유체적 형태의 제품

처분가능한 제품(disposable goods)
매우 짧은 기간 동안 사용하고 난 후 버리도록 고안된 제품

수집할 가치가 있는 제품(collectable goods)
가치집단의 구성요소가 되어 가치가 증가하는 제품

소비재(consumer goods)
최종 소비자에게 직접적인 만족 내지 편익을 제공하는 제품

편의품(convenience goods)
소비자가 빈번하게 그리고 즉각적으로 구매하며, 비교와 구매에 있어서 최소한의 노력을 투입하는 제품

충동품(impluse goods)
사전계획이나 정보의 탐색 없이 보이는 즉시 구입하는 제품

긴급품(emergency goods)
보통 예기치 않는 특정시기, 즉 급히 필요로 하는 시기에 제공되는 제품

선매품(shopping goods)
소비자가 제품선택 및 구매과정상 특징적으로 적합성, 품질, 가격 그리고 스타일과 같은 기준을 비교하여 구매하는 제품

미탐색품(unsought goods)
소비자가 알지 못하거나 알아도 구입하고자 하는 관심이 없는 제품

새로운 미탐색품(new unsought goods)
잠재고객이 아직 알지 못하는 새로운 아이디어를 실제로 제공하는 제품

정규적 미탐색품(regularly unsought goods)
고지되어 있지만 구매의 필요성을 느끼지 못하는 조각돌, 생명보험 그리고 백과사전과 같은 제품

산업재(industrial goods)
다른 제품과 서비스의 판매를 위해 생산할 목적으로 구매되는 제품

원료품(raw materials)
농산품 내지 천연제품과 같은 제품

제조 원료품(manufactured materials)
생산에는 이용되지만 제품의 식별 가능한 구성요소가 되지 않는 품목

구성품(component parts)
어느 정도의 추가적인 가공처리가 필요하고 실체적 제품의 일부를 구성하는 품목

보조 설비품(accessory equipment)
완제품의 일부를 구성하지는 않지만 한 조직의 생산운영공정을 지원하는 제품

시설품(installations)
어느 한 기업의 제품과 서비스를 생산하는 데 소요되는 주요 자본투자를 필요로 하는 제품

서비스(service)
조직체의 운영활동에 필요한 무체적 형태의 것

제조업자 브랜드(manufacturer brand)
제조업자가 소유하고 있는 브랜드 : 자가 브랜드

유통업자 브랜드(distributor's brand)
제조업자를 제외한 소매상, 도매상 기타 중간상인들이 제품에 브랜드를 부착하여 사용하는 브랜드 : 자가 브랜드

공동 브랜드(family brand)
여러 개의 관련 제품에 단일 브랜드명을 적용한 브랜드

표찰(label)
법적 기재사항을 게재함으로써 구매자나 기타 다른 이들에게 정보를 제공하고 브랜드주를 파악하는 데 도움을 주는 제품 포장지 위에 인쇄된 요소

포장(package)
제품의 용기나 싸개

품질보증(warranties)
하나의 제품에 결점이 없거나 특정기간 동안 제품의 기능이 잘 수행되리라는 것을 의미하는 확신

환불보증(guarantees)
소비자가 하나의 제품이나 서비스에 만족을 느끼지 못하는 경우 소비자에게 보상을 하는 기업의 약속

토의문제

1. 유명한 브랜드의 내구재와 비내구재의 예를 들고 이들 두 브랜드의 마케팅 믹스 요소인 제품가격, 촉진, 유통을 서로 비교해 보시오.

2. "어느 특정시기에 개별 소비자에게 전문품이 선매품이 되는 경우도 있다. 그러나 시간이 경과함에 따라 선매품이 전문품으로 전환될 수도 있다." 이러한 과정이 어떻게 해서 일어나는지 토의하시오.

3. 대다수의 사람들에게 비탐색품으로 생명보험을 들 수 있는데 그 이유를 간략하게 설명하시오.

4. 선매품, 편의품, 전문품에 대한 마케팅 믹스의 특징을 설명하시오.

5. 필수품과 동질적 선매품, 전문품과 이질적 선매품의 마케팅 믹스는 어떻게 다른가 예를 들어 설명하시오.

6. 소비자 측면에서의 브랜드명이 주는 편익을 토의하시오.

7. 브랜드명과 등록브랜드에 어떠한 차이가 있는가? 있다면, 이러한 차이점이 중요한 이유는 무엇인가?

8. 당신이 구입한 경험이 있는 브랜드품과 무브랜드품의 예를 들고 각각의 제품에서 파생되는 주요 편익이 무엇인지 설명하시오.

9. 당신이 최근에 구입한 제품의 표찰을 열거하고 그 표찰이 어떠한 기능을 수행하는지 그리고 그 기능이 어느 정도 잘 수행되는지 평가해 보시오.

10. 당신의 느낌이 좋은 포장과 느낌이 좋지 않는 포장의 예를 두개만 들고 그 이유가 무엇인지 평가해 보시오.

참고문헌

1) Lawrence Ring, Derek Newton, Neil Borden, and E. Ralph Biggadlke, Decision in Marketing (Plano, Texas : Business Publications, Inc., 1984), p.291.

2) Marvin A. Jolson and Stephen L. Proia, "Classification of Consumer Goods-A Subjective Measure?" Marketing : 1776-1976 and Beyond (Chicago : AMA Association, 1976), pp. 71~75.

3) Philip Kotler, Marketing Essentials (Englewood Cliffs, N.J. : Prentice-Hall, Inc., 1984), p.189.

4) E. Jerome McCarthy and William D. Perrault, Jr., *Basic Marketing*, 8th ed. (Home Wood, Ⅲ.: Richard D. Irwin, 1984), p.293.

5) McCarthy and Perrault, *Basic Marketing*, p.294.

6) J. Morgan Jones and Fred S. Ziefryden, "An Approach for Assessing Demographic and Price Influence on Brand Purchase Behavior," Journal of Marketing (Winter 1982), pp. 36~46.

7) Committee on Definition, Marketing Definition : A Glossary of Marketing Terms (Chicago : American Marketing Association, 1960), pp.8~10.

8) K. L. Granzin, "An Investigation of the Market for Generic Products," Journal of Retailing (Winter 1981), pp.39~55.

9) Robert H. Ross and Frederic B. Kraft, "Creating Low Consumer Product Expectation," Journal of Business Research (March 1983), pp.1~9.

10) Joseph A. Bellizzi, Harry F. Krueckeberg, John R. Hamilton, and Warren S. Martin, "Consumer Perceptions of National, Private and Generic Brands", *Journal of Retailing*(Winter 1981), pp.56~70.

11) James U. McNeal and Linda M. Zeren, "Brand Name Selection for Consumer Products", *MSU Business Topic*(Spring 1981), pp.35~39.

12) Frederick W. Langrehr and Virginia B. Langrehr, "Shoppers' Acceptance of Item Price Removal : A Trend and Store Type Amalysis", *AMA Educators' Proceedings*(Patrick E. Murphy et al.eds.), 1983, pp.231~235.

13) Linda Savage Puhe, "The Battle of the Bulk," Advertising Age, May 3, 1984, p.39.

14) John Koten, "Aggressive Use of Warranties Is Benefitting Many Concerns", *The Wall Street Journal*, April 5, 1984, p.M44.

15) htt://blog.naver.com/barnaba352/50122879124

"밥알 하나도 버리지 마라"

"일하기 싫으면 먹지도 말아라"

"버는 재주 없으면 쓰지도 마라"

1962년 농군학교

一家 김용기 (1909~1988)

변재현 작, 〈소나무 숲에서〉, 197×291cm, 캔버스에 유채, 2011

Maketing

신제품 개발과 제품수명주기전략

CHAPTER

08

제1절 신제품 개발전략

거의 대부분의 시장에서 경쟁은 언제나 격렬하고 다이내믹하다. 따라서 기업이 변화하는 소비자의 욕구와 경쟁자의 활동에 적응하기 위해서는 현재 판매되고 있는 제품뿐만 아니라 신제품을 개발하는 적극적인 활동이 필요하다. 적극적인 신제품 개발과정에 몰두하는 것은 의식적이든 혹은 잠재적이든 간에 기업이 현재 판매 중인 제품을 최대한 활용하거나 사업을 철수하는 것을 의미하지는 않는다.

이것은 오늘날 경쟁이 치열한 시장에서 생존하기 위해 이루어지는 활동이라 할 수 있는데 이 절에서는 신제품의 개념과 그 제반 과정 및 전략에 대해서 자세히 살펴보고자 한다.

1 신제품의 정의

신제품(new product)이란 매우 독특하고 충족되지 않는 수요를 충족시키는 것이라고 할 수 있다. 즉, 농산물 생산에 사용되는 경작 장비를 대신하는 제초제와 같은 하나의 제품이 상이한 기존의 제품을 어느 정도 대체하는 제품뿐만 아니라 타이프라이터(typewriter)를 대신하는 워드프로세서(word processor)처럼 단순히 기존제품을 대체하는 경우에도 신제품에 속한다고 할 수 있다. 모방제품(me-too-product)은 기업측면에서 신제품처럼 간주되지만 시장에서는 진히 새로운 제품이 아니고 그 모방 제품을 위조한 제품이 오히려 신제품이 되는 경우도 있다.

미국 연방거래위원회(Federal Trade Commission : FTC)는 신제품을 "기능적으로 중요하거나 상당한 정도의 새로운 제품"이라고 정의하고 있다. 이는 신제품의 기준을 기능적인 면에 초점을 맞추고 있으며, 기업이 시장에 제품을 출하하여 "새로운 것"으로 촉진하는 기간을 6개월로 한정하고 있다.

일본의 과학기술청은 "지금까지와는 전혀 다른 갑작스럽게 등장하는 새로운 묘안, 즉 새롭게 제품화된 것과 기존제품에 혁신적인 새로운 기능이 추가되는 것을 말하며, 개량품의 경우에 있어서 디자인이나 포장정도의 단순한 변경품을 제외한 원재료나 새로운 기술의 제조 공정으로 생산된 개량품은 신제품으로 간주한다"라고 정의하고 있다.

"새로운(new)"이라는 용어는 상대적인 의미에서 사용되는 용어인데 〈표 8-1〉이 이를 잘 보여주고 있다.

표 8-1 신제품의 범위

연속적인 혁신제품	다이내믹한 연속적 혁신제품	비연속적인 혁신제품
• 기존제품의 대체품 포함 • 습관, 행동, 소피패턴의 붕괴가 거의 없음 예 플라그 예방 치약, 저칼로리 맥주, 연간 새로운 차종 개종	• 신제품 창조, 기존제품의 대체품 포함 • 습관, 행동 소비패턴이 붕괴하지만 신제품을 요구하지는 않음 예 Electric Toothbrush, Electric Knives, Dodge Caravan	• 이전에 알려지지 않는 제품의 창조 • 새로운 소비와 행동패턴 요구 예 컴퓨터, TV, 복사기, 유전자 결합

자료 : Adapted from Thomas S. Robertson, Innovative Behavior and Communication.(NewYo가: Holt, Rinehart, and Winston, Inc., ⓒ 1971), p.7.

연속적인 혁신제품(continuous innovative product)은 제품이나 소비자 행동에 약간의 변화만을 요구하며, 한편 비연속적인 혁신제품(discontinuous innovative product)은 이전에 알려지지 않은 제품의 창조나 소비자 측면에서의 새로운 행동패턴을 요구한다. 그러므로 새로움(newness)을 결정하기 위해서 마케팅 담당자는 제품이 표적시장에서 새로운 것으로 인식되고 있는지, 소비자 행동에 어느 정도의 변화가 요구되는지, 제품이 형태, 기능, 스타일과 같은 면에서 기업에게 새로운 것인지 분석해야 한다. 성숙기의 제품이 새로운 표적시장에 판매되면 그 시장과 기업에게 신제품이 되는 것이다.

기업이 신제품을 획득하는 방법에는 두 가지 대안이 있는데 내부에서 신제품을 개발하는 방법과 신제품을 매입하는 방법이 있으며, 매입은 제품개념이 기업의 자산이 되는 것을 의미한다.

라이선싱은 특정 지리적 영역에서 제품을 생산하거나 판매하는 권리처럼 매입한 기업이 제품개념에 대한 권리를 한정하는 것을 의미한다. 라이선싱은 보통 제품품질을 유지하고 로열티를 지불해야 한다. 한 제품에 대한 권리의 매입은 제품개발 시간을 절약하게 한다.

신제품 개발은 보통 기나긴 과정을 거치게 되며, 이외에도 많은 비용이 소요되고 기업을 이루고 있는 많은 구성원들이 갖지 못한 노하우(know-how) 내지 전문적 지식을 필요로 한다. 그러나 대부분의 최고 경영자들은 하나의 제품개념이 내부에서 개발되는 것이 좋다고 생각하고 있으며, 또한 최고 경영자는 신제품 개발을 자신에게 부여된 하나의 사회적 책임이라고 생각한다.

2 신제품의 중요성

신제품이 어떻게 정의되고 한정되는지 여부와 관계없이 신제품은 많은 기업에게 성장을 도모하는 역할을 한다. 오늘날 빠른 속도로 변화하고 있는 기술과 중소기업에 심각한 하나의 현실로 다가오고 있는 글로벌(global)한 마케팅 하에서 기업은 생존을 위해서 기존제품을 끊임없이 개선하는 동시에 신제품을 지속적으로 탐색해야 한다. 비록 신제품이 실패할 확률이 성공할 확률보다 더 높지만, 이보다 더 중요한 것은 기업이 실패할 위험은 지속적으로 변화하는 소비자 욕구와 요구를 따라잡지 못할 때 더욱 크다.

첫째, 신제품은 기업으로 하여금 시장점유율 방어와 증가를 가능하게 한다. 신제품은 P&G가 Pert 샴푸를 Pert Plus로 바꾸어 결국 자사의 미국 시장점유율을 2%에 12%로 증가시킨 것처럼, 새로운 시장에서 기업이 지탱할 수 있는 교두보를 제공할 수 있다. P&G의 Pert Plus는 Hong Kong에서 Rejoice로, England에서는 Vidal Sasson으로, Middle East에서는 Pert Plus와 같은 다양한 브랜드명으로 현재 세계 여러 지역에서 판매되고 있다.

둘째, 신제품은 컴퓨터 업계에서 후발주자인 Apple이 IBM과 비슷한 퍼스널 컴퓨터 시장을 구축했던 것처럼, 세분시장의 선제공격을 가능하게 한다.

셋째, 신제품은 기업내 다른 제품이 성공하지 못할 때 전반적인 기업의 판매를 유지시켜 준다.

신제품의 지속적인 출시는 성공을 보증하는 것이 되기 때문에 신제품을 생산하는 능력은 금융권이 기업을 평가하는데 이용하는 중요한 척도가 되어 기업의 자금유입에 도움을 준다. 좋은 신제품 이미지를 가지고 있는 기업은 그 이상의 높은 주식가치를 가지며, 또한 더 나은 신용도 평가를 받는다.

3 신제품의 실패 이유

신제품은 비록 중요하고 잠재적으로 유리한 것임에 틀림없지만 매우 위험하다. 신제품에 대한 아이디어의 약 90%가 실패하거나 심지어 소멸해 버리는 경향이 있다. 그리고 진열대에 진열된 모든 신제품의 약 50%가 실패를 경험한다. New York City's New Product Workshop의 회장은 전반적인 신제품에 대한 실패율이 거의 85%에 이른다고 추정하고 있다.

Hopkins와 Bailey의 연구에 의하면 신제품의 실패율이 소비재는 40%, 산업재는 20%, 서비스는 18%로서 소비재 신제품의 경우가 산업재나 서비스의 신제품 경우보다 시장에서 실패할 확률이 높게 나타났다.

이와 같이 많은 신제품이 실패하는 이유는 과연 무엇일까? 기업의 입장에서 성공적인 제품을 만드는 것은 매우 어려운 일이며, 적절한 신제품이 반드시 성공을 보증한다고는 할 수 없다. 신제품 개발에 실패할 수 있는 변수 가운데 가장 중요한 요인은 제품을 효율적으로 생산하고 판매하는 능력이다. 즉, 충분한 시장조사가 이루어지지 않은 상태에서 시장에 신제품을 출시하기 때문에 많은 시행착오를 겪게 되고 결국은 실패한다. 기업은 실패를 최소화하기 위해 다음과 같은 조직을 운영한다.

① **제품계획위원회** : 신제품 아이디어의 보다 심도 있는 개발을 위해 제품개념을 승인하고 예산을 준비하며, 계획을 수립한다.

② **제품관리자** : 다양한 제품들을 생산하는 기업은 하나의 브랜드나 제품, 제품계열, 시장에 대한 전체 프로그램을 계획하고 조정하기 위해 개개인에게 브랜드관리자 내지 제품관리자 또는 시장관리자라 하며 특정영역을 전문으로 한다.

③ **신제품 개발부** : 단독으로 신제품 개발을 책임지고 있는 전문가 신제품 개발부(new product development departments)이다.

④ **벤처 팀(kenture team)** : 높은 시장 잠재력을 가지고 있는 특정제품개념이 모든 시간을 투입하는 기능부분을 대표하는 집단을 말한다.

〈표 8-2〉는 신제품이 실패하는 가장 일반적인 이유들을 자세하게 열거하고 있다.

표 8-2 신제품이 실패하는 이유

- 부적당한 제품개념(bad concept) : 제품은 소비자 욕구를 충족시키지도 적당한 가치를 제공하지도 못한다.
- 미미한 차이(insignificant difference) : 어느 정도의 차이가 존재하지만, 현재 활동중인 제품과 명확히 구분될 정도는 아니다. 여기에서 대다수의 실패는 "모방제품"이다.
- 빈약한 실행(poor execution) : 제품은 실제 최초의 제품개념을 복사하는 것은 결코 아니다.
- 불충분한 예산(inadequate budget) : 신제품을 출시해서 이익을 창출하도록 하는데 필요한 투자를 과소평가하는 것은 초기 R&D활동에서 촉진활동에 이르기까지의 개발을 제한한다.
- 불충분한 규모의 시장(insufficient size market) : 시장이 이익을 창출할 정도의 규모가 아니다. 즉, 극단적인 시장의 세분화로 인하여 경쟁이 격화되어 결국 판매와 이익이 감소한다는 것이다.
- 부적당한 타이밍(bad timing) : 제품이 익숙하지 않는 문화적, 사회적, 경제적 환경이나 부적절한 시기에 도입되거나 테스트된 경우이다.
- 표적시장선정의 오류(mistargeting) : 우량의 제품이 필요하지 않거나 원하지 않는 집단에 제공되었을 때이다.
- 포지셔닝의 오류(mispositioning) : 하나의 목적을 위해 설계된 제품, 상이한 다른 지역에 포지션 되거나 제품을 설명하는 마케팅 커뮤니케이션이 불투명하다.
- 경쟁사 판단의 오류(misjudging the competition) : 기업은 정확한 경쟁상황의 성격을 파악하는데 실패하고 경쟁자에 대한 적절한 대응 전략이 결여되었을 때 신제품은 실패할 수 있다.
- 수요예측의 오류(misestimating) : 소비자의 수요예측이 과장되거나 촉진 비용이 과소평가된 경우이다.
- 시장변화(market changes) : 시장환경이 테스트와 출시 사이에 변할 수도 있다.
- 최고 경영자의 좁은 시야(wearing blinders) : 최고 경영자는 제품개념이 생생한 것이 되도록 하기 위해 잠재 의식적으로 모든 "나쁜 뉴스"를 간과하거나 경시해서 제품개발 단계에 진입시킨다.

4 신제품 개발과정

기존 기업보다 신설기업이 제품혁신이나 제품개발 대신에 발명품을 출시하는데 더 많은 위험을 부담할 뿐만 아니라 대부분의 경우 신제품 개발과정에 상이한 접근방법을 택한다. [그림 8-1]은 많은 기업들에 의해 이용되는 신제품 개발과정(the new product development process)에서의 단계를 보여주고 있다.

[그림 8-1]은 매우 유용한 일반화된 모델이지만 결코 두개의 제품이 유사한 방법과 동일한 시간에 걸쳐 개발되지는 않는다. 제품개발에 몇 주 정도의 시간이 소요되는 제품이 있는 반면 10년 이상의 시간이 소요되는 제품도 있다. 신제품 개발과정의 장·단점은 제품의 복잡성, 관리사의 개입 정도와 기술 그리고 위험에 대한 기업의 태도에 따라 다르다.

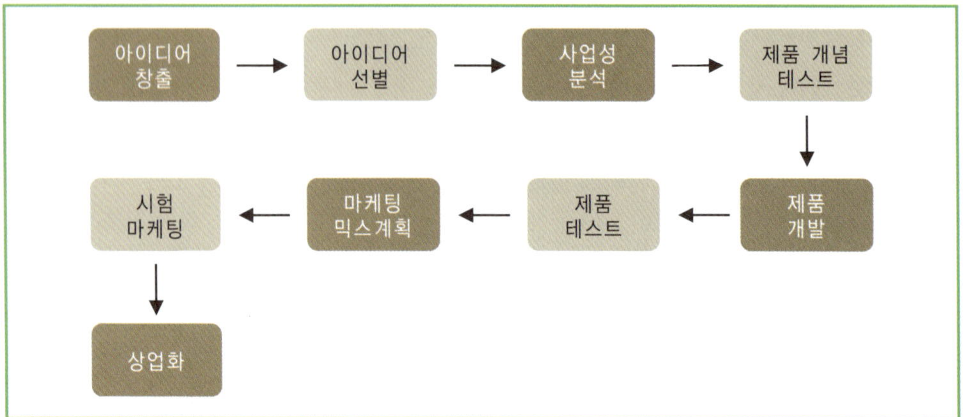

그림 8-1 **신제품 개발과정**

신제품 개발과정의 모든 단계는 서로 다른 단계에 영향을 미친다. 즉, 하나의 단계가 실행된 후에야 비로소 다음 단계가 실행된다는 것이다. 결국, 개개의 단계가 계획대로 수행되지 않으면, 제품의 출시가 연기되거나 포기될 수 밖에 없다. 사실, 각 단계에서 마케팅 담당자는 ① 단계를 진행할 것인가, ② 되돌아 갈 것인가 혹은 변경할 것인가, ③ 계획을 취소할 것인가를 결정해야 한다. 가능하다면, 신제품 개발과정을 가속화하면서 동시에 두개 내지 그 이상의 단계를 계속하는 것이 좋다.

(1) 아이디어 창출

아이디어 창출(idea generation)－제품을 개량하거나 혁신할 것인지 아니면 창조할 것인지의 여부－은 창조적인 과정이다. 이러한 창조적인 사고자는 과연 누구인가? 단독책임을 지고 있는 신제품 개발팀을 보유하고 있는 일부 몇몇 기업들은 신제품 아이디어에 대해서 생각하고 개발한다. 또한 신제품 아이디어는 마케팅 담당자, 조직 구성원, 생산자 그리고 유통업자에게서도 나올 수 있다. 그러나 신제품 아이디어의 가장 빈번한 원천은 연구개발(R&D), 판매원, 공급업자, 고객이다. 한 연구조사에 의하면 대부분의 산업재에 대한 아이디어의 원천은 R&D였으며, 소비재에 대한 아이디어의 원천은 경쟁제품이었다.

① **R&D(research and development)** : 생산과 마케팅에 지속적인 접촉을 하는 경우, R&D부서는 소비자 욕구와 잠재적 경쟁우위, 제품개량과 혁신, 신제품 창조에 초점을 집중할 수 있다. 연구조사에 투입되는 규모가 크면 클수록 동시에 위험

도 비례하여 커진다. 예를 들면, 유전자를 결합해서 식물, 동물, 미생물의 변이를 가능하게 하는 생체 공학의 경우 상당한 기간과 비용을 필요로 한다.

② **판매원**(the sales force) : 판매원은 제품의 성과에 관해 유통업자나 고객으로부터 직접 피드백(feedback)한다. 보통 이러한 피드백은 제품개량이나 완전한 신제품 첨부에 관한 제안을 포함하며 판매원은 경쟁사의 신제품과 이러한 신제품의 장·단점에 관한 정보를 제일 먼저 획득하는 정보 원천이라 할 수 있다.

③ **공급업자**(suppliers) : 제조업자에게 설비품, 구성품 그리고 기타 다른 원료품을 판매하는 기업은 신제품과 제품의 새로운 용도를 제시할 만한 충분한 능력을 보유하고 있다. 공급업자는 경쟁적 상황을 인지할 수 있는 위치에 있으며 관련 분야에서의 추세와 변화에 관한 정보를 제조업자에게 제공할 수도 있다.

④ **고객**(customers) : 어떤 신제품 아이디어는 잠재 구매자나 현재 구매자들의 요구를 파악하여 찾을 수 있다. 신제품 아이디어는 고객분석을 통하여 나오는 경우가 많으며, 앞으로도 소비자 지향적인 시장 하에서의 소비자 조사에 의한 아이디어의 창출은 더욱더 확대될 것으로 예상된다. 그러나 이러한 접근방법은 기업이 의도했던 제품과 서비스에 대한 충분한 정보를 이끌어낼 수 없다. 이 경우에는 〈표 8-3〉에 열거된 소비지출 추이를 모니터하는 간접적인 접근방법이 매우 유용하다.

표 8-3 신제품 영감

① 향기 : "레몬 향기"가 인기를 끌 때 그것은 곧 가구 광택세, 접시 세척제 그리고 공기청정제 형태로 등장하였다.
② 디자인 : "전원 풍경"이 인기있는 신제품으로 개발되었을 때 벽지, 그림, 접시 등과 같은 형태로 등장하였다.
③ 구조와 생산: "천연원료"와 "보리와 녹차 잎" 등이 인기 있는 제품이 되었을 때, 천연원료를 재료로 만들어진 제품에 소비자들의 관심이 집중되었다.
④ 건강 : 매일 착용하는 스포츠용품 운동복과 고무로 창을 댄 즈크 운동화가 건강복지증진 추이라는 개념에서 나왔다.
⑤ 라이프스타일 : 라이프스타일의 변화는 여행 관련 상품, 운동 기구, 산악용 자전거 내지 모터사이클, 등산 장비 등과 같은 제품분야에 영향을 미친다.
⑥ 새로운 기술 : 퍼스널 컴퓨터의 개발은 새로운 소프트웨어, 전자문서와 같은 정보 네트워크 서비스, 컴퓨터 바이러스 프로그램과 같은 영역에서의 소비자 욕구를 유도한다.

(2) 아이디어 선별

성공적인 기업들은 부분적으로 많은 아이디어를 받아들이지 않기 때문에 신제품에 대한 수많은 아이디어를 창출할 필요가 있다. 생존 가능성이 희박한 아이디어를 추려내는 과정을 아이디어 선별(idea screening)이라 한다. 대다수 기업들은 자사가 중요하다고 생각하는 구체적인 특성 — 시장규모, 잠재적인 경쟁, 기존제품과 생산능력에의 적합성, 인지된 소비자 욕구와의 일치성 정도 — 에 등급척도를 매김으로서 신제품 아이디어를 선별한다.

마케팅 담당자는 이러한 특성들을 가지고 있는 아이디어에 점수를 매기고 기업 목적에 따라 점수로 매긴 비율에 상대적인 가중치를 부여한다. 개개의 아이디어에 매겨진 점수 중에서 가장 높은 점수의 아이디어가 다음 단계로 넘어간다. 〈표 8-4〉는 Emory University의 Jagdish Sheth에 의해 개발된 아이디어 선별척도를 보여주고 있다.

표 8-4 신제품 선별

10점 척도를 이용하여 신제품 개념에 점수를 매긴다. 개념이 질문에 응답을 못하는 경우에는 "1"점을, 완벽하게 기준을 충족시킨 경우에는 "10"점을 부여한다.	
상대적 이점	• 제품이 대체품과 비교해서 비용 이점을 제공하는가? • 신제품이나 서비스가 부가가치 속성을 보유하고 있는가? • 각각의 혁신이 시장에서 무시된 세분시장을 표적으로 하고 있는가?
적합성 내지 양립성	• 재계나 산업계에서, 제품이 기업의 관습, 문화와 가치시스템과 양립할 수 있는가? • 제품이 구매자의 작업흐름과 양립할 수 있는가? • 신제품이 시장의 물리적 환경과 양립할 수 있는가?
지각된 위험	**주의 : 다음 질문에 위험이 없으면 높은 점수를 받는다.** • 소비자가 신제품을 채택하는 경우 경제적 위험을 지각하는가? • 소비자가 제품을 채택하면서 물리적 위험을 지각하는가? • 시장은 새로운 기술이 적합한 기능을 수행하지 않을까 두려워하는가? • 신제품이 사회적 위험을 제공하는가?
최고점인 100점은 신제품의 성공을 의미한다. 대부분의 기업에 있어, 70점이나 그 이상의 점수는 신제품 개념에 관한 의사결정을 계속해 나가는 것을 의미한다. 위험 지향적인 기업은 아마도 50점이나 그 이상의 점수를 그리고 30점이나 그 이하의 점수는 신제품 개념에 관한 의사결정이 많은 소비자 장벽에 직면하게 되는 것을 의미한다.	

자료 : Bob Donath, "Can Your New Product Pass this Test?" Bussiness Marketing, July 1984, pp.66~68.

(3) 사업성 분석

아이디어 선별이나 개념 테스트는 하나의 아이디어가 잠재적 구매자에게 소구하고 있는지를 알려준다. 그러나 신제품은 이익을 창출할 수 있어야 하며 동시에 수요가 존재해야만 한다.

사업성 분석(business analysis)의 목적은 관리자가 제품개발을 수행하는데 소요되는 투자의 정도를 결정하는데 도움을 주는데 있다. 앞에서 언급한 바와 같이 신제품 개발(new product development)은 매우 많은 시간과 비용을 필요로 한다. 따라서 일부 몇몇 기업들은 지출경비를 절약하기 위해서 모방제품전략(me-too products strategy)을 수행하기도 한다.

기업의 기존설비를 이용해서 생산이 가능한 신제품은 일반적으로 새로운 건물과 장비 내지 시설에 대한 투자를 필요로 하지 않기 때문에 더욱 유리하다. 특히 이러한 이점은 기업의 기존제품이 계절품이고 신제품이 계절을 초월해서 생산되는 경우에 뚜렷하게 나타난다. 이의 전형적인 예로는 여름철에 에어컨 생산 기업이 김치 냉장고를 생산하는 경우를 들 수 있다.

관리자는 또한 제품을 개발하는데 어느 정도의 시간을 투입해야 하는지를 결정해야 한다. 창조적인 아이디어의 성과를 위한 구체적인 예정표를 조정하는 것이 거의 불가능하기 때문에, 성공적인 신제품 프로그램은 보통 장기적인 개입(commitment)을 필요로 한다. Proctor&Gamble은 Pampers라는 폐기가능한 기저귀 제품을 개발하는데 9년이 걸렸으며, Crest치약을 개발하는데도 그 이상의 시간을 투입하였다. 그러나 최고경영층은 보통 "재무적 인내(financial patience)"를 상실한 채 단기적인 투자자본 회수라는 최근의 추세에 맞추어－Crest와 Pampers 제품을 개발하고 있다.

자금과 시간투자에 관한 의사결정을 하기 위해 마케팅 담당자는 상이한 가격하에서 잠재 판매량을 예측하고 특정 가격하에서 판매되는 판매량이 조업개시비용(startup cost)과 동일한 점을 파악하기 위한 손익분기점 분석(break-even point analysis)을 수행한다.

(4) 제품개념 테스트

사업성 분석에서 살아남은 아이디어는 다음에 신제품 아이디어 평가하는 시장조사 형태인 제품개념 테스트(product concept testing)를 거친다. 제품의 복잡성과 투자비용이 많으면 많을수록 제품개념 테스트 역시 더욱 복잡해지고 기간이 길어진다. 대부분의 개념들은 먼저 표적 고객을 통하여 테스트된다. 잠재적 표적 소비자 집단의 구성이 어려우면 소비자들과의 일대일 면접이 이루어질 수 있으며, 전문가들은 2~3개의 초점집단에서 여러 차례의 면접을 권장한다.

개념 테스트는 발명품에도 경쟁이 발견될 수 있기 때문에 위험이 항상 존재한다. 그러나 이러한 테스트를 하지 않거나 하더라도 형식적으로 하는 것은 더욱 위험하다. 기업은 시장을 탐색하면서 제품혁신이나 제품개량 주변을 배회하기보다는 쉽사리 혁신에 휩싸인다.

(5) 제품개발

사업성 분석을 통해 하나의 아이디어가 이익을 창출할 수 있다고 판명되고, 제품개념 테스트를 거쳐 수요가 존재한다고 판명되면 기업은 실제 제품이나 서비스를 개발하여야 한다. 제품 설계는 생산의 용이함, 미적 감각, 기능 등을 설명할 수 있어야 한다. 이 단계는 보통 산업 디자이너, 엔지니어, R&D, 디자인, 엔지니어링, 생산 부서의 과학자들에 의해 수정된다.

제품개발(product development)단계에서는 흔히 R&D부서의 실험실에서 수작업으로 만들어진 제품의 원형(prototype)을 제작하고 브랜드 및 포장을 결정한다. 이 단계에서는 사업성 분석이나 제품 개념 테스트 단계들 보다 많은 투자비용이 소요되며 생산비의 정확성까지도 확인하는 단계이다. Union Carbide사는 자사의 실험실에서 수백개의 폐기 가능한 기저귀를 짜 맞추었으며, 이와 유사하게 자동차 기업들도 수작업으로 원형을 만들고서야 비로소 여러 측면에서 새로운 아이디어를 테스트할 수 있었다.

그러나 원형이 제품개발의 유일한 요소는 아니다. 대형 건물이나 아파트, 우주 정거장과 같은 제품의 경우 원형은 소형모델이 된다. 더욱이 현재 많은 기업들은 컴퓨터를 이용하여 제품을 설계하고 있기 때문에 막대한 투자비용이 소요되는 원형에 의한 제품 개발은 어느 특정 제품의 생산에 한정적일 수밖에 없다.

(6) 제품 테스트

원형이 인기를 끄는 이유는 이들이 본격적인 생산체제에 앞서 제품 테스트(product testing)에 이용될 수 있다는 것이다. 이 단계에서의 테스트는 표적시장의 특정 고객에게 개념 테스트와 같은 동일한 질문으로 이루어진다. 그러나 이러한 질문들은 직접적으로 제품 개념보다는 제품 원형과 관련이 있기 때문에 소비자들의 응답에 대한 정확성이 높다. 마케팅 담당자는 제품 원형에 대한 그 해답을 탐색하기 위하여 실험실 테스트와 사내 테스트 집단과 같은 내부 테스트나 외부 소비자와 정부 테스트와 같은 외부 테스트 집단 양자를 이용할 수 있다.

실제로 테스트는 제품개발에 필요한 예산과 지각된 위험에 달려있다. 위험한 제품일수록 광범위한 내·외부 테스트를 받으며, 소수 제품계열의 확장은 내부 테스트만으로도 가능하다.

① **실험실 테스트**(lab test) : 내부 실험실 테스트는 제품 테스트의 첫 단계이다. 따라서 Union Carbide사는 실험실에서 자사의 기저귀 제품의 흡수성을 실험하였다. 그리고 식료품 제조업자들은 보통 요리시간, 유통기간 그리고 색상의 안전성에 관한 실험실 테스트를 한다.

② **사내 테스트**(in-house test) : R&D부서가 하나의 제품을 개발하는 순간 마케팅 담당자들은 제품을 조사하는 기회를 갖는다. 일부 식품 제조업체들은 맛과 감촉에서 약간의 차이를 식별하는 능력을 가지고 있는 관리자나 스탭진들을 선별한다. 이들 개개인은 탐색의 대상과 차이를 설명하는 기법에 관한 훈련을 거친 후 신제품을 실험하고 자신들의 판단을 전달하는 사내 테스트 집단으로 활동한다.

③ **외부 소비자 테스트**(outside consumer tests) : 신제품이 내부 테스트를 마친 이후에는 소비자 테스트를 거쳐야 한다. 제품의 실용성을 실험하는 것 이외에도 마케팅 담당자는 소비자가 원형에 대해 가지고 있는 심리적인 반응(psychological reactions)과 원형을 판단하는데 사용되는 제품의 중요한 속성을 알고자 한다. 대다수의 신제품은 보통 맹목적인 테스트(blind-tested) ─ 즉, 테스트 샘플에 참여하는 이들은 기업이 제품을 무엇으로 만드는지 통보받지도 못함 ─ 를 거친다.

④ **정부 요구 테스트**(government-required tests) : 정부의 규제(government regulation)나 라이선싱(licensing)에 구속되는 제품은 외부기관에 의해 테스트되는 경향이 있다. 예를 들면 의사, 약사, 세무사, 미용사와 같은 일정한 서비스를 제공하는 이들은 특별시험을 통과해야 하고 자신들의 서비스를 제공하기 전에 인가 내지는 면허를 받아야 한다.

제품 테스트는 마케팅 담당자에게 매우 많은 도움이 되는데 정확하고 유용한 테스트가 되기 위해서는 다음과 같은 세 가지 조건이 충족되어야 한다.

㉠ 테스트 제품이 판매되리라는 시각을 가지고 있어야 한다.

㉡ 제품이 적절한 사용 조건 하에서 테스트되어야 한다.

㉢ 제품을 사용하거나 재사용하는 참여자에게 충분한 시간이 제공되어야 한다.

(7) 마케팅 믹스계획

제품 테스트가 순조롭게 진행되면, 기업은 마케팅 믹스의 다른 측면을 결정해야 한다. 즉, 가격전략이 결정되어야 하고, 광고, 판매촉진, 포장, 인적판매, 공중 등의 효과적인 마케팅 커뮤니케이션에 대한 계획이 수립되고, 제품유통전략 역시 수행되어야 한다. 이러한 요인들이 신제품 개발과정을 구성하는 중요한 요인이라는 사실을 기억하여야 할 것이다.

(8) 시험 마케팅

제품 테스트와는 달리 시험 마케팅(test marketing)은 기업이 기능 테스트와 소비자 테스트를 통과한 제품을 지리적 내지 전국적 또는 범세계적으로 출시하는데 필요한 시간과 자금을 투입하기 전에 실제적으로 시장에서의 적합성을 시험하는 단계이다. 즉, 한정된 시장에 판매를 목적으로 신제품을 제공하고 촉진함으로써 마케팅 담당자가 마케팅 믹스의 모든 측면을 시험하도록 하는 것을 말한다.

1) 시험 마케팅의 목적

- 표적시장의 중간상과 소비자의 제품반응과 사용방법과 같은 제품성과에 관한 최종적인 점검을 하기 위해서이다.
- 최초 구매자수, 반복구매, 구매빈도를 결정한 다음 잠재 판매량을 예측할 수 있다.
- 마케팅 커뮤니케이션 효과를 측정을 가능하게 한다.

시험 마케팅 단계에서 유의해야할 사항은 최초구매자의 수를 측정하는 것이 중요하지만, 반복구매자의 수를 측정하는 것이 더 중요하다. 왜냐하면 제품을 개발하고 촉진하고 소비자에게 제품에 대한 정보를 제공하고 구매하도록 동기를 부여하는데 필요한 선행투자는 대부분의 기업들이 사용하는 마케팅 전략이기 때문이다. 그러나 최초구매 후 반복구매가 발생하지 않을 경우 기업은 시장에서 단기간내 신제품에 있어서 이익을 얻을 수 없다.

소비재를 주로 생산하는 기업의 경우에 시험 마케팅을 자주 사용하게 되고, 산업재의 경우는 보통 제품 전시회나 중간상 진열실에서의 실연(demon- strations)과 같은 최종 테스트를 거치기 때문에 실제적으로 시장에서의 상업화를 결정하기 위한 시험 마케팅의 단계를 거치지 않는 것이 대부분이다. 그러나 모든 소비재 생산자들이 시장실험을 이용하는 것은 아니다. 패션 품목은 하나의 제품이 전형적인 테스트 시장을 통해 실험을 하기도 전에 구식이 되어버리는 경우도 있기 때문이다. 그리고 모방제품은 시험 마케팅에 투입된 시간과 비용의 회수를 보증해주지 못하는 경우가 상당하다.

기업이 시험 마케팅에 어느 정도의 시간과 자금을 투입할 것인가 하는 결정은 제품이 어느 정도의 위험을 가지고 있느냐에 달려있다. 그러나 일반적으로 최소한 2개의 시장과 6개월이라는 기간이 필요하다. 따라서 초기 제품의 판매예측과 투자해야할 예산이 시험시장과 현실이라는 측면에서 중요하게 다루어져야 할 부분이다. 만약, 실제 판매량이 예상에 훨씬 미치지 못하면, 기업들은 잘못된 것들을 파악하는 동안에 출시를 연기하거나 추가적인 시험 마케팅을 수행하게 된다.

CHAPTER 08

2) 시험시장의 유형

소비자 시험시장을 표준 시험 시장과 통제 시험 시장으로 분류할 수 있다.

① **표준시험시장(standard test market)** : 기업이 대표성을 가지고 있는 소수의 도시를 조사 대상 지역으로 선정하고 모든 마케팅 믹스에 이들을 노출시키는 방법이다. 실제적인 신제품 시판 시 사용하고자 하는 광고와 촉진 등을 집중적으로 실시한 후 그 결과를 분석하여 장래의 판매 성과를 측정한다. 이러한 유형의 시험 마케팅은 한정된 지역에 적합한 판로를 확보하는 능력과 완벽한 마케팅 계획을 필요로 한다.

② **통제시험시장(controlled test market)** : 제조업자에 의해 고용된 하나의 마케팅 조사기업이 일련의 선정된 점포집단을 운영하면서 이를 통해 제품을 테스트하는 형태의 시험 마케팅의 한 유형을 말한다. 이러한 형태의 시험 마케팅은 보통 점포에서 제품유통, 가격결정, 진열공간, 점포내 촉진활동을 제조업자가 지원하는 대표성을 가진 시험 도시내의 점포패널을 확보하고 있는 마케팅 조사기업에 의해 수행된다. 통제시험시장은 표준시험시장보다 광범위한 정보를 보다 용이하게 제

공받을 수 있으며 표준시험시장보다 저렴한 비용과 적은 시간이 소요된다는 장점이 있다. 그러나 선정된 표본은 조사오류의 위험을 증가시킬 수 있다. 이는 지역적으로 한정되어 있는 고정패널 구성원들이 전국적인 소비자를 대표할 수 있는 표적고객이 될 수 없다는 것을 의미한다.

(9) 상업화

신제품 개발단계를 거쳐 신제품 아이디어의 성공가능성에 확신이 서면 제품은 전면적인 생산과 마케팅을 준비하게 된다. 제품출시(product launch)단계에는 많은 비용이 소요되는데 특히 기업이 제품을 제조하기 위해 새로운 시설을 구축하거나 서비스를 공급하기 위한 하나의 장소를 마련하는 경우에는 엄청난 비용이 소요된다. 그러나 이것은 긍정적인 현금흐름을 창출하는 기업에게 있어 최초의 기회이기도 한다. 기업은 무엇을(what), 언제(when), 어디에(where) 그리고 어떻게(how) 제공할 것인지 결정해야 한다.

① **제조(manufacturing)** : 시험시장 단계에서 신제품에 대한 소비자 반응을 파악한다. 그러나 중요한 것은 제품이나 서비스가 보다 넓은 규모의 시장에 적합한 일관성 있는 품질수준을 유지하면서 생산되어야 성공확률이 높다는 사실을 인식하는 것이 중요하다. 따라서 제조활동에 종사하는 이들은 신제품 개발과정의 모든 단계에서 활동하는 이들과 신제품에 대한 관심사와 아이디어를 서로 교환할 필요가 있다. 이러한 팀워크(teamwork)는 제품이 개발 단계에서 예상한 것보다 소비자에게 훨씬 적은 편익을 제공하여 시장에서 외면당하거나 당초 예상하였던 생산비용이 보다 많이 소요되는 것과 같은 위험을 최소화시킬 수 있다.

② **제품제공장소(where to offer the product)** : 신제품 출시(rolling-out)와 신제품 판매(selling-in), 어떤 경우에는 기업은 짧은 시간에 전국시장 내지 글로벌 시장에 하나의 제품을 진출시킬 수 있는 재정적인 능력과 확신을 가지고 있음에도 불구하고, 대부분의 기업들은 위험을 두려워하고 초기출시 시 지출을 최소화하고자 하며, 신제품을 점차 확대해서 출시하는 전략을 택한다. 즉, 기업은 보통 한정된 특정영역에 신제품을 도입하고 점차적으로 생산능력, 관리시간, 예산, 제품 성공 등이 이루어지면 시장을 확장한다. 한 번에 전국시장 내지 글로벌 시장에 신제품을 출시하는 것은 위험수준, 생산능력, 제품범주 요인의 영향을 받게 된다.

일반적으로 경쟁이 치열하지 않거나 제조업자의 명성, 우호적인 소비자 확보, 높은 신뢰도, 유통시스템 등이 강력할 경우에 기업의 입장에서는 큰 성공 잠재력을 가지고 있는 시장에 우선적으로 신제품을 수용할 수 있다. 기업이 신제품 출시장소를 인지하는 순간에 신제품을 판매하기 위해서는 유통업자를 설득해야 하는데 이러한 판매(sell-in)는 일반적으로 여러 가지 형태로 나타난다.

마케팅 담당자는 잠재적 소비자, 유통업자, 판매원 등에게 신제품이 경쟁제품보다 얼마나 우수한지 그리고 기업이 신제품에 대한 소비자 수요를 창조하기 위해 수립하는 계획 등을 훈련을 통해 인식시킨다. 이러한 과정은 자사 제품을 판매하기 위해서 유통업자를 설득시키는데 매우 중요하게 작용한다.

③ **제품제공방법**(how to offer the product) : 출시되는 신제품에 따라 각 기업은 마케팅 커뮤니케이션(marketing communi cation)의 차별화를 이룬다. 공구류, 화학제품 등과 같은 저가격 산업재는 저렴한 마케팅 커뮤니케이션 비용으로 전국적으로 출시된다.

이와는 대조적으로 소비재를 출시하기 위해서 높은 경쟁적 소비자를 촉진하는데 소요되는 비용은 높은 비용을 필요로 한다. 전국 TV와 라디오 네트워크 그리고 신문이나 잡지에 광고를 하기 위해 많은 시간과 비용이 소요되기도 한다. 대부분의 대규모 소매상들은 기업이 신제품 판매에 동의하기 전에 표적시장 내에서 강력한 소비자 광고와 판매촉진 프로그램을 지원해 주기를 바란다.

④ **신제품 진행과정 검색**(tracking the progress of a new product) : 마케팅이란 지속적으로 기존제품을 개량하고 신제품을 탐색하는 항구적인 과정이라 할 수 있다. 신제품 진행과정을 검색하고 마케팅 믹스를 조정하는데 필요한 하나의 방법이 검색조사법(tracking studies)이다. 소비재의 경우 이 조사법은 보통 선정된 가정에 전화조사법 형태를 취하고 소비자의 제품 존재인지, 시용, 재구매 여부를 점검한다. 검색조사법은 신제품개발과정에서 실행되기도 하지만 신제품이 출시되는 순간에 주로 이용된다.

5 소비자의 채택과정

신제품 사용에 대한 개별 소비자의 평가와 결정은 채택과정(consumer's adoption process)과 관련이 있다. 소비자들이 신제품을 구매하는데 있어서 접근 과정을 살펴보면 [그림 8-2]와 같이 5단계를 거친다.

인 지 → 관 심 → 평 가 → 시 용 → 채 택

그림 8-2 **소비자의 신제품 채택과정**

① **인지(awareness)** : 소비자는 신제품의 존재를 인식하고 있지만 그것에 대한 충분한 정보를 가지고 있지 못하다.

② **관심(interest)** : 소비자는 신제품이 자신들의 욕구를 충족시켜 줄 것이라는 가능성을 파악하고 제품에 대한 더 많은 정보를 탐색한다.

③ **평가(evaluation)** : 소비자는 탐색한 정보를 이용하여 대안문서를 서로 비교해서 자신들의 욕구를 충족시켜 줄 수 있는 최적의 대안을 탐색한다.

④ **시용(trial)** : 소비자는 가장 높은 잠재력을 가진 제품을 직접 시용한다.

⑤ **채택(adoption)** : 소비자는 신제품을 정규적으로 사용할 것을 결정한다.

채택과정에 관한 Rogers의 조사는 제품이 당장 채택되지 않는다는 것을 보여주기 때문에 마케팅 담당자에게 중요한 의미를 시사해준다. 즉, 개별소지자들이 제품을 채택하는데 소요되는 시간이 서로 상이하다는 것이다. 개별소비자를 지원하고 소비자의 제품 채택과정을 조성하기 위해서 여러 기법들이 활용된다. 예를 들면, Johnson & Johnson은 5년 이내에 장난감을 생산하기 시작해서 소비자의 신제품 채택과정을 고려한 전략을 개발하여 1~3년 사이에 제2위의 판매업자가 되었다. 소비자의 인식을 얻기 위한 대량 TV 촉진프로그램은 소규모의 표적시장에서는 비용이 너무 비싸 적합하지 않다. 결국 기업은 구전(인적판매)으로 어린아이의 부모들에게 직접 판매하기로 결정하였다.

소비자는 채택과정이 상이한 단계에서 상이한 정보의 원천과 촉진프로그램을 기대한다.

광고는 제품속성, 제품 욕구충족 능력 그리고 소비자가 제품을 사용함으로써 얻어지는 편익과 혜택에 대한 평가기준에 관한 정보를 전달하며, 인적판매는 소비자가 평가단계에 있거나 구매 의사결정을 하는 시기에 매우 효과적이다. 샘플과 시용은 잠재적 구매자의 위험을 줄일 수 있기 때문에 시용 단계에서의 초기 구매결정을 자극한다. 가격에 적합한 제품 품질보증과 환불보증의 제공은 구매자의 지각된 위험을 줄일 수도 있다는 장점이 있다.

6 신제품전략

신제품을 개발하기 전에 기업은 잠재적 이익과 관련된 위험을 고려한 최적의 신제품 개발전략을 결정해야 한다.

(1) 위험과 이익

각 기업이 가지고 있는 고유한 기업문화는 위험에 대한 인식을 상이하게 하는데 이러한 태도는 기업이 신제품 개발을 고려하는 경우에 가장 명확하게 나타난다. 대다수의 신제품은 실패할 확률이 매우 높기 때문에 개발을 망설이는 경우가 많다. 그러나 모든 기업들이 모두 위험을 회피하는 것은 아니다. 일부 기업의 경우 위험이 존재하고 있음에도 불구하고 성공적인 신제품 도입으로 이익창출을 전망함으로써 혁신적인 제품 개발을 실행하게 된다. 매년 수많은 신제품이 출현한다는 사실이 이를 잘 설명해 주고 있다.

(2) 전략 선택

신제품 출시를 선택한 대부분의 기업들은 일반적으로 모방제품전략, 경쟁적 우위제품전략, 신제품 벤처전략 등과 같은 전략들 중에서 하나를 선택하여 수행한다. 기업이 사용하기 위해 선택하는 접근방법은 혁신과 위험 그리고 필요한 투자에 대한 태도에 달려있다. [그림 8-3]이 보여주고 있는 것처럼 모방 제품은 일반적으로 가장 적은 위험과 투자를 포함하고 있는 반면 신제품 벤처는 가장 높은 위험과 투자를 포함하고 있다.

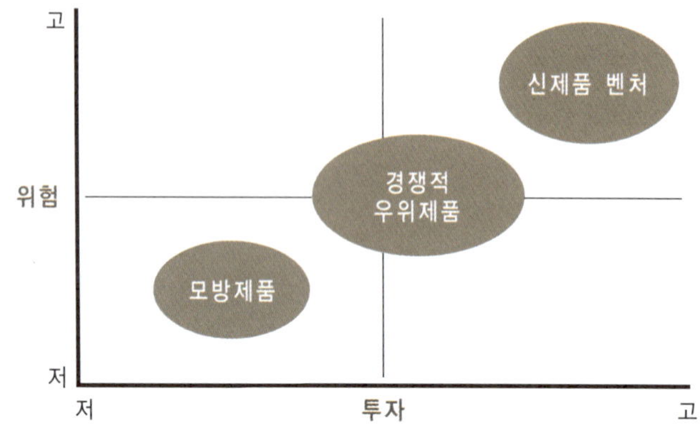

그림 8-3 **신제품전략**

① **모방제품전략**(me-too product strategy) : 타기업이 이미 도입해 성공을 입증한 제품을 근본적으로 복제하는 제품을 모방제품이라 한다.

모방제품전략은 혁신자가 빈약한 마케팅 활동을 하고 선도적 위치를 유지하는 데 문제가 있는 경우 매우 유리하다. 즉, 이 경우에는 혁신기업이 아닌 타기업이 동일한 제품개념을 선택해서 선도자가 될 수 있다. 예를 들면, IBM이 컴퓨터를 발명하지 않았음에도 불구하고(Sperry Rand사가 개발하였음), IBM은 Sperry의 마케팅 활동을 초월하여 지배적인 컴퓨터 기업으로 위치를 확고하게 구축하였다.

② **경쟁적 우위 제품전략**(competitive-advantage product strategy) : 모방제품전략처럼 이 전략은 생존이 가능한 제품개념을 파악하기 위해서 경쟁의 우위를 요한다. 그러나 경쟁적 우위 제품전략을 채택하는 기업들은 시장에 이미 존재하는 제품을 단지 복제하지는 않는다. 즉, 이들은 제품에 상당한 개량이나 혁신을 하는데 일부 제품의 개량은 경쟁자의 제품을 테스트하고 주요 약점이나 간과된 기회를 발견함으로써 이루어진다.

③ **신제품 벤처전략**(new-product venture strategy) : 하나의 기업이나 개인이 전적으로 신제품 혹은 제품계열에 투자했을 때 성공한다면 엄청난 이익을 획득할 수 있다. 이러한 모험은 기업내부의 강력한 R&D부서나 사내 기업가(entrepreneur)의 활동 결과라고 할 수 있다. 조사비용이 매우 높은 경우 기업은 개발비용과 위험을 분산하기 위해 함께 결합하기도 한다.

그러나 이러한 사업과 관련된 높은 위험이 기업들로 하여금 다른 전략을 선택하게 한다. 따라서 신설기업을 포함하는 많은 신제품 벤처기업들은 제품과 마케팅 계획뿐만 아니라 마케팅 계획수행에 필요한 시스템을 개발하기 위해 많은 노력을 경주한다.

제2절 제품수명주기

1 제품수명주기의 개념

제품도 인간과 마찬가지로 일정한 수명주기를 가지고 있다. 시장에 처음으로 도입된 제품은 일정한 기간이 지나면 소비자의 관심에서 멀어지게 되고, 소비자의 욕구에 맞는 대체제품의 등장으로 인하여 점차로 시장에서 쇠퇴하여 결국 자취를 감추게 된다. 그러나 기업의 적극적인 마케팅 활동과 소비자의 선호로 특정제품이 시장에 살아남는 기간은 제품에 따라 다르다. 따라서 자사 제품이 경쟁 제품에 비해 오랫동안 시장에 지속되기 위해서는 제품계획과 마케팅 믹스계획이 중요하다.

제품수명주기(product life cycle)란 신제품이 시장에 출하되어 경쟁제품이나 대체제품 등의 출현과 소비자 기호의 변화에 의해서 시장에서 사라지기까지의 전과정을 말한다. 즉, 시장에서 활동하는 제품의 진행과정 단계를 말하며 전단계를 통해 제품이 이동하는데 필요한 시간을 의미한다. 그리고 첫 단계의 시작은 시장에의 제품도입, 즉, 제품의 생성이며 성장, 성숙 그리고 마지막으로 제품소멸이 그 뒤를 따른다. 개개의 각 단계에서 고객에 의한 제품인지와 구매수준은 변하기 마련이다. 제품수명주기 개념은 모든 제품계층, 제품형태, 디자인 그리고 개별브랜드에 응용된다.

수명주기에서의 제품연령과 위치의 측정은 시간, 판매, 이익이라는 세 가지 변수에 달려있다. 판매는 시장유형 및 경쟁과 같은 변수에 의해 측정되며, 이익은 비용과 기타 변수들에 의해 영향을 받는다.

마케팅 믹스는 보통 제품수명주기의 각 단계에서 변화 응용되고 표적시장, 경쟁 그리고 환경여건은 제품이 수명주기를 통과할 때 변한다.

2 제품수명주기의 단계

수명주기이론에서 파악되는 단계는 도입기, 성장기, 성숙기, 쇠퇴기이다([그림 8-4] 참조).

한 단계에서 다음 단계로의 제품의 이동은 시간보다는 판매변수에 많은 영향을 받는다. 예를 들면, Cabbage Patch인형과 같은 장난감 패션 의류와 같은 제품은 성장기를 매우 빠르게 통과하지만 TV나 냉장고와 같은 제품은 여러 해가 걸린다.

(1) 도입기

도입기(introduction stage)는 신제품이 개발과정을 걸쳐 시장에 도입되어 판매에 유리하게 된 시점에서 시작되어 판매가 급속도로 증가할 때 끝난다. 도입기는 상당 기간 지속되는 것이 일반적이며, 매출이 완만하게 성장하는 기간이다.

이 단계의 특징을 살펴보면 다음과 같다.

① 제품이 새롭고 대다수 소비자가 신제품에 대한 존재를 인지하고 있지 못하거나 정보를 획득하지 못해 제품 구매의사결정과정이 늦어져 판매가 매우 낮다.

② 미처 발견되지 못한 기술적 결함이나 마케팅 프로그램에 대한 시행착오가 나타나게 된다.

③ 판매량이 적으면서 유통비용과 촉진비용이 많이 들기 때문에 이익보다는 손실이 발생한 경우가 많다.

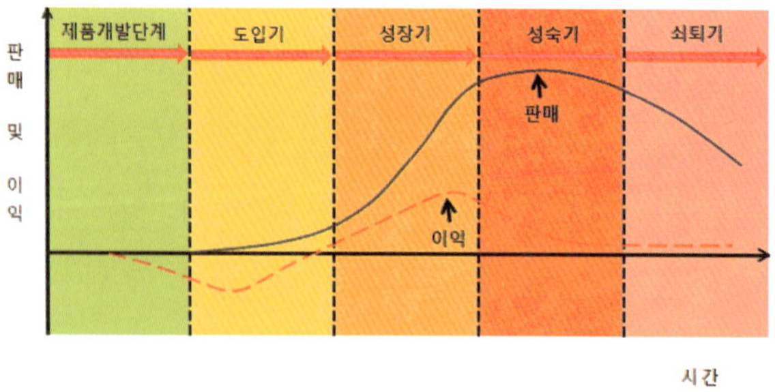

그림 8-4 수명주기이론

이 도입단계에서의 관리는 R&D, 초기 마케팅 그리고 제품출시 비용 등으로 인하여 수익과 비교해서 비용이 높은 비율을 차지하기 때문에 당장의 성과보다는 미래 지향적인 관리가 되어야 하고 위험 또한 어느 정도 부담하고자 하는 노력이 있어야 한다. 시장에서 처음으로 도입되어 그 품질이나 브랜드가 입증되지 않은 신제품은 소매상들이 제품의 판매량, 마진, 촉진지원활동에 관심을 가지고 있기 때문에 기업의 입장에서는 제품의 판로를 확보하기 위하여 비용의 대량지출을 필요로 한다. 그리고 촉진비용 역시 제품의 장점과 편익을 소비자에게 인식시키기 위해서는 광범위한 비용의 지출을 필요로 하기 때문에 도입기에서의 제품가격은 투하된 자본을 회수하기 위해서 높게 책정되는 경우가 많다. 이 단계에서 가장 중요한 목적은 제품에 대한 수요를 자극하는 것이다.

제품이 도입단계에서 머무르는 시간은 제품에 따라 상이한데 가격이 높고 복잡하면서도 독특한 신제품은 도입단계에서 오랫동안 머무른다. 그러나 비용이 낮고 사용도 용이하며 구매와 사용습관의 변화가 거의 필요치 않는 제품은 매우 빠르게 이 단계를 통과한다.

(2) 성장기

성장기(growth stage)는 소비자들의 제품에 대한 인지도가 높아져 판매가 급속히 증가하는 시기이다. 이 단계에서는 신제품에 대해 고객들이 만족한다면 소비자들의 시장수용이 급속히 이루어져 초기 구매자들은 물론이고 잠재 소비자들도 구전을 통해 제품에 대한 인식 수준이 높아짐에 따라 구매를 시도하게 된다.

따라서 대규모 생산과 판매가 발생하며 수익성이 높아 새로운 경쟁자가 시장에 진입하게 된다. 시장에 제품을 소개한 최초의 기업이 도입기에서 차별화한 마케팅 전략을 개발한 경우 보통 성장기에서 시장을 지배한다.

성장기에서는 수요가 매우 크기 때문에 실제 제품부족현상이 발생하며, 성장기에서는 수요의 증가로 이익이 만족스러울 정도로 증가한다. 그러나 비록 모든 기업이 성장기를 선호하지만, 이 단계는 기업으로 하여금 생산능력을 확장하게 하여 비용통제를 하지 못하게 하는 어려움이 발생한다. 이는 예상 비용 이상의 많은 비용의 낭비를 발생시켜 기업의 자금난을 심화시킬 수 있다. 또한 시장에서의 유리한 이윤 획득에 유혹되어 경쟁자가 시장에 진입하고 생산능력을 확대한다. 이러한 높은 이익의 발생은 시장에 이미 존재하고 있는 기업들로 하여금 생산능력을 확대하도록 하여 결국 생산능력이 수요를 추월하는 상황에 이르게 된다.

생산능력이 시장 수요를 추월하거나 경쟁이 치열해지면 기업은 가격을 인하하거나 제품의 품질을 개량하며, 또한 새로운 시장과 새로운 유통경로를 탐색한다. 이러한 모든 노력들은 기업으로 하여금 마케팅 기법들을 개선하도록 요구한다. 브랜드충성도를 확보하기 위한 시도로 촉진 캠페인이 기업의 브랜드 독창성을 강조할 수 있으며 다른 기업의 제품에 대한 브랜드충성도를 침식하기 위해 기업들은 제품의 유사성과 저가격을 강조할 수 있다. 촉진활동에 투입되는 전체산업 지출은 성장단계를 통해 상대적인 안정성을 유지한다. 그러나 이 단계에서는 판매가 증가하기 때문에 촉진활동은 감소한다.

기업이 성장기 동안 자사 제품에 대한 시장에서의 경쟁적 위치를 확보하고 시장성장을 장기간 유지시키기 위해서는 다음과 같은 시장확장전략(market- expanding strategy)을 사용할 수 있다.

첫째, 제품에 대한 기능적인 면을 강화시키기 위하여 품질을 개량하고 소비자를 유혹할 수 있는 새로운 특성과 스타일을 개선한다.

둘째, 제품에 대한 모델과 주변 제품을 추가한다.

셋째, 새로운 세분 시장에 진출한다.

넷째, 기존의 유통경로를 개선하거나 새로운 유통경로를 창출한다.

다섯째, 도입기에 신제품을 소비자나 유통업자들에게 인식시키기 위하여 사용되었던 광고를 제품선호와 구매를 유도하는 광고로 전환한다.

여섯째, 가격 지향적인 소비자들을 유인하기 위하여 적정한 시기에 가격을 인하한다.

이러한 시장확장전략을 추구하는 기업은 경쟁기업에 비해 경쟁력을 확보하여 자사 제품에 대한 시장에서의 위치를 확고히 할 수 있다. 예를 들면, Starbucks는 커피의 종류를 다양하게 함은 물론 미식가의 입맛에 맞는 여러 가지다양한 차를 선보임으로써 미국시장에서 커피시장의 선도기업으로 부상하였다. 최근 Starbucks는 미국내에서 사용했던 것과 같이 공격적인 시장 확장 전략을 사용하여 세계 각 국으로 진출하고 있으며 우리나라에도 상륙하여 성공적인 영업활동을 전개하고 있다.

(3) 성숙기

성숙기(maturity stage)는 제품판매의 성장률과 이익률이 처음에는 완만하게 증가하다가 최정점에 이르면 성장률이 둔화하여 판매량이 더 이상 늘지도 않고 줄지도 않는 시기이다. 성장기에서 이루어진 생산능력의 확장의 영향은 성숙기가 진행되는 동안에도 나타나며 경쟁에 대한 압박이 격렬해짐에 따라 시장에서 경쟁력이 없는 기업들은 소멸하거나 합병의 대상이 된다. 그러나 경쟁적 우위 내지 강점을 보유한 기업들은 매우 유리한 위치를 점하거나 오히려 성장한다.

제품 관리자는 제품 마케팅 믹스 그리고 마케팅 환경을 주시한다. 시장에서 대다수 제품은 성숙기에 있으므로 대부분의 마케팅 관리자는 성숙제품을 전제로 관리활동을 한다. 성숙기에 산출된 대부분의 이익은 신제품 개발을 지원하고 도입단계에서의 제품의 손실을 상쇄하는데 이용되기 때문에 비용억제(cost containment)가 강조되어야 한다.

판매량의 증가는 판매가 안정적이기 때문에, 시장 점유율을 증가시킴으로서 달성되어야 한다. 비록 최대 제품특성과 고객 소구점이 이미 노출되었더라도, 경쟁자와 기업은 새로운 촉진활동과 제품특성 활동을 추가하는 노력을 계속해야 한다. 그러나 여러 브랜드 간 차이는 점차 줄어들고 고객은 그 차이를 거의 인지하지 못한다. 따라서 기능적 차이가 줄어듦에 따라 심리적 이미지와 스타일의 차이가 강조되는 시기이다.

성숙기의 마케팅 전략으로는 시장수정, 제품수정, 마케팅 믹스수정 등이 있다.

(4) 쇠퇴기

쇠퇴기(decline stage)는 제품이 시장에서 경쟁력을 상실함에 따라 판매가 급속하게 하락하고, 이익도 감소하여 최저점에 이른다. 즉, 판매감소의 주된 원인으로는 소비자 의식구조의 변화, 사회적 추세, 정부규제, 기술진보, 시장에서의 치열한 경쟁강도, 강력한 경쟁자 출현 등을 들 수 있다. 예를 들면, 우리나라 흑백 TV는 빨리 소멸된 대표적인 제품으로 컬러 TV의 개발과 컬러방영 허용조치, 소비자 욕구의 변화, 기업 마케팅 노력의 변화가 주원인이었다.

쇠퇴기에서의 급속한 판매감소는 공장폐쇄, 인적구조조정, 타인으로부터의 자금융자와 같은 외상적인 정리(traumatic adjustment)를 하는 반면 점진적인 판매감소는 이와는 반대로 점진적인 정리(gradual adjustment)를 가능하게 한다. 마케팅 담당자는 제품계열의 보완, 유통구조의 재정리, 직원 재배치 등 소극적인 마케팅활동을 하게 된다.

보통 가격경쟁은 계속되지만 적극적인 가격인하의 정도는 성숙기보다 약하며 경쟁자의 수도 감소한다. 그리고 소비자들은 보수적인 성향의 행동을 하게된다. 강력한 브랜드를 보유하고 있는 기업은 변화에 저항하는 보수적인 소비자를 표적고객으로 하여 계속해서 이익을 창출한다. 그러나 제품 관리자는 제품에 대한 기회비용(opportunity cost)을 고려하여 시장에서 제품을 폐기할 것인가를 결정해야 한다. 시간이 경과함에 따라 구축된 브랜드충성도와 기존 고객들의 제품에 대한 향수도 고려해야 할 대상이다. 따라서 시장에서 제품을 폐기하는 결정은 단순한 경제적 의사결정이 아니라 기업 내·외적의 종합적인 결과에 의해서 이루어져야 한다.

3 제품수명주기의 형태와 길이

제품수명주기의 형태와 길이는 제품의 유행에 따라 상이하다([그림 8-5] 참조).

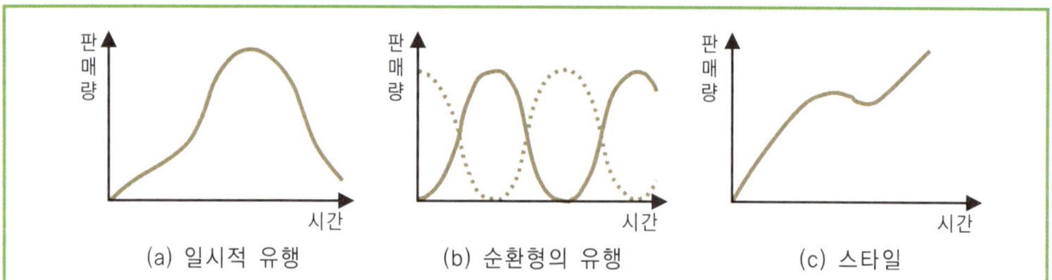

그림 8-5 일시적인 유행, 순환형의 유행 및 스타일주기

① **일시적인 유행(fads)** : 짧은 수명주기를 갖는다. Hot Sox는 발가락이 분리된 어망 형식의 발목양발을 생산하는 일시적인 유행을 포착한 결과 제품은 매우 많은 인기를 끌었지만, 소구는 매우 빠르게 소멸되었다. 따라서 Hot Sox사는 기존제품을 폐기하고 자사의 제품계열에 새로운 품목을 도입하였는데 이들 개별품목 도입은 빠르고 성장은 가팔랐으며, 성숙기는 짧고 쇠퇴기는 깎아지른 듯한 형태의 제품수명주기를 보였다.

② **유행(fashion)** : 짧고 순환하는 수명주기를 갖는다. 남성용 넥타이를 생산하는 제조업체는 수년 동안 폭을 넓히고 줄이는 과정을 되풀이하고, 스커트, 모자 그리고

자동차를 포함하는 대다수의 제품은 일종의 패션(유행)주기를 갖는다.

③ **스타일(styles)** : 가정, 의복, 예술에서 볼 수 있는데, 일단 어떤 스타일이 나타나면 수세대간 지속되면서 유행되었다 사라졌다하는 경우가 많다. 스타일의 주기는 시간경과에 따라 관심이 고조되었다 낮아졌다하는 경향을 나타낸다.

제품수명주기(product life cycle)의 길이 역시 다양하다. 일부 제품들은 다른 제품보다 빠른 수명주기를 갖는다. 비록 어느 정도의 차이는 있지만 수명주기는 점차 짧아지는 경향이 있다.

기술진보의 속도는 많은 제품의 수명주기를 줄이는데, 예를 들면, 개인용 컴퓨터의 신속한 개발은 결국 주변기기 장치가 없는 워드 프로세서를 소멸시켰으며 적분 내지 미분 계산을 가능하게 하는 포켓용 전자계산기는 여전히 가격이 비싼 편이지만 기술진보는 이들의 가격을 매우 빠르게 떨어뜨린다. 그리고 기술진보가 이루어지면, 현재 매우 한정되어 있는 모델들을 개선할 수 있게 된다. 이와 유사한 R&D 프로그램이 여러 기업들로 하여금 동시에 성능이 비슷한 제품을 개발하게 하는 결과를 야기 시킨다.

CHAPTER 08

4 마케팅 관리와 제품수명주기

마케팅 전략은 제품수명주기가 변화함에 따라 수정되어야 한다.

예를 들면, 도입기(introduction stage)에서의 성공요소는 표적시장에서 제품의 인식을 개발하고, 제품의 편익을 전달하며 그리고 고객에게 제품을 확신시키는 것이다. 소비자에게 인식되고 제품의 편익을 제공하는데 이용되는 것으로는 무료샘플, 시용기간, 리베이트 그리고 기타 기법들을 들 수 있다. 성장기에서는 제품을 차별화하고 위치화함으로써 경쟁적 우위를 점유해 경쟁자의 제품이 아닌 자사의 제품이 구매되도록 그 가능성을 증가시킨다. 성숙기에서는, 제품, 전략, 비용통제의 개선이 소비자가 기대하는 가치의 일부 구성요소를 제공한다. 소비자로 하여금 자사의 제품을 기억하게 하는데 중요한 역할을 하는 것은 촉진활동이며 고객의 욕구를 보다 잘 충족시키는데 유용한 수단이 시장세분화이다. 쇠퇴기(decline stage)에서는 효율적이고 지속적인 비용통제가 아주 중요한 역할을 한다.

예를 들면, 처음에 비디오 디스크 제품을 엄청나게 큰 규모의 시장과 수명이 긴 제품으로 예측되었지만, 실제로는 소규모 판매와 짧은 수명주기를 가진 제품이었다. RCA

와 Pianeer Video는 유리한 위치를 확보하기 위해 처음에 비디오디스크 시장에서 촉진활동과 가격을 인하하는 전략을 수행하였으나 IT산업의 성장으로 결국 이익이 창출되지 않아 시장에서 소멸하였다.

표 8-5 제품수명주기 특성과 반응

	도입기	성장기	성숙기	쇠퇴기
- 특징				
판매	저	빠른 성장	완만한 시장	감소
이익	극소	정점	감소	저-제로
고객	혁신자	대량 시장	대량 시장	최종 수용자
경쟁자	소수	증가	다수	감소
- 반응				
전략적 초점	시장확대	시장침투	점유율 방어	생산성
마케팅 지출	고	고	하락	저
- 마케팅 강조점	제품인식	브랜드 선호도	브랜드충성도	선택적
유통	선택적	집약적	집약적	선택적
가격	고	저	최저	상승
제품	기초제품	개량 제품	차별화	합리화

자료 : Peter Doyle, "The Realities of the Product Life Cycle", Quarterly Review of Marketing, (U.K.), Summer 1978, p.5.

〈표 8-5〉는 제품수명주기의 각 단계별 관리반응을 요약한 것이다. 마케팅 담당자는 하나의 제품이 제품수명주기의 각 단계에서 지속되는 수명의 길이와 형태를 정확하게 예측할 수는 없지만 이것이 필수적인 것은 아니다. 변화를 창조하는 근원적인 원천에 대한 이해와 탄력적인 전략만이 성공요소를 제공한다.

요약정리

기업이 변화하는 소비자의 욕구와 경쟁자의 활동에 대응하기 위해서는 자사의 현재 활동중인 제품의 수정뿐만 아니라 신제품을 개발하는 것이 필요한데 이는 기업이 생존을 위한 최소한의 활동이다.

신제품은 소멸되어 가는 기존제품을 지원하기 때문에 대다수 기업에게 매우 중요하다. 신제품의 도입이 없는 기업의 시장위치는 필연적으로 약화된다. 비록 신제품의 잠재적 이익이 크다 할지라도 실패할 확률은 항상 존재하며 마케팅 활동에서 가장 위험한 활동중의 하나가 바로 신제품 개발이다.

신제품이 실패하는 이유로는 부적당한 제품개념, 미미한 차이, 빈약한 실행, 불충분한 예산, 불충분한 규모의 시장, 부적당한 타이밍, 표적시장선정의 오류, 포지셔닝의 오류, 경쟁사 판단의 오류, 수요예측의 오류, 시장변화, 최고 경영자의 좁은 시야 등을 들 수 있다.

신제품 개발과정은 다음과 같은 단계로 이루어져 있다 : 아이디어의 창출, 아이디어 선별, 사업성 분석, 제품개념 테스트, 제품개발, 제품 테스트, 마케팅 믹스계획, 시험 마케팅, 상업화. 이러한 개개의 단계는 서로 영향을 미치지만 기업들은 보통 신제품 개발과정을 빠르게 진행하기 위해 몇 단계를 건너뛰기도 한다.

아이디어는 거의 대부분 R&D, 판매원, 공급업자 그리고 고객에 의해 창출된다. 제품이 형상화하기 전에, 아이디어는 기업의 목적에 따라 선별되고, 사업성 분석을 거쳐 재정적인 측면이 고려되며, 아이디어로서의 가치를 잠재고객에게 테스트 받는다. 만약 모든 테스트 결과가 긍정적이면, 제품의 원형 내지 모델이 구축되고 테스트된다. 마케팅 계획에 기초해서 신제품이 광범위한 시장에 출시되기 전에 시험 마케팅 단계를 거친다.

소비자는 신제품에 대한 일련의 채택과정을 거치는데 그 과정은 인식, 관심, 평가, 시용, 채택단계로 이루어져 있다. 그리고 기업은 신제품을 개발하기 전에 잠재적 이익과 관련된 위험을 고려한 최적의 신제품 개발전략을 결정해야 한다.

제품수명주기는 도입기, 성장기, 성숙기, 쇠퇴기로 구분하며 시간, 판매, 이익이라는 변수를 고려하여 각 단계에 적합한 마케팅 전략과 특성요인을 이해하는 것이 중요하다. 그리고 제품수명주기의 길이와 형태는 제품의 유행에 따라 다르다.

용어해설

신제품(new product)
매우 독특하고, 충족되지 않는 수요를 충족시키는 것이라고 할 수 있으며 상이한 기존의 제품을 어느 정도 대체하고 단순히 기존제품을 대체하는 제품도 포함하는 개념

제품계획위원회(product-planning committee)
신제품 아이디어의 보다 심도 있는 개발을 위해 제품개념을 승인하고, 예산을 준비하며, 계획을 수립하는 위원회

제품 관리자(product manager)
단일브랜드, 제품, 제품계열 또는 시장에 대한 전체 프로그램을 계획하고 조정하는 개임

신제품 개발부(new product development department)
단독으로 제품개발을 책임지고 있는 전문부서

벤처팀(venture team)
높은 시장 잠재력을 가지고 있는 특정제품 개념에 거의 모든 시간을 투입하는 기능부분을 대표하는 개개인을 모아놓은 집단

아이디어 선별(screening)
생존 가능성이 희박한 아이디어를 추려내는 과정

사업성 분석(business analysis)
제안된 신제품 아이디어의 잠재적 수익성을 측정하는 것

손익분기점분석(break-even point analysis)
특정 가격 하에서 판매되는 판매량이 총비용과 동일한 점을 파악하기 위한 활동

원형(prototype)
테스트를 위해 제한된 수로 만들어진 제품들의 모델

시험 마케팅(test marketing)
기업이 제품을 지리적 내지 전국적 또는 범세계적으로 출시하는 데 필요한 시간과 자금을 투입하기 전에 한정된 시장에 판매를 목적으로 신제품을 제공하고 촉진함으로써 마케팅 담당자가 마케팅 믹스의 모든 측면을 시험하도록 하는 활동

표준시험시장(standard test market)
기업이 대표성을 가지고 있는 소수의 도시를 선정하고 모든 마케팅 믹스에 이들을 노출시키는 시험 마케팅의 한 유형

통제시험시장(controlled test market)
제조업자에 의해 고용된 하나의 기업이 일련의 선정된 점포집단을 통해 제품을 테스트하는 형태의 시험 마케팅의 한 유형

단일원천자료(single-source data)
슈퍼마켓 스캐너 자료와 가정 소비자 패널자료의 합성에서 파생된 개별가정 구매에 관한 자료

제품출시(product launch)
시장에 하나의 제품을 도입시키는 활동

판매(sell-in)
신제품에 관해서 판매원에게 교육시키고 유통업자에게 판매하는 전략

모방제품(me-too products)
타기업이 이미 도입해서 성공을 입증한 제품을 근본적으로 복사한 제품

제품수명주기(product life cycle)
시장에서 활동하는 제품의 진행과정단계 : 도입기, 성장기, 성숙기, 쇠퇴기

도입기(introduction stage)
제품수명주기의 첫 단계로서 신제품이 판매에 유리하게 된 시점에서 시작해서 판매가 급속도로 증가할 때 끝난다.

성장기(growth stage)
제품수명주기의 두 번째 단계로서 제품의 판매가 급속히 증가하는 단계

성숙기(maturity stage)
판매가 완만하게 증가하다가 최정점에 이르고 판매가 다시 감소하는 제품 수명주기의 세 번째 단계

쇠퇴기(decline stage)
판매와 이익이 급속도로 감소하는 제품수명주기의 마지막 단계

패션(fashion)
주어진 특정시기에 인기 있는 제품의 스타일을 말하며 이는 짧으며 순환하는 수명주기를 갖는다.

토의문제

1. 신제품이란 무엇인가 설명하시오.

2. 마케팅 담당자가 신제품 개발에 치중하는 이유와 신제품이 실패하는 이유를 각각 설명하시오.

3. 조직구조가 신제품과 기존제품의 성공에 중요한 이유는 무엇인가?

4. 신제품 개발과정의 9단계를 들고 일부 기업들이 몇 개의 단계를 건너뛰는 이유를 설명하시오.

5. 일반적으로 신제품 아이디어의 원천은 어디인지 토의하시오.

6. 소비자가 제품을 채택하는 과정을 열거하시오.

7. 신제품 마케팅은 왜 어려운가 그 이유를 설명하시오.

8. 제품 관리자 내지 브랜드 관리자의 역할을 열거하시오.

9. 제품수명주기는 확대 가능한가? 가능하다면, 구체적인 제품의 예를 들고 설명하시오.

10. 제품수명주기의 성장기와 성숙기 동안 기업이 추구할 수 있는 마케팅 전략에 대해서 설명하시오.

11. 순환형의 유행과 일시적인 유행은 어떻게 다른가 토의하시오.

12. 제품수명주기의 각 단계별 특성과 그에 상응하는 마케팅 전략에 대해서 토의하시오.

참고문헌

1) "New Product Strategy : How the Pros Do It," Industrial Marketing, May 1982, pp. 49~60.
2) Barry Feig, "Adapt and Adopt", *Food&Beverage Marketing*, Oct. 1989: p.14.
3) David S. Hopkins and Earl L. Baily, "New Product Pressures", *Conference Board Record*, June 1971, pp.16~24.
4) Claudio A. Romano, "Identifying Factors Which Influence Product Innovation: A Case Study Approach", *Journal of Management Studies* 27: (Tan. 1990), pp.75~95; and Leigh Lawton and A. Parasuraman, "So You Want Your New Product Planning to Be Productive", Business Horizons, Dec. 1980, pp.29~34.
5) Bob Donath, "Can Your New Product Pass This Test?" Business Marketing, July 1984, pp.66~68.
6) Donath. "Can Your New Product Pass This Test?", p.67.
7) Everett M. Rogers and F. Floyd Shoemaker, *Communication of Innovation: A Gross-Cultural Approach* (New York : The Free Press,1971), pp.135~157.
8) Bart Huthwaite, "The Power of Cost Measurement in New Product Development," National Productivity Review 8 (Summer 1989), pp.239~48.
9) George S. Day, "The Product Life Cycle : Analysis and Application Issues," Journal of Marketing (Fall 1981), pp.60~67.
10) Philip Kotler, *Marketing Management*, Prentice-Hall, Inc., N.Y.,7 th ed., 1991, p.313.
11) Sarah Oates, "Holes in Your Socks? Don't Worry, You Have the Foot Fashion", *The Wall Street Journal*, May 5, 1984, p.31.
12) Paul W. Hamelman and Edward M. Mazze, "Improving Product Abandonment Decision," Journal of Marketing (April 1972), pp.20~26.
13) Everett M. Rogers and F. Floyd shoemaker, communication of Innovation : A Gross-Cultural Approach (New York : The Free press, 1971), pp.135~157.

CHAPTER 08

일몰(日沒)

먼 그대 바라보고 있으면
교만으로 뻣뻣해진
내 어깨도
서둘러 겸손을 배워가네

가까운 그대 옷자락 밟고 가다보면
위선을 잉태한
수치스런 가슴팍도
한 커플 우화(羽化)를 꿈꾼다네

의연하다 못해 처연한 그대 뒷모습
허허로운 눈가에 맺힐 쯤 이면
두서없이 첨벙대며 살아온 세월
화끈화끈 부끄러워지네

말없이 스러졌다 벅차게 차오르는
그대 닮아가며
잉여의 삶, 열정의 수레바퀴 멎는 순간 까지
끝없이 불타는 가슴으로 살다 흔적 없이 묻히고 싶다네

— 원명옥 詩 —

가격전략

CHAPTER

09

제1절 가격의 의의와 중요성

기업은 고객에게 제공하는 제품품목의 가격을 결정한다. 가격결정에 대한 해답은, 가격이 구매자와 기업에 영향을 미치기 때문에 많은 사고와 정보를 필요로 한다. 따라서 가격결정 고객, 기업, 경쟁, 경제 그리고 마케팅믹스와 관련해 가격에 대한 마케팅 담당자의 깊이있는 이해를 토대로 이루어져야 한다.

실제 기업이 하나의 제품품목에 가격을 설정하기 전에 가격에 대한 지각과 역할에 대한 깊이 있는 이해를 필요로 한다. 결국 마케팅 담당자는 이러한 가격에 대한 일반적인 이해를 토대로 가격결정목표와 전략에 관한 의사결정을 할 수 있다.

1 가격의 의의

경제학적 측면에서 가격은 제품이나 서비스의 화폐가치, 즉 화폐금액으로 표현된 가치를 말한다. 이와 같이 제품과 서비스의 교환 비율을 의미하는 가격은 임대료, 수업료, 기부금, 헌금, 보험료, 봉급, 임금과 같이 다양한 명칭으로 사용된다.

구매자 내지 판매자가 교환하고자 하는 의지(willness)는 제품에 귀속되어 있는 가치에 달려 있다. 이러한 제품의 가치는 가격에 의해서 책정되어진다. 즉, 이러한 가치의 척도는 가격으로 나타나게 되는데, 소비자들은 가격 수준에 따라 제품 수준을 인식하게 된다. 예를 들면, 구매자입장에서는 제품을 구매함으로써 얻어지는 편익 등의 가치가 많다는 것을 인식할 때 제품에 대한 대가를 지불하고자 하며, 판매자는 자신이 인지하는 가치가 높다고 판단되는 제품에 대해서는 더 많은 대가를 구매자에게 요구한다. 그러므로 한 제품의 가치는 시장에서 교환될 수 있는 대상을 말하며, 가치는 효용(utility) — 만족시키는 능력 — 에서 파생된다. 제품에 효용이 크면 클수록 그 제품이 가지는 가치는 크며 제품이 주는 만족도 또한 크다고 할 수 있다. 이러한 가치(value)의 척도는 가격(price)으로 나타나게 되는데 소비자들은 가격수준에 따라 제품수준을 인식하게 된다.

표 9-1 물가상승 (단위 : 년, 월)

제 품 \ 년 도	1975	1985	1995	2005	2011
자장면	150	500	1,734	3,000	5,000
소 주	121	234	612	1,061	1,100
계란(10개)	300	758	1,084	2,002	2,980
등록금	18만5천	105만	272만	609만	789만

* 등록금 : 사립대 평균 등록금 추이

2 가격의 중요성

(1) 가격과 구매자

가격은 소비자 입장에서 다음과 같은 중요성을 지니고 있다.

첫째, 가격은 여러 가지 면에서 구매행위에 영향을 미치며, 제품의 수요를 결정하는 중요한 요인이다. 예를 들면, 가격은 구매자들로 하여금 욕구에 일정한 순위를 배정하게 한다. 한정된 구매능력을 가지고 있는 소비자와 조직체는 최대의 만족을 얻기 위해 자신들의 자원을 이용한다. 그러므로 가격은 소비지출을 제한하는 역할을 한다. 이러한 가격의 제한적인 효과는 방종과 낭비를 줄이는데, 예를 들면 산림 내지 수자원과 같은 천연자원이 풍부한 아메리카에서 이들 자원은 대가를 지불하지 않는 무료재(free goods)이기 때문에 마구 사용된다. 한편, 서울에서 주택과 같은 일부 필수품의 가격은 매우 제한적이기 때문에 그 사용에 제약을 받는다.

둘째, 가격은 소비자에게 품질의 차이를 알리는 역할을 한다. 30만원짜리 카메라는 150만원짜리 카메라와 비교하면 품질의 차이가 있다. 잠재적 구매자가 카메라에 대한 한정된 지식을 가지고 있다고 할지라도, 그들은 150만원짜리 카메라에서 더 나은 품질을 찾으려고 하며 이와 동시에 높은 품질을 기대한다.

셋째, 가격은 사회적 가치를 나타내는 하나의 척도역할을 한다. 예를 들면, Volks Wagen과 Rolls Royce는 기능적 차이를 가지고 있지만 아마도 가격 측면에서의 양자의 차이를 비교하지는 않는다. Rolls Royce 가격은 자동차의 기능적 측면 때문이 아니라 구매자의 사회적 지위를 확인하는데 도움이 되기 때문에 구매자가 기꺼이 지불할 가치가 있다고 생각한다.

▌표 9-2▐ 년도별 정기예금금리 및 실질금리 (단위 : 년, %)

년 도	1980	1990	1995	2000	2005	2011
정기예금	21.8	10.0	10.0	7.9	3.7	3.5
물가상승률	28.7	8.6	4.5	2.3	2.8	4.0
실질금리	-6.9	1.4	5.5	5.7	0.9	-0.5
국고채			13.4	8.3	4.3	3.4

(2) 가격과 경제적인 측면

자유시장 경제체제 하에서 가격은 시장에서 조정 메커니즘으로서의 기능을 수행한다. 제품 수요량이 공급량보다 크면 가격은 보통 상승하고, 구매능력이 있는 소비자만이 제품을 구매하기 위해 높은 가격을 지불할 수 있다. 그리고 공급량이 수요량을 초과하면 가격은 일반적으로 하락하며, 그 결과 더욱 더 많은 소비자가 제품을 구매하게 된다.

가격과 경제적 현상에 대해서 살펴보면 다음과 같다.

첫째, 가격은 비용에 영향을 미친다. 기업이 이익을 얻기 위해서는 수익이 비용을 초과해야 한다. 그러므로 제품생산비용은 제품의 가격을 결정하는 기본적인 요인이 되며, 결국 가격은 비용에 영향을 미친다고 할 수 있다. 따라서 제품 가격은 비용의 고·저에 의해 결정되기 때문에 가격과 비용과의 관계는 상당하다고 볼 수 있다.

둘째, 가격은 또한 자원―토지, 노동, 자본, 기업가 정신―을 최적 입찰자에게 배분하는 기능을 한다. 예를 들면, 다른 산업에서 희귀자원을 끌어들이기 위해 기업은 그들에게 많은 대가를 지불해야 한다. 이러한 과정이 자원을 경제의 한 부분에서 다른 부분으로 이동시킨다.

셋째, 제품의 장기공급은 장래 기대되는 제품가격에 달려있다. 1970년대 쌀, 보리, 콩과 같은 서가격 제품은 일반적으로 미래에서도 낮은 가격을 기대하게 한다. 생산은 일반적으로 기대가격이 낮을 때 감소하고 높을 때 증가한다. 소비성향이 습관화되는 정도에 따라, 가격이 낮을 때 심지어 장래에 가격이 상승하더라도 소비증가는 지속된다. 가솔린 가격하락이 장래 예상되면 소형차보다는 대형차를 소비자들은 구매하고자 할 것이다.

넷째, 제품이나 소비자 가격은 국민경제에 직접적인 영향을 미친다. 1997년 IMF사태와 2008년 글로벌 경기침체 이후 국내 소비자들이 가격에 민감해지고, 기업은 재고관리와 매출증대를 위한 가격결정의 전략적 중요성이 증대하고 있다. 정부에서는 인플레이션 발생 억제와 생산자, 소비자 모두를 보호하기 위해서 법률로써 가격을 통제하는 정책을 사용한다.

(3) 가격과 기업

첫째, 기업이 결정하는 제품 가격은 소비자 수요에 영향을 미치며, 기업의 목적을 달성하기 위한 기업 노력의 중요한 부분이다.

기업의 제품수요가 높으면 자사의 경쟁적 위치가 강화되며, 시장 점유율도 증가되고 이익도 증가한다. 따라서 가격은 마케팅프로그램의 토대로서의 기능을 수행한다. 예를 들면, 이마트와 롯데마트 같은 대형소매 할인점들의 경우 이들은 가격을 토대로 마케팅프로그램을 전개한다. 유명제품 브랜드를 가지고 있는 소매점들 역시 마케팅프로그램의 주요 요인으로서 가격을 활용하고 있다.

둘째, 가격은 마케팅전략의 나머지 요인들과도 조화를 이루어야 한다. 예를 들면, 화장품에 있어서 촉진활동이 강화되는 경우 가격은 촉진비용과 기타 다른 비용을 초과하는 총이익을 제공할 정도로 높아야 한다.

셋째, 가격은 다른 변수들보다 매우 빠르게 변할 수 있기 때문에 마케팅믹스에서 가장 가변적인 변수이지만 제품 디자인, 촉진, 유통에서의 변화는 더욱 더 많은 노력을 필요로 한다.

수요가 가격에 민감하게 반응하지 않도록 하기 위해 마케팅 담당자는 제품 디자인, 브랜드, 포장, 인적판매, 광고 그리고 기타 다른 마케팅변수에 상당한 시간과 노력을 투입하며 자신들의 브랜드만이 소비되는 환경을 만들고자 노력한다.

제2절 가격결정목표

기업은 제품의 가격을 결정함에 있어서 제품으로부터 목표하는 바가 무엇인가를 먼저 결정해야 한다. 기업이 표적시장을 선정하여 자사 브랜드를 시장에 포지셔닝하는데 있어서 목표가 명확하다면 그 제품의 가격결정은 매우 용이하다. 가격결정목표(pricing objectives)는 기업이 자사의 가격결정전략과 전술로 달성하고자 기대하는 목표들이다. 가격결정목표는 일반적으로 다음과 같은 3가지 범주 중 하나에 속 한다 : 판매, 경쟁위치, 이익. 그러나 기업의 가격결정목표가 단지 기업존속인 경우도 있다.

1 기업존속목표

기업 간 경쟁 심화, 소비자의 욕구 변화, 기술의 발달, 사회·문화적 변화 등은 기업의 생존을 위협하는 요인들이다. 따라서 경영상 어려움에 처해 있는 기업은 기업존속을 위해 가격결정목표(survival objectives)를 수립하는것 이외에 달리 선택의 여지가 없다. 기업존속 가격결정은 때로 원가나 원가 이하로 제품을 판매해 현금을 창출함으로써 기업의 생존을 가능하게 한다. 불황기에 거의 모든 기업들은 현금을 창출하는 방법을 탐색하게 되는데, 가치 있는 브랜드는 일부 소비자 시장에서 기업존속을 위한 하나의 방법이 될 수도 있다. 저가격브랜드는 프리미엄 이미지브랜드와 제공가능성(afford-ability)을 겪한다.

2 이익목표

이익의 극대화는 기업을 위한 유일한 목표는 아니지만, 선택가능한 목표이다. 이익목표(profit objectives)는 단·장기로 분류되는데 최근에 수많은 기업들의 단기이익 지향성에 관한 열띤 논쟁이 있었다. 그러나 단기이익은 기업과 고객 양자에게 장기적인 측면에서 많은 문제를 야기 시킨다. 예를 들면, 수년 동안 Apple의 컴퓨터는 단위당 판매에 높은 이익마진을 가져다주는 고 가격으로 판매되었다. 그러나 불행하게도 이러한 접근방법은 기업으로 하여금 판매량과 시장점유율의 상실을 불러 일으켰다. 가격을 낮춘 이후 Apple의 결정은 비록 이익마진을 희생한 것이지만 자사의 시장 점유율을 극적으로 증가시켰다.

단·장기 이익목표는 기업이 창출한 현금흐름과 수익률로 측정된다. 그러나 이러한 목표들을 설정하기 전에 마케팅 담당자는 비용과 잠재적 이익을 측정할 필요가 있다.

(1) 비용범위 : 손익분기분석

수익성을 달성하기 위한 시도로서 마케팅 관리자는 보통 손익분기분석을 해야 한다. 즉, 마케팅 관리자는 총수익과 총비용이 동일한 판매량에서 손익분기분석을 탐색한다. 이익을 위하여 마케팅 관리자는 비용 — 장기적인 측면에서의 총비용 — 을 초과하는 그 이상의 가격을 설정하고자 한다.

[그림 9-1]은 어느 한 가상기업의 손익분기도(break-even chart)이다. 선 TR은 총수익선이고 선 TC는 총비용선이다. 그리고 비용은 변동비와 고정비로 분류된다. 총수익과 총비용선이 교차하는 점이 손익분기점인데 이 경우에는 제품 판매량이 298.5단위이고 판매액은 447,828원이 여기에 해당된다. 이점 이하에서는 총비용이 총수익을 초과하기 때문에 손실을 초래하며 손익분기점 이상에서 기업은 이익을 얻는다.

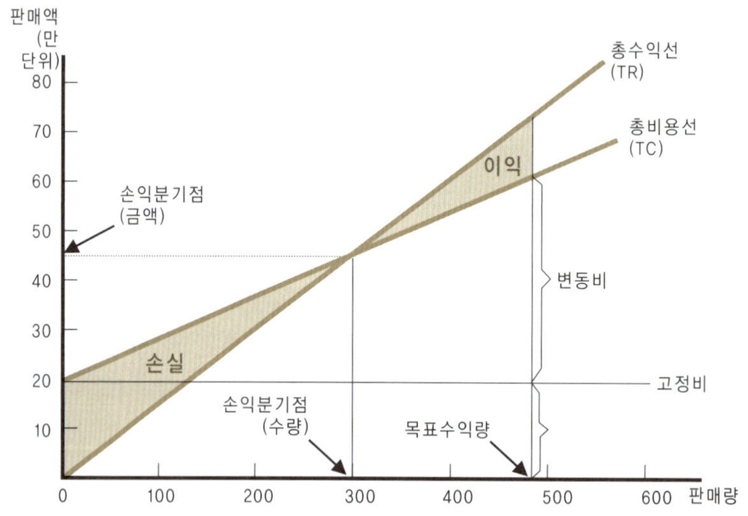

그림 9-1 손익분기도

도표를 작성하는 대신에 총고정비를 단위당 가격－평균 변동비로 나눈 수량으로 손익분기점을 발견할 수 있다.

$$\text{손익분기점(수량)} = \frac{\text{총고정비}}{\text{단위당가격} - \text{평균변동비}}$$

단위당 판매가격과 변동비의 차이를 공헌이익이라 한다.

[그림 9-1]의 손익분기도는 200,000원의 총고정비, 1,500원의 단위당 가격, 단위당 830원의 평균 변동비를 토대로 작성된 것이다. 즉,

$$\begin{aligned}\text{손익분기점(수량)} &= \frac{200{,}000}{(1{,}500 - 830)} \\ &= \frac{200{,}000}{670} \\ &= 298.5(\text{단위})\end{aligned}$$

수량 대신 금액으로 손익분기점(break-even point)을 계산하기 위해 다음과 같은 공식을 이용한다.

$$\text{손익분기점(금액)} = \frac{\text{총고정비}}{1 - \dfrac{\text{평균변동비}}{\text{단위당 가격}}}$$

따라서 위의 예의 경우

$$\begin{aligned}\text{손익분기점(수량)} &= \frac{200{,}000}{1 - \dfrac{830}{1{,}500}} \\ &= \frac{200{,}000}{0.4466} \\ &= 447{,}828(\text{원})\end{aligned}$$

손익분기분석(break-even analysis)이 마케팅 담당자에게 유용한 하나의 도구임에도 불구하고 위의 예에서 보는 것처럼 현실이 그리 단순하지는 않다. 실제 이 방법의 유용성은 적절한 형태의 관련 정보를 얻는 관리자의 능력에 달려 있다고 할 수 있다. 이외에도 수익과 비용곡선이 식선으로 그려지지 않는다는 문제도 존재한다. 게다가 수

익이 항구적으로 상승하지 않는 반면 주어진 판매량 수준에서 비용증가는 기대이익에 큰 영향을 미친다.

그럼에도 불구하고 손익분기분석은 여러 판매량 수준이 비용과 이익에 어떠한 영향을 미치는지 평가하는데 유용하게 사용될 수 있다. 즉, 관리자는 기업이 목표수익을 얻기 위해서는 어느 정도의 제품을 생산하고 판매해야 하는지 결정할 목적으로 상이한 수준의 비용과 수익을 가정함으로써 분석을 한다. 예를 들면, 위의 예에서 기업이 10만원의 이익을 희망한다면 손익분기점은 447.8단위가 되는데 이는 다음과 같은 계산에 의해 산출된다.

$$\text{목표수익} = \frac{\text{총고정비} + \text{희귀이익}}{\text{단위당가격} - \text{평균변동비}}$$

$$100{,}000 = \frac{200{,}000 + 100{,}000}{1{,}500 - 830}$$

$$= \frac{300{,}000}{670}$$

$$= 447.8(\text{단위})$$

(2) 목표자본수익률 달성

목표자본수익률을 사용하는 기업은 의도한 자본수익률을 산출하는 가격을 설정하고자 한다. 자본수익률(return on investment : ROI)은 기업의 순이익을 기업의 총자본과 비교하여 기업의 수익성을 예측하는 비율을 말한다.

$$\text{ROI} = \frac{\text{순이익(세제후)}}{\text{총자본}} \times 100$$

목표자본수익률의 주요 단점은 단기적 이익에 초점을 두고 있으며, 마케팅 환경과 고객을 무시하고 있다는 점이다. 시장경쟁이 치열해질수록 목표수익률을 달성하고자 하는 목적이 경쟁적 우위와 시장점유율 상실이라는 결과로 이어질 가능성이 커진다.

3 판매목표

대부분의 기업들은 판매수준, 시장점유율, 기간수요의 균형이라는 측면에서 가격결정목표를 전개한다.

(1) 구체적인 판매수준 달성

기업의 제품이 상대적으로 가격에 탄력적이면 가격의 변화는 자연스럽게 판매의 변화를 주도한다. 기업은 목표를 단위판매(unit sales)와 총판매량으로 분류하여 전개하며 이들 양자의 결합은 기업 측면에서 실질적인 성장을 필요로 한다. 즉, 이는 더 많은 단위를 판매하기 위해 단순히 가격을 인하하지는 않으며 또한 더 많은 수익을 창출하기 위해 가격을 단순하게 인상하지도 않는다는 것을 의미한다.

(2) 의도한 시장점유율 달성

기업은 보통 자사의 시장점유율을 증가시킴으로써 자사제품의 시장에서의 위치확보와 수익성을 개선하고자 노력한다. 시장점유율(market share)은 전체산업의 판매에 대비되는 어느 한 기업의 판매비율을 말하며, 일반적으로 시장점유율이 크다는 것은 높은 생산수준, 규모의 경제, 낮은 비용이 가능한 시스템을 구축한다는 것을 의미한다.

연구 기관들이 가격결정 목표로서 사용되는 시장점유율의 타당성을 지원하는데, 시장영향분석(profit impact of marketing strategy : PIMS)이라 불리는 프로그램을 실행한 The Strategic Planning Institute는 시장점유율과 수익성이 매우 깊은 연관이 있다는 사실을 발견하였다. 즉, 50% 이상의 시장 점유율을 보유하는 기업들은 10% 이하의 시장점유율을 소유하고 있는 기업보다 투자수익률이 3배 정도 높았다는 것이다.

(3) 기간수요의 균형

일부 산업에서 수요는 극히 주기적인 경우도 있다. 예를 들면, 스키장이나 장거리통신과 같은 다양한 산업들은 비수기에도 어느 정도의 수요를 기대하는 가격결정목표를 고려한다. 따라서 스키장은 룸이 비어 있지만 겨울에 프리미엄가격을 책정할 당시의 고객들을 유치하기 위해 저가격대의 하기휴가를 제공한다. 장거리 통신사업을 하는 기업은 러시아워 이외의 시간에 전화를 사용하는 이용자들에게 특별할인을 제공하고 러시아워 시간에 전화를 사용하는 이용자들에게는 프리미엄가격을 부가한다.

이러한 가격결정 정책은 수요의 변화에 크게 의존한다. 수요가 많으면 가격이 높고, 수요가 적으면 가격도 낮다. 그리고 기업에게 고정비를 확정하는 기회를 제공하기도 한다. 예를 들면, 스키장은 룸이 만원이든 혹은 비어있던 간에 저당, 보험, 유지에 동일한 고정비를 투입한다. 따라서 스키장의 관심은 이러한 비용을 상쇄할 정도의 가격을 유지하는 것이다.

4 경쟁목표

마케팅 관리자가 기업의 제품에 가격을 설정하고자할 때 경쟁자의 가격결정활동과 가격변화에 대한 경쟁사의 반응을 우선적으로 고려해야 한다. 가격결정목표를 수립하면서 기업은 경쟁을 할 것인지 아니면 경쟁을 예방할 것인지 또는 가격을 안정시킬 것인지 결정해야 한다.

(1) 경쟁수행

경쟁사의 제품과 자사의 제품을 차별화 시킬 수 없는 산업 — 예를 들면, 가솔린 — 에서 기업은 경쟁사의 가격에 민감하게 반응하고 많은 주의를 기울여야 한다. 이때 소비자들은 이들 제품을 서로 완벽하게 대체하는 일용품으로 파악한다. 따라서 그들은 특정브랜드를 선택하는데 가격에 매우 민감하고 경쟁제품보다 높은 가격이 설정된 브랜드는 거부하는 경향이 있다.

(2) 경쟁예방

어떤 경우에 기업들은 새롭게 진입하는 기업이 도저히 모방할 수 없을 정도의 저가격을 설정하기도 한다. 기존 기업들은 특허를 부여받은 기술, 높은 시장점유율, 규모의 경제가 가능한 생산수준, 저가격 때문에 초기에 이러한 것들을 달성하고자 하는 신설기업보다 훨씬 낮은 가격을 설정할 수 있다. 그러나 이러한 목표는 기업이 낮은 원가에 필요한 판매량을 달성할 수 없거나 유리한 저가격에 제품을 판매할 수 없다면 역효과를 낼 수도 있다.

(3) 상대적인 가격결정 위치 유지

산업 내에서 일부 기업들은 비가격요인에 기초해 경쟁하기도 한다. 이러한 상황에서 그들은 경쟁자에 비례하여 가격결정 위치를 유지하고자 하는 목표를 설정하는데 보통 독점적 경쟁하에서의 성숙기 시장이나 과점하에서의 상황이 여기에 해당된다. 그리고 과점하에서 한 기업이 시행한 가격인하는 타기업의 가격인하를 유도하고 결국 그 결과는 모든 관련기업들의 이익에 손해를 가하는 가격전쟁이 될 수밖에 없다. 과점이나 독점적으로 성숙한 경쟁적 시장하에서 모든 기업들이 비교 가능한 가격변화를 설정하는 한 이들 비용을 초과할 수 있으며, 이익을 창출할 수 있다.

이러한 목표가 변화하지 않는 가격을 의미하지는 않는다. 예를 들면, 우리나라에서 명문 사립대학들은 거의 40년에 걸쳐 지속적으로 등록금을 인상했지만 국공립 대학의 등록금과 비례하여 그들의 가격 상승률은 거의 동일하였다는 것에서 그 해답을 찾을 수 있다.

제3절 가격결정에 대한 영향요인

대부분의 가격결정은 계속해서 직관적으로 이루어짐에도 불구하고 여러 해에 걸쳐 마케팅 담당자는 가격결정을 그 무엇보다도 중요한 의사결정 분야로 생각하고 있다. 가속화되는 기술진보는 제품수명주기를 짧게 하며, 마케팅 관리자로 하여금 가격결정 오류에 낭비하는 시간을 절약하게 한다.

마케팅 관리자의 책무는 가격결정이 현실에 근거를 두고 있다는 사실을 확신시키는 데 있으며, 이러한 현실에는 외부요인으로 경쟁적 환경, 가치에 대한 고객의 지각, 유통업자의 관심사, 가격과 가격결정에 대한 정부의 규제, 제품과 제품원가의 성격, 내부요인은 기업의 전반적인 마케팅전략, 마케팅목표, 마케팅미기스, 기타 조직특성 등을 포함한다. 가격결정이 목표는 기업생존추구, 이익극대화, 선도적인 시장점유율, 소비자 유지 및 소비자관계 구축 등을 포함한다. 마케팅 담당자는 이러한 요인들을 고려한 다음 시장에서 수용 가능한 가격이 기업에서도 수용가능한지를 그리고 가격이 기업의 목표에도 적합한지를 결정해야 한다. 결국, 모든 기업들은 경쟁사보다 더 많은 제품을 판매하기 위해 어느 정도의 저 가격을 설정할 수 있다. 그러나 경쟁자를 의식한 저가격 정책을 수립할 경우라도 기업에 이익을 제공할 수 있을 정도의 가격이 설정되어야 한다.

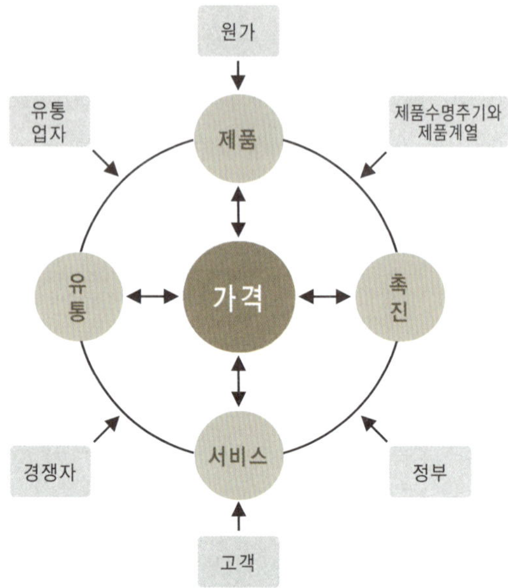

그림 9-2 가격결정에 대한 영향요인

1 경쟁

가격경쟁: 우수한 브랜드력을 바탕으로 경쟁업자 대비 고가정책을 시도하는 일본 미쓰코시백화점 식품부. 경쟁적 과제는 기업이 창출한 소비자가치를 수확하는 것이다.

경쟁(competition)은 기업의 가격결정전략의 유효성을 결정하는데 가장 강력한 영향을 미치는 주요 요인이다. 글로벌한 경쟁 역시 마케팅 담당자가 가격결정전략을 고려할 때 필요로 하는 시각을 넓혀준다. 예를 들면, 고소득의 국가에서 운동화와 의류를 생산하는 노동집약적인 산업은 임금이 낮은 국가의 제조업자와 가격을 기준으로 경쟁할 수 없다는 사실을 너무나 잘 알고 있다.

경쟁의 정도와 영향력은 정도의 차이는 있지만 시장구조에 달려 있다고 할 수 있다.

(1) 완전독점

완전독점(pure monopoly) 시장구조에서는 하나의 기업이 유일한 공급업자이고 자사의 제품가격을 결정하는데 포괄적인 영향력을 갖는다. 전기, 수도 서비스가 여기에 속한다. 가격에 대한 이러한 통제력을 상쇄하기 위해 대다수의 국가에서는 정부가 이러한 산업을 규제하고 있다.

독점(monopoly)은 거의 직접적인 경쟁제약 없이 제품가격을 결정한다. 독점은 두 가지 요인 — 대다수 고소득 국가에서의 정부규제와 어느 특정가격을 초과하는 경우 고객의 상실 — 에 의해서만 제한을 받는다. 예를 들면, 높은 전기요금은 일부 개별 소비자들로 하여금 전기히터나 냉·난방 사용을 감소시키며, 많은 전력을 필요로 하는 산업에서의 일부 기업들을 파산시키는 원인이 되기도 한다.

(2) 과점

과점(oligopoly) 시장구조에서는 소수의 공급업자들이 집합적으로 자신들의 제품가격을 결정하는데 공정한 협정을 체결하여 상호간에 경쟁을 방지하는 방향으로 나아가는 경우가 많다. 알루미늄이나 철강 산업이 여기에 속한다. 과점적 시장에서의 제품 차별화는 기업에 좀 더 강력한 가격경쟁력을 부여한다.

과점 역시 소비자의 거부와 정부규제에 영향을 받는다. 그러나 과점은 경쟁사의 잠재적 행동을 고려해야 한다. 모든 기업체들에게 잠재적인 이익증가를 가능하게 하는 선도기업의 뒤를 일부 기업들이 추종하기도 한다.

OPEC(Organization of Petroleum Exporting Countries) : 석유수출기구)는 과점하에서의 "가격선도자(price leader)"에 해당한다. 과점적 기업들은 시장점유율을 유지하기 위해서 수익의 손실에도 불구하고 가격을 낮추는 선도기업을 추종하는 것 이외의 선택은 없다고 생각한다. 그러나 과점적 기업이 경쟁자와는 상이한 가격결정전략을 성공적으로 수행하는 경우도 있다.

(3) 완전경쟁

완전경쟁(pure competition) 시장구조에서는 수많은 공급업자들이 자신들의 제품에 대한 가격을 통제할 수 없으며, 가격은 수요공급의 법칙에 의해 결정된다. 옥수수와 밀 같은 농산물이 여기에 속한다.

가격인하를 단행한 선도기업을 추종하는 것이 완전경쟁하에서는 필연적인 것이라 할 수 있다. 소비자는 어느 한 생산자의 제품을 다른 생산자의 제품과 동일한 것으로 생각하기 때문에 이들의 의사결정은 가격에 근거해 거의 배타적으로 이루어진다.

(4) 독점적 경쟁

독점적 경쟁(monopolistic competition) 시장구조에서는 많은 공급업자들이 경쟁사 제품과 자사 제품을 차별화함으로써 제품가격에 대한 어느 정도의 통제력을 가진다. 자유시장 경제체제하에서의 대다수 기업들은 이러한 유형의 경쟁에 직면하고 있다. 삼성전자와 LG전자, 태평양화학과 한국화장품, OB 맥주와 크라운맥주가 이 범주에 속한다.

(a) **수요의 결정요인**

가격변화(가격이 2,000원에서 1,200원으로 하락하면 수요량은 6백만 톤에서 9백만 톤으로 증가)

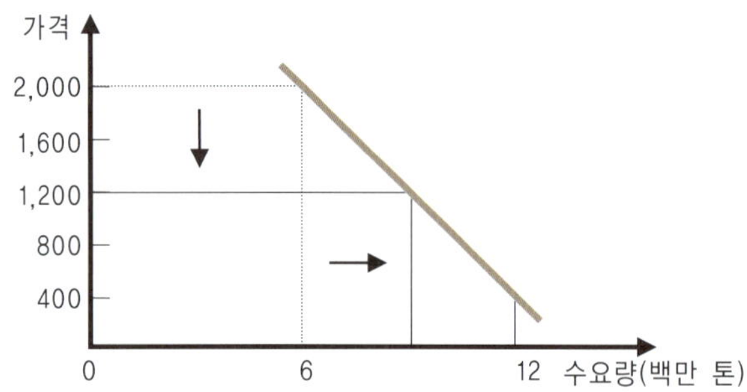

(b) **수요의 결정요인**

소비자 기호와 선호, 대체재의 가격, 소비자의 소득, 가격이 2,000원인 경우 수요량은 6백만 톤(D_1) : 소비자의 선호도가 증가한 경우 수요량은 증가 12백만 톤(D_2 : ab) : 소비자의 선호도가 감소하는 경우 수요량은 감소 9백만 톤(D_3)

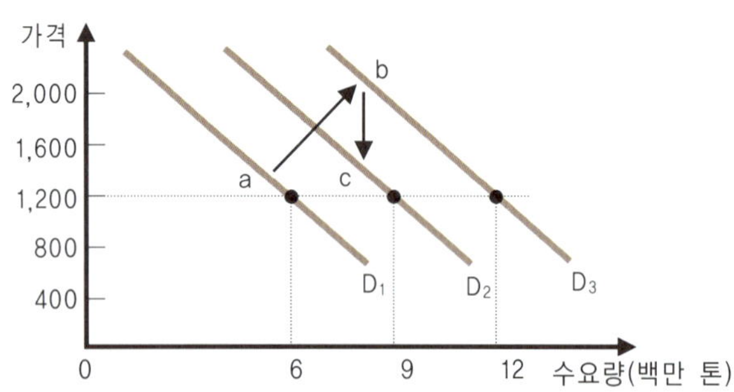

그림 9-3 **수용의 결정**

독점적 경쟁시장에서 기업이 경쟁사의 가격결정정책을 추종하는 정도는 부분적으로 그들이 몇 명의 직접적인 경쟁자들을 가지고 있느냐에 달려 있다. 제품차별화의 정도가 강할수록 직접적인 경쟁의 정도가 커지고 가격결정도 과점과 완전경쟁 시장구조를 추구한다.

2 고 객

소비자와 산업 사용자는 제품에 대한 수요 — 주어진 가격에 구매하고자 하는 그리고 구매할 수 있는 제품과 서비스의 양 — 를 나타내기 때문에 가격결정에 영향을 준다. 다양한 가격수준에서 수요량을 표시하는 한 제품에 대한 수요곡선(demand curve)을 [그림 9-3(a), (b)]는 보여주고 있다.

그러나 가격만이 수요에 영향을 미치는 유일한 요인은 아니다. 기호와 선호도, 가격과 경쟁의 유용성 및 대체품, 소비자의 소득, 과학기술의 발달 등과 같은 요인들도 수요에 영향을 미친다.

마케팅 담당자는 광고와 인적판매를 통하여 소비자의 기호와 선호도에 영향력을 행사하고자 한다. 대체품은 제품에 대한 수요를 감소시키기 때문에 마케팅 담당자는 소비자들이 실질적인 대체품의 존재를 느끼지 못하도록 자사 제품을 차별화 하여야 한다. 경기침체나 인플레이션 기간 동안에 나타날 수 있는 소비자 소득의 변화는 기업으로 하여금 제품가격 인하 내지는 판매단위를 위협하지 않을 정도의 제품가격 상승을 수행할 수 있게 한다. [그림 9-3(b)]는 가격보다는 다른 요인들이 수요변화에 미치는 효과를 보여주고 있다.

(1) 수요의 가격탄력성

가격은 수요에 영향을 미치는 주요 요인이다. 대다수 제품의 경우 수요량은 가격이 하락할 때 점차 증가하고 가격이 상승할 때 감소한다. 가격에 탄력적인 수요(price elasticity of demand)는 중화학 산업에서부터 비누와 치약 같은 생필품에 이르는 거의 모든 제품들을 포함한다.

그러나 제품의 성격이 가격에 민감하지 않는 비탄력적인 수요는 수요량의 변화율이 가격의 변화율보다 작은 것을 말한다. 따라서 탄력적인 수요가 가격에 민감한 시장을 의미하는 반면, 비탄력적인 수요는 상대적으로 가격에 민감하지 않는 시장을 말한다. 가격민감도와 탄력성은 적어도 일시적으로 제품이 없이 얼마나 잘 지내느냐에 달려 있다. 당신이 영화관에서 영화를 관람하지 않고도 생활할 수 있지만, 교통사고를 당하면 병원치료는 생사에 관계되는 필수품이 된다. [그림 9-4]는 탄력적인 수요곡선과 비탄력적인 수요곡선을 보여주고 있다. 가격탄력성을 구하는 공식은 다음과 같다.

$$가격탄력성 = \frac{수요량변화율}{가격변화율}$$

식료품과 임대주택은 가격이 비탄력적인 반면 자동차와 자가주택은 가격이 탄력적이다. 기업은 흔히 수요와 가격 탄력성을 평가하기 위해 시장조사기법을 이용한다.

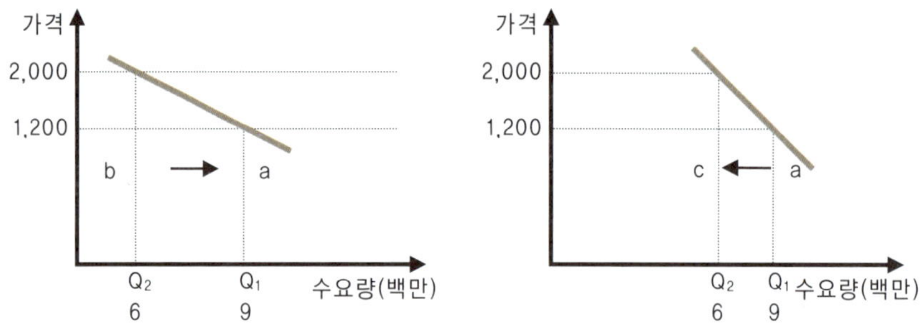

(a) **탄력적인 수요**
가격이 1,200에서 2,000원으로 상승할 때 수요량 9백만 톤에서 6백만 톤으로 감소(ab)

(b) **비탄력적인 수요**
가격이 1,200원에서 2,000원으로 상승할 때 수요량은 9백만 톤에서 8백만 톤으로 다소 적은 규모로 감소(ac)

그림 9-4 **수요곡선의 가정**

경쟁 역시 탄력성에 영향을 미치는 하나의 요인이다. 만약 당신이 살고 있는 지역에서 유일한 점포를 보유하고 있다면 독점이라는 상황하에서 가격을 설정할 수 있을 것이다. 이는 가격에 대한 통제력이 크다는 것을 의미하며, 이러한 상황은 비탄력적인 수요를 창출한다. 그러나 그 지역에 많은 경쟁자가 존재한다면 당신은 당신과 경쟁하는 일련의 경쟁자들을 망각한 채 결코 가격을 올릴 수는 없으며, 이러한 상황은 결국 탄력적인 수요를 창출한다.

산업시장은 대다수의 소비자시장보다 비탄력적인 수요 또는 가격에 민감하지 않는 수요를 갖는다. 치킨 가격의 하락은 소비자로 하여금 더욱 많은 가금(poultry)을 구입하도록 자극한다.

3 유통업자

제품생산과 판매활동에 종사하고 있는 유통업자들은 제품가격에 영향력을 가지고 있다. 마케팅에는 “한 사람의 가격은 다른 이의 비용, 즉 교환의 대가이다(one man's price is another man's cost)”라는 속담이 있다. 제품가격결정을 할 때 도매상은 제품제조업자에게 지불해야 하는 가격뿐만 아니라 제품운송, 처리, 유통비용과 이익을 창출하는데 필요한 가격을 고려하며, 소매상은 도매상에게 지불해야 하는 가격, 제품보관, 판매비용 그리고 이익을 창출하는 가격을 고려해야 한다.

따라서 소비자가 지불하는 가격은 모든 측면에서의 요인들을 고려한 가격결정을 반영한 것이다. 논리적인 측면에서 보면, 이러한 유통업자에게 지불하는 고가격은 당신이 받는 여러 가지 편익에 의해 상쇄된다. : 소량구매 가능성, 원거리에 위치한 기업으로부터의 직접적인 구매 대신 집 근처 점포에서의 구매 가능성. 효율적인 운영을 하는 도·소매상들은 고객이 부담하는 비용이나 자신들의 소요비용을 줄이고자 노력한다.

4 정부

시장이 지불하는 것과는 관계없이 정부의 규제정도와 일부 법안들이 가격을 결정하는 기업의 능력에 영향을 미친다. 여기에서 우리는 국가의 법률과 규제기관에 초점을 맞추지만, 모든 국가들이 기업이 책정하는 가격에 정도의 차이는 있지만 제약을 가하고 있다는 점에 주의를 기울여야 할 것이다.

어떤 경우에는 정부가 임금동결이라는 수단을 통해 일시적으로 또는 항구적으로 제품에 대한 가격을 결정한다. 가장 보편적인 방법으로는 특정가격결정 유형에 제약을 가하는 것이다.

미국 법률들은 가격담합(price fixing), 가격차별(price discrimination), 경쟁자 축출 가격 책정(predatory pricing) 그리고 기만적인 가격광고(deceptive price advertising)를 금지하고 있다.

5 제품·제품범주

제품수명주기는 가격결정에 직접적인 영향을 미친다. 즉, 제품이 제품수명주기 단계상에서 초기단계(도입기)에 있다면 기업이 설정하는 가격은 고가격일 가능성이 더욱 클 것이다. 예를 들면, 퍼스널 컴퓨터는 제품수명주기 단계의 도입기 때 IBM이나 Apple은 서로 경쟁을 하지 않았기에 프리미엄가격을 설정할 수 있었다. 그러나 성장기 때에는 Compaq과 같은 기업의 시장진입으로 인해 가격경쟁이 발생하였으며, 시장 성숙기 때에는 가격인하가 빠른 속도로 진행되었다.

제품자체와 제품범주 역시 가격에 영향을 미친다. 컴퓨터와 같은 제품범주가 폐기 가능한 면도날과 같은 제품범주보다 가격이 훨씬 높다는 사실이 이를 잘 증명한다.

6 원가

기업이 사업을 지속적으로 하고자 한다면, 기업은 충분한 이익을 창출해야 한다. 그리고 이익을 창출하기 위해서 기업은 투자비용보다 더 많은 수익을 획득하여야 한다.

요컨대, 기업은 총수익을 최대한으로 올리고 총비용은 최소화시켜야 한다는 사실을 의미한다. 이를 식으로 표현하면 다음과 같다.

$$총수익 - 총비용 = 이익$$

(1) 수익측정

마케팅 담당자는 수익을 측정할 때 총수익, 평균수익 그리고 한계수익을 인식해야 한다. 총수익(total revenue)은 제품을 판매할 때 수령하는 금액의 총계를 말하며, 평균수익(average revenue)은 제품 한 단위를 판매할 때 수령하는 평균 수익금을 뜻하며, 한계수익(marginal revenue)은 추가적인 제품 한 단위의 판매에서 생기는 총수익의 변화분을 의미한다. 이러한 개념들은 다음과 같은 식으로 표현할 수 있다.

- 총수익 = 단위당 가격 × 판매량

- 평균수익 = $\frac{\text{총수익}}{\text{판매량}}$ = 단위당 가격

- 한계수익 = $\frac{\text{총수익의 변화분}}{\text{판매량의 변화분}}$

마케팅 담당자는 판매량을 증대시키거나 총비용을 줄임으로써 이익에 영향을 미치지만, 결국 총수익과 총비용과의 차이를 극대화시키는 판매수준에 초점을 맞추어야 한다. 따라서 이러한 관점 하에서 마케팅 판매자는 원가추정과 한계분석이라는 개념을 이해할 필요가 있다.

① **원가추정**(cost estimation) : 일반적인 시장 가격 하에서 이익이 어느 정도 달성가능한가를 측정하기 위해 기대원가를 계산하는 시도를 원가추정이라 하며, 이러한 추정은 제품의 가격뿐만 아니라 생산여부, 제품 구성요소, 일정에 관한 것을 측정하는데 도움이 된다.

본질적으로 원가는 변동비(variables cost)와 고정비(fixed cost) 두 가지로 나누어진다. 이들 양자의 개념은 제품생산과 같은 활동의 변화와 관련하여 총원가(total cost)가 어떻게 변화하느냐에 따라 정의된다. 만약 총원가가 생산활동의 변화에 비례해서 직접적으로 변화한다면 원가는 변동비로 분류되고, 생산활동이 매우 광범위하게 변한다 할 지라도 총원가가 특정기간 동안에 변하지 않는 한 그 원가는 고정비라고 할 수 있다. 즉, 변동비는 제품을 생산하는데 필요한 자재와 노동력 등의 총생산 수준에 의하여 변화하는데 반하여, 임차료, 재산세, 임금 등의 고정비는 생산수던과 직접적인 관련이 없다 따라서 기업은 수백만 단위의 제품을 생산하든 한 단위의 제품을 생산하든 동일한 고정비를 발생시킨다.

기업의 총원가는 고정비와 변동비의 합계를 말한다.

- 총원가 = 총변동비 + 총고정비

[그림 9-5]는 하나의 기업을 가정해서 변동비와 고정비 그리고 총원가를 보여주고 있다.

② **한계분석**(marginal analysis) : 변동비, 고정비 그리고 총원가를 고려하는 것 이외에도 마케팅 담당자는 추가적으로 한 단위를 생산·판매함으로써 발생하는 총비용

의 변화 분인 한계 비용을 조사할 필요가 있다.

$$\text{한계비용} = \frac{\text{총원가 변화분}}{\text{판매량 변화분}}$$

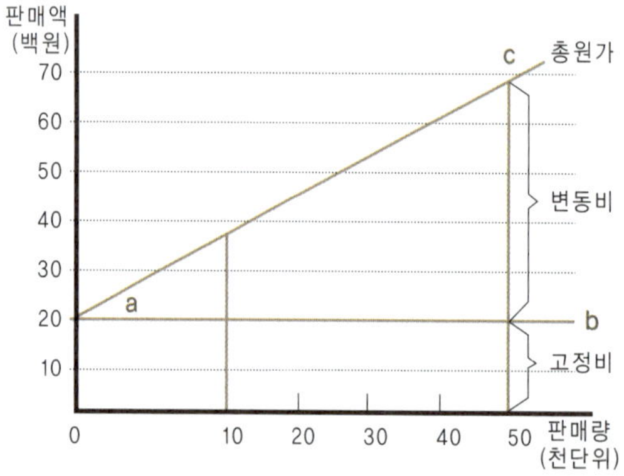

생산단위가 없는데도 고정비는 2,000원에서 시작되면 10,000단위 20,000단위 … 에서도 동일하다(ab). 10,000단위에서도 50,000단위로 생산량이 증가할 때의 변동비는 bc만큼 증가하며, 이때의 총원가는 50,000단위×2,000원에서 50,000단위×7,000원으로 증가하며, 여기에서의 차액이 변동비에 해당한다.

그림 9-5 **고정비, 변동비, 총원가**

보통 한계비용(marginal cost)은 처음에 생산량의 증가가 규모의 경제를 가능하게 할 때 하락하지만 기업의 생산능력이 한계에 이르면 한계비용은 증가하기 시작한다.

마케팅 담당자는 흔히 한계 수익=한계 비용인 경우에 이익의 극대화가 가능하기 때문에 한계수익과 한계비용을 비교한다. 추가적인 판매단위에서 발생하는 이익은 한계수익이 한계비용을 초과하는 한 계속해서 증가한다.

한계수익이 한계비용과 동일한 점(MR=MC)에서 기업은 이익을 극대화할 수 있다. 이점을 초과하면 판매단위가 하나씩 추가할 때마다 한계비용이 한계수익을 초과하게 되어 결국 기업은 제품 생산, 판매비용을 회수할 수 없게 되며 총 이익은 하락하기 시작한다. 이때의 가격인상은 단지 수요를 감소시킬 뿐이다. 따라서 기업은 대신 더욱 더 많은 판매와 총수익을 얻기 위해 제품가격을 인하하여야 한다.

한계분석을 수행하는 것은 매우 유익한 것이라고 할 수 있지만 이러한 분석을 하는 마케팅 관리자는 거의 없다. 왜냐하면, 수요곡선은 정확하게 측정하기가 매우 어렵고 비용 역시 제품관련활동을 정확하게 반영하지는 않기 때문이다. 따라서 이들의 최종적인 결과가 반드시 유용하다고 할 수는 없다.

제4절 가격결정 접근방법

가격은 너무 낮게 결정되어 이익을 얻지 못하는 경우와 너무 높게 책정되어 어떠한 수요도 생성되지 못하는 경우가 존재한다. 따라서 기업은 자사 제품의 가격 범위를 어느 정도로 정할 것인가 하는 가격결정 문제를 해결하기 위해 가장 일반적인 가격결정접근방법을 선택하여야 한다 : 원가중심 가격결정방법, 수요중심 가격결정방법, 경쟁중심 가격결정방법.

▮표 9-3▮ 가격의 종류

가격의 종류	가격결정 배경
1. 상대(相對) 가격	경쟁사가 시장에서 팔고 있는 가격을 참고로 함
2. 권위(權威) 가격	고급브랜드 등의 매우 높은 가격을 설정
3. 침투(浸透) 가격	최초 제품 도입 시 적자 각오하고 싼 가격으로 조기에 보급을 도모
4. 누적(累積) 가격	비용을 더한 가격을 갖고 보급이 늦더라도 착실한 판매
5. 단수(端數) 가격	1,950원 가격으로 2,000원보다 싼 인상을 주도록 설정
6. 덕용(德用) 가격	양을 많이 팔면 1개의 가격은 싸도록 하는 가격
7. 할인(割引) 가격	쿠폰이나 광고지를 지참하면 싸게 하는 할인 가격

1 원가중심 가격결정방법

원가중심 가격결정방법(cost-oriented pricing)은 가장 보편적인 방법이라 할 수 있는데, 이는 원가가산법, 목표이익에 의한 가격결정법, 경험곡선 가격결정법으로 분류된다.

(1) 원가가산법

기업이 가격을 결정하는데 사용되는 가장 보편적인 방법이 기업의 개별제품 단위의 원가에 표준이익 내지 원가가산율을 가산하는 원가가산법(cost-plus pricing)이다.

우선 마케팅 담당자는 총고정비와 총변동비의 합을 생산 단위수로 나눈 평균 총비용(average total cost : ATC)을 측정해야 하는데, 이것은 가산되는 표준이익 내지 원가가산율의 원가를 나타낸다.

원가가산가격 = 평균 총비용 + (목표 이익률×ATC)

따라서 기업의 단위당 평균비용이 9,000원이고 기업이 30%의 이익을 얻고자 한다면 그 결과는 다음과 같다.

원가가산가격 = 9,000 + (0.30×9,000)
= 9,000 + 2,700 = 11,700원

이러한 유형의 원가가산 가격결정방법은 건설회사, 정부 계약업자 그리고 주문품 제조업자에 의해 매우 광범위하게 이용된다.

우주항공산업 계약자와 군납업체와 같은 유형의 조직들은 원가가산 고정수수료법(cost-plus-fixed-fee pricing)을 많이 사용하는데 이 방법은 이익을 줄이는 많은 요인들이 포함되기 때문에 기업이 정부계약에 입찰하는 것을 기피하는 경우에 주로 이용된다. 예를 들면, 신형폭탄을 개발하는데 소요되는 비용을 정확하게 추정하는 것은 거의 불가능하기 때문에 엄청난 자금을 투입해야 하는 입찰에는 재정적 위험부담을 갖는다. 따라서 원가가산 고정수수료법에 의하여 정부는 계약업자에게 일반적으로 인식되는 원가를 보상하고 고정수수료를 지불한다. 그리고 이 수수료는 계약자에게 일정한 수준의 이익을 보장하는데 그 목적을 두고 있다.

원가가산 가격결정법의 또 다른 형태가 이폭가격 결정법(markup pricing)이며, 이 방법은 소매상과 도매상에 의해 매우 빈번하게 이용된다. 이때의 가격은 원가에 일정률의 이익률을(markup percentage)을 곱한 것이다.

가격 = 원가 × 이폭률

원가가산법을 이용하면 장래 소요되는 비용을 정확히 추정하기가 불가능한 제품의 가격을 산정 할 경우 이익을 보장하는데 한계가 있다는 단점이 있다. 그러나 다음과 같은 이유로 현재 많은 기업들이 원가가산법을 가장 널리 사용하고 있다.

첫째, 가격결정이 매우 용이하고 간단하다. 판매자의 입장에서 수요보다는 원가에 대한 확실성이 높기 때문에 원가를 가격 기준으로 함으로써 가격결정 업무를 단순화시키고, 시장 상황에 의해 수요가 변화하여도 가격을 다시 결정하지 않아도 된다는 이점이 있다. 따라서 기업은 시장상황의 변화에 따라 가격의 재조정을 하지 않아도 되기 때문에 어느 정도 안정적인 수익을 달성할 수 있다.

둘째, 가격 경쟁이 최소화 될 수 있다. 동종 산업내 모든 기업들이 원가가산법을 사용한다면 그들의 가격은 비슷해질 것이다. 따라서 동종산업간 기업들의 가격경쟁은 축소될 수 있다.

셋째, 원가가산법은 구매자와 판매자 모두에게 공정한 가격결정방법이다. 원가가산법은 시장에서의 수요가 높아지더라도 판매자 입장에서는 이미 제품 가격을 원가에 반영하였기 때문에 이를 가격에 이용할 수 없으므로 구매자나 판매자 모두에게 적합한 이익률을 실현시킬 수 있다.

원가가산 가격결정법은 긴 역사를 가지고 있으며, 대다수 기업들은 용이하게 가격을 결정할 수 있는 매력적인 전략을 계속해서 탐색하고 있다. 그리고 이들 기업들은 원가에 대한 자료를 수집하려고 하지만, 고객의 가치지각과 시장 수요곡선에 관한 시장 지향적자료를 구하는 것은 매우 어려운 일이다.

(2) 목표이익에 의한 가격결정법

목표이익에 의한 가격결정법(target return pricing)으로 General Motors에 의해 처음 사용된 가격결정방법이다. 마케팅 담당자는 고정비와 단위 판매량을 먼저 알아야 한다 그리고 최종가격은 기업의 목표자본수익률 목적에 달려 있다. 목표이익에 의한 가격결정방법은 다음과 같이 계산된다.

$$\text{목표이익에 의한 가격} = \frac{\text{고정비} + \text{목표이익}}{\text{단위 판매량}} + \text{단위당 변동비}$$

예를 들면, 수요가 5,000단위, 목표이익이 200,000원, 고정비가 400,000원, 단위당 변동비가 90원인 기업의 가격은 다음과 같다.

$$\begin{aligned}\text{목표이익에 의한 가격} &= \frac{400,000 + 200,000}{5,000} + 90 \\ &= \frac{600,000}{5,000} + 90 \\ &= 120 + 90 = 210(\text{원})\end{aligned}$$

목표이익에 의한 가격결정방법을 사용했을 경우 다음과 같은 단점이 나타날 수 있다.

첫째, 고객욕구를 고려하지 않고 가격을 기업이 목표 수익률을 정해 놓고 거기에 맞추는 방법으로써, 이는 고객욕구를 무시한다는 것이다.

둘째, 시장 상황이 여러 가지 요인에 의해서 변화되기 때문에 이 가격결정방법을 사용하기에는 시장수요 예측의 신뢰도가 극히 낮다.

(3) 경험곡선 가격결정법

경험곡선 가격결정법(experience curve pricing)은 미래에 예상되는 평균원가에 기초를 둔 가격결정방법으로, 이러한 접근방법을 사용하기 위해서 기업은 평균 총비용과 총판매량과의 관계에 관한 가정을 수립해야 한다. 80%의 경험곡선을 보유하고 있는 기업은 누적 생산량이 매 두 배로 증가함에 따라 평균 총원가가 20%씩 하락하는 것을 알 수 있다. 누적 생산량은 규모의 경제와 효율성을 제공하기 때문에 생산량이 증가할 때 하락한다.

흔히 경험곡선 가격결정방법을 채택하고 있는 기업은 탄력적인 세분시장을 표적으로 하기 위해 원가 이하의 가격결정과 같은 공격적인 가격정책을 수립하기도 한다. 이들 기업들은 미래에도 저가격으로 이익을 창출할 수 있을 정도의 생산량을 달성할 수 있다는 확신을 가지고 있으며, 또한 이러한 저가격을 경쟁자가 수용하도록 강요함으로써 경쟁자들의 진입을 차단하는 장벽요인으로 활용하기도 한다.

2 수요중심 가격결정방법

제품의 지각적가치(perceived value)를 토대로 가격을 결정하는 기업이 점차 증가하고 있는 추세이다. 수요중심 가격결정방법(demand-oriented pricing)은 가격결정 요소로써 판매자의 원가나 장래의 목표 수익률이 아니라 구매자가 느끼는 제품의 가치에 대한 지각을 매우 중요하게 생각한다.

동일한 품목에 대하여 상이한 가격을 설정하고 있는 여러 레스토랑의 경우를 생각해 보자. 한 잔의 커피를 원하는 소비자는 편의점에서는 천원, 커피 전문점에서는 오천원, 레스토랑에서는 칠천원, 호텔 커피숍에서는 만원, 호텔 룸서비스에서는 일만오천원을 지불해야 한다. 이들 개개의 레스토랑 소유주들은 분위기를 살린 가치 때문에 더욱 높은 가격을 설정하고 있다.

지각적 가치 가격결정방법을 사용하는 기업들은 상이한 경쟁적 우위를 가지는 제품과 서비스에 관련된 가치를 소비자 마음속에 확립시켜야 한다. 판매자가 구매자의 지각적 가치보다 더 높은 가격을 책정하게 되면 수요는 증가하지 않는다. 대부분의 기업들은 자사제품에 높은 가격을 책정하는 경향이 있기 때문에 제품판매가 매우 빈약한 결과를 초래하고 있으며 이와 반대되는 경우도 적지 않다. 지각적 가치보다 더 낮은 가격을 책정하게 되면, 제품은 매우 잘 판매되지만 수익은 점차 감소하게 된다. 따라서 기업들은 소비자의 지각적 가치를 극대화시키면서 이에 상응하는 고가격을 결정하는 것이 바람직하다.

3 경쟁중심 가격결정방법

경쟁중심 가격결정방법(competition-oriented pricing)은 경쟁업자가 설정한 가격을 기준으로 가격을 결정하는 방법인데 이때에는 원가나 수요와는 아무런 관련이 없이 가격을 설정한다. 이러한 접근방법에는 경쟁사와 동일한 가격을 설정하는 경쟁자 모방 가격결정방법과 공개입찰에 의한 가격결정방법이 있다.

(1) 경쟁자모방 가격결정방법

경쟁자모방 가격결정방법(going-rate pricing)에 의하면 기업의 가격결정은 원가나 수요와는 관계없이 경쟁자의 가격에 의해 주로 결정된다. 기업은 주요 경쟁자 가격과 동일하게 혹은 더 높거나 낮게 설정한다.

철강, 제지, 화학비료와 같은 제품을 판매하는 과점산업에서 기업은 보통 경쟁자와 동일한 가격을 책정하며, 소규모 기업들은 선도 기업이 책정한 가격을 추종한다. 즉, 이들은 자사의 수요와 원가의 변화보다는 시장 선도기업의 가격변화에 따라 자사의 가격을 변경한다. 일부 기업들은 약간의 프리미엄이나 할인을 하는 방법을 사용하여 다소간의 가격 차이를 유지하고 있다.

경쟁자모방 가격결정방법은 매우 빈번하게 사용되는 방법이다. 즉, 수요의 탄력성 측정이 어려운 경우, 기업은 경쟁자모방가격이 업계의 중지(collective wisdom)를 나타내며, 적정이윤을 창출해주며 또한 업계의 조화를 꾀할 수 있는 가격이라고 생각하기 때문이다.

(2) 공개입찰에 의한 가격결정방법

경쟁중심 가격결정방법중의 다른 하나가 공개입찰에 의한 가격결정방법(sealed- bid pricing)이다. 기업은 자사의 수요나 원가보다는 경쟁자들이 어느 정도로 가격을 설정하느냐에 따라 가격을 결정한다. 계약을 따내기 위해서는 기업은 경쟁사보다 낮게 가격을 책정해야 한다.

그러나 기업은 어느 일정수준 이하로 자사의 가격을 책정할 수는 없다. 즉, 자사의 시장위치를 상실하면서까지 원가이하로 가격을 설정할 수는 없다는 것이다. 한편, 원가보다 높은 가격을 설정하면 계약을 따낼 확률은 그만큼 낮아진다.

반대 방향으로 작용하는 두 요인의 결합효과는 특정입찰에 대한 기대이익(expected profit)관점에서 설명할 수 있다.

19,500달러의 입찰가격은 계약을 따낼 확률이 0.81로 높지만, 이익은 200달러로 낮다고 가정하자. 이 경우의 기대이익은 162달러가 된다. 만약 기업의 입찰가격이 21,000달러라면 이때의 이익은 3,200달러가 된다. 그러나 계약을 따낼 확률은 0.01로 낮아지며, 이때 기대이익은 단지 32달러에 불과하다. 하나의 논리적인 입찰가격을 결정하는 기준은 기대이익을 극대화시키는 가격을 정하는 것이다. 〈표 9-4〉에 의하면 최저의 입찰가격은 20,000달러이고 이때의 기대이익은 422달러가 된다.

▌표 9-4▐ 상이한 입찰가격이 기대이익에 미치는 영향

(단위 : 달러)

기업의 입찰가격	기업의 이익	입찰계약을 획득할 수 있는 확률(추정)	기대이익
19,500	200	.81	162
20,000	1,200	.36	422
20,500	2,200	.09	198
21,000	3,200	.01	32

입찰가격을 결정하는 기준으로서 기대이익을 사용하는 것은 많은 입찰기회를 갖는 대기업에게 적합하다. 여러 건의 입찰기회에 응할 경우 기업은 장기적인 측면에서 이익의 극대화를 달성 할 수 있다. 입찰기회가 한정된 기업이나 특정계약을 따낼 필요

가 있는 기업은 기대이익 기준을 이용하는 것이 적절치 않다. 예를 들면, 기준은 0.10의 확률로 1천달러의 이익을 주는 입찰과 0.80의 확률로 125달러의 이익을 주는 입찰가격을 구분해주지 못한다. 생산을 계속하고자 하는 기업은 두 번째 계약자보다 첫 번째 계약자가 되는 것을 더 선호한다.

제5절 가격결정전략

앞 절에서 살펴본 가격결정방법에 의해 최초의 가격이 결정되고 시간과 공간이 변화함에 따라 변화하는 상황 내지 기회에 적응해 나가기 위해서는 제품 및 서비스의 가격을 조정, 변경해 나가야 한다.

1 신제품 가격결정전략

가격결정전략은 보통 제품수명주기 단계를 거치면서 변화하는데 특히 도입기에서의 가격결정전략은 혁신적 신제품의 가격결정(pricing an innovative product)과 모방 신제품의 가격결정(pricing an imitative new product)이 있다.

(1) 혁신적 신제품 가격결정

특허 보호를 받는 혁신적 신제품을 출시하는 기업은 초기 고가격결정과 시장침투 가격결정을 설정할 수 있다.

① **초기 고가격결정(market-skimming pricing)** : 세분시장에서 상대적인 가격의 비탄력성을 이용하기 위해 고가격을 설정하는 것을 초기 고가격 결정이라 하며, 이는 주로 신제품 특히 혁신적 신제품의 가격을 결정하는데 사용된다. 이 경우 기업은 시장에서의 유일한 제품 생산기업일수도 있고 그렇지 않을 수도 있는데, 이들은 보통 제품개발비용을 전액 회수하고자 하는 경향이 있다. 이때 소비자들은 신제품의 효용이 제공하는 편익을 인식하여 새로운 품목을 소유하고자 기꺼이 프리미엄가격을 지불한다.

그러나 신제품이 성장기를 거쳐 성숙기로 진행되고 경쟁자가 시장에 진입함에 따라 기업은 일반적으로 가격경쟁에 치중하는 경향이 있다. 예를 들면, 손바닥 크기의 소형 비디오 카메라가 170만원 이상의 가격으로 시장에 최초로 출시되었다고 가정하면, 오늘날 이와 유사한 카메라는 단지 80만원 정도에 판매되고 있다. 시장에서의 경쟁이 치열하다고 인식되었을 때 제조업자들은 제품품질 및 서비스와 같은 요인들을 토대로 경쟁을 하기 시작하였다. 컴퓨터나 노트북컴퓨터, CD플레어 제조업자들은 이와 동일한 변화를 경험하였다. 이러한 산업에서 제조업자들의 문제는 자사의 고객들이 지속적인 가격인하를 기대하는데 반하여 기업은 자사의 생산원가를 그 이상 줄일 수 없다는데 있다.

기업이 신제품에 대한 초기 고가격전략을 얼마나 오랫동안 유지할 수 있을까? 이에 대한 해답은 신제품 개발기업이 설정한 진입장벽과 제품에 달려 있다. 특허와 저작권, 주요 원자재의 통제, 유통경로의 지배, 대량광고활동을 수행하는 능력과 같은 장벽이 존재하지 않는다면, 신제품 개발기업은 프리미엄가격에 관심을 가지고 있는 경쟁자들의 시장진입을 허용할 수밖에 없다. 그러나 이러한 장벽이 존재하게 되면, 이 전략은 오랜 기간 동안 유지될 수 있다.

그러나 초기 고가격전략이 혁신적인 신제품에 제한되지는 않는다. 예를 들면, Johnson & Johnson은 본래 Tylenol에 초기 고가격전략을 사용하였지만 Bristol Meyer가 Datril를 시장에 출시하였을 때 이 전략을 포기하였다. 따라서 Johnson & Johnson의 저가격으로의 전환정책은 매우 성공적이었기 때문에 결국 Datril 제품은 Tylenol 제품의 시장점유율에 아무런 영향을 미치지 못하였다.

② **시장침투 가격결정(market penetration pricing)** : 신제품이 자신들의 "새로움"을 잃고 결국 경쟁자들을 불러들일 때, 경쟁적 우위는 혁신제품을 개발한 기업은 낮은 원가로 제품을 생산하는 기업으로 전환된다. 이때, 소비자들은 가격에 매우 민감하게 되고 가격은 하락하게 된다. 이러한 시장침투 가격결정은 일부 신제품의 가격결정에 흔히 사용되는 방법이다. 쿠폰이나 리베이트를 이용하여 낮은 가격으로 제품을 제공함으로써 생산기업은 제품의 시용과 시장침투를 촉진하고자 한다. 이때 생산기업은 일단 제품이 시장에 포지션 되면 가격을 인상하게 된다. 일반적으로 제품계열이 경쟁적일수록 시장에 새롭게 진입하고자 하는 기업들은 발판을 마련하기 위해 시장침투 가격결정전략을 사용한다.

시장침투 가격결정전략은 자동차 산업에서 매우 유용하게 사용되는데 기타 다른 산업에서도 자주 사용되는 방법이다.

저가격의 시장침투 가격결정전략은 패스트푸드와 항공 티켓과 같은 매우 경쟁적인 시장에서의 기존제품을 위해서도 사용되는데 이러한 전략은 가격에 민감한 소비자에게 소구하고 경쟁을 방지하는데 그 목적을 두고 있다. 이러한 상황하에서는 규모의 경제를 실현하고 제품을 대량으로 생산하여 판매할 수 있는 기업만이 효과적으로 경쟁할 수 있을 뿐이다.

(2) 모방신제품 가격결정

모방신제품을 개발하고자 하는 기업은 제품 포지셔닝 문제에 직면하게 된다. 즉, 기업은 제품을 어떤 제품품질과 가격에 위치화시킬 것인가를 결정해야 한다. 〈표 9-5〉는 9개의 가능한 가격-품질(price-quality)전략을 보여주고 있다.

만약 기존의 시장 선도자가 프리미엄 제품을 생산하고 가장 높은 가격을 책정함으로써 Cell 1구간을 선점하였다면, 새로운 시장기업은 기타 다른 Cell 전략중의 하나를 사용할 수 있다. 즉, 새로운 시장 진입기업은 고품질 제품과 중간 가격의 Cell 2, 평균품질 제품과 평균 가격대의 Cell 5 그리고 기타 등등을 사용할 수 있다. 이들 기업은 개개의 Cell에서의 시장규모와 성장률 그리고 특정 경쟁자를 고려해야 한다.

표 9-5 가격/품질에 근거한 9개의 마케팅 믹스전략

품질 \ 가격		가격		
		고	중	저
제품품질	고	① 프리미엄 전략	② 침투 전략	③ 고가치 전략
	중	④ 과대 가격설정 전략	⑤ 평균 전략	⑥ 중가치 전략
	저	⑦ 착취 전략	⑧ 기만 전략	⑨ 저가치 전략

2 제품믹스 가격결정전략

제품에 가격을 설정하는 논리적인 방법은 제품이 제품믹스의 일부가 될 때 수정을 하는 방법이다. 이러한 경우에 기업은 총제품믹스에서 이익을 극대화하는 중립적인 기격구조를 탐색한다. 가격결정은 다양한 제품들이 수요와 원가와의 상관관계를 가지고 있고 경쟁도 상이하기 때문에 매우 어려운 활동이다.

(1) 제품계열 가격결정

기업은 보통 단일 제품보다는 여러 제품계열을 개발한다. 예를 들면, 삼성전자는 냉장고모델에서 양문형 냉장고, 컬렉션 시리즈, 일반냉장고, 냉동고, 업소용냉장고 타입에, 각 타입에 따른 용량, 유형, 색상까지 많은 종류의 냉장고를 제공하고 있다. 제품계열에서의 이들 개개의 성공적인 제품은 부수적인 특성들을 제공한다. 가격결정자는 이러한 다양한 제품사이에서 가장 적절한 가격을 결정해야 한다. 즉, 가격을 책정할 때 가격결정자는 제품원가차이, 상이한 특성들에 대한 고객의 평가 그리고 경쟁자의 가격 등을 고려해야 한다. 만약 위의 예에서처럼 각 타입 사이에 가격차이가 거의 없다면 구매자들은 좀 더 성능이 우수한 냉장고를 구입하고자 하며, 만약 가격차이보다 원가차이가 더 미세하다면 기업의 이익은 증가할 것이다. 그러나 제품에 대한 가격차이가 크다면 고객들은 위의 경우와는 반대되는 제품을 구매하게 된다.

많은 제품 계열이 거래되고 있는 판매자는 자신들이 취급하는 제품 계열내에서 제품에 대한 확립된 가격점(price point)을 이용한다. 예를 들면, 남성 의류점은 남성의류 한 벌을 3개의 가격 수준 — 50만원, 80만원, 120만원 — 에서 판매 하며, 소비자들은 이들 3개의 가격점을 저·중·고품질의 제품으로 연계시킬 것이다. 심지어 이들 3개의 가격수준이 점진적으로 상승하게 되면, 남성들은 보통 자신들이 선호하는 가격점에서 의류를 구입하고자 할 것이다. 이 때 판매업자의 과업은 가격차이를 지원하는 지각적 품질차이를 확립하는 것이다.

(2) 선택제품 가격결정

대부분 기업들은 자사의 주요 제품과 함께 선택제품 내지 부속품을 판매하고 있다. 자동차 구매자는 DMB내비게이션, 차선이탈 경보시스템, 와이드파노라마 썬루프 등을 주문할 수 있는데 이러한 선택제품에 대한 가격결정은 매우 어려운 문제이다. 자동차 기업들은 가격에 포함되어야 하는 품목과 선택제품으로써 제공해야할 품목들을 결정해야 한다. 경제적 모델은 매우 많은 안락함과 편리함이 배제되기 때문에 대부분의 구매자는 경제적 모델을 거절한다.

(3) 부수제품 가격결정

어느 특정산업에서 기업은 주요제품에 이용되는 제품을 생산한다. 부수 제품의 전형적인 예로는 면도날, 카메라 필름 등을 들 수 있다. 주요제품의 면도기와 카메라를 생산하는 제조업체는 주요 제품의 가격을 낮추고 소모품에 높은 가격 폭을 책정하여 수익률을 높인다. 예를 들면, Kodak은 필름을 판매하는 활동에서 많은 이익을 창출하여 그 이익금을 주요 제품의 생산에 투입한 결과 자사의 카메라 제품가격을 낮추었다. 그러나 131년 역사와 약 1,100건에 이르는 특허권을 보유한 Kodak은 환경적 변화에 적응하지 못하고 디지털카메라에 밀려 재무구조가 악화되었다. 따라서 필름을 판매하지 않는 카메라 제조업자들은 전반적인 이익을 창출하기 위해 필름을 생산하는 기업들보다 더 높은 카메라 가격을 설정해야만 했다.

(4) 부산물 가격결정

가공처리된 육류제품, 석유제품 그리고 기타 화학제품을 생산하는데 보통 부산물이 생기기 마련이다. 만약 부산물이 가치가 없거나 부산물 거래에 막대한 비용이 소요된다면 이것은 주요제품 가격결정에 영향을 미치게 된다. 부산물 시장을 탐색하고 있는 제조업자는 부산물을 저장하고 운송하는 비용 그 이상을 충당할 수 있는 가격을 책정해야 한다. 만약에 부산물이 어느 소비자에게 가치가 있다면 그 가치에 대한 가격을 부과해야 한다. 부산물로 얻어진 수익으로 인해 판매업자는 주요제품의 가격을 줄일 수 있고 또한 경쟁적 우위를 확보하게 된다.

3 가격조성전략

기업은 한번 결정된 가격을 소비자에게 계속해서 제공할 수는 없다. 소비자들의 의식구조 변화에 따른 욕구와 요구의 상이함과 시장상황의 변화로 인하여 부득이하게 기존 가격을 조정해야 한다. 이러한 가격의 조정전략은 다음과 같은 할인가격과 공제(discount pricing and allowances), 차별가격결정(discri minatory pricing), 심리적 가격결정(psychological pricing), 촉진가격결정(pro motional pricing), 지역적 가격결정(geographical pricing) 등이 있다.

그림 9-6 판촉가격결정 : SALE판매 (놀라운 용기와 균형감각)

(1) 할인가격과 공제

대부분의 기업들은 고객들이 대금을 미리 지불하거나 대량구매나 비성수기 때의 구매와 같은 특정행동에 대한 보상으로 자사의 기본적 가격을 조정한다. 이러한 가격조정을 할인과 공제라고 하며, 할인가격에는 현금할인·수량할인·기능할인·계절할인이 있으며 공제에는 촉진공제·광고공제·중고품 교환 판매공제가 있다.

① **현금할인(cash discounts)** : 현금할인은 대금을 신속하게 지불하는 구매자에게 혜택을 주는 가격 인하를 말하는데, 이의 전형적인 예로는 “3/10, net 30”을 들 수 있다. 이는 지불기한이 30일로 만기가 된다는 것을 의미한다. 그러나 구매자는 10일 이내에 대금을 지불함으로써 원가에서 3%의 할인된 가격을 받을 수 있다는 것이다.

할인은 이러한 조건을 충족시키는 모든 구매자에게 제공되어야 한다. 실제 이러한 할인은 많은 산업에서 관행으로 행하여지고 있으며 또한 판매자의 재무 유동성을 개선하고 악성부채(bad debts)와 신용수집비용(credit collection cost)을 줄이는데 그 목적을 두고 있다.

② **수량할인(quantity discounts)** : 소비자가 대량의 특정제품을 구입하도록 유도하기 위해서 기업은 수량할인을 제공한다. 저가격의 답례로 수량할인은 판매자에게 다음과 같은 세 가지 이점을 준다.

첫째, 일부 재고기능을 구매자에게 전가시킨다.

둘째, 생산량을 증가시키고 규모의 경제로 인하여 원가를 줄일 수 있다.

셋째, 대량 묶음판매를 실시함으로써 포장비용을 절감할 수 있다.

③ **기능할인(functional discounts)** : 기능할인은 판매, 저장 그리고 장부 정리 등과 같은 특정기능을 수행하는 유통경로 구성원들 즉, 도매상, 소매상 에게 제조업자가 제공하는 것을 말하는데, 거래할인(trade discounts)이라고도 한다. 제조업자들은 유통경로 구성원들이 수행하는 서비스 활동이 서로 상이하기 때문에 서로 다른 유형의 유통경로 구성원들에게 상이한 기능할인을 제공할 수 있다. 그러나 제조업자들은 동일한 유통경로 구성원들에게는 동일한 기능할인을 제공해야 한다.

④ **계절할인(seasonal discounts)** : 계절할인은 비성수기에 제품이나 서비스를 구매하는 구매자에게 가격을 할인해주는 것을 말한다. 계절할인은 판매자로 하여금 일 년 내내 지속적인 제품생산을 가능하게 해준다. 예를 들면, 스키 용품 제조업자들은 봄이나 여름에 소매상들이 조기주문을 하도록 계절할인을 제공할 수도 있으며, 호텔이나 항공사가 비성수기에 고객을 유치하기 위해 계절 할인을 제공할 수도 있을 것이다.

그림 9-7 계절할인

⑤ **공제(allowances)** : 할인과 마찬가지로 공제 역시 제품의 정가에서 가격을 할인하는 또 다른 형태이다. 이는 제품제공의 보상인 동시에 구매에 대한 동기로서의 역할을 한다.

㉠ 촉진공제(promotion allowances) : 촉진공제는 제품 판매지원 프로그램에 참여

하는 도·소매상에게 제공되는 일종의 보상책으로서 가격을 할인해 주는 것이다. 이때의 할인액은 실제로 이루어진 판매촉진 성과와 비슷해야 한다.

ⓛ 광고공제(advertising allowances) : 광고공제는 인쇄 광고지에 판매자의 제품을 게재하는 것과 같은 광고 프로그램에 도·소매상의 협력을 필요로 하며, 공동 스폰서가 된 구매자와 판매자에 의한 광고를 협동광고(cooperative advertising)라 한다. 이들은 광고비용을 분담하는 동안에 광고의 혜택을 받기 때문에 협동광고 노력을 통해 광고예산을 확대한다.

ⓒ 중고품 교환 판매공제(trade-in allowances) : 중고품 교환 판매공제는 이미 소유하고 있는 제품에 대한 보상을 해줌으로써 구매자가 신제품을 구매하도록 자극하는 역할을 하며, 자동차 산업과 같은 고가치와 내구재에 매우 유용하다. 비용의 절약이 투자를 정당화하는 경우 기업은 최신의 장비를 구입하는 경향이 있다.

(2) 차별가격결정

기업은 보통 고객, 제품 그리고 위치에서의 차이를 조절하기 위해 자신들의 기본가격을 수정한다. 차별가격결정에서, 기업은 원가의 차이를 반영하지 않는 2개 내지 그 이상의 가격으로 제품이나 서비스를 판매한다. 차별가격결정은 다음과 같은 4개의 유형을 가지고 있다.

① **고객기준 차별가격**(customer basis discriminatory pricing) : 서로 상이한 고객들이 동일한 제품과 서비스에 대해 상이한 가격을 지불한다. 예를 들면, 박물관이나 고궁 등은 학생이나 노령자에게 낮은 입장료를 부과한다.

② **장소기준 차별가격**(place basis discriminatory pricing) : 판매장소 차이에 따른 비용 차이가 없음에도 불구하고 판매장소에 따라 가격을 다르게 설정하는 것이다. 오페라극장, 축구 경기장, 야구 경기장 등은 특정장소에 대한 고객의 선호도 때문에 좌석가격을 다양하게 한다.

③ **제품형태기준 차별가격**(product-form basis discriminatory pricing) : 상이한 유형의 제품이 자신들의 상대적인 원가비율과는 관계없이 차별가격을 설정한다.

④ **시간기준 차별가격**(time basis discriminatory pricing) : 가격은 계절, 일별, 시간별로 상이하다. 공공시설의 경우 업무용 사용자에게는 가격을 시간별 및 주말과 평일

별로 달리 설정한다. 예를 들면, 한국통신은 통화량이 적은 밤 시간대에 국제전화 요금을 낮게 책정하며 영화관의 경우 조조할인을 실행하여 오전에 입장하는 고객에게는 할인 혜택을 제공한다. 차별가격이 효율적으로 실행되려면 다음과 같은 조건들이 충족되어야 한다.

첫째, 시장이 세분화될 수 있어야 하고, 세분시장이 상이한 수요의 강도를 보여주어야 한다.

둘째, 저가격 세분시장의 구성원이 저가격으로 그 제품을 구매한 후 고가격 세분시장에 제품을 다시 판매할 수 없어야 한다.

셋째, 고가격으로 판매하고 있는 세분시장에서 경쟁자들이 자사제품보다 낮은 가격으로 판매할 수 없어야 한다.

넷째, 시장을 세분화하고 유지하는 비용이 차별가격으로부터 파생되는 초과수익을 초과하지 않아야 한다.

다섯째, 차별가격의 관행이 고객의 불만이나 악의(ill-will)를 유발하지 않아야 한다.

여섯째, 특정한 형태의 차별가격이 합법적이어야 한다.

(3) 심리적 가격결정

마케팅 담당자는 특정가격에 대한 구매자의 심리적 반응이 제품구매에서 중요한 역할을 수행할 수 있다는 사실을 오래 전부터 인식해 오고 있다. 심리적 가격결정전략에는 이미지 가격결정, 참고가격결정 그리고 단수가격결정이 있다.

① **이미지 가격결정**(image pricing) : 대부분의 경우 구매자는 제품의 가격을 제품의 품질척도로 사용한다. 한 대학 캠퍼스에서 행해진 실험에 의하면 학생들은 맛 테스트를 위해 표지가 없는 3병의 맥주를 받았는데 이는 서로 상이한 가격대의 맥주였다. 차별가격은 프리미엄 맥주, 정규맥주 그리고 할인맥주로 가장하는 것이 목적이었다. 그 실험은 학생들에게 3병의 맥주가 동일한 것이었다는 사실을 알려주지 않았다. 그 결과 학생들은 3병의 맥주를 서로 상이한 맥주로 평가하였으며, 3병의 맥주 중에서 프리미엄 맥주를 가장 선호하였다. 그 중 일부 학생들은 실제 할인 맥주가 자신들에게 불쾌한 맛을 주었다고 응답하였다. 마케팅 담당자는 이러한 유형의 지각을 이용하여 이미지 가격결정전략을 사용한다.

고가격은 고품질과 동일하다는 지각은 제품에 대한 지식의 결핍이거나 평소에 선호되어온 유명한 브랜드의 이미지로부터 기인할 수도 있다. 예를 들면, 귀중한 보석류나 원석에 관해 거의 무지에 가까운 대다수의 보석 구매자들은 가격으로 품질을 평가한다.

이와는 대조적으로 고객이 제품에 대한 지식을 가지고 있거나 제품의 명성가치에 대해 무관심한 경우 고가격을 고품질과 연계시키는 확률은 줄어든다. 예를 들면, 기계부품과 같은 산업 구성부품은 가격이 아니라 기술 명세서를 얼마나 만족스럽게 충족시키느냐에 따라 결정된다.

② **참고가격결정(reference pricing)** : 소비자는 어떤 특정의 제품을 구매할 때 그가 고려하고 있는 참고가격을 도출해 내는데 이는 현재, 과거의 가격 그리고 구매여건 등에 의해 결정된다. 소비자는 구매결정을 할 때 참고가격과 제품의 주어진 가격을 비교한다. 즉, 소비자는 참고가격과 주어진 가격사이에 어느 정도의 차이가 존재하는 경우 가격에 매우 민감하게 반응한다.

제품유형별 가격결정 : 1.5L 용량의 에비앙 천연수가 슈퍼마켓에서 2,250원에 판매되는 반면, 제주삼다수는 2L에 950원

마케팅 담당자는 여러 가지 측면에서 이러한 가격 민감도를 이용하여 참고 가격결정전략을 채택하고 있다. 참고가격결정의 한 유형이 가격층화(price lining)인데 선매품의 가격결정 시에 많이 이용되고 있다.

소매상이 다른 제품들과 동행하는 품목 — 부수 부품 — 을 판매하는 경우 고객은 대조가격(contrast pricing)에 의존한다. 예를 들면, 50만원하는 남성복 한 벌을 구입한 남성은 단지 넥타이를 구입한 남성보다 8만원하는 실크넥타이를 상대적으로 저렴하다고 생각하는 경향이 있다. 즉, 보다 값 비싼 초기구매와 대조해 보면 넥타이는 싸게 보인다.

소비자 참고가격 때문에 캔디, cb잉 검(chewing gum), 초코파이와 같은 일용품은 장기간에 걸친 소비자의 수요로 습관적으로 가격이 소비자의 마음속에 매우 확고하게 고정되어 있기 때문에 생산자는 가격을 변화시킬 수 있는 능력이 거의 없다. 대신 그들은 가격을 계속 유지하지만 보다 축소된 소규모 포장을 제공한다.

③ **단수가격결정(odd pricing)** : 사무용 소모품 판매자와 소매상은 소비자에게 제품가격이 최하의 가능한 선에서 결정되었다는 인상을 주기 위하여 단수(端數)가격을 붙이는 것으로 판매량을 증가시킬 수가 있다. 예를 들면, 29,900원 가격대의 제품은 30,000원 가격대의 제품보다 값이 싸다는 인상을 준다. 단수가격결정은 단지 100원의 가격상승이 판매하락을 발생시킨다는 가정에 근거를 두고 있다. 사실 가격에 단수를 붙이는 것은 소매상의 가격에 민감한 고객계층을 상대로 할 때 사용하는 가격정책으로써 주로 심리적 효과를 노리는 가격결정방법이다.

(4) 촉진가격결정

가격인하는 대규모 시장에서 소비자들로 하여금 쇼핑과 구매를 유발하게 하기 때문에 기업은 품목이 활발하게 판매되고 있음에도 불구하고 제품가격을 인하한다. 기업은 이러한 가격이 인하된 제품으로 고객들을 유인하며 총가격으로 기타 다른 품목의 판매를 기대한다.

거래가 이루어진 품목에 대한 가격인하전략을 선도가격결정(leader pricing)이라 하며, 원가이하로 가격을 인하하는 경우의 전략을 유인용 손실품 가격결정(loss leader pricing)이라 한다. 유인용 손실품 가격결정이 효과적이기 위해서는 소비자들이 일반적인 가격을 알고 있을 정도로 선도품(leader item)이 널리 인식되어 빈번하게 구매되는 브랜드이어야 한다.

미끼 유인가격결정(bait-and switch pricing)은 비윤리적이며 비합법적인 촉진가격결정 형태이다. 기업은 제품을 판매할 의도 없이 매우 낮은 가격으로(the bait)제품을 광고한다. 그러나 일부 잠재적 소비자는 그 제품이 유용하지 않거나 유용하지만 판매원이 그것을 과소평가 하였다고 생각한다. 이러한 양자의 상황에서 판매원은 물론 더욱 비싼 상이한 제품(the switch)을 제시한다.

(5) 지역적 가격결정

기업은 전국적으로 널리 흩어져 있는 소비자들에게 그들에게 적합한 가격을 책정할 수는 없기 때문에 어떻게 가격을 결정해야 하는가에 대한 문제에 봉착하게 된다. 즉, 판매자와 구매자가 운송비를 지불하는 것은 제품의 최종가격에 영향을 미치는 또 다른 의사결정이다. 운송비가 고가일수도 있지만, 이러한 대가를 지불하지 않는 이들에게는 실질적인 저축을 의미한다.

① **생산지 인도가격**(free-on-board origin pricing) : 판매업자가 구매자가 있는 지점까지 제품을 운송하는데 소요되는 비용을 구매자로 하여금 부담하도록 하는 가격결정 방법으로 이때 판매업자는 운송인에게 제품을 선적할 때까지의 책임만을 부담하며, 선적되는 제품에 대한 소유권은 공장에서 구매자에게로 이전된다. 그리고 구매자(제품 소유주)는 운송도중에 일어날지도 모를 어떠한 손해에도 그 손실에 대한 배상청구권을 운송인에게 행사할 수 있다.

FOB는 운송비가 제품 제조간접비에서 중요한 부분을 차지할 때 매우 유용한 가격결정방법이다. 구매자들은 평균임금이 아닌 실제 운송비보다 높거나 낮을 수도 있는 자신들의 실제 운송비를 지불한다. 그러나 FOB 가격결정방법의 사용은 판매업자 시장의 지역적 규모를 제약하는 경향이 있다. 원거리에 있는 구매자는 운송비가 보다 낮기 때문에 주위에 있는 기업으로부터 제품을 구매하게 된다.

② **균일 운송가격**(uniform delivered pricing) : 균일 운송가격하에서 판매업자는 정책적으로 모든 수송비를 지불한다. 인도된 제품은 시장에서 자신들의 지역적 위치와는 관계없이 모든 구매자에게 가격이 동일하다. 판매가격은 수송비를 보상하고 남을 정도로 높게 책정되어야 한다.

균일운송가격은 마케팅 담당자가 하나의 가격으로 전체시장을 충족하고자 하는 경우 또는 촉진 내지 기타의 목적에 대한 정책으로서 유용하게 사용할 수 있다. 그러나 총판매 가격대비 운송비는 낮아야 하며, 부피가 작은 고가치의 품목은 단일 운송가격에 매우 적합하다.

③ **지대가격**(zone pricing) : 일부 판매업자들은 특정지역 내에 있는 구매자에게 평균 운송비를 부과하는 운송가격결정 형태인 지대가격을 이용한다. 판매업자는 실제 운송비를 지불하고 개별 구매자로부터 평균 운송비를 공제한다. 운송비는 제조

업체에 가까운 지대 내에서는 가장 낮으며, 이들에게서 멀리 떨어져 있는 경우에는 운송비가 매우 높다. 지대가격에는 단일지대 가격제와 복수지대 가격제가 있다.

④ **기점가격(base-point origin pricing)** : 기점 격은 판매업자로 하여금 제품이 상이한 장소에서 선적되더라도 가장 가까운 인도지점에서 운송비를 구매자에게 부담하게 한다.

기점가격은 여러 가지 효과를 갖는다. 고객은 제품이 선적되는 공장근처에 위치해 있지만 그 장소가 기점이 아닌 경우 가공운임을 지불하게 된다. 구매자는 기점에서 멀리 떨어져 있는 공장에서 제품을 구입하는 경우 그들이 실제 받는 운송 서비스보다 빈약한 운송 서비스에 대한 대가(운송비)를 지불할 수도 있다. 만약 모든 판매업자가 동일한 기점을 사용한다면, 경쟁을 완화시킬 수 있으며 모든 구매자들은 공장위치와는 관계없이 동일한 가격을 지불한다. 이는 단일기점을 전제로 한 것이다. 복수기점(multiple base points) 역시 가능한데 구매자의 운송비는 가장 가까운 기점에서 계산된다.

⑤ **운송비흡수가격(freight absorption pricing)** : 특정고객 또는 지역에서 사업기회를 잃을 염려가 있는 기업은 사업을 살리기 위해 실제 운송비의 전액 또는 일부를 가격에 산입하지 않는다. 이러한 기업들은 사업기회가 확장되면 평균비용이 감소하기 때문에 추가적인 운송비를 충당할 수 있다는 사실에 근거를 두고 있다. 운송비흡수가격은 시장침투를 위해서 그리고 경쟁이 점차 치열해지는 시장에서 자사의 위치를 고수하기 위해 사용된다.

요약정리

제품이나 서비스의 가격은 제품이나 서비스의 화폐가치, 즉, 화폐금액으로 표현되는 가치를 말하는데, 가격은 구매자에게 욕구순위 배정역할, 품질차이 경고역할, 사회적 지위 척도역할을 하며 경제에서는 조정 메커니즘의 기능을 수행하며 마지막으로 기업에게는 소비자 수요수준에 영향을 미치며 마케팅 프로그램의 토대로서의 기능을 수행한다.

가격결정목표는 크게 기업의 생존, 이익, 판매, 경쟁목표로 분류할 수 있는데 기업의 생존을 위해서는 원가보다 제품가격이 높게 책정되어야 한다. 이익목표에 근거한 가격결정을 수행하고 있는 기업은 제품원가를 충족하고 투자에 대한 목표수익률을 달성하고자 하며 판매목표를 위해서는 구체적인 판매수준의 달성, 의도한 시장점유율의 달성, 기간수요의 균형을 유지해야 한다. 그리고 경쟁목표로는 경쟁수행, 예방, 상대적인 가격결정 위치의 유지를 들 수 있다.

기업이 독점, 과점, 완전경쟁 또는 독점적 경쟁 시장의 일부를 구성하는 정도는 기업의 능력에 영향에 미친다. 시장에서의 경쟁이 치열해질수록 가격을 결정하는 기업의 능력은 작아진다. 제품에 대한 소비자의 수요는 가격 탄력적 또는 가격 비탄력적으로 설명되는데 가격 탄력적인 제품에 대한 수요는 가격에 매우 민감하게 반응하는 것을 의미한다. 이때의 기업은 가격결정력을 거의 갖지 못한다. 제품생산과 판매활동에 종사하는 유통업자들 역시 제품가격에 영향력을 가지고 있으며 가격담합이나 가격차별, 경쟁자 축출 가격책정 그리고 기만적인 가격결정을 하는 경우 정부는 개입 내지 간섭을 하며 법률로 이러한 행동을 금지시키고 있다. 제품과 원가 역시 가격결정에 매우 중요한 영향을 미친다.

일반적인 가격결정 접근방법 중 원가중심 가격결정방법은 기업의 재무적 목표를 충족시키고자 하지만 경쟁력이나 고객의 수요를 고려하지 않으며 이러한 가격결정방법에는 원가가산법, 목표이익에 의한 가격결정법, 경험곡선 가격결정법이 있다. 그리고 또 다른 가격결정방법으로는 제품의 지각적 가치를 토대로 가격을 결정하는 수요중심 가격결정방법이 있으며 마지막으로 경쟁중심 가격결정방법은 자사의 제품과 경쟁사의 제품을 차별화하여 시장점유율을 보호하거나 증가시키고자 하는 방법인데 여기에는 크게 경쟁자모방 가격결정법, 공개입찰에 의한 가격결정방법으로 분류할 수 있다.

혁신적 신제품 기업은 초기 고가격전략처럼 고가격을 설정하여 경쟁을 차단하는 장벽을 구축할 수 있으며 신제품에 대한 시장점유율을 증가시키기 위해 초기에 저가격을 이용하는 시장침투 가격전략을 사용할 수도 있다. 그리고 제품믹스 가격결정전략에는 제품계열 가격결정, 선택제품의 가격결정, 부수 제품 가격결정, 부산물 가격결정이 있으며 기업은 상이한 고객차이와 변화하는 상황요인을 고려하여 기본적 가격을 조정하는 가격조정전략을 활용할 수 있다.

가격조정전략에는 대부분의 기업들이 고객의 초기 청구서의 지불, 대량구매 그리고 비성수기 때의 구매와 같은 특정행동에 대한 보상으로 가격을 조정해주는 할인 — 현금

할인, 수량할인, 기능할인, 계절할인 — 과 공제 — 촉진공제, 광고공제, 중고품 교환 공제 — 가 있으며, 보통 고객, 제품 그리고 위치에서의 차이를 조절하기 위해 가격을 수정하는 차별가격전략이 있다. 그리고 심리적 가격전략은 가격에 대한 고객의 반응이 구매 의사결정에 중요한 역할을 수행한다는 사실을 이용하는데 이미지 가격결정, 참고가격결정, 단수가격결정 등이 여기에 속한다. 이밖에도 가격조정전략에는 촉진가격결정, 지역적 가격결정 등이 있다.

용어해설

가격(price)
제품이나 서비스의 화폐가치

가치(value)
시장에서 교환이 가능한 대상

효용(utility)
소비자의 욕구를 충족시키는 제품의 능력

가격결정목표(pricing objectives)
기업이 자사의 가격결정전략과 전술로 달성하고자 기대하는 목표 : 기업존속, 이익, 판매, 경쟁목표

이익목표(profit objectives)
단기적 내지 장기적 측면에서 이익을 극대화하는 가격결정목표

손익분기분석(breakeven analysis)
여러 판매량 수준(조업도)이 비용과 수익에 어떠한 영향을 미치는지를 평가하는 활동

손익분기점(breakeven point)
총수익과 총비용이 동일한 점에서의 판매량 수준

손익분기도(breakeven chart)
손익분기점과 목표 수익량을 보여주는 도표

자본수익률(return on investment : ROI)
기업의 순이익을 기업의 총자본과 비교하여 기업의 수익성을 예측하는 비율

단위판매(unit sales)
판매단위수 측면에서 측정되는 이익목표

총판매량 금액(dollar-volume sales)
총수익 측면에서 측정되는 이익목표

가격에 대한 탄력적인 수요(price-elastic demand)
가격이 하락할 때 총수익은 증가하고, 가격이 상승할 때 총수익이 감소하는 수요

가격에 대한 비탄력적인 수요(price-inelastic demand)
가격이 하락함에 따라 총수익도 감소하고 가격이 상승함에 따라 총수익도 상승하는 수요

가격담합(price fixing)
특정 수준 하에서 제품에 대한 가격을 결정하기 위해 시장에 있는 거의 대다수 기업(보통 과점상태하의 기업)들 사이에서 맺어진 계약

수평적 가격담합(horizontal price fixing)
한 산업에서 활동하고 있는 경쟁자들 사이에서의 가격담합협정

수직적 가격담합(vertical price fixing)
최저 재판매가격을 설정하기 위한 유통경로 구성원들 간의 협정

가격차별(price discriminatory)
동일한 제품을 기준으로 상이한 고객에게 상이한 가격을 설정하는 가격정책

경쟁자 축출 가격책정(predatory pricing)
시장에서 경쟁자를 축출하거나 견제할 목적으로 인위적으로 저가격을 설정하는 가격정책

덤핑(dumping)
자국에서보다 더 낮은 저가격으로 해외시장에서 제품을 판매하는 활동

총수익(total revenue)
제품을 판매할 때 수령하는 금액의 총계

평균수익(average revenue)
제품 한 단위를 판매할 때 수령하는 평균 수익금

한계수익(marginal revenue)
추가적인 제품 한 단위의 판매에서 생기는 총수익의 변화분

원가추정(cost estimation)
일반적인 시장 가격하에서 이익이 어느 정도 달성가능한가를 측정하기 위해 기대원가를 계상하는 방법

변동비(variables cost)
원가가 생산수준의 변화에 비례하여 직접적으로 변화하는 비용

고정비(fixed cost)
원가가 생산수준의 변화에 비례하여 아무런 변화가 없는 비용

총원가(total cost)
고정비와 변동비의 합계

한계비용(marginal cost)
추가적으로 한 단위를 생산·판매함으로써 발생하는 총비용의 변화분

한계분석(marginal analysis)
한계수익과 한계비용이 동일한 점을 탐색하기 위하여 이들 두 개념을 서로 비교하는 분석방법

원가가산 가격결정(cost-plus pricing)
개별제품 단위의 원가에 표준이익 내지 원가가산율을 가산하여 가격을 결정하는 방법

평균 총비용(average total cost)
총고정비와 총변동비의 합을 생산 단위수로 나눈 비용

원가가산 고정수수료법(cost-plus-fee pricing)
이익을 줄이는 많은 요인들이 포함되기 때문에 기업이 정부계약에 입찰하는 것을 기피하는 경우에 이용되는 가격결정방법

이폭가격결정법(markup pricing)
원가에 일정률의 이폭률을 곱한 것으로 주로 소매상과 도매상에 의해 빈번하게 이용되는 가격결정방법

목표이익에 의한 가격결정법(target-return pricing)
고정비에 목표이익을 가산한 총계를 단위 판매량으로 나눈 가치에 단위당 변동비를 가산하여 가격을 결정하는 방법

경험곡신 가격결정법(cxperience-curve pricing)
미래에 예상되는 평균원가에 기초를 둔 가격결정방법(누적생산량이 증가함에 따라 평균총원가는 하락한다)

수요중심 가격결정법(demand-oriented pricing)
가격결정의 요소로서 판매자의 원가가 아니라 구매자의 가치에 대한 지각을 기준으로 하여 가격을 결정하는 방법

경쟁중심 가격결정법(competition-oriented pricing)
원가나 수요와는 관계 없이 경쟁자의 가격에 의해 가격을 결정하는 방법 : 경쟁자 모방 가격결정방법, 공개입찰에 의한 가격결정방법

초기 고가격 결정(market-skimming pricing)
어느 세분시장에서 상대적인 가격의 비탄력성을 이용하기 위해 고가격을 설정하는 가격전략

시장침투 가격결정(market-penetration pricing)
가격에 민감한 세분시장에 침투하기 위해 저가격을 설정하는 전략

CHAPTER 09

촉진공제(promotional allowances)

제품 판매지원 프로그램에 참여하는 도·소매상에게 제공되는 일종의 보상책으로 가격을 할인해 주는 가격조정전략

광고공제(advertising allowances)

인쇄 광고지에 판매자의 제품을 게재하는 것과 같은 광고 프로그램에 참여하는 도·소매상에게 제공되는 일종의 보상책

협동광고(cooperative advertising)

공동 스폰서가 된 구매자와 판매자에 의한 광고

중고품 교환 판매공제(trade-in-allowances)

이미 소유하고 있는 제품에 대한 보상을 해줌으로써 구매자가 신제품을 구매하도록 자극하는 역할을 하며, 고가치의 내구재에 적합하다

이미지 가격결정(image pricing)

고품질의 이미지를 전달하기 위해 고가격을 설정하는 가격전략

참고가격결정(reference pricing)

소비자가 어떤 특정제품을 구매할 때 고려되는 가격으로 현재, 과거의 가격 그리고 구매여건 등에 의해 결정되는 가격정책

미기 유인 가격결정(bait-and switch pricing)

소비자가 점포에 도착할 때 높은 가격대의 제품을 판매하기 위해 소비자를 설득할 의도를 가진 저가격대의 제품을 제공함으로써 소비자를 끌어들이려는 가격정책

토의문제

1. 가격이 기업이나 고객에게 중요한 이유를 열거하시오.

2. 당신이 가격결정목표로서 선정한 하나의 요인은 무엇이며 이 요인을 정하게 된 이유를 설명하시오.

3. 어느 한 산업에서의 독과점, 과점, 완전경쟁 독점적 경쟁이 가격결정 과정에 어떠한 영향을 미치는지 설명하시오.

4. 기업의 가격결정에 있어서 경쟁력, 소비자 수요, 유통경로, 제품의 속성이 어떠한 영향을 미치는지 설명하고 제품의 예를 들어보시오.

5. 가격담합, 가격차별, 기만적인 가격결정, 경쟁자 축출 가격결정을 설명하고 각 국에서 이러한 행위들이 비합법적인 이유를 설명하시오.

6. 경쟁중심 가격결정방법의 2유형을 설명하고 이러한 가격결정 접근방법을 이용하는 기업의 예를 들어보시오.

7. 신제품을 도입하는 기업이 초기 고가격전략을 이용한 다음 제품수명주기 후반에 가서 시장침투가격전략으로 전환하는 이유는?

8. 구매자에게 있어서 수량할인의 장·단점은 무엇인가?

9. 수요중심 가격결정방법과 마케팅개념이 서로 상충하는지 아니면 양립할 수 있는지 그 가부를 들고 그 이유를 설명하시오.

10. 제조업자가 정가를 낮추는 대신 리베이트를 제안하는 이유를 설명하시오.

11. 쇼셜네트워크서비스가 앞으로 더 활발해지면 미래의 가격은 어떻게 정해질 깃인지를 상상해서 답하시오.

참고문헌

1) Eric Berkowits, Roger Kerin, and Willian Rudelius, Marketing (St. Louis : Times Mirror/Mosby College Publishing, 1986), 284 ; and David L. Kurtz and Louis E. Boone, Marketing (Chicago : The Dryden Press, 1984), p.368.

2) Sarah Oates, "Holes in Your Socks? Don't Worry, You Have the Foot Fashion", *The Wall Street Journal*, May 5, 1984, p.31.

3) H. S. Houthakker and Lester D. Taylor, *Consumer Demand in the united States : Analysis and Projections*, rev. ed. (Cambridge, MA : Harvard University Press, 1970).

4) Robin Cooper & Robert S. Kaplan, "Measure Costs Right: Make the right Decisions", *Harvard Business Review*, Sept.-Oct., 1988, pp.96~103.

5) Gerard J. Tellis, "Beyond the Many Faces of Price : An Integration of Pricing Strategies," Journal of Marketing 50 (Oct. 1986), pp.146~60.

6) See George Stigler, The Theory and Practice of Price(rev. ed)(New York : Macmillan, 1952), pp.215ff.

7) Robert B. Cialdini, Influence : Science and Practice(Glenview, IL : Scott, Foresman, 1985).

"마케팅은 너무 너무 중요해서 마케팅 부서에만 맡겨둘 수 없다. 기업이 세계에서 가장 훌륭한 마케팅 부서를 보유할 지라도 다른 부서들이 고객 이익에 부합하는데 실패하면 여전히 마케팅에서 실패한다.

– 휴렛 패커드 공동 설립자 David Packard –

Maketing

유통경로전략

CHAPTER

10

제1절 유통경로의 본질

1 유통경로의 의의

유통경로(distribution channels)란 생산자의 제품이 최종소비자(혹은 기업고객)에게로 효율적으로 전달되도록 하는 과정에 참여하는 일체의 상호의존적인 조직과 개인들의 집합체로써 마케팅 믹스에서 중요한 역할을 수행하며 마케팅 경로(marketing channels)와 같은 뜻이다. 대부분의 기업들은 소비자가 만족할 수 있는 제품을 생산하고자 노력하지만 소비자들의 욕구를 모두 충족시키기는 도저히 불가능하다. 따라서 이를 달성하기 위해서는 제품이 소비자가 필요로 하는 시간과 공간에 적절한 수량이 제공되어져야 하는데 이 같은 효용을 창출하는 기능을 수행하는 것이 유통경로이다. 만약에 유통경로가 존재하지 않는다면 생산자는 개별 소비자와 직접 접촉해야 하며 그리고 소비자 역시 개별 생산자와 직접 접촉해야 한다는 부담을 안게 된다. 유통경로는 제품을 생산자로부터 소비자에게 이르기까지 이전에 관계하는 중간상 즉 도매상, 소매상, 정부기관 등이 포함된다.

소비자는 소량으로 여러 상이한 제품을 구입하고 사용하지만 생산자는 소품종 대량생산을 선호한다. 중간상이 유통경로에 이용되는 가장 근본적인 이유 중 첫째, 제조업자는 중간상인들을 이용하여 표적시장을 더욱 경제적으로 도달할 수 있다는 것이다. 둘째, 제조업자가 소비자들에게 직접 시간효용(time utility), 장소효용(place utility) 및 소유효용(possession utility)을 제공하지 못한 기능을 그들이 수행한다는 것이다. 일반적으로 중간상의 존재 이유로 많이 제시되는 근거는 총거래수 최소의 원칙으로 중간상들의 역할을 보여주고 있다.

[그림 10-1]은 연결의 효율에 대해 설명하고 있다. 즉, (a)에서는 중간상이 존재하지 않을 경우 4명의 제조업자와 4명의 소비자 사이에는 16가지의 접촉방법이 있다. 그러나 (b)에서는 한 사람의 중간상을 이용하면 같은 경우에 접촉방법이 8가지로 감소한다. 그러나 보다 많은 중간상을 이용하는 것은 수익체감의 원인이 되므로 신중하게 결정해야 할 것이다.

CHAPTER 10

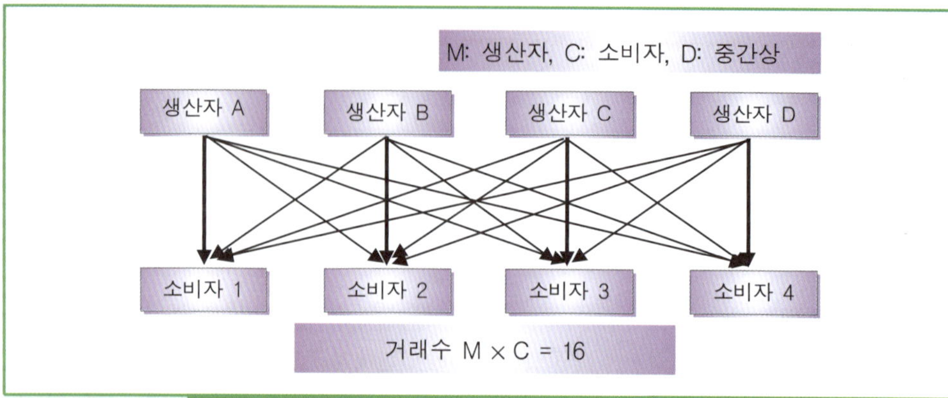

그림 10-1 (a) 중간상이 존재하지 않는 경우

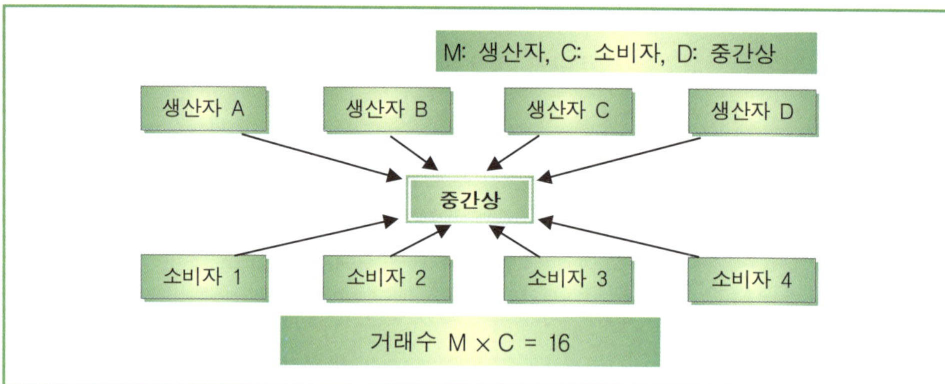

그림 10-1 (b) 중간상이 존재하는 경우

기업이 직접판매 내지 도매상 및 소매상과 같은 중간상의 이용과 관련해서 행한 의사결정은 기업의 유통전략(distribution strategy)의 중요한 요소들이다. 효과적인 유통전략 없이 자사의 제품을 효율적으로 판매할 수 있는 기업은 거의 없다. 즉, 제품의 품질이 아무리 좋다하더라도 그리고 효율적인 촉진활동이 수행되고 가격이 적절하게 책정되었더라도 제품이 소비재 시장이든 아니면 산업재 시장이든 간에 표적시장에 효과적으로 진입하지 못한다면 기업은 성공할 수 없다.

2 유통경로의 기능

대부분의 유통경로는 구매자와 판매자를 묶는 그 이상의 것을 제공하며, 고객이 제품을 원하는 시기와 장소에서 제품을 고객에게 제공한다. 유통경로는 또한 고객의 욕구(다양성, 구매빈도)와 생산자의 욕구(높은 생산수준, 효율성)를 일치시키는데 많은 도움을 준다. 마케팅 시스템에서 유통경로는 제품의 흐름을 소비자에게 효율적으로 이루어지도록 하기 위하여 다음과 같은 여러 가지 기능을 수행한다.

(1) 거래기능(trade function)

소유권의 이전과 관계되는 기능이다.

① **판매기능**(sales function) : 판매기능은 소비자나 다른 유통경로 구성원들에게 제품을 판매하기 위해 필요한 활동 등을 말하는데 잠재고객에 대한 판매촉진, 거래의 성립, 계약 조건의 확정 등이다.

② **구매기능**(buy function) : 구매기능은 경로 구성원들이 재판매를 목적으로 다수의 공급업자들로부터 상품을 구입하거나 고부가가치의 상품을 재생산하기 위해 원자재 등을 구입하는 기능이다.

(2) 물적유통기능(physical distribution function)

제품의 시간적·공간적 이전에 관계되는 기능이다.

① **보관기능**(custody function) : 경로구성원들은 제품의 공급과 수요의 사이클을 일치시키기 위하여 어느 정도 재고를 유지시킨다. 즉, 생산 시점과 소비시점의 차이에서 오는 괴리를 연결함으로써 소비자들에게 대한 시간 효용을 창조한다.

② **운송기능**(transport function) : 운송기능은 제품 선적에 있어 생산지역과 소비지역의 차이를 연결함으로써 장소효용을 창조하는 기능이다.

(3) 조성기능(make-up function)

거래 및 물적유통이 원활히 이루어지도록 보존하는 기능이다.

① **위험부담기능**(risk charge function) : 제조업자는 제품의 생산에서 최종소비자에게 전달되기까지의 전 과정을 책임질 수 없다. 따라서 제품이 이전되는 과정에서 발생할 수 있는 여러 가지 위험을 제거하도록 하여야 한다. 이 경로 구성원들은 즉 이러한 위험 부담, 재고유지, 회손, 변질, 진부화 등의 여러 위험을 부담함으로써 거래 및 물적유통이 원활히 이루어지도록 한다.

② **금융기능(finance function)** : 금융기능은 경로활동의 원활화를 위해 소비자 또는 생산자에게 소비자금이나 생산자금을 제공함으로써 거래의 원활화를 수행한다.

③ **표준화기능(standardization function)** : 다원화된 시장구조 하에서 거래가 각각에 의해서 이루어진다면 상당한 혼란과 복잡성이 야기될 수 있다. 따라서 유통경로는 각각의 거래가 개별적으로 이루어지는 것을 방지하기 위해 상품을 품질수준에 따라 분류하거나 일정하게 규격화함으로써 거래 및 물적유통이 원활하도록 하는 기능을 수행한다. 이것은 유통경로의 표준화 기능이라 한다.

④ **정보제공기능(information function)** : 유통경로 구성원들은 장래의 시장상황을 예측하여 제품의 예상 판매량, 시장 가격의 정보 및 소비자의 소비패턴이나 라이프사이클의 변화 등에 관한 정보를 생산자에게 제공하고, 상품정보나 생산 정보, 제품의 배달과 설치, 애프터서비스의 제공, 사용방법 등에 관한 서비스를 소비자에게 제공함으로써 거래를 조성하는 정보제공 기능을 수행한다.

이러한 기능들은 생산자에서 소비자에게로의 효율적인 제품의 흐름을 가능하게 한다. 유통경로 구성원들이 모든 기능을 수행하지 않음에도 불구하고 이러한 기능들은 유통경로를 통해 수행된다.

표 10-1 유통경로에서 수행되는 기능

기능	기술
조 사	경로 구성원들이 표적시장에 관한 정보를 조사한다.
구 매	경로 구성원들이 공급업자로부터 제품구색을 구입한다.
재 고	경로 구성원들이 공급과 수요 사이클을 일치시키기 위해 재고를 유지한다.
촉 진	경로 구성원들이 제품제공에 관한 커뮤니케이션을 전달한다.
협 상	상호작용을 통해 경로 구성원들이 최종가격을 결정한다.
금 융	경로 구성원들이 경로활동에 필요한 자금을 제공한다.
판 매	경로 구성원들이 소비자와 기타 다른 유통경로 구성원들에게 제품을 판매하는데 필요한 활동을 수행한다.
운 송	경로가 제품선적을 위해 조정된다.
서비스 활동	경로 구성원들이 고객신용과 제품반환과 같은 서비스를 제공한다.

3 유통경로의 중요성

유통경로의 의사결정은 다른 마케팅 믹스와는 달리 기업이 의도적으로 유리하게 변화시킬 수 없다. 왜냐하면 유통경로는 특유의 비탄력성과 각 국의 정치·법률적, 사회·문화적, 경제적 특성이 다르기 때문에 각 나라마다 고유한 유통경로가 존재한다.

(1) 유통경로의 비탄력성

유통경로는 마케팅 믹스 중에서 환경변화에 대해 가장 낮은 탄력성(elas- ticity)을 가지고 있다. 따라서 특정기업이 어느 한 유통경로를 선택하여 사용할 경우 기업의 내·외적 상황 변화에 따라 다른 유통경로를 쉽게 전화하기가 매우 용이하지 않기 때문에 기업의 입장에서 유통경로의 설계와 결정은 계속적인 성장과 발전에 상당한 영향을 미친다. 예를 들면, 제품, 가격, 광고나 판매촉진 등은 경영자의 의사결정에 의하여 어느 정도의 수정이 가능하고 시장상황에 맞게 탄력적으로 운용될 수 있다. 그러나 한번 결정한 유통경로의 구조를 변화시키는 데는 복잡한 여러 가지 상황을 고려해야 되고 수많은 유통경로 구성원들의 저항에 부딪치게 되어 독자적으로 결정하기가 매우 힘들다. 뿐만 아니라, 유통경로의 구조의 변화를 위해서는 많은 시간과 비용의 투입이 요구되고, 잠재적 중간상들에게 배척될 수 있는 위험도 존재한다.

(2) 유통경로의 국가별 특수성

유통경로는 각 국의 특성에 따라 특수한 유통경로가 존재한다. 일반적으로 유통경로는 각 나라의 고유한 역사적 배경과 시장 환경에 의하여 영향을 받게 되므로 각 국의 유통경로는 매우 다양한 특성을 지니고 있다. 따라서 다국적기업의 경우 각 국의 유통경로를 단순 비교하고 실행할 경우 매우 어려운 상황에 직면하게 될 수 있다. 예를 들면, 미국 기업의 입장에서 일본 시장은 유통경로가 다른 나라에 비해 복잡하고 이해할 수 없는 부분이 있을 수 있으며, 우리나라의 경우 유통업체의 급속한 성장으로 제조업자의 지배력이 약화되거나 도매상의 기능이 축소되어 미국의 유통경로 구조와는 또 다른 특성을 나타내고 있다.

4 유통경로 참여자

그림 10-2 1차/조성기능 경로 구성원

경로 구성원은 1차 참여자(primary participants)와 조성기능 참여자(facilitating participants)로 분류할 수 있다. [그림 10-2]를 살펴보면 1차 경로 구성원은 생산자와 중간상을 포함하는데 이들은 제품과 서비스를 구입하거나 판매를 하며, 제품에 대한 소유권 이전을 준비하고 의사결정결과로써 위험을 수용한다. 조성기능 참여자는 위험이 거의 없다고 가정하며 소유권 이전 문제와는 아무런 관련이 없다. 전형적인 조성기능 참여자는 다음과 같다.

① **조사기업**(research firms) : 시장과 구매자에 관한 정보탐색을 한다.

② **광고 대행사**(advertising agencies) : 경로의 여러 수준에서의 수요자극을 하는 역할을 한다.

③ **수송기업**(transportation companies) : 트럭, 철로, 수로, 항로 그리고 파이프라인을 통한 제품과 서비스의 이동을 제공한다.

④ **보험회사**(insurance agencies) : 선적중인 제품의 파손, 도난, 화재, 날씨와 같은 근원으로부터 발생하는 변질 등과 같은 위험에 대한 보호를 제공한다.

⑤ **금융기관**(financial institutions) : 제품이 생산단계에서 소비단계로 이동할 때 재고에 필요한 자본을 제공한다.

⑥ **보관기업**(storage companies) : 공공창고는 수수료를 받고 제품을 저장하는데 이는 제품재고 소유주로 하여금 저장 내지 보관시설에 대한 투자를 기피하게 한다.

5 유통경로 유형

오늘날 기업활동이 보다 다양화되고 넓어짐과 동시에 세분화됨에 따라 유통경로의 설계는 기업간 경쟁적 우위 확보를 위한 장기적인 전략적 측면에서 매우 중요한 문제로서 세심한 주의가 필요하다. 또한 환경이 변화함에 따라 변화를 거듭하기 때문에 명확하게 형태를 규정하기는 어렵다.

[그림 10-3(a)]와 [그림 10-3(b)]에서처럼 경로는 소비재와 산업재 양자 모두에 존재하는데, 소비재에 있어서의 경로는 생산자에서 소비자에게로의 제품흐름을 다루며 산업재의 경우 경로는 소비자에서 기타 다른 제품의 생산이나 일상적인 운영을 위한 산업재 기업이나 조직체에게로의 제품(자재, 부문품 등)의 흐름을 다룬다.

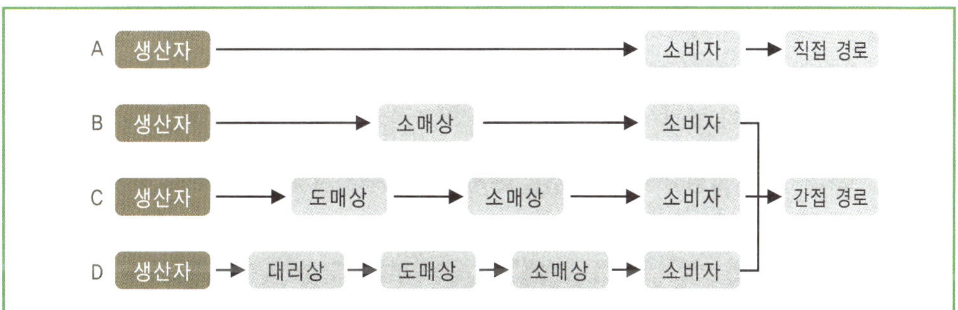

그림 10-3 (a) 소비재의 경로

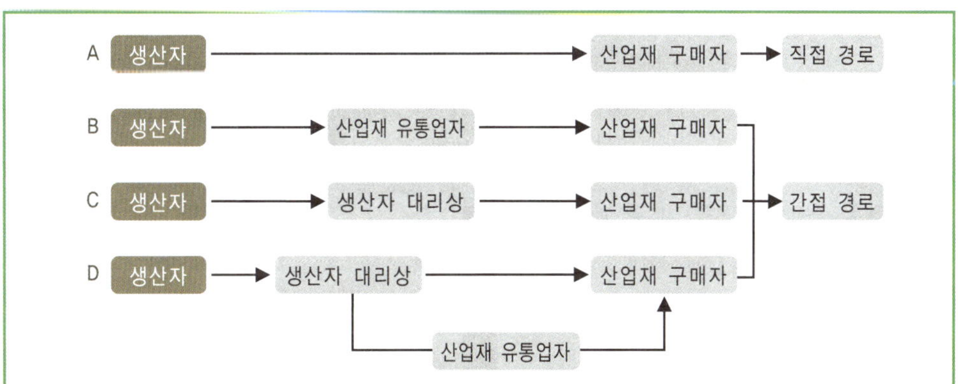

그림 10-3 (b) 산업재의 경로

(1) 소비재 유통경로

일부 소비재 유통경로는 매우 단순하며 또 다른 소비재 경로는 다층의 경로를 구성하는 경우도 있다.

[그림 10-3(a)]에서 경로 A는 제품이 생산자에서 소비자에게로 직접 이동하기 때문에 직접경로(direct channel)라고 한다. 여러분이 자동차를 타고 시골로 드라이브를 하면서 길가에 있는 농부의 노점에서 소량의 옥수수를 구입하는 경우 여러분들은 직접 유통경로를 이용했다고 할 수 있다. 농부는 옥수수를 생산해서 소비자인 여러분들에게 옥수수를 직접 판매하는 것이다. 많은 식품 제조업자들이 이러한 방법으로 전문품을 판매하고 있다. 예를 들면, General Foods는 미식가가 마시는 커피계열을 직접경로인 우편을 통해 제품을 유통시키며 서비스는 보통 직접경로를 통해 빈번하게 제공된다.

나머지 B, C, D의 소비재 경로는 모두 간접경로(indirect channel)에 속한다. 이는 제품이 소비자에게 도착하기 전에 한 개 내지 그 이상의 중간상을 경유하는 것을 의미한다. 중간상(intermediary)이란 유통업무를 수행함으로써 생산자를 지원하는 기업이나 개인집단을 말한다.

경로 B에서 제품은 생산자에서 소매상을 거쳐 소비자에게 도착한다. 많은 대규모 소매상들은 이 경로의 구성요소가 된다. 예를 들면, 삼성전자는 세탁기를 독자적인 전국 대리점에 판매하고 각 지역별 삼성전자 대리점은 고객에게 직접 제품을 판매한다. 현재 대부분의 대형 할인점은 중간상을 거치지 않고 제조업자로부터 직접 제품을 구입한 다음 제품을 고객에게 판매한다. 이것은 유통단계를 줄임으로써 얻어지는 이익을 고객들에게 가격의 혜택으로 돌려주기 위해서이다.

경로 C는 도매상과 소매상이 포함되는데, 신선한 과일이나 야채와 같은 부패 가능성이 있는 제품은 생산자가 도매상에게 판매하면 도매상은 소비자가 제품을 구입하는 마트에 제품을 판매한다. 서적 소매상들이 이러한 유형의 경로를 많이 사용하고 있는데, 이들은 수많은 대형, 소형 출판업자로부터 서적을 구입하여 개별 소매상들에게 서적을 유통시키는 도매상들에게 의존하고 있다. 농산물, 자동차부품, 의약품, 잡화 등의 제품들이 이러한 유통전략에 의하여 판매된다.

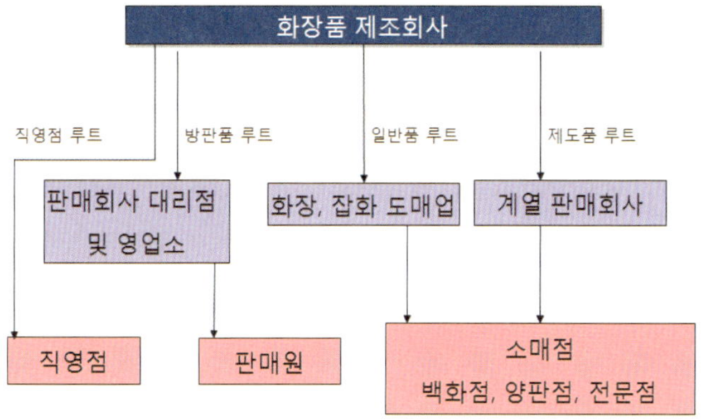

그림 10-4 화장품 제조회사 유통경로

경로 D는 처음에 생산자의 제품을 도매상에게 판매하는 대리상을 통해 제품을 유통시킨다. 이때의 대리상은 도매상과 같은 많은 기능을 수행하지만 특정한 기술적, 재정적 측면에서 도매상과 다르다. 대부분의 산업에서, 생산자들은 보통 상이한 지역에서 판매 대리상들과 접촉한다. 그리고 이들 대리상들은 특정지역에서 활동하고 있는 도매상들에게 제조업자의 제품을 판매한다.

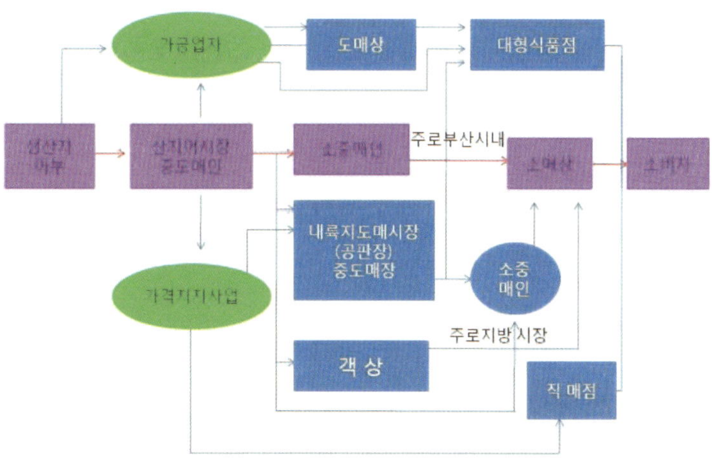

자료 : htt://www.bcfm.co.kr/dataroom/circul.jsp

그림 10-5 부산 공동 어시장 유통경로

(2) 산업재 유통경로

[그림 10-3(b)]는 네 개의 상이한 산업재 경로형태를 보여주고 있다. 산업재에 대한 유통경로는 일반적으로 소비재 경로보다 짧다고 할 수 있다.

산업재 시장에서 경로 A는 직접 유통경로인데 이는 컴퓨터나 항공기와 같은 값비싼 장비부품에 많이 이용되고 있다. 이 경로는 산업재 제조업자가 한정된 수의 고객을 보유하거나 거의 모든 유형의 서비스를 제공하는 경우에 매우 유용하며 또한 판매자의 기술적 지원의 제공을 보다 용이하게 해준다.

나머지 B, C, D의 경로들은 근본적으로 도매상처럼 행동하는 대리상과 산업재 유통업자를 포함하는 간접경로들이다. 서비스를 받는 고객의 수가 증가하고 평균 구매규모가 감소하는 경우 생산자가 소비자에게 직접 판매하는 것은 비효율적이며, 경로 B에서처럼 유통업자를 포함하는 것이 더 효율적이다.

너무나 많은 고객들을 보유하고 있기 때문에 직접 판매를 할 수 없을 뿐만 아니라 고객의 수가 너무 적어 유통업자를 이용할 수 없는 생산자는 경로 C를 선택할 수 있을 것이다. 이러한 유형의 경로에서 생산자는 제품을 사용하는 기업에게 재판매하는 지역 대리상과 접촉한다. 예를 들면, Florida주의 많은 오렌지 쥬스 생산기업들은 이들 지역에서 식품 가공업자와 접촉하는 대리상을 통해 철로 수송으로 오렌지를 판매하고 있다.

경로 D는 자신들의 재고를 빈번하게 보충하는 고객을 보유하고 있는 소규모 생산자에 의해서 자주 사용되는 경로이다. 예를 들면, 자체 판매원을 보유하지 않는 소형 전자부품 공급업자는 지역 유통업자에게 이들 전자부품을 대량으로 판매하기 위해 대리상을 이용하며 결국 이들 유통업자는 지역 전자 제조업자들에게 전자부품을 판매한다.

(3) 복수유통경로

생산자가 자신들의 제품을 다양한 표적시장에 맞추는 경우, 그들은 동시에 여러 개의 상이한 경로 배열인 복수경로(multiple channels)를 이용하는 것이 효율적일 수 있다. 예를 들면, IBM은 제조업자와 기타 다른 대규모 조직체에 대형 컴퓨터 장치와 네트워크를 직접 판매하기도 하고 지역에 있는 기업 소유의 유통업자를 통해 대체부품 내지 구조부품 그리고 소프트웨어를 공급하기도 한다. 그와 동시에 IBM은 컴퓨터 전문점 및 대형 백화점을 통해 소비자와 소규모 기업들에게 자사의 컴퓨터와 구조부품을 판매하기도 한다. 이러한 복수경로를 사용함으로써 IBM은 대형 산업구매자와 개별 소비자 양자에게 제품과 서비스를 효과적으로 제공할 수 있다. 즉, IBM의 경로구조는 IBM 표적시장의 욕구를 잘 충족시키고 있다고 할 수 있다.

6 유통경로 선정시 영향을 미치는 요인

일반적으로 기업이 짧은 유통경로를 이용하기로 결정한다면 기업은 고객과 빈번한 접촉을 하며, 상대적으로 높은 1인당 고객판매비용을 갖게 될 것이다. 그리고 기업은 자사의 마케팅 프로그램에 의하여 제품에 대한 통제가 가능하다. 한편 긴 유통경로를 사용하기로 결정을 한다면 고객과의 접촉빈도와 1인당 고객판매비용을 줄일 수 있지만 기업은 자사제품의 마케팅에 대한 시장에서의 통제력을 상실하게 된다. 기업의 유통경로 선정은 시장특성(the nature of the market), 제품특성(the nature of the product), 환경특성(the nature of the environment)과 같은 요인에 의해 큰 영향을 받는다.

(1) 시장요인

제품이 지향하는 시장 즉, 소비재 시장, 산업재 시장 중에서 어떤 시장을 지향하느냐에 따라 기업의 유통경로결정에 영향을 미친다. 도매상과 소매상이 소비재 시장에서 제품을 유통시키기 위해 흔히 이용되며 직접판매(direct selling)는 산업재 시장을 연결하는데 빈번하게 이용되는 방법이다.

시장의 지리적 규모 역시 어떤 유형의 경로를 이용할 것인지 결정하는데 영향을 미치는 주요 요인이다. 제품에 대한 시장이 서울, 부산과 같은 대도시 지역에 집중되어 있다면, 짧은 유통경로가 적절하며, 농·어촌 지역 및 산간지역과 같은 인구가 희박한 지역 즉, 인구가 여러 지역에 분산되어 있는 시장은 보통 보다 긴 유통경로를 전개하는 것이 효과적이다.

세분화된 소비재 시장은 생산자로부터 직접 구매하는 것을 선호하는 경향이 있으며 대다수의 소비자들은 직접구매가 자신들에게 최저가격과 가장 광범위한 제품선택 가능성을 제공한다고 생각하고 있다.

(2) 제품요인

제품속성은 유통경로 선정시 매우 큰 영향을 미친다. 보통 짧은 수명주기를 가지고 있는 제품과 부패 가능성이 높은 농·수산물, 유행에 민감한 패션제품은 일반적으로 짧은 유통경로를 이용한다.

반대로 껌, 캔디와 같은 제품은 긴 경로를 이용하는데 대량생산, 대량 유통되는 이러한 제품들은 양이 너무 많아 개별 소매상들이 직접 구입하는 데는 한계가 있다.

제품수명주기단계는 유통경로 선정에서 중요한 고려요인이다. 제품의 도입기와 성장기 동안에 일부 제조업자들은 자신들의 마케팅 노력에 대한 깊이 있는 통찰력을 보유하고 자신들의 제품에 적합한 시장을 구축하기 위하여 우편주문과 같은 직접 판매를 선택한다.

제품이 제품수명주기단계의 성숙기와 포화상태에 도달하고 판매가 안정적이면, 생산자는 보통 보다 큰 시장의 대표성을 획득하는 하나의 노력으로 여러 경로를 이용한다.

제품이 쇠퇴기에 도달하고 제품판매가 급속도로 하락하게 되면, 대형 소매체인점은 일반적으로 자신들의 재고를 줄인다. 이 경우 제조업자는 여전히 제품을 원하는 소규모 세분시장을 탐색할 수 있기 때문에 도매상을 통해 제품을 유통시키는데 모든 노력을 집중해야 한다.

(3) 환경요인

① **미시 환경적 영향요인**(micro environmental influences) : 경로선정에 영향을 미치는 미시 환경적 요인은 기업내부에서 이루어지는 관리적 의사결정과 관련이 있다.

생산업체 규모는 자사의 유통경로선정에 영향을 미친다. 대부분의 중·소기업들은 소비자에게 직접 판매하는 관리적, 재정적 그리고 마케팅 자원이 부족하기 때문에 보다 긴 경로에 의존한다. 예를 들면, 제한된 양의 과일과 야채를 생산하는 소규모 통조림 공장들은 보통 고객에게 접근하기 위해 식품 중개상, 도매상, 소매상과 같은 일련의 중간상들을 이용한다. 기업의 규모가 소규모이기 때문에 효과적인 마케팅 프로그램을 개발할 수 없는 경우, 그들은 제조업자 대리상 또는 판매 대리상이라고 알려진 중간상들이 자신들이 보유하고 있는 마케팅 수단으로써 활동하며 동시에 도매상 및 소매상과의 접촉을 하는 일련의 활동들을 허용할 수밖에 없다.

대기업들은 짧은 유통경로를 통해 직접 고객에게 제품을 판매하는 보다 나은 위치에 있다고 할 수 있다. 대형할인점들은 가능한 한 최저가격으로 제품을 획득하기 위해 공급업자로부터 직접 구매한다. 이러한 대형 소매상들은 스스로 도매상 기능을 수행하며 때로는 공급업자로부터 특정가격, 촉진, 제품, 또는 유통상의 이점을 획득하기 위하여 자신들의 막대한 시장 영향력을 사용하기도 하는데 이는 또한 여러 문제점들을 야기 시키기도 한다.

기업이 유통경로를 선정하는 경우 고려해야 하는 또 다른 요인으로는 기업의 마케팅 프로그램을 통제하고자 하는 욕구를 들 수 있다. 생산자가 이러한 통제력을 획득하는 방법은 유통경로를 축소하여 마케팅 중간상이 수행하는 기능의 일부나 혹은 중간상의 모든 기능을 수행하는 것이다. 강력한 마케팅, 관리 그리고 재무능력을 보유한 생산자는 이러한 기능을 성공적으로 수행할 수 있다. 마케팅 프로그램에 대한 통제력뿐만 아니라 비용 역시 직접판매 의사결정에 영향을 미친다. 기업이 자사의 총 마케팅비용을 광범위한 제품계열에 분산시키는 경우 개별제품에 대한 마케팅 비용은 상대적으로 낮아진다.

② **거시 환경적 영향요인(macro environmental influences)** : 사회적, 경제적 그리고 정치적 요인들은 마케팅 경로선정에 영향을 미치는 거시 환경적 영향요인을 구성한다. 일반적으로 그들은 대형 소매상들이 구매력이 높지 않는 서민들이 많이 거주하고 있는 지역을 회피하기 때문에 빈민계층의 소비자들이 제품에 대해 많은 것을 지불한다고 생각한다. 즉, 이들 지역에 서비스를 제공하는 이들은 대형 소매상이 아니라 소규모의 독립상인이며 그리고 빈민층은 포괄적이고 값비싼 경로 시스템을 통해서 제품을 구입해야 한다는 사실을 의미한다.

인구연령이라는 또 다른 사회적 현실은 일부 경로 구성원들에게 새로운 마케팅 기회를 제공하고 있다. 경기의 일시적인 후퇴현상이 일어나거나 또는 실업이 증가하는 경우 많은 소비자들은 고가격 제품에서 저가격 제품으로 그리고 풀 서비스 백화점(full-service department stores)에서 셀프 서비스 할인점(self-service discount stores)으로 구매를 전환한다.

그리고 경기의 회복은 이용 가능한 재량소득(discretionary income)을 흡수할 수 있는 경로 구성원의 성장을 촉진시킨다. 보석류, 고급의류, 장신구점과 같은 전문 소매상과 BMW, Mercedes와 같은 명성 있는 차종을 판매하는 전문 판매업자는 경기회복 기간 동안에 매우 빠르게 확대된다. 또한 정치적 요인들 역시 기업의 유통경로 선정 시 영향을 미치는 요소로 작용하기도 한다.

제2절 유통경로의 갈등관리

개개의 경로 구성원들은 하나의 독립된 조직들이다. 이들 개개의 경로 구성원들이 효율적인 경로가 되기 위해서는 유통경로의 개별 구성원들이 경로의 기타 다른 구성원들의 활동과 조화를 이루면서 자신의 책임활동을 수행해야 한다. 경로내의 어떤 수준에서든지 하나의 갈등은 경로를 통한 제품의 흐름에 심각한 장애를 줄 수 있다. 경로의 효율적인 수행을 위해서는 상호협력이 반드시 필요하다. 유통경로상의 이러한 협력이 존재한다면 경로 구성원들간의 갈등은 최소화될 수 있다. 그러나 유통경로가 독립된 개개인들로 구성되어 있기 때문에 경로기능 수행주체, 이익배분방법, 경로상에서의 의사결정주체, 경로 구성원들이 다루게 되는 제품유형과 같은 문제에 대해 항상 의견 불일치라는 위험이 존재한다.

두 명 이상의 경로 구성원들 사이의 마찰은 흔히 경로 구성원이 예상되는 역할을 수행하지 않음으로써 발생하는 결과를 말하며 이것을 경로갈등(channel conflict)이라 한다. 유통경로에 있어서의 갈등을 야기시키는 몇 가지의 원인을 보면 다음과 같다.

① **재무적 목표 성취의 실패** : 경로 구성원들은 가격, 시장점유율 선도력, 성장률, 세속적 평판 등을 포함하는 다양한 목표들을 추구한다. 최종 분석에 있어서 이러한 목표는 수익성과 투자 수익률 등 기본적인 재무목표의 성취를 추구한다. 만약 경로 구성원들이 그들의 재무적 목표를 성취하지 못한다면, 그들은 개인적인 상거래를 적극적으로 협상하고자 할 것이며, 갈등의 수준 또한 증가될 것이다.

② **위험의 각기 다른 평가** : 경로구성원들이 어떤 상황에 있어서 인지한 위험의 정도나 유형에 대한 서로 다른 의견을 가짐에 따라 발생한다. 일반적으로, 소규모이고 보다 진취적인 구성원들이 대규모이고 확립된 경로 구성원들보다 위험을 여

과 없이 받아들인다.

③ **공동결정분야** : 두개 또는 그 이상의 경로 구성원들이 공동결정분야의 의사결정사항에 대해 서로 다른 의견을 제시한다. 만일 의사결정에 대한 책임소재가 분명치 않으면 최종적인 결정을 하는 사람의 경우 갈등이 쉽게 일어난다.

④ **힘의 근원** : 전문력과 준거력은 갈등을 감소시키는 방법이며, 강제력이나 강제적인 위협을 사용하는 것은 갈등을 증폭시키는 경향이 있다.

⑤ **외부적 요소** : 기술 변화, 격렬한 경쟁, 공급부족 등과 같은 요소는 갈등의 원인이 된다.

⑥ **커뮤니케이션의 부족** : 수집된 정보의 양적 차이, 처리 능력의 차이, 경로에 있어서 사용되는 절차의 차이 등은 경로 구성원들 사이의 커뮤니케이션 문제로 귀착된다. 커뮤니케이션의 내용, 빈도, 출처, 수신자는 경로 구성원들 사이의 갈등을 감소시키기 위한 커뮤니케이션 프로그램 설계에 대한 고려사항으로 받아들여져야 한다.

경로갈등 해결방안은 커뮤니케이션과 리더십을 필요로 한다. 커뮤니케이션은 예상되는 실행수준을 파악하고 전반적인 경로목표에 관한 조화 내지 일치를 전개하는데 중요한 역할을 수행한다. 그리고 리더십은 전반적인 경로실행을 지휘·조정하고 잠재적 갈등상황을 판단하기 위해 경로를 모니터하고 의도한 것과는 반대의 결과를 초래하기 전에 갈등을 해결하는데 필요한 중요한 요인이라고 할 수 있다.

경로조정(channel coordination)은 공식적이거나 비공식적일 수 있다. 일부의 몇몇 경로는 여론(consensus)에 의해 조정된다. 즉, 경로의 모든 구성원들은 유사한 목표를 가지고 있기 때문에, 그들은 자발적으로 자신들의 활동을 조정한다. 그러나 여론에 의한 조정의 경우는 거의 드물다.

또 다른 해결방안은 경로 선도자를 통한 조정이다. 경로선도자(channel leader)란 경로의 목표를 달성하기 위해 다른 경로구성원들을 지휘하고 그들의 노력을 역할을 담당하고 있는 유통경로 구성원을 말한다. 경로선도자는 보통 최고의 재정자원과 파워를 가지고 있는 경로 구성원이다. 대규모 제조업자는 소규모 유통경로 구성원들에게 자사의 제품공급을 통해 경로를 통제할 수 있으며 이와는 대조적으로 대형할인점들은 보통 특수한 제품을 공급하는 생산자나 도매상보다 규모가 훨씬 크기 때문에 이들은 특정배달조건과 가격결정에 관한 협상을 계속하면서 영향력을 행사한다.

제3절 유통경로 시스템

마케팅 담당자가 선정해서 활용할 수 있는 유통경로 시스템은 그 자체로서 부단히 변화하고 성장하며, 발전하고 있다. 따라서 효율적인 경로전략이 형성되어 실행되려면 이러한 유통경로 시스템에 대한 이해가 필요하다. 그리고 마케팅 담당자는 자사의 시장을 신중하게 관찰한 이후에 어떤 유형의 전략을 선택할 것인지를 결정해야 한다.

1 수직적 마케팅 시스템

수직적 마케팅 시스템(vertical marketing system)이란 하나의 유통경로를 구성하는 데 있어서 제조업체와 도매상 및 소매상 같은 중간상들이 하나의 통합적 시스템하에서 기능을 수행하도록 조직된 유통경로이다.

만약 경로시스템의 개별 구성원이 서로 상이한 마케팅 목표를 설정하고 상이한 마케팅 믹스를 수립한다면, 마케팅 과정은 매우 혼란스럽게 전개될 것이다. 혼란은 제조업자가 제품의 품질만을 강조하고, 도매상은 제품의 품질보증만을 확대하며, 소매상은 제품의 저가격만을 강조한 결과라고 할 수 있다. 이러한 이유 때문에 경로 구성원들 중 한 구성원이 모든 다른 구성원들의 경로목표와 정책을 조정하고 통합하는 경로선도자로써 등장하게 된다. 경로선도자는 전체 경로 시스템의 운영을 지휘·감독하기 때문에 가장 중요한 경로구성원이다. 마케팅 과정에서 상이한 수준의 경로 구성원들이 집중적으로 통제된 마케팅 노력 하에 서로 확고하게 연결될 때 수직적 마케팅 시스템이 형성된다. 수직적 마케팅 시스템에는 관리형 시스템, 계약형 시스템, 기업형 시스템이 있다([그림 10-6] 참조).

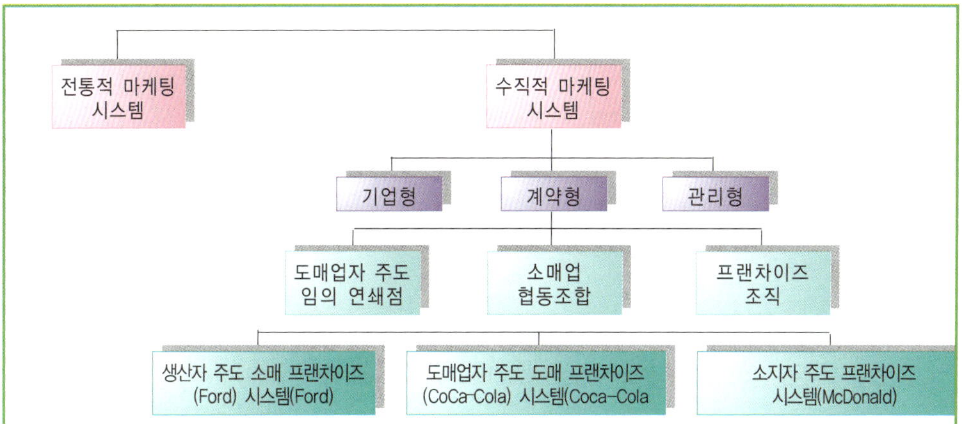

자료: Kotler, P., Marketing Management, Analysis, Planning, Implementation and Control, 6th ed., 1988, p.546.

그림 10-6 수직적 마케팅 시스템의 유형

(1) 관리형 시스템

관리형 수직적 마케팅 시스템 하에서는 가장 큰 경제적 파워와 영향력을 행사하는 유통경로 구성원이 유통경로에 대한 통제력을 행사한다. 비록 다른 경로 구성원들이 독립적인 기관들임에도 불구하고 이들은 각기 다른 자신들의 목적을 가지고 있기 때문에 이러한 통제에 쉽게 동의한다.

예를 들면, 롯데마트나 이마트 같은 대형 유통업체들은 자사에 제품을 공급하고 있는 제조업체들에게 점포 내 전시나 진열 공간, 판매촉진, 가격, 분점 등에 대하여 상당한 영향력을 행사하고 있다. 또한, 시장에서 높은 명성과 브랜드를 인지하고 있는 소비자들이 많고, 신뢰도가 높은 유명브랜드를 보유하고 있는 제조업체들은 중간상들로부터 판매촉진을 위해 제품의 진열과 판촉부분 등을 지원을 받을 수 있다. 삼성전자나 LG전자 등이 좋은 예이다.

(2) 계약형 시스템

계약형 수직적 마케팅 시스템은 유통경로상 상이한 단계의 구성원들을 법률상의 계약에 의해 구속하여 협력을 요구한다. 이러한 유형의 수직적 마케팅 시스템은 관리형 시스템보다 통제의 강도가 더욱 크다. 계약형 시스템(contractual system)의 세 가지 유형을 보면 다음과 같다.

① **소매상협동조합**(retailer cooperate voluntary group) : 소매상협동조합은 서로 결합하여 자체 유통센터를 설립하는 소매상들로 구성되며 이들은 운영상의 효율성과 경제성을 획득하기 위해 경로 시스템에서 도매상을 대신한다. 개별협동 소매상들은 집단 구매력에서 파생되는 운영상의 이점과 편익을 공유한다. 비록 이러한 유형의 협동조합이 유통의 소매수준에서 주로 이용되지만 도매수준에서도 빈번하게 이용되고 있다.

② **도매상 주도 임의연쇄점**(wholesaler-sponsored voluntary chain) : 도매상 주도 임의연쇄점은 독립적인 소매상들을 집중적으로 통제하는 경로 시스템을 조직하고자 하는 도매상에 의해 생성된다. 기존에 확보한 고객으로써 대규모 소매상들을 보유하고 있는 도매상 주도 임의연쇄점은 공급업자로부터 대량구매와 대형수송할인을 획득할 수 있다. 소매상협동조합과 도매상 주도 임의연쇄점의 주요 차이점은 도매시설의 소유권을 누가 가지고 있느냐에 있다. 전자는 소매상들이 도매시설을 소유하고 있는 반면 후자는 도매상들이 도매시설을 소유하고 있다.

③ **프랜차이즈 조직**(franchise organization) : 성공적인 프랜차이즈 조직의 운영 예로는 강력하게 통제되는 제약규정의 제품을 들 수 있다. 프랜차이즈 조직은 ① 제조업자지원 소매상 프랜차이즈시스템, ② 제조업자지원 도매상 프랜차이즈시스템, ③ 서비스회사지원 소매상 프랜차이즈시스템(service firm sponsord retailer franchise system) 등 세가지 유형이 있다. 프랜차이즈 협정에 의하면 프랜차이즈 본부는 독립기업(프랜차이즈 가맹점)이 프랜차이즈 본부의 상호와 운영방법을 이용하여 사업을 하도록 특허를 내준다. 프랜차이즈 본부가 프랜차이즈 가맹점에게 제공하는 주요 편익은 프랜차이즈 가맹점이 면밀하게 수행하리라 예상되는 특정 프랜차이즈 개념이다. 이러한 균일성을 요구하기 때문에 McDonald(2011년 말 세계 118개국에 약 32,000개의 가맹점을 보유하고 있으며, 매일 약 6,000만명이 전 세계에 맥도날드 매장을 찾고 있다), 롯데리아 등과 같은 프랜차이즈 체인점 하에서 활동하는 모든 구성원들은 거의 유사한 사업영역에서 그리고 유사한 제품 서비스를 제공하고 있다. 우리나라는 2011년 말 약 2,900개의 프랜차이즈 업체에 가맹 점포는 약 31만개가 있다.

유럽에서 가장 멋진 맥도날드점　　서울 종로구 인사동 맥도날드점

그림 10-7 프랜차이즈 체인점

(3) 기업형 시스템

기업형 시스템에서는 유통경로상의 한 구성원이 다른 단계에 있는 구성원을 직접적으로 소유하여 지배권을 행사하는 구조이다. 따라서 수직적 마케팅 시스템 중에서 기업형 시스템(corporate system)이 경로 구성원들을 가장 확고하게 통제한다. 이는 단일기업이 시스템내의 개별수준에서 경로단위(구성원)를 소유하여 운영하는 형태의 것이다. 소유(ownership)는 경로 시스템에 대한 통제를 강력하게 그리고 지속적으로 수행할 수 있도록 해준다.

기업이 수직적 마케팅 시스템을 구축하는 경우 그 과정을 수직적 통합(vertical integration)이라 하며 한국 타이어나 금호 타이어와 같은 타이어 제조업체가 자체의 도매 유통센터와 소매점을 운영하는 경우 전방적 통합(forward integration)이 발생한다. 그리고 롯데마트나 이마트와 같은 대형소매상이 경로시스템 내에서 자체소유의 도매시설, 심지어 제조시설을 운영할 때 후방적 통합(backward integration)이 일어난다.

2 수평적 마케팅 시스템

수평적 시스템(horizontal marketing system)은 유통경로 상에서 같은 단계의 둘 이상의 기업이 협력체를 구성하여 대외적으로 경쟁력을 강화하여 영향력을 행사하고자 하는 것이다. 이는 대규모 운영과 관련된 이점을 획득하기 위해 동일한 수준의 유통경로에서 활동하는 경로 구성원은 때로 밀접한 운영관계(working relationship)를 형성한다([그림 10-8] 참조).

소매수준에서 어느 한 도시에 거주하는 특정제조업체의 기기장치를 취급하는 모든 중간상들은 제조업자에게서 주문을 거의 하지 않을 수도 있으며 혹은 트럭 한 대분의 생산단위를 구입할 수도 있다. 그리고서 그들은 한 신문광고를 이용하여 활동에 참여하는 중간상들에게 제품의 판매를 촉진시킨다.

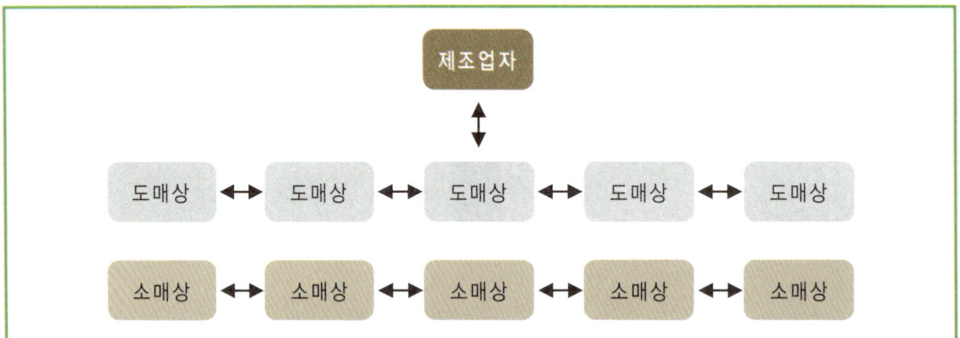

그림 10-8 **도소매상 수준에서의 수평적 마케팅 시스템**

최근에 제조업자들 사이에서 협동적 마케팅 시스템(cooperative marketing system)이 증가하고 있다. 예를 들면, 효율적이면서 기술적인 생산능력을 보유한 제조업자는 특정제품을 생산하여 2차 제조업자의 표찰을 부착하여 재판매하기 위해 다른 제조업자에게 그 제품을 판매한다. 만약 2차 제조업자가 이미 강력한 경로 시스템을 개발하였다면 그것은 신제품 계열을 도입하기에는 매우 용이하면서 위험을 최소화하는 방법이다. 이러한 기업간 상호 마케팅 시스템을 공생적 마케팅(symbiotic marketing)이라 부른다. 많은 비디오 카세트 녹음기가 Sony, Sanyo, Matsushita를 포함하는 일본 제조업자들에 의해 생산되었다. 그러나 이들은 거의 Sylvania, RCA, Zenith를 포함하는 새 범주의 상이한 표찰로 판매되었다.

제4절 유통경로전략의 결정

유통경로전략의 주요문제는 중간상의 수를 몇 개로 정할 것인가에 대한 의사결정으로써 이는 기업이 자사의 제품을 소구하려는 표적시장의 규모에 따라 결정된다. 즉, 캔디와 초코파이는 집 근처의 소규모 소매점이나 편의점, 극장가, 지하철 구내나 매점 등에서 널리 판매되고 있는 반면 이와는 대조적으로 Rolls Royce나 Ferrari와 같은 고품질, 고가격 제품의 경우에는 소수의 중간상들이 매우 광범위한 시장을 커버하고 있다. 유통경로전략을 선정하기 위해서 제조업자는 먼저 자사제품에 적합한 시장을 파악한 후 일반적으로 다음과 같은 3가지 방법, 즉 개방적, 선택적, 전속적, 통합적 경로전략 중에서 어느 한 유통경로전략을 선정하여야 한다.

(1) 개방적 유통경로

개방적 유통경로(intensive distribution)란 가능한 한 많은 도·소매상을 통하여 제품을 유통시키는 전략이다. 이 전략은 일반적으로 편의품을 생산하는 기업들이 제품을 판매하기 위해서 자주 사용한다. 이러한 전략은 충동품, 비상품 그리고 정규적으로 구매되는 필수품이 언제나 소비자에게 유용한 제품이라는 사실을 입증한다. 즉, 이러한 제품들은 빈번한 서비스를 요구하지도 않으며 또 저가격으로 구매가 가능하여 판매량의 증가를 가져올 수 있다는 장점이 있다. 그러나 취급 점포수가 많기 때문에 유통비용의 증가에 따른 낮은 순이익, 소량주문 등으로 유통경로 상에서 중간상에 대한 통제력이 약화된다는 약점이 있다. 치약, 비누 등 생필품이 여기에 포함된다.

(2) 선택적 유통경로

선택적 유통경로(selective distribution)란 개방적 유통경로와 전속적 유통경로의 중간적 형태로써 편의품 보다는 주로 선매품의 경우에 선택할 수 있는 전략이다. 이 전략에 의하면 특정거래 지역에서 엄격한 자격 기준에 의해 선정된 제한된 수의 중간상이 제품계열을 판매한다. 소비자가 특정제품을 탐색하기 위해서 여러 점포를 돌아다니며 심지어 원거리에 위치해 있는 점포에까지 가려는 것을 잘 알고 있기 때문에 전문품 생산자들은 보통 선택적 경로정책을 채택한다.

이러한 경로전략은 중간상에게 동일한 제품을 다루는 경쟁자가 상대적으로 없는 판매영역을 제공하는 반면 생산자들은 자신들의 판매와 이익을 증가시키기 위해 보통 선택적으로 중간상을 선정한다. 의류, 전자제품, 화장품, 구두 등이 선택적 경로전략에 의해서 판매되는 제품들이다.

선택적 유통경로전략을 사용한 제조업자는 중간상들에 대한 강력한 통제와 낮은 비용을 실현할 수 있다.

(3) 전속적 유통경로

전속적 유통경로(exclusive distribution)란 특정 지역에 대해서 제한된 수의 도매상과 소매상을 통해 자사의 제품만을 취급하게 하는 유통경로이다. 이 전략 하에서 중간상들은 배타적인 판매영역에 대한 대가로 생산자를 위해 구체적인 특정 마케팅 활동을 수행하는데 동의한다. 생산자와 중간상과의 협정은 일반적으로 재고수준, 광고정도, 제품교육, 제품품질보증, 가격과 지불기한, 고객 서비스에 대한 양자의 책임을 명기한 문서계약이다. 일부 예에서 처럼 중간상들은 고품질의 바람직한 제품을 위해 전속적인 중간상이 되고자 적극적으로 경쟁한다. 자동차, 고급가구, 고급의류 등의 전문품분야에서 이 전략을 많이 사용하고 있다. 메르세데스-벤즈, BMW와 같은 고급승용차 제조업자들은 자사의 제품을 제한된 수의 전속계약 판매 대리상을 통해 독점적으로 판매한다. 이러한 전속계약 유통은 승용차 이미지를 강화시키고, 강력한 유통업자의 판매지원을 용이하게 한다.

표 10-2 전속적 유통경로전략의 장·단점

구분	내용
장점	• 중간상에 대한 강한통제 가능 • 제조업자가 중간상에게 독점판매권과 높은 이익을 제공함으로써 이들의 적극적인 판매노력 기대(서비스 강화, 신용거래의 확산, 판매촉진의 집중 등) • 브랜드 이미지의 강화 가능 • 충분한 품목별 재고 등
단점	• 시장 확대의 장애(판매기회의 상실) • 제조업자의 적극적인 노력이 필요(시간과 비용의 투입) • 소매점의 제품구색의 한계 등

요약정리

유통경로란 소비자에게로의 제품의 흐름이 효율적으로 이루어지도록 하는 활동을 수행하는 기업이나 개인집단을 말하며, 유통경로는 대량생산을 구축하는 생산자의 욕구와 제품선택의 다양성을 추구하는 소비자의 욕구를 조화시키는 역할을 한다. 유통경로 구성원을 보면 1차 참여자로 생산자와 중간상을 들 수 있으며 조성기능 참여자로는 조사기업, 광고 대행사, 수송기업, 보험회사, 금융기관, 보관기업 등이 있다. 그리고 이들은 조사, 구매, 재고, 촉진, 협상, 금융, 판매, 수송, 서비스를 포함하는 여러 기능들을 수행한다.

마케팅 유통경로 시스템은 제품을 표적시장에 신속하게 그리고 효율적으로 유통시키고자 하는 목표와 마케팅 프로그램 통제 목표, 교환비용의 최소화 목표를 달성하고자 하며, 소비재와 산업재의 경우 직·간접 경로 모두를 사용할 수 있다. 이때의 직접경로란 생산자와 소비자와의 단계에 중간상들의 개입이 전혀 없는 경로를 말하며, 간접경로란 대리상, 도매상, 소매상을 포함하는 비교적 긴 경로를 말한다.

그리고 특정 유통경로 선정은 시장과 제품, 환경요인에 의해 크게 영향을 받는다. 유통경로의 개별 구성원들은 유통경로의 성공에 있어서 매우 중요한 역할을 수행하기 때문에 유통경로에서 활동하고 있는 이들 구성원들의 활동은 반드시 조정되어야 하며 이는 경로리더십이나 수직적 마케팅 경로시스템을 통해 달성될 수 있다.

수직적 마케팅 시스템은 대규모 운영과 관련된 이점을 획득하기 위해 동일한 수준의 유통경로에서 활동하는 경로구성원들이 밀접한 운영관계를 형성하는 경로 시스템을 말하며, 마케팅 과정상 상이한 수준에서의 경로구성원들이 집중적으로 통제된 마케팅 노력을 확고하게 서로 연결할 때 구성되는 시스템으로 이에는 관리형, 계약형, 기업형 시스템이 있다. 수평적 마케팅 시스템은 유통경로상에서 같은 단계의 둘이상의 기업이 협력체를 구성하여 대외적으로는 경쟁력을 강화하여 영향력을 행사하고자 하는 것이다.

기업들은 제품을 판매하기 위하여 가능한 한 모든 형태의 판로를 이용하는 개방적 경로전략을 수행하며, 선택적 경로전략을 선정하게 되는 경우에는 특정거래 지역에서 신중하게 선정된 세한된 수의 중간상이 제품계열을 판매하며, 전속적 경로전략하에서 중간상들은 배타적인 판매영역에 대한 대가로 생산자를 위해 구체적인 특정 마케팅 활동을 수행하는데 동의한다.

CHAPTER 10

용어해설

유통경로(marketing channel)
소비자에게로 제품의 흐름이 효율적으로 이루어지도록 하는 활동을 수행하는 기업이나 개인집단

중간상(intermediary)
유통업무를 수행함으로서 생산자를 지원하는 기업이나 개인집단

유통경로기능(distribution channel function)
마케팅 경로 구성원들이 수행하는 활동으로 조사, 구매, 촉진, 협상, 재고, 금융, 판매, 운송, 서비스 활동

유통경로 참여자(distribution channel participants)
1차 참여자와 조성기능 참여자로 분류되는데 1차 참여자에는 생산자와 중간상이 있으며, 조성기능 참여자에게는 조사기업, 광고 대행사, 수송기업, 보험회사, 금융기관, 보관기업 등이 있다.

복수경로(multiple channels)
동시에 여러 개의 상이한 경로배열을 사용하는 경로구조

경로갈등(channel conflict)
경로 구성원들이 예상되는 역할을 수행하지 않는 경우에 보통 발생하는데 두 개 이상의 경로 구성원들 사이의 마찰

경로 선도자(channel leader)
유통경로의 목표를 달성하기 위해 다른 경로 구성원들을 지휘하고 그들의 노력을 조정하는 책임을 부담하는 유통경로 구성원

수직적 마케팅 시스템(vertical marketing system)
마케팅 과정상 상이한 수준에서의 경로 구성원들이 집중적으로 통제된 마케팅 노력하에 서로 확고하게 연결될 때 구성되는 시스템 : 관리형 시스템, 계약형 시스템, 기업형 시스템

소매업 협동조합(retailer cooperative voluntary group)
서로 결합해서 자체 유통센터를 설립하는 소매상들로 구성되며 이들은 운영상의 효율성과 경제성을 획득하기 위해 경로 시스템에서 도매상을 대신한다.

도매업자 주도 임의연쇄점(wholesaler-sponsored voluntary chain)
독립적인 소매상들을 집중적으로 통제되는 경로 시스템으로 조직하고자 하는 도매상에 의해 생성되는 수직적 마케팅 시스템

수평적 마케팅 시스템(horizontal marketing system)
대규모 운영과 관련된 이점을 획득하기 위해 동일한 수준의 유통경로에서 활동하는 경로 구

성원들이 밀접한 운영관계를 형성하는 경로 시스템

공생적 마케팅(symbiotic marketing)
기업간 상호 마케팅 시스템으로 낮은 원가와 기술적 생산능력을 보유한 제조업자가 특정제품을 생산하여 2차 제조업자의 표찰하에 재판매를 위해 다른 제조업자에게 제품을 판매하는 마케팅 활동

개방적 경로(intensive distribution)
제품을 판매하기 위해서 가능한 한 모든 형태의 판로를 이용하는 경로전략

선택적 경로(selective distributioin)
특정 지역 내에서 신중하게 선정된 제한된 수의 중간상이 제품 계열을 판매하는 마케팅 전략

전속적 경로(exclusive distribution)
중간상들이 배타적인 판매영역에 대한 대가로 생산자를 위해 구체적인 특정 마케팅 활동을 수행하는 마케팅 전략

통합적 경로(integrate distribution)
실질적으로 제조업자의 직접판매방식에 한하여 자신의 판매경로를 형성하고자 하는 것으로 기존의 경로전략에 만족하지 못하고, 또한 중간상들에 의존하지 아니할 경우 스스로 판매회사 지점 내지 영업소를 설립하여 자체 관리에 의한 강력한 통제망을 확립하고자 하는 마케팅 전략

토의문제

1. 유통경로란 무엇인가? 그리고 마케팅 담당자가 소비자의 욕구를 충족시키는데 유통경로는 어떠한 영향을 미치는가 설명하시오.

2. 유통경로 구성원의 기능을 들고 이들 개개의 기능이 소비자 욕구를 충족시키는데 미치는 영향에 대해서 토의하시오.

3. Rolex 시계를 판매하는데 이용할 경로시스템을 결정할 때 가장 중요한 고려요인은 무엇이라 생각하는지 들고 그 이유를 설명하시오.

4. 경로갈등이 발생하는 이유는? 그리고 경로 갈등 상황의 예를 3개만 들고 이러한 경로갈등을 해결하는 방안에 대해서 설명하시오.

5. 경로 선도자가 의미하는 것을 들고 유통경로 단계별 경로 선도자의 예를 한 개씩 열거하시오.

6. 수직적 마케팅 시스템이란 무엇이며 이들이 경로조정에 어떠한 영향을 미치는지 설명하시오.

7. 전통적 마케팅 시스템과 수직적 마케팅 시스템의 차이점은 무엇인지 설명하고 수직적 마케팅 시스템의 유형과 계약형 수직적 마케팅의 유형에 대해 간략하게 설명하시오.

8. 개방적, 선택적, 전속적 유통경로전략의 차이점을 들고 이들 개개의 전략에 의해 판매되고 있는 제품의 예를 들어 설명하시오.

9. 마케팅 유통경로 기관과 중간상의 차이점은 무엇인가?

10. 유통경로 직접성에 영향을 미칠 수 있는 요인들은 무엇인가? 시장특성, 제품특성, 기업특성, 중간상 특성이 유통경로 직접성에 어떤 영향을 줄 수 있는지 논의해 보시오.

참고문헌

1) See also Beth Levine, "The Wholesale Growth of Wholesalers," Publishers Weekly, Sept. 7, 1990, pp.50~52.

2) See Martin Everett, "When There's Moro Than One Route to the Customer," Sales & Marketing Management, Aug. 1990, pp.48~56.

3) Frank V. Cespedes and E. Raymond Dorey, "Managing Multiple Channels", *Business Horizons*, July- August 1990, pp.67~77.

4) "Coke Plans to Enter Frozen-Food Business Within a Few Months," The Wall Street Journal, September 28, 1984, p.43.

5) See Allan J. Magrth and Kenneth G. hardy, "Avoiding the Pitfalls in Managing Distribution Channels," Business Horizons, Sept. ~Oct. 1987. pp. 29~33 ; and George H. Lucas, Jr., and Larry R. Gresham, "Power, Conflict, Control, and the Application of Contingency Theory in Marketing Channels," Journal of the Academy of Marketing Science, Summer 1985, pp.25~39.

6) Janet E. Keith, Donald W. Jackson, and Lawrence A. Crosby, "Effects of Alternative Type of Influence Strategies Under Different Channel Dependence Structures", *Journal of Marketing* 54(July 1990), pp.30~42.

7) Robert F. Lusch and Robert H. Ross, "The Nature of Power in a Marketing Channel," Journal of the Academy of Marketing Science, Summer 1985, pp.39~57.

8) Bert C. McCammon, Jr., "Perspectives for Distribution' Programming", *in Vertical Marketing System*, Louis P. Bucklin, ed.(Glenview, IL: Scott, Foresman, 1970), p.43.

9) Lee Adler, "Symbiotic Marketing", Harvard Business Review(November-December 1966), p.59.

10) "How to Tune in to Videorecorders", *Business Week*, April 25, 1983, p132.

딜 러

하루치의 햇볕과
한 달 분량의 구름과
한 계절의 폭풍우와
한 해 동안의 기다림과
평생토록 바쳐지는 사랑이
높고 낮은 키의 구별이 없도록

만일
태양의 가을 그림자와
한 편의 사랑이 눈썹만큼이라도
마음대로일 수 있다면
우주의 걸음걸이는 더 부산해졌으리라
쥐었다 폈다 일사분란 손놀림에
경직되고 허물어지는 웃음
늘 모자라고 넘쳐
목이 마른
서투른 타짜들
감히
평생 호흡의 가감을 위해 우왕좌왕
길고긴 드라마를 찾는, 간절한
배팅!!

—방 지 원—

Maketing

도·소매상과 물적유통전략

CHAPTER

11

제1절 도매상

1 도매상의 성격과 중요성

서로 다른 종류의 일을 수행하는 도매상들이 존재하기 때문에 도매상의 정의를 내리기는 매우 어렵다. 심지어 이들이 수행하는 활동 중의 일부는 제조업자처럼 보이기도 하는데 결과적으로 일부 도매상들은 자신들이 "제조업자이며 판매업자"라고 부르고 있으며, 또 다른 이들은 상인(merchant), 중매인(jobber), 딜러(dealer), 유통업자(distributor)와 같은 일반적인 용어들과 동일시하는 경향이 있다. 그러나 이들은 유통경로상에서 보편적으로 사용되고 있는 이러한 용어들이 실제 무엇을 의미하는지 생각하지 않고 단순하게 사용한다. 도매상(wholesalers)이란 제조업자로부터 제품을 구입하여 소매상, 다른 도매상, 산업체 및 기관 사용자에게 재판매하는 개인이나 조직체를 말한다. 따라서 이들은 최종 소비자에게 제품을 판매하지 않는 것을 원칙으로 하고 있다. 즉, 도매상의 거래 행위는 최종소비자와의 직접적인 거래를 제외한 모든 거래이다. 도매상은 경로시스템이나 전체 마케팅과정에서 공급업자나 고객을 돕는 중요한 연결고리라는 것을 보여주고 있으며, 또한 기업들처럼 도매상은 자신들의 표적시장과 마케팅믹스를 신중하게 선정하여 관리한다. 도매상도 경로구성원으로 파악할 때 하나의 중간상임을 의미한다. 현재 전자상거래는 교환의 중간에 도매업자가 없이 생산자와 소비자를 인터넷상에서 연결해주고 있다. 이러한 변화의 관점에서 많은 사람들은 도매업자들의 미래가 암울할 것이라고 예측하고 있다.

도매상과 소매상의 차이점은 다음과 같다.

첫째, 점포의 입지와 분위기, 광고와 인적판매와 같은 판매촉진 등에 대하여 소매상보다 상대적으로 소극적이다. 도매상의 목표는 최종소비자가 아니라 소매상이나 기타 다른 도매상, 산업재 생산자와 거래를 하기 때문이다.

둘째, 도매상은 일반적으로 넓은 상권을 대상으로 대규모의 거래를 한다. 도매상의 규모는 지역의 인구밀도 즉, 지역의 크기에 차이가 있을 수 있지만 보통 하나의 도매상은 다수의 소매상을 상대로 영업활동을 전개하기 때문에 규모 면이나 상권의 확보면에서 소매상보다 대형이다.

셋째, 도매상은 소매상들의 수요를 충족시키기 위해 충분한 재고를 유지한다. 대부분의 소매상들은 창고 시설을 보유하고 있지 않거나 최소한의 재고만을 보관하는 창고 시설을 가지고 있다. 이는 장소적인 면이나 비용적인 측면에서 보관시설에 투입되는 노력과 비용을 최소화하여 얻어진 수익을 소비자들에게 가격으로써 그 혜택을 돌려주기 위해서이다. 그러나 최근에는 소매상들의 규모가 대형화되어 소량다품종의 거래행위가 빈번하게 이루어짐으로써 자체적으로 충분한 재고를 유지할 수 있는 보관시설을 보유하고 있는 소매상들이 점점 늘어나고 있다.

2 도매상의 기능

도매상들은 마케팅 과정에서 필요한 여러 기능들을 수행한다. 즉, 이들은－효율적인 전략－유통경로의 다른 구성원들보다도 더 낮은 비용 하에서 그리고 훨씬 효율적인 방법으로 이러한 기능들을 수행한다는 것이다. 여러 유형의 도매상들이 일부분의 기능을 수행하느냐 아니면 거의 모든 기능을 수행하느냐는 전적으로 자신들의 역할과 경로에서 기타 다른 구성원들의 수요에 달려있다.

(1) 대량구입－소량판매

도매상의 주요 기능은 제품을 생산자로부터 대량으로 구입해서 다른 중간상들에게 소량으로 분할 판매하는 것이다. 도매상들은 많은 공급업자들과 상호작용을 하며, 고객의 욕구를 보다 잘 충족시켜 주는 제품구색(assortment of goods)을 선정하고자 노력한다. 만약 제조업자입장에서 제품을 최종 소비자에 직접이전 하거나 소비자 입장에서 필요한 제품을 제조업자로부터 직접구매하게 된다면 많은 비용과 노력이 필요할 것이다.

(2) 수송

도매상들은 소매상들에게 제품을 배달하는 기능을 수행한다. 이들은 지리적으로 제조업자보다 소매상에게 더욱 가까이 위치해 있기 때문에 보다 신속한 제품배달기능을 수행할 수 있다.

(3) 보관과 재고유지

도매상들은 제조업자와 소매상 모두에게 도움이 되는 저장 내지 보관기능을 제공한다. 제조업자들은 도매상에 의해 수행된 보관 또는 저장이 대규모 재고를 유지하는데 필요로 하는 자본과 제조업자의 물적유통 비용을 축소시켜 주는 역할을 하기 때문에, 그리고 소매상들은 보다 높은 자본회전율과 비교적 적은 재고투자로 귀결되는 소규모의 재고를 수행할 수 있기 때문에 경제적 혜택을 누린다.

(4) 시장정보

제품제조업자는 소비자와 계속적으로 정규적이고 직접적인 접촉이 불가능하다. 따라서 도매상들은 신제품, 경쟁사의 신제품 그리고 가격변화에 대한 고객의 반응에 관한 정보를 제조업자에게 제공하는 커뮤니케이션 연결책으로써의 기능을 수행한다. 그리고 도매상은 제조업자로부터 귀중한 제품정보를 얻어 구매자에게 제공한다.

(5) 금융

도매상들은 두개의 중요한 금융기능을 수행한다. 이들은 보통 약속된 기간 동안 조기지불에 대한 대가로 할인혜택을 부여받으며, 소매상에게 신용판매를 제공한다. 그리고 도매상들은 공급업자에게 미리 주문을 하고 제날짜에 대금을 지불함으로써 금융서비스를 제공받기도 한다.

(6) 촉진

도매상들은 인적판매, 광고 그리고 판매촉진을 포함하는 여러 촉진적 활동을 수행한다. 물론 인적판매기능은 보통 제조업자에게 가장 중요한 요인이며 광고는 일반적으로 업계잡지에 광고를 게재하거나 제품품목에 대한 탐색을 위해 판매카탈로그를 개발하는 것을 포함한다. 일반적인 판매활동은 저가격대의 특별 할인품을 구매자들에게 알려주는 구매시점진열(point-of-purchase display)이나 선발표어(shelf tags)를 갖추는 것이다.

(7) 위험 부담

도매상은 제품의 명목상 또는 실질적 소유권을 획득하는 것과 관련된 위험을 부담함으로써 제조업자의 위험을 완화시킨다. 도매상이 갖는 위험은 대체적으로 제품의 진부화, 파손, 변질, 도난 그리고 화재나 기타 천재지변에 의한 손실 등이 있다.

(8) 경영관리 서비스와 지도

도매상들은 수 명의 구매자와 빈번하게 접촉한다. 따라서 도매상들은 성공적인 기업 관행에 관해서 많은 것을 습득한다. 그리고 이러한 경험과 지식이 보통 구매자들에게 전달된다. 일부 도매상들은 추세에 관한 토의를 하며 기업운영을 개선하기 위한 기법과 신제품을 제시하기 위해 세미나를 개최하기도 한다. 이외에도 도매상들은 점포 배치지원, 판매원 훈련, 점포내 진열 구축, 재고통제와 같은 많은 여러 서비스를 제공하기도 한다.

3 도매상의 유형

전문품 도매상 : 네덜란드 꽃 전시회 및 도매시장

도매상은 4가지 유형 [그림 11-1] 즉, 상인 도매상, 거간과 대리상, 제조업자 및 소매상의 판매 지점과 사무소 그리고 기타 도매상으로 구분된다.

(1) 상인 도매상

상인 도매상(merchant wholesalers)이란 자신들이 취급하는 제품에 대한 소유권을 가지며, 독립적으로 소유한 사업체이다. 이들은 완전 서비스도매상과 한정 서비스도매상 2종류의 광범위한 범주로 분류할 수 있다.

① **완전 서비스도매상(full-service wholesalers)** : 이들은 소유, 촉진, 협상, 금융, 위험 부담, 주문, 보관과 같은 수많은 경로활동

에 직접 참여한다. 도매상의 약 80%가 이 범주에 속한다고 할 수 있다. 예를 들면, 미국에서 가장 규모가 큰 상품 도매상인 Super Value는 Safeway, Kroger, Lucky, A&P 그리고 Winn Dixie와 같은 대규모 체인점뿐만 아니라 자사소유의 슈퍼마켓을 경영하고 있다. — 일반 제품도매상, 전문품 도매상 그리고 산업 유통업자 — 로 구분된다.

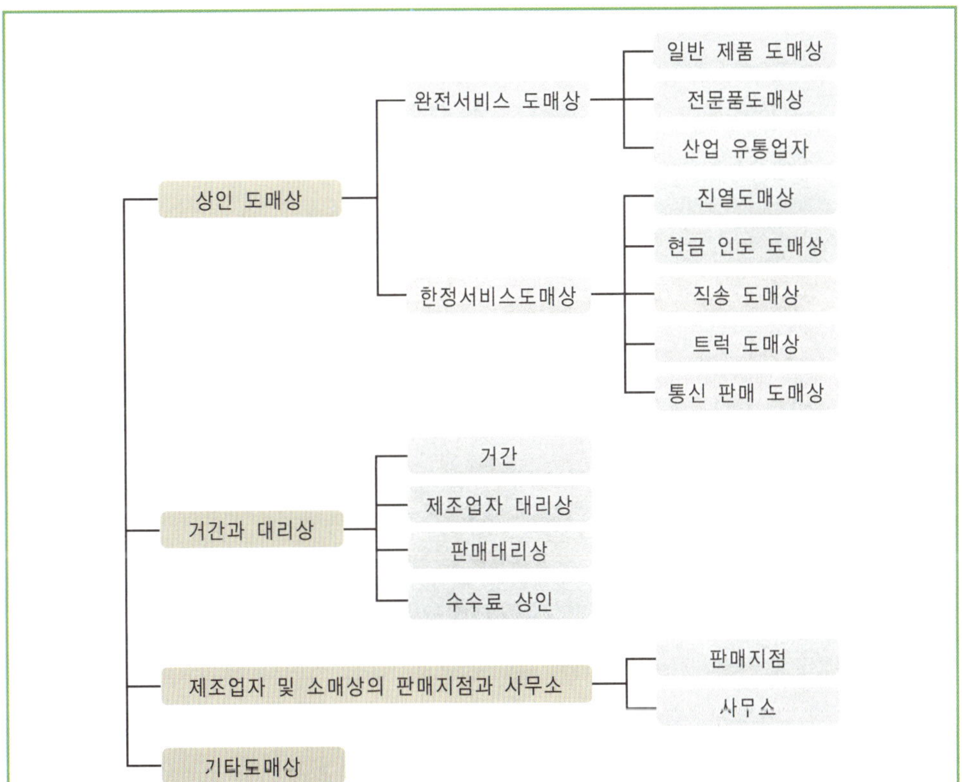

그림 11-1 도매상 유형

㉠ 일반 제품도매상(general merchandise wholesalers) : 어느 제품계열에 약간의 깊이를 갖춘 광범위한 제품을 취급한다. 예를 들면, 하드웨어 도매상 즉, 철물 도매상, 의약품 도매상, 의류 도매상 등과 같이 부패하지 않는 다양한 품목을 판매하는 서비스 도매업자이다.

㉡ 전문품 도매상(specialty merchandise wholesalers) : 제품계열내에 광범위한

제품구색을 갖추었지만 매우 좁은 제품계열을 취급한다. 건강식품 도매상, 해산물 도매상, 자동차 부품 도매상 등이 여기에 속한다.

ⓒ 산업 유통업자(industrial distributors) : 소매상이 아닌 산업재 구매자들을 고객으로 하는 도매상을 말하는데 이들은 재고유지, 신용제공, 배달 등의 여러 가지 서비스를 제공한다. 이들은 폭넓게 여러 종류의 제품을 취급하거나 일반적인 제품계열 또는 전문품 계열을 취급한다.

〈표 11-1〉은 완전 서비스 도매상이 제조업자나 소매상을 위해 수행하는 주요 서비스를 나타내고 있다.

표 11-1 완전 서비스 도매상의 서비스

제조업자를 위해 수행하는 서비스	소매상을 위해 수행하는 서비스
• 판매 기능의 일부를 제공한다. • 제품을 즉시 구입한다. • 보관 내지 저장 시설을 제공한다. • 보관 기능의 일부를 실행한다. • 시장 정보를 제공한다. • 신용 위험을 줄인다. • 소유에 대한 위험을 부담한다.	• 구매 기능의 일부를 실행한다. • 제품에 대한 소유권을 소유하고 이전한다. • 정보와 지도 서비스를 제공한다. • 신용을 확장한다. • 수송 기능의 일부를 제공한다. • 제품을 소량 단위로 재분류한다. • 보관 기능의 일부를 실행한다.

② **한정 서비스 도매상(limited-service wholesalers)** : 한정 서비스 도매상들은 자신의 공급업자나 고객들에게 한정적으로 몇 가지의 경로기능만을 수행하는 도매상으로서 이들은 5종류 주요 한정 서비스도매상으로 구분된다.

㉠ 진열 도매상(rack jobbers) : 진열 도매상은 소매점에 제품을 진열하는 선반을 제공하며 위탁 판매를 하는 도매상이다. 이들은 제품에 대한 소유권을 가지고 있으며, 실제로 판매된 제품에 대해서만 소매상에게 대금을 청구한다. 그러므로 이들은 배달, 선반진열, 재고유지, 금융 등의 서비스를 제공하며 광고가 잘된 유명브랜드의 제품을 많이 취급하기 때문에 촉진에는 별로 신경을 쓰지 않는다.

㉡ 현금 인도도매상(cash-and carry wholesalers) : 현금 인도도매상은 자신들을

방문하는 구매자에게만 제품을 판매하며, 이들은 서비스에 대한 대가로 현금을 요구하고 구매자가 제품 수송을 부담한다. 예를 들면, 규모가 작은 소규모 생선가게 소매상은 일반적으로 이른 새벽에 현금 인도 생선도매상에게 생선을 여러 상자 구입하고 그 대가로 현금을 지불한 다음 자기 상점으로 직접 그 생선상자를 가지고 온다.

ⓒ 직송 도매상(drop shippers) : 이들은 석탄, 목재, 중장비와 같은 부피가 큰 제품의 산업에서 이용되며, 직송 도매상은 물건을 판매하지만 그것을 관리하거나 재고를 취급하지 않으며, 발송하지도 않는다. 구매자에게 직접 선적하여 운반하는 제조업자를 탐색한다. 이들은 주문을 접수한 시각부터 제품이 고객에게 배달되는 순간까지의 모든 책임을 부담한다.

ⓔ 트럭 도매상(truck robbers) : 트럭 도매상은 그들의 트럭에 직접 제품을 싣고 배달하는 것에 특성화 되어 있다. 그들의 장점은 다른 도매상들이 배달하기 꺼리는 우유, 빵, 스낵 식품과 같은 변질되기 쉬운 한정된 계열의 제품만을 신속하게 배달한다는 것이다. 이들의 주요 기능은 슈퍼마켓, 소규모 식료품점, 병원, 식당, 공장 구내식당, 호텔 등을 돌아다니면서 제품을 판매하거나 배달하는 역할을 수행한다.

ⓜ 통신판매 도매상(mail-order wholesalers) : 통신판매 도매상은 우편이나 전화로 주문을 받거나 카탈로그를 통해 보석류, 화장품, 특별상품 그리고 기타 부피가 적은 품목을 판매하며, 이들은 보통 인적판매 활동을 줄이거나 신용판매를 제한한다. 그리고 통신판매 도매상들은 판매원들이 정규적으로 방문하기에는 왜소한 소규모 소매상, 산업재 및 기관고객에게 카탈로그를 보낸다. 예를 들면, Inmac이라는 회사는 6개 국어로 인쇄되어 있는 카달로그를 이용하며, 또 전용 웹사이트(http://www.inmac.com)을 가지고 컴퓨터 액세사리를 판매하고 있다. 통신판매 도매상이 수많은 소규모 주문을 처리하는 데는 상대적으로 높은 운영비용을 지불하여야 하는 어려움이 있다.

(2) 거간과 대리상

상인 도매상과는 달리 브로커와 대리인은 제품에 대한 소유권을 갖지 않으며, 이들은 단지 몇 가지의 경로기능만을 수행한다. 즉, 이들의 주요 기능은 제품 매매를 용이하게 해주는 것인데 이를테면, 판매가 이루어지면 제조업자가 제공하는 수수료의 대가로 제품을 판매하는 것이다.

① **거간(brokers)** : 이들은 어느 특정 판매업자와 특별한 관계를 맺지 않는다. 즉, 이들의 주요 기능은 어느 특정제품을 전문으로 하여 구매자와 판매자를 모이게 한 다음, 거래협상을 도와주는 역할을 하며 이와 동시에 서비스를 이용하는 조직으로부터 보수를 받는다. 수출 또는 수입 거간(중개업자)은 다른 중개업자들과 같은 역할을 하지만 그들은 외국의 소비자와 판매자를 데려온다는 점이 특별하다. 유능한 중개업자들은 어떻게해야 거래 범위를 넓힐 수 있는지를 인터넷을 통해 찾는다. 인터넷은 통합성을 제공하기 때문에 그것으로 인해 더 많은 가치를 찾을 수 있다. 사이버 중개업자는 비용절감에 효과적이고 판매자와 소비자의 더 많은 정보로 운영할 수 있다. 그리고 이들은 재고를 보유하지도 않고 금융에도 관여하지 않으며, 위험을 부담하지도 않는다. 또한 지속적인 기반 위에서 관리를 대표하지도 않는다.

② **대리상(agents)** : 대리상은 보다 지속적인 기반 위에서 구매자와 판매자중 어느 한 쪽을 대표하는데, 이들은 제품에 대한 소유권을 갖지 않고 제조업자로부터 판매에 대한 수수료를 받고 제품을 판매하는 기능을 수행한다.

㉠ 제조업자대리상(manufacturer's agents) : 제조업자 판매원이라 불리는 제조업자 대리상은 일반적으로 여러 명의 비경쟁적(보완적 제품계열을 생산하는) 제조업자와 지속적인 계약관계를 맺고 어느 특정지역에서 이들 제조업자의 제품을 취급한다. 보통 제조업자는 다수의 제조업자 대리상을 이용하며, 이들 개별 제조업자 대리인은 제조업자의 일정 제품만을 판매한다. 마케팅전략상 판매율이 낮을 것 같으면, 균일성을 유지하기 위해서 여러 대리인을 이용하는데, 왜냐하면 대리인을 채용하는 비용은 저렴하기 때문이다. 제조업자는 이들 개별대리인에게 가격결정력과 마케팅노력에 대한 통제력을 이양하기보다는 보유하고 있어야 한다.

제조업자 대리상은 일반적으로 생산기술을 보유하고 있지만 재정능력과 마케팅능력이 부족한 소규모 제조업자에 의해 고용되고 보통 판매에 대한 일정한 수수료를 받는다.

㉡ 판매 대리상(selling agents) : 판매 대리상은 제조업자의 마케팅 지부로서 활

동하면서 제조업자의 모든 제품을 판매한다. 이들은 제품의 판매뿐만 아니라 가격결정, 신용조건, 촉진, 제품계획 수립 그리고 시장조사를 포함하는 모든 마케팅 활동에 대한 책임을 부담한다.

유사한 제품계열 내에 속하는 여러 명의 소규모 비경쟁적 제조업자를 보통 대표하는 판매 대리인은 제품계열 내에 속하는 광범위한 제품구색을 자신들의 고객들에게 제공할 수 있다. 일반적으로 판매 대리상들은 제조업자와 장기적 계약을 유지한다. 이들은 제조업자의 모든 제품을 취급하기 때문에 판매 대리상들은 자유롭게 고객과 최적가격에 대해 협상을 하며 시장이 형성되면 어디에서나 제품을 판매한다.

제조업자 대리상과 판매 대리상과의 중요한 차이점은 제조업자가 여러 명의 제조업자대리인을 이용할 수 있지만 판매 대리상의 경우에는 단 한 명의 판매 대리상만을 이용할 수 있다는데 있다.

ⓒ 수수료 상인(commission merchants) : 수수료 점포라고 하는 이들은 실제로 제품을 소유하면서 판매협상을 하는 대리인이다. 일반적으로 이들은 장기간 고용되지는 않는다. 소규모 지역시장에서 대규모 중앙시장으로 수송되는 농산물 마케팅에서 가장 많이 이용된다. 수수료 상인은 상품을 트럭으로 중앙시장에 실어다가 최고가격으로 판매하려고 하며 수수료와 비용을 제외한 나머지를 제조업자에게 지불한다.

(3) 제조업자 및 소매상의 판매지점과 사무소

거간과 대리상 그리고 상인 도매상과는 달리 제조업자 판매시점과 사무소(manufacturer's or retailer's sales branch and sales offices)는 독립적인 도매상은 아니다. 이들은 제조업자에 의해 소유되고 운영되지만 물리적으로 제조공장과 분리되는 도매운영형태를 말하며 주로 도매단계에서 제조업자의 제품을 유통시킨다. 이들 일부는 단지 판매 사무소에 불과하지만 기타 다른 이들은 완벽한 창고시설을 운영함과 동시에 모든 경로기능을 수행하기도 한다.

(4) 기타 도매상

도매상 중에서 몇몇 진문화된 유형들은 농산물 수집상, 석유저화소와 터미널 및 경매회사와 같은 특정한 경제 분야에서 찾아볼 수 있다. 경매회사는 판매자와 소비자가 함께 모여서 거래를 입찰할 수 있는 장소를 제공한다. 과거에는 특정한 종류의 제품들만 경매를 통해 매입할 수 있었는데, 지금은 ebay와 같은 온라인 사이트를 통해 여러 가지 종류의 제품을 사고 팔 수 있게 되었다.

4 도매상의 추세

제조업자들은 항상 도매상들을 배제하거나 또는 비효율적인 도매상 대신에 활동적인 도매상으로 대체하려는 생각을 가지고 있다. 도매상에 대한 제조업자들의 불만·불평을 살펴보면 다음과 같다.

첫째, 도매상들은 제조업자들의 제품계열을 적극적으로 촉진하지 않고 주문을 접수하는 사람처럼 행동한다.

둘째, 도매상들은 재고를 충분히 확보하고 있지 않기 때문에 고객들의 주문에 즉각적인 대응을 하지 못한다.

셋째, 도매상들은 최신의 시장정보와 경쟁적인 정보를 제조업자들에게 제공하지 못한다.

넷째, 도매상들은 우수한 경영자를 확보하지 못하며 자체 원가를 인하하지도 못한다.

다섯째, 도매상들은 그들의 서비스에 대해 너무 많은 대가를 요구한다.

이마트, 롯데마트, Costco나 다른 대형판매점들이 가격경쟁으로 소규모 제조업자들을 대표하는 도매업자들과 거래하는 것을 거절하고 제조업자와 직접 거래하기를 원한다. 세계적으로 빠른 운송망을 소유한 FedEx나 UPS와 같은 배달서비스는 많은 제조업자들이 해외시장에 있는 구매자에게까지 제품을 직접 운송하는 것을 쉽게 만들어 주고 있다. 인터넷은 판매자와 구매자에게 신속 정확하게 정보를 제공함으로써 도매상들에게 압박을 가하고 있다.

한편, 진보적인 도매상들은 자신들의 공급업자와 표적고객들의 욕구를 충족시키기 위해 서비스를 향상시키고 있으며, 이들은 결국 자신들의 생존을 위하여 유통경로에서 자신들의 가치를 증진시켜야 한다고 인식하고 있다. 이러한 목적을 달성하기 위해서 이들은 항상 서비스를 향상하며, 또한 소요되는 비용을 절감하려고 노력한다.

5 도매상의 전략

대부분의 기업들은 신제품 출하 시 진출하고자 하는 시장을 세분화하여 표적시장을 선정한 후 표적시장에 적합한 마케팅믹스 활동을 전개함으로써 그들의 목표를 달성하고자 노력한다. 도매상도 기업과 마찬가지로 이와 같은 마케팅믹스에 대한 의사결정을 해야 한다.

(1) 표적시장의 선정

도매상들은 넓은 지역에 존재하는 모든 소매상이나 산업 구매자를 대상으로 영업활동을 하는 것은 불가능하다. 따라서 자신들의 표적시장을 선정하여 집중적인 마케팅믹스 의사결정을 함으로써 그들이 추구하는 목표를 달성할 수 있다. 이러한 목표달성은 곧 수익성 있는 고객의 확보와 수익의 극대화를 의미한다. 도매상의 표적시장선정 시 고려해야 할 요소들은 고객의 규모, 고객의 유형, 특정시장 내에서 고객의 명성과 위치, 서비스에 대한 욕구 등이 있다.

(2) 도매상 마케팅믹스전략

도매상들은 시장을 세분화하여 표적시장을 선정하면 이에 적합한 마케팅믹스를 결정해야 한다.

1) 제품구색과 서비스결정

도매상들은 그들이 소매상에게 제공해야 할 제품구색과 서비스 수준을 결정해야 한다. 도매상들은 그들이 취급하는 제품의 구색을 갖추어야 하며 즉각적인 주문 요청에 충분한 제품라인과 재고를 유지해야 하는 압박을 받고 있다. 이러한 현실적인 압박은 수익성을 악화시키는 중요한 요인으로 작용한다. 따라서 도매상들은 수익성을 높이기 위해서 어떠한 제품라인을 갖추어야 하는지를 검토하고 어떠한 제품 구색을 갖출 것인가를 선택하여야 한다. 한편, 도매상들은 그들의 표적고객이 추구하는 욕구를 찾아내어 그 가치를 실현시켜 주어야 한다. 즉, 고객과의 유대강화를 위해서 어떤 서비스가 요구되는지, 어떤 서비스를 어떤 수준으로 제공할 것인가를 결정해야 한다.

2) 가격결정

도매상들은 그들의 소요비용을 충당하기 위해서 원가에 일정비율을 가산하여 제품의 가격을 설정한다. 대개 도매상의 경우 비용 부분을 제외한 순수 평균 마진은 약 5%정도이다. 그러나 신규 고객의 확보나 일시적인 판매량 증가를 위해서 제품 가격을 인하하여 마진을 줄일 수 있다.

3) 촉진결정

도매상은 일반적으로 촉진에 대해서는 별로 관심을 갖지 않는다. 즉, 광고, 판촉, 인적판매 등과 같은 촉진활동은 계획적이지 못하다. 왜냐하면, 도매상은 브랜드의 인식과 점포로의 유인을 위한 적극적 마케팅활동이 요구되는 최종소비자와의 직접거래가 아닌 소수의 소매상들과의 거래가 주를 이루기 때문이다.

그러나 경쟁이 치열한 상황하에서 촉진의 중요성은 증가되고 있는 실정이다. 도매상들은 촉진의 중요성을 인식하고 자체적인 촉진 프로그램을 개발하여 실행하거나 제조업자의 촉진활동에 동참하여 그들이 제공하는 촉진물을 활용하여 고객을 확보하고자 하는 노력을 강구하고 있다.

4) 입지결정

도매상들은 최종소비자를 대상으로 영업활동을 하지 때문에 입지를 설정하는 데에 있어서 그다지 중요성을 갖지 않는다. 그러므로 도매상들은 보통 임대료가 저렴하고 토지와 건물 이용률이 높은 지역이나 세금이 낮은 지역에 위치한다. 또한 그들은 건물 내 시설이나 분위기, 장비, 시스템에 대한 투자에 별로 관심을 보이지 않는다.

제2절 소매상

1 소매상의 성격과 중요성

소매업(retailing)은 최종 소비자에게 제품을 판매하는데 투입되는 모든 활동을 포함한다. 대부분의 소매판매는 소매조직형태의 소매상에 의해 이루어진다. 그러나 제조업자, 도매상, 농부 그리고 정부 기관 역시 때로는 최종 소비자에게 제품을 판매하기도 하며, 또한 소매판매는 전화, TV, 온라인으로, 인쇄된 카달로그, 자동판매기를 통해서도 이루어진다. 대부분의 소매업자들은 다른 사람으로부터 제조된 물리적인 제품을 판매한다. 그러나 패스트푸드, 드라이클리닝, 직접 사진현상소 등 서비스 소매업과 같은 경우에, 소매업자들은 또한 제조업자이다.

소매상(retailers)이란 제품에 대한 소유권을 가지며 궁극적으로 최종 소비자에게 제품을 판매하는 중간상을 말하며, 소매조직(retail establishment)은 제품 판매를 위해 최종 소비자를 표적으로 이루어지는 단위사업장소를 의미한다.

소매업은 장소, 시간, 정보 그리고 소유의 효용 또는 만족을 제공한다. 예를 들면, 20년 된 가정용 냉장고가 무더운 7월 어느 날 수명을 다할 때 여러분들은 즉시 적절한 대체품을 탐색하기 시작할 것이다. 여러분이 이러한 대체품을 필요로 할 때 다양한 모델을 보유하고 있는 기기장치 소매상들은 장소와 시간 효용을 제공한다. 점포광고와 판매원은 정보의 효용을 제공하며 여러분들은 유리한 신용조건을 체결하여 제품을 구입함으로써 소유의 효용을 획득할 수 있다.

소매업은 수많은 개별 종사자들에게 자신들의 관리기술을 개발하도록 하는 기회를 제공한다. 대부분의 소매조직들은 독립적인 사업체이고 보통 가족이 소유하고 있는 규모가 작은 조직은 거의 영세한 조직으로 취급된다.

자본과 교육, 지식 및 정부의 법률적·제도적 규제가 약하기 때문에 소매업은 진입하기가 매우 용이한 분야이다. 그러나 불행하게도 Dun & Bradstreet 통계에 의하면 실패할 확률이 매우 큰 분야이기도 하다는 것이다. 즉, 소매업계에서의 실패 내지 좌절은 미국에서 총산업파산의 약 20%를 점하고 있는 실정이다.

2 소매상의 기능

소매상은 공급업자와 최종소비자에게 장소, 시간, 소유 등의 효용을 제공한다. 이와 같은 소매상은 다양한 기능을 수행하고 있으며 다음과 같은 기능을 수행하고 있다.

(1) 상품구색과 시간 및 장소, 소유의 효용제공

소매상은 수많은 제조업체들에 의해 생산된 제품을 취급하며, 이러한 소매상이 갖추어놓은 제품의 구색을 최종소비자는 브랜드, 디자인, 규격, 색상, 형태, 가격 등을 비교 검토한 후 상품을 구매한다.

예를 들면, 서울우유는 우유와 유제품을, 농심은 라면과 스낵류를, 풀무원은 두부 등 식품류를 전문적으로 생산하는 기업이다. 만약 이들이 각자 자사의 제품만을 판매하는 소매점을 운영한다면 소비자 입장에서는 매우 불편을 느낄 것이며, 제조업자 입장에서도 상당한 노력과 비용이 수반되므로 현실적으로 가능하지 않다. 따라서 소매상들은 여러 상품들로 구성된 제품의 구색을 갖추어 최종소비자에게 시간과 공간, 소유 등의 효용을 제공한다.

표 11-2 소매업자나 서비스 제공

구분	내용
편 의	필요한 제품, 문화공간, 주차, 이용가능한 시간
제품선택	폭과 깊이, 브랜드, 품질, 가격
정 보	진열, 제품설명 및 정보, 친절할 구매 도움
서비스	특별주문, 포장, 배달, 반품 및 교환
가 격	구매력, 신용, 할인, 세금 또는 부가세
거래신뢰성	소비자문제 시정, 정직, 충동구매 예방
구매환경	편안함, 즐거움, 안전성, 쾌적한 환경

(2) 상품분할과 정보제공

대부분의 제조업체는 포장의 효율성과 운송비를 절감하기 위해, 도매상은 분할포장에 투자되는 비용을 줄이고 마진율을 높이기 위해 보통 대형 포장단위로 소매상에게 제품을 판매한다. 소매상은 이러한 대형포장 단위를 최종소비자가 구매하기 편리하도록 소량단위로 상품을 분할하고 소비자의 소비패턴에 맞도록 작은 단위로 포장하여 소량판매를 실시한다.

소매상은 광고, 전시, 쿠폰제공, 카탈로그, 판매원 등을 통하여 소비자가 구입하고자 하는 상품 및 서비스에 대한 정보를 제공하는 역할을 수행한다.

(3) 상품보관과 가격결정

소매상은 재고를 보유함으로써 소비자가 원할 때 언제든지 제품을 구매할 수 있도록 충분한 재고를 유지한다. 소매상이 이와 같이 충분한 재고를 보유하기 때문에 개별 소비자는 소량의 재고만을 보유하면 된다. 즉, 소매상이 재고를 보유함으로써 소비자의 재고 보유 비용의 부담을 줄여준다.

소매상은 상품에 대한 소유권을 확보함으로써 얻어지는 이점을 이용하여 경쟁제품의 가격과 소비자 수준, 시장의 규모 등과 같은 시장 상황을 고려하여 가장 적정하게 상품가격을 결정한다.

지금까지는 일반적으로 제조업체에 의해 지배되었던 가격결정권이 요즈음에는 대형유통업체들의 영향력이 증가함으로써 제품에 대한 소매상들의 가격 지배권이 향상되고 있다.

(4) 신용공여와 제품의 가치증대

소매상은 원칙적으로 제조업체나 도매상과의 신용공여에 의한 신용거래를 실시한다. 따라서 자신들도 최종소비자에게 대하여 외상판매나 할부판매 등을 통해 신용공여를 하게 된다. 그러나 제품의 소유권의 획득으로 이러한 결과에서 초래될 수 있는 위험은 스스로 부담한다.

소매상은 상품구색의 제공, 상품의 분할, 재고보유 및 정보제공, 서비스 등을 통하여 소비자의 위험부담을 감소시키며 소비자가 구매하는 제품의 가치를 증대시킨다.

3 소매상의 유형

소비자들의 욕구는 다양하며, 역사적으로 다양한 소비자 욕구를 충족시키기 위해 소매상의 유형은 규모, 취급상품, 서비스, 영업방법, 소유형태, 입지 등 다양한 방법으로 분류될 수 있다. 점포 유무에 따라 소매업은 크게 점보형 소매업(store based retailing)은 소매점 시설을 갖추고 운영되는 전문점, 백화점, 슈퍼마켓, 편의점, 하이퍼마켓 등 다양한 업태의 소매상들이 이 유형에 포함된다. 무점포형 소매업(nonstore based retailing)은 자동판매기, 방문판매, 직접우편판매, 텔레마케팅, 인터넷 쇼핑과 같은 직접 마케팅 등이 이에 속한다. 하지만 소매상의 유형을 부분적으로 중복되어 분류하기가 난해하다.

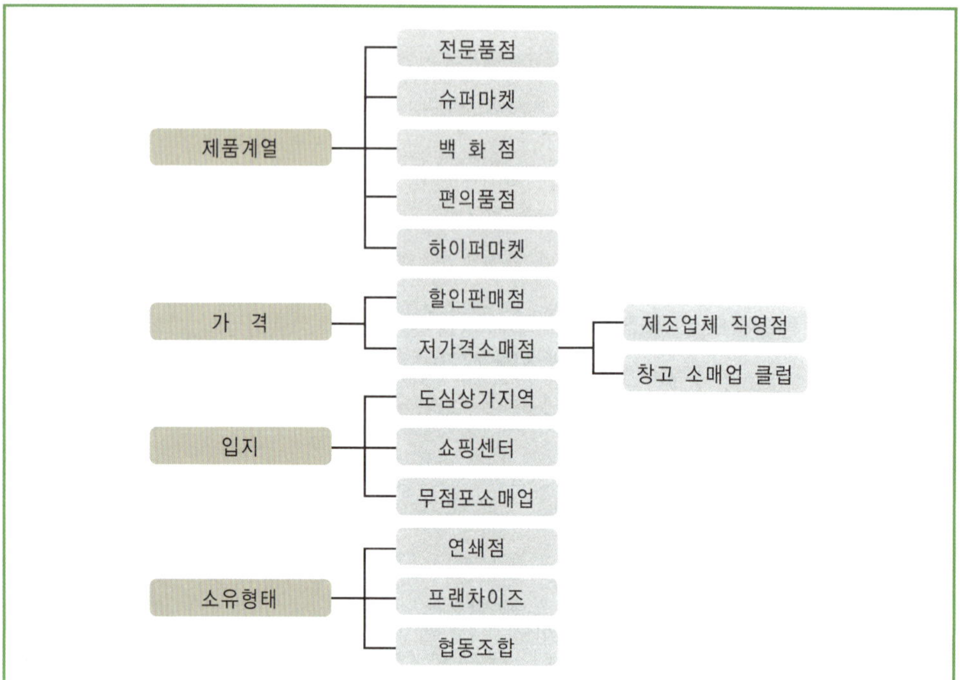

그림 11-2 소매상 유형

(1) 제품계열에 의한 분류

소매상들은 근본적으로 취급하는 제품계열의 깊이와 넓이에 따라 다르다. 일부는 깊이가 있지만 넓이가 얇은 제품을 취급하는 반면, 또 다른 소매상의 경우 넓이는 있지만 깊이가 없는 혹은 제품의 깊이와 넓이 양자 모두를 갖추고 있는 이들도 있다. 소매점 분류는 다음과 같다.

① **전문품점(speciality stores)** : 소매점의 가장 보편적인 형태가 전문품점인데 이는 하나의 제품이나 계열에 한정해서 집중하는 점포를 말한다. 예를 들면, 독점적인 의류, 고품질의 스포츠제품, 가구점, 카메라 또는 골동품과 같은 특별한 종류가 여기에 속한다. 그리고 서비스제품의 경우 미용실, 커피전문점, 음식점, 부동산 중개사무소, PC방 등이 대표적인 예이다. 고객들의 다양한 기호와 그것을 만족시킬 경제력이 존재하는 한 전문점들은 소매현장의 한 부분으로 계속될 것이다.

매그놀리아 빵집

루이비통(뉴욕)

명동 화장품점

일본 오차노미즈악기점

트루릴리전(청바지, 뉴욕)

베스트바이어(전자제품)

그림 11-3 전문점 유형

② **백화점**(department stores) : 백화점은 식료품, 생필품, 가전, 자동차 용품, 유아용품, 의류, 신발, 화장품, 가구와 같은 매우 다양한 제품계열을 취급하며 일반적으로 신용할부판매, 배달, 설치, 환불이나 빈품 보증, 인적판매, 애프터서비스 등을 제공하고 있다.

우리나라의 경우 신세계, 롯데, 현대 백화점 등이 대표적이다. 오늘날 대부분의 백화점들은 대형할인점의 공격적 마케팅에 의한 급속한 양·질적인 성장으로 인하여 그 성장 속도가 둔화되거나 퇴보하고 있는 실정이다. 세계에서 가장 규모가 큰 Harrod's 백화점(London 소재)은 광범위한 일련의 제품과 서비스를 제공하고 있다. 일본의 톱 소매조직 중의 하나인 Yaohan 백화점에 도전을 받고 있지만, London에 소재하고 있는 Marks&Supencer는 세계에서 가장 규모가 큰 백화점 체인이다. 오늘날 대부분의 백화점 체인점들은, 특히 미국에서 심각한 재정문제에 빠져 있는 자신들을 발견하곤 한다. 일부분이기 하지만 이러한 문제들은 변화하는 소비자수요 — 전문품에 대한 선호도가 증가하는 — 를 반영하기도 한다.

그림 11-4 이세탄 백화점 내부(일본-신쥬쿠)

③ **슈퍼마켓(supermarkets)** : 슈퍼마켓은 식료품, 세탁용품, 가정용품에 대한 소비자들의 전체 욕구를 충족시켜 주기 위한 판매점으로서 규모가 크고 원가와 이윤이 낮으며, 많은 물량과 셀프서비스를 하는 소매점이다. 슈퍼마켓은 자신들의 경쟁력을 향상시키기 위해 여러 측면에서 효율성 최대화를 위한 계획을 시도하고 있다. 계산대의 스캐너는 각각의 품목판매를 분석을 가능하게 하고, 더 많은 선반을 놓을 공간을 신속하게 이동하고, 높은 수익을 올리는 품목에 좋은 위치에 품목을 할당한다. 생존은 효율성에 달려있다. 또한 슈퍼마켓은 교통이 편리한 장소, 넓은 주차 공간, 우아한 건물과 장식, 영업시간의 연장, 일요일 개점 및 수표 현금화, 휴게실, 배경음악과 같은 다양한 고객 서비스를 통해 시설수준을 향상시키고 있다. 이러한 슈퍼마켓에 대한 일반적인 특징은 우리나라에서의 슈퍼마켓에 대한 개념과는 다소의 차이가 있다. 롯데슈퍼, 홈플러스 익스프레스, GS 슈퍼마켓, 이마트 에브리데이를 포함 사회적 논란 속에서도 기업형 슈퍼마켓(SSM)이 약 700개점으로 빠른 속도로 증가하고 있다.

월마트

중국천진시 롯데마트

그림 11-5 대형마트

▮표 11-3▮ 컨셉트를 달리한 편의점 매장형태

형 태	특 징
프리미엄형	구매 고객 인터넷 사용 가능, 파우더룸 구비
슈퍼마켓형	육류, 과일, 채소, 양곡 등 신선식품 판매
카 페 형	커피 · 핫도그 등을 즐길 수 있게 테이블 비치
즉석빵집형	즉석에서 빵, 과자 등 만들어 판매
셀프바형	고객이 직접 와플 등을 굽고 토핑
미 니 형	면적 · 취급제품 일반 점포의 3분의 1 수준

자료 : 매일경제신문. 2011.7.

④ **편의점**(convenience stores) : 보통 일주일 내내 하루 24시간 계속해서 영업을 하는 편의점은 주거지역에 가까운 이웃의 고객들에게 편의를 제공하며, 재고회전의 빠른 편의품 등의 한정된 제품계열을 취급한다. 최초의 편의점은 1927년 미국 텍사스 얼음공장 직원들 식품가게가 원조이며, 1946년 7-eleven이란 이름을 붙였다. 한국은 7-eleven이 1989년 5월 처음으로 서울 방이동 올림픽선수촌 아파트 상가 안에 문을 열었다. 하루 24시간 계속해서 영업을 하는 편의점은 주거지역에 가까운 곳에 위치하며, 재고회전이 빠른 편의품 등의 한정된 제품계열을 취급한다. 편의점은 품목의 구색이 아닌 편의를 제공하며, 대부분 근처의 가게나 슈퍼마켓보다 10~20% 높은 가격을 제시한다. 2011년 말 한국 편의점협의회에 따르면 편의점수 약 2만 개점, 하루 이용고객 850만명, 년 거래액 10조원대로 추정하고 있다. 1997년 Family Mart는 공공요금 수납서비스, 버스카드 무인 충전기도 최초로 설치를 시작으로 LG25시, 미니스톱 등 보험·카메라·골프용품 판매, 휴대전화 충전, 택배, 영화·스포츠 티켓판매, 꽃 배달, 민원서류 발급, 렌탈사업 — 유아용품, 가전제품 — , 보험·카메라·골프용품, 도시락까지 판매하고 있다. 직접 빵을 구워파는 '빵집형', 휴게공간을 넓힌 '카페형'도 늘어나고 있다. 자가브랜드(PB)개발 — 음료, 생수, 핫도그, 도시락 등 — 도 활발하다. 그러나 영업시간을 확장한 만큼, 치열한 경쟁이 편의점의 가격과 수익을 하락하게 만들고 있다. 이들은 또한 고객에게 용이한 주차 편의와 신속한 체크아웃(check-out)을 제공한다.

그림 11-6 편의점 및 슈퍼

그림 11-7 IKEA 다운 기발한 아이디어

⑤ **하이퍼마켓(hypermarkets)** : 소매업의 최근의 추세는 취급하는 제품계열이 점차 확대되며, 점포의 규모면에서도 초대형화되어 가고 있다는 것이다. 유럽이 이러한 추세를 선도하고 있다. 1970년대 유럽의 소매상들은 프랑스와 독일에서의 하이퍼마켓을 따라 잡았으며, 이러한 거대한 셀프서비스 컴비네이션 스토어(self-service combination store)는 식품점과 잡화점 및 의류와 기타 다른 것들을 취급하며 점포매장은 거의 25만 평방피트에 이른다. 현재 이 개념은 하이퍼마켓과 슈퍼마켓 형태로 도입되고 있다. 하이퍼마켓은 주로 유럽을 중심으로 성장한 소매업태이다. IKEA(대형 스웨덴 가구소매점)는 년 매출액 약 35조원이 넘는 DIY(소비자가 직접 조립하는 가구)가구점이 한국에 2012년 1호점을 개점할 계획이다.

경기도 광명역 부근에 땅을 매입하면서 국내상륙을 계획하고 있는 DIY가구업계 IKEA의 트럭에 실내 가구장식한 재미있는 광고

(2) 가격에 의한 분류

쇼핑 장소를 결정하면서 소비자는 보통 저가격에 대한 자신들의 희망과 제품서비스에 대한(품질) 희망을 서로 비교하여 헤아려야 한다. 일반적으로 서비스수준과 가격은

서로 비례하는 경향이 있다. 예를 들면, Nordstrom과 같은 완전서비스점포(full service stores)는 대량판매, 높은 재고 회전율, 낮은 원가, 낮은 이윤폭을 강조하는 대량상인(mass merchandisers)보다 더 높은 가격을 책정한다. 대량상인들은 슈퍼마켓, 하이퍼마켓 그리고 할인점과 같은 저가격 소매점을 포함한다.

① **할인점**(discount stores) : 할인점은 의류에서 가정용 설비용품, 자동차 부품에 이르는 광범위한 제품믹스를 취급한다. 고객을 유인하는 저가격을 제공하기 위해서 할인점은 소매업의 다른 측면—보통 서비스—을 배제한다. 예를 들면, 대부분의 할인점들은 셀프서비스(self-service)를 이용하고 신용이나 배달 서비스를 제공하지 않으며, 또한 총경비를 줄이기 위해 임차료가 낮은 지역에서 운영되기도 한다. 그러나 이들은 광활한 교외지역에서 고객을 끌어들이는 경향이 있기 때문에 편리한 주차시설과 주요 고가도로 근처에 입지조건이 극히 바람직하다.

② **저가격 소매점**(off price stores) : 저가격 소매점은 브랜드, 디자인 패션, 가구 그리고 기타 소비재를 할인가격으로 소비자에게 판매한다. 저가격 소매점은 정규 도매가격보다 낮은 가격으로 디자이너 표찰(labels)이나 유명브랜드를 구입하여 고객에게 다른 소매상의 구입가격보다도 낮은 가격으로 판매한다. 보통 제품의 생산 내지 공급이 초과 상태이기 때문에 재고는 예측이 불가능하고 매우 빠르게 변화한다. 저가격 소매점은 최소의 서비스를 소비자에게 제공한다.

창고 소매입클럽(members only warehouse club)은 도매클럽(wholesale club)이라고 하는데, Sam's Warehouse Club과 Costco는 가장 큰 창고형 매장이나. 취급제품은 음식, 사무용 소모품, 뜰에서 사용하는 장비, 자동차 부품, 전자제품, 귀금속 등 약 3~4천개의 제품를 매우 저렴한 가격으로 판매한다. 신세계백화점이 Price Club과 1994년 기술제휴로 출점한 Pirce Club이 우리나라에서 최초의 창고형 도·소매업이다. 현재는 Costco로 명칭이 바뀌어 서울, 대전지역에서 영업하고 있다. Costco 클럽은 거대한 창고형 매장으로 시설비가 별로 많이 들지 않고 점포내 장식이 거의 없는 창고와 같은 점포이기 때문에 비용과 가격이 매우 저렴하다. 2011넘말 Costco 7개점 운영, 이마트 비회원제 '트레이더스' 3개점 운영, 홈플러스 창고형 할인매장 추진 중, 롯데마트 하드디스크 스토아 추진 중, 이와 같이 대형마트들이 업태 다변화를 위해 창고형 할인매장을 추진 중에 있다.

CHAPTER 11

회원제 창고형 도·소매업 Costco Club

서울 양재동 Costco club 내부

중국 상하이 홈마트 매장

미국 베스트바이 매장

③ **대중양판점(general merchandising store)** : 대중양판점은 식·음료품, 일상잡화, 가구, 가전, 자동차 용품, 의류, 신발 등 거의 모든 제품을 취급하며 부분적으로 셀프 서비스 판매를 한다. 또한 대중양판점은 이와 같은 다양한 제품 구색을 갖추어 놓은 대형 양판 소매점으로서 점포의 형태 및 상품 구성은 백화점과 거의 유사하다. 마케팅 전략으로는 다점포화를 실행하여 제조업체로부터 제품을 대량매입함으로써 얻어지는 이점과 자체브랜드 개발 등으로 얻어진 가격적 이익을 상품가격에 반영하여 가격을 결정하기 때문에 백화점보다 대체적으로 저렴하다. 규모면에서는 백화점과 슈퍼마켓의 중간 위치이며 슈퍼마켓이 성장하여 대형화된 것으로 중급품이나 대중품을 취급하며, 이들 상품의 일괄 구매가 가능한 소매점포이다.

④ **아울렛(outlet)** : 자사제품 또는 직매입한 제품을 잔품처리 목적으로 교외지역에 수십 개의 유명 제조업체 직영점 및 판매점이 한곳에 집결되어 제조업체 상설할인몰(factory outlet malls)과 할인소매센터(value retail centers)를 형성하고 있다. 제조업체 상설할인몰은 자사제품이나 재고품을 30~50% 할인하여 판매하는 소매

형태로 대부분 직영점 형식으로 운영된다. 미국을 비롯한 선진국에서는 이미 보편화된 소매형태로 운영되고 있다. 특히 미국의 경우 아울렛은 유명 휴향지나 대규모 관광단지가 형성된 근처에 위치하여 타 지역의 관광객들을 상대로 영업활동을 전개하는 것이 특징이다. 예) 알라바마주의 모빌, 플로리다주의 올랜드 등이 대표적이다.

우리나라에서는 1994년 의류전문회사인 이랜드에 의해 운영되었고 금강제화도 토탈패션 아울렛을 개점하여 구두, 의류, 핸드백 등 자사의 재고상품 및 수입잡화 상품을 시장가보다 30~40% 할인 판매하고 있다.

서울 근교 파주, 여주, 송파구 문정동 등 뉴코아아울렛, 신세계첼시 프리미엄 아울렛, 2001아울렛 등이 있다.

그림 11-8 우드버리명품 아울렛 : 뉴욕

⑤ **재래시장** : 우리나라에서의 재래시장은 쌀이나 육류, 생선 같은 농·축·수산물은 물론 일상생활용품, 외국자기 및 가구 등 내구재들 그리고 그 지역의 특산품이나 전통공예품 등과 같은 다양한 상품구색을 갖추고 비교적 저렴한 가격으로 판매한다. 상품의 질이나 서비스면에서 여타 소매점보다 부족하지만 가격면이나 상품의 다양화면에서 중년층이나 노년층이 즐겨 찾는 곳이다. 그러나 최근에 와서는 대형유통업체들의 진출과 소비자들의 소비패턴의 변화 등으로 인하여 침체의 늪에서 벗어나지 못하고 있다.

중국 길림성 연길시 서시장

필리핀 세부 재래시장

그림 11-9 재래시장

(3) 입지조건에 의한 분류

세계 여러 지역에서 소매직역은 대개 도심상가 지역이나 시골의 큰 거리에 군집형태로 있거나 또는 나라 전역의 거대한 지역에 분산되어 있다. 일반적으로 군집형태의 소매상들은 분산형 소매상들보다 교통편에서 보다 많은 혜택을 창출한다.

① **도심상가지역(central business districts : CBDs)** : 1950년대까지 대부분의 도시에서의 지배적인 소매지역을 미국에서는 "down town", 프랑스에서는 "centre ville", 스웨덴에서는 "centrum"처럼 매우 다양하게 불렸는데 이는 곧 도심상가지역을 의미한다. 미국의 소규모 지역사회나 세계의 어느 특정 지역에서든지 도심부는 주요 쇼핑지역인 상가를 가지고 있다. CBDs는 보통 대규모 백화점처럼 전문품점 그리고 은행과 레스토랑과 같은 서비스 제공업자를 안에 포함하고 있다. 1950년대 미국인들이 교외로 이주하기 시작하였을 때 점포 역시 이와 동일한 과정을 겪었으며 결국, 미국의 대·중·소도시에서 많은 CBDs가 사라짐과 동시에 점포 역시 소멸되었다. 그러나 그 이후 CBDs가 다시 부흥하여 대·중·소도시에 되돌아오고 있는데 이들 중 대부분은 현재 쇼핑상가에 독특한 부티크(boutiques)나 진귀한 특수점포에 집중되어 있다.

서울 명동 쇼핑거리

동경 긴자거리

② **쇼핑센터(shopping centers)** : 쇼핑센터라고 알려진 쇼핑가 내지 쇼핑구역은 하위지역사회의 성장도심에서 교외지역으로의 이동 그리고 도심상가지역의 총비용의 증가로 인해 등장하였다. 쇼핑센터는 접근 가능성, 무료 주차, 밝고 청결한 점포 내 분위기 등의 특징을 지니고 있다.

도심지역의 수많은 선도 선매품점과 전문품점뿐만 아니라 많은 편의점 소매상을 포함한다. 공공수송을 이용한 서비스를 제공함으로써 시내중심 쇼핑가는 대도시 전지역에서의 고객들을 유인한다. 오랜 고객들에게 제품을 제공하는 일부 전문품점은 교외지역에서보다는 이러한 도심상가 지역에서 보다 큰 성공을 달성할 수 있을 것이다. 2차 쇼핑상가는 도심쇼핑상가와 유사하고, 동일한 형태의 점포를 보유하지만 일반적으로 수와 규모면에서 뒤쳐진다.

쇼핑센타는 주택지구 쇼핑센타(neighborhood shopping centers), 지구 쇼핑센다(community shopping centers), 지역 쇼핑센타(regional shopping centers), 시내중심 쇼핑가(central shopping district)가로 분류한다.

시저펠리스 호텔 쇼핑몰(미국 라스베가스)

newport쇼핑몰(미국 뉴저지주)

그림 11-10 쇼핑몰

CHAPTER 11

③ **무점포 소매업**(nonstore retailing) : 소매업의 입지가 CBDs나 어느 한 지역 또는 점포에 해당하지 않는 경우가 있다. 무점포 소매업은 대규모이면서 점차 성장하는 사업 분야이다. 제품은 인적판매를 통해 직접 소비자에게 판매된다. 자동판매기는 어느 장소이든지 설치 가능한데 예를 들면, 역, 터미널, 공항 그리고 호텔 등에서 여행객들의 욕구를 충족시키기 위해 자동판매기를 이용하여 치약, 일회용 면도기, 칫솔, 빗과 같은 품목들을 판매한다.

오늘날 무점포 마케팅의 한 분야가 바로 직접반응마케팅(direct-response marketing)이다. 직접반응 기업들은 소비자들이 점포에 직접 방문을 구하지 않고 자사의 제품을 고객들에게 직접 촉진·판매한다.

무점포 마케팅의 최근의 혁신은 새로운 기술을 이용한 판매인데 예를 들면, 케이블TV를 통한 홈쇼핑 프로그램의 급속한 성장과 인터넷 사용자 수의 증가로 전자 네트워크를 이용한 전자상거래 활성화 등이다.

㉠ 자동판매기(vending machines) : 오늘날의 자동판매기는 청량음료, 캔디와 스낵류, 화장품, 커피, 꽃다발, 내의, 테이프, T셔츠 그리고 담배와 같은 저가격대의 편의품을 사무실, 공장, 주유소, 격심한 교통량 지역 등 어디서나 볼 수 있다. 자동판매기는 24시간 판매와 셀프서비스를 취하며 파손가능성이 적은 편의품을 주로 판매한다.

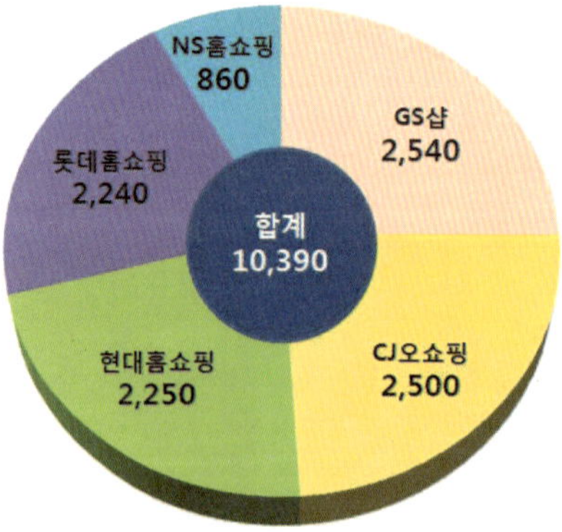

자료 : 금융감독원, 2011년 기준

그림 11-11 **주요 홈쇼핑업체 매출액(단위 10억원)**

㉡ 방문판매(door-to-door sales) : 방문판매는 가정용품, 화장품, 보험, 자동차 등이 판매에 많이 이용된다. 그러나 높은 인건비, 판매사원 교육비, 그로인한 높은 제품가격으로 인한 판매력의 감소 등이 단점으로 지적되고 있지만 인적 판매와 전시의 설득력 때문에 가장 효과적인 판매방법이라 할 수 있다.

㉢ 직접우편판매(direct-mail marketing) : 주로 예상 잠재고객 리스트를 확보하여 우편으로 광고물과 카탈로그를 전달하고 주문을 받는다. 백화점, 신용카드회사, 통신판매 전문업체, 우체국에 의한 통신판매 이용이 늘어나고 있다.

㉣ 텔레마케팅(telemarketing) : 기업이 전화를 이용하여 제품과 서비스를 판매하거나 정보를 제공하는 마케팅 기법이다. 소비자가 수발신에 광역전화 서비스(Wide Area Telephone Service : WATS)를 이용하여 TV 광고, 라디오 광고, 우편 광고 또는 카탈로그를 보고 주문을 하는 소매 유형이다.

텔레마케팅은 기업이 소비자에게 신문, 잡지, 카탈로그, 직접우편에 광고를 내고 수신자부담 전화를 이용 주문을 유도하는 수신 텔레마케팅(inbound telemarketing)과 기업이 잠재 소비자에게 전화를 통해 소비자의 구매를 유도하는 발신텔레마케팅(outbound telemarketing)으로 나누어진다.

㉤ 인터넷 쇼핑(internet shopping) : 1990년대 말부터 PC통신과 인터넷의 월드와이드웹(World Wide Web : WWW)을 이용하여 소비자와 직접 접촉하여 쌍방향(interactive) 커뮤니케이션으로 제품을 구매·판매한다. 대금결재는 은행계좌의 자동이체제도를 이용하거나 신용카드를 이용하며 대금결제 확인 후 배송해 주는 형태이다.

(3) 소유형태에 의한 분류

소매상의 유형을 설명하는 또 하나의 방법이 점포 소유에 의한 분류이다. 원래, 소매점은 독립적으로 소유되고 운영되었다. 그러나 최근에 소매점에 대한 추세가 복수점포 소유와 통제 쪽으로 변하고 있다.

① **연쇄점(chain stores)** : 한 기업의 소유하에 있는 점포집단을 기업적 연쇄점이라 한다. 기업적 연쇄점(corporate chain)은 집중화된 의사결정과 대량구매로 인한 규모의 경제를 이용할 수 있기 때문에 보통 다른 소매상보다 가격이 낮다. 연쇄점은 지속적인 제품, 점포정책, 촉진활동 그리고 종업원의 교육을 제공한다. 이들

은 백화점, 할인점, 식료품점, 구두점, 편의점 등에서 두드러지지만 모든 형태의 점포범주에서 볼 수 있다. 예를 들면, Italian 패션 의류점인 Benetton은 세계 60개국에 이르는 나라에서 운영되고 있다.

② **프랜차이즈(franchises)** : 프랜차이즈 조직은 프랜차이즈 본부(제조업자, 도매상, 서비스 조직)와 프랜차이즈 가맹점(프랜차이즈 시스템내에 한 개 이상의 단위점포에 대한 소유 및 영업권을 구입한 조직) 사이에 맺어진 계약에 의하여 형성된 조직이다. 프랜차이즈 조직은 독특한 제품, 서비스, 사업방법, 사업명, 영업권 또는 프랜차이즈 본부가 개발한 특허권 등에 기반을 두고 있으며 프랜차이즈 가맹점은 가입비, 총매출액에 대한 로열티, 본부가 공급한 설비기기에 대한 임대료, 이윤 몫, 정규적인 영업 허가료 등을 프랜차이즈 본부에 지불한다.

③ **협동조합(cooperatives)** : 소비자 협동조합(consumer cooperative)은 소비자들이 소유하고 있는 소매기업을 말하며 소매상 협동조합은 공동 구매를 용이하게 하기 위해서 자발적으로 결합한 독립적인 소매상들의 집단을 말한다.

4 소매상의 전략

소매상들이 소비자의 욕구와 필요를 충족시키려면, 그들은 판매를 위해 단지 제품을 제공하는 그 이상의 무언가를 해야만 한다. 소매상을 성공시키는 비결은 머천다이제품전략(merchandising strategy)이며, 이는 적절한 제품과 서비스의 선정, 적당량의 재고, 최상의 제품진열과 촉진활동 그리고 경쟁자보다 유리한 가격하에서의 판매활동을 의미한다.

소매상의 머천다이징전략을 결합하기 위해서, 그들은 제조업자가 행하는 수많은 전략적 의사결정 — 표적시장선정, 세분화, 포지셔닝 — 뿐만 아니라 가격결정, 서비스, 제품품질, 제품선정, 위치, 분위기와 이미지에 대한 최적의 소매믹스(retailing mix)를 결정해야 한다. 이러한 전략은 고객을 유인하고 유지하는 소매업 개념을 창출한다.

소매업 마케팅 담당자는 제품품질에 대한 전반적인 이미지를 형성하고 소매상에게 이익을 생기게 하는 기본적인 소매기능 — 점포 선정, 점포 이미지, 점포 위치 그리고 서비스 — 과 대조를 이루어 가격이 어떤 수준에서 결정되는가를 설명하기 위해 소매믹스 단계를 이용한다.

미국 fairway 마켓

미국 wholefood 마켓

그림 11-12 유기농 식료품점

(1) 가격

가격은 소비자 마음속에서 소매상을 포지셔닝하는데 있어 중요한 요인으로 작용한다. 사치품, 전문품 취급 소매상은 최상의 제품을 원하고 기꺼이 프리미엄 가격을 지불하고자 하는 고소득층의 소비자들에게 소구하기 위해 신중하게 자신들을 고가격의 상류층 취향의 소매상으로 포지션 한다. 그러나 소수의 점포만이 프리미엄 가격을 설정하여 성공할 수 있을 뿐이다.[그림 11-13]에서처럼 소비자가 점포를 선정하는데 있어 단일요인으로 가장 중요한 결정요소는 가격이라는 사실을 잘 보여주고 있다. 가격전략에는 저가격 전략, 시장평균을 따라가는 시장평균가격 지향전략, 고급이미지에 경쟁적 우위를 지향하는 프리미엄가격 전략이 — Gucci, Versace, Coach 있다.

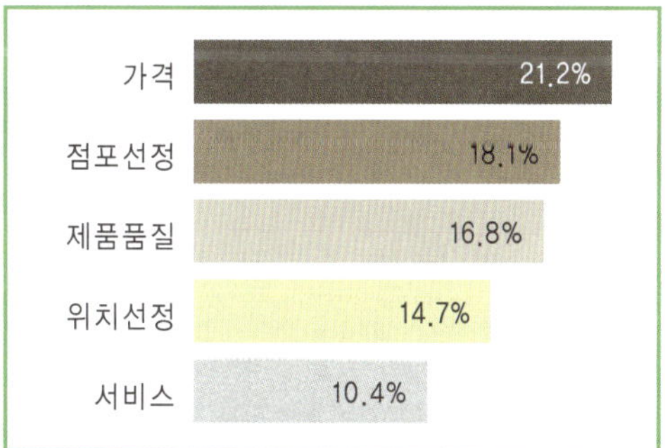

그림 11-13 소매상의 전략

(2) 점포선정과 제품구색

대다수의 구매자들은 하나의 동인(motivator)으로서 가격 다음의 요인으로는 점포선정을 꼽는다. 점포선정 내지 제품구색(assortment of merchandise) — 제품믹스(merchandise) — 은 소비자가 점포를 구별하는데 도움을 준다.

소매상을 선정하는 경우 소비자는 제품계열 내에서 깊이(depth)있는 제품구색을 갖춘 소매상이나 또는 광범위한 넓이(breadth)의 제품구색을 갖춘 소매상을 탐색한다. : 재고문제 때문에 점포가 넓고 깊은 제품믹스를 제공하기가 어렵다.

소비자는 자신이 원하는 일반적인 제품의 유형을 알고 있을 때 깊이를 추구한다. 예를 들면, 여러분이 카메라를 구입하고자 할 때, 광범위한 카메라 모델 구색을 갖춘 카메라 전문점을 찾아갈 것이다. 전문품점과 슈퍼 스토어는 제품의 깊이를 제공한다. Toys 'R' Us는 15,000개의 완구 제품범주를 판매하는 단일계열점포(single line stores)와 여러 관련제품계열을 취급하는 한정계열점포(limited line stores)는 몇몇 제품계열 내에서 깊이 있는 제품구색을 제공한다.

이와는 대조적으로 소비자는 자신들이 많은 상이한 제품을 구입하고자 하거나 또는 원하는 제품에 대한 확신이 없을 때 넓이 있는 제품을 탐색한다. 백화점, 슈퍼마켓 그리고 기타 대량상인들이 광범위한 제품구색을 제공한다. 슈퍼마켓은 수많은 상이한 제품범주을 취급할 수 있지만, 그들이 반드시 이러한 제품범주에 깊이를 제공하지는 않는다.

일부 소매상들은 대량판매를 의미하는 무관련 품목들의 광범위한 믹스를 취급하는 복합적인 제품구색(scrambled merchandising)을 통해 최근에는 자신들의 제품구색을 확대하고 있다. 따라서 현재 드럭스토어는 의사의 처방전 없이 판매할 수 있는 의약품 이외에도 정원용품, 화장품, 가정용 소형 가전제품, DVD 등을 취급하는데 이러한 제품 믹스를 가능하게 하는 것은 무관련 제품계열 내에 있는 제품들이 높은 판매량과 이익을 제공할 것이라는 기대감이다.

(3) 점포 이미지와 분위기

성공한 점포들의 대부분은 많은 요소들의 결합이라 할 수 있는 독특한 이미지—개성—를 가지고 있다. 예를 들면, 고급 레스토랑의 이미지 내지 이마트점에서의 의류코너 대 부티크에 대해 가지고 있는 이미지를 Burger King의 개성과 대조해 보라.

제품배열방식, 점포의 간판, 점포 카운터와 진열대의 자재 측면에서 실질적이면서 가시적인 차이가 있으며 또한 따스함, 친근함, 흥분 또는 오만함과 같은 무형의 차이점이 있다. 소매상들은 보통 자신들의 이미지를 설명할 때 분위기에 대해서 이야기한다. 분위기는 점포의 내·외적 환경을 반영하고 진열창, 표지, 장식, 가구, 점포배열, 조명, 음악과 같은 음향 등을 포함한다.

점포 이미지는 먼저 제품의 특성을 반영하도록 디자인되어야 한다. 하드웨어점(hardware store)은 확실히 은행이나 미용원과는 상이하게 보이며, 또한 그렇게 느껴진다. 이미지는 이외에도 고객의 라이프스타일을 표적으로 개발되어야 한다. 소비자들은 특히 의류와 기타 사회적 지위제품과 서비스의 경우 자신들의 이미지와 맞는 제품을 취급하는 점포에서 구매하는 경향이 있다.

(4) 마케팅 커뮤니케이션

제품에 관한 정보와 점포의 이미지는 주로 광고와 점포 내 촉진활동을 통해 커뮤니케이션 되며, 대부분의 소매광고는 가격과 판매촉진을 주 내용으로 한다. 거의 모든 광고가 소매상의 이미지를 창출한다는 사실이다. 이마트와 같은 광고는 솔직담백한 광고사진과 가격에의 강조로 자사의 이미지를 나타낸다.

대다수 소매광고의 또 다른 주요목적은 점포 통행량(store traffic)을 창출하는 것이다. 수많은 제품을 취급하는 소매상은 몇몇 제품에 극히 낮은 가격을 설정하여 광고하거나 무료샘플을 제공함으로써 자신들의 점포로 고객들을 유인할 수 있다. 유인용 손실품(loss leader)이나 무료성능시험(free road test)이 이러한 범주에 속한다.

정확하게 수행되기만 한다면 소매판매촉진활동 역시 점포의 개성과 이미지를 강화한다. 일반적으로 소매판매촉진은 특정품목에 일정기간 동안 저가격을 결정하며 이들은 목적 지향적이면서 계절적인 경향이 있다. 예를 들면, 크리스마스와 개학, 졸업 시즌에 맞춰 집중적인 판매촉진을 하는 것이다. 그러나 이와는 상이한 소매판매촉진은 점포에 명확하게 반영되는 이미지를 갖춘 제품계열을 유리 진열장에 전시하기도 한다.

(5) 위치

소매상의 입지신징은 고객 흡입력을 어디에 집중하느냐에 따라 결정된다. 따라서 성공적인 입지성정은 중요한 경쟁적 요인으로 작용하며 소매업의 성패를 좌우한다. 소매장소 선정은 직접 구입하든 아니면 임대하든 간에 부동산 가격은 주요 고정간접비이기 때문에 소매상이 수행해야 하는 가장 거대한 의사결정중의 하나이다. 산업 전문가는 입지선정(위치)이 기타의 다른 머천다이징 전략과는 관계없이 점포의 성공여부를 결정할 수 있는 아주 중요한 요인이라는 것을 너무나 잘 인식하고 있다. 따라서 마케팅 담당자는 시장규모, 소득 그리고 인구 통계적 특성과 소비패턴정보를 근거로 개별장소에 대한 판매잠재력을 예측하면서 신중하게 여러 장소들을 고려해야 할 것이다.

실제로 소매위치비용은 세 가지 기준 즉, 교통량(traffic) 내지 인구 밀도, 접근 가능성(accessibility) 그리고 구매력(buying power)을 기초로 한다. [그림 11-14]는 상업적 부동산 가격이 이러한 세 가지 기준에 근거하고 있다는 사실을 보여주고 있다.

접근 가능성은 특히 편의품점과 충동성이 높고 저가격대의 제품을 취급하는 기타 소매상들에게 중요하다. 예를 들면, 패스트푸드, 편의점 등을 들 수 있다. 한편 구매력은 자동차, 고급 가구 그리고 값비싼 의류와 같은 고품질 제품을 판매하는 점포에 가장 중요한 요인이다.

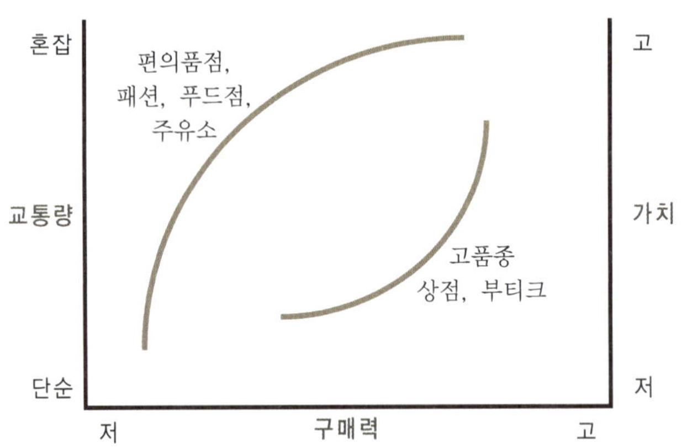

그림 11-14 소매장소 가치

(6) 서비스

소매업에서 서비스는 점포가 고객에게 제공하는 개인적 주의와 즐거움을 말한다. 그러나 서비스의 종류가 많다는 것이 언제나 더 나은 서비스를 의미하지는 않는다.

특히 소비자가 서비스를 가치가 아닌 단지 가격을 올리는 것으로 인식할 때 더욱 그렇다. 대부분의 경우 셀프서비스점이 증가할 때 소비자는 더 낮은 가격으로 구입하기 위해 서비스를 거부하기도 한다.

그럼에도 불구하고 대다수의 기업들은 적어도 어느 정도의 서비스를 제공한다. 예를 들면, 전문적 판매원의 도움은 소비자가 자동차와 보험을 구입하고자할 때 가치를 증가시킨다. 기타 다른 유형의 소매 서비스로는 신용, 선물 포장, 설치 그리고 수선 등을 들 수 있으며, 많은 대형점포와 쇼핑센터는 아동보호서비스를 제공하고 있다.

무료배달 역시 소비자에게 돌아가는 하나의 서비스이다. 미국의 Domino's Pizza는 신속한 가정배달 개념하에 매우 성공적인 체인점을 개설하였다. 매우 바쁜 소비자와 노년층의 소비자들은 가정까지의 배달에 매우 고마워 했으며, 프리미엄 가격을 기꺼이 지불하였다.

서비스는 일반적으로 하나의 점포를 선정하는데 있어 주요 요인은 결코 아니다. 그러나 거의 유사한 소매상사이에서 선택을 하는 경우 "타이 브레이커(tie-breaker)"로써 이용되며, 이것은 소비자 충성도를 형성하는데 매우 중요하다. 예를 들면, 고객을 대상으로 한 레스토랑 여론조사에 의하면 "good service"는 사람들이 제일 먼저 레스토랑에 갈 때 고르는 이유는 결코 아니지만 이러한 조사의 63%가 서비스가 나쁘면 그 레스토랑에 다시는 가지 않을 것이라는 사실을 잘 설명하고 있다.

(7) 제품품질과 가치

서비스, 위치, 마케팅 커뮤니케이션, 이미지 그리고 가격 모두는 소비자가 구입하고자 하는 제품과 제품품질에 관한 의사결정을 할 때 조화를 이루어야 한다. 소비자는 일반적으로 가능하다면 최상의 제품을 구입하고자 하지만, 제품품질은 상대적인 개념이다. 즉, 제품품질은 가격과 관련해서 평가되고 최적 가치는 프리미엄 가격에 해당되는 최대의 제품품질이다.

소매전략을 개발할 때 기업은 반드시 그들이 제공하는 제품의 모든 측면을 고려해야 한다. 예를 들면, 고급백화점은 높은 서비스 수준과 높은 가격을 설정하여 매우 유쾌한 분위기 하에서 고품질의 제품을 제공하며, 대형마트는 한정된 서비스와 낮은 가격, 비교적 산뜻한 분위기에 보다 낮은 품질의 제품을 제공한다.

제3절 물적유통전략

기업이 단지 자사제품에 적합한 최적 유통경로를 선정하는 것만으로는 충분치 않다. 비록 이러한 활동이 전반적인 유통계획을 수립하는데 도움이 되지만, 또한 기타 다른 의사결정이 수행되어야 한다. 많은 고객과 제품을 취급하고 있는 기업은 자사의 제품을 소비자에게 이전시키는 효과적이면서 효율적인 물적유통시스템을 운영해야만 한다. 마케팅 담당자는 이러한 제품을 누가 보관하고, 수송하는지 그리고 어느 정도의 서비스 대가를 지불하는지 고려해야 한다. 물적유통시스템의 기타 다른 부분은 주문처리, 재고통제, 포장 그리고 자재관리 등을 포함한다.

1 물적유통의 본질과 중요성

물적유통(physical distribution)이란 적절한 이윤을 보장하면서 고객의 욕구를 충족시켜주기 위해 원산지로부터 사용지까지의 원재료, 제공품, 완제품의 물리적 흐름을 계획하고 실행하며 통제하는 일련의 과정을 의미한다. 특히, 물적유통은 제품의 수송과 보관에 밀접한 연관을 가지고 있는 모든 활동들을 포함한다. 물적유통과 관련된 모든 활동들을 조정·관리하는 통합적 물적유통시스템(integrated physical distribution system) 개념은 1950년대 후반 컴퓨터의 등장 이후에 등장하였다.

물적유통의 중요성은 제품의 신속한 배달이라는 단순한 서비스의 개념차원이 아닌 비용을 줄일 수 있고 고객 만족도를 증대시킬 수 있는 마케팅 개념에 있어서 중요한 요소이다. 또한 이는 적절한 시간과 적당한 장소에서 소비자가 원하는 제품을 수령함으로써 고객에게 매우 중요한 시간·장소 효용을 창출한다. 결국 물적유통이란 소비자가 구입하는 제품의 가치를 증대시키는 역할을 한다고 할 수 있다.

물적유통은 제품의 다양성을 증가시킨다. 예를 들면, 소비자들이 Shetland산 울스웨터를 구입하기 위해 Scotland를 여행해야 한다면, Shetland산 울스웨터는 거의 판매되지도 소비자들이 입지도 않을 것이다. 이에 반해 소비자들은 우리나라 어느 지역에서나 동일한 가격대의 프로스펙스 배낭을 구입할 수 있다. 따라서 물적유통은 보다 광범위한 제품의 다양성을 제공할 뿐만 아니라 경쟁영역을 더욱 확장한다.

물적유통과정은 기업의 서비스 품질에 대한 소비자의 지각에 커다란 영향을 미친다. LaLonde and Zinszer의 연구에 의하면 물적유통은 사람들이 고객 서비스로 인식하는 것과 매우 밀접한 관계를 가지고 있다는 사실을 보여주고 있다.

물적유통비용은 보통 제품 총원가의 5~30%에 이를 정도로 높으며 이는 사업 유형에 따라 매우 상이하다. 예를 들면, 부동산 대리인은 주로 사무용 소모품을 필요로 하기 때문에 매우 낮은 유통비용을 갖는다. 이와는 대조적으로 삼성전자와 같은 제조업체는 여러 지리적 영역에서 제품을 보관하고 수송하는 활동을 수행하기 때문에 높은 유통비용을 부담한다. 특히 수송과 보관은 가장 높은 유통비용 분야이다.

높은 물적유통비용 때문에 기업들은 이러한 비용들을 줄이기 위해서 모든 노력을 경주해야만 한다. 물적유통 측면에서 비용절감은 이익측면에서 상당한 영향을 미친다고 할 수 있다. 만약 물류비용을 최소화해 높은 이익을 얻을 수 있다면, 잉여분은 소비자에게 저가격 형태로 전달되는데 이는 시장에서 기업에 확실한 경쟁적 이점을 줄 수 있을 것이다.

2 물적유통의 목적

물적유통의 목적은 고객 서비스를 극대화하면서 총비용(total cost)을 최소화하는 것보다 더 중요한 것은 없다. 그러나 이러한 두 측면의 목적달성이 쉽지는 않다. 그 이유는 두 측면의 균형이 필수적이다 왜냐하면, 물적유통 활동들이 서로 중복되기 때문에 한쪽의 목적을 충족시키는 것은 다른 한쪽에 불리한 영향을 미친다. 예를 들면, 서비스 양을 증대시키는 노력이 수행되면 비용의 증가가 예상된다. 이와는 반대로 물적유통 비용을 줄이기 위한 결정이 이행되면 고객 서비스는 감소가 예상되는데, 이러한 의사결정의 해답은 마케팅 개념에서 찾을 수 있다. 마케팅 담당자는 고객이 어떤 유형의 그리고 어느 정도의 서비스를 필요로 하는지 파악할 필요가 있으며, 이러한 정보를 가지고 그들의 비용과 서비스 사이에서 합리적인 해답을 찾을 수 있다.

마케팅 담당자는 비용을 평가하는데 두 가지의 접근방법을 이용할 수 있다.

(1) 총유통비용 접근방법

최소 비용으로 고객의 서비스를 극대화하기 위해서는 물적유통시스템을 구성하는 모든 부문들의 총유통비용이 파악되어야 한다. 총유통비용 접근방법(the total cost approach)은 물적유통시스템을 이루는 개개 부문별로 비용을 절감하기보다는 하나의 시스템으로서 모든 부문별 비용을 파악하는 것을 의미한다. 예를 들면, 사무용 기기 제조업체의 유통 관리자가 행하였던 하나의 의사결정을 생각해 보자. 그 관리자는 남부지역에서 활동하는 도매상에게 500대의 컴퓨터를 유통시키기 위해서 최저의 비용이 소요되는 방법을 선택해야 한다. 결국 그는 비용이 가장 값싼 수송 모드(mode)로서 철로라는 수송수단을 선택하였으나 그 과정에서 그는 다른 수송수단이 피할 수 있었던 부수적인 유통비용이 발생한다는 사실을 무시하였다. 예를 들면, 사용자에게 직접 화물을 배달하는 철로수송라인은 거의 없다는 것이다. 따라서 선적물은 최종 배달을 위해 트럭에 다시 탑재되기 전에 임시로 분류하여 보관하는 창고나 유통센터에 트럭으로 수송된다. 이처럼 철로를 선택함으로서 생기는 절약분은 다른 비용에 의해 상쇄되는 경향이 있다. 그러므로 이 경우에는 도로수송이 최적대안이 될 수 있는데 이는 총유통비용이 재고품의 감소로 인해 낮아지기 때문이다.

(2) 유통비용균형 접근방법

유통비용균형 접근방법(cost trade-off approach)은 총유통비용 접근방법의 주요 목적을 지원한다. 이는 물적유통시스템을 구성하는 부문들의 변화는 모순되는 비용구조를 발생시킬 수 있다는 것을 인식하는 것이다. 예를 들면, 보다 나은 보호기능을 갖춘 포장이 제품을 선적하는데 이용된다면 포장비용은 증가할 것이다. 이와 동시에 선적도구(shipping crates)를 수리하는데 소요되는 인력이나 시간이 줄어들고 손해를 입는 제품이 적어지기 때문에 이에 상응하는 제품취급비용의 감소를 기대할 수 있다. 물적유통 관리자는 전반적인 물적유통시스템을 구성하는 부문이 변할 때마다 유통비용균형을 결정해야하는 상황에 직면하게 된다.

결국, 유통 관리자는 자신들이 제공하고자 하는 고객 서비스 수준을 결정해야 하며, 일단 이러한 결정이 이루어지면, 문서화된 서비스 기준이 확립되어야 한다. 관리자는 확립된 서비스 기준에 의해 그 결과를 측정하고 통제과정을 용이하게 한다. 이러한 목적을 위해 설정된 서비스 기준은 시간(time), 손실(loss), 손해(damage), 신뢰성(reliability)과 관계가 있다.

비록 물적유통에서 중요한 것은 비용을 낮추는 것이지만, 관리자들은 고객 서비스를 제공하면서 소요되는 부수적인 비용이 더욱 많은 판매량과 이익을 창출한다는 사실을 잘 알고 있다. [그림 11-15]는 유통비용과 고객 서비스와의 일반적인 관계를 보여주고 있다. 즉 어느 수준(Q_1)까지 고객 서비스를 계속 증가시키면 판매량은 서비스 비용을 충분히 커버하지만, 어느 수준(Q_1)을 초과하게 되면 서비스 비용이 판매량을 훨씬 초과한다는 사실을 [그림 11-15]은 잘 보여주고 있다.

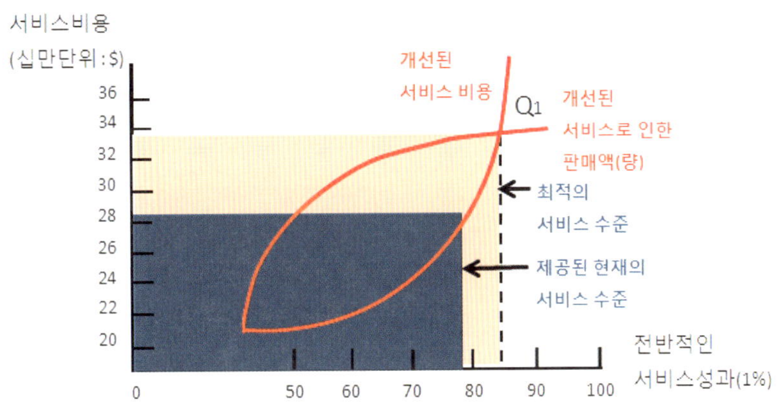

자료 : reprinted from Traffic Management Magazine, September, 1982.

그림 11-15 고객 서비스와 관련된 비용

3 물적유통시스템의 구성요소

물적유통은 완제품과 원자재의 효율적인 흐름과 관련된 광범위한 활동이다. 이러한 활동들의 효율성을 극대화하기 위해서 물적유통시스템은 다음과 같은 활동들을 통합하여야 한다([그림 11-16] 참조).

(1) 주문처리

물적유통은 고객의 주문에서부터 시작된다. 주문처리가 신속·정확하게 이루어질 때 기업과 고객 모두에게 이익을 가져온다. 이러한 주문처리가 효율적으로 수행될수록 배달에 소요되는 시간이 단축되고 고객에 대한 만족도는 더욱 커진다.

보통 주문처리는 주문접수, 주문처리, 주문배달의 3단계를 거친다. 주문접수(order entry)는 고객이나 판매원이 주문을 하는 경우에 시작되며, 주문처리(order handling)

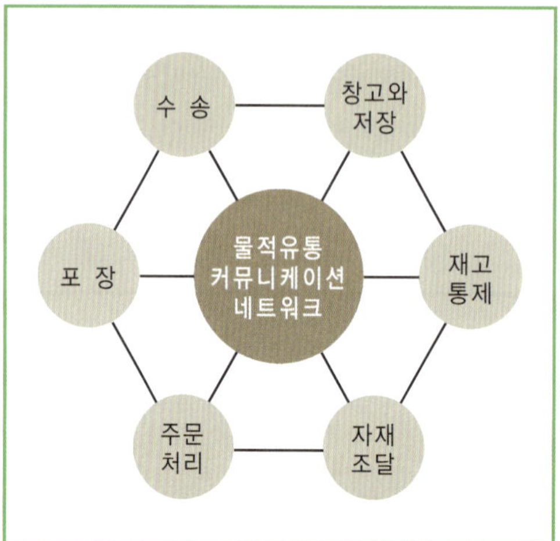

그림 11-16 물적유통시스템의 구성요소들

는 창고에 주문을 전달하면서 시작된다. 주문을 접수하는 순간 창고는 제품의 저장 여부를 확인하는 동시에 주문은 가격, 기간 그리고 고객 신용을 점검하는 신용부서에 전달된다. 만약 고객의 신용이 입증되고 창고에 품목이 저장되어 있으면 그 주문은 이행된다. 그러나 품목이 저장되어 있지 않으면 공장에 생산주문을 해야 한다. 이러한 과정을 거친 후 최종적으로 주문은 선적과 배달을 위해 포장과 일정(스케줄)이 수립된다.

주문처리는 수작업으로 그 처리가 가능하지만 오늘날 대부분의 기업들은 컴퓨터를 이용한 전자주문처리 형태를 이용하고 있다. 전자주문처리의 사용은 주문처리과정의 속도를 가속화시키고 또한 기업들로 하여금 주문이 접수되는 순간에 생산통제와 수송계획수립과 같은 여러 기능들의 통합을 가능하게 한다. 계산대에서의 광학스캐너(optical scanner)의 사용은 진보화된 주문 처리 관리의 대표적인 사례에 속한다. 판매시점에서 수집된 자료는 기업들로 하여금 지속적으로 바람직한 재고수준을 유지할 수 있게 해준다.

(2) 창고와 저장

기업들은 제품의 수요가 존재하는 거의 모든 장소에서 제품을 생산할 수 없으며, 게다가 그들은 수요를 정확하게 예측할 수 없다. 이러한 이유들 때문에 그들은 제품을 저장 내지 보관하는 것이다. 원유는 특별히 설계된 탱크에, 석탄과 다른 천연 광물들은 노천굴 안에, 새로운 자동차들은 중개인들의 야외 주차장에 저장될 수 있다. 저장은 수송과 생산비용을 줄일 수 있으며 또한 기업이 공급과 수요를 조정하며, 소비자에게 더 좋은 서비스를 제공할 수 있습니다.

① **자가창고(private warehouse)** : 자가창고는 기업이 독자적으로 창고의 사용을 위해 소유하는 형태의 창고를 말하며, 최대의 이용자는 특정기업의 제품만을 취급하

는 소매 체인점이다. 제조업자들은 제품의 전 계열을 저장할 수 있는 지역 자가창고를 이용하며, 때로는 저장되는 제품과 관련된 제품특성과 독특한 위험이 존재할 때 자가창고시설을 이용하게 한다. 화학제품, 군수품, 석유제품 등이 여기에 속한다.

② **공공창고**(public warehouse) : 공공창고는 개별 계약자들이 소유하고 운영하는 형태의 창고로서 모든 사용자들이 이용할 수 있다. 저장장소를 필요로 하는 기업은 공공창고를 임대해서 사용할 수 있는데 이는 창고를 구입하거나 유지하는데 소요되는 투자비용을 줄일 수 있다는 장점이 있다. 많은 공공창고는 전문화되어 있으며(냉동 공공 창고), 다양한 서비스 — 사무실과 진열공간, 마케팅 정보시스템, 적절한 재고수준유지, 지역배달, 검사, 분류, 제품보호 등 — 를 제공한다.

③ **유통센터**(distribution centers) : 물적유통에서 가장 최근에 개발된 형태중의 하나가 유통센터인데 이는 여러 공장이나 공급업자로부터 제품을 받았다가 가능한 한 빠른 시일내에 이를 방출한다. 보통 하나의 기업은 전국 각 지역의 중심지에 1개에서 수 개의 유통센터를 운영한다. 유통센터 입지선정의 경우 중요한 것은 지역상호간 고가도로, 철로, 항로와 같은 주요 수송수단에 인접하는 것이다. 최근에는 기업 자체의 유통센터를 운영하고 있는 기업들도 점차 늘어나고 있는 추세이다.

제품은 자가창고, 공공창고, 유통센터와 같은 세 가지 형태의 시설에 저장된다. 이와 같은 시설들은 다음과 같은 주요 기능을 수행한다.

첫째, 필요할 때까지 저장중인 제품을 보유하고 보호하는 기능을 수행한다.

둘째, 여러 원천으로부터 제품을 통합하는 기능을 한다.

셋째, 고객이 필요로 하는 만큼의 소량의 제품을 판매하는 기능을 한다.

넷째, 고객 주문에 의한 광범위한 제품계열을 믹스하는 기능을 수행한다.

(3) 재고통제

재고통제는 물적유통시스템의 주요 구성요소이다. 유통 관리자의 주요 관심사 중의 하나가 바로 적절한 수준의 재고계획수립이다. 만약 재고수준이 너무 높으면, 재고유지비용은 증가하고, 이와는 반대로 재고수준이 낮으면, 생산비용과 재고충전비용이 증가한다. 특히 재고가 부족하여 고객이 필요로 하는 제품을 즉시 제공하지 못했을 때 고객에게 신용을 상실하는 위험을 부담하게 된다.

재고통제에 대한 전통적인 접근방법은 생산중단의 경우를 대비한 완충재고(buffers stock)로서 어느 정도의 재고가 필요한가를 추정하는 것이다. 따라서 재고관리의 핵심은 주문시기와 주문량을 파악하는 것이다. 재고는 재주문이 필요한 재고수준을 재주문점(reorder point) 또는 주문점(stock point)이라고 하며, 평균수요를 충족시키는 기본재고(basic stock) 이외에도 예기치 않은 변화, 리드 타임(lead time)에 대비하는 보험 성격의 안전재고(safety stock)가 유지되어야 한다.

어느 정도의 재고수준에서 주문할 것인가는 경제적주문량(the economic order quantity : EOQ) 모델에 의해 결정되는데, 이 모델은 총주문처리 비용과 재고유지비용을 최소화하는 주문의 크기를 파악하는 것이다. [그림 11-17]은 재고가 증가할 때 감소하는 주문처리비용과 과잉재고의 경우 증가하는 재고유지비용 사이의 균형을 보여준다.

주문처리비용은 구매, 자료처리(data processing) 그리고 인수(receiving)와 관련되는 비용을 말하며, 재고유지비용은 보관비용, 자본비용, 보험비용, 재고를 유지하는 활동과 관련된 비용(예를 들면, 감가 삼각비, 진부화 비용 등)을 포함한다. [그림 11-17]에서처럼, EOQ점에서 총재고비용은 최소점이 된다.

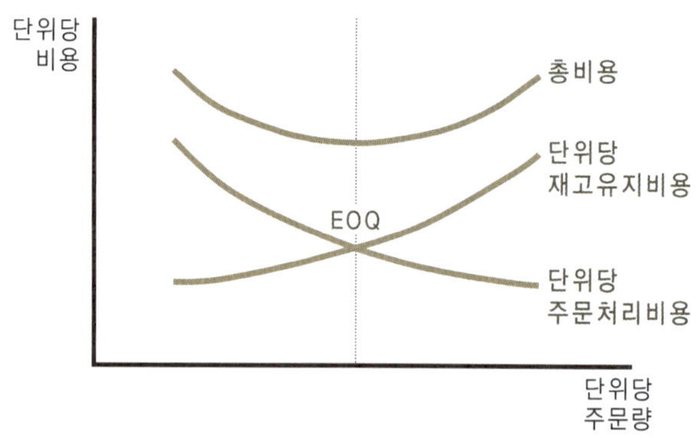

그림 11-17 EOQ(Economic Order Quantity)모델

EOQ모델에서 사용되는 요인과 비용들은 다음과 같은 수식으로 표현될 수 있다.

$$EOQ = \sqrt{\frac{2(\text{연간 수요량} \times 1\text{회 주문비용})}{\text{단위당 연간 재고유지비용}}}$$

오늘날 수많은 기업들은 제품품질과 생산성을 증가시키기 위한 새로운 노력으로 개선에 많은 투자를 한다. General Motors와 같은 물적유통 선도기업들은 재고를 구축하거나 또는 축소하기보다는 일본계 기업으로부터 재고관리기법들을 다시 도입하고 있다. 미국 기업들은 Just-in-Time(JIT)기법에서 매우 많은 것을 배우고 있다. JIT 개념은 "필요할 때마다 매우 적은 소량을 구입하거나 생산하는 것"을 의미한다. "Kanban"이라 불리는 이 개념은 지연을 최소화하며 여러 유형의 자동차 모델과 색상에 관한 정확한 수요를 충족시키기 위해 Toyota사가 개발한 개념이다.

기업은 이러한 효율적인 재고관리를 통한 목적을 달성하기 위해서는 시장상황과 소비자의 수요 패턴을 조사·분석하여 물적유통시스템 전략을 실행하는 것이 무엇보다 중요하다. 소비자의 수요 패턴은 여러 가지로 나누어 설명할 수 있으며([그림 11-18] 참조), 이러한 수요패턴을 고려하여 적정한 재고관리를 함으로써 재고부족에서 발생할 수 있는 위험을 최소화하고 고객의 기대를 충족시킬 수 있다.

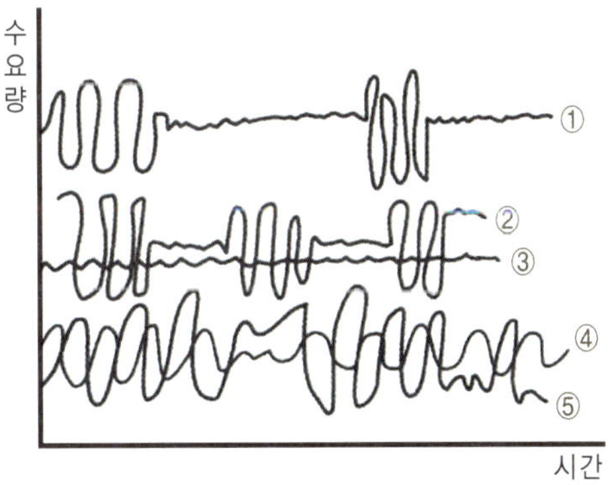

① 계절적 수요(겨울, 여름)
예) 에어컨, 스키용품, 피서용품 등

② 집중적 수요(크리스마스, 입학, 졸업, 어버이날)
예) 캔디, 트리용품, 초콜릿, 의류, 장난감, 신발, 가방, 꽃 등

③ 규칙적 수요(생활필수품)
예) 식료품, 치약, 칫솔, 비누 등 일용잡화

④ 선택적 수요(결혼, 생일 등)
예) 고급가구, 케이크 등

⑤ 불규칙 수요
예) 가전제품, 자동차 등

그림 11-18 수요의 유형

(4) 포장

선적을 위한 제품의 준비상태를 보통 산업재포장(industrial packaging)이라고 한다.

적절한 포장은 선적비용을 크게 줄일 수 있기 때문에. 이 분야에서 많은 연구와 테스트가 이루어지고 있다.

포장 선택에는 다양성이 존재하는데 예를 들면, 금속 용기, 나무 상자, 플라스틱 수축 포장, 종이, 천, 포대 등을 들 수 있다. 적절한 보호기능을 하는 포장을 선택하는데 중요한 키는 조정(coordination)이다. 트럭, 항공, 철도 산업에서의 규칙은 적절한 제품분류를 요구하며 그리고 이러한 제품분류는 제품포장방법을 규제한다. 또한 포장 결정과정은 제품보관방법과 포장이 고객에게 미치는 영향 등을 고려하여야 하며, 포장 관리자는 자재조달과 관련되는 요구사항도 고려해야만 한다.

자재조달(material handling)은 짧은 거리에서 생산시설, 창고, 또는 소매 점포 안으로 제품을 이동시키는데 투입되는 모든 활동을 말하며 자재조달에 대한 모든 책임은 생산부서나 물적유통부서에 위임된다.

오늘날에는 크기, 형태, 중량이 상이한 제품을 이동하는데 이용할 수 있는 상이한 유형의 기기장치가 매우 많은데, 자재조달 절차의 가장 보편적인 형태가 팔레트(pallets)와 포크리트 트럭(forklift trucks)을 이용하는 것이다. 팔레트는 많은 박스를 집단으로 저장하거나 이동할 수 있도록 하는 이동가능한 받침대를 말하며 포크리트 트럭은 팔레트 위에 있는 제품이 선적과 하역을 용이하게 할 수 있는 기기를 말한다. 단위 적소량(unit loading)이라 불리는 이 과정은 효율적이면서 매우 편리한 방법이다. 자재조달 장비의 또 다른 형태로는 롤러와 휠 컨베이어, 자동화된 견인선, 크레인, 견인 열차 등을 들 수 있다.

최근 자재조달과정을 개선하기 위한 총체적인 노력들이 이루어지고 있는데 전문가들은 이 과정에서 어떠한 기존의 기기장치의 대체 없이도 생산성이 15% 정도를 증가시킬 수 있다.

자재조달과정을 가속화하기 위해, 유통업자는 제품의 위치, 식별 그리고 검색을 용이하게 하는 코딩시스템(coding system)을 개발하였는데 이 방법은 슈퍼마켓에 구축된 것과 유사한 바코딩시스템(bar-coding system)이 사용됨으로써 일대 변혁이 일어났다.

컴퓨터와 커뮤니케이션기기의 결합은 창고를 매우 빠르게 자동화하고 있으며, Montgomery Ward사는 이러한 창고를 운영하는 대표적인 기업이다. 대규모 창고는 광학 스캐너, 무선주문처리트럭, 자동안내차량 등을 포함하는 자동저장검색시스템(automated storage and retrieval system : ASRS)을 갖추고 있다.

(5) 수송

수송(transportation)이란 어느 한 장소에서 다른 장소로 제품을 이동시키는 것을 말한다. 수송은 물적유통믹스에서 어느 다른 요인보다 더 많은 지분을 차지하고 있다. 수송의 중요성은 우리가 어떤 장소에 가고자할 때 이용할 수 있는 자동차나 비행기를 예약하는 그 이상의 의미를 말한다. 즉, 이는 한 장소에서 생산되어 근처의 점포에 수송되는 많은 제품들에 의해 달성 가능한 규모의 경제 때문에 보다 값싼 제품들을 소유하는 것을 의미하며 또한 보다 유리한 위치에 있는 전국 유통시스템, 유리한 경쟁력 그리고 보다 높은 수준의 삶을 소유하는 것을 의미한다.

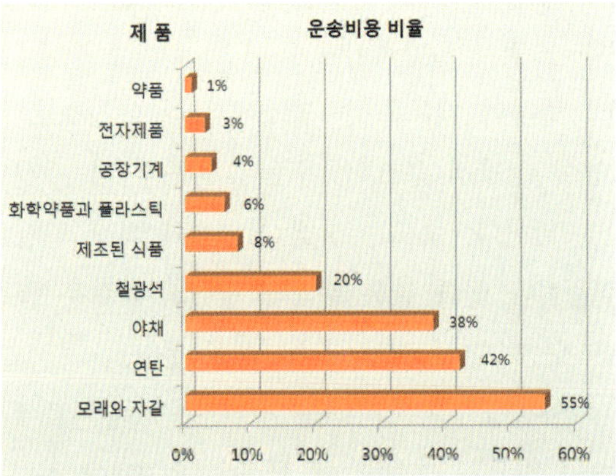

그림 11-19 제품가격에 대한 운송비용 비율

① **운송인의 형태(types of carriers)** : 운송인은 법률적 측면에서 일반 운송인, 계약 운송인, 개인 운송인으로 분류할 수 있다.

㉠ 일반운송인(common carriers) : 일반공중에게 정규적인 서비스를 제공하는데 단지 사전에 결정된 경로상의 두 지점 간에만 수송 서비스를 제공한다. 이에는 항로, 철로, 트럭 그리고 버스를 들 수 있다.

㉡ 계약운송인(contract carriers) : 개별계약에 의해 서비스를 제공하는데 이에는 임대 비행기, 버스, 독립 트럭업자를 들 수 있다. 계약 운송인은 규제를 거의 받지 않기 때문에 가격률이 상황에 따라 상이하다.

㉢ 개인운송인(private carriers) : 자신들의 제품을 수송하기 위해 자신들이 소유하는 수송수단을 제공한다. 예를 들면, 석유제품전담 수송회사는 시장에 석유제품을 수송하기 위해 슈퍼 탱크와 트럭을 소유하고 있다. 이러한 형태의 수송은 수송장비를 구입하거나 유지할 수 있는 여유를 가지고 있는 대기업에게 매우 효과적이다.

② **수송수단의 선정(selecting modes of transportation)** : 수송기업들은 운송업자의 욕구를 충족시키기 위해 설계된 컴퓨터 관련기술에 많은 투자를 하고 있다. 이러한 투자의 일부는 여러 수송수단을 평가하는 관리자들을 지원하도록 설계된 소프트웨어의 개발을 포함한다.

운송업자들이 사용하는 평가방법과는 관계없이 그들은 수송수단을 선정할 때 여러 요인들을 고려해야 한다. 이러한 요인들은 상호독립적이라기 보다는 중복되고 상호 의존하는 것이 일반적이다.

㉠ 속도(speed) : 하나의 제품을 한 장소에서 다른 장소로 이동시키는데 소요되는 시간의 양이 상당히 중요한 기준이 되는데 이는 선택, 배달, 조달 등에 필요한 시간을 말한다. 속도는 고객 서비스와 가장 밀접한 관계를 맺고 있는 요인이다. 식품이나 꽃과 같은 부패나 변질되기 쉬운 품목과 같은 특정 제품은 가장 빠른 수송수단에 의해 운송되어야 한다.

㉡ 비용(cost) : 의사결정자는 서비스를 제공하는 운송인들에게 그 대가를 지불해야 하는 금액인 비용을 고려할 때 균형을 유지해야 한다. 예를 들면, 유통업자는 한 수송수단에 의해 제공된 초과 서비스가 부가 비용을 지불할 가치가 있는지를 결정해야 한다.

㉢ 의존성(flexibility) : 유통업자는 어떤 수송수단이 제품을 최종 목적지에 수송하는데 필요한지를 결정해야 한다. 비행기나 철도 같은 특정수송수단이 접근하기 곤란한 장소들이 매우 많다.

㉣ 능력(capacity) : 수송 능력이 또한 고려되어야 한다. 예를 들면, 대부분의 화학제품들은 특수 건조된 선박이나 트럭 또는 기차에 의해서만 수송이 가능한 특수탱크를 필요로 한다. 철로수송은 화학제품이 대량일 때 주로 이용되고 도로 수로와 어느 정도 떨어져 있는 경우에 사용될 수 있다.

㉤ 빈도(frequency) : 특정시간 안에 몇 차례의 배달이 가능한가 하는 것은 계절

적 피크(peaks)와 JIT를 운영하고 있는 기업에게 매우 중요한 기준이 된다.

③ **수송수단(modes of transportation)** : 위에서 언급한 다섯 가지 기준을 이용하여 관리자는 다음과 같은 주요 수송수단을 선정한다. 마케팅 담당자들은 지구상의 미래 환경을 생각하여 운송수단 결정에 환경적 영향에 대해 민감하게 반응해야 할 것이다. 트럭, 기차, 비행기, 배들은 대기 오염과 지구 온난화문제에 영향을 주고 있다. 개개의 수송수단의 〈표11-3〉은 여러 가지 이점을 나타낸 것이다.

표 11-4 각 수송수단의 장·단점

고려요인 \ 수송수단	철도	트럭	파이프라인	수로	항로
속 도	△	○	×	×	○
의존성	△	○	×	×	△
수송능력	○	△	○	○	×
빈 도	○	○	△	×	○
비 용	○	○	○	○	×

㉠ 철로(rail) : 철도수송은 장거리에 걸쳐 중량과 부피가 큰 제품을 수송하는데 가장 효과적인 수송수단중의 하나이다. 그러나 철도운송은 한 화차에 화물을 가득 선적하는 것이 제조업자로 하여금 한 화차가 되지 못한 것보다 훨씬 낮은 요금을 지불하게 한다. 한 화차가 되지 못한 운송업자는 제품 조달에 소요되는 소요시간이 증가하기 때문에 제품이 시장에 도달하는데 오랜 시간을 소비하게 된다는 단점이 있다. 철도로 운반되는 제품에는 광물, 펄프와 종이, 목재, 석탄, 화학제품, 농산물 등이 주요 이용된다.

철도수송은 소량제품을 위해 서비스를 할 수 없기 때문에 이러한 영역의 제품은 철로의 종착지에서 다른 수송수단으로 전환되어야 한다. 변화하는 환경하에서 경쟁을 위해, 철도 수송은 이러한 욕구를 충족시키기 위한 여러 혁신적인 서비스를 제공한다. 예를 들면, 수송에서 야기되는 경쟁에 답하여 철도 수송은 철도와 트럭을 동시에 사용하는 피기백(piggyback) 서비스를 도입하고 있다.

㉡ 트럭수송(motor transportation) : 트럭은 규모면에서 가장 빠르게 증가하고 있

는 수송분야이다. 트럭수송은 길이 있는 어떠한 장소이든지간에 제품을 신속하게 배달할 수 있는 장점을 가지고 있다.

트럭은 여러 유형의 제품을 운송하는데, 육류제품, 섬유와 가죽제품, 의류와 기타 관련제품, 금속 조립품, 산업 기자재, 수송장비제품 등이 트럭에 의하여 수송된다. 트럭은 상대적으로 운임이 싸며, 트럭선적요율도 한 화차가 되지 못한 철도요율보다 낮다. 좋은 여건의 고속도로 시스템을 가지고 있는 나라에서는 트럭들이 아주 빠른 서비스를 제공할 수 있으며, 높은 가치의 제품들을 위해 경쟁하고 있다.

트럭은 기후조건과 선적의 규모에 의해서 제약을 받는다. 비록 특수트럭들이 액체, 부패성 제품, 가축을 운송하도록 설계되지만, 일반적인 트럭은 여전히 중량과 부피가 큰 품목들을 배달하는 데 한계가 있다.

ⓒ 파이프라인(pipeline) : 대표적인 파이프라인 수송으로는 캐나다, 멕시코,미국이나 국제시장에 수백만 배럴의 원유를 수송하는 Alaskan Pipeline를 들 수 있다. 미국의 파이프라인 시스템은 300,000마일 이상으로 이루어져 있으며, 원유의 파이프라인 네트워크를 나타내고 있다.

파이프라인은 처음에는 액체 천연가스를 수송하기 위해 설계되었는데 이후 석유나 화학물질, 석탄과 같은 에너지 자원을 수송하는데 이용된다. 파이프라인은 의존성과 속도면에서 빈약하지만 기타 다른 수송수단과 연계되는 경우 기후조건에 영향을 받지 않으며 또한 지속적인 배달수송을 할 수 있다는 장점이 있다.

ⓓ 수로(waterways) : 수송수단으로써 수로의 역사적 중요성을 아무리 강조해도 지나치지 않을 것이다. 사실 수로수송은 1800년대 중반까지 주요 수송수단이었다.

1970년대 초기에 각종 수송기관을 통합한 시스템의 등장으로 연안 및 대양 횡단 수송에 커다란 진보가 있었으며, 선박은 컨테이너화된 화물을 수송할 수 있도록 재설계되었다. 컨테이너화(containerization)란 컨테이너가 밀봉되어 이것이 최종 목적지에 도달할 때까지 결코 개봉되지 않는 단일 컨테이너에 많은 품목을 결합하여 나르는 것을 말하며, 이는 수로수송의 주요 단점인 제품손상과 도난위험을 줄여준다. 선박과 바지선은 매우 효율적으로 트럭 및 철로와 결합할 수 있으며, 컨테이너화된 트럭과 철도 선적량은 바지선이나 선박으로 수송이 가능한데 이를 피쉬백(fishyback) 서비스라 한다. 화물을 실은 객차를 수송하는 선적의 또 다른 용어는 해상수송선단(seatrains)이라 한다.

ⓔ 항공수송(air transportation) : 항공화물은 비싸지만 빠르게 성장하고 있다.이 수송수단은 우편, 화물, 속달 등의 3개의 분야로 나누어 볼 수 있다. 일반적으로 항공수송을 통해 가장 빈번하게 수송되는 품목에는 네덜란드의 꽃과 구근, 부패성이 높은 식료품, 생선, 보석, 기계설비, IT 관련부품, 비상 대체품, 빠른우편 등을 들 수 있다. 항공수송시스템은 빠르지만 높은 가격의 수송서비스를 제공한다. 하지만 매우 빠른 속도가 추가된 비용을 상쇄시킬 수도 있다. 항공화물수송은 전 세계적으로 아직도 다른 수송수단에 비해 미약하지만 동체의 폭이 넓은 대형화물 비행기와 수출의 증가로 선적톤수는 점차 증가하고 있다.

4 물적유통과 경쟁전략

기업의 경쟁전략은 물적유통이 필요로 하는 것을 결정한다. 상쇄효과(trade-off effect)는 경쟁전략을 지원하는 비용, 서비스, 고객 기대 내지 만족도 사이에서 필요하다. 물적유통이 필요로 하는 것이 과연 기업의 경쟁전략에 따라 얼마나 다양한지를 설명하는 경쟁적 전략대안을 살펴보면 다음과 같다.

(1) 제품혁신 지향전략

물적유통에서의 혁신은 새롭고 상이한 제품의 지속적인 흐름을 의미한다. 대량으로 촉진되는 전형적인 신제품들은 고객들을 유인하는데, 만약 고객들이 초기 사용에 크게 만족하면 그 신제품은 유용하다고 소비자에게 인식될 것이 확실하다. 그러나 도·소매상들은 신제품에 대한 강한 시장 수용도에 관해서 확신을 갖지 못하며, 그 결과 대량 재고투자에 망설이게 된다. 공급업자에 의해 수행되는 신속한 재고보충과 배달은 그들이 강한 시장 수용도를 경험하여 신제품을 저장해서 보관하고 있다는 사실을 의미한다.

소매수준에서 품절을 예방하기 위해 높은 재고수준을 유지하고자 하는 공급업자는 필요하다면 시간에 맞추어 배달을 해주는 항공수송을 이용하며 그리고 수요와 고객 선호도에 관한 불확실성 상태하에서 효율적으로 활동할 수 있는 능력을 개발하여야 할 것이다.

(2) 고객 서비스 지향전략

고객 서비스 지향전략은 신속하고 지속적인 배달을 제공하는 로지스틱 시스템(logistics system)을 필요로 하는데 이는 고객 욕구에 매우 탄력적임을 의미한다. 즉, 오늘날 고객의 욕구는 다양화 내지 개성화 되는데 이에 따라 제품구색 역시 완벽하게 갖추어지게 된다. 제품을 선택할 수 있는 고객의 수준도 향상되어 판매점에 따라서는 제한된 공간에서 구할 수 있는 상품을 효율성 있게 그리고 품절 되는 일이 없이 진열하는 것이 더욱더 중요하게 되었다.

따라서 판매점에서의 주문은 "치약 몇 개, 비누 몇 개"와 같이 소량화·다빈도화되어 보다 신속한 배송이 필요하게 되었다.

광범위한 제품계열에 대한 서비스는 완만한 재고 회전율로 귀착되는 높은 수준의 완제품 재고를 요구한다. 반면 협소한 제품계열을 제공하는 기업들은 광범위한 제품계열들을 취급하는 기업보다 더 높은 수준의 서비스와 더욱 신속한 배달을 제공할 수 있다.

(3) 비용 리더십전략

한 산업에서 낮은 비용을 선도하고자 하는 기업은 수용 가능한 수준에서 서비스를 유지하면서 물적유통비용을 최소화하고자 설계된 여러 다양한 정책들을 수행한다. 즉, 이러한 기업들은 대량 구입을 하는 고객에게 수량할인을 제공할 수 있으며, 트럭이나 철도를 이용해서 수송한다. 이들은 또한 소량 품목의 경우 재고를 중앙 통제하는 경향이 있으며, 생산시설에서 창고나 고객에게 제품을 수송하는데 가장 낮은 비용의 수송수단을 이용하고자 한다.

요약정리

도매업이란 소매상, 기타 다른 상인, 산업체, 기관, 상업 사용자에게 제품을 판매하는 개인이나 기업의 활동을 말한다. 따라서 도매상은 이러한 도매활동을 제공하는 것을 주요 기능으로 하는 기업을 의미한다. 그러나 이들은 최종 소비자에게 제품을 판매하지 않는다는 것을 원칙으로 한다. 이들의 활동은 비록 가격면에서 소매가격보다 낮지만 판매측면에서는 소매판매를 훨씬 초과하고 있으며 고용 인구도 해마다 증가하고 있는 실정이다.

마케팅 과정에서 활동하는 도매상들이 수행하는 기능은 자신들의 역할과 경로에서 기타 구성원들의 수요에 따라 다르지만 보통 다음과 같은 기능을 수행하고 있다 : 대량구입-소량 판매, 수송, 보관과 재고유지, 시장정보, 금융, 촉진, 위험 부담 등

도매상은 보통 독립의 정도와 제품의 소유권에 따라 상인 도매상, 브로커와 대리상, 제조업자 및 소매상의 판매지점과 사무소 그리고 기타 도매상으로 분류할 수 있다. 오늘날 도매업에서 가장 중요한 세 가지 추세로는 적시재고관리시스템, 비용 인하, 경쟁의 증가를 들 수 있다.

소매업이란 최종소비자에 제품을 판매하는데 투입되는 모든 활동을 포함한 개념이며, 소매상은 제품에 대한 소유권을 가지며 궁극적으로 최종 소비자에게 제품을 판매하는 마케팅 중간상을 말한다. 이들은 고객들에게 장소, 시간, 정보, 소유의 효용, 내지 만족을 제공하기도 한다. 소매업은 제품계열의 가격, 입지조건, 소유 형태별로 분류할 수 있으며 현재 소매업의 추세는 소득수준의 변화, 편의와 시간절약, 생산성, 서비스 증대, 패션에 관한 흥미증대, 다각화와 같은 여러 사건들에 의해 영향을 받으며 이들은 기능적, 제도적 변화 양자를 포함한다.

소매상들이 소비자의 욕구와 필요를 충족시키려면, 그들은 판매를 위해 단지 제품을 제공하는 그 이상의 무언가를 해야 하는데 이는 적절한 제품과 서비스의 선정, 적당한 양의 재고, 최상의 제품구색과 진열 및 촉진활동 그리고 유리한 가격에서의 판매활동을 의미한다. 즉, 마케팅 관리자는 최적 소매믹스를 결정해야 한다는 것이다.

물적유통이란 적절한 이윤을 보장하면서 고객의 욕구를 충족시켜주기 위해 원산지로부터 사용지까지 원재료, 재공품, 완제품의 물리적 흐름을 계획하고 실행하며 통제하는 활동으로 구성된다. 특히 물적유통은 제품의 수송과 보관에 밀접한 관련을 가지고 있는 모든 활동을 포함한다.

그리고 이는 비용을 줄여 고객의 만족도를 증대시킬 수 있는 요인이며, 또한 제품의 다양성을 증가시키는 동시에 기업의 서비스 품질에 대한 소비자의 지각에 커다란 영향을 미친다. 물적유통은 여러 목적들을 가지고 있지만, 고객 서비스를 극대화하면서 총비용을 최소화하는 것보다 더 중요한 목적은 없다. 그러나 이러한 두 목적들은 서로 상충되는 경향이 있기 때문에 마케팅 담당자는 고객이 어떤 유형의 그리고 어느 정도의 서비스를 필요로 하는지 파악할 필요가 있으며 이러한 정보를 가지고 그들은 비용

과 서비스 사이에서 합리적인 타협을 할 수 있다.

물적유통은 완제품과 원자재의 효율적인 흐름과 관련된 광범위한 활동들을 포함하며 이러한 활동들의 효율성을 극대화하기 위해서 물적유통시스템은 다음과 같은 활동들을 포함하여야 한다 : 주문처리, 창고와 저장, 재고통제, 자재조달, 포장, 유통 커뮤니케이션, 수송 등

물적유통 측면에서의 기업의 경쟁전략 대안에는 제품혁신 지향전략, 고객 서비스 지향전략, 제품 리더십 전략이 있다.

용어해설

도매업(wholesaling)

소매상 기타 다른 상인 그리고 산업체, 기관, 상업 사용자에게 제품을 판매하는 개인이나 기업의 활동

도매상(wholesaler)

도매활동을 제공하는 것을 주요 기능으로 하는 기업을 의미하는데, 이들은 최종 소비자에게 제품을 판매하지 않는다는 것을 원칙으로 한다

완전 서비스 도매상(full-service wholesaler)

소유, 촉진, 협상, 금융, 위험부담, 주문, 보관과 같은 수많은 경로활동에 참여하는 상인 도매상

한정 서비스 도매상(limited-service wholesaler)

소수의 경로활동에만 참여하는 상인 도매상

대리상(agents)

제품에 대한 소유권을 갖지 않고 제조업자로부터 판매에 대한 수수료를 받고 제품을 판매하는 기능을 수행하는 도매상

거간(brokers)

특정제품을 전문으로 하여 구매자와 판매자를 모이게 한 다음 거래협상을 도와주는 역할을 하며, 이와 동시에 서비스를 이용하는 조직으로부터 보수를 받는 도매상

제조업자 대리상(manufacturer's agents)

일반적으로 여러 명의 비경쟁적(보완적 제품계열을 사용하는) 제조업자와 지속적인 계약관계를 맺고 어느 특정지역에서 이들 제조업자의 제품을 판매하는 도매상

판매 대리상(selling agents)

제조업자의 마케팅 지부로서 활동하면서 제조업자의 모든 제품을 판매하며, 이들은 제품의

판매뿐만 아니라 가격결정, 신용조건, 촉진, 제품계획수립 그리고 시장조사를 포함하는 모든 마케팅 활동에 대한 책임을 부담하는 도매상

수수료 상인(commission merchants)
수수료 점포라고 하는 이들은 실제로 제품을 소유하면서 판매협상을 하는 도매상

적시재고통제(just-in-time inventory control)
소매상의 재고를 자동주문 처리과정에 연결시키는 운영관리프로그램

소매상 유통센터(retailer`s distribution centers)
여러 제조업자들로부터 제품을 제공받아 지역 점포에 제품을 발송하는 소매상 소유의 창고

소매업(retailing)
최종 소비자에게 제품을 판매하는 데 투입되는 모든 활동

소매상(retailer)
제품에 대한 소유권을 가지며 궁극적으로 최종 소비자에게 제품을 판매하는 마케팅 중간상

전문품점(specialty stores)
하나의 제품, 제품계열 또는 제품 범주에 한정해서 집중적으로 취급하는 점포

백화점(department stores)
매우 다양한 제품계열을 취급하며 이들 개개의 제품계열은 각 부문별로 관리·운영되는 대규모 소매점

슈퍼마켓(supermarkets)
식료품, 세탁용품, 가정용품에 대한 소비자들의 전체 욕구를 충족시켜 주기 위한 판매점으로서 규모가 크며, 원가 및 이윤이 낮으며, 많은 물량과 셀프 서비스를 하는 소매점

편의품점(convenience store)
보통 일주일 내내 하루 24시간 계속해서 영업을 하며, 주거지역에 가까운 이웃의 고객들에게 편의를 제공하며, 재고회전이 빠른 편의품 등의 한정된 제품계열을 취급하는 소매점

하이퍼마켓(hypermarkets or superstores)
대규모의 대량판매를 하는 전문품점

대량상인(mass merchandiser)
대량판매, 높은 재고 회전율, 낮은 원가 그리고 낮은 이폭을 강조하는 슈퍼마켓, 하이퍼마켓, 할인점 그리고 저가격 소매점과 같은 점포

할인점(discount store)
의류에서 가정용 설비용품, 자동차 부품에 이르는 광범위한 제품믹스를 낮은 가격과 셀프 서비스로 제공하는 소매상

제조업체 직영점(factory outlet)
생산이 중단된 제품계열, 과잉재고가 발생하는 제품 그리고 품질이 다소 떨어지는 제품을 취급하는 단일 제조업체가 소유·운영하고 있는 형태의 소매점

창고 소매업 클럽(member-only warehouse club)
회비를 내는 회원을 대상으로 가구, 사무용 소모품, 자동차 부품, 식품, 가전제품, 의류, 기타 여러 가지 제품을 아주 싼 가격으로 판매하는 소매점

도심상가지역(central business district)
도시의 중심에 있는 주요 쇼핑지역

무점포 소매업(nonstore retailing)
인적판매, 가정파티판매 등을 통해 소비자에게 직접 제품과 서비스를 판매하는 형태의 소매업 : 자동 판매기, 방문판매, 파티 판매, 직접반응마케팅

직접반응마케팅(direct-response marketing)
제조업자가 소비자에게 직접 제품촉진활동을 하여 판매하고 결코 고객들이 점포에 오는 것을 기대하지 않는 형태의 무점포 소매업

전자 홈쇼핑(electronic home-shopping)
소비자가 케이블 쇼핑경로를 접촉하거나 컴퓨터 소프트웨어를 이용하여 제품을 구입하는 형태의 무점포 소매업

기업적 연쇄점(corporate chain)
한 기업의 소유하에 있는 점포집단

소비자 협동조합(consumer cooperative)
소비자들이 소유하고 있는 소매기업

소매상 협동조합(retailer cooperative)
공동구매를 용이하게 하기 위해서 자발적으로 결합한 독립적인 소매상들의 집단

머천다이징(merchandising)
적절한 제품과 서비스의 선정, 적당량의 재고, 최상의 제품진열과 촉진활동 그리고 유리한 가격하에서의 판매활동을 의미하는 상품화계획

소매믹스(retailing mix)
제품품질에 대한 전반적인 이미지를 형성하고 소매상에게 이익을 생기게 하는 기타 기본적인 소매기능－제품선정, 보관 이미지, 위치, 서비스－과 대조를 이루어 가격이 어떤 수준에서 결정되는가를 설명하는 수단

제품믹스(merchandise mix)
하나의 점포가 취급하는 제품의 구색 내지 선정

복합적 상품구색(scrambled merchandising)
대량판매를 의미하는 무관련 품목들을 제공하는 소매믹스 전략

물적유통(physical distribution)
적절한 이윤을 보장하면서 고객의 욕구를 충족시켜 주기 위해 원산지로부터 사용자까지 자재와 최종 제품의 물리적 흐름을 계획하고 실행하며, 통제하는 활동으로 구성된다

유통센터(distribution centers)
여러 공장이나 공급업자로부터 제품을 받았다가 가능한 한 빠른 시일 내에 이를 방출하는 형태의 창고

경제적 주문량모델(economic order quantity : EOQ)
총주문처리비용과 재고유지비용을 최소화하는 주문의 크기를 파악하기 위한 모델

안전재고(satety stock)
예기치 않는 변화, 수요, 리드 타임에 대비하는 보험성격의 재고

적시재고관리시스템(just-in-time inventory system)
지연을 최소화하여 여러 유형의 자동차 모델과 색상에 대한 정확한 수요를 충족시키기 위해 Toyota가 개발한 시스템으로 필요할 때마다 매우 적은 소량을 구입하거나 생산하는 시스템

자재조달(material handling)
짧은 거리에서 생산시설, 창고 또는 소매점포 안으로 제품을 이동시키는 데 투입되는 모든 활동

토의문제

1. 도매상의 중요성을 비용과 전략적 의사결정 측면에서 설명하시오.

2. 제조업자 대리상과 판매 대리상의 차이점이 무엇인지 열거하시오.

3. 상인 도매상과 거간, 대리상과의 차이점은 무엇인가? 그리고 완전 서비스 도매상과 한정 서비스 도매상을 구분하여 설명하시오.

4. 마케팅 경로과정에서 도매상들의 전략적 중요성을 감소시키는 요인들을 열거하고 도매상들이 이러한 압력에 대항하여 취할 수 있는 행동에는 어떠한 것들이 있는지 토의하시오.

5. 제품의 깊이와 넓이가 백화점, 대형마트, 전문점에서 어떠한 차이가 있는지 설명하시오.

6. 소매점에서 판매되는 편의품, 선매품, 전문품과 같은 유형의 제품은 점포관리위치(장소)결정에 어떠한 영향을 미치는지 토의하시오.

7. 복합적 제품구색이란 무엇을 의미하는지 설명하시오.

8. 물적유통의 경쟁영역을 어떻게 확장하는지 그 과정을 설명하시오.

9. 공공창고가 제공하는 서비스의 유형을 들고 공공창고를 이용하는 이유를 설명하시오.

10. 다음 개개의 수송수단의 장점을 기술하시오 : 항공수송, 수로수송, 철도수송, 파이프라인, 트럭.

11. 물적유통시스템을 전개하는 과정에서 비용과 서비스 사이의 상쇄효과를 토의하시오.

12. 제품혁신 지향적 전략, 고객 서비스 지향적 전략, 비용 리더십 전략은 물적유통이 필요로 하는 것들에 어떠한 영향을 미치는지 설명하시오.

참고문헌

1) *The Dun & Bradstreet Business Failure Record*(Dun&Bradstreet, Inc.: 1987), pp.8~9.

2) The Quoted Part of the definition in from Walter J. Salmon, Robert D. Buzzell, Stanton G. Cort, and Michael R. Pearce, The Super Store : Strategic Implications for the Seventies(Cambridge, MA : Marketing Science Institute, 1972), p.83.

3) Judith Graham, "Walking the Slippery Retail Tightrope," Advertising Age, Apr. 24, 1988, p.36.

4) Adapted from David Mazursky and Jacob Jacoby, "Exploring the Development of Store Image," Journal of Marketing 62(Summer 1986), pp.145~65.

5) Donald C. Bacon, "A Big Focus on Service", *Nation's Business*, Nov. 1988, p.28.

6) Bernard J. La Londe and P.H. Zinszer, Customer Service : *Meaning and Measurement* (Chicago : National Council of Distribution, 1976).

7) William D. Perault, Jr. and Frederick A. Russ, "Physical Distribution Service : A Neglected Aspect of Marketing Management," MUS Business Topics, Summer 1974, pp.37~45.

8) Robert E. Sabath, "How Much Service Do Customers Really Want?" *Business Horizons*, April 1978, pp.26~32.

9) Kenneth B. Ackerman and Bernard J. La Londe, "Making Warehousing More Efficient," Harvard Business Review, April 1980, pp.94~102.

10) James C. Johnson and Donald F. Wood, *Contemporary Physical Distribution and Logistics*(Tullsa, Okla. : Pennwell Books, 1982), p.356.

11) Gerry O. Paltino, "Public Warehousing : Supermarkets for Distribution Service," Handling and Shipping, March 1977, pp.59~61

12) Hal F. Mather, "The Case for Skimpy Inventories," Harvard Business Review, January~February 1984, pp.40~42,46.

13) Brain s. Moshal, "Just in Time : Putting the Squeeze on Suppliers," Industry Week, July 9. 1984, pp.59~63 ; Richard J. Schonberger and Adbohossein Ansari, "Just in Time Purchasing Can Improve Quality" Principles of Purchasing and Materials Management, Spring 1984.

14) "How Merchandiser Cut Costs 20%", *Handling and Storage Management*, October 1984, pp.3~4.

15) Taft, Management of Physical Distribution and Transportation, p.285.

16) Samuel Certo, Max Douglas, and Stewart Husted, Business, 2d ed(Boston : Allyn and Bacon, 1987), pp.315~318. This Section is adapted from the author's materials included in this text.

17) James M. Daley and Zanell V. Lambert, "Toward Accessing Trade-offs by Shippers in Carriers Selection Decision", *Journal of Business Logistics* 2(1980), pp.35~54.

18) This discussion is based on Roy D. Shapiro, "Get Leverage from Logistics", *Harvard Business Review*, May-June 1984, pp.119~126.

19) William D. Perreault, Jr., Joseph P. Cannon, and E. Jerome Mccarthy, "Basic Marketing" Seventeenth Edltion, McGraw-Hill, 2009, p.327.

마케팅 커뮤니케이션

CHAPTER

12

제1절 마케팅 커뮤니케이션 모델

마케팅 커뮤니케이션이(marketing communication)란 하나의 기업이 기업이미지나 자사의 제품이미지를 고객에게 인식시키는 모든 활동들을 말한다. 이는 고객에게 제품과 기업의 가치와 의미를 전달하고 확립시키는 마케팅 믹스의 모든 구성요소들을 포함한다. 기업들은 전통적인 매체(신문, 잡지, 라디오, 전화, TV 등) 뿐만 아니라 뉴미디어(컴퓨터, 인터넷, 전자메일, 팩스 등)를 통해서 고객들과 의사소통이 가능해졌다. 전통적인 마케팅 커뮤니케이션은 정보의 흐름이 기업에서 고객에게 전달되는 일반적인 방법이었으나 최근에는 다양한 이벤트 및 인터넷 사이트 등과 같이 쌍방향적 커뮤니케이션이 이루어지고 있다. 마케팅 커뮤니케이션의 주요 분야로는 광고(advertising), 포장(packaging), 판매촉진(sales promotion), 인적판매(personal selling) 그리고 마케팅 공중관계(public relation)가 있다. 그러나 유통과 가격 또한 고객들에게 메시지를 전달하는데 중요한 요인으로 작용하므로 이들 두 요인을 간접적인 형태의 마케팅 커뮤니케이션이라 한다.

표 12-1 마케팅 커뮤니케이션의 구성내용

마케팅 커뮤니케이션	판매촉진(sales promotion)
	광고(advertising)
	포장(packaging)
	인적판매(personal selling)
	공중관계(public relation)
	직접마케팅(direct marketing)

이 분야에서 활동하고 있는 대다수 전문가들은 마케팅 커뮤니케이션을 마케팅 믹스에서 가장 흥미 있고 또한 도전적인 분야로 인식하고 있다. 그리고 마케팅 커뮤니케이션 메시지와 캠페인이 성공적으로 고객에게 전달되기 위해서는 마케팅 커뮤니케이션 과정의 각 단계마다 계획이 수립되고 실행되어야 한다. [그림 12-1]은 이러한 계획

수립과 실행에 매우 유용한 마케팅 커뮤니케이션 모델(marketing communications model)을 보여주고 있다.

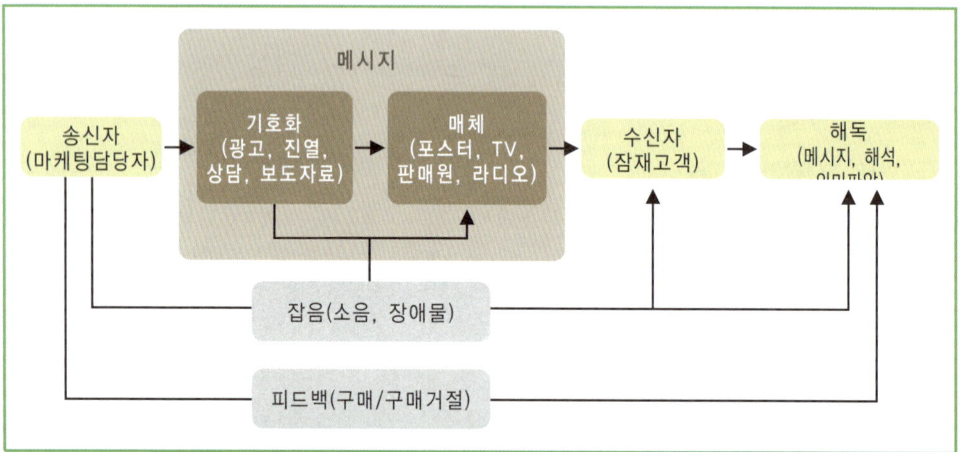

그림 12-1 **마케팅 커뮤니케이션 모델**

- 송신자(senders) : 커뮤니케이션 원천인 마케팅 담당자
- 메시지(message) : 송신자가 전달하고자 하는 아이디어로 메시지는 언어적이거나 비언어적일 수 있으며, 구어체나 문어체가 될 수 있고 상징적 기호나 형태가 될 수도 있다. 소구방법에는 이성적 소구(rational appeals), 감정적 소구(emotional appeals), 도덕적 소구(moral appeals) 등 세 가지 유형이 있다.
- 기호화(encoding) : 메시지를 수신자에게 접근 가능한 형태로 전환하는 과정으로 광고, 진열, 상담, 보도자료 등의 형태를 취함
- 매체(medium) : 메시지가 전달되는 경로로 라디오, TV, 프린터, 팩스, 신문, 잡지, 인터넷, 판매원 등
- 수신자(receivers) : 특정제품을 구매하고자 하는 잠재적 산업 구매자나 소비자
- 해독(decoding) : 메시지를 해석하거나 의미파악을 하는 과정
- 잡음(noise) : 예기치 못했던 정체현상 또는 왜곡현상으로 말미암아 수신자는 송신자가 보낸 메시지와는 상이한 내용을 받게 되는 결과를 초래한다
- 피드백(feedback) : 태도나 구매행동에서의 변화와 같은 메시지에 대한 반응

커뮤니케이션 과정상에서 송신자가 보낸 메시지와는 다른 것을 수신하게 하는 계획되지 않은 정보의 왜곡인 "잡음(noise)"이 발생하여 메시지의 전달을 방해하기도 한다.

결국 강력한 브랜드이미지는 경쟁적 우위요소의 확보와 시장점유율의 상승, 이익의 증가 등으로 전환되기 때문에 기업은 고객들에게 호의적인 기업이미지나 브랜드이미지를 전달하고자 마케팅 커뮤니케이션 믹스를 활용한다.

삼성, LG, 현대와 같은 대다수 기업들은 자신들의 글로벌한 이미지를 관리하기 위하여 광범위한 커뮤니케이션 믹스수단을 구축하고 있다. 예를 들면, 삼성이나 LG, SK 등과 같은 대기업의 경우 자사 제품과 상관없는 효(孝)시리즈나 소년소녀 가장 돕기, 자연보호 등의 광고를 통해 소비자에게 우호적인 기업이미지 구축을 위해 노력하고 있다.

제2절 마케팅 커뮤니케이션

마케팅 커뮤니케이션의 실제 지출은 산업과 브랜드마다 상이하지만, 일반적으로 기업의 마케팅 예산에서 가장 큰 부분을 차지하고 있다. 특히 소비자 패키지 제품과 서비스에 있어 마케팅 커뮤니케이션 관련 지출은 상당하며 점차 증가하고 있는 추세이다.

커뮤니케이션은 또한 소비자들이 자신들의 대부분의 시간을 투자하는 분야이기도 하다. 커뮤니케이션이 일단 결정되어 이행되는 순간 제품, 가격 그리고 유통은 거의 변화가 없으며, 극소수의 조정만을 필요로 한다. 한편, 마케팅 커뮤니케이션 활동은 다수의 상이한 기업 부서, 외부 커뮤니케이션 공급자, 이들 양자의 조정을 위한 활동 등 매우 다양하고 복잡하다. 특히 다양한 제품계열과 브랜드를 가지고 있는 국제적인 대기업의 경우 마케팅 커뮤니케이션 과업은 더욱 복잡해진다.

1 마케팅 커뮤니케이션 믹스

기업의 제품에 대해서 표적고객에게 외사를 전달하는 일련의 마케팅 활동을 마케팅 커뮤니케이션 믹스라 하며 이는 광고, 직접마케팅, 홍보 또는 마케팅공중관계, 포장,

인적판매, 판매촉진 등을 포함한다.

그림 12-2 옥외광고 : 네슬레

쇼핑백을 보면 바로 Fitness Centers를 생각하게 할 수 있음. 근데 약수터 가는 모습 같아요.

그림 12-3 쇼핑백광고 : Fitness

포스터, 소형 비행선(blimps), 라디오, TV, 프린트, 옥외간판, 비디오테이프, POP 진열, 동영상 형태로 매체 메시지를 표현하는 것을 광고라 하며 직접 마케팅은 잠재 고객들에게 제품이나 편익을 제공하기 위해 대량매체, 전자매체, 우편 등을 경유하는 직접 커뮤니케이션을 말한다. 마케팅 공중관계는 보도자료, 특집기사, TV 스토리, 특별이벤트, 라디오 서비스, 산업 전시회 그리고 공공 서비스 등을 통해 사회나 기업에 대해 우호적인 관심을 유도하는 체계적인 노력을 의미한다. 옥외간판 광고는 옥외광고(outdoor advertising)와 교통광고(transit advertising)가 있다. 옥외 광고는 빌보드와 같은 옥상광고, 스포츠 경기장에서 노출되는 경기장 광고가 있다. 교통광고는 버스, 택시, 지하철을 이용한 커뮤니케이션 광고로 소매지역 범위 내에 거주하는 소비자에게 도달하는데 효과적인 매체이다. 이외에도 버스정류장과 기차역의 포스터, 공항터미날의 게시판, 광고용 현수막, 키오스크 포스타 등 매우 다양하다. 최근에는 쌍방향 디지털 옥외광고도 등장하였다. 현대카드는 버스정유장에서 사람들의 움직임에 따라 반응하는 LED 화면의 옥외광고를 선보여 소비자의 주목과 흥미를 가져다 주고 있다. 포장은 고객이 제품을 구매하기 전에 보는 일종의 최종적인 광고를 말한다. 그리고 인적판매는 일대일 판매나 그 이상의 잠재 고객과 판매원이 직접 대면하면서 대화를 통하여 판매를 실현시키는 방법이며, 판매촉진은 제품이나 서비스의 판매 내지 구매를 촉진하기 위한 단기 자극책을 말한다. 판매촉진은 쿠폰, 프리미엄, 소매점 판매 이벤트와 복권, 기념품 증정, 거래 스탬프, 특별 장려금 등을 포함한다.

이스탄불의 버스정유장에 실제 IKEA의 소파가 놓여 있습니다.

그림 12-4 버스정류장(IKEA) 및 버스광고

표 12-2 마케팅 커뮤니케이션 믹스 플랫폼

광 고	직접마케팅	공중관계	인적판매	판매촉진
포장	대량매체	보도자료	박람회	가격할인
포스터	텔레마케팅	특집기사	견본	쿠폰
라디오	인터넷 쇼핑	TV 스토리	특약점	프리미엄
TV	케이블 TV	특별 이벤트	대리점	복권
프린트	인포머셜	산업전시회	영업소	경품추천
옥외간판	E-메일	공공서비스	전시회	콘테스트
비디오테이프	팩스	인쇄물	판매원	환불
책자		세미나 주최		기념품 증정
POP 진열				거래 스탬프
동영상				특별 장려금

2 통합 마케팅 커뮤니케이션 프로그램

1980년대 말까지 대다수 기업들은 고객에게 커뮤니케이션 하는 방법을 "기능적(functionally)"으로만 접근하였다. 즉, 기업들은 잊을 수 없는 또는 기억할만한 광고, 효과적인 공중관계, 주위를 끄는 포장, 효과적인 판매촉진 프로그램 그리고 자신들의 판매목표를 달성하는 판매원을 확보하고 있을 때 비로소 적합한 활동을 수행할 수 있다고 생각하였다. 이러한 개개의 상이한 기능들은 전문적인 기술을 필요로 하기 때문

에 독립적인 별개의 것으로 다루어졌다. 그 결과 이러한 기능적 접근방법은 광고대행사, 공중관계 기업, 포장설계 기업, 직접마케팅 담당기업, 판매촉진 대행사와 같은 커뮤니케이션 분야의 전문가들—광고 대행사, 공중관계 기업, 포장설계 기업, 직접 마케팅 담당기업, 판매촉진 대행사—을 등장시켰다. 그러나 오늘날 기업들은 점차 이러한 기능들을 통합해야 하는 필요성을 느끼고 있다.

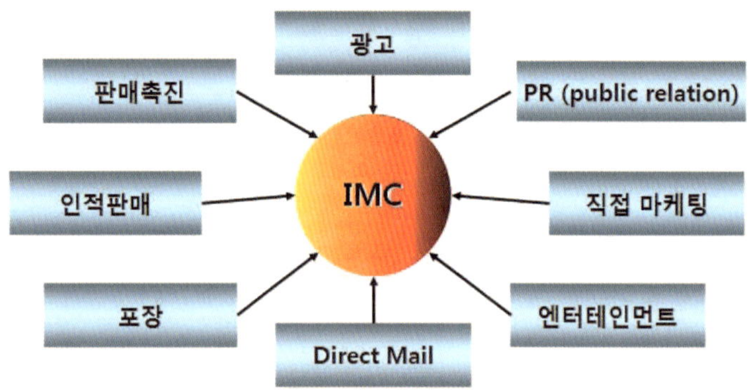

그림 12-5 통합 마케팅 커뮤니케이션

통합 마케팅 커뮤니케이션(integrated marketing communications : IMC)이란 기업의 브랜드와 기업의 가치인식에 총체적인 영향력을 행사하기 위해 기업이 이용하는 메시지와 매체의 전략적 조정을 말한다. 이때의 전략적 조정(strategic coordination)은 주요 표적과 메시지의 결정 그리고 개별 기능이 수행되기에 앞서 메시지 전달의 타이밍을 의미하며, 총체적인 영향력(collective influence)이란 고객의 지각은 시간이 경과함에 따라 수용되는 다양한 메시지나 인상에 기초를 두고 있다는 것을 말한다. 이는 하나의 제품에 대해서 인식할 때 거의 모든 것을 고려하는 것을 말한다.

만약 이러한 기능들이 조정되어 적절하게 수행된다면 통합 마케팅 커뮤니케이션은 결국 기업의 커뮤니케이션 목적을 보다 효과적으로 달성될 수 있게 할 수 있을 것이다. 따라서 많은 기업들은 현재 단일기업 마케팅 커뮤니케이션 부서 안에서 다양한 기능 부서들을 통합하고 있다. 산업재를 판매하는 많은 기업들은 광고, 공중관계, 기타 다른 마케팅 기능을 기업 커뮤니케이션으로 통합하는데 반하여 소비재 기업들은 마케팅 부서에서 공중관계의 제품광고활동에 집중하는 경향이 있다.

[그림 12-6(a)]와 [그림 12-6(b)]는 통합 마케팅 커뮤니케이션과 기능 모델에서의 차이점을 보여주고 있다.

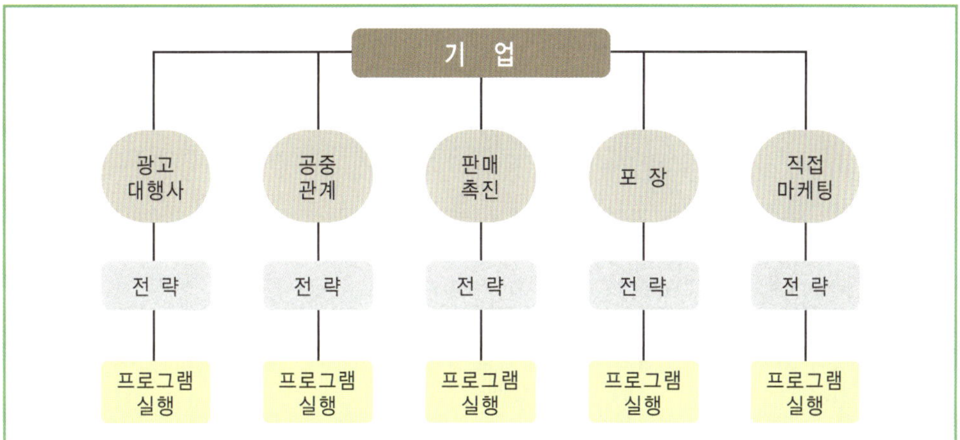

그림 12-6 (a) **기능 모델**

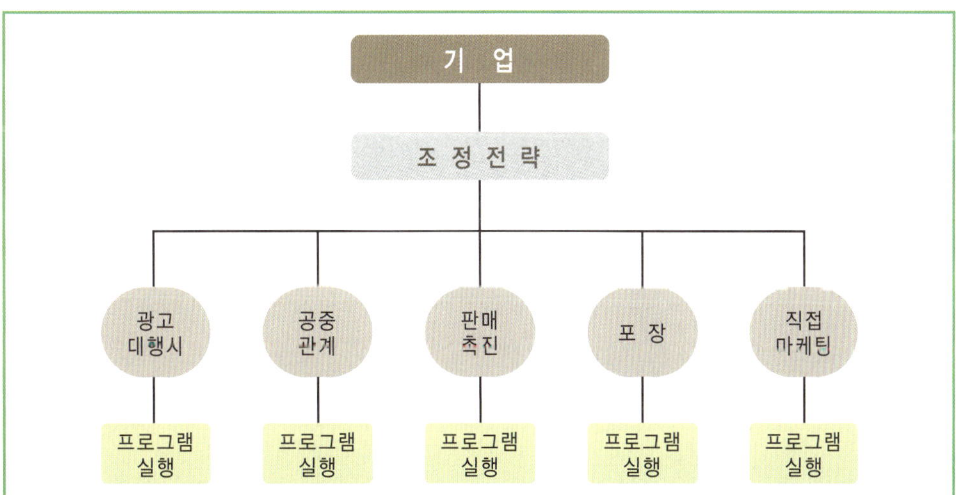

그림 12-6 (b) **통합 마케팅 커뮤니케이션 모델**

3 통합 마케팅 커뮤니케이션 계획수립과정

하나의 기업은 통합 마케팅 커뮤니케이션 계획수립과정의 5단계를 거침으로써 기업의 커뮤니케이션 노력을 최소화할 수 있다.

- 1 단계 : 광범위한 마케팅 커뮤니케이션 목표의 설정(〈표 12-3〉 참조)
- 2 단계 : 광고매체에의 마케팅 커뮤니케이션 목표전달과 광고매체에의 투입노력
- 3 단계 : 주요 커뮤니케이션 전략결정(표적선정, 메시지 전략, 타이밍 등)
- 4 단계 : 커뮤니케이션 전략을 이행하는 능력을 기초로 하여 여러 전문화된 기능 부서에의 책임 이양
- 5 단계 : 커뮤니케이션 계획수립과정의 조정

표 12-3 마케팅 커뮤니케이션 목표
• 신제품 도입 • 제품위치 확보, 집중, 변화 • 기업 이미지 구축 개선 • 브랜드 인지와 수용 개발 • 제품과 관련하여 적극적인 라이프스타일 창조 • 구매빈도, 사용용도의 다양화 등을 증가시킴으로써 또는 고객이 구입하는 제품을 증가시킴으로써 기존제품의 판매를 증가 • 제품과 용도개선 등에 관해서 협회, 고객, 판매원에게 전달 • 경쟁적 활동에의 대응 • 구매시즌의 확대 • 구매습관의 변화 • 고객수요 증가 • 새로운 구매집단 확보 • 점포 이미지 개발, 재입지 결정, 변화 • 군집제품 촉진과 전제품계열 판매지원 • 이슈에 대한 기업의 관점 설명 • 새로운 유통경로 시스템 개발 • 구매자에게 제품구매 장소를 인지 • 기업의 공중관계 개선

마케팅 커뮤니케이션 프로그램이 성공적으로 통합 또는 결합되기 위해서는 기업이 표적대상, 주요 메시지의 내용, 표적이 메시지를 수용하는 시기와 관련된 모든 기능적 커뮤니케이션 집단 — 기업 내·외의 기능적 활동을 하는 집단 — 의 활동을 조정해야만 한다.

(1) 통합 마케팅 커뮤니케이션 전략

거의 모든 기업들은 하나 이상의 표적집단에게 메시지를 전달하는데 이러한 표적 오디언스(target audience) ― 고객, 사용자, 공급업자, 정부규제기관 ― 모두는 마케팅 계획이 전개될 때 반드시 파악되어야 한다. 마케팅 담당자가 표적 오디언스를 우선해서 파악한 다음 사전에 계획수립 할 경우 예산결정에 많은 도움이 된다. 이는 또한 커뮤니케이션 전문가가 표적 오디언스에게 무엇을 전달해야 하는지를 결정하는데도 도움이 된다. 따라서 표적 오디언스의 정확한 이들에게 가장 효과적이면서 효율적인 방법으로 접근할 수 있다.

표적 오디언스를 확인하는 것 만큼이나 중요한 것이 바로 이들 개개인의 욕구와 필요를 파악하는 것이며, 이들 정보는 표적 오디언스에 전달되는 메시지 형성에 많은 도움을 준다. 표적 오디언스에 전달하고자 하는 메시지에 합의를 하였다는 것은 하나의 주요 아이디어가 개별 표적 오디언스에게 커뮤니케이션 되었다는 사실을 의미한다.

또한 메시지의 적절한 전달 시기(timing) 역시 매우 중요하다. 마케팅 커뮤니케이션 효과는 거의 즉각적으로 나타나지는 않는다. 보통 마케팅 커뮤니케이션 캠페인은 완전한 효과를 가지고 있지 않으며, 기업 역시 자금이 광고 캠페인에 투입된 시기에 이익을 얻지 못한다. 따라서 중요한 것은 마케팅 담당자가 의도한 유효한 날짜에 앞서서 수행되게끔 커뮤니케이션 캠페인을 계획하여야 한다는 것이다. 여기에서 유효한 날짜는 계절적 요인들이나 올림픽과 같은 중요 행사에 영향을 받을 수도 있다.

영화산업은 영화를 개봉할 때까지 매우 정교하면서도 뛰어난 광고 캠페인을 펼치는 것으로 유명하다. 영화관에서 잘려나간 재미있는 장면들을 가지고 광고매체들은 곧 개봉 예정인 영화의 주인공과 인터뷰를 하며, 영화 예고편은 영화가 상연되기도 전에 영화 팬들의 흥미를 자극한다.

모든 마케팅 커뮤니케이션 전략의 핵심은 하나의 제품을 "푸쉬(push)"하거나 "풀(pull)"하는 결정에 있다. 마케팅 담당자는 인적판매와 경로동기(channel incentives)를 사용하는 유통경로를 통해 제품을 푸쉬하거나 이와는 반대로 대량광고와 창조적 마케팅 공중관계 프로그램을 사용하는 경로를 통해 제품을 풀하여야 하는지를 결정해야 한다.

1) 풀전략과 푸쉬전략

기업의 판매촉진전략은 크게 촉진활동의 대상을 중간상에 초점을 맞추느냐 혹은 소비자에게 초점을 맞추느냐에 따라 풀 전략(pull)과 푸쉬(push) 전략으로 나눌 수 있다.

① **Pull 전략** : Pull 전략이란 소비자들로 하여금 제품의 구매의사결정 이전에 자사제품의 브랜드를 인식시키고, 구매의사결정의 초기단계에서 자사브랜드의 제품구매시 얻어질 수 있는 편익을 강조함으로써 적극적으로 자사브랜드를 추구하도록 유도하는 접근방법이다. 즉, 기업이 자사제품의 최종소비자인 불특정 다수인을 상대로 직접적인 제품의 촉진활동을 수행하여 소비자들로 하여금 방문하는 점포에게 자사제품의 비치를 요구하도록 압력을 가하게 하는 마케팅 전략이다.

Pull 전략은 기업이 전국적인 방송매체를 통한 광고로 자사제품의 인지도와 충성도를 높여 소비자들이 점포를 방문, 그 제품의 취급을 요구하게 하여 소매기관이 자발적으로 자사제품을 주문하게 하는 판매촉진전략이다. 이러한 전략은 가전제품이나 자동차 등의 판매촉진 방법으로 많이 사용되고 있으며, 최근에는 전 제품을 대상으로 폭넓게 확대되어 가고 있다.

Pull 전략의 초기접근방법에서는 소비자가 어떤 브랜드에 대한 인식이 형성되면, 그 인식을 변화시키기는 매우 어렵다고 판단한다. 따라서 광범위한 대중적인 광고를 통해 소비자가 구매의사결정 이전에 자사브랜드에 대한 인식을 각인시킴으로써 자사 제품의 브랜드에 호의적인 분위기를 조성하여 브랜드에 대한 애호도를 높이는 방향으로 유도한다는 마케팅 활동이다.

Pull 전략의 최종적인 목표는 소비자들에게 자사제품의 브랜드를 학습시켜 구매의사결정의 초기단계에서부터 구매행동에 이를 때까지 계속적인 인식형성을 유지시키는 것이다. 이러한 광고에 의한 브랜드학습은 방송이나 기타 대중매체를 통해 광범위하게 반복적으로 행하여지며, 이러한 Pull 마케팅 전략이 성공을 거두기 위해서는 충분한 자금과 자원을 확보하고 있어야 한다. 따라서 Pull 전략은 자사브랜드를 소비자들이 수동적으로 받아들여 질 때까지 계속된다.

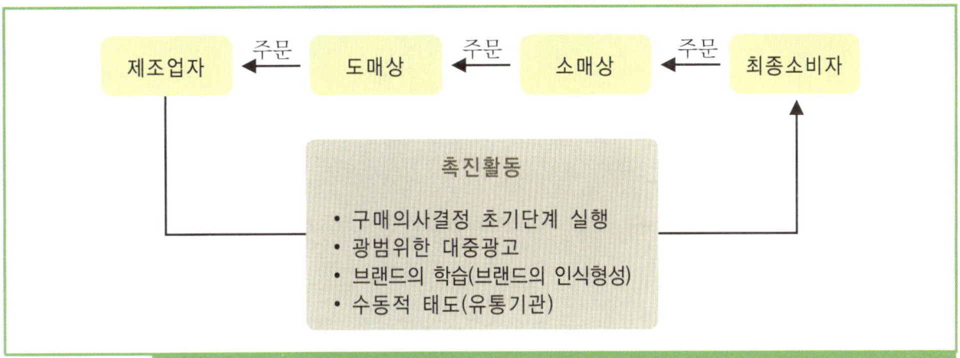

그림 12-7 **Pull 전략의 흐름도**

② **Push 전략** : Push 전략은 소비자들의 구매의사결정과정 후 구매시점에서 자사제품을 선택하도록 유도하는 마케팅 전략이다. 즉, Push 전략은 기업이 유통기관들을 대상으로 가격할인, 수량할인, 협동광고, 판매원의 훈련과 교육 프로그램의 제공 등을 통하여 최종 소비자에게 자사의 제품을 집중적으로 판매하도록 유도하는 판매촉진활동으로 유통기관의 역할에 비중을 두는 마케팅 전략이다. 이러한 전략은 브랜드의 충성도가 낮고 충동적 제품이어야 하며 제품의 장점이 정확하게 나타나는 경우에 주로 사용된다.

Push 접근 방법의 시작은 소비자의 어떤 브랜드에 대한 인식의 형성은 쉽게 변화될 수 있다는 관점에서 시작된다. 그러므로 제품의 구매시점에서 자사브랜드 제품의 편익성을 집중적으로 강조하면 소비자들의 자사브랜드에 대한 애호도는 높아질 수 있으며, 자사 브랜드 제품을 선택할 수 있는 구매행동을 이끌어 낼 수 있다는 것이다. 특히, 구매시점 시 소비자 설득과정에서 강조한 편익은 품질과 가격 중에서 소비자 취향에 맞는 것을 선택할 것을 일관되게 주장하기에 결국 소비자들은 자신의 욕구를 충족시켜 줄 수 있고 가치를 실현시킬 수 있으며, 자기가 기본적으로 중시하는 편익을 추구하게 된다.

기업에 있어서 Push 전략의 대상은 소비자에게 자사 제품을 직접 판매하는 소매유통기관들이다. 즉, 유통기관들이 자사제품을 비치하고 최종소비자에게 제품의 소비를 적극적으로 설득하여 판매를 유도하는 마케팅 활동이다. 가격할인이나 판매원의 교육과 훈련, 협동 광고나 보조 광고 등과 같은 방법을 통해 유통기관이 자사제품을 적극적으로 취급하기를 유도하고 또한, 자사제품을 취급함으로써 얻을 수 있는 편익을 유통기관에 홍보함으로써 목적을 달성한다. 따라서 기업의 입장에서는 직접적으로 소비자를 상대로 판매촉진활동을 수행하지 않기 때문에 대중적인 광고에 의한 막대한 광고비를 줄일 수 있다는 이점이 있다. 그러나 유통기관으로 하여금 자사제품의 비치를 유도하기 위해 독자적으로 경쟁자에 비해 차별화 할 수 있는 여러 가지 유인프로그램을 개발하여야 한다는 어려움이 있다.

이와 같은 전략은 대부분 중소규모의 기업에서 선택·실행되지만 전자제품이나 자동차 등과 같은 중간상의 역할에 많은 비중을 두고 있는 대기업에서도 Push 전략을 사용하는 경우도 많다.

최근 기업들이 제품판매에 있어서 유통경로 구조상 중간상의 역할이 증대되면서 기업의 규모에 상관없이 기업경영활동에서의 Push 전략수행은 그 중요성이 점차 확대되어 가고 있다.

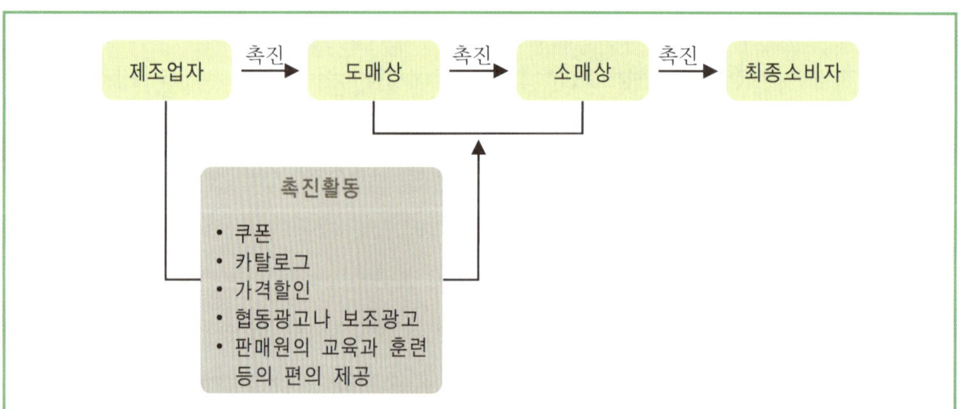

그림 12-8 Push 전략의 흐름도

대부분의 기업들은 촉진전략수립 시 푸쉬(push) 전략과 풀(pull) 전략을 동시에 채택하여 실행하는 경우가 많으며, 동일업종에서도 푸쉬 전략과 풀 전략 모두에 중점을 두는 기업도 있다. 그리고 어느 전략이 최적의 전략인지는 기업내부의 상황과 시장여건에 따라 다를 수 있다.

따라서 기업은 최종소비자 지향적인 전략을 선택할 것인가 유통기관 지향적인 전략을 선택할 것인지는 여러 가지 상황을 종합적으로 고려하여 시장상황과 내부조직 등을 정확하게 분석하여 기업에 적합한 최적의 전략을 선택해야한다.

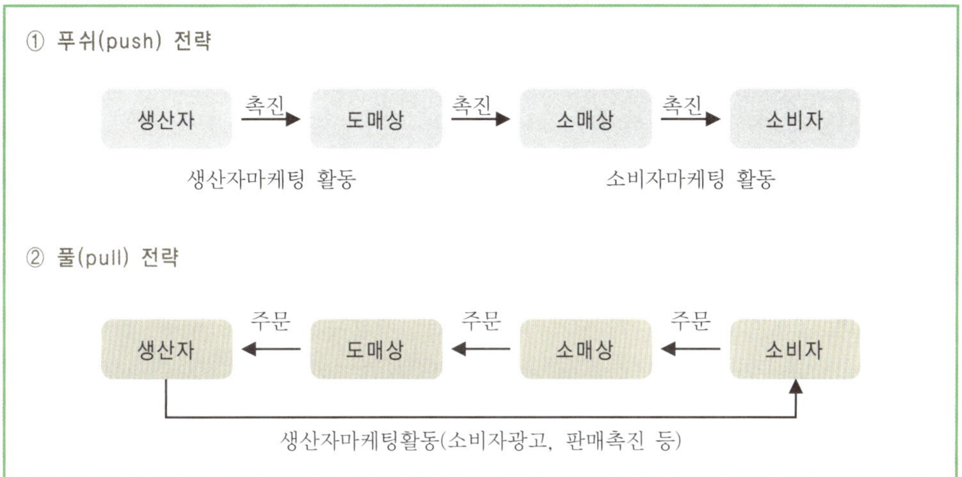

그림 12-9 푸쉬·풀 전략

(2) 통합 마케팅 커뮤니케이션의 목표

상이한 커뮤니케이션의 유형들은 서로 다른 활동들을 한다. 예를 들면, 광고메시지(advertising message)는 소비자에게 제품에 관한 여러 가지 정보를 제공하고, 소비자로 하여금 제품이나 브랜드 내지 서비스를 기억하게 하며, 또한 소비자가 제품을 구매하도록 설득하는 동시에 소비자의 구매행동과 태도에 영향을 미친다. 마케팅 공중관계(marketing public relation-ship)는 보통 매체의 논설 부분에 등장하기 때문에 신뢰도가 높은 메시지를 제공할 수 있으며, 직접마케팅은 특정 오디언스를 표적으로 하는 직접반응광고(direct-response advertising)를 주로 사용한다. 그리고 판매촉진은 단기판매 증가를 자극하며, 포장(packaging)은 구매시점에 소비자에게 무언가를 이야기한다.

성공척도 기준 즉, 그 효과측정은 유형들마다 서로 상이하다. 예를 들면, 판매촉진은 판매곡선에서 즉각적인 반응을 자극하는데, 이는 매우 실체적이며 측정이 매우 용이하다. 직접마케팅 역시 소비자의 매우 신속한 반응을 측정할 수 있으며 마케팅 담당자는 이러한 반응 등을 합계함으로써 쉽게 그 효과를 측정할 수 있다. 그러나 광고의 효과는 장기적인 브랜드 이미지(long-term brand-image) 개발을 포함하기 때문에 그 측정이 매우 어렵다. 광고의 효과를 측정하는 하나의 방법은 광고 캠페인의 결과로 변화하게 된 브랜드에 대한 표적 오디언스의 태도, 브랜드인식, 브랜드숙지를 어느 정도로 확장할 것인가를 결정하는 것이다. 포장은 주의력(attention-getting power)과 기억 가능성(memorability)이라는 측면에서 측정될 수 있으며, 마케팅 공중관계는 측정하기가 매우 어려운 목표들인 호의와 기업 및 제품 이미지의 장기적인 개발과 관련이 있기 때문에 아마도 측정하기가 가장 어렵다.

(3) 조정

비록 계획수립과정에서 마케팅 커뮤니케이션을 통합하는 활동이 중요한 의사결정일지라도 개별 기능적 마케팅 커뮤니케이션 부서는 여전히 계획안을 수행하는데 개별적인 책임을 부담하여야 한다. 이들 개별 부서의 상이한 기능들은 모든 부서들이 동시에 기존제품의 커뮤니케이션 활동을 수행하지는 않는다는 것을 의미한다. 예를 들면, 신제품에 대한 포장은 보통 인적판매나 판매촉진활동이 시작되기 전에 완료된다.

4 마케팅 커뮤니케이션의 한계

마케팅 커뮤니케이션—특히 통합 마케팅 커뮤니케이션—은 하나의 강력한 마케팅 도구이다. 그러나 이는 마케팅 믹스의 한 요인에 불과하며, 다른 마케팅 믹스요인에 의해 침해당할 수도 있다. 하나의 제품가격이 매우 높을 수도 있으며, 제품에 대한 고객의 과거 경험이 부정적일 수도 있고, 제품이 세계 여러 지역에 산재해 있는 점포에 적합하지 않을 수도 있는데, 이러한 경우에는 마케팅 커뮤니케이션 활동에 의해 생성되는 브랜드에 대한 어떤 긍정적인 이미지에도 불구하고 판매는 매우 저조할 것이다.

커뮤니케이션은 제품에 대한 광범위한 시용(trial)과 기대에 미치지 못하는 부정적인 경험을 가져다주기 때문에 불량제품을 제거하는 가장 빠른 방법은 "고객이 만족해하는 광고와 판매촉진활동을 수행하는 것이다"라는 마케팅 격언이 있다. 심지어 고객이 하나의 제품을 구입하는 경우 그들은 보통 마케팅 커뮤니케이션 활동으로부터 얻은 제품성과에 대한 기대를 가지고 있는데 이러한 기대가 충족되지 않으면 판매는 제품품질과는 관계없이 큰 어려움을 겪게 될 것이다.

예를 들면, 가금산업(poultry industry)은 전통적인 기존의 돼지고기와 쇠고기를 가공 처리한 제품과 경쟁하기 위하여 최초로 핫도그와 인스턴트 식사용 가공육(예 소시지나 햄 등)을 생산하기 시작하였을 때 광고는 육류(가금)제품이 기존의 전통적인 핫도그와 인스턴트 식사용 가공육과 거의 맛이 비슷하다고 주장하였다. 그러나 이러한 광고는 허위였을 뿐만 아니라 대부분의 가금제품은 살코기와 함께 뼈를 갈아서 만들어졌기 때문에 이는 약간의 모래자갈이 들어 있다는 느낌을 소비자에게 주었으며, 그 결과 가금제품을 재구매하는 소비자는 거의 존재하지 않았다. 그러나 영양물 섭취열풍이 한창일 때 가금산업은 광고메시지의 내용을 "맛(taste)"에서 "영양물 섭취(nutritional)"로 바꾸었으며, 그 결과 가금산업의 판매는 상당히 증가하였다.

외국과 비교할 때 통합적 마케팅커뮤니케이션을 도입 실행하는데 장해요인들은 다음과 같다.

① **데이터베이스의 구축 미비** : 통합적 마케팅커뮤니케이션은 제품을 가지고 소비자를 찾기보다 사람들의 다양한 욕구를 알아내어 그들의 욕구를 만족시킬 수 있는 다양한 제품을 제공해야 한다.

② **전문요원이 부족** : 이 전략을 수행하기 위해서는 다양한 커뮤니케이션 영역을 이해하고 있는 구성원들이 필요하다.

③ **통합화를 위한 의살결정구조 개발의 어려움** : 통합화를 위해서는 수평적 의사결정방식이 필요하다. 수평적 의사결정방식은 우선 통합적 마케팅에서 핵심적인 문제인 조화롭고 일관성 있는 메시지개발을 위해 필요하다.

④ **광고주와 광고대행사 간의 갈등** : 통합적 마케팅커뮤니케이션은 수평적 의사결정방식을 채택하고 있지만 누군가를 중심으로 해서 다양한 마케팅영역을 조화롭게 통합해 낼 수 있어야 한다.

⑤ **측정도수의 미흡** : 개별적으로 수행되는 마케팅커뮤니케이션의 효과를 측정하는 방법은 개발되어 있으나 이를 통합화 할 경우 효과측정에 어려움이 있다.

요약정리

마케팅 커뮤니케이션이란 하나의 기업이 기업이미지나 자사의 제품이미지를 고객에게 인식시키는 모든 활동들을 말하며 마케팅 커뮤니케이션 믹스는 광고, 직접 마케팅, 마케팅 공중관계, 포장, 인적판매, 판매촉진 등을 포함한다.

마케팅 커뮤니케이션 과정은 커뮤니케이션 원천인 송신자, 메시지를 수신자에게 접근 가능한 형태로 전환하는 과정으로 광고, 진열, 상담, 보도자료 형태를 취하는 기호화, 송신자가 전달하고자 하는 아이디어인 메시지, 메시지가 전달되는 경로로 신문·잡지와 같은 인쇄매체와 라디오·TV와 같은 방송매체, 옥외간판·포스터 같은 전시매체 그리고 컴퓨터·인터넷·전자메일·팩스 같은 전자매체가 있으며, 특정제품을 구매하고자 하는 잠재적 산업 구매자나 소비자인 수신자, 메시지를 해석하거나 의미파악을 하는 과정을 뜻하는 해독, 태도나 구매행동에서의 변화와 같은 메시지에 대한 반응에의 피드백을 구성요소로 이루어진다.

독립적인 개별 기능적 커뮤니케이션 분야에 의해 오래 전부터 다루어졌던 마케팅 커뮤니케이션의 통합화는 미래의 주요 마케팅 도전 분야중의 하나임에 틀림없다. 통합 마케팅 커뮤니케이션은 마케팅 담당자로 하여금 커뮤니케이션 목표와 전략의 개발, 기능부서의 커뮤니케이션 책임이양과 조정을 필요로 한다.

마케팅 커뮤니케이션은 마케팅 믹스의 기타 다른 요소인 제품, 가격, 유통 등에 의해 제약을 받는 경우도 있다.

용어해설

마케팅 커뮤니케이션(marketing communication)
하나의 기업이 기업 이미지나 자사의 제품 이미지를 고객에게 인식시키는 모든 활동 : 광고·판매촉진·인적판매·공중관계 : 마케팅 커뮤니케이션 믹스

송신자(senders)
커뮤니케이션 원천인 마케팅 담당자

기호화(encoding)
메시지를 수신자에게 접근가능한 형태로 전환하는 과정 : 광고, 진열, 상담, 보도자료

메시지(message)
송신자가 전달하고자 하는 아이디어

매체(medium)
메시지가 전달되는 경로 : 라디오, TV, 프린터, 팩스, 판매원

해독(decoding)
메시지를 해독하거나 의미파악을 하는 과정

피드백(feedback)
태도나 구매행동에서의 변화와 같은 메시지에 대한 반응

마케팅 커뮤니케이션 믹스(marketing communication mix)
기업이 자사의 마케팅 목표를 달성하기 위하여 사용하는 마케팅 커뮤니케이션 기능의 결합 : 광고·직접마케팅·마케팅 공중관계·포장·인적판매, 판매촉진

공중관계(public relation)
호의적인 홍보를 달성하거나 우호적인 기업 이미지를 형성하거나 건전한 관계를 유지하려는 활동

통합 마케팅 커뮤니케이션(integrated marketing communication)
기업의 브랜드와 기업의 가치인식에 총괄적인 영향력을 행사하기 위해 기업이 이용하는 메시지와 매체의 전략적 조정

토의문제

1. 기본적 마케팅 커뮤니케이션 모델을 설명하고 커뮤니케이션 좌절 내지 왜곡 현상이 일어나는 시기와 그 이유를 설명하시오. 그리고 구체적인 마케팅의 예를 열거하시오.

2. 마케팅 커뮤니케이션 믹스의 구성요인을 들고 설명하시오.

3. 통합 미케팅 키뮤니케이션이란 무엇인가?

4. 지방 중소기업의 마케팅 담당자를 인터뷰하고 중소기업이 마케팅 커뮤니케이션을 통합하고 있는 정도를 파악하시오. 그리고 이 경우 통합노력에 도움이 되는 요인과 장애가 되는 요인에는 어떤 것들이 있는지 여러분의 생각을 정리하여 설명하시오.

5. 지방은행이 지원하는 스포츠 이벤트를 디자인하도록 고용되었을 때 당신이 할 수 있는 활동과 이러한 프로그램을 수행하는데 필요한 지원활동에는 어떤 것들이 있는지 들고 이러한 이벤트 행사의 경우 통제기능이 마케팅 커뮤니케이션 프로그램에 어떠한 영향을 미치는지 토의하시오.

참고문헌

1) 김봉현 외 3인, 「광고학 개론」, 한경사, 2011, p.74.

2) 김진성 외 3인, 「신 유통론」, 도서출판 두남, 2008, pp.271~273.

3) htt://blog.naver.com/barnaba37?Redirect=Log&logNo=50129008842

4) James F. Engel, Martin R. Warshaw, and Thomas C. Kinnear, *Promotional Strategy*, 5th ed.(Home wood, Ⅲ.: Richard D. Irwin, 1983), p.19.

5) Adapted from Michael Winkleman. "Reaching Out to the Black Community," Adweek's Marketing Week, Nov. 21, 1988, p.8 ; and Paul Holmes. "Public Relations," Adweek (Marketing to the year 2000 Special Report), Sept. 11, 1989, pp.234~35.

6) 하대용, 「마케팅」, 학현사, 2008, pp.393~394.

위대한 그룹을 만들기 위해 리더가 할 수 있는 최선의 일은 각각의 구성원들이 스스로의 위대함에 눈뜨게 하는 것이다. - 리더십 대가, 워렌베니스 -

촉진전략 : 광고

CHAPTER

13

제1절 광고의 개관

기업은 제품을 생산하여 합리적인 유통경로를 거쳐 최종소비자에게 전달함으로써 수익을 획득하여 경영활동을 영위한다. 마케팅 담당자는 자사의 제품을 소비자에게 더 많이 판매하기 위해서 제품에 대한 정보나 우수성, 경쟁제품과의 차이점, 서비스 등을 효과적으로 전달하기 위하여 노력한다. 이러한 것들은 기업이 개별소비자에게 직접 전달하기에는 비용과 시간면에서의 지출이 상당하기 때문에 현실적으로 불가능하다. 따라서 개별 소비자의 자사 제품에 대한 관심을 유도하기 위해 전달하고자 하는 메시지 전달수단이 광고이다.

1 광고의 정의와 특성

(1) 광고의 정의

광고란 무엇이며, 광고의 중요성은 무엇인가? 미국마케팅협회(AMA)에 의하면 "광고(advertising)란 명시되어 있는 광고주가 표적집단에게 아이디어나 상품 및 서비스 등에 대한 정보를 제공하거나 설득하기 위해 유료로 대중매체를 이용하는 촉진활동"이라고 정의하고 있다. 비록 광고의 일부 형태가 공공 서비스 형태를 하고 있음에도 불구하고 광고는 제공된 공간과 시간을 이용하는 유료의 커뮤니케이션 형태(a paid form of communication)라고 할 수 있다. 광고 메시지는 그 대가를 지불할 뿐만 아니라 광고주 역시 확인이 가능하다. 대부분의 광고는 고객들로 하여금 무언가를 하도록 설득하거나 영향력을 행사하지만, 광고메시지의 내용이 단지 고객들로 하여금 하나의 제품이나 기업을 인식하게 하는 경우도 있다. 많은 서로 다른 유형의 매스 미디어(mass media)를 통해 전달되는 메시지는 잠재적 소비자들 중 대규모 오디언스에 노출된다. 그리고 광고는 대량 커뮤니케이션(mass communication)이기 때문에 비인적 형태의 커뮤니케이션이라 할 수 있다.

광고는 제품에 대한 수요를 촉진하고 브랜드의 인식을 지원하며, 제품의 특성과 구매장소, 시기, 사용법 등에 관한 정보를 제공하기 때문에 광고의 중요성은 과소평가

CHAPTER 13

되어서는 안 된다. 또한 광고는 촉진을 지원하며 한 나라의 경제성장과 소비자 의식 수준의 형성에 중요한 역할을 수행한다.

(2) 광고의 특성

광고는 비인적 대중매체(non-personal massmedia)를 활용하는 촉진수단이라는 점에서 사람과 사람 간에 형성되는 인적판매와 구분된다.

대중매체를 이용한 광고를 통한 촉진에는 다음과 같은 장·단점이 있다.

첫째, 짧은 시간에 많은 소비자들에게 기업이나 자사제품을 노출 시킬 수 있어, 기업에 대한 이미지 상승이나 자사제품에 대한 인지도를 높일 수 있다. 즉, 접근의 용이성이다.

둘째, 기업명의 반복이 가능하여 소비자들에게 기업명에 대한 포지셔닝이 가능하여 기업의 다른 제품의 판매촉진에도 많은 도움이 될 수 있다. 즉, 반복성이다.

셋째, 일시에 투입된 비용은 높으나 결과적으로 고객 1인당 소요되는 비용은 저렴하다.

따라서 비인적 매체를 활용한 광고의 경우 신제품의 출시나 기업의 이미지를 상승시키는데 적절한 매체이다.

그러나 광고의 경우 다음과 같은 단점도 있다.

첫째, 광고는 정해진 시간 내에 소비자들에게 기업이나 제품에 대해서 메시지나 정보를 전해야 하기 때문에 광고를 이용하여 이와 같은 것들을 전달하는 데에는 매우 제한적일 수밖에 없다. 특히, TV의 경우 정보량의 제약은 다른 비인적 매체를 통한 광고보다 상대적으로 많다. 즉, 촉진에 있어서 기업의 고객설득은 매우 중요하나 광고의 경우 이러한 고객을 상대로 한 설득은 제한적일 수 있다.

둘째, 광고는 어느 정도 표준화되어 무차별적으로 제공되기 때문에 개개의 소비자들이 필요로 하는 개별적 및 차별적인 정보의 제공이 어렵다.

이와 같은 이유로 광고를 통해서 고객 모두에게 기업이 전달하고자 하는 정보나 메시지를 전달하는 데는 한계가 있을 수밖에 없다.

2 광고의 기능

광고는 소비자들이 제품 그 이상의 것을 구매한다는 사실에 근거를 두고 있다. 즉, 소비자들은 광고가 제공하는 편익, 성과, 만족감을 구매하는데 이러한 상황의 도출이 광고의 주요 기능중의 하나이며, 또한 광고는 제품의 가치를 증가시킨다.

예를 들면, 소비자들이 합리적인 구매가 전반적인 추세라고 생각하는 자동차 구매 결정의 경우를 보자, 이때 소비자들이 경제적인 중·소형 자동차, 스포츠 카, 명성을 가지고 있는 자동차를 구입하면서 느끼는 것에는 큰 차이가 있다. 비록 이들 자동차가 모두 4개의 바퀴를 가지고 있으며, 가속기를 사용하고 제한된 속도이지만 매우 빠르게 달릴 수 있음에도 불구하고, 에쿠스는 소나타보다 2~4배 그리고 베르나 보다 5~6배 정도 더 비싸다. 만약 구매자의 마음속에 주요한 차이점이 존재하지 않는다면, 구매자들은 자동차 가격만을 고려하여 구매할 것이다. 이러한 무형의 차이점은 광고가 제공하는 부가가치에 그 토대를 두고 있다.

(1) 수요자극

풀 전략(full strategy)처럼 대부분의 광고기능은 제품이나 서비스에 대한 소비자 내지 기업의 수요를 자극한다. 광고는 2가지 유형의 수요 — 본원적 내지 일차적 수요(primary demand)와 선별적 수요(selective demand) — 를 자극하기 위해서 이용된다. 본원적 내지 일차적 수요광고는 우유나 쇠고기 제품 캠페인과 같은 어느 한 제품을 선택하는데 — 예를 들면, 태평양화장품보다는 한국화장품을 구입하는 경우 — 확신을 심어주는 광고를 말한다. 브랜드광고와 직접 다른 제품을 공격하는 광고는 선별적 수요를 자극하는 전형적인 광고들이다.

(2) 브랜드확립

브랜드는 제품의 가치를 증가시키는 제품의 특성과 이미지로 구성된다. 광고를 통한 브랜드인식의 확립은 장기적인 마케팅 목표이기도 하다. 그러나 비록 브랜드가 확립되었다 하더라도 브랜드광고는 소비자로 하여금 제품과 서비스의 특성, 이미지, 개성 등을 상기하도록 하는데 필요한 활동이다. 한 연구 조사에 의하면 브랜드를 전환하는 소비자를 확보하기보다는 브랜드 애호가들을 확보하는데 매우 유용한 방법이 브랜드광고라는 것이다.

(3) 정보제공

시장에서 제품포지셔닝과 재포지셔닝이 성공한 제품 광고

광고는 제품이나 서비스의 판매를 촉진하면서 동시에 정보를 제공한다. 신문광고는 이러한 두 가지 기능을 수행하는 전형적인 예에 속한다. 많은 이들이 현재 유행하는 이벤트 정보와 산업정보(commercial news) 내지 광고를 탐색하기 위해 신문을 구독한다. 정보는 판매를 자극하는 중요한 요인인데, 예를 들면, 프로스펙스 대리점에서 테니스용 운동화를 특별 할인 판매한다는 정보를 석간신문에 게재하여, 그 다음날의 판매수치는 증가하였다면 지역 소비자에게 제공된 정보의 가치뿐만 아니라 제품의 설득내용을 반영하는 것이 될 것이다.

(4) 경쟁적 이점확보

시장에서 성공적인 제품포지셔닝 구축의 예인 광고

광고는 제품의 경쟁적 이점을 제시하면서 보호하는 동시에 경쟁을 통해 경쟁자의 도전에 응수하는 기능을 수행한다. 한 제품의 경쟁적 이점은 제품이 표적시장에서 고객에게 어떤 강점을 가지고 있는지 혹은 경쟁에 취약한 부분이 있는지에 달려있다. 매우 많은 제품들이 시장 선도자 제품을 모방한 모방품들이기 때문에 반드시 모든 제품이 명백한 경쟁적 이점을 가지고 있는 것은 결코 아니다. 그러나 만약 경쟁적 이점에 대한 파악이 가능하다면, 광고전략은 이를 토대로 수립될 수 있다. 이와는 반대로 경쟁적 이점이 없다면, 보통 광고전략은 브랜드 이미지에 집중되어야 할 것이다.

(5) 제품 포지셔닝과 재포지셔닝

광고가 할 수 있는 기능들 중 하나가 제품에 대한 포지션 내지 재포지션(position)을 확립하는 것이다. 포지션이란 하나의 제품이 보유하는 시장에서의 심리학적인 적소(niche)를 말한다. 「처음처럼」에 대한 캠페인의 경우 캠페인의 강도(intensity)가 높을수록 제품은 전국 어느 시장에서든지 인식이 가능하다. 따라서 캠페인 전략은 제품을 재포지션하는 것으로 간주할 수 있다. 소비자의 제품지각에 대한 변화유도는 광고 대행사의 창조적인 스탭들의 일상적인 업무에 속한다.

(6) 제품위치선점

제품혁신은 경쟁자들에 의해 모방되기 전까지 매우 짧은 기간 동안에 "새롭다"라는 개념을 보유하게 된다. 빠르게 변화하는 시장에서 강력한 경쟁적 이점을 유지하는 것은 매우 힘든 일이다. 따라서 대다수 제품 경쟁기준은 주로 광고에 의해서 창출되는 제품 이미지와 포지션이라고 할 수 있다. 선점적 광고(preemptive advertising)는 경쟁적 이점을 가지고 있지 않는 유사제품(parity products) — 경쟁과 무관한 제품 — 에 의해 주로 이용되는 경쟁적 접근방법인데 이는 누군가가 제품의 이미지나 위치를 주장하기 전에 먼저 이들의 경계를 구축하는 것을 말한다. 예를 들면, "Pepsi Generation" 캠페인은 Pepsi가 젊다고 생각하는 이들을 위한 제품이라고 선전한다. 이것은 제품의 특성이 아니라 소비자의 마음속에 제품이미지를 심는 것이다. 결과적으로 Pepsi는 독특한 제품위치를 점하는 동시에 Pepsi 광고는 기타 다른 청량음료를 선점하였다.

(7) 인적핀매 지원

광고의 또 다른 기능은 특히 유통과 산업 마케팅에서 판매관리자들을 지원하는 것이다. 광고는 다른 촉진노력을 지원하고 판매원으로 하여금 대인접촉을 보다 용이하게 하는 확립된 이미지를 창출한다. 전국적 내지 국제적 이미지를 갖춘 하나의 특정제품은 보다 높은 사회적 지위와 존경을 유지하며, 이러한 명성은 소비자와의 최초의 접촉을 시도하는 판매원에게 매우 귀중한 것이다.

전국적으로 광범위하게 걸쳐 우수한 언론 매체를 통해 이루어진 광고의 경우 소비자들은 제품의 신뢰도를 갖게 되고 광고의 내용을 인식하여 구매의사결정 시 반영하는 경우가 상당하다. 이는 대중매체를 통한 광고는 곧 제품과 브랜드에 대한 이미지를 확립한다는 의미로 해석될 수 있다. 따라서 현장에서 소비자와 직접적인 접촉에 의한 판매행위를 수행하는 판매원들에게 있어 광고는 판매를 지원하는 대표적인 촉진 수단인 것이다.

3 광고의 유형

광고는 매우 다양한 광고주들이 여러 상이한 유형의 오디언스에게 도달하고자 하기 때문에 매우 복잡하다. 따라서 이하에서 광고의 여러 형태에 대해서 살펴보고자 한다.

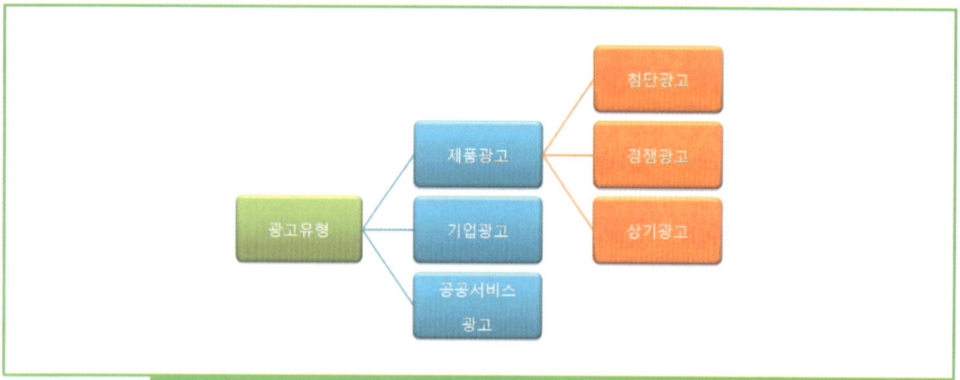

그림 13-1 광고유형

(1) 브랜드광고

브랜드광고(brand advertising)는 제품광고(product-reputation advertising)라고도 하는데 신제품과 브랜드를 인식시키거나 현재의 제품과 브랜드의 판매를 촉진시키기 위해 사용하는 광고를 말한다. 가장 가시적인 광고의 형태가 전국 소비자광고(national consumer advertising) 내지 브랜드광고이다. 이때의 광고메시지는 생산된 후 전국적으로 유통되는제품과 제품에 적합한 특색 있는 브랜드이미지를 개발하는데 초점을 둔다.

(2) 기업광고

기업광고(institutional advertising)는 기업이나 조직의 제품정보를 제공해 줌으로써 고객에게 장기적으로 우호적인 이미지를 확립시키거나 기업실체(corporate identity)를 확립하거나 기업이나 조직의 견해에 공중을 끌어들이는데 있다.

베네주엘라의 수도 카라카스의 건물에 설치된 세계에서 가장 큰 공기주입식 옥외광고물로 예상되는 Nescafe의 광고, 좌측으로 Pepsi Cola도 보이네요.

그림 13-2 NESCAFE 옥외광고

(3) 소매광고

소매광고(retail advertising)는 지역적이며, 다양한 제품의 구매가 가능한 또는 하나의 서비스가 제공되는 점포에 집중된다. 지역적인 측면에서 유용한 제품임을 광고하는 메시지는 점포거래를 자극하고 점포에 적합한 특색 있는 이미지를 창출하고자 한다. 또한 소매광고는 제품가격, 제품의 유용성, 위치 그리고 점포운영시간 등을 강조한다.

(4) 직접반응광고

직접반응광고(direct-response advertising)는 직접우편을 포함하는 광고매체를 이용할 수 있지만 메시지는 직접적으로 판매를 자극하는 점에서 전국광고와 소매광고의 메시지와 구별된다. 소비자는 전화나 우편을 통해서 주문을 할 수 있으며 반면 제품은 우편이나 기타 다른 수송수단에 의해 소비자에게 직접 배달된다.

(5) 거래광고

거래광고(business-to-business advertising)는 소매상, 도매상, 유통업자뿐만 아니라 변호사 및 외과 의사와 같은 전문가와 산업 구매자를 표적으로 하는 메시지를 말한다.

(6) 공공서비스광고

공공서비스광고(public service adver tising)는 어린이의 약품사용 남용을 예방하는 것과 불우이웃돕기 운동, 언어 폭력, 청결 같은 공익활동을 위하여 메시지를 전달하는 경우를 말한다. 이러한 광고는 광고 전문가들에 의해 무료로 창조되며, 광고공간과 시간을 광고매체가 무료로 제공한다.

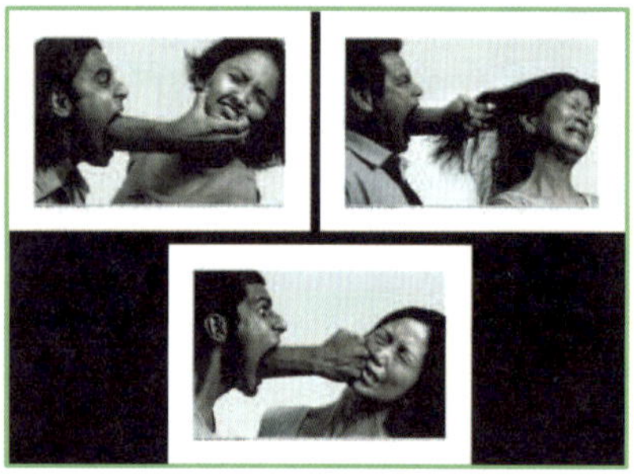

언어폭력에 대한 상담전화 홍보

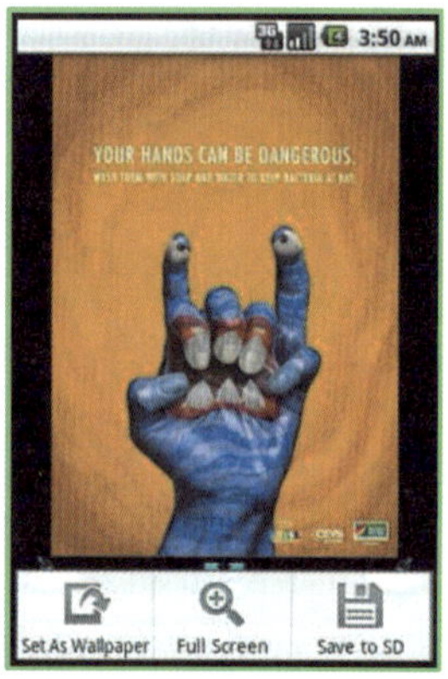

손씻기 광고

제2절 효과적인 광고 프로그램 선정과정

광고 캠페인 관리는 전반적인 마케팅계획과 관련된 의사결정에 그 토대를 두어야 한다. 마케팅 계획을 재조정한 후에 광고목표 설정, 광고예산의 결정, 광고메시지 개발, 매체선정, 광고시기 결정, 광고 캠페인 평가과정을 거치게 된다([그림 13-3] 참조).

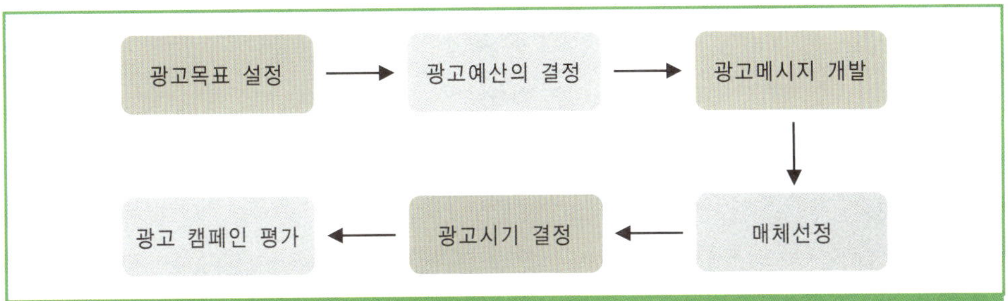

그림 13-3 광고계획 수립과정

1 광고의 목표설정

일반적으로 마케팅전략이 광고목표를 결정하지만, 마케팅 담당자는 개별광고와 광고 캠페인에 적합한 특정목표를 개발하여야 한다. 광고의 목적은 소비자에게 정보를 전달하고 설득하며 상기하도록 설계된 광고목표로 전환될 수 있다. 일단 이러한 목표가 명확하게 확립된 후 필요로 하는 광고의 유형이 결정된다. 예를 들면, 광고의 목표가 가격변화를 공중에게 알리는 것이라면 제품광고가 필요하고 한편, 광고의 목표가 기업의 이미지를 개선하는 데 있다면 기업광고가 요구된다.

계절적 수요의 상품 광고

Rusell H. Colley는 그의 저서 「Defining Advertising Goals for Measured Advertising Results」에서 성과에 대한 어떤 의미 있는 측정이 예측되면 광고의 목표는 커뮤니케이션 용어로 문서화되어야 한다고 주장한다. 광고목표를 "정의된 오디언스로부터 일정한 기간에 성취하고자 하는 구체적인 커뮤니케이션 과제"로 정의한다. 커뮤니케이션 과제는 마케팅 과제와 대비되는 개념이며, 광고목표는 일정한 기간에 정의된 오디언스에게서 모호하지 않게 정의된 과제를 포함하는 구체적인 것이어야 한다. 훌륭한 광고가 되기 위해서는 다음과 같은 요인들을 구체화시켜야 한다고 주장하였다.

① 달성하고자 하는 대상과 정도는? 이것은 목적비교를 위해 일부 벤치마크(benchmark) 유형을 포함하여야 한다. 예를 들면, 광고주는 시장 점유율을 15%에서 20%로 증가시키고자 할 수도 있다.

② 표적시장이나 세분화 대상은? 예를 들면, 제품이 스포츠카라면 표적시장은 최근의 대학 졸업생 일수도 있다.

③ 목표를 달성하는데 필요한 시장구조는? 예를 들면, 6~8월은 여름 휴가용품에 대해서 집중적인 광고를 하기에는 최적 시간대에 속한다고 할 수 있다.

2 광고예산의 결정

광고예산은 특정기간(보통 1년)에 걸쳐 계획된 광고활동을 위해 기업이 지출하는 총지출금액을 말하며, 이러한 광고예산에 영향을 미치는 요인으로는 광고의 목표, 제품종류, 경제적 상황, 제품수명주기단계, 유통경로, 전년도의 광고지출비용이 있으며, 광고예산을 결정하는 방법에는 가용 할당법, 매출액 비율법, 경쟁사 추종법, 목표 과업법이 있다. 광고비 지출을 효과적으로 평가하기 위해서 마케팅 관리자는 광고예산이 광고 캠페인의 유효성과 직접적인 연관이 있는 항목들만을 담고 있다고 확신하여야 한다. 이들 항목들을 보면 다음과 같다.

㉠ 모든 인지된 매체에서 유료의 광고공간과 시간

㉡ 팸플릿, 회보, 카탈로그 그리고 제품사용 설명이 아니라 광고를 위해서 이용되는 포장삽입 광고와 같은 판매기능을 수행하기 위해 의도된 인쇄물

㉢ 광고부서의 운영비용과 급료

㉣ 광고 대행사, 작가, 미술가 그리고 기타 보조 서비스에 지불되는 수수료

㉤ 사진술, 인쇄술, 예술제작활동, 조각술, 라디오 녹음 방송, TV 영화 등과 같은 광고자재를 준비하는데 포함되는 기계적인 비용

(1) 광고예산에 영향을 미치는 요인

광고예산 규모에 영향을 미치는 요인은 다음과 같다.

① **광고목표(advertising objectives)** : 구체적인 광고목표의 설정은 예산을 결정하는데 있어 방향을 제공할 수 있다. 보다 많은 노력을 투입해야 하는 목표는 더 많은 지출을 필요로 하게 된다. 예를 들면, 제품에 대한 시장점유율을 10%에서 15%로 증가시키고자 하는 목표는 보통 시장점유율을 10%에서 12%로 증가시키고자 하는 목표보다 더 많은 자금을 필요로 할 것이다.

② **제품종류**(product class) : 상이한 유형의 제품은 상이한 광고비를 필요로 한다. 예를 들면, 청량음료와 담배와 같은 편의품은 소비자의 수요를 환기시키기 위해 집중적인 유통(intensive distribution)과 광고의 대량사용으로 인해 많은 예산을 요구한다. 자동차, TV, 세탁기 등과 같은 선매품은 이들 시장에서의 격렬한 경쟁 때문에 보다 많은 촉진 노력을 필요로 하며 전문품은 일반적으로 상당한 브랜드충성도를 보유하고 있기 때문에 상대적으로 적은 촉진 노력을 하게 된다.

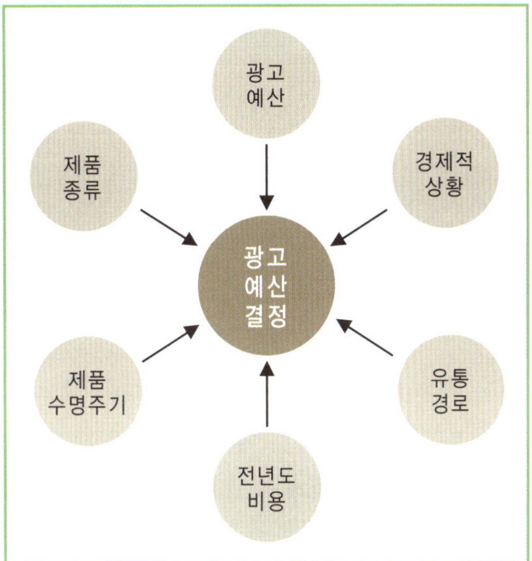

그림 13-4 광고예산에 영향을 미치는 요인들

③ **경제적 상황**(economic conditions) : 대부분의 기업들은 경제가 불안전할 때 예산을 광고에서 판매촉진으로 전환하거나 이들 예산을 줄이기도 한다. 고려해야할 또 다른 경제적 요인으로는 인플레이션을 들 수 있는데, 이는 비용을 상승시킬 수 있는 요인이다.

④ **제품수명주기 단계**(stage in the product's life cycle) : 빠르게 쇠퇴하는 제품을 제외하고 대부분의 제품은 제품수명주기를 통과하며, 제품수명주기는 마케팅믹스의 모든 측면과 관련된 마케팅 의사결정을 포함한다. 광고비 지출은 보통 제품수명주기상의 도입기와 성장기 때 가장 높으며, 쇠퇴기에서는 가격 소구가 더 많이 이용되며 광고지출비용은 감소한다(〈표13-1〉 참조).

CHAPTER 13

표 13-1 광고예산 할당 주요 결정요소 : 외부

제품수명주기 단계	광 고 예 산	
	광고비 증가	판매촉진비 증가
도입기	○	×
성장기	○	△
성숙기	△	○
쇠퇴기	×	○

⑤ **유통경로**(channels of distribution) : 광고예산의 규모는 유통경로의 길이에 의존한다. 만약 경로가 여러 중간상을 포함하고 있다면, 생산자는 좀 더 공격적으로 촉진활동을 수행해야 하며(편의품). 전속적인 유통경로정책을 수행하는 경우에는 소매상이 제품을 판매하는 자신들의 전속적인 권리를 상실하고 싶지 않기 때문에 생산자는 더욱 더 많은 지원을 기대할 수 있다(전문품과 선매품).

⑥ **전년도의 광고지출비용**(previous expenditures) : 대다수 기업들은 전년도에 광고지출비용이 어느 정도였는가 하는 측면에서 자신들의 광고예산을 고려한다.

(2) 광고예산을 결정하는 방법

마케팅 담당자가 이용할 수 있는 광고예산을 결정하는 방법에는 다음과 같은 보편적인 방법들을 들 수 있다.

① **가용할당법**(arbitrary allocation) : 판매촉진활동을 하는 대부분의 조직들로는 소규모의 비제조기업들을 들 수 있다. 이들 기업들은 보통 우리가 토의하는 유형의 촉진예산을 보유하고 있지는 않지만 그들은 광고와 판매예산을 보유하려는 경향이 있다. 이들 예산들은 흔히 마케팅 관리자와 광고 내지 점포 관리자의 판단과 경험에 그 토대를 두고 있다. 간혹 기업의 경제적, 시간적 여유가 관리자의 광고예산 결정에 있어 하나의 기준이 될 수도 있을 것이다. 그러나 가용 할당법이 사용되는 경우 촉진수단의 효과를 측정하는 것은 매우 어려운 일이다.

② **매출액 비율법**(percentage of sales) : 매출액 비율법은 촉진예산을 결정하는데 가장 많이 사용되는 방법이다. 제품 관리자가 당기의 총매출액과 단위매출액을 계획하고 난 다음 전기보다 광고예산을 많이 할 것인가 아니면 더 적게 할 것인가를 결정하여 촉진예산을 할당하는 방법이다.

매출액 비율법이 예산결정방법으로 많이 사용되는 이유에 대해서 설명하면 다음과 같다.

첫째, 과거의 매출액에 비해 매출액 예상치가 증가할 때에는 촉진예산이 증가하고, 매출이 감소할 때에는 촉진예산이 감소하므로 광고예산의 융통성을 가져올 수 있다.

둘째, 과거의 광고예산과 예산매출액의 일정비율을 촉진예산으로 반영하기 때문에 실무 면에서 사용이 용이하다. 즉, 광고예산은 보통 예상치 고정 매출액의 비율로 결정되기 때문에 기업의 광고 관리자 입장에서는 예산 결정이 용이하다.

셋째, 특정 산업내에서 모든 기업이 이 방법을 사용하면 그 특정산업에 적용되는 판매예측치나 과거의 판매액을 이용하여 촉진예산을 결정할 수 있으므로 각 기업은 자사의 시장점유율에 비례해서 결정하게 되어 지나친 촉진결정을 방지할 수 있다.

그러나 이 방법은 시장상황에 대하여 촉진기회를 획득하기보다는 판매가 촉진의 원인이라는 가정 하에 촉진예산을 결정하기 때문에 촉진에 의한 이윤획득에 어느 정도 문제가 있다. 또한 선정된 비율이 현재의 상황을 반영하지 않고 과거의 자료에 근거하게 됨으로써 매년 매출액의 변화에 따라 촉진예산이 변경될 수 있음으로 장기적인 계획수립이 어렵다는 문제점이 있다.

③ **경쟁사 기준법**(competitive parity) : 일부 기업들은 자신들의 경쟁사와 동일한 수준에서 광고비를 지출하고자 한다. 이 방법은 모든 경쟁자들이 유사한 마케팅 상황과 기업의 촉진목표를 공유하고 있다고 가정하고 경쟁자의 촉진예산과 비교하여 촉진예산을 결정하는 방법이다. 즉, 특정 산업내 각 기업의 촉진예산은 경쟁자를 모방하여 동일한 전략을 사용할 수 있다는 점이다.

대부분의 기업들은 경쟁사의 광고예산을 고려해야 하지만 이들은 전반적인 광고예산 결정요소라기보다는 특정촉진요인에 대한 지출수준을 결정하는 지침으로써 이용된다. 그 이유는 경쟁자의 촉진지출비용에 관한 정확한 자료부족을 들 수 있다.

④ **목표과업법**(objective and task) : 이 방법은 예산수준을 결정하는 방법 중 가장 논리적인 방법이다. 이 방법에 의하면 광고의 목표를 분명히 밝히고, 이 목표를 달성할 수 있다고 판단되는 작업을 구체적으로 판단한 뒤, 그 구체적인 작업들

을 수행하는 비용을 계산하여 합산함으로써 광고예산을 책정한다.

이러한 논리성에도 불구하고 이 방법은 충분한 용인을 받지 못하였는데 여기에는 두 가지 이유가 있다. 첫 번째는 촉진계획 수립에서의 초점을 신제품에 두기보다는 기존제품에 둔 결과 신제품 마케팅 담당자는 광고예산 할당결정에 대한 정보를 거의 확보할 수 없게 되었다. 두 번째 가능성은 광고예산 할당결정에 상급 관리층의 참여가 확대되었다는 것이다. 최근에 많은 마케팅 담당자들은 자신들의 계획수립 노력에 상급 관리자들의 제한 내지 간섭을 보고해 오고 있는 실정이다.

3 광고메시지의 개발

광고 캠페인을 관리하는 다음 단계로는 전달하고자 하는 최적 메시지의 개발을 들 수 있다. 일단 광고목표가 설정되고 예산이 결정되면, 마케팅 계획자는 캠페인의 창조적 전략을 개발하여야 한다. 이러한 활동의 대부분은 광고 대행사에 의해 수행되거나 기업의 광고 부서에 의해 조정된다. 메시지, 원고, 삽화의 창조는 실질적으로 소비자들이 매일 보는 TV 상업광고와 인쇄광고를 작성하거나 디자인하는 광고문안 작성자(copywriter)와 미술 감독(art director)에 의해 이루어진다.

만약 광고메시지가 성공하려면 광고메시지는 다음과 같은 4가지 과업내용을 담고 있어야 한다. 광고메시지는 먼저 주의(attention)를 끌어야 하고, 소비자들에게 관심(interest)을 가지게 한 다음 그들의 욕망(desire)을 자극하고, 마지막으로 행동(action)을 하게끔 유도하는 것이다. 이러한 과업을 AIDA개념이라 하며, 이는 광고가 설득과정을 통해 소비자를 끌어들이는 결과를 의미한다.

설득 광고

공공적인 메시지가 삽입되어 있는 상업 광고

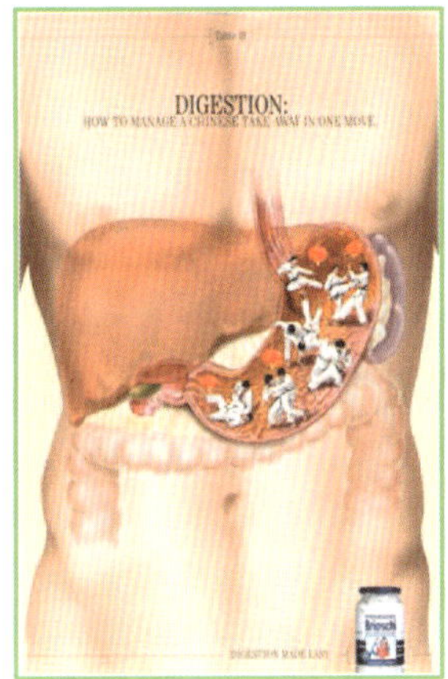

획기적인 아이디어 광고(약)

(1) 주의환기

주의환기 메시지 광고

매일 여러분은 잡지나 신문을 골라 펼쳐 보고, 라디오를 청취하며 TV를 시청하지만 여러분들 앞에서 전개되는 광고 속에서의 대부분의 메시지를 간과한다. 그 이유는? 광고 속에서의 메시지가 여러분들의 주의를 끌어당기지 못하기 때문이다. 주의를 환기시킬 수 있는 수단들로는 시사만화, 대형광고, 색상, 주요위치선정, 명사, 증언, 대담한 표제어, 유머, 특수효과, 음악, 등장 모델, 배경 등을 들 수 있다.

(2) 관심유지

일단 어느 한 기업이 광고를 하게 되면 광고에서 개인을 유인하는 동안 실제 제품과 서비스사이에는 일정한 관계가 형성된다. 만약 이러한 관계가 존재하지 않는다면, 개개인은 계속해서 앞으로 나아가기만 한다.

이외에도, 잡지와 신문에 적합한 광고배치 역시 조정이 가능하기 때문에 독자의 시각은 광고를 통해 자연스럽게 이동한다. 광고배치는 독자에게 질서 정연하게 보이게끔 Z, L, S자 형태로, 또는 이와 유사한 배치형태로 설계될 수 있다.

(3) 욕구자극

소비자의 건강에 대한 욕구자극 광고

욕구를 자극하기 위해서 광고주는 고객이 어떻게 생각하고 행동하며 그리고 의사결정을 하는지 파악하고 있어야 한다. 고객들로 하여금 구매를 하도록 하게 하거나 또는 광고 중인 제품이 고객들의 욕구를 충족시킬 수 있다는 사실을 납득시키거나 확신시키기 위해 이성, 감정, 경제적 관심사 등을 이용할 수 있다.

감정적 필요는 욕구를 자극하는 강력한 동인이다. 예를 들면, C&B 광고 대행사의 사장인 Malcolm MacDougall은 "우리가 생각하는 제품과 일반 소비자들의 삶과 관련하여 이야기하고자 하는 이들을 우리는 원한다."라고 이야기 한다. 보통 표어는 느낌(Maxwell House), 촉감(Cannon Mills) 그리고 공유(Hershey)에 관해서 이야기 한다. 광고는 소프트 판매방식이 지배적이며, 제품에서 인지되는 감정적 편익은 제품의 기능적 편익을 무시하는 경향이 있다.

(4) 행동유도

기업에 안심을 강조시키는 광고

대부분의 광고는 즉각적인 행동을 자극하고자 시도한다. 즉, 신문을 투입하면서 여러 패스트푸드 체인점에서 발행하는 쿠폰을 제공하는데 이들 쿠폰은 보통 기한이 제한되어 있는 경우에 즉각적인 행동을 자극한다. 예를 들면, Ford사는 진열실에 기업의 중역간부나 전문가들을 끌어들이기 위해 직접우편광고를 이용한다. Ford는 VIP 촉진활동의 일환으로 하루 온 종일 테스트를 위해 Thunderbirds를 빌려서 14,000명 이상의 고객들을 드라이브시킨 결과 Ford의 Thunderbirds 판매고는 20% 증가하였다.

4 광고메시지의 설계

광고목표와 예산이 결정되면 소비자에게 소구해야할 가장 효과적인 광고메시지를 설계해야 한다. 성공적인 메시지 설계는 거부감을 주지 않는 독특하고 창의력이 있어야 한다. 메시지 설계는 광고관리자와 표적집단에게 전달하고자 하는 광고문안과 이를 표현하는 집행스타일의 두 가지 요소를 결정해야 한다.

(1) 광고문안 결정

광고문안(advertising copy)은 표적고객에게 전달하고자 하는 메시지를 정확하게 표현하기 위하여 동기 부여적 주장이 들어 있는 설명문이다.

광고문안은 다음과 같은 세 가지 유형이 있다.

① **제품의 물리적 속성을 설명하는 광고문안** : 현대자동차의 베라크루즈는 차체의 견고성 및 안전성이 경쟁차종 보다 우월하다는 것을 설명하여 물리적 속성을 강조하고 있다.

② **제품의 기능적 효익을 설명하는 광고문안** : 부광약품의 인디프라그 치약을 사용하면 프라그를 제거해 충치를 예방한다는 내용의 광고문안은 기능적 효익을 강조하는 예이다.

표적고객에게 전달하고자 하는 광고메시지

③ **제품사용자의 유형을 제시하여 제품을 개성화 시기는 광고문안** : 여성용 가국 의류·모피코트나 여성전용카드 광고에 여성모델을 등장시켜 제품 사용자의 개성화를 시도한 광고가 그 하나의 예이다.

(2) 메시지집행스타일 결정

효과적인 광고메시지는 광고문안과 메시지 집행 스타일에 의해서 영향을 받는다. 메시지 집행 스타일은 광고 관리자의 아이디어인 광고문안을 표적고객에게 효과적으로 소구할 수 있는 표현양식을 의미한다. 따라서 메시지집행스타일은 표적시장에서 제품에 대한 관심과 흥미를 소비자들에게 유발시키고, 나아가 소비자들에게 포지셔닝할 수 있도록 마케팅 담당자는 표현하고 전달하고자 하는 가장 효과적인 메시지 방법을 결정하여야 한다. 메시지 집행 스타일의 예를 들면 다음과 같다.

구체적인 수치를 제시하여 소비자에게 소구하는 광고

① **일상생활의 단편(slice of life)** : 일상적인 생활에서 흔히 나타날 수 있는 여러 가지 상황 속에서 특정 제품의 사용 장면을 보여주어 표적고객의 관심과 흥미를 유발시키는 것이다.

② **라이프스타일(life style)** : 제품이 소비자의 어떤 특정 라이프스타일에 가장 잘 부합되는가를 강조하는 것이다.

③ **환상(fantasy)** : 여성의류나 화장품 광고에 많이 사용되고 있는 메시지 집행 방법으로써 제품 자체, 혹은 용도나 사용에 대하여 표적고객의 환상을 조성하는 것이다.

④ **무드(mood)** : 박카스 광고나 맥심 커피광고 와 같이 제품에 대해 미, 사랑, 여유 등과 같은 분위기나 이미지를 불러일으키는 것이다. 이 메시지 집행 스타일의 특징은 제품 권고 이외에는 아무런 주장이나 동기 부여도 하지 않는다.

⑤ **음악** : 유명한 사람들이나 만화주인공들로 하여금 제품에 관련된 노래를 부르게 하여 노래와 제품과의 연상관계를 유발시키기 위한 것이다.

유명 체육인을 이용한 광고

⑥ **상징적 인물** : 제품과 이미지가 비슷하거나 전달하고자 하는 메시지가 유사한 상징성 있는 인물들을 창조하는 것으로서 이때의 인물은 가공의 인물일 수도 있고 실제의 인물일 수도 있다.

⑦ **전문성** : 전문적으로 컴퓨터만 생산하는 회사는 컴퓨터만 만드는 컴퓨터 전문회사라는 것을 강조하는 광고나 광동 우황청심환 광고처럼 제품을 만드는데 자사의 전문성과 경력을 강조하는 것이다.

⑧ **과학적 증거** : 조사 또는 과학적 증거를 동원하여 자사제품이 타사제품보다 우월

하다는 것을 객관적으로 제시함으로써 소비자들에게 제품의 필요성을 지각시키는 것이다. 유산균 발효유나 의약품 같은 제품 광고에 많이 등장한다.

⑨ **유머(humor)** : 현대 감각에 맞는 유머는 젊은이들 사이에서 인기가 높아 광고메시지에 대한 주의를 끌기 위해 이용되는 경우가 많다.

쿠키로 만들었으니 한입에 쏙---- 가장 짧은 시간에 자신을 다른 사람에게 각인 시켜줄 수 있는 수단이 명함의 재발견이랄 수 있는 기발한 명함디자인

그림 13-5 **파키스탄 빵집 명합광고**

⑩ **증언** : 사회적인 명성이 높거나 신뢰성 그리고 각 분야의 전문적인 지식을 가진 사람을 이용하여 제품의 성능이나 효익에 관해 증언하게 하는 방법이다.

5 광고 매체선정

광고에서 매체는 제품에 대한 수요를 자극하기 위해서 이용되는 수단을 말한다. 이들 매체에는 표적시장에 광고메시지를 노출시키기 위해 이용되는 TV, 신문, 라디오, 잡지, 직접우편, 옥외광고, 인터넷광고(웹사이트) 등을 들 수 있다.

최근에 피처폰(feature phone), 스마트폰 등과 같은 모바일폰, 넷북, 태블릿 PC등이 확산과 함께 장소에 관계없이 자유롭게 네트워크에 접속할 수 있는 무선인터넷 콘텐츠시장에 개방형 구조로 변화해 가고 있다. 이에 따라 모바일 광고시장에도 이동통신사뿐만 아니라 플랫폼업체, 포털업체 등 다양한 사업자들이 광고를 통한 수익 기반을 구축하고 있어 모마일 광고 활성화 기반이 조성되고 있다.

자사제품에 대한 신뢰성을 강조한 금융 광고

소비자 입장에서 모바일광고는 개인정보와 위치정보 등 실시간 정보에 근거한 개인화 된 맞춤 정보를 제공해 주고, 광고 상품에 대한 할인 쿠폰이나 광고 노출 대가로 제공되는 보상 등의 경제적인 혜택을 누릴 수 있는 장점이 있다. 그러나 모바일 광고를 위해 개인정보가 수집되고 이용되는 과정에서 부당하게 사용되는 소비자 피해를 야기할 수 있다. 더욱이 스마트폰에서 애플리케이션(application)을 기반으로 한 광고의 경우 이와 관련된 제도적 장치가 마련되어 있지 않아 무방비 상태로 무분별한 광고에 노출될 가능성이 높은 실정이다. 향후 기업의 마케팅 활동에서 고려해야 할 전략적 목표도 웹사이트 서비스를 소비자의 욕구가 발생하는 시점과 장소에 따라 도달할 적절한 모바일 수단을 확보하는데 맞추어야 할 것이다.

마케팅 계획자는 매체계획(media plan)을 개발해야 하는데 이는 촉진활동에 사용하고자 하는 매체, 등장하는 광고시간계획을 포함하며, 성공적인 촉진활동을 이끌어내는 중요한 요소이다. 매체계획을 개발하면서 마케팅 담당자는 광고해야 하는 제품의 유형, 표적시장의 특성, 다양한 매체의 특성 그리고 특정신문, 라디오 방송국, 잡지 등의 특성(규모, 오디언스, 비용)을 고려해야 한다.

예를 들면, 한국화장품이 여성용 기초 화장품을 위해 매체계획을 개발하고자 한다면, 제품사용이 실연(demonstration)될 수 있는가? 제품에 대한 표적시장이 연령에 관계없이 거의 모든 여성 사용자를 포함하는 대량시장인가? 제품이 특히 TV 광고와 여성잡지 광고에 적합한가? 아니면 기타 다른 매체에도 광고 게재가 가능한가를 고려해야 할 것이다.

여기서부터 Bridgeport를 볼 수 있습니다. 5번 출구, 25번 도로로

그림 13-6 BMW 옥외광고

〈표 13-2〉는 광고매체의 유형과 이들 매체수단의 특성 및 장·단점을 정리한 것이다.

표 13-2 광고매체의 특성

유 형	장 점	단 점
신문	• 비용이 비교적 저렴함 • 독자층이 광범위하고 파악이 가능 • 다량의 정보 제공 • 신속성과 신뢰성	• 짧은 수명주기 • 다른 광고물과 혼합되어 독자들의 혼란 가중: 혼잡 가능성
TV	• 빠른 전달력 • 빈도: 주의력이 강함 • 문안제작 융통성 • 소구력이 강하다	• 고비용 • 시간이 짧아 정확한 메시지 전달의 어려움 • 광고 변경이 곤란함 • 제작시 많은 소요 시간
라디오	• 비용이 저렴함 • 광고 변경이 용이함 • 지역적 융통성 발휘 가능 • 시간적·공간적 장애의 극복 가능	• 짧은 메시지 수명 • 대상이 매우 제한적임 • 청각적 메시지 전달이 가능 • 문안제작 융통성이 낮음
잡지	• 특정 고객층에게 접근 가능 • 상대적으로 긴 광고 수명 • 시각적 효과 뚜렷 • 전문잡지의 경우 신뢰성이 높음	• 특별 고객층에 한 함 • 주의력이 약함 • 즉시 광고가 불가능 • 일부 부수의 낭비 초래
직접우편	• 광고비의 낭비를 줄일 수 있다 • 매우 선택적임 • 광고효과의 측정이 가능	• 많은 비용과 시간이 소요됨 • 고객의 정보 입수의 어려움 • 소비자들에게 신뢰성 추락
옥외광고	• 반복 노출, 낮은 비용 • 지역적 선별성	• 도달범위와 빈도의 불투명 • 간략한 메시지 • 광고 효이 측정이 매우 어려움
인터넷광고	• 도달범위가 넓다 • 빠르게 성장하는 매체 • 중간 정도의 비용	• 제한된 층의 소비자만 접근 가능 • 광고효과 측정이 매우 어려움 • 클릭에 의해서만 노출 가능

매체 수단들은 의도한 도달범위(reach) — 잠재적 시청자와 독자 수 — 와 빈도(frequency) — 사람이 메시지에 노출되는 평균횟수 — 를 제공한다. 이외에도 매체계획자는 이러한 매체 수단들의 비용 효율성(the cost effectiveness)을 고려해야만 한다. 이러한 정보는 접촉비용을 산출하기 위해 필요한 자료를 독자, 시청자, 청취자에게 제공하는 Standard Rata와 Data Service 기타 유사한 서비스로부터 얻을 수 있다. 이들 대부분의 정보는 복잡한 프로그램이 초기 매체믹스 선정을 하거나 분석을 하는 컴퓨터에 저장된다.

소비자의 생활 속에 가장 가까이 접해있는 접점에서의 광고인 옥외광고의 장점을 살려, 2011년 선능역사에 오픈한 세계최초 홈플러스 가상스토아

그림 13-7 Home Plus Virtual Store

6 광고시기 결정

마케팅 관리자는 광고매체가 결정되면 광고시기를 결정하여야 한다. 광고 일정은 매체계획수립의 최정점을 말하며, 이는 개별매체수단에 게재되는 광고의 수, 규모 또는 길이 그리고 광고회수 등을 반영한다. 모든 광고주들은 상이한 목표를 가지고 있기 때문에 그들이 원하는 이상적인 시기 또는 계획은 불가능하다. 그러나 광고 일정은 일정한 패턴을 따르며 그리고 일반적으로 계절이나 예상되는 경제적 발전을 전후해 전개된다.

① **지속형**(continuity style) : 광고 기간 중 특정 제품을 지속적으로 광고하는 것을 말한다. TV광고나 라디오광고가 여기에 해당되며, 반복광고를 함으로써 소비자들에게 제품을 포지셔닝시켜 구매의사결정 과정에서의 잠재의식을 표출시킬 목적으로 사용된다.

② **주기형**(periodic style) : 일정한 간격을 두고 주기적으로 광고하는 것을 말한다. 일반적으로 이미 소비자들이 인지하고 제품에 대해 소비자들에게 다시 한 번 그 제품을 환기시키기 위해 사용된다.

③ **계절형**(season style) : 에어컨, 난로, 스키용품, 바캉스용품 등과 같이 제품의 수용양이 계절에 따라 변화하는 경우 해당 계절에 집중적으로 광고하는 유형이다.

④ **판촉촉진형**(sales promotion) : 특정제품의 판매촉진을 지원하기 위해 판매촉진과 동시에 광고를 한다. 대부분 판매촉진은 소매상이 담당하고 제품에 대한 대대적인 광고는 제조업자가 한다.

⑤ **초기집중형**(earliness concentration style) : 일반적으로 신제품을 개발하여 시판할 때나 판매시즌이 시작할 때 사용된다. 피서용품 광고는 주로 날씨가 더워지면 시작하게 되고, 스키장 광고나 난방용품 광고는 겨울에 시도된다. 그러나 최근 소비자의 소득 수준이 높아지면서 각 가정의 에어컨 구입이 일반화되고 있는 시점에서 에어컨 광고는 연중 실시되는데 이는 수요발생을 연중 고르게 발생시켜 생산 활동의 중단을 최소화하고 유휴시설의 증가로 인한 자원의 낭비를 줄이는데 그 목적이 있다.

7 광고효과의 평가

광고주의 최종목표는 고객 판매증가로 표현되는 광고의 직접적인 효과를 측정하는 것이다. 그러나 판매효과만을 촉진하는 것이 최적의 광고효과 측정방법은 아니며 측정방법으로써 판매효과만을 사용하는 것은 매우 부적절하다. 그 이유는 근본적으로 이전의 촉진활동으로 남아있는 촉진효과 또는 촉진믹스의 다른 요인들의 효과에서 단일광고 내지 캠페인의 효과를 분리하는 것이 매우 어렵다는 것이다. 따라서 광고 캠페인의 평가는 광고목표의 달성; 최적광고, 도해, 광고배치를 결정하기 위한 광고의 비교; 매체의 장·단점을 파악하기 위한 매체와 매체계획의 비교와 같은 광고 내지 캠페인의 기타 다른 측면에 초점을 두어야 한다.

광고의 효과를 평가하기 위해 이용되는 테스트와 측정은 광고테스트라 불리는 마케팅 커뮤니케이션 노력의 일부이며, 이러한 마케팅 커뮤니케이션 노력은 보통 사전테스트와 사후테스트로 분리된다.

(1) 사전테스트

광고 캠페인보다 우선해서 이루어지는 테스트를 사전테스트(pretesting)라 하며, 최적 광고소구, 광고매체 등을 선정하고 가능한 한 오류를 제거하거나 제한하는데 그 목적을 두고 있다. 광고 조사자에게 유용한 사전테스트가 많이 있는데 이들을 살펴보면 다음과 같다.

① **초점집단면접**(focus-group interview) : 이 방법은 잠재적 소비자 집단과 집단리더로 구성되며, 잠재적 소비자 집단에게 평가대상인 여러 광고물들을 보여 준 후 이들 개별 광고물에 대한 반응을 묻는 것이다. 예를 들면, 제일모직은 어떤 유형

의 광고 캠페인이 자사의 남성의류 신제품에 적합한지를 파악하기 위해 초점집단기법을 이용하였다. 특히 제일모직은 특정 세분시장을 유인하는데 필요한 광고소구에 관심을 가지고 있었다.

② **포트폴리오 테스트(portfolio test)** : 잡지 인쇄물 광고에 독점적으로 사용되며, 이 방법은 각 응답자에게 여러 가지 광고물을 보여주고 면담자가 가능한 한 광고에 대해 얼마나 많은 내용을 기억하는가를 응답자에게 질문을 하는 것이다. 그리고 질문이 끝나면 회상점수(recall score)가 산출되는데 이는 보통 광고되었던 제품을 기억하는 응답자의 비율로 표시된다. 이러한 회상점수로부터 광고 조사자는 광고가 어느 정도 명확하게 기억되며 광고메시지는 또한 어느 정도나 이해되고 기억되는가를 파악할 수 있다.

③ **생리적 테스트(physiological testing)** : 실험테스트는 특정광고 매체에 대한 소비자의 무의식적인 반응을 측정하기 위해서 설계된 방법을 말하며, 반응결과가 결코 왜곡되지 않기 때문에 많은 광고주들에게 호소력을 가지고 있다. 그러나 이 방법은 많은 비용이 소요된다는 단점이 있다. 광고물에 대한 심리반응은 광고를 읽거나 보는 동안 사람의 맥박, 혈압, 안구 움직임, 긴장감 등을 통해서 측정할 수 있다. 이 방법의 목적은 신념이나 태도 또는 의도가 아니라 광고가 어느 정도 주의를 끌 수 있느냐를 측정하는데 있다.

(2) 사후 테스트

사후 테스트(post testing)는 광고 내지 캠페인이 매체에 게재된 이후에 수행된다. 여기에는 여러 형태의 테스트가 있지만, 가장 많이 쓰이는 인식테스트와 회상 테스트에 대해 살펴보면 다음과 같다.

① **인식 테스트(recognition test)** : 가장 일반적으로 사용되는 인식 테스트가 the Starch Readership Survey이다. 수많은 신문이나 잡지는 테스트되는 광고의 구독률을 평가하기 위해 이러한 서비스를 이용한다. Starch조직의 광고연구 조사자들은 표본 응답자를 면접하여 응답자들이 구독하였다는 간행물에 게재된 광고에 관해서 질문을 한 결과 독자들은 다음과 같은 세 집단으로 분류할 수 있었다 : 광고에 주목한 독자층, 광고를 하나의 제품과 관련시킨 독자층, 광고의 일부 내지 전부를 읽는 독자층.

그리고 나서 총집단은 모든 독자의 비율로서 표현되었다. Starch 구독점수는 컴퓨터 인쇄출력과 개별광고 매체의 구독점수를 가리키는 특수표찰이 부착된 잡지의 원고형태로 광고주에게 보고된다.

② **회상테스트(recall test)** : 이 테스트는 응답자에게 광고를 보여주지 않는다는 점에서 인식테스트와 다르다. 대신 응답자들에게 읽었거나 보았던 광고를 기억하는지 질문을 하는 방법이다. 회상테스트는 보조를 받거나 받지 않을 수도 있는데 예를 들면, 보조회상(aided recall)에서 면담자는 "여러분은 최근에 입체음향에 대한 광고를 회상할 수 있습니까?"라는 질문을 할 수 있다. 물론 응답자들의 기억력을 슬쩍 자극하기 위해 어떤 광고를 보여주기도 한다. 이와는 반대로, 비보조회상(unaided recall)에서 면담자는 응답자에게 광고메시지를 보고나 듣거나 한 것을 떠올려 주지 않고 바로 질문을 한다. 비보조회상은 그 결과가 보통 애매모호하고 광고 캠페인이 대형광고가 아닌 한 광고주에게 도움이 되지 않기 때문에 자주 이용되지는 않는다. 그러나 이러한 단점에도 불구하고 회상 테스트는 광고가 인식되고 기억되는 정도를 측정하는데 매우 효과적이다.

요약정리

광고란 제공된 공간과 시간을 이용하는 유상의 비인적 형태의 커뮤니케이션을 말하는데 이는 한 나라의 경제성장과 자극에 중요한 역할을 수행한다. 그리고 흥미 있는 것은 이들의 지출비용이 기업과 산업에 따라 매우 다양하다는 것이다.

광고(advertising)는 비인적 대중매체(non-personal massmedia)를 활용하는 촉진수단이라는 점에서 사람과 사람 간에 형성되는 인적판매와 구분된다. 광고는 첫째, 짧은 시간에 많은 소비자들에게 기업이나 자사제품을 노출시킬 수 있어, 기업에 대한 이미지 상승이나 자사제품에 대한 인지도를 높일 수 있고, 둘째는 반복이 가능하여 소비자들에게 기업명에 대한 포지셔닝이 가능하여 기업의 다른 제품의 판매촉진에도 많은 도움이 될 수 있으며, 일시에 투입된 비용은 높으나 결과적으로 고객 1인당 소요되는 비용은 저렴하다는 장점이 있다. 그러나 정해진 시간 내에 소비자들에게 기업이나 제품에 대해서 메시지나 정보를 전해야 하기 때문에 광고를 이용하여 이와 같은 것들을 전달하는 데에는 매우 제한적일 수밖에 없으며, 광고는 어느 정도 표준화되어 무차별적으로 제공되기 때문에 개개의 소비자들이 필요로 하는 개별적 및 차별적인 정보의 제공이 어렵다는 단점이 있다.

제품의 유·무형의 가치를 증가시키는 광고는 대부분 제품이나 서비스에 대한 소비자 내지 기업의 일차적 또는 선별적 수요를 자극하며 장기적인 마케팅 목표인 브랜드인식의 확립을 가능케 한다. 또한 광고는 잠재적 소비자에게 제품이나 서비스의 정보를 제공함과 동시에 경쟁적 이점을 제시해 주기도 한다. 마지막으로 광고는 제품의 위치를 확립시키는 기능과 인적판매활동을 지원하는 기능을 수행한다.

광고는 매우 많은 다양한 광고주들이 여러 상이한 유형의 오디언스에게 도달하고자 하기 때문에 복잡하지만, 일반적으로 브랜드, 소매, 직접반응, 거래, 기업, 공공서비스 광고로 분류할 수 있다.

광고계획 수립과정을 보면, 마케팅 관리자는 개별광고와 광고 캠페인에 적합한 특정 목표를 설정한 다음 광고의 목표, 제품종류, 경제적 상황, 제품수명주기단계, 유통경로, 전년도의 광고지출비용을 고려하여 광고예산을 결정한다. 이들 광고예산을 결정하는 방법에는 가용 할당법, 매출액 비율법, 경쟁사 기준법, 목표 과업법이 있다. 일단 광고목표가 설정되고 예산이 결정되면, 마케팅 계획자는 캠페인의 창조적 전략을 개발하여야 한다. 매체도달범위와 빈도, 매체의 특성과 장·단점을 고려하여 제품에 대한 수요를 자극하기 위해서 이용되는 매체를 선정하고 난 후 매체 계획자는 이들 개별 매체수단에 게재되는 광고의 수, 규모 내지 길이, 광고회수 등에 관한 시기를 결정해야 한다. 그리고 마지막으로 광고의 효과를 측정해야 하는데 이 경우 판매효과만을 측정할 것이 아니라 광고의 목표달성, 최적 광고, 도해, 광고배치를 결정하기 위한 광고의 비교, 매체의 장·단점을 파악하기 위한 매체와 매체계획의 비교와 같은 광고 내지 캠페인의 기타 다른 측면에도 초점을 두어야 한다.

용어해설

광고(advertising)

특정 광고주가 오디언스를 설득하거나 영향력을 행사하기 위해 매스 미디어를 이용하는 유상의 비인적 커뮤니케이션

선점적 광고(preemptive advertising)

경쟁적 이점을 갖고 있지 않는 유사 제품—경쟁과 무관한 제품—에 의해 주로 이용되는 경쟁적 접근방법인데 이는 누군가가 제품의 이미지나 위치를 주장하기 전에 먼저 이들의 경계를 구축하는 광고

소매광고(retail advertising)

소비자에게 직접 제품을 판매하는 지역상인에 의해 이용되는 광고형태

직접반응광고(direct-response advertising)

제 3자의 개입 없이 소비자에게서 반응을 직접 구하는 광고

거래광고(business-to-business advertising)

거래목적을 위해 제품을 지정하거나 구입하는 이들을 표적으로 하는 광고

기업광고(institutional or corporate advertising)

공급업자, 중간상 또는 고객에게 기업의 이미지를 전달하기 위해 이용되는 광고

DAGMAR(defining advertising goals for measures advertising results)

광고목표를 구체적으로 측정가능한 목표로 전환하는 방법

AIDA개념(attention, interest, desire, action)

광고가 설득과정(주의를 끌고 나서 관심을 가지게 한 다음 욕망을 자극하고 마지막으로 행동을 유도하게 하는 과정)을 통해 소비자를 끌어들이는 결과를 의미하는 개념

매체계획(media plan)

촉진활동에 사용하고자 하는 매체, 등장하는 광고시간계획 등을 포함하며 성공적인 촉진활동을 이끌어내기 위한 요소

도달범위(reach)

광고 캠페인이 도달하고자 하는 잠재적 시청자 내지 독자수

빈도(frequency)

광고에서 사람이 광고 캠페인의 메시지에 노출되는 평균횟수

단기 집중형 스케줄전략(blitz schedule strategy)

대부분의 광고 예산액을 하나의 광고 캠페인에 지출하는 형태의 광고 스케줄링 전략

규칙적 파동형 스케줄전략(pulsing schedule strategy)

광고수준의 강약을 규칙적으로 조절하는 형태의 광고 스케줄링전략

불규칙 파동형 스케줄전략(flighting schedule strategy)

단기 집중형 스케줄과 규칙적 파동형 스케줄을 제외한, 즉 광고수준의 강약을 불규칙적으로 조절하는 형태의 광고 스케줄링전략

광고 테스트(copytesting)

광고의 효과를 평가하기 위해 이용되는 테스트 내지 측정

사전 테스트(pretesting)

최적 광고소구, 광고, 매체 등을 선정하기 위해서 그리고 최종 단계의 캠페인에서 가능한 한 오류를 제거하거나 제한하기 위해서 마케팅 캠페인보다 우선해서 이루어지는 테스트 : 초점집단면접, 포트폴리오테스트, 생리적 테스트

사후 테스트(posttesting)

광고 캠페인 효과를 측정하기 위해 광고 매체 캠페인 이후에 수행되는 테스트 : 인식 테스트, 회상테스트

풀서비스 광고 대행사(full-service advertising agency)

시장조사, 매체계획수립, 포장 디자인, 고객관리 그리고 광고배치와 같은 광범위한 서비스를 제공하는 광고 대행사

토의문제

1. 하나의 조직에서 광고가 수행하는 역할에 대해서 토의하시오.

2. 기업과 산업의 유형에 따라 광고지출비용이 다양한데 그 이유를 설명하시오.

3. 제품의 가치를 유·무형으로 증가시키는 광고의 기능과 광고가 달성하고자 하는 목적을 들고 설명하시오.

4. 광고계획수립과정 모델을 제시한 다음 그 모델의 각 단계별 특성에 대해서 토의하시오.

5. 광고예산에 영향을 미치는 요인과 광고예산 결정방법을 들고 설명하시오.

6. 광고 중에서 유명인사와 이들의 증언을 토대로 하는 광고의 가치에 대해서 논하시오.

7. 주요 광고매체의 특성 및 장·단점을 비교 설명하시오.

8. 광고의 효과를 평가하는 중요성에 대해서 토의하시오.

9. 광고를 규제하는 목적과 광고규제방법에 대해서 설명하시오.

10. 광고목표의 설정기준으로서 매출목표와 커뮤니케이션 목표의 상대적 장·단점에 대하여 설명하시오.

참고문헌

1) 남기화·여정성. "소비자학연구", 한국소비자학회 제22권 제4호, 2011, p.1~2.
2) Philip Kotler and Gary Armstrong, *Principles of Marketing*, Prentice-Hall, Inc., N.J., 9th. ed., 2001, p.543.
3) See David Jacobson, "ART/ABP Panel Set to Choose Three Field Test Advertisers", *Business Week*, May 1989, p.30.
4) Jeffrey L. Seglin, "The New Era of Ad Measurement", *Adweek's arketing Week*, Jan. 23, 1989, pp.23~25.
5) Louis Kaufman, *Essentials of Advertising*(New York : Harcourt Brace Jovanovich, 1980), p.11.
6) William M. Kincaid, Jr., *Promotion*(Columbus, Ohio : Charles E. Merrill Co., 1981), pp.167~168.
7) David L. Hurwood, "How Companies Set Advertising Budgets", *The Conference Board Record*, March 1968, pp.34~41.
8) Meg Cox, "Ford Rushes Thunderbird With VIP Plan", *The Wall Street Journal*, October 17, 1977, p.37.
9) Jagdish A. Sheth, "Measurement of Advertising Effectiveness: Some Theoretical Considerations", *Journal of Advertising* 3, no. 1(1974), pp.6~11.
10) htt://blog.naver.com/barnaba37?Redirect=Log&logNo=50129008842

동산에 오르는 자의 마음을 얻고, 태산에 오르는 자가 천하를 얻으며, 내일을 생각하는 자는 매일 매일 공급하고, 10년 뒤를 계책하는 자는 마침내 성공을 얻는다.

\- 리더의 아침을 여는 책에서 -

Maketing

촉진전략 : 판매촉진, 인적판매, 홍보

CHAPTER

14

제1절 판매촉진

최근 들어 판매촉진은 촉진계획수립과정에서 점차 중요한 요인으로 그 위치를 잡아가고 있다. 비록 판매촉진이 광고, 인적판매, 홍보활동에 속하지 않는 다양한 활동이지만 판매촉진의 목적은 유통경로를 통한 제품흐름활동을 유지하는 것이다. 광고와 홍보 등과 독립적으로 시행되기보다는 동시에 실행하여 상호보완작용을 하도록 하는 것이 매우 효과적이다. 이러한 판매촉진의 목적은 판매원, 중간상, 소비자들을 자극하기 위해 여러 형태의 촉진수단을 제공함으로써 달성된다.

보통 제품의 성숙기 때 판매촉진비용은 광고비를 초과하거나 거의 동일한 수준에 이른다.

1 판매촉진의 역할

마케팅 담당자에게 유용한 촉진믹스의 한 요소인 판매촉진은 마케팅과 광고 측면에서의 역할을 나누어 설명할 수 있다.

(1) 촉진의 정의

촉진(promotion)이란 어원은 원래 라틴어 'Promovere'에서 유래된 것으로 '밀어 부치다, 앞으로 나아가다(push forward or move forward)'의 뜻이며, 시산이 어느 정도 지난 지금에 와서는 '설득'의 동의어로 까지 발전되었다. 초기 마케팅에서는 촉진이란 의미를 강제성이 강한 밀어붙인다는 원래의 의미 그대로 사용하였다. 그러나 마케팅이 발전하면서 처음에 촉진이란 단어가 지녔던 부정적인 의미가 많이 퇴색되고 기업의 입장에서는 기업의 경영활동에 꼭 필요한 마케팅 기법으로 변화하였다. 설득이란 어느 일방이 상대방의 생각과는 상관없이 본인이 처음 의도한 방향대로 상대방의 마음을 움직여 목적을 이루는 것이라 할 수 있다. 따라서 촉진과 설득은 유사한 의미를 지니고 있지만 엄밀하게 따지면 그 뜻의 차이는 분명이 존재한다.

이러한 촉진이라는 단어에 내포되어있는 부정적인 면을 대체하기 위해서 마케팅에서는 '마케팅 의사전달(marketing communication)'이라고 확장하여 표현하기도 한다.

사실, 촉진을 마케팅 의사전달이라고 표현하기에는 다소 무리일 수 있지만 촉진이나 설득은 자신 한 사람이 아닌 2인 이상이 존재했을 때 가능하기 때문에 상대방에게 자신의 의사를 전달한다는 넓은 의미로써의 의사전달이라 할 수 있다.

Alderson(1964)은 촉진이란 "기업이 소비자들에게 자사제품이나 서비스를 시장에서 적정한 가격에 구매하게 하거나 재구매 유도를 목적으로 제품이나 서비스의 효능에 대해서 현재 및 잠재고객을 대상으로 정보를 제공하거나 설득하는 마케팅 노력의 일체"라고 하였으며, 이와 같은 촉진은 오늘날에 와서는 마케팅 믹스의 요소 중 가장 핵심적인 역할을 하고 있다.

(2) 촉진활동

1) 정보전달

촉진활동은 광고, 인적판매 등 현재 및 잠재적 소비자들에게 자사제품의 정보제공이 주요한 목적이다. 특히 신제품출시가 예정되어있는 경우에는 잠재고객에게, 그리고 자사의 제품이 시장에서 초기진입단계에 속해있는 경우에는 현재 및 장래의 고객에게 자사제품에 대한 촉진활동을 적극적으로 전개하여 시장점유율 향상을 이루기 위해 노력한다. 대부분 기업의 촉진활동에 있어서 정보제공이 마케팅에 초점이 맞추어진 경우는 자사제품이 시장에서 초기진입단계인 도입기에 있을 때 많이 사용한다.

2) 설득

기업의 촉진활동은 소비자들이 자사제품에 대한 기존의 태도나 행동 등을 우호적으로 변화하게 하거나 현재의 태도나 행동 즉, 자사제품에 대한 이미지를 더욱더 강화시키기 위해서 행해지는 것이 보통이다. 일반적으로 설득은 기업이 소비자들을 상대로 자사의 제품에 대한 장점의 소개와 자사제품을 구매하였을 경우 얻어지는 이익과 편익 그리고 혜택에 대해서 적극적으로 설명하여 구매를 자극하는 촉진방법이다. 기업이 설득을 사용하여 촉진활동을 하는 경우는 대개 자사의 제품이 시장에서 어느 정도 인지도 있고 시장점유율 향상에 의한 수익증대를 이루고자 할 때 많이 사용되고 있는 촉진방법이다. 설득은 주로 자사제품이 시장에서 제품수명주기 상 성장기에 진입해 있는 경우에 많이 사용하는 촉진방법이다.

3) 회상

기업의 경우 회상에 의한 촉진은 자사제품에 대한 자신감, 안정적인 시장점유율유지와 경쟁자의 몰락, 소비자들의 우호적인 이미지 유지 등이 충족되었을 때 성공할 수 있다. 회상은 자사제품을 소비자들의 마음속에 늘 유지시키기 위하여 소비자들에게 소비합리화를 강조하며, 합리적인 소비는 곧 자사의 제품을 구매하여 사용했을 경우 발생한다는 사실을 인식시키기 위해 노력한다. 회상을 이용한 촉진방법은 소비자들이 자사제품에 대한 많은 장점들을 충분이 인식하고 있다는 가정 하에서 시작되며, 소비자들의 마음속에 간직되어 있는 자사제품에 대한 우호적인 인식을 되살리기 위한 촉진방법이다. 회상은 제품이 시장에서 높은 인지도와 확고한 시장점유율을 유지로 충분한 수익을 올리고 있는 경우, 즉 제품수명주기상 성숙기에 많이 사용하고 있는 촉진방법이다.

(3) 마케팅에서의 판매촉진의 역할

판매촉진은 마케팅 촉진믹스의 기타 다른 요인이 달성할 수 없는 독특한 커뮤니케이션 목표를 달성할 수 있다.

㉠ 소비자들로 하여금 신제품을 시용(trial)하게 한다.
㉡ 소비자들로 하여금 재구매하도록 설득함으로써 구매패턴을 확립한다.
㉢ 제품의 소비를 증가시킨다.
㉣ 가격에 민감한 소비자들의 구매를 유도한다.
㉤ 경쟁적 촉진을 강화시킨다.
㉥ 자사제품 판매를 증가시킨다.

이와는 반대로 판매촉진이 달성할 수 없는 목표는 다음과 같다.

㉠ 브랜드충성도를 구축할 수 없다.
㉡ 감소하는 판매추세를 반전시킬 수 없다.
㉢ 하위의 제품거절을 수용으로 전환시키기는 매우 어렵다.

판매촉진은 광고, 인적판매, 홍보와 함께 기업의 전략적 마케팅 계획수립단계에서 결합되어야 한다. 이것은 판매촉진 목표를 설정하고 난 다음에 그에 맞는 적당한 전략을 설정하고 판매촉진에 독립된 예산이 지급되어 그리고 최종적으로 판매촉진성과를 평가하는 관리활동이 수행되는 것을 의미한다.

이러한 기업의 전략적 마케팅 계획수립단계의 구성요인들이 모두 중요한 요인들임에 틀림없지만 특히 촉진목표설정이 중요하다. 판매촉진은 다음과 같은 세 가지의 광범위한 목표를 내포하고 있다.

㉠ 개별 사용자 내지 최종 소비자의 수요를 자극한다.
㉡ 중간상의 마케팅 성과를 개선한다.
㉢ 광고, 인적판매 그리고 홍보활동을 보충하고 조정한다.

판매촉진목표가 구체적일수록 광고목표와 거의 유사해진다. 예를 들면, 현재의 고객들의 충성도를 높이기 위하여 대한항공은 북미지역의 델타항공, 유럽지역의 에어프랑스, 중남미지역의 아에로, 멕시코 등 4개 항공사는 글로벌 제휴를 맺고, 이들 4개 항공사는 "스카이팀"이란 브랜드명으로 고객을 대상으로 마일리지 서비스 공동 누적·이용, 항공라인지 공동이용, 단일 탑승절차, 원스톱서비스 제공 등 서비스 상품을 제공한다. 한글과 영어, 프랑스어, 스페인어 등 회원 항공사의 4개 언어를 제공하는 공동 인터넷 사이트(skyteam.com)를 개설해 취항 도시와 상품, 서비스에 대한 정보를 제공하면서 인터넷을 통한 예약과 발권서비스를 제공하고 있다.

제조업자들은 대리점으로부터 더욱 더 많은 협동을 이끌어내기 위해서 본사에서 대리점 관리자들에게 단기간의 교육훈련, 판매방법 그리고 접대방법 등을 지도한다. 따라서 판매촉진은 대부분의 마케팅 담당자가 수립하는 전략에서 매우 중요한 역할을 수행하며, 이는 광고처럼 모든 이들을 표적으로 하지는 않지만 신중하게 관리되는 경우에는 그 효과가 매우 크다.

(4) 광고에서의 판매촉진의 역할

광고와 판매촉진의 차이점과 유사점은 과연 무엇인가 ? 다음은 이들 두 촉진수단의 주요 차이점들이다.

더 즐겁고 더 편리한 디지털 서브웨이 생활! 주변지도, 맛집, 영화관, 버스정류장, 출구정보 등 인터넷 전화에 티켓예매, 쿠폰, 날씨, 뉴스 등 실시간 서비스까지 : 꼭 필요한 정보를 한 눈에! 한 번에!

그림 14-1 digital view

① 차이점

㉠ 광고

- 제품이나 기업의 이미지 창출에 관심을 두며 많은 시간이 소요된다.
- 주로 감성적 소구에 의존한다.
- 제품이나 서비스에 무형의 가치를 부가시키는 경향이 있다.
- 수익성에 적당한 공헌을 한다.
- 현재의 고객과 잠재고객에게 장기적으로 제품을 포지셔닝 시킬 수 있다.

㉡ 판매촉진

- 즉각적인 행동 즉, 판매 창출에 관심을 둔다.
- 주로 이성적인 소구에 의존한다.
- 제품이나 서비스에 가시적 내지 유형의 가치를 부가시키는 경향이 있다.
- 수익성에 큰 공헌을 한다.

② **유사점** : 그러나 이러한 차이점에도 불구하고 두 촉진수단은 많은 유사점을 가지고 있다. 판매촉진 전문가인 Leonard Lodish에 의하면 광고와 판매촉진은 다음과 같은 역할을 공유한다는 것이다 : ① 고객의 수를 증가시키고, ② 현재의 고

객에 의한 제품사용을 증대시키며, ③ 제품이나 기업에 대한 오디언스의 지각을 전환시키고 또한 사람들로 하여금 무언가를 하도록 유도한다는 것이다. 물론 이러한 공유역할을 수행하기 위해 이용되는 기법들은 서로 다르다.

㉠ 광고와 판매촉진이 공조를 잘 이루는 부분이 신제품과 이와 관련된 서비스의 도입부분이다.

Jin Sung 브랜드의 새로운 제품을 도입한다고 가정하자. 이 경우 우리가 해결해야 할 최초의 문제는 이러한 신제품에 대한 인식을 창출하는 것인데 이때 사용되는 촉진수단으로는 광고를 들 수 있다. 그러나 광고는 간혹 광고와 브랜드명에 주의를 환기시키는 적절한 판매수단과 결합되어야 한다. 이 예로는 다채로운 구매시점진열, 도입기 때의 가격인하, 특별선물코너 등을 들 수 있다.

㉡ 신제품에 대한 소비자의 인식을 창출하는 것은 곧 소비자가 제품을 필요로 한다는 것을 의미한다.

Jin Sung 신 브랜드 제품은 경쟁사 제품과 비교해서 소비자가 제품을 구매하는데 제품에 대한 확신을 줄 수 있는 명확한 편익을 제공하고 있다고 인식되어야 한다. 광고는 정보전달과 전이활동을 통해 이러한 소비자의 지각(perception)을 촉진시키는 반면 판매촉진은 광고의 일부로서 쿠폰을 제공하거나 가정에 Jin Sung 무료샘플을 우송하거나 그리고 5월 셋째 휴일에 제품도입과 관련해서 콘테스트(contest)를 수행함으로써 메시지를 강화한다. 이러한 pull strategy가 성공적으로 이행된다면 소비자들은 Jin Sung 제품의 가치에 대한 확신을 가지게 되며, Jin Sung 제품을 구입하기 위해 슈퍼마켓을 찾아 저장되어 있는 제품을 요구한다. 즉 소비자들은 유통경로를 통해 제품을 구매한다는 것이다.

㉢ 불행하게도 인지와 욕구창출은 소비자가 당연히 있을 것이라 생각하는 매장에 제품이 존재하지 않으면 그 의미가 없다.

이 경우 재판매업자는 push promotion strategy를 이용할 수 있는데, 이는 유통경로 구성원이 Jin Sung 신브랜드 제품을 보유하고 판매한다는 것을 의미한다. 글자 그대로 유통경로를 통해 제품을 push한다는 뜻으로 이는 거래광고(trade advertising)와 거래 판매촉진(trade sales pomition) 수단에 의해 이루어진다. 도매상과 소매상을 표적으로 하는 거래광고는 재판매업자에게 중요한 정보를 제공하는데 효과적이라 할 수 있으며, 가격할인, 구매시점진열 그리고 광고공제와 같은 거래판매촉진은 진열공간을 확보하는데 도움을 준다.

초기 구매 이후 고객이 제품을 재구매하고 소매상들이 Jin Sung 신브랜드 제품에 좀 더 많은 진열공간을 할당하기를 기업의 마케팅 담당자는 원하는데 이는 광고활동이 고객들로 하여금 제품에 대한 긍정적인 경험을 상기시키며, 판매촉진은 쿠폰, 리베이트 그리고 기타 보상으로 고객들의 제품 충성도를 강화하는 역할을 한다는 것을 의미한다.

판매촉진은 단순히 광고활동을 대체하는 촉진믹스 요인은 결코 아니다. 소비자로 하여금 제품을 인식하게 하고 흥미를 불러일으키는 활동이 광고라면 판매촉진은 고객으로 하여금 구매시점에서 최종적인 구매행동을 하게끔 유도하는 수단이라고 할 수 있다. 이들 두 촉진믹스 요인전략은 단독으로 수행될 때보다는 함께 혼합해서 사용될 때 보다 더 큰 효과를 창출할 수 있다.

2 판매촉진의 목적

판매촉진은 다음과 같은 세 가지의 일반적인 목적을 가지고 있다.

① 판매원과 판매원의 머천다이징(merchandising) 노력을 지원한다.
② 제품판매과정에서 중간상의 적극적인 지원을 확보한다.
③ 소비자에게 특정제품을 집중적으로 보다 많이 판매한다.

성공적인 판매촉진 프로그램을 유지하기 위해서는 다음과 같은 3개의 측면에서 운영되어야 한다. 유통 측면에서 중간상들은 제품공제, 시사회 내지 전시회, 무료샘플, 협동광고, 중간상 판매 경연, 가시적인 제품원조 등을 제공하여야 한다. 한편 소비자는 쿠폰, 샘플, 프리미엄, 리베이트, 거래 스탬프, 콘테스트와 경품추첨, 실연(demonstrations) 등의 활용으로 인해 구매자극을 받으며, 판매원은 보통 보너스, 판매경연, 판매목표할당 등을 부여받음으로써 동기를 유발한다.

이와 같은 목적을 달성하기 위해서는 보통 여러 판매촉진활동을 사용하는 것이 필요하며 이러한 활동들이 보유하는 보편적인 목적들을 보면 다음과 같다.

① 소비자들로 하여금 제품을 구입하도록 자극한다.
② 가격에 민감한 소비자들의 구매를 유도한다.
③ 경쟁자의 판매촉진활동에 대응한다.
④ 제품사용을 증가시킨다.
⑤ 중간상의 재고를 증가시킨다.
⑥ 제품특성과 관련하여 판매원과 소비자를 교육시킨다.
⑦ 계절적 판매변동을 조정한다.
⑧ 보다 많은 진열공간을 확보함으로써 판매원 활동을 지원한다.

3 판매촉진의 유형

판매촉진전략은 세 가지 주요 형태로 분류된다 : 최종 사용자 내지 소비자, 재판매업자, 판매원 판매촉진전략. 본 절에서는 광고에 대한 함축성을 가지고 있는 소비자 판매촉진, 재판매업자 판매촉진 형태에 대해서 살펴보고 다음 절에서 판매원 판매촉진 전략에 관해 토의하고자 한다.

그림 14-2 가격인하의 예

(1) 소비자 판매촉진

소비자 판매촉진은 제품이나 서비스의 최종 사용자를 표적으로 하며 이들 소비자가 어느 한 점포에 출입하는 경우 이들은 특정브랜드를 찾게 되는데 소비자 판매촉진은 이러한 소비자들의 수요를 환기시키고자 하는 활동이다. 대부분의 소비자 판매촉진은 광고 캠페인 계획자, 광고부서, 판매촉진 대행사 내지 광고 대행사와 더불어 제품 관리자의 책임 하에 실행된다.

① **가격할인(price reductions)** : 어느 한 제품가격 수준에서의 일시적인 할인을 가격할인이라 한다. 이는 보통 신제품의 시용(trial)을 자극하고, 상이한 시간대에 더욱 많은 제품을 구매하도록 기존고객을 설득하고 또는 새로운 고객들이 기존제품을 구입하게끔 제품에 대한 확신을 심어주기 위해 이용된다. 제품 선택 시 가격이 중요한 요인인 경우 소비자들이 브랜드충성도를 보유하고 있지 않는 경우에 가격할인은 매우 효과적이다.

㉠ 소액할인(cents-off deals) : 하나의 제품이나 서비스에 부과된 정규 가격에서의 할인을 말하며, 이는 판매시점이나 대량광고 내지 직접광고를 통해 나타난다. 판매시점 고지(point-of-sale announcements)는 점포내의 어느 위치나 제품에 부착된 포장과 표찰을 그리고 광고는 잡지나 신문광고, 방송광고 등을 포함한다. 이러한 두 가지 형태의 소액할인은 제조업자, 도매상, 소매상에 의해 시도된다.

㉡ 소액포장할인(price-pack deals) : 제품포장자체를 수단으로 하여 소비자에게 무언가를 제공하는 것을 말하며 이에는 보너스 팩과 밴드 팩이 있다. 보너스 팩(bonus packs)은 정상가격에 추가적인 제품을 소비자에게 제공하는 것으로 이는 비사용자로 하여금 특정 제품을 시용해 보도록 유인하는 수단이며, 치약과 칫솔을 묶어 할인하는 방법이 그 예이다. 밴드 팩(banded packs)은 하나 혹은 그 이상의 제품단위가 정상적인 단일가격과 비교해서 할인된 가격으로 판매될 때 주로 이용되는 수단이다.

CHAPTER 14

그림 14-3 쿠폰의 예

② **쿠폰(coupons)** : 쿠폰은 소비자가 특정제품을 구입할 때 할인혜택을 받을 수 있도록 제공되는 법적 증서를 말한다. 제조업체 보증쿠폰(manufacturer-sponsored coupons)은 제품을 배분하는 어떤 판로에서든지 사용될 수 있는 반면 소매상 보증 쿠폰(retailer-sponsored coupons)은 단지 특정 소매점포에서만 사용된다. 쿠폰의 주요 장점은 광고주로 하여금 소매상으로부터의 협력에 의존하지 않고서도 가격을 낮출 수 있도록 해준다는 점이다.

제조업체 보증쿠폰은 직접적으로(직접우편이나 호별 배달), 매체를 통해(신문, 잡지광고), 포장지 면이나 내에, 소매상을 통해(협동광고) 전달될 수 있으며, 제조업자는 쿠폰을 취급하는 소매상에게 일정액의 수수료를 지급한다.

③ **콘테스트와 경품추첨(contests and sweepstakes)** : 콘테스트와 경품추첨 지지도는 1980년대 이후 계속적으로 증가하고 있다. 이들 전략들은 일상적인 상품촉진을 제공하고 무료로 무언가를 제공함으로써 소비자의 수요자극을 환기시킨다. 콘테스트는 일련의 기술이나 능력을 기초로 하여 상품이나 보상을 얻기 위하여 참가자들이 경쟁하는 것을 말하며, 경품추첨은 제비뽑기나 기타 다른 선택기회에 참가하여 참가자들로 하여금 자신의 이름을 기입하여 제출하도록 한 다음 당첨자를 뽑아 상품이나 보상을 제공하는 판매촉진수단을 말한다.

④ **환불(refunds)** : 마케팅 담당자가 제품을 구입하는 소비자에게 제품가격의 일부를 반환하여 주는 것을 말한다. 대부분의 환불은 데드라인(deadlines)을 설정함으로써 제품구매를 자극하며, 환불 내용은 일반적으로 인쇄매체나 직접우편을 통해 전달되고 기타 일반적인 정보는 방송매체를 매개로 하여 전달된다. 환불은 쿠폰

과 관련된 높은 비용과 낭비가 없이도 판매를 자극하기 때문에 매력적이다. 성공의 열쇠는 환불을 가능한 한 단순하게 그리고 포괄적으로 만드는 것이다.

⑤ **경품제공(premium offers)** : 경품은 보통 제품을 구입하거나 구매시점시 점포를 찾거나 하는 특정행동을 한 대가로 받는 유형의 보상을 말한다. 이는 보통 무료이지만 그렇지 않는 경우에는 가격이 매우 낮다. 경품에는 두 가지의 일반적인 유형이 있다. 직접경품과 우편경품. 직접경품(direct premiums)은 구매시점시 즉각적인 자극을 불러일으키며 다음과 같은 4가지의 변형이 있다.

㉠ 점포경품(store premium) : 소매점에서 고객에게 제공한다.

㉡ 인-팩(in-packs) : 공장에서 포장 내에 끼워 넣는다.

㉢ 온-팩(on-packs) : 공장에서 포장지면에 부착한다.

㉣ 용기경품(container premium) : 포장자체가 경품이다.

우편경품(mail premiums)은 고객이 경품을 수령하기 전에 어떤 행동을 취할 것을 요구한다. 최초의 우편경품은 자기 변제자(self liquidator)라 불려졌는데, 이는 보통 경품을 수령하기 전에 구매와 지불증명서 일부가 우송되도록 요청하며, 지불금액은 가능하면 품목 처리비, 우송비, 포장비, 세금 등을 보상하기에 충분해야 한다. 식료품 산업은 자기변제적 경품을 가장 많이 이용하는 산업중의 하나이다. 우편경품의 또 다른 유형은 쿠폰방식(coupon plan) 내지 계속쿠폰방식(continuity-coupon plan)이다. 이는 고객들로 하여금 제품에 부착되어 있는 쿠폰이나 특수표찰을 떼어 보관하도록 한다. 분유나 기저귀 생산업자가 많이 이용하는 판매촉진수단이다. 우편경품의 마지막 유형이 무료우편경품(free in the mail)이다. 이 경우 소비자는 광고주에게 구매요청과 구매증명을 우편으로 발송한다.

⑥ **기념품증정(specialty advertising)** : 기념품증정은 소비자가 품목을 수령하기 위해서 무언가를 구매할 필요가 없다는 점을 제외하곤 경품과 거의 유사하다. 보통 이들 품목들은 지면에 인쇄된 촉진 메시지를 가지고 있다. 비록 기념품들이 연말 선물로서 제공되고 있음에도 불구하고 특정판매 상황 하에서 연중 내내 이용된다. 예를 들면, 펜, 연필, 메모지 등을 포함하는 일부 기념품들은 탁상용에 이상적이며 고무풍선(balloons), 선풍기, 쓰레기봉투, 여성용 대형가방과 같은 기념품

들은 주의를 끄는 신제품의 판매촉진의 수단으로 많이 이용된다.

⑦ **거래스탬프(trading stamps)** : 제조업자가 소비자에게 우편형의 스탬프를 교부하여 소비자로 하여금 제조업자가 지정한 점포에서 제품과 교환할 수 있도록 하는 것을 말한다.

⑧ **소비자 견본(consumer sample)** : 소비자에게 제품이나 서비스를 무료로 제공하여 시용 해보도록 하는 판매촉진수단으로 신제품이나 수정제품을 도입하는 경우 매우 효과적인 전략이다. 이러한 판매촉진수단이 성공하려면 제품견본이 최소한의 시용으로 매우 긍정적인 효과를 창출하는 능력과 제품견본의 독창성에 바탕을 두고 소비자에게 제공되어야 한다.

견본은 소비자에게 다양한 방법으로 제공되는데 가장 보편적인 방법이 점포 내·외, 거리, 우편 등을 이용하는 것이며, 호별방문 판매경로를 전문적으로 활용하는 기업을 이용하는 것도 하나의 대안이 된다. 광고주들은 무료샘플 대신에 쿠폰을 매개로 하는 광고를 계획할 수도, 특수포장으로 샘플을 제공할 수도, 특수점포진열 형태로 샘플을 제공할 수도 있을 것이다.

보통 소매상과 제조업자들은 제품실연(product demonstration)시 견본제공이 판매량을 5~10배 정도 증가시키며, 그 결과 10~15%의 이익을 증가시킬 수 있다고 주장한다. 견본은 일반적으로 제품쿠폰과 동시에 제공될 때 가장 효과적이다. 거의 모든 소비자들은 제품이 자신들의 마음에 들지 않으면 그 제품에 돈을 투자하지 않기 때문에 견본을 매우 선호한다.

(2) 재판매업자(거래) 판매촉진

제조업자가 생산하는 제품을 다른 제조업자나 최종 사용자에게 판매하는 소매상과 도매상을 재판매업자 내지 중간상이라 하며, 이들이 제품을 취급하여 push하고자 하는 경우 제조업자는 그 제품이 만족스러운 제품이라고 확신한다. 판매촉진은 중간상이 이러한 확신을 갖도록 하는데 이용되는 수단이다.

중간상의 판매촉진은 4개의 일반적인 목적을 달성하기 위해 실시된다.

첫째, 점포 내 머천다이징이나 기타 다른 거래지원활동을 자극한다.

둘째, 도·소매상들이 보유하는 재고수준을 조정한다.

셋째, 제품 유통은 새로운 지역이나 새로운 거래 영역에까지 확대한다.

넷째, 제품을 판매하는 이들에게 제품에 대한 높은 관심을 불러일으키게 한다.

재판매업자 촉진의 최종적인 성공척도는 판매가 어느 정도로 증가되었는가 하는 것으로 판단한다. 특정판매 활동에 종사하는 중간상들에게 동기를 부여하기 위해 설계되는 수많은 촉진수단들은 제조업자에게도 유용한 활용 수단이 되는데 여기서는 가장 많이 사용되는 수단에 대해서 살펴보기로 한다.

① **구매시점진열(point-of purchase displays : POP)** : 구매시점진열은 제조업자에 의해 설계되며, 특정 브랜드나 제품군을 촉진하기 위해서 소매상에게 배포된다. 산업에 따라 형태가 다양함에도 불구하고 POP는 특수선반, 진열 카툰, 싸인, 기호 내지 표상, 가격표 등을 포함하고 있다. 구매시점 진열은 판매의 모든 구성요소들 — 소비자, 자금, 제품 — 이 동시에 조정될 때 발생하는 유일한 광고이다. 요즈음과 같이 판매원의 도움을 기대하는 소비자가 점점 감소하는 셀프 서비스(self service) 소매환경으로 변화될 때 구매시점진열의 역할은 계속해서 증대될 것이다. The Point of Purchase Advertising Institute(POPAI)에 의하면 단지 소비자의 19%만이 점포에 가서 마음속에 있는 특정구매를 한다는 것이다. 따라서 POP가 추구하는 것은 이들 19%의 소비자가 아니라 나머지 81%의 소비자를 표적으로 하는 것이다.

광고주들은 POP가 최종 사용자에게 소구하는지의 여부와 제판매업자에 의해 얼마나 많이 이용되고 있는지를 고려해야 한다. 소매상들은 POP가 판매를 증가시킬 수 있을 것이라는 확신이 들 때 비로소 pop를 이용하려고 할 것이다.

그리고 POP는 광고에 나오는 주제와 동일해야 하며, 반복되는 형태를 취하고 광고와 구매결정 장소 사이에서 최종 순간의 결합을 창출하는 것이다.

② **콘테스트와 경품추첨(contests and sweepstakes)** : 소비자 판매촉진의 경우에서처럼 콘테스트와 경품추첨은 중간상들을 동기부여하기 위해서 수행되는 것이라 할 수 있다. 콘테스트 촉진(contest prizes)은 보통 스폰서의 제품판매와 관련이 있기 때문에 가장 보편적인 촉진수단이다. 예를 들면, 판매할당이 설정되고 가장 큰 비율로 판매할당을 초과하는 기업이나 개인이 그 콘테스트에서 우승하는 것이다.

특정 제품에 대한 관심과 동기를 창출하고자 하는 필요성 때문에 디자이너들은 매우 일상적인 촉진을 겸한 극적인 콘테스트를 개발하지 않을 수 없다. 자주

개최되는 콘테스트는 제품에 대한 관심도와 신뢰도를 상실하게 할 수 있으므로 특별한 날에 정기적으로 운영되는 경우에만 효과적이었다. 만약 콘테스트가 완벽하게 이루어진다면 의도했던 제품에 대한 단기이익을 제공할 수 있으며 제조업자와 재판매업자사이의 관계를 개선할 수 있을 것이다.

③ **산업전시회(trade shows)** : 많은 산업들은 제품을 실연(demonstrations)하고, 정보를 제공하며, 문제점에 대한 답변을 하고, 경쟁 브랜드들을 비교하면서 주문을 가능하게 하는 산업 전시회에 자사의 제품을 전시하거나 판매한다. 결국 산업전시회는 제조업자로 하여금 자사의 경쟁사에 관한 많은 정보를 수집할 수 있도록 해준다. 산업전시회에 참가한 모든 기업들은 잠재적 소비자에게 자사 제품의 깨끗한 이미지를 심어주기 위해 노력하는 동시에 경쟁사들은 타사의 제품품질, 특성, 가격, 기술 등을 용이하게 비교할 수 있다.

④ **특별장려금(push money)** : 일정기간 동안에 판매된 제품단위를 토대로 판매원에게 제공되는 금전상의 보너스를 말한다. 예를 들면, 에어컨 제조업체는 10월~12월 사이에 다음 연도의 생산계획을 위한 예약판매제를 실시하여 모델별로 10만원에서 15만원까지의 제품을 제공할 수 있을 것이다. 따라서 개별 판매원들은 12월 말에 제조업자에게 총판매 실적증서를 보내고 이에 합당한 수준의 현금보너스를 받는다.

⑤ **중간상경품(dear premium)** : 일정량 이상의 자사제품을 구입한 대가로 제조업자가 소매상에게 제공하는 경품을 말하며 보통 구매경품과 진열경품으로 분류할 수 있다. 구매경품(buying premium)은 중간상이 제조업자에게 일정량의 제품주문 대가로 받는 경품을 말하며, 진열경품(display premium)은 소매상이 제조업자의 제품을 진열선반 등에 진열함으로써 제조업자가 자사의 점원들을 파견하거나 그에 합당한 대가를 제공하는 것을 말한다. 이들 두 판매촉진수단은 단기에 많은 제품을 판매하는데 그 목적을 두고 있다.

⑥ **거래할인(trade deals)** : 거래할인은 가장 중요한 중간상 판매촉진수단이다. 이는 어느 소매상들이 제조업자들로부터 제품할인, 현물, 현금 등을 제공받고 이에 대한 대가로 제조업자의 제품에 대해 특별 촉진 노력을 경주하는 것을 말한다. 식료 잡화품, 컴퓨터, 가전제품, 자동차 등과 같은 일부 산업에서 제조업자는 거래할인을 제공하여 경쟁자와 차별화를 이루고 이다.

거래할인에는 크게 구매공제, 광고공제, 상품공제, 진열공제 등으로 분류할 수 있다.

㉠ 구매공제(buying allowance) : 제조업자가 특정기간 동안에 자사의 특정제품을 구매하는 중간상에게 구매량 당 일정액의 금액을 지불하는 제도를 말한다.

㉡ 광고공제(advertising allowance) : 제조업자가 자사제품광고에 기여한 중간상에게 제공하는 보상을 말한다.

㉢ 상품공제(merchandise allowance) : 제조업자가 자사의 제품특징이나 성능, 효용가치를 증대시켜 준 중간상에게 제품을 추가적으로 제공하는 것과 같은 보상책 등을 말한다.

㉣ 진열공제(buying allowance) : 중간상이 제조업자의 제품을 선반진열대 등에 특별히 전시 내지 진열하거나 특별코너를 제공해 준 대가로 제조업자가 중간상에게 제공하는 보상을 말한다.

제2절 인적판매

사실상 거의 모든 이들은 현재의 인생을 살아가면서 무언가를 판매한다. 개개인들은 직업을 구하거나 은행에서 돈을 대출받기 위해서 자기자신을 판매해야 한다. 예를 들면, 정치인, 종교인, 비영리조직들은 자신들이 가지고 있는 아이디어를 판매하는데 물론 이들뿐만 아니라 거의 모든 사회구성원들이 직·간접으로 여러 기업체 제품을 판매한다.

실제 한 기업체에 소속되어 활동하고 있는 이들은 어떤 의미에서 그 기업을 위해서 활동하는 "판매원들(salespersons)"이다. 기업의 등록브랜드가 오용되지 않도록 지키는 변호사 역시 법률지식을 판매하고 있다고 할 수 있다

그러나 기업내부의 개별 구성원들은 하나의 제품을 판매하는 매우 제한된 활동을 수행하지만 화장품 방문판매원, 부동산 중개인, 주식 중개인, 제조업자 대리상, 소매점 판매원, 보험 대리인과 같은 경우처럼 많은 수의 종업원이 인적판매직에 종사하고 있다.

인적판매(personal selling)는 잠재적 구매자의 욕구를 확인하고, 그 들의 욕구와 기업의 제품을 서로 조화시키며, 잠재적 구매자에게 이러한 조화에 대한 확신을 심어줌으로써 결국 제품을 구매하도록 하는 잠재적 구매자와 판매원과의 쌍방적 커뮤니케이션의 흐름(two-way flow of communication)을 말한다. 대부분의 경우 구매자와 판매자 사이의 이러한 커뮤니케이션은 대면접촉(face to face)을 통해 발생한다. 그러나 최근에는 많은 기업들이 인적판매에서 전화, 텔레마케팅(telemarketing), 인터넷 마케팅 등으로 전환하고 있다.

텔레마케팅에 관한 관심이 증가하는 하나의 이유로는 인적판매의 높은 비용을 들 수 있다. 즉, 기업은 마케팅 커뮤니케이션믹스의 어느 다른 요인보다 인적판매에 더 많은 자금을 투자한다. 이러한 인적판매비용은 주로 노동집약적이기 때문에 매우 높다.

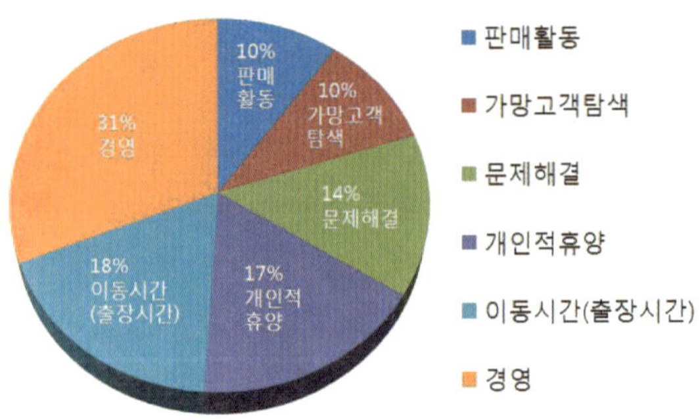

출처 : Proudfoot Consulting. Date used with permission

그림 14-4 판매사원의 활동별 계획시간

인터넷 마케팅의 경우 인터넷 사용자의 증가로 인터넷 쇼핑몰을 이용한 소비자가 계속 증가하고 있는 추세이고 기업의 입장에서도 유통단계의 생략으로 비용 면에서의 장점을 이용한 인터넷 마케팅에 관심을 기울이고 있어 계속적인 성장이 예상된다.

1 인적판매원의 역할

판매원의 역할은 최근에 이르러 매우 다양하게 변화하고 있다. 오늘날 이들은 단순히 제품을 판매하는 판매원이라기보다는 그 이상의 많은 역할을 수행하고 있다. 즉,

마케팅 정보를 수집하고 고객이 직면하고 있는 문제를 해결하며, 고객을 파악하고 유지하는 활동을 한다. 그리고 고객들에게 지속적인 서비스를 제공한다.

(1) 일상적인 시장정보수집

정보수집은 어느 기업에서든지 매우 중요하지만, 현장의 시장정보의 정확한 획득은 매우 어렵다. 모든 판매원들은 가능한 한 자사의 제품과 경쟁사의 제품에 대한 정보를 탐색하는 활동을 한다. 또한 이들은 신제품 사용방법, 고객의 불만·불평, 고객의 만족도 그리고 신제품과 서비스에 대한 아이디어를 최고 경영자에게 보고한다.

(2) 고객문제해결

전문 광고직(specialty advertising profession)은 판매원 카운셀러(counselor)라 호칭하는데 이는 판매원이 궁극적으로 욕구에 대한 만족을 이끌어 내는 조언, 의견, 정보를 제공하는 것을 의미하기 때문에 매우 적당한 명칭이라고 할 수 있다. 바꾸어 말하면, 거의 모든 판매원들의 역할은 특정 질문들을 경청하고 문의하여 고객의 사업과 관련된 문제를 해결하도록 고객을 돕는 것이다.

(3) 고객파악과 유지

판매원은 새로운 고객을 탐색하고 기존 고객으로부터 새로운 주문을 개발하며, 기존 고객들로부터 호의적인 태도를 유지하도록 하는데 많은 시간을 전념한다.

(4) 지속적인 서비스 제공

일단 판매가 이루어지면 다양한 활동들이 남게 되는데 이에는 금전적 지원의 출처를 파악하고 배달을 준비하며, 서비스를 위한 기술지원과 접촉 및 훈련과 같은 지속적인 서비스를 제공하는 활동을 들 수 있다.

2 인적판매원의 유형

판매원은 자신들이 수행하는 과업의 형태에 따라 주문 수주자, 주문 획득자, 지원자(supporter)로 분류할 수 있다. 대다수의 판매원들은 이들 세 유형에 모두 포함되지만 그 기여도는 수행하는 판매원의 형태에 따라 상이하다.

(1) 주문수주자

소매점원들은 전형적인 주문수주자(order taker)이다. 이들이 수행하는 활동은 고객의 물음에 답하고 판매송장을 작성하며, 수표를 대조하고 조정과 불평을 처리 및 판매하는 그리고 고객이 사전 촉진노력을 통해 제품과 서비스에 관심을 갖게 된 이후의 기타 다른 일상적인 과업에 국한된다.

주문수주자는 반복구매를 지속적으로 유지하기 위해 고객과 밀접한 접촉을 하며 그들의 제품 욕구를 신속하게 충족시켜 주어야 한다. 이외에도 주문 수주자는 제품을 사용하는 방법과 필요할 때마다 서비스 지원활동을 고객에게 제공할 필요가 있다. 이러한 형태의 지위는 새로 입사한 판매원이 기업과 자사제품을 인지하는데 매우 유용한 기회가 되며 이는 소매수준의 판매에서 뿐만 아니라 제조·도매수준의 판매에서도 유용하다. 그러나 이러한 지위는 창의적인 판매의무를 요하지 않기 때문에 보통 가장 낮은 보수를 받는 판매직이다.

(2) 주문획득자

주문수령에 참여하는 판매원은 창의적인 판매과정에 참여하게 된다. 그들은 적극적으로 자신들의 고객들을 탐색하고 난 후 고객들로 하여금 구매하도록 동기를 부여하는 조직화된 판매제시(sales presentation)를 이용한다.

주문획득자는 기업판매원의 일원이든 아니면 독립적인 판매 대리상이든 둘 중의 하나이다. 흔히 소규모 제조업자는 도매상, 유통업자, 중개인, 최종 소비자에게 제품을 판매하기 위해 제조업자대리상(manufacturer's representatives)을 고용하며 신제품의 경우 이러한 독립적인 판매 대리상이 주문 획득자로써 이용된다.

주문획득자는 문제해결 및 카운슬링(counseling)과 같은 많은 비일상적인 판매과업에 대한 책임을 지고 있기 때문에 자신들이 판매하는 제품과 산업에 대해서 잘 알고 있어야 한다. 결국 이는 집약적인 판매훈련과 높은 교육수준을 필요로 한다.

(3) 지원자

판매원을 지원하는 활동에 참여하는 이들은 모든 가능한 방법들을 이용하여 판매원을 도와야 한다. 이들은 보통 판매를 하기보다는 제품정보와 과거구매서비스를 제공함으로써 현재와 미래 즉, 잠재적 고객들에게 호의적인 태도를 심어주고자 한다.

지원인력에는 크게 기술지원 인력(technical support personnel)과 친선사절 지원인력(missionary support personnel)으로 나눌 수 있으며, 기술적 판매(technical selling)는 고객과 기술적 스탭들이 함께 활동을 하는 경험 있는 과학 연구가들에 의해 이루어진다. 예를 들면, Lockheed는 신형 우주시스템을 설계하기 위하여 NASA나 The Air Force와 같은 정부기관과 공동으로 항공우주 엔지니어들을 고용하고 있다.

친선사절판매(missionary selling)는 중간상에 의해서 수행되는 인적판매를 보완하기 위해서 수행되는데 친선사절 지원인력은 정기적으로 중간상의 제품재고를 점검하고 진열배치를 하며, 판매에 관한 조언을 하는 동시에 고객에게 신제품을 통보하기 위하여 도매상과 소매상 양자에의 접촉을 필요로 한다.

3 인적판매의 장·단점

(1) 장점

첫째, 인적판매는 판매원이 현재나 잠재고객의 표정과 행동을 파악하여 그들의 특성에 맞는 제품을 즉석에서 제시함으로써 구매의욕을 유발할 수 있다.

둘째, 인적판매는 서비스 및 배달과 설치 같은 구매에 영향을 미치는 요인들을 설명함으로써 제품구입 시 발생할 수 있는 소비자들의 인지적 부조화를 해결해 준다.

셋째, 고객에게 실물에 의한 설명을 하거나 실제로 고객에게 현장에서 제품의 사용을 권고하여 제품의 특성이나 유용성에 대해서 명확하게 인식함으로써 고객의 확신을 가시게 한다.

넷째, 다른 판매촉진 수단들과는 달리 인적판매는 판매행위를 현장에서 완결하기 때문에 매출액과 수익성의 측정이 용이하다.

(2) 단점

첫째, 인적판매는 판매원이 고객과 1대1 접촉을 하므로 그에 따른 높은 비용이 소요된다. 예를 들면, 판매원의 방문출장비, 보너스, 임금, 고객창출 비용의 지원 등과 같은비용이 발생한다.

둘째, 대화하고자 하는 고객의 수가 극히 제한되어 있다.

이는 1대1 커뮤니케이션에 대한 필요성을 의미하는데 예를 들면, 한 번에 수백만 명이 20초 정도의 TV 상업 광고를 보는 것과 비교하여 판매원은 단지 하루에 100명 미만의 고객만을 상대할 수 있다는 것이다.

셋째, 거래 시 낮은 지명도에 의한 고객의 불평이다.

고객들은 보통 판매원들로부터 제품구매에 대한 높은 압력과 불성실한 태도에 대해 불만을 갖게 된다. 따라서 인적판매의 효과를 높이기 위해서는 우수한 인적자원의 확보가 요구된다.

4 판매원 관리

판매원을 훈련하고 감독하며 동기 부여하는 활동은 판매 관리자의 책임이다. 판매 관리(sales management)란 인적판매노력을 계획하고, 조직하며, 지휘·조정·통제하는 일련의 과정을 말한다. 판매 관리자는 인적판매목표를 신중하게 설정하고 판매원을 모집하며, 판매지역에 판매원을 배치하고 적당한 보상과 동기부여 및 훈련을 제공하며, 판매결과와 판매원을 평가하는 활동을 한다.

(1) 판매목표의 설정

판매 관리자 내지 브랜드 관리자(제품 관리자)는 언제나 명확한 판매목표를 수립하여 판매원들에게 주지시켜야 한다. 판매원을 위한 판매목표는 판매 할당량 형태로 표현되는데 이는 일정기간 동안의 판매예측에 바탕을 두고 정확하면서도 측정 가능한 용어로 표현되어야 한다. 그리고 판매관리자는 모든 경쟁자들이 특정지역에서 달성할 수 있는 판매량이나 판매가능성을 고려해야 한다. 특정기업이 어느 한 지역에서 달성하고자하는 판매량을 판매 잠재량(sales potentials)이라 하며, 판매관리자는 판매 할당을 수립하기 위해 판매원이 활동하고 있는 판매지역에서의 총판매예측을 분할하는 시장잠재량(market potentials), 판매 잠재량 그리고 판단(judgment)을 결합한 형태를 이용해야 한다.

(2) 판매원의 모집과 선발

판매 관리자의 주요 책임은 판매원을 모집하고 선발하는 것이다. 이러한 과정은 직무의 필요조건 등을 파악하기 위한 직무분석(job analysis)을 실행함으로써 시작된다고 할 수 있다. 직무분석으로부터 판매관리자는 직무명세서와 직무기술서를 개발하여야 한다. 직무명세서(job specifications)는 요구되는 교육과 경험의 정도, 바람직한 개인적 특성 그리고 기타 요구조건 등과 같은 직무에 필요한 구체적인 자격 조건들을 담고 있는 것이다. 보통 이러한 자격조건들은 성공적인 판매원과 비성공적인 판매원의 특성들을 연구함으로써 파악된다. 이와는 대조적으로, 직무기술서(job descriptions)는 특정 직무에 대한 의무와 책임을 기술해 놓은 것을 말한다.

판매관리자는 필요한 직무명세서를 파악한 다음 판매원 명부, 신문이나 업계의 전문잡지의 광고, 경쟁사, 교육기관, 고객, 고용 대행사, 추천 등의 경로를 통해 최적의 지원자를 탐색한다. 판매 관리자는 이러한 여러 경로로부터 얻은 정보를 가지고 지원자의 목록을 작성한다.

선발과정은 여러 단계를 거치는데 일단 지원자의 서류가 완성되면 직무를 수행하는데 필요한 자격조건을 지원자가 갖추었는가를 심사한다. 만약 이러한 자격조건을 갖추었다면 지원자는 개인면접을 위해 초대되며 이때의 면접은 정보를 서로 공유하는 시간이 되어야 한다. 판매 관리자는 지원자에게 직무에 관한 정확하고도 정직한 정보를 제공할 책임을 지는 반면, 지원자는 자신의 성장배경, 장래의 계획 기타 관련사실에 관한 정보를 정직하고 성실하게 답변을 해야 할 책임이 있다. 그리고 판매 관리자는 참고자료를 점검하고 면접에서 얻은 모든 정보를 검증하여야 한다.

일부 기업들은 이외에도 심리테스트를 하기도 하는데 이들 자료는 단지 선발과정에서 판매 관리자를 돕는 하나의 부수적인 도구에 불과하고 일반적으로 성공적인 판매원에게서 발견되는 많은 개인적 특성을 측정하기 위해서 이용되는 것이다. 지원자가 무사히 심리테스트를 통과하게 되면 정상적으로 이루어지는 최종단계는 신체검사이다. 신체검사의 목적은 직무를 수행하는데 장애가 되는 건강상의 문제점이 있는지 검사하는데 있다.

(3) 판매지역에의 배치

판매원이 선발되면 각 판매원을 특정판매지역에 할당하고 그 판매지역이 중복되는 상황을 피하기 위해 얼마나 완벽하게 편제되었는가를 파악하는 것이 매우 중요하다. 판매지역(sales territories)이란 일반적으로 판매원이 활동하고 있는 지리적 구역을 말하며 판매지역을 결정하는 주요 요인들로는 현재와 미래 고객의 수, 판매원이 단골고객을 방문해야하는 횟수 그리고 일일 방문 횟수를 들 수 있다.

지리적 구역에 의해 판매지역을 할당하는 것은 자체의 장·단점을 가지고 있는데 판매 관리자의 가장 일반적인 오류는 너무나 거대한 지리적 구역을 일부 판매원에게 할당하는 것이다.

판매 관리자의 또 다른 일반적인 오류는 판매원을 과도하게 통제하고자하는 것이다. 대부분의 판매원들은 소규모 판매지역을 시발점으로 점차 보다 큰 규모의 지역으로 확대하는 경향이 있지만 반드시 그렇지만은 않다. 판매지역을 할당하는 주요 방법은 지리적 구역에 의한 방법이지만 일부 기업들은 특정지역 내에서 다른 방법을 사용하곤 한다.

(4) 판매원의 훈련

판매원 훈련에 막대한 비용이 소요됨에도 불구하고 판매원 훈련은 기업의 장래에 있어 중요한 투자가 된다. 대부분의 기업들은 판매훈련 관리자(sales training managers)를 고용하는데 이들은 판매원에게 할당된 판매지역중 문제가 있는 지역을 가려내는 훈련욕구분석(training needs analysis)을 수행해야 하는 일차적인 책임이 있다. 판매훈련 관리자가 기업의 판매훈련 욕구를 파악한 순간 이들은 판매와 판매관리과정, 영상자료, 제품시사통신 그리고 판매 매뉴얼 등을 개발하고 또한 판매원과 판매 관리자를 위한 여러 다양한 과정을 수행한다.

대다수의 판매훈련 관리자는 현장판매 관리자를 훈련시키며 현장판매 관리자는 자신들이 관리하는 판매원들을 훈련시킨다. 그리고 일부 기업들은 전문화된 훈련을 수행하기 위하여 외부 컨설턴트를 고용하기도 한다.

① **훈련유형(types of training)** : 욕구분석은 보통 다양한 훈련욕구를 파악하며 필요로 하는 훈련 유형은 판매원 수준에 따라 다르다. 예를 들면, 신참 판매원은 기업 정책, 절차, 제품 그리고 기본적인 판매술(salesmanship) 기법에 관한 집중적인 판매원 오리엔테이션 과정을 필요로 하며, 이는 보통 경험이 있는 고참 판매원이나 판매 관리자에 의해 현장－본사, 현장 영업소, 지역 판매소, 공장, 중앙훈련 시설, 기타(호텔, 클럽, 레스토랑)－에서 여러 시간에 걸쳐 이루어진다.

경험 있는 판매원(보통 최소한 2년의 경험이 있는)은 진보화된 판매기법, 신제품 정보, 전화판매, 인간관계, 고객 서비스, 효과적인 경청 그리고 기타 분야에 관한 훈련을 받게 된다. 예를 들면, General Motors의 판매원들이 소형차 판매에 힘들어할 때 GM은 소형차들이 내구성이 있으며 자사의 판매원들이 소형차의 기술적 세부사항에 관해서 더욱 많은 것을 알아야 한다고 5,000명의 판매원들에게 납득시키는 훈련과정을 실행하였다. 그 결과 이듬해 Chevett판매에 있어서 75%의 판매증가를 달성하였다.

판매 관리자는 판매훈련 관리자가 기업을 위해 훈련을 수행하는 것을 선호하지만, 판매 후 서비스 및 고객관리의 중요성과 강화책을 배워야만 한다. 판매교육 장소에서 배운 기술이 현실에서 실용화되지 않는다면, 그야말로 훈련기간을 낭비하는 결과를 낳는다.

② **훈련기법**(training techniques) : 훈련기법과 방법들은 매우 다양하다. 예를 들면, 판매제시를 훈련시키는데 가장 인기 있는 방법은 역할연기법(role playing techniques)이며, 이외에도 현장훈련, 시뮬레이션, 사례연수, 강연, 실연, 시청각 교육보조자료, 판매, 매뉴얼 등이 있다.

훈련의 효율성은 주로 기업과 훈련예산의 규모에 달려 있다. 예를 들면, 대기업에서 교육원을 보유하고 있다면, 이 시설은 회의실, 참고 열람실, 레크레이션과 식당 시설, 영화 스튜디오와 같은 시설을 갖추고 있어야 할 것이다.심지어 오늘날에는 각 기업들이 대학 학위를 수여하기 위한 인가를 획득하고 있는 실정이다.

(5) 판매원의 동기부여

판매관리자들은 판매원들이 최적수준에서 판매활동을 수행하도록 격려하는 일을 하며 이와는 대조적으로 판매원들은 자발적으로 실천하는 사람이다. 그러나 대다수 판매원들이 활동성과를 최상으로 유지하도록 하기 위해서는 부수적인 동기, 유인책을 필요로 한다. 판매관리에서 이러한 부수적인 동기, 유인책은 촉진형태, 신뢰도, 재인(recognition), 직무수행을 강화하는 역할을 한다. 따라서 판매 관리자는 판매콘테스트, 보너스 그리고 제품촉진과 같은 다양한 외적 동기 프로그램을 실행하기 전에 먼저 긍정적인 조직분위기를 조성해야 한다.

① **판매원 보수**(compensating the sales force) : 판매원이 받는 보수는 판매원의 태도

와 행동에 커다란 영향을 미치며 이는 조직 분위기를 형성하는 토대가 된다. 보수계획은 기업과 판매원의 욕구에 맞추어 제공되는 금전적인 보상이며 일정한 기본적 기준을 충족시켜야 한다. 이들 기준은 판매량과 이익을 증가시키기 위한 안정성, 소득과 평균 이상의 성과에 대한 보상과 판매원 활동에 대한 통제성, 경제성, 단순성을 포함한다.

보수계획은 경영자가 쉽게 이해하고 단순하며 비용이 많이 소모되지 않아야 한다. 또한, 모든 이들에게 공정해야하며 산업에서 활동하고 있는 경쟁사의 계획과 경쟁할 수 있어야 한다.

㉠ 고정봉급제(straight salary) : 고정 봉급제에서 판매원들은 안전(security)과 안정(stability)이라는 편익을 얻는다. 이러한 지불방법은 정기적인 소득을 제공하지만 판매성공에 필요한 추가적인 보수를 제공하지는 않는다. 고정 봉급제는 소매점원처럼 일상적인 판매 업무를 수행하는 판매원에게 매우 적합하다.

㉡ 성과급제(straight commission) : 여러 유형의 중개인, 대리상, 제조업자 대리상들은 일반적으로 고정 수수료 내지 성과급을 받는다. 엄밀히 말해서 이 계획은 판매성과에 대한 보수를 말하며 이는 안전성을 거의 제공하지 못한다.

㉢ 보너스(bonus) : 보너스 계획은 사전에 수립한 할당량을 완수한 대가로 추가적인 보수를 제공하는 것이다. 예를 들면, 신속하게 보고서를 작성하거나 유용한 판매 아이디어를 제공하거나 시장에 대한 정보를 제공하였을 때 지급된다. 이러한 형태의 보상은 다른 보상계획과 보통 결합해서 사용하면 효과가 더 높다.

㉣ 혼합형(combination) : 위에서 언급한 여러 형태의 보수계획의 혼합이 가능하지만, 고정 봉급제와 고정 수수료를 혼합한 방식이 가장 많이 사용된다. 이 방법은 양자의 단점을 피하면서 각각의 장점을 이용하기 때문에 성공적인 방법이라 할 수 있다. 게다가 판매원에게 보다 안전적인 보수를 주는 동시에 광범위한 소득체계를 허용한다.

② **동기유인 제공(providing incentives)** : 외적 동기 유인책의 이용은 현장판매에서 매우 유용하다. 가장 많이 이용되는 동기 유인책은 제품, 현금, 여행이다. 비록 많은 기업들이 상이한 형태의 동기 유인책을 혼합하여 사용하고 있으며, 보통 금전적 유인과 비금전적 유인으로 분류하는 경향이 있다.

판매관리자는 여행과 제품이 더 효과적인 동기 유인책이라고 생각하고 있으며, 동기 유인책을 총판매량과 연계시키기보다는 특정제품이나 목표에 프로그램을 조화시키고자 한다. 심지어 많은 유인 프로그램이 유통업자, 대리상 그리고 현장판매 관리자에게 전달된다.

훌륭한 유인 프로그램이란 단순하면서도 완벽하게 계획수립된 프로그램을 의미하는데, 예를 들면, 계획수립자는 콘테스트 테마를 개발하고 동기유발 우편물을 설계하고 창출해야 한다. 대부분의 최고 판매관리자들은 사내에서 이러한 모든 과업을 처리하지만 일부 판매관리자는 여행 대행사, 카탈로그 기업, 광고 대행사의 도움을 요청하기도 한다.

(6) 판매원의 평가

판매원의 성과를 측정하는 것은 매우 중요하기 때문에 비공식적인 방법을 사용해서는 안 된다. 그러나 많은 판매 관리자들은 주로 주관적인 기법에 의존하는 경우가 많은데 이는 결코 피할 수 없는 현실이며 이로 말미암아 개인적인 편견에 휩싸이게 되어 결국 불완전한 성과 측정이 된다. 즉, 다시 말해서 중요한 판매성과활동을 부정확하고 불안정한 상태로 유도할 수도 있다는 것이다.

① **양적측정**(quantitative measures) : 양적측정은 사전에 결정된 기준과 비교되는 예상의 결과로써 판매원의 노력을 평가한다. 양적측정에는 시간분석과 직무분석이 있다. 시간분석은 판매원이 개별과업활동에 어느 정도의 시간을 할당하는가하는 내용을 자세히 제시하며 이는 보통 판매결과가 특히 좋거나 나쁜 이유를 설명한다. 그리고 직무분석은 흔히 시간분석과 함께 실행되며 방문판매 내용에 집중된다. 이는 일반적으로 판매원이 방문판매를 할 때 하는 일과 산출된 결과와의 관계를 비교함으로써 이루어진다. 이때 양자의 측정관계는 1회 방문당 판매수와 언급했던 품목 수, 판매방법 수 등을 포함한다.

② **질적측정**(qualitative measures) : 질적측정은 판매원이 양적으로 판매활동을 얼마나 잘 수행하였는가를 평가한다. 질적측정은 판매원의 판매에 영향을 미치기 때문에 매우 중요하다. 예를 들면, 판매 관리자는 성질, 고집, 또는 아집, 개인용모, 협동심, 수완 등과 같은 판매원의 개인적 특성을 평가해야 한다. 물론, 이러한 요인들은 판매 관리자의 관찰과 경험을 토대로 평가되기 때문에 개인적인 편견

에 빠질 위험이 있다.

가장 일반적인 질적 평가 방법에는 순위법(rankings)과 비율법(ratings)이 있다. 순위법은 판매원의 성과를 기업내의 다른 판매원의 성과와 관련해서 평가하는 반면 비율법은 표준성과수준과 대비해서 판매원의 결과를 측정한다. 체크리스트법(checklists)은 수치 가치가 적용될 때 보통 이용되며 가장 일반적인 방법으로 10점 척도법을 들 수 있다.

제3절 홍 보

촉진믹스의 한 구성 요소인 홍보(publicity)는 "아이디어, 제품, 기업과 관련된 유료의 대가를 지불하지 않는 상업적으로 중요한 뉴스나 사설 논평을 말한다." 즉, 다시 말해서 홍보는 무료이다.

홍보는 제품이나 서비스, 또는 기업에 좋은 이미지나 나쁜 이미지를 미칠 수 있으며 광고와는 달리 통제하기가 어렵다. McDonald는 초기에 San Diego 근처의 공중으로부터 부정적인 기업 이미지로 인식되었다. 체인점은 한 지방 레스토랑에서의 총격사건으로 22명의 생명을 앗아간 후에도 평상시처럼 오픈할 계획이었다. 그러나 McDonald 경영진이 생각한 것은 공중이 요구한대로 점포를 헐어 성지로 만들겠다는 것이었다. 그들이 이 사실을 발표하였을 때 McDonald의 부정적인 기업 이미지가 긍정적인 기업 이미지로 빠르게 바꾸어졌다.

홍보는 보다 넓은 개념인 공중관계(public relation : PR)의 일부이며, 공중관계는 하나의 기업이 공중으로부터 호의적인 태도를 확보하거나 긍정적인 이미지를 조성하는 과정을 말한다. 공중관계의 전략적 커뮤니케이션 수단으로 인식이 확산되면서 기존 고객 중심의 마케팅 PR(Marketing Public Relations : MPR)과 비고객 대중관계의 PR 활동인 기업 PR(Corporate Public Relations :CRP)로 개념이 세분화 되었다. MPR은 주로 신제품 출시에 즈음하여 제품을 극적으로 표현하기 위한 퍼블리시티에 자주 등장 시킨다. 스마트폰, 자동차 등이 출시되기 전 의도적으로 제품정보를 대중에게 공개하는 것이나, CEO가 대중을 상대로 신제품을 소개하는 이벤트 등이 MPR의 한 종류이다. 효과적인 기업 CPR은 급변하는 기업환경에서 기업목표를 이해시키거나 경영활동에 조언을 하기 위하여 필요하고, 효과적인 MPR은 심화된 경쟁시장에서 마케팅 목표를 지원하는데 필수적이다. 홍보와 공중관계는 광고보다 어떤 측면에서는 더욱 효과적이고 비용측면에서는 상대적으로 저렴하다고 할 수 있는 대량판매에 공헌하기 위해서 공동으로 실행되어야 한다.

1 홍보목표의 설정

홍보는 공중관계의 한 수단이기 때문에 목표는 다음과 같이 명확하게 정의할 수 있다.

첫째, 신제품 제공을 발표하기 위해 기자회견(press conference)을 한다.

둘째, 소년소녀가장돕기 행사나 사회복지시설의 건립에 참여하는 기업에 관한 정보를 발표함으로써 긍정적인 기업 이미지를 창출한다.

셋째, 주요 인물의 승진을 발표하기 위해 기자회견을 준비한다.

넷째, 공중이 유명인사와 접촉하도록 초대한다.

다섯째, 기업의 역사에 관한 기사를 한 잡지에 게재함으로써 새로운 로고 내지 슬로건을 도입한다.

이러한 날성 가능한 모든 목표는 기업의 전반적인 마케딩 계획과 촉진계획에 의해 이루어진다.

2 홍보의 수단

일반적으로 기업에서는 홍보와 PR 전문가를 고용하여 기업의 좋은 이미지를 창출하고 이를 각종 매스컴과 접촉하여 전문적으로 홍보와 PR활동을 벌이게 된다. 기업 측면에서 동원할 수 있는 홍보와 PR수단을 열거하면 다음과 같다.

① **뉴스, 기자회견(news, press release)** : 재미있는 기사거리를 만들어 매스컴을 이용하게 한다.

② **인쇄물(printing media)** : 잡지, 사보, 회사의 각종 보고서, 소책자 등에 기업의 좋은 이미지를 소개하여 배포한다.

③ **로비활동(lobbing)** : 정부 및 각종 사회단체와 유대관계를 맺으면서 기업에 유리하게 각종 법규 및 조례를 제정하게 한다.

④ **최고 경영자의 강연 및 세미나 주최(throwing lecture and seminar)**

⑤ **공공 서비스 활동(public service)** : 장애자 돕기, 모금 운동의 전개, 소년·소녀 가장 돕기 운동에 적극적으로 참여한다.

⑥ **정보 통신기기의 활용** : 정보기기를 활용하여 각종 정보를 소비자에게 제공하여 기업의 이미지를 홍보한다.

이외에도 홍보 및 PR수단에는 기업의 창의적인 노력여하에 따라서 얼마든지 다른 훌륭한 수단을 개발해낼 수 있다.

3 홍보관리

일단 홍보의 목표가 설정되면 다음에는 예산을 고려해야 한다. 홍보는 무료이기 때문에 예산은 보통 관련되지만, 간접적인 지출경비에 대한 비용을 반영한다. 예를 들면, 삼성은 야구부 운영을 위해 유명 선수와 연봉 계약시 소요되는 경비 및 운영비에 대한 예산계획을 수립해야 하며, Hills 소매점 체인은 새로운 점포를 개점할 때 미식축구 스타인 Herschel Walker를 등장시키기 위해 소요되는 경비에 대한 예산계획을 수립해야 했다. 이러한 활동들은 무료가 아니지만 TV 중개방송, 신문기사나 구전 촉진은 무료이다.

다음 관리 단계는 메시지를 선정하고 메시지를 전달하는 매체나 특별 이벤트를 선정하는 홍보계획을 신중하게 행동으로 이행하는 것이다. 이것은 많은 출판물이 수백 개의 보도 자료를 가지고 있지만 단지 극소수의 비율로 이러한 보도 자료를 이용하고 있기 때문에 매우 중요하다. 따라서 출판업자는 매우 정서화되고 뉴스로서의 가치가 있는 자료를 출판하고 일반공중이 관심을 가지고 있는 이벤트를 개발하여야 한다. 게다가, 출판업자는 어떤 매체가 홍보의 형태에 가장 적합한지를 파악해야 한다.

마지막으로, 홍보의 효과를 평가하는데 전반적인 판매촉진 캠페인 형태의 결합으로 인해 홍보의 정확한 측정이 어렵다. 그러나 가장 쉬운 평가방법은 실제 홍보가 등장하는 시기와 장소가 표기되어 출판되는 모든 홍보 클리핑 책자(clipping book)를 보존하는 것이다. 다음으로는 광고 캠페인의 결과로써 제품에 대한 인지, 이해, 태도에 어떠한 변화가 이루어졌는지 파악해야 하는데 이때에는 이러한 변수의 홍보 전 및 홍보 후의 수준이 어떤가 측정할 필요가 있다. 기타의 다른 측정방법으로는 홍보의 판매와 이익에 미치는 영향이 있는지 파악하기 위한 조사방법 등이 있다. 그러나 홍보효과를 측정하는 보다 나은 방법이 계속해서 개발되어야 한다.

기억은 과거다. 기억과 과거는 유한하다. 비젼은 미래다. 비젼과 미래는 무한하다. 비젼은 역사보다 크고, 선입견보다 크고, 과거 감정의 상처보다 크다. 비젼은 경험과 과거를 뛰어넘을 수 있게 해 준다.

– 스티븐 코비, '성공하는 사람들의 8번째 습관' –

요약정리

촉진이란 기업이 소비자들에게 자사제품이나 서비스를 시장에서 적정한 가격에 구매하게 하거나 재구매 유도를 목적으로 제품이나 서비스의 효능에 대해서 현재 및 잠재고객을 대상으로 정보를 제공하거나 설득하는 마케팅 노력의 일체라 할 수 있으며, 오늘날 마케팅 믹스의 요소 중 가장 핵심적인 역할을 하고 있다. 설득이란 어느 일방이 상대방의 생각과는 상관없이 본인이 처음 의도한 방향대로 상대방의 마음을 움직여 목적을 이루는 것이라 할 수 있다.

촉진의 주요한 목적에는 광고, 인적판매 등 현재 및 잠재적 소비자들에게 자사제품의 정보제공과 자사제품에 대한 기존의 태도나 행동 등을 우호적으로 변화하게 하거나 현재의 태도나 행동 즉, 자사제품에 대한 이미지를 더욱더 강화시키기 위해서 행해지는 설득 그리고 자사제품을 소비자들의 마음속에 늘 유지시키기 위하여 소비자들에게 소비합리화를 강조하며, 합리적인 소비는 곧 자사의 제품을 구매하여 사용했을 경우 발생한다는 사실을 인식시키기 위한 회상 등이 있다.

판매촉진이란 제품이나 서비스의 판매 내지 구매를 촉진하기위한 단기 자극책으로 광고, 인적판매, 홍보활동에 속하지 않는 잡다한 활동을 말하지만, 이의 목적은 유통경로를 통한 제품흐름 활동을 유지하는 것이다. 이러한 판매촉진 목적은 판매원, 중간상 그리고 소비자를 자극하기 위하여 여러 형태의 촉진수단을 제공함으로써 달성된다.

마케팅 담당자에게 유용한 촉진믹스의 한 요소인 판매촉진은 광고, 인적판매 그리고 공중관계와 함께 기업의 전략적 마케팅 계획수립 단계에서 기타 다른 촉진믹스요인과 결합되어 하는데 이는 판매촉진목표를 설정하고 난 다음에 그에 맞는 적당한 전략을 설정하고 판매촉진에 독립된 예산이 지급되고 그리고 최종적으로 판매촉진성과를 측정하는 관리활동이 수행되는 것을 의미한다. 그리고 광고에서의 판매촉진의 역할은 서로 독립적인 활동이라기보다는 구매 시점에서 소비자들로 하여금 최종적인 구매활동을 하게끔 유도하는 판매촉진이 광고활동을 지원하는 역할을 수행할 때 더 큰 효과를 창출할 수 있다.

판매촉진은 판매원과 판매원의 머천다이징 노력을 지원하고, 제품판매과정에서 중간상의 적극적인 지원을 확보하며, 소비자에게 보다 많은 제품을 판매하는 기본적인 세 가지의 목적을 가지고 있으며 이러한 목적을 수행하는 판매촉진의 유형에는 크게 소비자 판매촉진과 재판매업자 내지 거래 판매촉진이 있다.

인적판매는 잠재적 구매자의 욕구를 확인하고, 이들의 욕구와 기업의 제품을 서로 조화시키며, 잠재적 구매자에게 이러한 조화에 대한 확신을 심어줌으로써 결국 제품을 구매하도록 하는 잠재적 구매자와 판매원과의 쌍방적 커뮤니케이션 흐름을 말한다. 그리고 이들의 역할은 최근에 이르러 매우 극적으로 변화하고 있는데 오늘날 이들은 단순히 제품을 판매하는 판매원이라기보다는 마케팅 정보를 수집하고, 고객이 직면하고 있는 문제를 해결하며, 고객을 파악하고 유지하는 활동을 하고, 고객들에게 지속적인 서비스를 제공하는 역할을 수행한다.

인적판매는 많은 비용과 시간이 소요되며 소매거래의 경우 지명도가 매우 낮다는 단점이 있음에도 불구하고 탄력성이 크고 다양한 제품을 판매할 수 있으며 기타 다른 촉진믹스요인보다 더욱 효과적인 판매촉진수단이라는 장점이 있다.

판매 관리자는 판매원의 목표를 신중하게 설정하고, 판매원을 모집·선발하며, 판매원을 판매지역에 배치하고, 판매원 판매노력에 합당한 보상과 동기부여 내지 훈련을 제공하며, 판매결과 즉, 성과를 비교하여 판매원을 평가하는 판매관리활동을 수행해야하는 책임을 지고 있다.

홍보는 아이디어, 제품, 기업과 관련된 유료의 대가를 지불하지 않는 상업적으로 중요한 뉴스나 사설 논평을 말하며 이는 구두, 문서, 행동 지향적인 특성을 가지고 있다. 그리고 홍보는 광고와 달리 통제에 어려움이 있지만 소비자의 수요를 자극하는 활동을 한다. 하나의 기업이 공중으로부터 호의적인 태도를 확보하거나 긍정적인 이미지를 조성하는 과정인 공중관계의 일부이기도 한 홍보는 신제품 제공을 발표하기 위해 기자회견을 하며, 기업정보를 제공함으로써 긍정적인 기업 의 이미지를 창출하며, 주요 인물의 승진을 발표하기 위해 준비하며, 공중이 유명인사와 접촉하도록 초대하며, 기업의 역사에 관한 기사를 한 잡지에 게재함으로써 새로운 로고나 슬로건을 도입하는데 이는 기업의 전반적인 마케팅계획과 촉진 계획에 의해 이루어진다.

그리고 홍보는 뉴스, 기자회견, 인쇄물, 로비활동, 최고 경영자의 강연, 세미나 주최, 공공 서비스 활동, 정보 통신기기의 활용 등과 같은 수단을 이용하는데 이는 기업의 창의적인 노력여하에 따라 얼마든지 다른 훌륭한 수단을 개발해낼 수 있다.

홍보의 관리내용을 살펴보면, 홍보의 목표가 설정되면, 다음에는 홍보예산을 책정한다. 그리고 다음 단계로는 홍보계획을 신중하게 ― 메시지를 선정하고 메시지를 전달하는 매체나 특별 이벤트를 선정하는 ― 행동으로 이행하는 것이다. 이러한 과정을 거쳐 최종적으로 홍보의 효과를 평가하는 과정을 끝으로 홍보의 관리활동은 끝난다.

최근 그 중요성이 대두되고 있는 구전 마케팅은 기업이 인위적 혹은 의도적으로 개입하여 특정의 소비자들에게 입소문을 만들게 함으로써 사사제품에 대한 우호적인 이미지를 포지셔닝하여 기업이 추구하는 목적을 달성하고자 하는 마케팅을 말한다. 즉, 소비자들의 소비심리를 이용하여 전염성이 강한 입소문을 무기로 해서 많은 비용이 투입되는 대대적인 홍보나 광고가 없이도 상품의 경쟁력을 키우는 것이다. 구전 마케팅(word of mouth marketing)은 입소문 마케팅, 바이러스 마케팅 또는 버즈 마케팅(buzz marketing) 등과 유사한 의미로 쓰이고 있다. 구전 마케팅이 성공을 거두기 위해서는 첫째로는 제품의 품질이 우수하여야 하며, 둘째는 기업이 제품에 대하여 의도적 혹은 인위적으로 공급을 제한하여야 한다. 셋째, 유명연예인이나 인지도가 높은 사회명망가들을 이용하여야 하며, 넷째로는 제품을 시장에 처음으로 출시하여 소비자들이 구매 후 제품에 대한 평가를 적극적으로 이용하여야 하고, 마지막으로 소비자들의 심리를 이용하여야 한다.

용어해설

판매촉진(sales promotion)
제품이나 서비스의 판매 내지 구매를 촉진하기 위한 단기 자극책으로 광고, 인적판매, 홍보 활동에 속하지 않는 잡다한 활동

소비자 판매촉진(consumer sales promotion)
제품이나 서비스의 최종 사용자를 표적으로 하는 수요자극 프로그램

가격할인(price reductions)
어느 한 제품가격 수준에서의 일시적인 할인

쿠폰(coupons)
소비자가 특정제품을 구입할 때 할인혜택을 받을 수 있도록 제공되는 법적증서

콘테스트(contests)
일련의 기술이나 능력을 기초로 하여 상품이나 보상을 얻기 위하여 참가자들이 경쟁하는 프로그램

경품추첨(sweepstakes)
제비뽑기나 기타 다른 선택기회에 참가하여 참가자들로 하여금 자신의 이름을 기입하여 제출하도록 한 다음 당첨자를 뽑아 상품이나 보상을 제공하는 판매 촉진수단

환불(refunds)
마케팅 담당자가 제품을 구입하는 소비자에게 제품가격의 일부를 반환하여 주는 판매촉진수단

경품제공(premium offers)
소비자가 보통 제품을 구입하거나 구매시점시 점포를 찾거나 하는 특정행동을 한 대가로 받는 유형의 보상

거래 스탬프(trading stamps)
제조업자가 소비자에게 우편형의 스탬프를 교부하여 소비자로 하여금 제조업자가 지정한 점포에서 제품과 교환할 수 있도록 하는 판매촉진수단

소비자 견본(consumer sample)
소비자에게 제품이나 서비스를 무료로 제공하는 판매촉진수단

구매시점진열(point-of-purchase displays)
제조업자에 의해 설계되며 특정브랜드나 제품계열을 촉진하기 위해서 소매상에게 배포되는 형태의 촉진수단

중간상 경품(dealer premium)
일정량 이상의 자사제품을 구입한 대가로 제조업자가 소매상에게 제공하는 경품

거래할인(trade deals)
소매상들이 제조업자들로부터 제품할인, 현물, 현금 등을 제공받고 이에 대한 대가로 제조업자의 제품에 특별촉진노력을 경주하는 활동

구매공제(buying allowance)
제조업자가 특정기간 동안에 자사의 특정제품을 구매하는 중간상에게 구매량당 일정액의 금액을 지불하는 제도

광고공제(advertising allowance)
제조업자가 자사제품 광고에 기여한 중간상에게 제공하는 보상

상품공제(merchandise allowance)
제조업자가 자사의 제품특징이나 성능, 효용가치를 증대시켜 준 중간상에게 제품을 추가적으로 제공하는 것과 같은 보상책의 일부

진열공제(display allowance)
중간상이 제조업자의 제품을 선반진열대 등에 특별히 전시 내지 진열하거나 특별코너를 제공해 준 대가로 제조업자가 중간상에게 제공하는 보상

창의적인 판매과정(creative selling process)
판매원이 적극적으로 자신의 고객들을 탐색하고 난 다음 고객들로 하여금 구매하도록 동기를 부여하는 조직화된 판매제시를 이용하는 판매과정

제조업자 대리상(manufacturer`s representative)
보통 소규모 제조기업이 도매상, 유통업자, 중간상 그리고 때로는 최종 소비자에게 제품을 판매하기 위해 고용하는 주문 획득자

기술적 판매(technical selling)
고객과 기술 스탭들이 함께 활동을 하는 경험 있는 과학 연구원들에 의해 이루어지는 판매형태

친선사절판매(missionary selling)
중간상에 의해서 수행되는 인적판매를 보완하기 위해서 수행되며, 이는 정기적으로 중간상의 제품재고를 점검하고, 진열배치를 하고, 판매에 관한 조언을 하는 동시에 고객에게 신제품을 통보하기 위하여 도매상과 소매상 양자에게 접촉하는 판매형태

판매관리(sales management)
인적판매를 계획하고 조직하며, 지휘·조정·통제하는 일련의 과정

판매지역(sales territories)
판매원이 활동하고 있는 지리적 구역

훈련욕구분석(training needs analysis)
판매원에게 할당된 판매지역 중 문제가 있는 지역을 파악하기 위해 판매 관리자가 수행하는 연구조사

홍보(publicity)
아이디어, 제품, 기업과 관련된 유료의 대가를 지불하지 않는 상업적으로 중요한 뉴스나 사설 논평

공중관계(public relation)
하나의 기업이 공중으로부터 호의적인 태도를 확보하거나 긍정적인 이미지를 조성하는 과정

토의문제

1. 촉진과 설득의 차이점에 대해서 설명하시오.

2. 판매촉진이란 무엇인가? 그리고 최근에 판매촉진이 빠른 속도로 증가하는 이유는?

3. 재판매업자 판매촉진이 달성하고자하는 목표 네 가지를 들고 충동구매를 자극하기 위해서 사용할 수 있는 판매촉진책을 열거하고 설명하시오.

4. "판매촉진 방법들은 소비자 촉진에 이용될 때에만 효과적이다." 이에 대해 논평하시오.

5. 슈퍼마켓 제품에 가장 광범위하게 이용되는 판매촉진 방법을 들고 그 이유를 설명하시오.

6. 현대의 인적판매원의 역할이 과거의 인적판매원의 역할과 다른 이유는 무엇인가?

7. 여러분이 (a) 자동차, (b) 치약, (c) 컴퓨터를 생산하는 기업의 마케팅 관리자라고 가정한 다음 이들 제품을 판매하기 위해서 인적판매를 어떻게 수립할 것인지, 그리고 인적판매원의 장·단점이 무엇인지 설명하시오.

8. 판매 관리자가 판매원이 최적 수준에서 판매활동을 수행하도록 동기를 부여하는 방법에 대해서 토의하시오.

9. 양적·질적 판매성과 측정방법을 비교 설명하시오.

10. 광고와 홍보는 어떠한 차이점이 있는지 설명하시오.

11. 마케팅 관리자가 홍보의 효과와 공중관계노력을 어떻게 평가하는지 그 방법에 대해서 토의하시오.

참고문헌

1) 안광호 외 2인 옮김. "마케팅 입문" 경문사, 2008, p.480.
2) Roger A. Strang, "Sales Promotion-Fast Growth, Faulty Management," Harvard Business Review (July~August 1976), pp.115~124.
3) Dom E. Schultz, Dennis Martin, and William P. Brown, Strategic Advertising Campaigns, 2nd ed. (Lincolnwood, IL : Crain Books, 1984), pp. 388~90.
4) Leonard M. Lodish, The Advertising and Promotion Challenge (New York : Oxford University Press, 1986).
5) Richard E. Stanley, Promotion (Englewood Cliffs, N.J. : Prentice-Hall, 1977), p.310.
6) Ronnie Telzer, "Rebates Challenge Coupons' Redeeming Values," Advertising Age, March 23, 1987, pp.S~18, S~20.
7) *The Wall Street Journal*, August 28, 1986, p.19.
8) J. Ma.x Robbins, "Making Point-of-Purchase More Pointed", *Adweek, November* 10, 1986, p.8.
9) *Chief Executive officer*(Chicago. Heidrick and Struggles, 1987), p.7.
10) Keith M. Jones, "Held Hostage by the Trade?" Advertising Age, April 27, 1987, p.18.
11) Richard E. Stanley, *Promotion*(Englewood Cliffs, N. J. : Prentice-Hall, 1977), p.276.
12) Frederick Russell, Frank H. Beach, and Richard H. Buskirk, *Selling*(New York : McGraw-Hill, 1982), p.526.
13) "Learning How to Sell Small Cars", *Business Week*, March 27, 1975, pp.124~126.
14) Richard E. Stanley, *Promotion*(Englewood Cliffs, N.J.: Prentice-Hall, 1977), p.285.
15) "Getting a kick from Experience," Sales&Marketing Management, September 10, 1984, pp. 92~98 ; and Al Urbanski, "Good Times or Bad, Motivators Rage on," Sales & Marketing Management, April 2, 1984, pp. 110~111.
16) "Sales Performance Reports", *Small Business Report*, August 1983, pp.31~34.
17) 김상현외 8인. "마케팅" 이프레스, 2011, p.351.

CHAPTER 14

꽃 비

한 사내
집을 찾아 오기엔
그래, 너무 멀리 갔었네
제 그림자 보다 더 큰 등짐
수축되지 않는 외로운 등불 하나 켜 놓은 채
늘 큰소리에 마당발을 지닌
그 사내
영락산 홀로 오르네
소중한 이름 가슴에 묻고
산보다 더 푸른 몸짓 화염에 쌓여
무언의 잠 청하는
마지막 눈물 이었네, 인사였네
뜨겁고 마알간 꽃잎으로 피어있는 산벚꽃
산자락 아프게 뒤덮고 마는
찬란한 날이었네

―김 수산나―

Maketing

인터넷 마케팅

CHAPTER

15

제1절 인터넷 마케팅의 본질

1 인터넷의 정의

역사적으로 볼 때 인터넷은 1960년대 미국과 소련의 냉전시대에 등장했다고 보는 것이 일반적이다. 핵전쟁이 일어날 경우 모든 통신이 두절되어 전쟁에 필요한 정보교환이 불가능해질 것을 대비한 미국의 국방성이 군사통신을 보완하고자 하는 목적으로 컴퓨터 네트워크 연구에 자금을 지원해 주면서 시작되었다. 당시 국방성이 수행하였던 여러 프로젝트 중의 하나인 ARPANET(Advanced Research Project Agency)라고 불리우는 광역 네트워크 사업이 현재 인터넷의 모체가 되었다 볼 수 있다.

인터넷의 폭발적 성장은 WWW(World Wide Web)프로토콜의 등장으로 가속화되었으며, 초기의 이용자들은 정부기관이나 학계에 종사하는 소수의 사람들이었다. 하지만, 인터넷은 대중매체 중 인류 역사상 가장 빠른 속도로 확산되었으며 이는 세계적으로 정치, 경제, 사회, 문화 등 모든 부분에 없어서는 안 될 필수품이 되어 인류 문명에 엄청난 변화를 일으키고 있다.

이용사가 5천만 명을 돌파하는데 걸린 시간은 텔레비전 13년, 라디오 38년, PC(Personal Computer)가 16년이었던 것에 비하여 인터넷은 5년밖에 걸리지 않았다. 이것은 인터넷이 커뮤니케이션 메체이며 유통매체라는 이점이 있기 때문이다. 그러나 이러한 인티넷에 대한 정의는 아직 명확하지 않다.

인터넷이란 이름은 1973년 인터넷 프로토콜 TCP/IP(Transmission Control Protocol/Internet Protocol)의 기본 아이디어를 생각해 낸 빈튼 서프와 밥 간이 '네트워크의 네트워크'를 지향하며, 모든 컴퓨터를 하나의 통신망 안에 연결(InterNetwork)하고자 하는 의도에서 이를 줄여 인터넷이라 처음 명명하였던 데에 어원을 두고 있다. 이후 많은 학자 및 단체들이 인터넷의 정의를 내리고 있는데 그 중 대표적인 것으로 미국의 연방 네트워크 위원회(FNC: Federal Networking Council)의 "IP(Internet Protocol)에 기반을 둔 유일한 주소체계로 전세계적으로 연결되어 있는 글로벌 정보시스템(Global Information System) 혹은 TCP/IP를 사용하여 상호간에 커뮤니케이션을 할 수 있도록 지원하는 통신시스템"이라는 정의를 들 수 있다. 또한, 누구나 접근하여 사용할 수 있는 통신과 관련 인프라구조에 기초를 둔 고차원의 서비스(high level service)를 인터넷으로 정의하고 있다.

amazon.com ebay

그림 15-1 amazon.com, ebay

2 인터넷의 등장과 마케팅 환경의 변화

인터넷의 등장으로 비즈니스의 속도는 점점 빨라지기 시작했다. 특히 1990년대 초부터 허용된 인터넷의 상업화로 인해 모든 업종에서의 인터넷의 영향력은 점증하기 시작했다.

제조업, 유통업 그리고 판매업 등 모든 업종에서 인터넷이 활용되어지고 결국 이러한 변화는 생산자로부터 소비자에 이르기까지 비즈니스 마케팅 환경을 달라지게 하는 계기가 되었다.

생산자와 소비자 사이의 커뮤니케이션이 일방적 입장에서 양방향을 통한 직접상거래로 변화되었고, 사업영역간의 경계와 장벽도 무너져 산업간 통합화가 진행되기 시작하였다. 또한, 인터넷이 가지고 있는 가장 큰 장점인 시간과 공간을 뛰어넘는 커뮤니케이션의 역할이 더 이상 물리적 장벽을 장애물로 여기지 않게 만들었다.

이러한 변화를 그림으로 보면 다음과 같다.

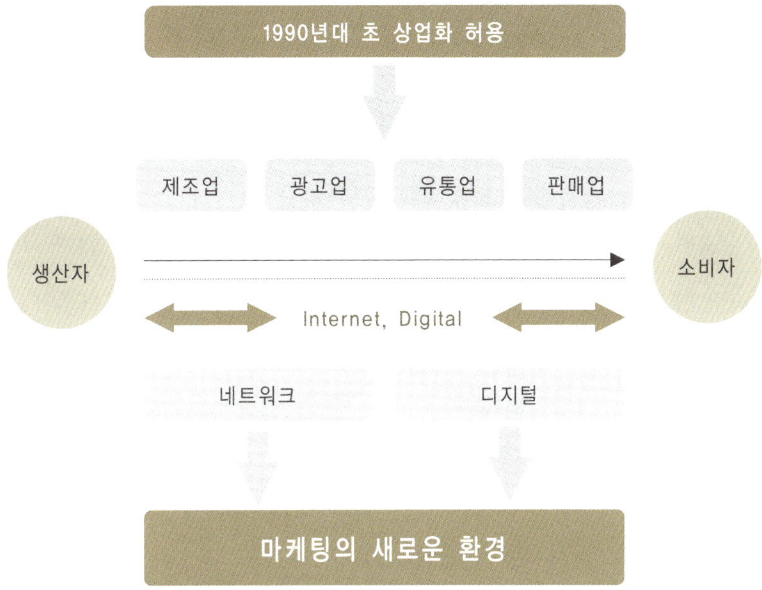

- Direct/Interactive : 생산자와 소비자가 Two-way Communication을 통한 직접 상거래
- Multi/Integration : 기존의 사업영역 간의 장벽과 경계가 무너지는 통합화된 환경
- Anytime/Anywhere : 시간, 공간적 제약이 없어져 물리적인 상벽이 낮아지는 가상공간

그림 15-2 마케팅 환경의 변화

이와 같은 인터넷의 등장은 마케팅 환경을 크게 두 가지로 변화시켰다. 그것은 디지털 환경과 네트워크 환경이다. 인터넷은 디지털 환경으로의 변화를 통해 고객과의 직접 접촉 기회를 증대시켰다. 또한, 이를 통해 고객의 참여의식을 고취시키게 되었고 기업의 입장에서도 고객의 여러 가지 여건을 고려하게 되었다. 따라서 기존의 일방적인 기업으로부터의 정보제공이 아닌 고객과의 양방향 커뮤니케이션이 이루어지기 시작하였다.

인터넷 전화 광고

인터넷을 통한 디지털 환경의 개선은 집적용량은 급속도로 성장하는 반면 그 비용은 계속적으로 떨어지는 환경의 변화와 맞물려 가파른 성장

을 이루어지고 있다. 네트워크 환경의 변화도 마찬가지이다. 인터넷을 통한 네트워크가 진행되면서 누구든지 쉽게 커뮤니케이션 망에 접근할 수 있게 되고 24시간 서비스 제공이 시작되었다. 기업과 고객 1인과의 관계가 아닌 기업과 불특정 다수 고객과의 네트워크, 혹은 다수의 소비자 간의 네트워크 형성은 기업 환경을 크게 변화시켰다. 인터넷의 발달이 고객의 정보 활용을 용이하게 하고 그것이 기업의 경쟁력으로 자리 잡게 만든 것이다.

이처럼 인터넷의 디지털 환경 제공과 네트워크 환경 지원이 비즈니스의 환경 변화를 주도하고 그 변화에 적응하지 못하면 기업은 이제 생존 할 수 없도록 변화는 가속화 되고 있다. 이러한 인터넷의 등장은 결국 많은 기업들에게 인터넷을 통한 마케팅이 필요하다는 것을 깨닫게 하였다.

3 인터넷 마케팅의 정의와 특성

인터넷 마케팅(internet marketing)이란 컴퓨터 통신망인 인터넷이 구상하는 사이버 스페이스(cyber space)라는 가상공간 속에서 기업과 소비자가 쌍방향 커뮤니케이션을 통하여 상거래 행위와 이와 관련된 정보의 제공과 검색, 의사결정과정의 지원, 광고, 이벤트, 상담 등의 마케팅 활동을 수행하는 것으로, 사이버 마케팅(cyber marketing)이라고도 한다.

인터넷의 폭발적인 확산, 멀티미디어, 정보 통신 기술의 진보로 음성, 화상 등의 멀티미디어 등이 발달하게 되면서 컴퓨터가 제공하는 사이버스페이스라는 가상의 공간을 통해 기업과 소비자간 실시간, 쌍방향 의사교환이 가능한 커뮤니케이션을 통한 마케팅 활동이 가능해진 것이다.

학자들에 따라 인터넷 마케팅의 정의는 조금씩 다르다. 김재일(2002)에 의하면 "인터넷 마케팅은 쌍방향의 반응적 마케팅으로써 개별 소비자를 마케팅 과정에 참여시키고 상호간의 접촉을 장려하며 반응을 유도하는 것"이라고 정의하였다. 이두희(2003)는 "인터넷 환경에서 조직이나 개인이 교환을 창출하고 지속적인 관계를 유지하기 위해 시장에 대한 지식을 바탕으로 시장을 정의하고 관리하는 과정"이라고 했다.

일반적으로 "인터넷 마케팅은 기업과 고객 모두의 목표를 충족시키는 아이디어, 제품 및 서비스의 교환을 촉진시키기 위하여 온라인 활동을 통하여 고객관계를 구축하고 유지하는 과정이다."

이러한 정의에는 다섯가지 중요한 특징이 있다.

첫째, 과정으로써의 인터넷 마케팅 : ① 시장기회분석, ② 마케팅전략의 공식화, ③ 고객경험의 설계, ④ 마케팅 프로그램 설계, ⑤ 고객 인터페이스의 설계, ⑥ 마케팅 프로그램의 평가

둘째, 고객관계의 구축과 유지

셋째, 온라인 : 인터넷 세계에서 이용가능한 모든 수단들을 활용

넷째, 교환 : 온라인이든 오프라인이든 마케팅 프로그램의 핵심은 교환

다섯째, 고객과 기업 양 당사자 모두의 목표 충족

인터넷 마케팅은 전통적인 오프라인 마케팅과 그 특성에 있어 차이를 보인다. 예를 들면, 오프라인 마케팅이 시장점유율에 초점을 두고 있다면 인터넷 마케팅은 고객점유율에 그 중점을 두고 있다는 것이다. 고객 각자의 접촉과 마케팅을 통한 인터넷 상에서의 고객확보가 결국 인터넷 마케팅의 승패를 좌우한다고 할 수 있다.

인터넷 마케팅과 오프라인 마케팅의 특성을 비교해 보면 다음과 같다.

표 15-1 오프라인 마케팅과 인터넷 마케팅의 특성비교

오프라인 마케팅	인터넷 마케팅
시장점유	고객점유
대중마케팅	1 대 1 마케팅
거래마케팅	관계마케팅
일방적	쌍방향적
이미지 중심	정보중심
제품중심	관계중심
수동적 고객	능동적 고객
간접경로위주	직접경로

인터넷 마케팅이 갖는 장점과 단점에 대해서도 생각해 볼 필요가 있다. 기술과 통신의 발달이 가져다 준 인터넷은 우리에게 많은 장점을 주지만 동시에 단점도 제공하

고 있다.

인터넷 마케팅의 장점과 단점은 다음과 같다. 인터넷을 통해서 시간이 절약되고 상상하지 못했던 수많은 정보를 실시간으로 찾아보고 만날 수 있다는 것은 당연히 장점일 것이다. 그러나 개인정보보호 관련 문제나 스팸메일과 같은 나에게 필요하지 않은 정보의 무분별한 송수신, 과다한 정보의 홍수로 인한 탐색비용의 증가 등 인터넷 마케팅에는 단점도 다수 존재한다.

인터넷 마케팅의 장점과 단점을 정리하면 다음과 같다.

표 15-2 인터넷 마케팅의 장점과 단점

장 점	단 점
• 고객 서비스의 향상 • 판매경비의 절약 • 공간상의 이점 • 시간절약 • 정보의 양 • 유통구조의 단순화 • 환경보호	• 개인정보 유출 • 무분별한 발송 • 정보의 홍수로 인한 탐색비용 증가

자료 : 한국인터넷마케팅 연구회(2003)

인터넷을 마케팅의 수단으로 사용하는 인터넷 마케팅은 소비자 입장에서는 24시간 신속한 서비스를 제공받을 수 있으며, 기업과 소비자간 쌍방향커뮤니케이션이 가능하고 기업과 제품에 대한 정보, 주문과 대금결제, 상담 등을 시간적·공간적 제약 없이 실행할 수 있다는 장점이 있다. 기업의 입장에서는 주문처리, 상담 및 계약체결, 대금결제, 고객지원, 광고, 홍보, 경쟁자 및 경쟁 제품정보 등을 신속하게 입수할 수 있다는 장점을 갖고 있다.

이와 같이 인터넷 마케팅은 기업 간, 기업과 소비자 간, 소비자와 소비자 간을 직접 연결함으로써 거래비용의 절감, 높은 광고효과, 거래시간 및 공간적 제약의 극복, 실시간 쌍방향 통신을 통한 고객 서비스의 형상 등의 여러 가지 이점이 있다.

4 전자상거래

(1) 전자상거래의 개념

전자상거래(electronic commerce)라는 용어는 1989년 미국의 Lawrence Liver more National Laboratory에서 처음 사용된 후 미국 연방정부가 이것을 도입하면서 인터넷의 보급과 더불어 빠르게 전세계적으로 확산되었다. 전자상거래에 대한 용어는 정확하게 정립되어 있지 않지만 일반적으로 기업과 기업 간, 정부와 같은 독립된 조직과 기업 간, 개인과 기업 간, 조직과 조직 간, 개인과 조직 간 등에 다양한 전자적인 매체를 활용하여 제품이나 서비스를 상호 교환하는 방식이라 할 수 있다.

Kalakota and Whinston(1996)는 "컴퓨터 네트워크를 이용하여 정보, 제품 및 서비스를 구매 판매하는 행위이다"라고 전자상거래에 대하여 정의하고 있으며, OECD (2001)는 전자상거래를 "인터넷과 같이 개방된 통신망에서 일어나는 모든 거래와 거래에 관련된 망의 인프라까지를 포함하는 개념" 이라고 정의하여 전자상거래의 범위를 보다 확장시켰다. 우리나라의 경우 통계청(2002)이 전자상거래를 정의하고 있는데, 통계청은 "컴퓨터와 네트워크라는 전자적인 매체를 통하여 상품 및 서비스의 거래가 이루어지는 방식"이라고 전자상거래를 정의하고 있다.

즉, 전자상거래란 상품거래를 목적으로 인터넷을 이용하는 기업의 모든 활동을 말한다고 할 수 있다. 즉, 제품을 사고팔고, 대금을 지불하는 등의 일반 상거래와 관련된 모든 활동을 인터넷을 통해 처리하는 것을 말한다. 이러한 전자상거래를 통해 Amazon.com과 ebay.com은 마케팅기능의 비용절감을 할 수 있게 하였다. 마찬가지로, Google.com 및 MSN.com은 쉽게 많은 기업들이 웹기반의 정보 검색이나 거래와 고객만족을 이룰 수 있도록 하였으며, 거시마케팅 시스템의 효율성에 큰 영향을 주었다. 동시에 많은 개인 기업은 수익성과 고객 만족도를 향상시키기 위해 이러한 혁신을 활용합니다.

전자상거래를 통해 전문화, 규모의 경제, 마케팅 담당자 및 공동 중개인보다 저렴한 비용으로 생산자 또는 소비자가 할 수 있는 마케팅기능이 더욱 커져가고 있다. 이러한 전자상거래 시장은 1990년대 후반 닷컴기업들의 등장 이후 매우 빠른 속도로 성장하고 있다. 특히 기업 간 거래인 B2B 시장은 전체 전자상거래 시장의 90% 이상을 차지하는 가장 큰 분야이다. B to C 시장 역시 꾸준히 확대되고 있다. 2010년의 소매판매액에서 사이버쇼핑이 차지하는 비중은 10%에 육박하고 있다. 사이버쇼핑은 2008년 금융위기에도 불구하고 주요 업태 중 유일하게 2010년 20%를 넘는 성장세를 보이는 등 안정적인 성장세를 보이고 있다.

표 15-3 국내 전자상거래 시장규모 추이

(단위 : 십억원)

연도	총규모	B to B	B to G	B to C	C to C
2002	177,810	155,707	16,632	5,043	427
2004	314,079	279,399	27,349	6,443	888
2006	413,584	366,191	34,435	9,132	3,826
2008	630,087	560,255	52,266	11,359	6,207
2010	824,391	747,090	52,772	16,005	8,523

자료 : 통계청(2011)

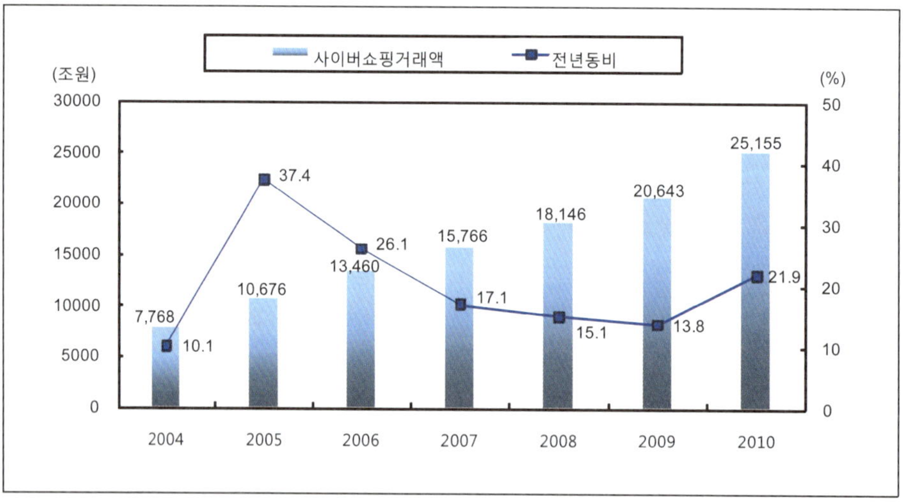

자료 : 통계청(2011)

주 : 사이버쇼핑에서 발생한 일부 B to B, B to G 포함

그림 15-3 사이버쇼핑 거래액 및 전년동기비 추이

(2) 전자상거래의 분류

전자상거래의 형태는 기준에 따라 다르게 분류될 수 있으나 일반적으로 전자상거래의 형태를 분류하는데 많이 사용되고 있는 것이 거래주체에 따른 분류이다.

1) 기업간의 거래(Business to Business : B to B)

기업들간의 거래는 가치창출이 이루어지는 활동을 기업과 기업의 거래에 초점을 둔 것으로써 기업내부의 거래가 용이하게 이루어 질 수 있도록 B2B웹 사이트, 전자메일, 온라인 제품 카탈로그, 온라인 거래 네트워크 그리고 기타 온라인 자원을 이용한다. EDI와 엑스트라넷은 사전에 예약된 기업간 사용할 수 있는 기업간 전자상거래 체제이다. 기업간 거래는 주도 형태에 따라 구매자 중심형, 판매자 중심형, 중개자 중심형으로 나눌 수 있는데 2010년 현재 구매자 중심형이 전체의 과반수를 넘는 56.8%를 차지하고 있다. 하지만, 2001년 20%대에 그쳤던 판매자중심형이 2010년에는 37.3%까지 늘어나는 등 향후의 발전가능성을 높이고 있다.

인터넷 쇼핑몰 광고

표 15-4 기업간 거래(B to B) 전자상거래 분류

구 분	주요내용
구매자 중심형	구매자가 운영하는 전자상거래 사이트에 다수의 판매자가 접속하여 이루어지는 거래
판매자 중심형	판매자가 운영하는 전자상거래 사이트에 다수의 구매자가 접속하여 이루어지는 거래
중개자 중심형	중개용 B to B 전자상거래 사이트에 다수의 판매자와 구매자가 접속하여 이루어지는 거래

2) 기업과 고객간의 거래(Business to Customer : B to C)

인터넷 상에서 사이버쇼핑몰(Virtual, Electronic Mail, Virtual Storefront, 온라인 점포 등 다양한 이름으로 불리고 있다)을 개설해 최종 소비자와 전자적으로 상품과 서비스를 판매하는 유형으로 인터넷 사용의 급격한 증가로 점차 확산되고 있는 인터넷쇼핑몰에서의 소규모 매매를 의미한다. 인터넷쇼핑몰 이외에도 인터넷뱅킹, 인터넷 증권거래, 인터넷 게임 등도 B2C에 포함된다. 주요 상품군으로는 의류, 패션, 전기전자, 비행기 표에서 컴퓨터와 자동차용품까지 어떤 것이든 구입할 수 있다. 대표적인 웹 사이트는 Gap 혹은 L.L.Bean의 의류, Amazon.com의 책이나 전자제품, Ethan Allen의 가구, Sears의 주요 생활도구, Calys & Corolla의 꽃, 소비자들은 다양한 범위의 제품을 주문하기 위하여 온라인으로 향하고 있다.

3) 소비자와 소비자간의 거래(Customer to Customer : C to C)

이 유형은 소비자와 소비자간의 전자상거래로, 중간상을 배제하고 소비자끼리 서로 인터넷을 이용하여 일대일의 거래를 하는 것을 의미한다. 주로 웹기반(web-based)의 경매나 벼룩시장 등을 이용한 제품 매매가 경매 사이트(Auction sites)와 블로그 등을 통해 소비자들간 직접적인 교환활동이나 커뮤니케이션이 활발하게 발생하고 있다. 대표적인 기업으로 Amazon.com, Overstock.com, eBay(5만개 이상의 카테고리에 1,600만 개의 제품이 경매에 등록)나 우리나라의 옥션(Auction), G마켓, 인터파크, 11번가 등이 있다. 중국에는 Taobao.com, PaiPai.com이 인도에는 Baazee.com이 인기 있는 경매 사이트이다. 최근에는 인터넷 쇼핑몰(B2C)의 성장이 주춤한 방면, 하나의 단일회사가 아닌 수많은 회원들(판매자와 구매자)이 자발적인 경제활동집단을 구성하여 자유롭게 거래하는 시스템인 오픈마켓이 C2C의 주류로 부상하고 있다.

그림 15-4 오픈마켓

4) 소비자와 기업간의 거래(Consumer to Business : C to B)

기존의 B2C 거래는 기업이 거래 주체가 되는 반면, C2B 거래는 소비자가 거래의 주체가 되는 것이 다르다. 기업들은 웹사이트를 통해 소비자에게 다양한 제품 정보를 제공하고, 소비자들은 웹상에서 적극적으로 사이트에 접촉하여 제품을 탐색/구매하며, 그들의 의견을 기업에 전달한다. 소비자 중심의 거래를 의미하는 것으로 공동구매, 항공티켓, 여행 패키지, 렌터카, 역경매 등이 여기에 속한다. 거래 사이트는 Priceline.com과 Pricemate.com이 있다.

최근 급속히 성장하고 있는 소셜커머스(SNS)는 이런 현상을 잘 보여주고 있다. 소셜커머스는 일정수의 구매자를 모아 제품가격을 파격적으로 할인해서 판매하는 '박리다매' 구조의 온라인 상거래다. 해외에서는 그루폰, 위폰 등이 대표적이고, 국내에서는 쿠팡, 위메이크프라이스, 티켓몬스터 등 몇 개의 사이트가 소셜커머스를 주도하고 있다.

고객유치 경쟁이 치열해짐에 따라 쇼핑몰에서도 C2B 거래를 도입하고 있기도 하다.

5) 기업과 정부간의 거래(Business to Government : B to G)

기업과 정부간의 거래는 기업과 국가기관, 지방자치체, 공공기관 등 모든 정부조직간의 조달업무를 전자적 기반 위에서 행하는 것을 의미한다. 일반적으로 B2B가 B2G보다 선행된 것으로 알고 있으나 실제로는 B2G 형태가 가장 오래된 전자상거래의 유형으로, 1982년 미국 국방성의 전자입찰시스템인 CALS(Commerce At Light Speed)로부터 시작되었다

6) 기업 내에서의 거래(Business to Employee : B to E)

기업 내의 경영자와 사원간의 유대감과 신뢰감의 향상을 목적으로 모든 상호작용을 지칭하는 것으로, 전자우편, 게시판 등을 통한 노사 간의 대화를 통하여 서로에 대한 신뢰감을 강화하고, 경영지표, 경영의 투명성 등을 제공하는 것에서 출발한 유형이다. 우리나라에서는 롯데닷컴 등 대기업의 전자상거래 사이트가 B2E 프로그램을 개발하여 고객사 확보에 노력하고 있다. 멤버십서비스를 적용 받는 기업직원들은 상당한 구매력을 갖고 있으며 사이트 충성도 또한 긍정적으로 평가되고 있다

	소비자를 대상으로	기업을 대상으로
기업이 주도	B to C (기업-소비자)	B to B (기업-기업)
소비자가 주도	C to C (소비자-소비자)	C to B (소비자-기업)

그림 15-5 전자상거래의 분류

(3) 전자상거래의 효과

1) 기업측면에서의 효과

기업적인 측면에서 전자상거래가 활성화됨으로써 얻어 질 수 있는 긍정적인 효과와 부정적인 효과를 살펴보면 다음과 같다.

① **긍정적인 효과** : 첫째, 기존의 정형화된 유통채널에서 벗어나 새로운 유통채널을 개척 및 확보함으로써 다양한 소매마케팅 전략을 수립할 수 있다.

둘째, 기존의 유통채널 상에서는 중간상(도매상이나 소매상)의 개입으로 유통 물류비용이 증가하여 제품에 대한 경쟁력을 약화시킬 수 있는 요인이 존재하였으나 기업의 입장에서 소비자와 직접적인 상거래를 통하여 이러한 위험 요인들을 제거함으로써 비용절감과 더불어 기업의 경쟁력을 강화시킬 수 있다.

셋째, 사이버공간의 가장 큰 장점은 24시간 연중무휴 기업과 소비자 간의 거래가 이루어 질수 있다는 것이며, 이는 기업의 입장에서는 24시간 연중무휴 영업활동이 가능하다는 의미로 기존의 영업방식에 비해 저비용 고효율의 판매활동이 이루어질 수 있다는 것이다. 따라서 기업이 전자시장을 이용하여 소비자와의 거래가 이루어진다면 시간의 효율적 활용에 따른 기업의 인적자원의 적소배치 및 물적자원의 합리적 이용이 가능하여 경쟁사보다 많은 우위요소를 확보할 수 있다.

넷째, 고객의 불만족과 만족사항을 기업의 홈페이지를 통해 신속하고 정확하게 기업에 전달될 수 있기 때문에 제품이나 서비스와 관련된 문제점을 해결하고 대안을 찾는 데에 매우 짧은 시간이 소요됨으로써 소비자들의 만족도를 높여 자사 제품의 재구매를 유도할 수 있다.

다섯째, 제품의 판매량을 쉽고 신속하게 파악할 수 있으므로 시장에서 소비자들의 제품에 대한 반응에 따라 제품계열의 다양화나 신제품 출시시기를 기업의 입장에서 자유롭게 결정할 수 있다.

② **부정적인 효과** : 첫째, 사이버공간을 이용한 전자시장의 가장 큰 단점은 소비자들에 대한 정보가 절대적으로 부족하여 소비자들의 특성을 파악하는데 매우 어려움이 있다는 것이다. 따라서 전자시장을 이용한 제품판매의 경우 기업이 마케팅 전략을 수립하는데 있어서 정형화와 표준화가 어렵다는 단점이 있다.

둘째, 전자상거래를 이용한 소비자들 대부분은 제품가격에 대하여 매우 민감하게 반응하기 때문에 기업의 입장에서는 최저가격을 제공하기 위해서 많은 노력을 기울여야 하는데, 사실 합리적 구매를 생각하는 소비자들을 가격적인 측면으로 충족시킨다는 것은 매우 어렵다. 따라서 전자시장을 통한 제품의 질과 기존 유통채널을 이용한 제품의 질과의 관계에서 기업은 많은 고민을 하게 되는데 서버구축 및 관리, 택배 및 포장비용 등의 상승으로 실질적으로 소비자들이 요구하는 가격을 제공하지 못하는 경우가 발생하여 결국은 양자 중 어느 한 쪽을 포기하는 결과로 이어질 수 도 있다.

셋째, 최근 전자상거래 시장은 양극화 현상이 뚜렷이 나타나고 있다. 또한, 경쟁심화에 따른 거래무질서가 확대됨으로써 부정적인 요인들이 시장에 많이 나타나고 있다. 따라서 경쟁자의 출현이 계속되고 있는 상황에서 강력한 경쟁력을 가지고 계속적인 사업을 영위하기 위해서는 오프라인에서 보다 더욱더 많은 핵심역량을 발휘하여야 하지만 대부분의 기업들은 이러한 역량을 창출하는데 필요한 충분한 자본력과 기술력을 갖추지 못하고 있다.

2) 고객적인 측면에서의 효과

① **긍정적인 효과** : 첫째, 전자상거래를 이용한 소비자들의 특성은 자신이 상당히 합리적인 소비를 하고 있다고 생각한다는 점이다. 따라서 소비자 입장에서는 전자상거래 시장이 발전할수록 그들은 저렴한 가격으로 필요로 하는 제품을 구입할 수 있게 되는 것이다. 즉, 전자상거래의 파급효과는 기존의 오프라인시장에 비해서 저렴한 가격으로 집이나 사무실에서 편리하게 제품을 구매할 수 있어 시간과 비용의 절약을 가져온다는 점에 있다.

둘째, 기존의 오프라인시장의 경우 구매계획과 상관없이 충동구매의 가능성이 있으며, 사이트의 다양화로 쉽게 유사제품에 대한 가격을 비교하여 구매할 수 있다.

셋째, 전자시장을 통한 거래의 경우 소비자들이 불만족 사항을 신속하게 기업의 홈페이지를 통해 알릴 수 있으므로 제품이나 서비스에 대한 불만족으로부터 발생할 수 있는 심리적 압박감에서 자유로울 수 있다.

② **부정적인 효과** : 첫째, 소비자들이 제품구매 시 직접 눈으로 실물의 제품을 확인하고 구매할 수 없기 때문에 제품구매 후에 발생할 수 있는 위험에 쉽게 노출되어 있다.

둘째, 시간과 공간을 초월하여 사이버 상에서 쉽게 제품을 구입할 수 있기 때문에 일부 소비자들의 경우 필요하지 않는 물품의 구입가능성이 존재하며, 전자시장에서의 경쟁강도 심화로 기업들이 생존을 위해 마케팅 활동에 집중함으로써 소비자들을 유혹할 수 있는 다양한 판매촉진 아이디어 제공으로 일부 소비자들의 경우 인터넷쇼핑 중독현상이 나타날 수 있다.

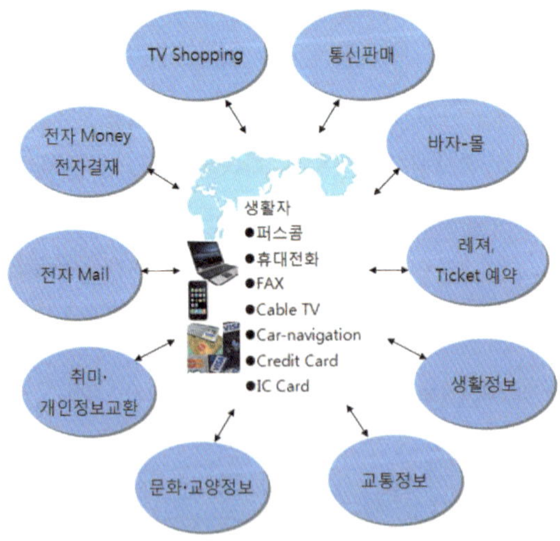

그림 15-6 생활속의 정보화

5 인터넷 마케팅의 필요성

(1) 비용절감

인터넷의 가장 큰 장점은 효과에 비해 투입 비용이 저렴하다는 것이다. 대부분의 기업들은 비용절감의 효율로 인터넷에 투자를 정당화한다. FedEx와 Cisco는 웹 전략의 실행으로 비용절감을 실현한 대표적인 기업이다. FedEx는 웹을 통하여 고객에게 서비스를 제공함으로써 성공하였다. GE는 EDI를 통한 정보의 교환으로 공급망을 분석하여 비용을 절감하였다.

과거의 구매 부서는 상품의 구분, 유용성, 인도시기, 서비스 예정, 원자재와 부품의 가격, 조달방법 등 수많은 항목들에 대한 확인과 평가로 인하여 많은 비용과 시간을 낭비하였다. 이러한 비효율적인 업무를 재주문서나 송장 작성을 자동화 시스템에 의한 전자문서로 작성하여 처리함으로써 종합적으로 조달 비용의 절감을 가져왔다.

인터넷의 등장은 기업의 전통적인 유통경로를 단순화시켜 공급자들과 소비자들이 상품의 조사를 가능하게 만들고, 중·소기업들은 조달과정에서 대기업들과 경쟁할 수 있도록 하였다. 예를 들면, 어떤 기업이 신제품을 개발하여 소비자들에게 직접 접촉을 통한 시장 확대 전략을 시도한다면 그 기업은 도매상, 소매상, 판매사원 등과 개인적으로 접촉해야만 소비가 증가하여 시장 점유율이 확대될 것이다. 이러한 전략은 필연적으로 비용의 증가를 수반한다. 그러나 인터넷을 통해 시장 확대전략을 시도한다면 기업의 입장에서는 적은 비용으로 새로운 고객을 확보할 수 있을 것이다.

(2) 시간절약

기존의 마케팅방식은 고객이 기업으로부터 정보를 제공받기 위해서는 인쇄물이나 기타 방법을 통한 고객접근이 이루어졌으나 인터넷 마케팅을 활용하게 되면 컴퓨터에서 정보를 쉽게 획득할 수 있기 때문에 고객의 입장에서는 정보의 수집에 필요한 시간을 절약할 수 있다. 또한, 기업의 입장에서는 전자메일이나 전자카탈로그를 이용하여 고객과 신속하게 정보를 교환할 수 있으며, 기업이 고객에게 전달하고자 하는 메시지의 전달이 매우 용이하다. 따라서 인터넷 마케팅은 기업이나 소비자 모두 기존의 마케팅방식에 비해 훨씬 쉬운 방법으로 시장에 참여할 수 있다는 장점이 있다.

그림 15-7 비용·시간절약의 예

(3) 적정재고유지

기업이 재고를 보관하는 데에는 상당한 비용이 든다. 재고와 관련된 비용은 저장비용과 노후화 비용이 있다. 저장비용은 판매를 위해 임시로 보관 중에 있던 소요된 비용이며, 노후화 비용이란 시설이나 설비의 노후화에 따라 재투자되는 비용을 말한다.

효율적인 재고 관리란 적은 재고량뿐만 아니라 JIT(just in time) 시스템을 통하여 적재적소에 제품이 제공되어 고객의 요구를 충분히 충족시키는 것이다. 세계적인 인터넷 서점인 아마존은 효율성이 뛰어난 재고관리를 하고 있는 대표적인 기업이다. 일반적으로 17만5천권 정도의 책을 보유하고 있는 기존의 서점들에 비해 아마존은 약 470만권의 책이나 음반 또는 다른 품목들을 제공함으로써 스스로를 차별화하고 있다.

(4) 고객 서비스 개선

일반적으로 대부분의 기업들은 표적시장에서 표적고객들을 상대로 광범위한 광고를 통하여 제품의 정보나 서비스 등을 제공한다. 소비자는 제품 구입 시점에서 제품을 구입함으로써 얻어진 편익이나 사후 서비스 등에 대해서 정보를 제공받거나 아니면 정보 취득을 위해서 주위를 탐색한다. 그러나 인터넷에서는 구입하고자 하는 제품과 브랜드, 기업의 정보 등을 찾아서 고객 스스로 학습하고 필요한 정보와 그렇지 않은 정보를 선택해서 판단하여 구매의도를 결정하게 된다.

그러므로 기업의 입장에서는 적극적인 광고에서 표현하지 못한 광고메시지를 구체적으로 전달함으로써 얻어지는 여러 가지 이점과 소비자는 많은 시간과 노력을 소모하지 않고 집이나 직장 등 어디에서나 장소나 시간의 제약 없이 필요한 정보를 획득할 수 있다.

FedEx나 Wells Fargo와 같은 기업들은 고객관리 정보시스템을 기존의 전화를 통한 노동집약적인 시스템에서 인터넷을 통하여 주문과 배달을 실시함으로써 비용과 시간을 절감하는 큰 성공을 거두었다.

Cisco와 같은 기업들은 신상품의 변화에 대하여 직원들의 교육이나 훈련프로그램을 인터넷을 통해 실시하고 고객의 확보와 유지 또한 커뮤니케이션 장치로 인터넷을 이용한다. 따라서 이러한 교육과 훈련시스템은 시간을 절약하며 더 많은 정보를 가질 수 있게 하고 충분히 획득한 정보를 소비자에게 직접 공급함으로써 전체적으로 소비자 만족을 증진시킬 수 있다.

(5) 국제화

최근 전 세계적인 온라인 네트워크 체계의 구축은 세계시장의 글로벌화를 촉진시키고 있으며, 이는 곧 세계적인 커뮤니티 창출을 가져오고 있다. 지금까지는 외국의 기업과 기업, 기업과 고객, 고객과 고객들과 거래하는 프로세스가 발생하는 시간과 거래의 장벽이 존재하였던 것이 사실이다. 그러나 인터넷 마케팅의 발전으로 전자메일이나 전자카탈로그가 이러한 장벽을 해소시키는데 상당한 공헌을 하고 있다.

(6) 접근의 용이성과 이용의 연속성

인터넷을 이용한 비즈니스에서는 연령, 성별, 인종이나 문화의 차이, 경제적 수준, 비즈니스의 규모 등은 크게 문제되지 않으며 누구나 비슷한 조건에서의 접근이 용이하게 때문에 기존 마케팅과 비교하여 인터넷 마케팅은 누구에게나 평등하게 기회를 제공할 수 있다는 장점이 있다.

또한, 인터넷 마케팅은 이와 같은 평등의 실현으로 누구나 24시간, 연중무휴로 접근이 가능하여 편리하게 비즈니스를 할 수 있다.

(7) 제품과 시장개발 기회

인터넷은 기업에게 전 세계 모든 나라에 24시간 영업을 할 수 있는 기회를 제공한다. 만약 개별기업이 인터넷상의 자동화시스템 없이 시장을 확장하거나 고객을 확보·유지·서비스 제공하려 한다면 상당한 시간과 비용이 소요된다. 그러나 인터넷은 기업이 전 세계 시장에 자사의 상품과 서비스를 판매할 수 있게 하여 중간상이나 다른 유통경로를 통해 판매될 경우에 소요되는 비용을 피할 수 있게 한다. 또한 기업의 규모에 상관없이 웹 페이지 하나로 기업의 상품을 판매할 수 있기 때문에 아이디어 상품이나 독특한 상품의 경우 세계소비자로의 접근은 더욱 용이하다. 상품의 배달은 기업자체적으로 또는 FedEx, UPS같은 세계적인 택배회사를 이용할 수 있으며, 이들은 브랜드 선정뿐만 아니라 모든 수출과 수입 서류도 광범위하게 취급한다.

6 인터넷 사이트의 형태

인터넷 확장 속도가 빠른 만큼이나 인터넷 사이트(internet site) 숫자나 다양화도 폭발적이다. 인터넷 사이트는 회사 및 브랜드 사이트, 서비스 사이트, 판매 사이트, 정보 사이트 등 4개의 범주로 분류될 수 있다.

표 15-5 인터넷 웹사이트의 유형

유 형	기업명	URL
회사/브랜드 사이트	Coke	www.coke.com
	Tide	www.tide.com
	Sunkist	www.sunkist.com
서비스 사이트	Wells Fargo	www.wellsfargo.com
	Federal Express	www.fedex.com
판매 사이트	Amazon. com	www.amazon.com
	Chrysler	www.daimlerchrysler.com
	L. L. Bean	www.llbean.com
정보 사이트	CNN/Sports Illustrated	www.cnnsi.com
	Wall Street Joural	www.wsj.com
	Yahoo!	www.yahoo.com

(1) 회사/브랜드 사이트

최근 온라인을 통해서 제품의 판매를 기대하지 않는 수많은 기업들이 인터넷 사이트를 개발하고 있다. 이러한 사이트들은 제품의 판매목적이 아닌 그들 기업과 브랜드에 관한 정보를 인터넷 이용자에게 제공하는데 그 목적이 있다. 여기에는 회사의 역사, 직무, 조직구성, 재무상태, 출판물, 주식시세 등 다양한 내용들로 꾸며지고, 경쟁사와의 차별화 노력, 경쟁우위요소, 시장에서의 제품과 브랜드의 경쟁력 등의 정보도 제공된다.

회사/브랜드 사이트(company/brand site)의 특징은 제품을 직접 판매하는데 그 목적이 있는 것이 아니라 유사 제품 라인에서 자사 브랜드의 정당성을 강조하고, 경쟁기업과의 차별화 노력 등을 제공하여 사이트를 방문한 소비자들에게 자사의 장점과 브랜드의 우월성을 인식시키는 데에 목적이 있다는 점이다. 예를 들면, 식품의 경우 몇몇 기업들은 인터넷을 통하여 새로운 조리법의 소개, 음식과 건강과의 관계 등과 같은 정보 등을 제공하여 소비자들의 접근을 유도한다.

(2) 서비스 사이트

서비스 사이트(service sites)는 인터넷의 셀프서비스 속성 때문에 웹 상에서 급속히 발전하여 왔다. 이 사이트의 목적은 회사를 위한 서비스 인터페이스를 소비자에게 제공함으로써 개인들의 욕구를 충족시켜 주는 것이다. 예를 들면, 금융기관에서의 ATM의 도입은 대표적인 서비스 사이트라 할 수 있는데, ATM의 도입 전에는 그들은 시장을 확장하고 고객을 유지하기 위해 전화를 통한 서비스를 제공하고 영업시간을 연장하는 정도의 방법밖에 없었다. 그러나 ATM의 도입은 24시간 개인 근무 없이 금융업무가 가능하게 하여 고객들에게 부가된 서비스를 제공하여 신뢰를 형성하였다. 특히 소매점에서의 ATM의 도입은 은행이 추가적으로 새로운 분야를 설계할 필요 없이 지리적인 확장을 가능하게 하였다. 따라서 이러한 서비스 사이트의 도입은 인터넷 서비스의 온라인 이용으로 전체적인 소비자 만족은 향상된 반면에 기업들의 소비자 서비스 비용은 감소됨을 가져오고 있다. Wells Fargo는 1989년에 처음으로 온라인 서비스를 제공하였다.

Wells Fargo 웹사이트를 이용하면 소비자들은 자사의 통장의 잔액을 알 수 있고 거래 내역을 조회할 수 있었다. 또한 예금계좌 사이의 자금 이체나 요금지불, 소비자 예금의 요청, 가계담보 대출이나 신용대출, 수표나 외국의 화폐 요청 등을 실시간으로 가능하게 하였다. 이와 같이 서비스 사이트를 통하여 직접적인 서비스 외에 부가적인 서비스 제공을 함으로써 기업의 입장에서는 비용 절감과 업무의 효율성을 기대할 수 있고, 소비자 입장에서는 편리성과 시간·비용의 절감이라는 혜택을 얻을 수 있다.

(3) 판매 사이트

판매 사이트(selling sites)는 소비자가 인터넷을 통하여 제품을 구매할 수 있는 곳을 말하며, 전형적으로 제품과 서비스의 판매를 목적으로 한 새로운 유통채널이다. 판매 사이트를 보유한 대부분의 기업들은 과거에는 우편이나 카탈로그를 이용한 직접판매나 유통경로를 통해서 소비자에게 제품을 이전하였다. 그러나 현재는 상당수 기업들이은 인터넷을 통한 판매 사이트를 개설하여 온라인 상에서도 제품의 판매가 가능하도록 하고 있다. 아마존은 인터넷을 이용하여 제품을 판매하는 대표적인 기업이다. 아마존은 1995년 7월 교육, 정보, 발전이라는 모토로 웹사이트를 시작하여, 오늘날에는 470만권의 책, CD, 오디오 북, DVD, 컴퓨터 게임 등의 상품을 세계 60개국 이상에 거주하는 620만명에게 제품을 판매하고 있다.

아마존 사이트의 목적은 최종 소비자에게 제품을 직접적으로 판매하는 것이다. 한편, Daimler-Chrysler와 같은 사이트는 소비자의 구매의사 결정을 돕기 위한 판매촉진의 도구로서의 목적을 가지고 개설되었다. Daimler-Chrysler 사이트는 소비자가 그들의 후속 자동차에 관한 정보를 선택하도록 많은 정보를 제공한다. 예를 들면, 소비자가 Jeep Grand Cherokee 자동차 페이지를 클릭하면 그 모델에 관한 정보를 얻을 수 있도록 각 모델마다 그 자체의 페이지를 만들었다. 또 다른 탐색방법은 자사의 모든 자동차 모델을 한 번에 볼 수 있도록 흥미롭게 꾸며져 있으며, 자사의 자동차를 구매했을 경우 제공되는 서비스와 혜택에 대해서 자세하게 설명되어 있다. 이와 같이 Daimler- Chrysler는 자동차의 모델이나 기능, 가격, 장점, 경쟁사 제품과의 비교, 우월성 등이 사진과 함께 서술적인 형태로 만들어져 있어 소비자는 흥미롭게 클릭하여 탐색할 수 있다.

또한, L. L. Bean은 온라인 판매자 사이트의 좋은 예인데, L. L. Bean사의 사이트는 소비자가 메일을 통하여 어떤 카탈로그도 받을 수 있고 방문자가 마음대로 온라인 쇼핑도 할 수 있게 만들어져 있다. 예를 들면, 방문자들은 국립공원에 관한 정보를 획득할 수 있고, 낚시, 캠핑, 도보여행, 사이클 링, 겨울 여행, 스키와 같은 특별한 외부 활동에 관한 정보를 다양하게 얻을 수 있다.

(4) 정보 사이트

정보 사이트(information sites)는 광고주들이 부담하는 광고료와 등록된 회원들의 회비와 정보수수료를 기반으로 수익을 창출한다. 이러한 형태의 사이트는 가입 회원의 충성도와 수, 이용률의 상승, 광고주를 유인하기 위한 사이트의 유용성이 중시된다.

CNNSI는 스포츠 애호가에게 스포츠 주제에 관한 정보를 제공하는 대표적인 정보사이트이다. 이 인터넷 상의 뉴스 미디어는 전통적으로 일간이나 혹은 주간 단위로 발간하였던 신문이나 잡지들의 스포츠 관련정보 제공 서비스를 거의 리얼타임으로 제공하였다. 이러한 CNNSI의 서비스로 인하여 스포츠 애호가들은 온라인상에서 현재 진행 중인 경기에 관한 정보는 물론 지나간 결과나, 팀의 선수, 감독, 전술, 경기 예정일 등 모든 정보를 제공받을 수 있게 되었다.

그림 15-8 CNNSI 사이트

The Wall Street Journal Interactive 사이트 또한 회원들의 이용 수수료와 배너 광고료 이익을 창출한다. CNNSI 사이트와 마찬가지로 WSJIE 사이트도 리얼타임으로 분당 증권, 선물 등의 경제와 관련된 정보를 제공하며, 특히 월 스트리트 저널로부터 일일 특종기사를 제공받아 실시간으로 내보낸다. 이 사이트의 특징은 등록된 회원이 재정적 상품에 관한 정보를 얻을 수 있으며 시장분석과 투자에 관한 정보를 제공한다는 점이다. 또한 과학기술과 같은 고도의 전문성이 요구되는 산업에 대한 지식을 습득할 수 있도록 도와준다. WSJIE 사이트는 기업들이 WSJIE와 연합할 수 있는 통합 프로그램을 보유하고 있어, 원하는 기업에게 정보를 제공하고 그에 따른 수수료를 받는 비즈니스 모델을 구축하고 있다.

이러한 정보 사이트의 또 다른 형태로는 사람들이 인터넷 상에서 정보를 검색하려할 때 이용하는 검색 엔진유형이 있다. Yahoo, Naver, Google과와 같은 검색 엔진은 상품을 판매하는 기업들에게 배너광고를 판매하여 수익을 창출하고 있으며 인터넷 유저가 검색하는 형태에 입각하여 광고를 세분화하여 제공한다. 예를 들면, Yahoo에서 어떤 컴퓨터 관련 단어를 타이핑하면 여러분은 IBM에 대한 배너광고를 보게 될 것이다. Yahoo의 또 다른 특징인 각 데이터 통신과 같은 언론 매체로부터 최근의 뉴스를 얻을 수 있고 경매로 상품을 저렴하게 구입할 수 있으며, 사이트 방문자들과의 연결이 가능하다. 심지어 온라인 상 가상 상점을 만들 수도 있다.

제2절 인터넷 마케팅 관리

1 웹사이트 구축 관리

인터넷을 마케팅 수단으로 활용하려는 기업에게 웹사이트 구축은 필수적이다. 웹사이트 구축(환경, 내용, 커뮤니티, 고객맞춤화, 커뮤니케이션, 연결, 상업성 고려)을 통해 기업과 제품, 서비스의 홍보, 판촉 및 영업활동, 쌍방향 커뮤니케이션을 통한 고객관리까지 기업의 마케팅 전 과정이 웹사이트를 통해 이루어지고 있다.

인터넷 마케팅은 웹사이트라고 하는 가상의 공간에서 기업과 고객 간의 만남을 통해 이루어진다. 때문에 기업 및 제품의 얼굴이 되는 웹사이트의 구축과 관리는 기업의 전략적 접근과 세밀한 관리가 요구되어진다.

웹사이트는 고객이 기업과 관계를 맺는 공간인 만큼, 기업은 웹사이트를 통해 고객과 어떤 관계를 설정할 것인지, 어떤 목적을 이룰 것인지가 분명해야 한다. 브랜드이미지 구축이 중심인지, 또는 상품의 판매가 중심인지가 명확해질 때 기업이 의도한 소비자 행동을 극대화 할 수 있다.

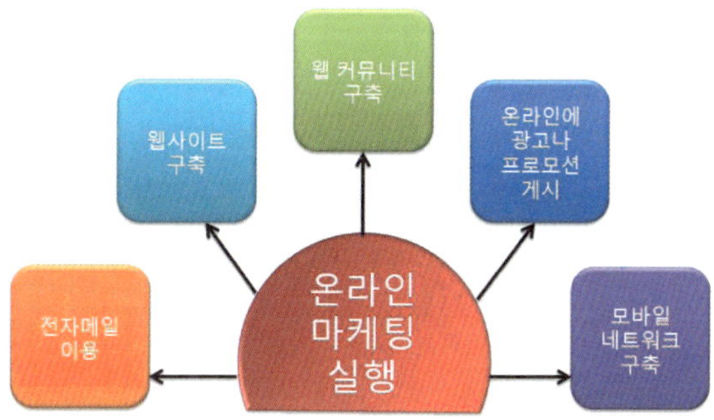

그림 15-9 온라인 마케팅을 위한 구축작업

또한, 고객과의 원활한 커뮤니케이션이 가능하도록 구축·관리되어져야 한다. 고객이 필요로 하는 정보의 습득 또는 구매행동이 원활하게 이루어지도록 정보 체계의 구성과 UI(User Interface)가 이루어져 정확한 정보에 따른 목적 달성이 이루어질 수 있도록 구축되어야 한다. 특히, 주의되어야 할 것은 기업이 유도하고자 하는 과정이 고객의 불만 요소가 되지 않도록 해야 한다는 점이다. 순간의 클릭만으로 이동이 가능한 인터넷의 특성상 세밀한 고객중심의 마케팅방법이 웹사이트 구축 및 관리의 전 과정에 검토되어야 한다.

날로 발전해 가는 IT기술의 발전은 즉각적으로 인터넷 환경에 영향을 끼치고 있다. 지속적인 서비스의 개발, 고객 편의의 기술 적용을 통해 고객 만족을 이룰 수 있어야 한다. 또한, 브랜드 전략이 웹사이트 구성 및 디자인에 세심하게 적용되어져야 한다.

좋은 사람을 만나는 것은 신이 내리는 선물이다. 그 사람과의 관계를 지속시키지 않는 것은 신의 선물을 내팽개치는 것이다.
- 데이브패커드(HP공동 창업자) -

단계	내용	비고
1단계	프로젝트팀 구성	전문가
2단계	프로젝트 방향성 제시	목표설정
3단계	실행계획서 작성	예산수립과 기대효과 등
4단계	네트워크 구축	사업계획과의 적합성 강조
5단계	도메인 등록	상징적
6단계	정보수정	목표달성 가능성
7단계	설치 및 제작	내용정리 및 디자인
8단계	관련법규 점검	위험의 최소화
9단계	최종점검	시장상황·목표와의 적합성
10단계	홍보	온라인/오프라인 교육
11단계	유지 및 갱신	고객유인

그림 15-10 웹사이트 구축단계

2 인터넷 마케팅 관리

기업들은 인터넷을 이용하여 종합적인 마케팅 전략을 수립할 수 있다.

(1) 브랜드 관리

웹사이트 구축의 목적이 기업 및 또는 제품의 브랜드 강화 혹은 홍보가 아니라 할지라도 브랜드 관리는 점점 그 중요성을 더해가고 있다. 상품을 직접 확인할 수 없는 가상의 공간이기 때문에 기업의 CI, BI 뿐만 아니라 상품 및 서비스, URL 등 고객이 인지할 수 있는 브랜드에 대한 명확한 관리가 보다 중요하다. 갈수록 웹사이트와 다양한 브랜드가 늘어나는 환경 하에서는 경쟁사와 차별화 되고 고객에 소비자에게 각인되는 브랜드에 대한 전략뿐만 아니라 긍정적인 이미지를 창출할 수 있도록 하는 다양한 마케팅 활동이 전개·관리되어야 한다.

자사의 웹사이트뿐만 아니라 인터넷 미디어를 이용한 브랜드의 광고 및 홍보활동이 기획되고 관리되어야 한다. 이를 위해서는 검색엔진의 등록에서부터 관련 업계의 웹사이트, 표적 고객층이 주로 활동하는 웹사이트까지 다양한 채널이 확보되고 적극적인 홍보 활동 및 관리가 이루어져야 한다.

(2) 정보 관리

인터넷은 흔히 정보의 바다라고 일컬어질 만큼 무궁무진한 정보가 생산되고 교환되고 있다. 양적으로 팽창한 다양한 정보의 접근과 취득은 쉬워졌다. 반면 헤아릴 수 없이 많은 정보의 홍수 속에서 양질의 정보를 획득하는 것은 그 만큼 어려워졌다. 때문에 인터넷 마케팅에서 정보의 관리는 중요하다.

고객은 특정한 의사결정 과정에서 도움이 될 수 있는 정확하고 가치 있는 정보를 요구한다. 기업은 고객이 원하는 다양한 정보는 물론 정확하고 가치 있는 정보를 제공해야 한다. 기업이 웹사이트를 구축하는 목적과 고객이 웹사이트를 방문하는 다양한 목적에 근거하여 기업이 의도한 마케팅 성과를 이룰 수 있도록 관리해야 한다.

컨텐츠(Contents) 뿐만 아니라 고객의 정보 또한 안전하게 관리되어야 한다. 갈수록 늘어가는 인터넷 범죄에 능동적으로 대처하여 고객이 안심하고 거래할 수 있는 환경을 구축하고 관리하는 개인정보 보호 관련 업무는 점점 그 중요성이 증대하고 있다.

또한, 인터넷마케팅은 고객의 웹상에서의 다양한 활동에 대한 정보의 추적이 가능하기에 고객의 활동에 근거해 고객의 요구를 분석하고 그에 맞는 맞춤형 서비스를 제공할 수 있다. 이러한 고객의 활동정보를 효과적으로 분석 관리함으로써 고객의 충성도 제고 및 다양한 마케팅 활동이 가능해진다.

(3) 고객 관리

마케팅의 목적은 새로운 고객을 확보하고, 기존 고객의 충성도를 제고하기 위한 다양한 활동을 통해 기업의 경쟁력 또는 매출의 신장을 이루는 것이다.

인터넷 마케팅은 긍정적 브랜드 이미지를 창출함과 동시에 온라인 상에서 고객에 대한 세밀한 관리를 통해 잠재 고객을 실질 구매 고객으로 유도해야 한다.

신규 고객을 확보하기 위한 이벤트 등 다양한 프로모션 판촉활동을 통한 고객 유인 방안이 마련되어야 한다. 또한, 기존 고객의 충성도를 제고하고 마케팅 목표를 이루기 위한 다이렉트 마케팅 등과 같은 창조적인 마케팅 활동이 추진되어야 한다. 보다 효과적인 마케팅을 위해서는 다수의 기업과 제휴관계 혹은 다양한 파트너십 프로그램을 설계하는 방안도 검토 가능할 것이다.

(4) 유통경로 관리

인터넷 사이트의 셀프-서비스의 본질은 비용절감에 있다. 소비자가 인터넷을 이용하여 직접 사이트에 접속하기 때문에 기업들은 유통 비용을 들이지 않고도 표적고객에게 제품을 광고하고 판매할 수 있다. 특히 그동안 유통채널이 완벽하게 구축되어 있는 시장에 진입이 어려웠던 기업의 경우 인터넷을 통한 채널 파트너를 선정할 수 있게 되면서 새로운 시장에 보다 쉽게 진입할 수 있게 되었다. 또한, 제3자물류나 택배사를 활용하여 굳이 유통채널을 구축하지 않는다 하더라도 인터넷을 통한 판매를 통하여 소비자와 접촉할 수 있게 되었다.

따라서, 시장에 처음 진출하거나 오프라인에서 유통경로상 경쟁열위의 기업들에게 있어 매우 효과적인 마케팅이 인터넷 마케팅이라 할 수 있다.

(5) 마케팅 믹스 관리

인터넷 마케팅에서는 오프라인 마케팅과 마찬가지로 다양한 마케팅 믹스에 대한 관리가 필요하다. 인터넷은 그 특성상 오프라인과 다른 제품정책에서부터 가격정책, 판촉정책, 유통정책이 세워질 수 있다. 또한 이러한 마케팅 요소들의 조합과 더 나아가서 오프라인과 연계한 마케팅 믹스가 가능하다.

전자상거래가 확대되면서 오프라인에서의 실물상품이 디지털화된 상품으로 변모하기도 하고, 유통과정의 단순화로 인한 가격인하 등 가격의 다양화가 이루어지고 있다. 또한, 유통채널이 무한정 확장가능해질 수도 있으며 새로운 프로모션이 가능해지기도 한다.

따라서 인터넷 마케팅에 적합한 창조적인 마케팅 믹스전략이 요구된다. 이러한 마케팅 믹스는 단순한 아이디어를 넘어 세밀한 실행방안이 수립되고 관리되어야 할 것이다.

3 전통적 마케팅과 인터넷 마케팅과의 비교

전통적 마케팅과 인터넷 마케팅을 별개의 관점에서 접근한다는 것은 큰 의미가 없다. 왜냐하면 인터넷 마케팅은 새로운 마케팅 개념의 창출이 아니라 전통적 마케팅의 발전적 변화과정에서 발생되어진 확장된 마케팅 개념으로 이해하여야 하기 때문이다. 즉, 인터넷 마케팅은 기존의 전통적 마케팅이 사회·문화·경제적 변화에 의해서 새로운 방향으로 확대해 나가는 것이라 할 수 있다.

표 15-6 전통적 마케팅과 인터넷 마케팅의 비교

구 분	전통적 마케팅	인터넷 마케팅
마케팅 주체	기업, 광고대행사	기업, 고객
마케팅 객체	고객	고객
마케팅 채널	TV, 라디오, 신문, 잡지 등	인터넷
마케팅 규모	대규모	소규모
비용 소모	많음	적음
시간 소요	많음	적음
시비스 측정	어려움	보통
국제화	보통	매우 높음
자료전달	어려움(인쇄물)	매우 쉬움(메일)
제품개발기회	보통	매우 많음
시장개발기회	적음	매우 많음
시장(고객) 접근의 용이성	낮음	매우 높음
이용의 연속성	제한적	24시간, 연중무휴

CHAPTER 15

제3절 인터넷 마케팅 전략

인터넷 마케팅에 있어서 전략 개발은 상당히 중요한 부분을 차지하고 있다. 오프라인 마케팅에서도 그렇듯 마케팅에서의 전략 개발은 실행을 위한 기초적인 절차이다. 전략개발을 위해서는 다양한 요인(Factor)들이 감안되어야 하는데 각 요인들에 따라 전략의 성과는 크게 달라질 수 있다. 전략개발과정을 도식화하면 [그림 15-11]과 같다.

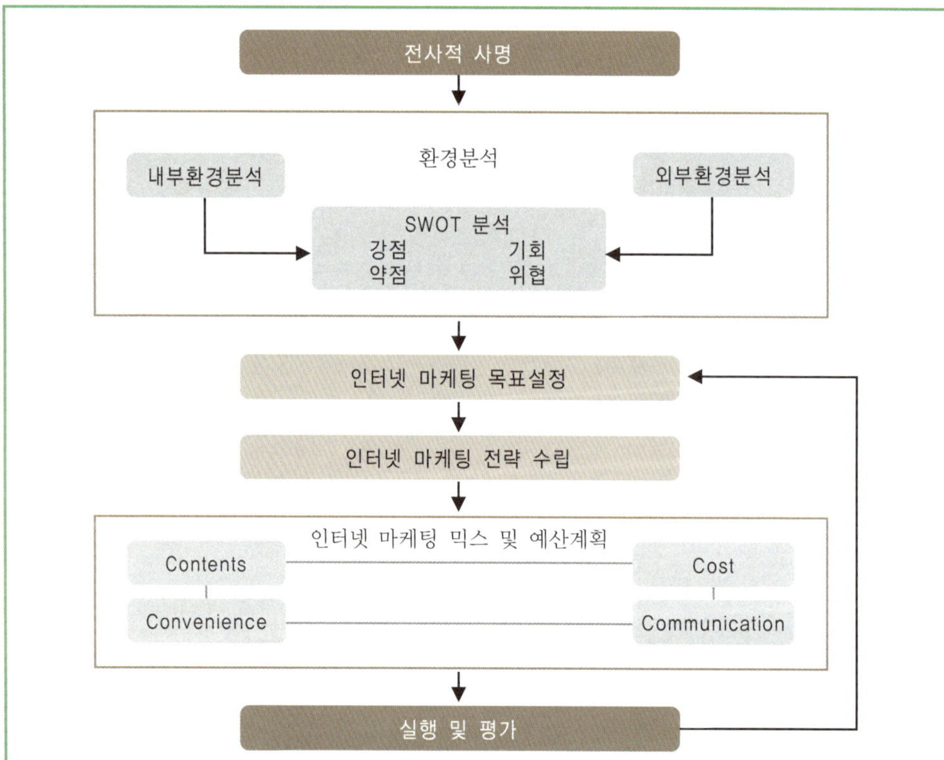

그림 15-11 인터넷 마케팅 전략 개발과정

(1) 전사적 사명

첫 번째 단계에서는 전사적 사명을 정의해야 한다. 즉 기업이 어떤 철학과 경영의 방향을 유지할 것인지 혹은 비전(vision)과 미션(mission)을 어떻게 결정할 것인지 결정해야만 한다. 물론, 오프라인과는 달리 인터넷에 적합한 사명이 선정되어야 할 것이다.

(2) 환경분석 및 SWOT 분석

전사적 사명이 검토, 결정되면 전반적인 기업의 환경을 분석해야만 한다. 왜냐하면 분석을 통하여 기업 내부, 외부환경을 통한 기업의 현재 위치를 파악해야 하기 때문이다. 분석이 제대로 이루어지지 않으면 좋은 전략이 수립 될 수 없으며, 경쟁자를 이길 수 있는 전략은 고사하고 오히려 기업의 핵심을 잃을 수도 있다. 환경분석은 크게 내부환경 분석과 외부환경 분석으로 이루어진다.

인터넷 마케팅에 있어 내부환경 분석은 자사의 현재 내부 상태를 파악하여 자사와 자사 산업의 독특한 전략적 쟁점 및 문제점에 관한 것을 분석하는 것이다. 내부환경 분석은 기업의 마케팅 활동과 목표달성 여부에 그 초점을 두어야 한다.

예를 들면, 웹사이트의 수익기여도, 수익성, 전사적 사명과의 관련여부 등이 그것이라 할 수 있다. 이러한 내부 환경 검토가 마케팅의 효과성 평가와도 연결된다. 제대로 된 내부환경 분석은 신규고객 창출 혹은 고객의 유지라든지 고객충성도 제고 등에도 영향을 주고 있다.

외부환경 분석은 기업을 둘러싼 일반환경에 대한 분석이다. 경제, 사회, 정치, 기술 등의 환경변화가 자사에게 어떠한 위협과 기회를 주고 있으며 그러한 환경을 어떻게 활용할 것인지를 결정하는 중요한 환경분석 단계이다.

예를 들면, 인터넷 관련기술이 어떠한 변화를 거듭하느냐에 따라 기술이 시장을 어떤 영향으로 이끌어 가게 되는지 달라질 수 있다. 또한 어떠한 기술을 선택하느냐에 따라 기업의 성과는 확연히 달라 질 수도 있다.

이러한 환경분석에 따라 기업 자사의 경쟁력의 위치를 파악할 수 있는 SWOT 분석이 이루어진다. 이는 자사의 강점과 약점, 기회와 위협을 일목요연하게 나누어 한 눈에 볼 수 있도록 함으로써 향후 기업이 추진해야 할 전략수립이 가능하게 한다.

(3) 목표설정

전략수립의 과정에서 목표설정은 인터넷 환경을 고려한 목표설정이어야 한다. 인터넷 목표설정 시 고려사항은 다수 존재한다. 수익률과 매출액은 물론 사이트 방문자수, 고객과의 상호작용성, 지속시간, 클릭률, 등록고객 등 세부적인 목표설정이 고려되어야만 제대로 된 목표설정이 이루어질 수 있다.

(4) 전략수립

인터넷 마케팅의 전략은 비즈니스 모델의 유형에 따라 달라져야 한다. 대표적인 유형으로는 순수한 인터넷 사업(웹호스팅, 정보교환, 접속서비스, 정보도서관 등)과 기업 내부활동 중 인터넷화가 가능한 부분을 온라인에서 구현하거나 아예 스핀오프하여 독립시키는 등 기존 비즈니스 모델을 새롭게 온라인화한 변형 사업 등이 있다.

그러나 결국 오프라인 마케팅과 마찬가지로 온라인 마케팅에서도 중요한 것은 각각의 사업유형에 따른 고객의 니즈(needs)를 명확히 파악해야 하는 일이다. 그런 후 전략을 통해 고객의 만족도를 예측해 보고 그것이 자사에 미치는 영향력을 미리 측정한다면 결국 기업의 전략수립이 성과에 대해 얼마나 유효한가를 유추할 수 있게 된다.

물론 전략수립이 좀 더 명확해지려면 인터넷 시장의 STP(segmentation, tar geting, positioning)가 이루어져야 한다.

즉, 인터넷 고객의 세분화(segmentation)와 그에 따른 표적(targeting)시장의 선정 그리고 시장에 적합한 제품과 서비스를 포지셔닝(positioning)하는 전략이 이루어져야 한다.

예를 들면, 인터넷을 통해 방문하는 고객의 행동 즉 이용경험, 이용동기, 이용시간 등을 구분하는 것도 전략수립을 명확하게 하는 활동이다.

이러한 전략수립 활동은 인터넷 마케팅에서 다루어지는 4가지의 마케팅 요소가 필요하다. Contents, Cost, Convenience, Communication 등으로 이루어진 인터넷 마케팅의 4가지 요소는 어떻게 이들을 잘 활용하느냐에 따라 그 결과가 달라진다. 물론, 이러한 4가지 요소의 믹스(mix)가 예산과 긴밀하게 연결되어 인터넷 마케팅의 현실화를 만들어낸다.

(5) 실행 및 평가

인터넷 마케팅 전략개발은 전략수립의 실행으로 이어진다. 아무리 좋은 아이디어를 개발하고 고객이 원하는 전략을 만들어 낸다 해도 그 실행이 고객의 만족시키지 못하면 그것은 의미가 없는 일이다. 기업의 전략수립은 실행을 거쳐 결국 고객의 평가로 연결되기에 현실성 있는 계획과 전략수립만큼 합리적인 실행과정도 중요하다 할 수 있을 것이다.

요약정리

미국의 연방 네트워크 위원회(FNC: Federal Networking Council)에 따르면 "IP(Internet Protocol)에 기반을 둔 유일한 주소체계로 전세계적으로 연결되어 있는 범세계적인 정보시스템(Global Information System) 혹은 TCP/IP를 사용하여 상호간에 커뮤니케이션을 할 수 있도록 지원하는 통신시스템"으로 인터넷의 개념을 정의하고 있다.

인터넷 마케팅이란 컴퓨터 통신망인 인터넷이 구상하는 사이버스페이스라는 가상공간 속에서 기업과 소비자가 쌍방향 커뮤니케이션을 통하여 상거래 행위와 이와 관련된 정보의 제공과 검색, 의사결정과정의 지원, 광고, 이벤트, 상담 등의 마케팅 활동을 수행하는 것이며 사이버 마케팅이라고도 한다.

인터넷의 상업화가 빠르게 확산되고 웹이 등장하면서 인터넷은 시간과 공간의 제약 없이 저렴한 가격으로 전 세계 기업과 소비자간 다양한 멀티미디어 정보를 교환할 수 있는 역할을 담당한다. 웹의 성장 이유에 대해 살펴보면 첫째로는 네스케이프사의 네비게이터나 커뮤니케이터와 마이크로소프트사의 익스플로러와 같은 인터페이스의 개발이고, 두 번째는 인터페이스가 매체이상으로 사용자간에 자료, 그래픽, 음성, 동영상 등을 쉽게 결합해 주기 때문이다.

인터넷 마케팅의 장점과 단점에 대해서 살펴보면 다음과 같다.

인터넷을 통해서 시간이 절약되고 상상하지 못했던 수많은 정보를 실시간으로 찾아보고 만날 수 있다는 것은 당연히 장점인 것이다. 그러나 그 과정에서 우리가 잃게 되는 것은 개인정보에 대한 노출과 스팸과 같은 나에게 필요하지 않은 정보의 무분별한 송수신 등이다.

인터넷 마케팅에서의 핵심은 전자상거래에 의한 교환과정이다. 전자상거래(electronic commerce)라는 용어는 1989년 미국의 Lawrence Livermore National Laboratory에서 처음 사용된 후 미국 연방정부가 이것을 도입하면서 인터넷의 보급과 더불어 빠르게 전 세계적으로 확산되었다. 전자상거래란 일반적으로 기업과 기업 간, 정부와 같은 독립된 조직과 기업 간, 개인과 기업 간, 조직과 조직 간, 개인과 조직 간 등에 다양한 전자적인 매체를 활용하여 제품이나 서비스를 상호 교환하는 방식이라 할 수 있다. 우리나라의 경우 1998년 당시 산업자원부에서 제시한 전자상거래 기본법의 내용을 살펴보면 "재화나 용역의 거래에 있어 전부 또는 일부가 전자문서교환 등 전자적 방식에 의해 처리되는 거래이다"라고 명시하고 있다.

전자상거래의 형태는 기준에 따라 다르게 분류될 수 있으나 일반적으로 전자상거래의 형태를 기업 간 거래, 기업과 고객 간 거래, 기업과 정부 간 거래, 정부와 고객 간 거래 등으로 분류할 수 있다. 전자상거래의 도입효과는 크게 기업적인 측면과 고객적인 측면에서의 효과로 나눌 수 있으며, 각각 긍정적인 면과 부정적인 면이 상존한다.

인터넷이 효과적인 마케팅 도구가 되기 위해서는 상품 거래를 목적으로 인터넷을 이용하는 전자 상거래와 인터넷의 양적인 팽창을 나타내는 시수의 호스트 수 그리고 인터넷 이용 소비자 수의 증가 등이 더욱더 발전해야 한다.

인터넷 마케팅의 가장 큰 장점은 비용의 저렴이라 할 수 있으며, 또한 적정재고 유지와, 고객 서비스 개선 그리고 제품과 시장개발기회 등이 인터넷 마케팅의 이점이라고 할 수 있다. 특히 효율적인 재고 관리란 적은 재고량을 유지하는 것뿐만 아니라 JIT 시스템을 통하여 적재적소에 제품이 제공되어 고객의 욕구를 충분히 충족시켜 줘야하는데 인터넷이 바로 그 같은 역할을 수행한다.

인터넷 확장 속도가 빠른 만큼이나 인터넷 사이트 숫자도 다양화되고 있는데 이를 크게 회사, 브랜드 사이트, 서비스 사이트, 판매 사이트, 정보사이트를 분류할 수 있다.

기업들은 인터넷이라는 온라인을 이용하여 그들이 달성하고자 하는 목적을 달성할 수 있다. 대부분의 기업들은 효율적인 광고효과를 얻기 위해 독자적으로 웹사이트를 만들어 이용하고 있는데 웹사이트 제작은 대체적으로 11단계로 나누어 설계된다. 기업이 일반적으로 실행할 수 있는 인터넷 마케팅 관리에는 인터넷 이용자를 통한 브랜드 관리와 타 경쟁 제품 그리고 비교우위를 점할 수 있는 제품 차별화를 위해 정보, 고객, 유통경로, 마케팅 믹스 등이 있다. 또한 정보의 제공은 다양화하고 정확하여야 하며, 그 정보가 소비자에게는 큰 가치를 부여할 수 있는 정보 개발이어야 한다. 특정 시장에서 유통 채널이 완벽하게 구축되지 않은 소매상의 시장 확대를 위해 또한 인터넷 마케팅은 필요하며, 마케팅 목표를 달성하기 위해서는 오프라인에서와 같은 마케팅 믹스 전략이 요구된다.

인터넷 쇼핑몰은 가상몰(Virtual Mall), 전자몰(Electronic Mall), 가상점포(Virtual Storefront), 온라인 점포 등 다양한 이름으로 불리고 있다. 소비자들이 실질적으로 백화점이나 대형 마트를 방문하여 상품을 구매하듯이 인터넷 쇼핑몰은 사이버공간상의 점포로 웹 브라우저를 이용하여 그들이 필요로 하는 상품을 구매할 수 있는 곳을 말한다.

인터넷 마케팅에 있어서 전략 개발은 상당히 중요한 부분을 차지하고 있다. 오프라인 마케팅에서도 그렇듯 마케팅에서의 전략 개발은 실행을 위한 기초적인 절차이다. 개발과정을 살펴보면 첫 번째 단계에서는 기업이 어떤 철학과 경영의 방향을 유지할 것인지 혹은 비전(vision)과 미션(mission)을 어떻게 결정할 것인지 다루어야 하는 전사적 사명이며, 전사적 사명이 검토, 결정되면 전반적인 기업의 환경을 분석해야만 한다. 또한, 3단계에서는 인터넷 환경을 고려한 목표설정을 하여야 하며, 전략수립을 통해 고객의 만족도를 예측해 보고, 마지막으로 고객이 원하는 실행으로 옮겨져야 한다.

토의문제

1. 인터넷 마케팅의 장점과 단점에 대해서 설명하시오.

2. 웹은 인터넷의 구성 요소 중 가장 빠른 성장을 하고 있는데, 그 이유는 무엇인가?

3. 인터넷이 효과적인 마케팅의 도구가 되기 위해서 발달되어야 할 3가지 분야에 대해서 설명하시오. 이들 각 분야가 인터넷 마케팅의 발달에 있어서 중요한 이유는 무엇인가?

4. 거래주체에 따른 전자상거래의 유형3가지는 무엇인가?

5. 전자상거래 파급효과 중 기업적인 측면과 고객적인 측면에서의 긍정적인 효과를 제시하시오.

6. 일반적으로 기업이 인터넷 마케팅을 실행함으로써 얻어질 수 있는 이점에 대해 설명하시오.

7. 인터넷 확장 속도가 빠른 만큼이나 인터넷 사이트 숫자도 다양화 되 고 폭발적이다. 인터넷 사이트의 형태는 회사/브랜드 사이트, 서비스 사이트, 정보사이트 등이 있다. 각각의 특징에 대해서 설명하시오.

8. 인터넷 마케팅이 성장 발전하기 위해서 필요한 관리 전략들에 대해서 설명하시오.

9. 전통적 마케팅과 인터넷 마케팅과의 차이점에 대해서 설명히시오.

10. 인터넷 쇼핑몰의 정의와 유형에 대해서 설명하시오.

11. 인터넷 마케팅 전략 개발과정의 5단계를 설명하시오.

참고문헌

이석규, 「마케팅」, 박영사, 2006, p.732.
김상헌외 8인 공저, 「마케팅」, 2011, 이프레스, pp.471~477.
최경주외 3인 공저, 「전자상거래와 SCM」, 두남 출판사, 2007, p.17.
이종영외 2인 공저 『마케팅』, 삼영사, 1999, pp.501~502. 한국인터넷마케팅 연구회, 2003.
Schwartz, Webonmics, p.35, p.128.

일생의 계획은 젊은 시절에 달려 있고 일년의 계획은 봄에 있고 하루의 계획은 아침에 달려 있다. 젊어서 배우지 않으면 늙어서 아는 것이 없고 봄에 밭을 갈지 않으면 가을에 바랄 것이 없으며 아침에 일어나지 않으면 아무 할 일이 없게 된다.

- 공 자 -

서비스 마케팅과 비영리조직

CHAPTER

16

제1절 서비스 마케팅

1 서비스 마케팅의 개념

서비스(services)란 유형의 제품에 대한 소유권을 제공하는 것이 아니라 구매자의 욕구 충족을 목적으로 기업에 의해 제공되는 활동과 편익을 말한다. 1996년 미국마케팅학회는 서비스에 대한 정의를 "서비스란 판매목적으로 제공되거나 또는 상품판매와 연계해서 제공되는 제활동, 편의 및 만족"이라 하였다. 서비스는 무형의 제품이기 때문에 소비자가 느끼는 서비스의 품질 수준은 소비자의 현재 상황에 의해 서로 다르게 나타난다. 따라서 마케팅 관리자는 서비스의 품질을 구성하는 여러 요인들을 파악하여 고품질의 서비스를 고객에게 제공함으로써 재구매를 유도할 수 있다.

특정기업이 서비스를 제공함으로써 소비자가 얻을 수 있는 주요 편익으로는 서비스의 유용성이나 서비스에서 파생되는 즐거움이다. 예를 들면, 비행기 여행을 하는 사람들은 목적지에 정확한 시간에 도착하는 것이 중요하지만 기내의 청결, 의자의 안락함, 승무원의 친절, 기내식 수준, 기내 분위기 등도 소비자들에게 즐거움을 제공하는 중요한 서비스 품질 요인들이다.

질병이나 사고에 대비하는 생명보험사, 호텔, 병원, 은행, 철도, 전신·전화 등은 소비자는 실체적으로 만질 수도 없으며 명확하게 정의 할 수 없는 서비스를 제공하는 대표적인 서비스 사업체들이다.

마케팅 믹스를 계획하고 실행하며 통제하는 과정이 제품에서 이루어지는 것처럼 서비스에서도 유형의 제품에서 이루어지는 마케팅 과정과 서비스 마케팅 과정이 이루어진다. 그러나 서비스가 가지는 무형성(services' intangibility)때문에 마케팅 담당자가 서비스 마케팅 믹스를 개발하는 데는 여러 가지 새로운 면에서의 조심스러운 접근이 요구된다. 소비자가 서비스 구매 과정에서 서비스 제공자에 대해 가지고 있는 이미지(image)는 구매자의 인지를 얻는 데에 서비스 그 자체만큼이나 중요하다고 할 수 있다.

비록 서비스가 무형일지라도 이는 실제적인 제품과 빈번하게 결합되어 판매되는 경우가 대부분이다. 예를 들면, 가전제품 대리점의 경우 제품을 진문적으로 판매하는 사업을 하고 있지만 그들이 제공하는 서비스 — 배달, 설치, 애프터서비스, 정보제공 등 — 는 고객들에게 가격 및 브랜드와 같은 유형적인 요인들처럼 중요한 고려 요인이 된다.

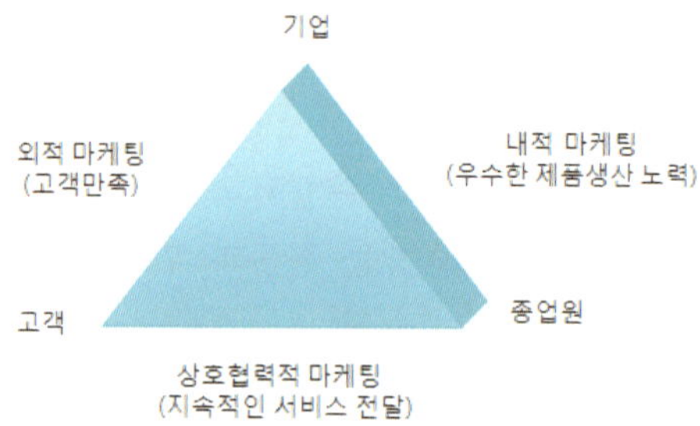

그림 16-1 서비스마케팅 개념의 3요소

2 서비스의 특성

서비스는 여러 면에서 제품과 다르다. 서비스 판매는 제품판매보다 경제적 상황에 비교적 영향을 적게 받는 경향이 있으며, 서비스 생산은 제품생산보다 더 많은 노동력과 적은 자본을 필요로 한다. 그리고 생산성의 증가는 유형의 제품보다 더 낮다. 서비스는 무형성, 비분리성, 품질 가변성, 소멸 가능성 등과 같은 특성 요인들을 가지고 있다.

(1) 무형성

서비스의 무형성(intangibility) 때문에, 우리의 감각(시각, 청각, 미각, 후각, 촉각)은 서비스를 구매하는 의사 결정에 이용될 수 없다. 구매자는 서비스가 이행된 이후에야 비로소 서비스의 품질, 편익, 범위와 같은 서비스의 본질을 알게 된다. 그러므로 서비스 구매자는 서비스를 전달하는 서비스 제공자의 능력과 의지에 믿음을 가지고 있어야 한다. 서비스 제공자는 자신이 제공하는 서비스 품질에 대해서 소비자들이 간접적으로나 예측 할 수 있도록 하여야 한다. 그러기 위해서는 자기가 제공하는 서비스 품질에 확신을 가져야 한다.

서비스의 무형성은 서비스를 구매하는데 있어서 의사결정을 어렵게 할 수도 있지만 충분히 부분적으로는 극복할 수 있는 문제이다. 예를 들면, 대학입시시험을 위한 학원의 경우 그 학원에서 몇 명의 학원생들이 4년제 대학에 합격했는지 실적을 보여 주어 고객들에게 자기 학원에 대한 신뢰도를 높인다든지, 성형외과 의사는 수술 전과 수술 후의 가능한 한 모든 부작용을 포함하는 결과를 사진으로 보여줌으로써 고객에게 믿음을 줄 수 있다.

일반적으로 서비스 마케팅 담당자는 서비스 자체보다는 서비스가 제공하는 효익을 강조해야 한다.

1. 무형성	2. 비 분리성
3. 가변성	4. 소멸성

그림 16-2 서비스 4가지 속성

(2) 비분리성

비분리성(inseparability)은 서비스를 판매하거나 서비스를 수행하는 이들로부터 결코 분리될 수 없다는 것을 의미한다. 즉, 유형의 제품은 생산, 운송, 보관, 진열, 구매, 소비 등 각 단계가 일정한 시간을 두고 이루어지지만 서비스의 경우 생산과 소비가 동시에 이루어진다. 예를 들면, 연극 공연은 배우가 무대에서 연기를 함으로써 서비스가 생산되며 우리는 그것을 관람함으로써 소멸된다. 비분리성은 서비스 공급업자에게 어떠한 한계를 부여한다. 개개의 공급업자는 서비스를 제공하는데 많은 시간을 가지고 있어야 하며 동시에 여러 장소에서 서비스를 제공할 수는 없다.

따라서 이러한 서비스의 비분리성이라는 특성 때문에 시간과 장소 효용을 높이는 것이 매우 중요하다. 생산성을 증가시키기 위해서는 다음과 같은 3가지의 전제조건이 충족되어야 한다.

첫째, 서비스 공급업자는 제공 현장에서 더욱 빠른 행동이 있어야 한다. 내과의사는 보통 여러 개의 진료실을 가지고 있는데 이는 내과의사들로 하여금 지체없이 환자를 진료할 수 있도록 해 준다.

둘째, 공급업자는 동시에 여러 명의 구매자를 접촉할 수 있어야 한다. 각각의 개인

CHAPTER 16

에게 하나의 서비스를 제공하는 것보다는 하나의 집단에 서비스를 제공하는 것이 생산성을 증가시키는 한 방법이 된다.

셋째, 서비스 제공자에 대한 교육과 훈련이 매우 중요하며 서비스 제공자를 분류할 수 있어야 한다. 판매자는 본원적 공급업자로서 동일한 수준의 서비스 품질로 서비스를 수행하도록 서비스 제공자인 고용인, 프랜차이즈 가맹점 등을 교육시킴으로서 개별 공급업자에게서 서비스를 분리할 수 있어야 한다.

서비스와 서비스 공급업자 사이의 긴밀한 관계는 서비스에 대한 지배적인 유통경로가 직접적인 유통경로라는 것을 의미한다. 서비스는 창조됨과 동시에 실행되기 때문에 고객들은 서비스를 공급업자에게서 직접 구매한다. 구매자와 판매자는 생산과 유통과정 중에서 서로 영향을 주고 받는다. 서비스가 수행될 때 공급업자는 구매자 명세서에 서비스를 맞추기 위해 구매자에게 정보를 요청한다.

비록 서비스 마케팅에서 직접 유통경로가 지배적이지만 유통경로에는 중간상들이 항상 존재한다. 이들은 공급업자를 대표하며, 공급업자의 서비스를 판매한다. 예를 들면, 여행사들은 운송과 숙박 및 관광안내 서비스를 판매하며 동시에 자신들이 보유하고 있는 서비스를 판매한다.

(3) 가변성

"서비스 품질은 제공되는 서비스 수준이 고객의 기대에 얼마나 잘 부합되는가에 대한 척도이다. 서비스의 제공은 지속적인 토대 위에서 고객의 기대를 충족시키는 것을 의미한다." 서비스 공급은 노동 집약적이기 때문에 서비스는 구매할 때마다 품질이 다르며, 심지어 동일한 서비스 공급업자에게서 구매하는 경우에도 서비스 품질은 상이하다. 예를 들면, 경험이 있는 규모가 큰 소매점에서 제공하는 서비스와 집근처의 작은 소매점에서 제공하는 서비스 품질은 다를 수 있으며, 본점에서보다는 지점에서 상이한 서비스를 수행할지도 모른다. 고급 레스토랑의 경우 개업하여 서비스를 처음 시작할 때의 서비스의 품질과 어느 정도 시간이 지난 후에 제공한 서비스 품질은 상이할 것이다. 이러한 서비스 품질 가변성(quality variability)은 마케팅 담당자에게 특별한 난제를 제공한다.

서비스를 제품과 동일한 등급으로 표준화하는 것은 불가능하지만, 서비스 마케팅 담당자가 자신들이 할 수 있는 것만큼의 서비스 생산과 인도를 표준화하고 지속적인 서비스 품질을 유지하기 위해 최선의 노력을 계속한다면 소비자들의 욕구를 어느 정도 충족시킬 수 있을 것이다.

서비스 기업에 종사하는 구성원들이 신중하게 선발되어 훈련을 받게 되는 경우 서비스 품질의 신뢰도는 더욱 커지기 마련이다. McDonald는 제품의 준비과정과 인도과정을 표준화한 McDonald System으로 유명하다. 교육훈련은 시스템의 중요 부분으로 이는 기업으로 하여금 여러 장소에서 동일한 수준의 서비스 품질을 확립하게 한다.

일관성을 유지하기 위해서 서비스 품질은 끊임없이 관찰되어져야 한다. 이것은 서비스 종사자에 대한 지속적인 감독활동이 선발과 교육훈련만큼이나 중요하다는 사실을 의미한다. 이외에도 서비스 공급업자는 그들 고객의 반응에도 신중한 주의를 기울어야 한다. 조사방법과 제안함 제도는 고객의 불만과 만족 그리고 일반적인 서비스 품질에 관한 자료를 수집하는 방법으로 활용할 수 있을 것이다.

(4) 소멸 가능성

TV, 냉장고, VTR, 자동차, 청량음료 등과 같은 유형의 제품의 경우 판매되지 않은 제품은 보관될 수 있어 그 가치의 하락이 미세하거나 거의 없지만 서비스는 일정한 시점에서 소비가 일어나지 않으면 재고를 보관할 수 없어 그 가치는 소멸된다. 즉, 서비스는 서비스 생산이 시간요소에 기초하고 무형적이며 저장이 불가능하기 때문에 소멸 가능성(perishability)이 매우 높다. 서비스 판매 상실기회(lost opportunity)를 나타내는 비어있는 극장좌석, 진료시간, 강의시간, 버스좌석, 호텔객실은 결코 회복될 수 없는 것들이다.

소멸 가능성과 서비스에 대한 변동수요는 창조적인 전략을 필요로 한다. 만약 서비스를 생산하는데 필요한 자원이 적소에 존재하고 수요수준이 생산능력을 초과한다면, 서비스 판매는 감소하게 된다. 그리고 서비스 공급업자가 최정점의 수요를 충족시키고자 생산시설을 확장하는 경우 생산시설의 일부는 수요수준이 낮을 때 잉여시설이 될 수도 있다. 소멸 가능성에 대한 하나의 해답이 마케팅 담당자의 중요 목표이다. 이에 대한 하나의 전략은 수요를 균등하게 하는 것이다. 비수기 때의 가격 요금, 서비스 타임가격, 주말과 야간 장거리 전화요금 등은 수요수준을 균등하게 하는 전략에 속하며, 비수기 때에 사업에 대한 집중적인 광고 역시 수요를 균등하게 하는 또 하나의 방법이다.

대체 가능한 서비스를 제공하는 것도 소멸 가능성과 변동수요를 해결하는 데 도움이 될 수 있다. 수요가 서비스를 제공하는 지원을 초과할 때 일부 공급업자들은 보충 서비스(complementary services)를 매우 효과적으로 제공해 오고 있다. 호텔 예식장 경영주는 예식장이 만원일 때 호텔 레스토랑으로 축하객들을 유도하여 식사를 제공할 수 있다.

소멸 가능성과 변동 수요를 극복하는 또 하나의 전략은 탄력적인 생산시설을 창조하는 것이다. 최정점의 수요기 때 임시 고용인을 증가시키는 활동은 생산을 확장시키는 결과를 갖는다. 그러나 서비스 공급업자는 수요가 하락하는데 동일한 수준의 서비스 생산을 계속해서 유지할 수는 없다. 수요가 높을 때 기본적인 업무에 집중하고 수요가 낮을 때 업무를 분산시키는 탄력성을 증가시키는 것은 또 다른 방법이다. 특히 패스트푸드 산업은 이러한 전략에 매우 적합하다.

3 서비스 품질

(1) 서비스 품질의 중요성

기업이 고객만족의 실현과 계속적인 성장·발전하기 위한 방법 중의 하나는 경쟁자보다 우수한 서비스를 소비자에게 제공하여 고객의 브랜드충성도를 높이게 하는 것이다. 최근 들어 제품의 품질 못지않게 기업에서 제공하는 서비스가 기업의 성과인 시장점유율에 많은 영향을 미치는 동시에 소비자의 브랜드선택행동에 영향을 주는 전략적 수단이라는 인식이 점차 확산되어 가고 있다.

그러나 서비스의 경우 유형의 제품과 달리 서비스 품질에 대한 평가는 객관적 지표가 아닌 소비자 자신이 제품에 대해 기대한 서비스와 기업에 의해 제공된 지각된 서비스를 비교하여 주관적 판단에 의해 평가가 이루어지기 때문에 소비자의 서비스 욕구를 충족시켜주기 위해서는 소비자의 다양한 속성에 대한 선호와 서비스 기대수준을 파악한 후 조직 내부의 자원을 충분히 활용하고 제공이 가능한 서비스 품질 수준을 결정, 그에 따라 정확하고 합리적으로 제공하도록 하는 것이 필요하다.

따라서 고객에게 제공되는 양질의 서비스는 결국 자사제품의 브랜드충성도와 구매행동을 유도하여 시장점유율 향상과 수익률증가라는 조직의 목표를 달성시키는데 기여하게 된다.

특히, 현재와 같이 무한경쟁시장에서 국내·외 기업들과 치열한 경쟁이 확대되면서 더욱더 까다로워진 고객의 요구를 충족시키기 위해서는 근본적으로 서비스 품질을 향상시켜 소비자의 다양한 요구에 부응하지 않고는 생존이 불가능하게 되었다. 이에 따라 기업에서는 서비스 품질 향상의 중요성의 인식과 더불어 고객맞춤 서비스를 제공하기 위해서 전사적이며 혁신적인 서비스 품질을 개설하기 위해 다양한 방법들이 개발되고 있으며, 이미 제공된 서비스는 소비자의 평가단계를 거쳐 정착되어가고 있다.

(2) 서비스 품질의 유형과 개선방안

대부분의 소비자는 특정제품의 구매 전에 제공되는 서비스의 수준을 어느 정도 기대하게 된다. 따라서 소비자가 기대하고 있는 수준에 비해 실제 행해지고 있는 서비스가 고객의 기대수준에 미치지 못할 경우 소비자는 실망하게 될 것이며, 브랜드에 대한 태도와 이미지는 부정적으로 나타나게 된다. 기업의 이미지와 태도는 여러 가지 요인에 의해서도 형성되지만 소비자가 제품구매과정에서 행해지는 지각된 서비스 품질에 의해서도 결정되게 된다.

일반적으로 제품의 구매전·후 소비자가 기대하는 서비스의 종류를 살펴보면 다음과 같다.

- 소비자가 기대하는 서비스의 종류
  - 상품의 품질
  - 상품의 가격
  - 구매 후 서비스(반품, 교환, 환불, 고객의 불만의 접수 및 처리)
  - 상품의 정보제공과 교육 등

(3) 소비자의 서비스 품질의 인식과 평가

1) 서비스 품질의 인식

기업이 제공한 서비스의 품질은 조직의 생존과 수익성에 직결되기 때문에 많은 기업들은 소비자에게 제공되는 서비스 품질 향상을 위해 노력 한다.

일반적으로 소비자들은 특정 제품을 구입하기 전에 제공받을 서비스를 자신이 기대했던 서비스와 비교하여 평가하게 된다. 따라서 지각된 서비스가 기대했던 서비스에 미치지 못하면 브랜드에 대한 태도가 부정적으로 나타나게 되며, 반대로 지각된 서비스가 자신이 기대했던 것을 어느 정도 충족시키거나 기대했던 이상의 서비스를 제공받게 되면 그 브랜드에 대한 태도는 긍정적으로 나타나 제품 재구매 가능성은 상대적으로 높아진다.

소비자들이 기업에 대한 서비스의 기대는 과거경험, 구전, 고객의 욕구, 광고 등 대중매체에의 노출 등과 같은 요인들에 의해 형성된다. 또한, 소비자들은 기업에 의해서 제공된 서비스에 대한 지각은 브랜드에 대한 이미지에도 많은 영향을 미친다. 예를 들면, A기업에 대한 긍정적인 이미지를 갖고 있는 고객은 서비스의 제공과정에서의 약간의 실수나 손해는 어느 정도 감수하려고 하고 이해하려고 한다. 반대로 B기업에 대한 부정적인 이미지를 가지고 있는 고객은 서비스 제공과정에서 사소한 실수나 손해도 확대해석하게 되어 불만족 행동이나 부정적인 태도를 갖게 된다. 결국 기업과 브랜드에 대한 이미지는 서비스 품질을 지각하는데 결정적인 영향을 미친다.

따라서 마케팅 관리자는 소비자가 기대한 서비스와 지각된 서비스와의 차이를 최소화함으로써 소비자의 지각된 서비스 품질을 향상시킬 수 있다.

2) 서비스 품질의 평가

소비자는 특정 브랜드의 제품을 구매하기 전에 이미 여러 가지 영향에 의하여 서비스에 대한 기대를 어느 정도 형성한다. 그러한 기대가 서비스를 제공받기 위해 사용된 비용과 노력에 대하여 제품 구매 후 결과로써 소비자의 만족·불만족에 의하여 나타날 수 있다. 소비자가 기대했던 이상적인 수준, 소비자가 그 서비스를 제공받기 위해 노력한 여러 가지 상황에 비해 만족하다고 여겨질 때, 그리고 소비자가 제공받을 것을 기대했던 것과 실제로 제공받은 것들이 평가에 모두 포함된다.

서비스 품질을 평가하는데 있어서 가장 중요하게 작용하는 것은 제품의 품질이다. 즉, 기업에서 제공하는 서비스의 품질은 제품의 질에 의해서도 평가된다.

제품구매와 함께 제공되는 서비스는 제품 구매 후 사용을 통해 소비자는 제품의 실제 성능을 판단하여 구매하기 이전에 가졌던 기대와 구매 후의 결과를 비교하게 된다. 이 결과 비교에서 제품이 기대했던 것보다도 품질이 우수하면 함께 제공되었던 서비스도 만족하게 된다. 그러므로 제품에 대한 소비자 만족은 곧, 서비스의 품질과 밀접한 관련이 있다.

서비스는 그 자신의 고유한 특성 때문에 객관적으로 품질을 측정하고 평가하기는 매우 어렵다. 유형의 제품에 비해 서비스의 품질을 평가하는데 있어서 어려운 점을 살펴보면 다음과 같다.

첫째, 서비스 품질은 표준화를 이룰 수 없어 정확한 측정이 어렵다.

둘째, 서비스 품질의 평가는 소비자가 기대했던 기대서비스와 실제 서비스의 제공과정에서 지각된 서비스와의 비교에 의해서만 평가될 수 있어 객관적인 측정이 어렵다.

셋째, 고객의 서비스 품질의 평가는 제공되는 과정에서의 방법, 즉 어떻게 제공되느냐에 따라 서비스평가는 다르게 나타난다. 그러므로 인간의 속성, 즉 욕구나 행동은 다양하기 때문에 소비자가 필요로 하는 정확한 서비스의 제공은 불가능하다.

넷째, 기업에서 제공되는 서비스 품질의 평가는 제품과 관련되어 산출되는 경우가 많기 때문에 제품 구매 후 만족/불만족에 따라 평가가 이루어져 신속한 측정이 곤란하다.

(4) 서비스 품질 관리방안

1) 서비스 품질의 표준화

유형의 제품과 달리 서비스의 품질은 서비스가 지니고 있는 고유한 특성 때문에 표준화가 어렵다. 그러나 효과적인 서비스 품질관리를 위해서는 소비자들의 속성을 파악하여 그 자료를 토대로 소비자의 의식수준 및 생활수준에 따라 소비자에게 제공되는 서비스들은 어느 정도 표준화가 이루어져야 한다.

서비스 품질 표준화의 목적은 서비스는 수요에 따라 생산할 수 없는 소멸성 때문에 소비자가 어떠한 서비스를 어디서, 어떻게 요구할지 모르는 상황이므로 소비자가 요구하기 전에 그들이 필요로 하는 다양하고 표준화된 서비스를 보유하고 있음으로서 소비자들의 요구에 신속하고 정확하게 제공함으로써 자사제품에 대한 이미지를 우호적으로 형성시켜 결국은 재구매를 늘리게 하기 위함이다.

기업은 계층별, 집단별, 인구통계학적 특성 등을 고려하여 고객의 요구사항을 분석하고 체계화함으로써 어느 정도 표준으로 반영할 수 있는 서비스 품질을 체계화할 수 있다.

2) 서비스 제공자의 행동과 태도

서비스 품질을 향상시키는데 있어서 서비스 제공자의 행동과 태도는 매우 중요하다.

언제, 어디서, 어떠한 서비스를 요구하든지 그 소비자의 욕구를 충족시키기 위해서는 어떠한 서비스가 적용됨으로써 소비자에게 우수한 품질을 제공받았다는 평가를 할 수 있을 것인가를 정확하게 파악하는 것 또한 마케팅 관리자의 중요한 역할이며, 전반적으로 이러한 여러 가지 상황을 해결하기 위해서는 꾸준한 교육과 훈련이 필요하다.

특히, 마케팅 관리자들은 시장에서 이루어지는 소비자들 간의 모든 사항을 정확히 점검하고 서비스 제공 시 품질의 향상에 필요하다고 생각되는 요구의 수용여부는 신속하게 처리하여야 한다.

3) 서비스 품질의 향상

서비스 품질의 향상은 기업의 마케팅 활동에 의해서 향상 될 수 있다. 효과적인 서비스 품질 개선을 위해서는 조직 내 어느 한 부분 뿐만 아니라 조직 내 전반적인 체계를 보다 구체화하고 혁신적으로 개선을 시도하여야 한다.

서비스의 생성은 소비자와 서비스제공자간의 상호작용과 관련되는 활동이므로 서비스의 제공자가 제공하여야 한다고 생각하는 서비스 수준과 소비자가 기대하는 서비스의 전반적인 수준을 일치시키려는 노력이 필요하다.

기업이 소비자에게 우수한 서비스 품질의 생성과 제공을 위해 필요한 요인을 살펴보면 다음과 같다.

첫째, 제품지식에 대한 정확한 정보제공을 위한 교육이다.
둘째, 고객 지향적인 조직내부의 인적자원배치이다.
셋째, 고객중심적인 경영방식이다.
넷째, 지속적인 기능적·물리적 고객지원 등이다.

4) 구매 후 서비스 품질의 측정과 전략

소비자가 지각하는 서비스의 수준을 정확하게 측정한다는 것은 매우 어려운 일이다. 왜냐하면 유형의 제품의 품질 수준의 측정은 표준화에 의해 측정이 가능하지만 서비스 품질의 측정은 오직 소비자의 주관적 판단에 의해 평가가 이루어지기 때문에 최적의 품질평가를 객관적으로 측정한다는 것은 한계가 있다.

따라서 기업에 대한 소비자들의 서비스 평가는 제품의 구매시점 뿐만 아니라 제품의 구매 후 구입한 제품의 성능과도 밀접한 관계가 있기 때문에 구매 후 제품에 대해 긍정적인 평가를 내릴 수 있도록 판매 후의 서비스 제공에도 많은 노력을 기울여야 한다. 대부분의 마케팅 관리자들은 제품 판매 후 중요한 서비스활동을 등한시 하는 경우가 많다. 그러므로 제품 판매 후 고객들이 필요로 하는 서비스를 신속하게 처리해 줌으로써 자사가 제공한 서비스 품질의 평가를 높이게 할 수 있으며, 나아가 고객의 브랜드 애호도를 증가시킬 수 있는 요인으로 작용할 수 있다.

(5) 서비스의 차별화 전략

1) 경쟁사와의 차별화의 필요성

일반적으로 전략이란 외부환경에 의해 나타나는 기회와 위협 그리고 조직내부의 환경의 강점과 약점을 조화롭게 적합시켜 조직의 목표를 달성하기 위한 수단의 개념으로 설명되고 있다. 따라서 기업의 마케팅 전략의 수립과 성과에 상당한 영향을 줄 수 있는 바람직한 서비스 마케팅의 전략을 선택하기 위해서는 조직내부의 물적 및 인적 자원의 충분한 활용과 외부환경요소인 시장 상황을 정확하게 점검하여 경쟁자와 차별화의 기준을 설정하여 자사에 가장 적합하다고 생각되는 차별화 수준을 분류시켜 합리적으로 실행하는 것이 효과적이다.

기업의 서비스에 대한 성과는 소비자가 필요로 하는 요구를 얼마나 잘 충족시켜 재구매하게 하느냐에 달려있으며, 서비스 마케팅의 차별화전략의 기본은 소비자들에 대하여 경쟁사에 비해 얼마나 차별화된 서비스를 제공하며, 이러한 차별화된 서비스를 어떠한 방법으로 소비자들을 만족시키느냐 하는 적응방향을 제시하는 것으로 결정된다. 즉, 경쟁사와의 차별화 전략이 성공하기 위해서는 기업내부의 조직과 소비자의 만족을 어떠한 방법으로 조화를 이루어 가느냐가 좋은 성과를 낼 수 있느냐 혹은 그렇지 않느냐를 결정하게 된다.

동종의 제품과 비슷한 마케팅 전략에 의해 형성되고 있는 현재의 기업 환경에서 경쟁사에 비해 경쟁적 우위를 확보하여 안정적인 수익률 증가를 위해서는 소비자를 감동시키는 서비스 중심의 경영으로 경쟁사와 뚜렷한 차별화를 시켜야 한다.

2) 제공자의 서비스에 대한 인식변화의 중요성

기업의 마케팅 핵심은 서비스다. 다른 경쟁사와 비교할 수 있는 가장 중요한 요인은 바로 기업이 제공하는 여러 가지 서비스를 소비자들이 어떻게 받아들이느냐이다.

특정기업이나 브랜드에 대한 우호적인 지각은 곧 고객으로 하여금 더 많은 상품을 구매하게 하고 주위 사람들에게 브랜드에 대한 긍정적인 소문을 퍼뜨려 잠재적 고객들에게 자사브랜드에 대한 관여도를 높이게 한다.

4 서비스의 분류

서비스의 종류는 매우 다양하다. 따라서 여러 유형의 서비스를 이용할 수 있기 때문에 다양한 형태의 서비스로 분류하는 것은 마케팅 전략개발을 보다 용이하게 한다. 서비스를 분류하는 하나의 방법은 서비스가 설비에 의존하는지 아니면 사람에 의존하는지 파악하는 방법이다.

① **설비기반서비스(equipment-based services)** : 서비스 생산과 배달과정에 설비를 필요로 한다. 예를 들면, 택시 기사는 확실히 자동차를 필요로 한다.

② **사람기반서비스(people-based services)** : 설비의 도움 없이 서비스가 생산되거나 배달될 수 있는 서비스를 말한다. 설비서비스와 대인적 서비스의 일차범주 내에는 참여자의 숙련도에 기초한 2차 범주가 있다 : 비숙련, 숙련, 전문가([그림 16-3] 참조).

숙련도와 설비의 양은 서비스를 어떻게 판매할 것인가를 나타낸다. 서비스가 설비에 대한 막대한 투자가 있어야만 생산이 가능하다면, 지리적 시장범위는 매우 크며, 이 시장에서 제공되는 서비스의 가격은 매우 높을 것이다. 설비가 생산성을 증가시키는 경우 가격은 보통 경쟁적 마케팅 도구가 된다.

사람기반서비스는 청소대행업·청원경찰 등과 같은 비숙련 노동 서비스, 배관수리·설비수리 등과 같은 숙련노동 서비스, 법률가·회계사와 같은 전문가로 분류할 수 있다.

그러나 최근 서비스 산업의 급속한 발전과 서비스 공급자가 행하는 한 사업이 여러 가지 다양한 서비스를 제공함에 따라 서비스를 설비기관 서비스와 사람을 필요로 하는 서비스로의 명확한 구분은 큰 의미가 없다.

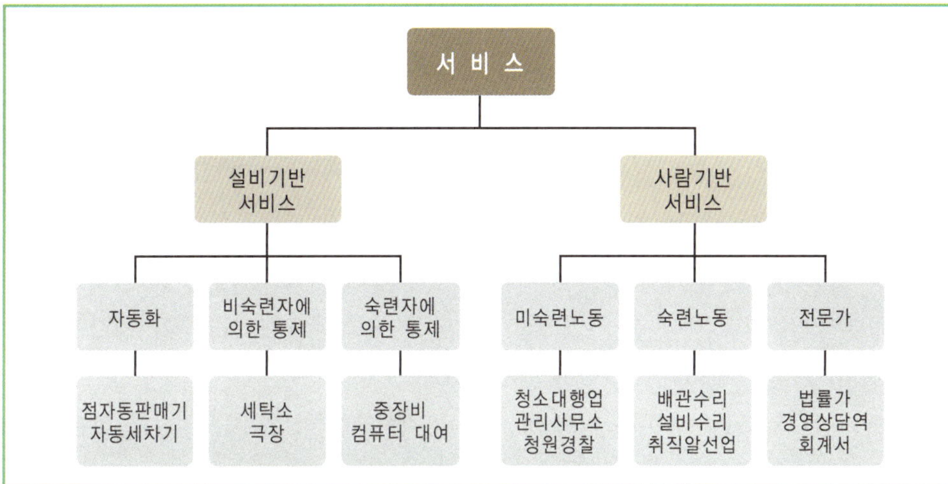

그림 16-3 서비스의 분류

③ **산업재 구매자 내지 소비재 구매자처럼 구매자 형태로 분류** : 제품의 경우에서처럼 서비스 마케팅은 구매자 형태에 따라 다양하다. 즉, 사업용 보험 프로그램은 개인용 보험 프로그램과 상이하며, 이에 따른 서비스 마케팅 역시 다르다.

④ **서비스 고객참여(client involvement)** : 서비스의 고객참여도 서비스를 분류하는데 하나의 기준으로 활용된다. 이는 고객이 참여하는 장소에서의 서비스와 참여하지 않는 장소에서의 서비스로 구별하는 것이다. 일반적으로 서비스는 고객이 직접 참여하게 되었을 때 서비스 품질은 더욱 향상되고 고객 지향적인 서비스가 된다.

⑤ **영리조직과 비영리조직** : 서비스는 영리조직 내지 비영리조직이 서비스를 제공하느냐에 따라 분류될 수 있다. 서비스 기업은 일반적으로 마케팅 지향적인 기업이 아니며, 특히 비영리조직의 경우에는 그 정도가 강하다. 그러나 오늘날에는 다양한 형태의 서비스 조직(영리·비영리조직 포함)이 마케팅 개념을 도입하여 경영활동을 수행하고 있는 실정이다. 이는 곧 이들 조직들이 마케팅 지향적인 기법으로 변하고 있다는 사실을 의미한다.

5 서비스 마케팅 믹스전략

서비스에 대한 마케팅 믹스 개발은 다음과 같은 질문에 대한 답을 필요로 한다. 어떤 서비스가 제공되어야 하는가? 서비스의 어떤 속성이 강조되어야 하는가? 가격책정은? 서비스를 어떻게 유통시키며 촉진시킬 것인가?

서비스 믹스(service mix)는 공급업자가 제공하는 모든 서비스 목록을 의미한다. 서비스 기업들, 특히 소규모 기업들은 보통 서비스 믹스 요인들을 빠뜨리고 지나가는 경향이 종종 있다. 서비스는 제품과 달리 재고(inventory)라는 개념이 존재하지 않기 때문에 서비스에 대한 요구는 요구된 서비스를 제공하기 위한 현존하는 서비스와는 그 의미가 약간 다르다. 그러므로 기업들은 자신들이 제공하는 것에 대한 명확한 정의를 개발하여야 한다. 새로운 서비스를 개발하고 낮은 수요의 서비스를 폐기하는 활동은 서비스 믹스를 관리하는 활동의 일부분이다.

선택된 서비스 수준은 서비스 믹스에 영향을 미친다. 공급업자는 얼마나 많은 서비스 요청을 충족시켜야 하며, 서비스 요청을 어느 정도 배제하여야 하는가? 정상적인 측면에서 보면 서비스 기업의 자원과 능력의 범위 내에서 명확하게 배제되어야 하는 서비스 요청은 존재하지 않지만, 서비스는 적당한 시기와 적절한 서비스 품질수준하에서 이루어져야 한다. 마케팅 담당자는 95%의 서비스 요청비율로 서비스 수준을 확립할 수 있는데, 이는 95%의 서비스 요청비율이 특정기간 내에 그리고 특정 서비스 품질수준하에서 충족되어야 한다는 사실을 의미한다. 마케팅 관리자는 또한 기업이 제공하는 서비스 내용의 양적인 측면을 신중하게 고려해야 할 것이다.

(1) 제품전략

앞에서 설명한 바와 같이 서비스는 유형의 제품과 달리 여러 가지 독특한 특성을 가지고 있기 때문에 직접 구매하여 사용해 보기 전에는 그 품질을 사전에 시험해 보거나 평가할 수가 없다. 그러므로 서비스를 구매하려는 소비자는 과거의 경험이나 구전, 시장에서의 기업의 명성과 신뢰도, 브랜드, 광고와 판매촉진 등을 토대로 하여 구매의사를 결정하게 된다. 소비자가 무형의 서비스를 구매하는 이유는 그 서비스를 구매함으로써 얻을 수 있는 효용 때문이다. 따라서 서비스 마케팅 전략을 수립하기 위해서는 그러한 것들을 충분히 고려하여야 한다.

기업들은 자신이 제공하는 서비스에 대한 명확한 확신에 의해서 개발하여야 하며, 새로운 서비스를 개발하고 수요가 낮은 서비스는 폐기할 수 있는 서비스 믹스를 관리하는 활동을 하여야 한다. 즉, 마케팅 담당자는 소비자가 서비스를 구매할 때 실제로 무엇을 구매하고 있으며, 무엇을 원하고 있는지를 파악해야 한다. 정확하게 파악된 서비스는 기업의 자원과 능력을 고려하여 최고의 품질 수준으로 소비자를 충족시킬 수 있는 소비자 지향적인 서비스가 되어야 한다. 구매를 조장하기 위해서 서비스는 어떠한 속성을 담고 있어야 하는가? 이러한 질문에 답하기 위해 마케팅 담당자는 소비자가 서비스를 구매할 때 실제로 무엇을 구매하고 있는지를 파악해야 한다. 안전성, 일관성 그리고 완전성과 같은 서비스 속성들은 구매 의사결정 과정에서 매우 중요한 요소들이다. 정확하게 파악된 서비스 속성들은 기업을 통한 소비자 지향적 서비스 윤리에 대한 기초가 될 수 있으며, 고객 뿐 만 아니라 기업의 구성원들에게도 중요하다.

(2) 가격결정전략

서비스 분야의 특성들이 서비스 가격을 유형제품의 가격과 상이하게 한다. 서비스업에서는 가격이란 용어가 요금, 입장료, 사용료, 이자율, 대가 등과 같이 다양한 용어로 쓰인다. 예를 들면, 광고 대행사는 전통적으로 고객이 아닌 매체기업에게서 이미 확립된 매체비용을 받는다. 협상은 제품 구매에서 보다는 서비스 구매에서 널리 유행한다. 시장조사, 법률적·재무적 유지 그리고 안전 서비스는 보통 협상가격하에서 매매된다. 서비스를 협상할 때 마케팅 담당자는 비용과 소멸 가능성이라는 서비스 특성들을 고려해야 할 것이다. 서비스의 소멸 가능성 때문에 기업의 서비스 수요가 낮을 경우 판매를 확보하기 위해서 가격은 떨어지기 마련이다. 변동비가 커버되는 동안에 마케팅 담당자는 만족감을 느끼지만 불행하게도 고정비, 변동비, 평균비용 그리고 기타 다른 비용에 관한 정보가 제품을 생산하는 기업에서 유용한 것처럼 서비스 기업에 유용하지는 않는다. 인하된 가격으로 서비스를 제공하는 것은 여러 가지 문제를 야기할 수 있다. 즉, 그들은 서비스 품질에 대한 하나의 대안으로써 가격을 이용하는데 이는 고객들로 하여금 낮거나 인하된 가격을 낮은 품질의 서비스와 동일하게 인식시킨다.

서비스 마케팅 담당자는 가격을 결정할 때 서비스 수요, 생산, 마케팅, 관리비용 그리고 경쟁적 영향과 같은 요인들을 고려해야 한다.

서비스 마케팅에서 가격전략을 수행하는데 있어서 고려해야할 사항들을 살펴보면 다음과 같다.

① 원가구성에 기초한 서비스 가격의 결정이다. 서비스 가격의 가격결정은 유형의 제품처럼 생산원가와 유통비용이 정확하게 책정될 수 없다. 따라서 서비스의 개

발과 판매, 전달과정에서 발생하는 모든 비용을 정확히 파악한다는 것은 매우 어려운 일이다. 그러므로 서비스 가격의 책정은 서비스 공급업자의 주관적 의사가 많이 반영된다.

그러나 이러한 가격결정은 최근에 와서 시장상황에 맞는 객관적인 가격결정으로 변화하고 있다. 이는 서비스 가격을 결정할 때 서비스의 개발에서 판매까지의 비용을 정확하게 파악하고 있을 때에만 가능하다.

② 일반적으로 고객들은 서비스를 구매할 때 유형의 제품보다 가격에 의존하는 경향이 있다. 그러므로 고객이 서비스 구매 후 지각하는 가치가 서비스 가격을 결정하기 때문에 마케팅 관리자는 고객의 서비스 만족/불만족에 대한 객관적인 분석이 이루어져야한다. 소비자가 지각하는 서비스 만족 수준이 높으면 서비스의 가격은 높게 책정되고 반대의 경우 가격은 낮게 책정된다. 즉, 서비스 가격은 수요와 공급에 의하여 영향을 받게 된다.

③ 고객세분화에 의한 가격 차별화 전략이다. 소비자는 서비스에 대한 대금지불은 유형의 제품과는 다른 형태로 나타난다. TV, 에어컨, 자동차 등과 같은 유형의 제품의 경우 구매 후 배달, 설치, 애프터서비스 등과 같은 서비스가 수행되기 때문에 소비자가 느끼는 제품의 가치에 대한 가격은 어느 정도 변화할 수 있다. 그러나 서비스의 경우 서비스가 제공되는 즉시 대금이 지불되기 때문에 고객이 지각하는 가격은 비합리적일 수 있다. 즉, 서비스는 가격의 책정과 고객의 인지가 유형의 제품과는 다르기 때문에 차별화를 통해 수익을 올릴 수 있는 가능성이 높다.

(3) 유통경로전략

서비스 유통과정은 소비자들이 인지하는 서비스 품질 평가와 가격에 많은 영향을 미치기 때문에 상당히 중요하게 다루어져야 할 부분이다. 서비스는 창조됨과 동시에 실행되기 때문에, 고객들은 서비스를 공급업자에게서 직접 구매한다. 구매자와 판매자는 생산과 유통과정 중에 서로 영향을 주고받는다. 서비스가 수행될 때 공급업자는 구매자 명세서에 서비스를 맞추기 위해 구매자에게 정보를 요청한다.

서비스 유통경로의 유형은 제품보다 짧으며 또한 단순하다고 할 수 있다. 고객과의 접촉이 불필요할 때에도 많은 고객들은 대인적 관계가 지속되기를 선호한다. 유통경로

상에 중간상이 존재하는 경우 그들은 재고, 수송, 저장에 관한 통제보다는 수요를 자극하여 수요를 균등하게 하는데 초점을 둔다.

(4) 촉진전략

서비스의 무형성과 많은 고객들이 바라는 대인적 관계는 촉진전략에 영향을 미친다. 촉진전략은 서비스의 유형성을 증가시키는데 초점을 두며, 이의 기법으로는 종업원(항공사 승무원), 건축물(뉴욕명품거리의 루이비통)처럼 기업의 독특한 특성을 강조하는 것이다. 기업의 친근한 이미지는 유형적인 특성이 될 수 있다. 주제는 친근함, 효율성, 진보성 그리고 기타 다른 특성들을 포함한다.

인적판매와 고객과의 접촉은 서비스 기업의 경우 중요한 촉진 프로그램의 일부에 속한다. 공손함, 수완, 종업원에 대한 고객문제해결 등은 서비스 기업이 바라는 특성들이다.

홍보 역시 서비스 기업의 경우 촉진전략에서 매우 중요한 역할을 수행한다. 자선단체에 시간과 재정지원, 기부행위, 체육단체에의 후원회 그리고 공공행사 등은 적절한 홍보만 이루어진다면 유익한 대중적 명성을 높일 수 있다.

제2절 비영리조직의 마케팅

비영리조직(nonprofit marketing)은 소유주에게 이익을 반환하기보다는 다른 목표들을 추구한다. 비영리조직의 경영자들은 조직의 목표를 달성하기 위해 마케팅 분야로 활동의 초점을 전환시키고 있다. 이의 전형적인 조직들로는 정부기관, 의료기관, 종교단체, 사회단체, 건강관련단체, 문화단체, 교육기관 등을 들 수 있으며 이들 조직들은 정도의 차이는 있지만 모두 마케팅을 이용하고 있다.

1 비영리조직의 마케팅 의의

비영리조직은 소유주에게 이익을 반환하기보다는 다른 목표들을 추구한다. 예를 들면, Greenpeace나 the Sierra Club과 같은 조직들은 생태계 보호나 자원환경보호에 그 목표를 두고 있으며, 정당은 정부활동에, 한국 소비자 보호원은 소비자 보호문제에 활동의 초점을 두고 있을 정도로 매우 다양하다.

비영리조직은 국가경제에서 상당히 중요한 역할을 수행하며 우리의 삶의 질(quality of life)에 중요한 공헌을 한다는 것을 의미한다. 이들의 정확한 공헌가치는 비영리조직이 마케팅 교환의 한 측면을 상징할 때 자금이 언제나 마케팅 교환에 유입되지는 않기 때문에 측정하기가 어렵다.

(1) 비영리조직의 특성

영리조직은 비영리조직의 특성을 정의하는데 참고가 되지만, 일부 비영리조직은 일반적으로 영리조직과 그다지 다르지 않으며 일부 영리조직 또한 일반적인 비영리조직과 그리 차이가 있는 것은 아니다. 더욱이 이 두 유형의 조직은 조직과 관리기법을 공유하고 있는 것처럼 아마도 구 한계를 긋는 것이 더욱 힘들어질 것이라 예상된다.

영리조직과 비영리조직의 명확한 차이는 영리목적 대 모든 마케팅 활동의 목적이 이윤추구가 아니라는 조직의 목표에 있다. 영리조직은 자신들의 성과를 측정하기 위해 여러 기법들을 개발하였는데, 시장 점유율, 투자 수익률, 판매량, 이익 등은 영리조직이 시장에서 소비자들의 욕구를 얼마나 잘 충족시키고 있는가와 영리조직이 보유하고 있는 자원을 얼마나 효율적으로 사용하고 있는가를 나타내는 요인들이다. 비영리조직의 목표는 결과측정이 매우 어렵기 때문에 계량화하기가 훨씬 어렵다.

비영리조직의 조직구조는 이익을 추구하는 기업의 조직구조보다 명확하지 않다. 대다수 비영리조직은 거의가 독지가나 사회봉사자의 도움으로 유지되고 있다. 비영리조직 구성원들은 정기적으로 자리를 이동하기 때문에 비영리조직구조는 연속성이 부족하고 권한과 책임관계 역시 실제 명확하지 못하다.

(2) 표적청중

조직이 제공하는 편익의 대상은? 즉, 비영리조직의 표적청중은? 영리조직과 비영리조직 양자는 많은 이익집단에 정보 또는 이익을 제공한다. 즉, 영리조직은 고객, 경영주 그리고 종업원에 이익의 초점을 맞추는 경향이 있는 반면, 비영리조직의 경우는 보다 많은 이익집단에 그리고 편익의 길이도 훨씬 길다. 비영리조직의 표적청중은 영리조직의 표적청중과 같을 수도 혹은 다를 수도 있다([그림 16-4] 참조). 예를 들면, 비영리조직은 기부자들을 고객만큼이나 혹은 그보다 더 중요하게 생각한다.

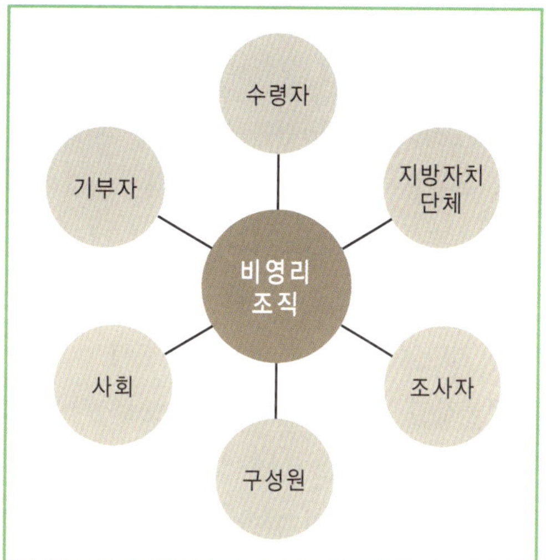

그림 16-4 비영리조직의 공중

비영리조직은 자신들의 고객들을 파악하는데 문제가 있다. 예를 들면, 환경관련집단의 고객들은 환경관련집단을 구성하는 구성원들인가 아니면 환경 보호로부터 이익을 받을 수 있는 모든 이들인가?

(3) 제공되는 서비스의 유형성

비영리조직이 제공하는 서비스는 보통 무형적이다. 따라서 비영리조직의 마케팅 담당자는 서비스를 정의하고 서비스를 좀 더 유형화시키고자 하는 이익 지향적 서비스 기업의 마케팅 담당자가 직면하는 도전과 유사한 상황에 직면한다.

비록 비영리 마케팅이 서비스 마케팅처럼 제품 마케팅과는 다른 도전을 의미한다고 할지라도 기본적인 마케팅 절차는 같다. 마케팅 담당자는 시장욕구를 파악하고, 표적시장을 선정하고, 목표를 결정하고, 전략을 개발과 계획을 실행하고 통제해야 한다. 동시에 그들은 환경, 가격, 유통경로 그리고 제품의 촉진을 고려해야 한다. 비영리조직과 비영리조직의 외적 환경은 상이한 마케팅 전략들을 필요로 하는 영리조직과는 상당히 다르다.

(4) 마케팅에 대한 태도

마케팅은 비영리조직에 매우 성공적이지만 많은 이들은 마케팅이 비영리조직에는 적합하지 않는다고 생각하고 있다. 마케팅에 대한 부정적인 태도를 취하는 이들은 마케팅이 자원을 낭비한다고 주장하지만 그들은 마케팅이 존재하지 않는다면 비영리조직의 목표를 달성하는데 소요되는 시간이 더 길어질 것이라는 사실에는 동의한다. 그러나 그들은 비영리조직의 목표가 결국에는 달성되기 때문에 마케팅은 자원을 낭비한다고 주장하고 있으며 이러한 자원의 낭비보다 더 나쁜 것은 특히 광고와 같은 마케팅의 기만적인 속성이라고 생각한다.

성공적인 마케팅이란 소비자들로 하여금 자신들이 생각하지 못한 방식으로 서비스를 이용하고, 아이디어를 받아들이고, 태도를 바꾸게끔 유도하는 것을 의미한다. 결국, 마케팅은 때때로 간섭하는 활동이라고 정의할 수도 있다. 개개의 소비자들은 강요 없이 자신의 의사결정을 하고 자신들의 욕구를 분명하게 밝히고 충족시킬 수 있는 권리를 가지고 있어야 한다.

비영리조직에 유용한 하나의 도구로써 마케팅에 대한 태도는 일반적으로 널리 수용되고 있는 추세이며 이러한 추세에 발맞추어 여러 전략들이 개발되거나 제시되고 있다.

2 비영리조직의 마케팅 전략

비영리조직이 마케팅 전략을 필요로 하는 이유는? 하나의 이유로는 비영리조직의 애매모호성을 들 수 있다. 비영리조직은 광범위한 일반적인 표적시장을 가지고 있으며 이들 조직의 목표와 서비스는 보통 명확하지 않는다는 것이다. 좋은 마케팅 전략은 여러 대안들을 명확하게 하고 제한하는 역할을 한다. 결국 이는 조직의 자원을 효율적으로 활용하여 조직의 목표를 달성하게끔 해준다.

(1) 비영리 마케팅 유형

비영리조직은 많은 효익들을 제공하는데, 제품, 서비스 그리고 아이디어는 소비자에게 편익을 제공하는 하나의 수단들이다. Philip Kotler는 전달수단(by medium of conveyance)으로 비영리 마케팅을 대인 마케팅, 아이디어 마케팅, 조직 마케팅 그리고 장소 마케팅으로 분류하고 있다.

① **대인 마케팅(person marketing)** : 개인에 대한 이미지나 인상을 창조하거나 유치하는 것을 목표로 하는 마케팅이다. 정치가, 운동선수 그리고 연예인들은 매우 면밀한 마케팅 전략을 이용하여 판매되고 있다. 정치인들은 시장을 평가하고 표적시장에서의 투표율 확보여부를 파악하기 위해 시장 조사자들을 고용할 수 있을 것이다. 그리고 여기에서 얻은 정보를 토대로 캠페인이 수립되어 실행된다.

구직자, 판매원 그리고 개개인들은 스스로 자신들에게 적합한 시장을 찾고자 하며, 이러한 마케팅 노력은 보통 정치인이나 유명 인사들이 수행하는 마케팅 노력보다 비공식적이다.

대인 마케팅에서의 목적은 표적시장에서 개인에 대한 인상을 창조하거나 유지하는데 있으며 이미지를 구축하는 주요 이유는 사람을 판매하는데 있다.

개인에 대한 인상(impression)을 창조하는 것은 개인에 대한 타인의 인식과 태도를 확보하거나 창조하는 것을 의미한다. 일반적으로 표적시장은 태도를 근거로 어떠한 행동이 취해지리라 예상되는데 예를 들면, 정치인에 대한 투표, 연예인을 만나기 위한 콘서트 티켓 구매, 구직자 채용 등을 들 수 있다. 개개인들은 편익을 예상하기 때문에 자신들의 시장에서 어떠한 행동을 한다.

② **아이디어 마케팅(idea marketing)** : 비영리 마케팅의 또 다른 형태는 사회 문제와 주장(causes)을 다루는 것이다. 안전벨트 착용, 환경보호, 금연, 규칙적인 건강검진의 필요성과 그 효과를 사람들에게 확신시키는 것은 아이디어 마케팅에 대한 여러 가지 사례들이다. 사회적 마케팅으로 간주되는 아이디어 마케팅은 표적집단의 습관, 주장, 철학 또는 사고의 방법에 대한 수용을 창조하고 파악하고자하는 것을 말한다. 수용을 파악하고자하는 것은 바람직한 활동이나 행동을 확립하는 초기단계이다.

비록 아이디어 마케팅 담당자가 완벽한 마케팅 계획수립과정을 이용한다 할지라도 마케팅 믹스의 주요 가시적 분야는 광고분야이다. 대부분의 아이디어나 주장은 반대되는 의견이 존재하기 때문에 아이디어 마케팅은 주로 옹호적 광고(advocacy advertising)를 통해 활발한 논쟁을 자극한다. 옹호적 광고는 전통적인 매체에 배치된 확원(source)을 표적으로 수행되지만 공공연하게 논쟁의 대상이 되는 문제에 대해서 정보나 견해를 제시하기도 한다.

③ **조직 마케팅(organization marketing)** : 조직의 목표와 서비스에 대한 수용을 창조하고 변화시키며 유지하는 마케팅을 조직 마케팅이라 한다. 교회, 정부기관, 학교, 미술관, 박물관 그리고 노동조합은 마케팅을 이용하는 극소수의 조직들이다. "대학교나 전문대학의 경우에 있어서 복잡하고도 전문화된 마케팅 전략들이 생존과 번영을 위한 열쇠가 되고 있다."

단지 조직의 목표들을 수용하는 것 이외에도 대부분의 조직들은 표적청중들이 조직의 서비스를 추구하기를 바란다. 교회에서의 친목, 사회적 문제해결을 위한 정부기관의 조직화된 행동조치, 교육기관으로부터의 기술과 지식의 습득, 노조의 주장.

④ **장소 마케팅(place marketing)** : 국가, 지방자치단체, 지역, 도시, 이웃, 공업 단지, 주택, 아파트, 도매상 단지, 터미널 등을 포함하는 특별한 장소에 대한 긍정적인 태도를 창조하고 변화시키며, 유지하고자 하는 마케팅을 말한다. 지역의 장점과 효익을 강조하며, 광고, 홍보 그리고 인적판매는 장소를 촉진하는데 있어 유용한 촉진수단들이다.

이미지는 매우 중요한 요인이며 이미지와 관련 있는 모든 마케팅 활동들은 주의를 끈다. 그러나 촉진 이외의 마케팅 믹스요인(제품, 가격, 유통경로)들은 그다지 주의를 끌지 못한다.

3 비영리조직의 마케팅 믹스

비영리조직내의 환경은 마케팅 믹스에 영향을 준다. 비영리조직의 경영자들은 자신과 마케팅 활동과는 전혀 상관이 없으며 노력을 기울이지도 않고 관심을 갖지 않으려는 경향이 있다. 따라서 마케팅 용어와 활동들을 다르게 사용하는 경우가 많다. 예를 들면, 판매원 대신 상담원, 마케팅 부서 대신 서비스 부서, 표적시장 대신 고객 등이다. 또한 비영리조직 경영자들은 광고가 자신들의 문제들을 해결한다고 믿음으로써, 마케팅 믹스에서 촉진 특히 광고의 중요성과 역할을 지나치게 강조하는 경향이 있다.

조직의 시장가치, 자원 그리고 사명을 정확하게 이해하는 비영리조직의 경영자는 거의 없으며, 이러한 요인을 분석하는데 필요한 시간적 여유도 갖고 있지 않다.

따라서 포괄적인 마케팅접근방법(comprehensive marketing approach)을 개발하는 것이 중요하다. 정부의 시행령이나 비영리조직이 실제 대중적 매력을 갖춘 서비스를 보유하고 있다는 잘못된 사고 때문에 대량시장 접근방법이 시장세분화 접근방법(market segmentation approach)보다 더 많이 이용되고 있다. 많은 비영리조직들은 마케팅 전략을 수립할 때 경쟁사를 고려하지 않으며, 이는 일반적으로 직접적인 경쟁을 하고 싶어 하지 않는다는 것을 의미한다. 비영리조직의 경영자들은 자신들이 활용하고 있는 영역을 잘 알고 있다고 생각하며, 그들은 마케팅 조사 활동으로 시장을 분석하는 것이 자신들의 위치에 적합하지 않는다는 의미로 해석되는 것을 두려워한다.

그러나 오늘날에는 마케팅에 대한 효율성을 증가시키기 위해 마케팅 정보가 수집·분석되며, 해석되어 활용되고 있다. 마케팅조사가 특히 고기술 분야에서 서비스의 궁극적인 측면보다는 훈련기회가 강조되고 있다는 사실을 의미할 때 "모든 것을 할 수 있다"는 광고 캠페인 테마의 중요성이 강조되고 있는 이유를 짐작할 수 있다.

(1) 제 품

비영리조직은 그들이 어떤 것을 판매하려고 노력하고 있다는 사실을 부인하는 대신 공중이 확실하게 필요로 하는 것을 자신들이 제공하고 있다고 주장한다. 그러나 보통 비영리조직은 자신들만이 공중과 아이디어, 서비스, 대인적, 장소 등에 대해 잘 알고 있다고 확신하며 공중이 필요로 하는 것에 대한 아이디어로 시작하여 결국 공중이 그것을 수용할 것이라 믿는다. 점차 비영리조직 경영자들은 자신들이 영리조직과 동일한 제품 의사결정과정에 직면하고 있다는 사실을 인식하게 되었으며 결국 그들은 공중이 지각하는 욕구를 고려하는 서비스를 개발하여야 할 것이다. 그리고 그들은 제품믹스, 동일성, 포장, 품질보증 그리고 모든 제품변수에 관한 의사결정을 해야 한다.

(2) 가 격

비영리조직 교환거래에 있어 가격 내지 비용요소는 언제나 화폐(money)를 포함하는 것은 아니다. 이와는 달리 시간적, 사회적, 심리학적, 기타 다른 기부 요인들이 교환의 일부가 될 수 있다. 천주교 사회복지법인의 어떤 후원자는 이 조직이 실행하고자 하는 주장(the cause)을 지원하기 위해 역사적 자료조사라는 서비스를 제공할 수도 있다. 이는 직접비용에 포함되지는 않지만 컴퓨터 조사장비가 조사활동의 일부가 되는 순간, 조직은 컴퓨터 시간에 대해 직접비용으로 처리할 것이다. 이는 결국 그늘 서비스 가격구조에 영향을 미치게 된다.

화폐가 포함되는 경우 가격 내지 비용요소는 이익을 창출하는 상황에서 이용되는 것과는 상이하게 이용될지도 모른다. 예를 들면, 영리조직은 이익을 극대화하는 목표를 가지며, 비영리조직 역시 구체적인 활동에 가격을 부여하고자 할 때 간혹 이익 극대화를 추구한다. 이들의 목표에는 시간이라는 측면에서 차이가 있는데, 영리조직은 일반적으로 장기간에 걸쳐 이익을 극대화하고자 하지만 비영리조직은 하나의 단기활동에 대한 이익을 극대화하고자 한다. 그러나 조직의 모든 활동에 대한 이익 극대화는 원하지 않는다.

(3) 유통경로

대부분의 비영리조직의 서비스에 대한 유통경로는 직접적이며 단순한 경향이 있다. 비영리조직의 서비스 전달 과정에서 유통경로의 중간 조직들은 보통 대리상으로서 역할을 수행한다. 즉, 그들은 판매능력 한도 내에서 비영리조직을 대신해 활동하고 소유권이나 기타 다른 책임을 지지는 않는다. 비영리조직의 전형적인 무형의 서비스는 비영리조직으로 하여금 직접적인 유통경로를 갖도록 조장한다. 따라서 비영리조직의 위치는 매우 중요한 위치이다. 예를 들면, 대부분의 교회는 그들의 신도들을 위해서 편리한 장소에 위치해야 한다.

(4) 촉진

비영리조직의 경영자들이 광고의 설득력을 과신하고 있다는 사실을 앞에서 언급하였다. 그러나 일부 비영리조직들은 촉진수단을 이용하여 예외적인 통찰력을 가지고 있는 경우를 보여주고 있다. 예를 들면, 인적판매는 일반적으로 판매원이 잠재적 고객과 동일한 특성을 보유하고 있거나 잠재적 고객과 친분을 가지고 있는 경우에 매우 효과적이다. 수재민을 돕기 위해 가두 모금 운동에 각 거리에 있는 모금원들로 하여금 그 거리를 오고가는 사람들에게 기부하도록 요청함으로써 자금을 모금한다. 그 지역 사람들이 촉진활동에 참여하게 되는 경우 그 효과는 더욱 크다.

한편, 상업광고 매체를 이용하기보다는 무료 또는 저가격대의 광고(공공 서비스 광고)에 의존하는 비영리조직도 있다. 광고는 일반적으로 하나의 활동에 대한 시간과 날짜를 포함하지만, 그 광고가 수반하는 이익에 관한 정보는 거의 포함되지 않는다.

(5) 마케팅 믹스의 통제

비영리조직은 비용 효율성과 생산성을 매우 중요한 요인으로 생각한다. 조직은 경영자나 기타 중간 관리자들이 달성하고자하는 조직목표를 가지고 있다. 예를 들면, 대학 캠퍼스의 경우 목표는 보통 "교육의 우수함"에 두고 있다. 조직의 마케팅 노력과 자원은 달성된 성과의 정도와 관련하여 평가된다.

비영리조직은 보통 수익과 비용이 일치하는 한 원활하게 운영된다. 수익과 비용들 중 하나가 변하거나 양자가 모두 근본적으로 변하는 경우 조직의 개별 구성원들은 목표를 제고해야 할 것이다. 조직에서의 혼란과 불일치는 조직이 합의점을 도출할 때까지는 일반화된다. 예를 들면, 특별한 성공적인 자금조달 프로젝트는 보통 자금을 어떻게 사용할 것인가 하는 문제에 대한 열띤 논쟁을 비영리조직의 구성원들에게 제시한다. 마케팅 믹스는 또한 몇 가지의 불일치를 포함한다. 예를 들면, 어떤 유형의 촉진이 어느 정도나 이용되어야 하는가?

비록 측정과 기준이 영리조직에서 개발되는 정도로 비영리조직에서 개발되지 않는다 할지라도 이들 측정과 기준은 정도의 차이는 있지만 반드시 존재하기 마련이다. 비영리조직의 공중에 대한 조사는 마케팅 프로그램이 발생시키는 공중의 태도와 행위에서의 변화를 평가하는 것이라 할 수 있다. 이의 예로는 흡연을 줄이기 위한 광고 캠페인의 결과로 광고 캠페인 전후의 태도 변화조사를 들 수 있다. 총반응 측정은 비영리조직의 성공에 대한 총측정을 판단하는 기준이 된다. 예를 들면 총지원서, 티켓 판매 또는 참여사가 어느 수준에 이르러야 성공이라 할 수 있을까? 수용률과 기부계약 수, 시장 점유율, 시장 반응을 파악하는데 소요되는 평균비용 그리고 효율적인 통계수치는 마케팅 믹스를 평가하고 통제하는데 활용된다.

요약정리

서비스란 실체적 내지 유형의 제품에 대한 새로운 소유권을 제공하는 것이 아니라 구매자의 욕구를 충족시키고자하는 기업에 의해 제공되는 활동과 편익을 말한다. 21세기에 들어서 세계무역에서 차지하는 서비스의 비중은 날로 증가하고 있다.

서비스는 다음과 같은 보편적인 특성들을 가지고 있다. 첫째, 물질적 특성이 부족하기 때문에 서비스를 정확하게 측정하기가 어렵다. 둘째, 서비스를 제공하는 이들로부터 서비스를 분리할 수 없다. 셋째, 구매할 때마다 서비스 품질이 다르며 심지어 동일한 서비스 공급업자에게서 서비스를 구입하는 경우에도 서비스 품질이 상이하다. 넷째, 서비스의 생산은 시간요소에 기초하고, 무형적이며 저장이 불가능하다.

기업에서는 서비스 품질 향상의 중요성의 인식과 더불어 고객맞춤 서비스를 제공하기 위해서 전사적이며 혁신적인 서비스 품질을 개설하기 위해 다양한 방법들이 개발되고 있으며, 이미 제공된 서비스는 소비자의 평가단계를 거쳐 정착되어가고 있다. 서비스의 품질을 평가하는데 있어서 어려운 점을 살펴보면 첫째, 서비스 품질은 표준화를 이룰 수 없어 정확한 측정이 어렵고, 둘째는 서비스 품질의 평가는 소비자가 기대했던 기대서비스와 실제 서비스의 제공과정에서 지각된 서비스와의 비교에 의해서만 평가될 수 있어 객관적인 측정이 어려우며, 셋째는 인간의 속성, 즉 욕구나 행동은 다양하기 때문에 소비자가 필요로 하는 정확한 서비스의 제공은 불가능하다. 마지막으로 기업에서 제공되는 서비스 품질의 평가는 제품과 관련되어 산출되는 경우가 많기 때문에 제품 구매 후 만족/불만족에 따라 평가가 이루어져 신속한 측정이 곤란하다.

기업이 소비자에게 우수한 서비스 품질의 생성과 제공을 위해 필요한 요인을 살펴보면 제품지식에 대한 정확한 정보제공을 위한 교육과 고객 지향적인 조직내부의 인적자원배치 그리고 고객중심적인 경영방식과 지속적인 기능적·물리적 고객지원 등이다.

서비스는 설비를 기반으로 하는 서비스와 사람을 기반으로 하는 서비스로 크게 분류할 수 있는데 이는 마케팅 전략개발을 보다 용이하게 하기 위해서이다. 보통 서비스 기업은 마케팅 지향적인 기업이 아니기 때문에 이에 적합한 마케팅 전략이 개발되어야 하는데 시장세분화 마케팅 전략보다는 대량시장 접근방법이 보다 더 적합하다. 서비스에 대한 마케팅 믹스개발은 서비스 속성, 가격결정, 유통경로, 촉진, 서비스믹스 등을 고려하여야 한다.

비영리조직은 조직의 목표를 영리추구에 두기보다는 생태계 보호나 자연환경보호, 정부활동 감시, 국민의 건강문제나 사회적인 이슈들에 두고 있는 조직을 말한다. 이들 조직들은 오늘날 마케팅 활동에 점차 관심을 집중하고 있는데 이들도 영리조직처럼 표적청중에게 제공하는 서비스를 가지고 있으며 영리조직보다 광범위한 이해자 집단을 상대로 더 많은 편익을 제공하고 있다.

비영리 마케팅의 유형에는 개인에 대한 이미지나 인상을 창조하거나 유지하는 것을 목표로 하는 대인 마케팅, 조직의 목표와 서비스에 대한 수용을 창조하고, 변화시키며,

유지하고자하는 조직 마케팅, 표적집단의 관습, 주장, 철학 또는 사고방식에 대한 수용을 창조하고, 파악하고자하는 아이디어 마케팅, 국가, 도시, 지역, 공업 단지, 주택, 아파트, 도매상 단지, 터미널, 유원지 등을 포함하는 특별한 장소에 대한 긍정적 태도를 창조하고, 변화시키며, 유지하고자하는 장소 마케팅으로 분류된다.

비영리조직의 마케팅 담당자는 제품, 가격, 유통경로, 촉진 요인들을 고려한 마케팅 믹스전략을 개발하여야 하며 이를 토대로 비영리조직의 마케팅 노력과 자원을 달성된 성과의 정도와 비교하여 측정하고 평가하여야 한다.

용어해설

서비스(services)
실체적 내지 유형의 제품에 대한 새로운 소유권을 제공하는 것이 아니라 구매자의 욕구를 충족시키고자 하는 기업에 의해 제공되는 활동과 편익

무형성(intangibility)
서비스가 가지고 있는 보편적인 특성으로 이는 물리적 특성이 부족하기 때문에 정확하게 측정하기가 어렵다.

비분리성(inseparability)
서비스가 가지고 있는 보편적인 특성으로 이는 서비스를 제공하는 이들로부터 분리될 수 없다는 것을 의미한다.

서비스 품질 가변성(quality variability)
구매할 때마다 서비스의 품질이 다르며 심지어 동일한 서비스 공급업자에게서 서비스를 구입하는 경우에도 서비스 품질은 상이하다.

소멸 가능성(perishability)
서비스의 생산은 시간요소에 기초하고, 무형적이며 저장이 불가능하기 때문에 서비스가 갖는 특성

설비를 기반으로 하는 서비스(equipment-based services)
서비스 생산과 배달과정이 장비를 필요로 하는 서비스

사람을 기반으로 하는 서비스(people-based services)
장비나 시설의 도움이 없이 한 사람이나 여러 사람들의 도움으로 생산되거나 배달되는 서비스

고객 참여도(client involvement)
서비스에 대한 고객의 참여 정도를 나타내는 용어

서비스 믹스(service mix)

공급업자가 제공하는 모든 서비스의 목록

비영리 조직(nonprofit organization)

소유주에게 이익을 반환하기보다는 다른 목표들을 추구하는 조직

대인 마케팅(person marketing)

개인에 대한 이미지나 인상을 창조하거나 유지하는 것을 목표로 하는 마케팅

조직 마케팅(organization marketing)

조직의 목표와 서비스에 대한 수용을 창조하고 변화시키며, 유지하고자 하는 마케팅

아이디어 마케팅(idea marketing)

표적집단의 관습, 주장, 철학 또는 사고방식에 대한 수용을 창조하거나 파악하고자 하는 마케팅

장소 마케팅(place marketing)

국가, 지방자치단체, 지역, 도시, 이웃, 공업 단지, 주택, 아파트, 도매상 단지, 농장, 터미널 내지 행락지를 포함하는 특별한 장소에 대한 긍정적인 태도를 창조하고 변화시키며, 유지하고자 하는 마케팅

토의문제

1. 서비스와 제품을 비교설명하고 국가경제에서 서비스가 중요한 이유를 설명하시오.

2. "서비스 기업은 역사적인 측면에서 볼 때 제품을 생산하는 제조업체보다 더 마케팅 지향적이다." 이에 대해 논평하시오.

3. 서비스의 특성에 대해 설명하고 그 예를 들어보시오.

4. 유형의 제품에 비해 서비스의 품질을 평가하는 것이 보다 어려운 이유를 설명하시오.

5. 기업이 소비자에게 우수한 서비스 품질의 생성과 제공을 위해 필요한 요인을 적으시오.

6. 설비 기준 서비스와 사람 기준 서비스의 개념을 정의하고 그 예를 들어보시오.

7. 마케팅 담당자가 고려해야하는 서비스 환경의 주요 특성들을 토의하시오.

8. 서비스 가격결정과 제품 가격결정이 어떻게 다른지 설명하시오.

9. "서비스 기업에 있어 유통경로에 관한 의사결정은 마케팅 믹스의 일부분이라 할 수 있다." 이에 대해 논평하시오.

10. 비영리조직 마케팅의 유형을 들고 이들이 추구하는 목표를 설명하시오.

11. 제품 제조기업이 사용하는 촉진도구와 기법들이 서비스 기업에 의해 어떻게 이용되는지 설명하시오.

참고문헌

1) Thomas M. Stanback, Jr., Understanding the Service Economy, The John Hopkins University Press : Baltimore, MD, 1979, pp.29~44.

2) Robert C. Lewis and Bernard H. Booms, "The Marketing Aspects of Service Quality," in Emerging Perspectives on Service Marketing, ed. Leonard L. Berry, G. Lynn Schostack, and Gregory Upah(Chicago : American Marketing Association, 1983), pp.99~107.

3) Jeremy Main, "Toward Service Without a Snarl," Fortune, March 23, 1981, p.58.

4) J. Dearden, "Cost Accounting Comes to Service Industries," Harvard Business Review 56(September~October 1978), pp.132~140.

5) Martin R. Schlissel, "Pricing in a Service Industry," MSU Business Topics(Spring 1977), pp.37~48.

6) James H. Donnelly, Jr., "Marketing Intermediaries in Channels of Distribution for Services," Journal of Marketing(January 1976), pp.55~57.

7) Christopher H. Lovelock and John A. Quelch, "Consumer Promotions in Services Marketing," Business Horizons(May~June, 1983), pp.66~75.

8) Benson P. Shapior, "Marketing for N0nprofit Organizations," Harvard Business Review (September~October 1973), pp.`123~132.

9) Michael L. Rothschild, "Marketing Communications in Nonbusiness Situations or Why It's So Hard to Sell Brotherhood Like Soap," Journal of Marketing(Spring 1979), pp.11~20.

10) Philip Kotler, "Strategies for Introducing Marketing into Nonprofit Organizations," Journal of Marketing(January 1979), pp.40~44.

11) Philip Kotler, Marketing for Nonprofit Organizations(Englewood Cliffs, N.J. : Prentice－Hall 1982), p.481.

12) Philip Kotler and Gerald Zaltman, "Social Marketing : An Approach to Planned Social Change," Journal of Marketing(July 1971), pp.3~12.

13) Sheth N. Jagdish and Gary L. Frazierm "A Model of Strategy Mix Choice for Planned Social Change," Journal of Marketing(Winter 1982), pp.15~26.

14) Controversy Advertising : How Advertisers Present Points of in Public Affairs : A Worldwide Study by the International Advertising Association(New York : Communication Arts Books, 1977), p.18.

15) Seymour H. Fine, The Marketing of Ideas and Social Issues(New York : Praeger, 1981),

p.53.

16) W. Wrey Buchanan, "The Marketing Concepts in the Nonprofit Sector : Implement or Ignored?" In Marketing : Theories and Concepts for an Era of Change, Southern Marketing Association Proceedings, 1983, pp.5~9.

17) "Today's Army Relying on Marketing Research to Attain Recruitment Goals," Marketing News, July 6, 1984, p.1.

18) Lawrence H. Douglas, "In Search of Excellence on College Campuses : Academic Administrators Should the Characteristics of Sucessful Business," Chronicle of Higher Education, September 19, 1984, p.42.

19) Philip Kotler, Marketing for Nonprofit Organizations(Englewood Cliffs, N.J. : Prentice—Hall, 1975), pp.250~251.

Index

ㄱ

가격 ······267
가격결정목표 ······271
가격담합 ······284
가격차별 ······284
가격할인 ······463
가금산업 ······416
가용할당법 ······434
가처분 개인 소득 ······80
가치 ······267
간접경로 ······322
감독 ······32
강점 ······48
개(dogs) ······40
개방적 유통경로 ······335
개별브랜드 ······217
개성 ······143
거간 ······352
거래광고 ······429
거래스탬프 ······466
거래할인 ······468
거시마케팅 ······10
거시적 환경추세 ······78
검색조사법 ······247
결합효과 ······36
경로갈등 ······329
경로동기 ······411
경로선도자 ······329
경영정보시스템 ······109
경쟁 ······278
경쟁중심 가격결정방법 ······291
경험곡선 가격결정법 ······290
경험곡선 분석 ······38
계약운송인 ······387
계약형 시스템 ······331
고용수준 ······81
고전적 조건화 ······138
고정비 ······285
공공서비스광고 ······430
공동브랜드 ······218
공생적 마케팅 ······334
공중 ······76
공중관계 ······403
과점 ······279
광고 ······403
광고공제 ······300
광고대행사 ······74
광고메시지 ······415
교통광고 ······406
교환 ······4
구매시점진열 ······347
구성품 ······199
군집표본 ······105
금융공중 ······76
기능적 관점 ······31
기대이익 ······292
기만적인 가격광고 ······284
기술적 환경 ······84
기업광고 ······428
기업적 연쇄점 ······371
기업형 시스템 ······333
기점가격 ······305
기호화 ······404
기회 ······49

ㄴ

내부공중 ······78
내부보고시스템 ······110
내적환경 ······64

ㄷ

다각화전략 ········47
다중회귀분석 ········116
단수가격결정 ········303
단순무작위표본 ········105
대량마케팅 ········159
대리상 ········352
대인 마케팅 ········549
도덕적 소구 ········404
도매상 ········345
도약 ········40
도입기 ········252
독점 ········279
독점적 경쟁 ········280
동질적 선매품 ········196
등록브랜드 ········201
딜러 ········345

ㄹ

라이프스타일 ········440
로비활동 ········482
로지스틱 시스템 ········392

ㅁ

마케팅 ········3
마케팅 개념 ········6
마게팅 공중관계 ········415
마케팅 근시안 ········16
마케팅 일상정보 시스템 ········113
마케팅 정보시스템 ········109
마케팅 조사시스템 ········114
마케팅 중간상 ········72
마케팅 커뮤니케이션 ········247
마케팅시스템 지향적개념 ········17
마케팅활동 ········32
매체 ········404
매체공중 ········76
매출액 비율법 ········434
모방 신제품의 가격결정 ········293
모방제품 ········233
목표과업법 ········435
무형성 ········530
문제의 확인 ········101
문화 ········132
물음표 ········40
물적유통 ········378
미시 마케팅 ········9
미시적 환경요인 ········70
미탐색품 ········197

ㅂ

반사적 반응 ········31
방문판매 ········371
변동비 ········285
별(stars) ········39
보관기업 ········320
보조 설비품 ········199
보충서비스 ········534
보험회사 ········320
복수브랜드정책 ········217
브랜드 ········201
브랜드광고 ········428
브랜드명 ········201
브랜드애호가 ········168
브랜드충성도 ········137
비분리싱 ········531
비영리조직 ········545
비일상적인 의사결정 ········98
비차별적 마케팅 전략 ········1/4

ㅅ

사명문 ········34
사업성 분석 ········241
사이버 마케팅 ········496
사이버스페이스 ········496
사전테스트 ········445
사회지향적 마케팅개념 ········18
산업매력도/기업강점모델 ········38
산업재포장 ········385
상쇄효과 ········391
상실기회 ········533

상인 도매상 ……348
새로운 미탐색품 ……198
생리적 욕구 ……140
생산 지향적개념 ……15
생산성 ……44
서비스 ……529
서비스 사이트 ……511
선도가격결정 ……303
선매품 ……196
선발기업 ……32
선발표어 ……347
선점적 광고 ……427
선택적 노출 ……142
선택적 보유 ……142
선택적 왜곡 ……142
선택적 유통경로 ……335
설비기반서비스 ……540
성숙기 ……255
성장/점유율 매트릭스 ……38
성장기 ……253
성장률 ……39
소매광고 ……429
소매믹스 ……372
소매상 ……357
소매업 ……356
소매조직 ……357
소비자 행동 ……127
소비재 ……195
소유효용 ……315
손실품 가격결정 ……303
손익분기분석 ……273
손익분기점 분석 ……241
송신자 ……404
쇠퇴기 ……255
수송 ……387
수수료 상인 ……353
수요곡선 ……281
수요중심 가격결정방법 ……290
수직적 통합도 ……45
수평적 시스템 ……333
수확 ……40
시간효용 ……315
시민운동공중 ……77
시설품 ……199
시장개발전략 ……46
시장세분화 ……160
시장직위 ……44
시장침투 가격결정 ……294
시장침투전략 ……45
시장환경 ……34
시험 마케팅 ……244
신념 ……136
신제품 ……233
신제품 개발과정 ……237
실연 ……442
심리적 가격결정 ……297

ㅇ

아이디어 마케팅 ……549
아이디어 선별 ……240
아이디어 창출 ……238
약물오용 ……221
약점 ……48
연쇄점 ……371
예측반응 ……31
옥외광고 ……406
완전 서비스도매상 ……348
완전경쟁 ……279
완전독점 ……278
완충재고 ……384
외적환경 ……64
우편경품 ……465
운반기능 ……5
원가가산법 ……287
원가상승 ……45
원가중심 가격결정방법 ……287
원료품 ……198
위협 ……49
유사제품 ……427
유인가격결정 ……303
유지(hold) ……40
유통경로 ……315
유통전략 ……316
의견 선도자 ……135
이미지 가격결정 ……301

이성적 소구 ……404
이익목표 ……271
이질적 선매품 ……196
인구 통계적요인 ……129
인구통계적 환경 ……78
인적판매 ……403
인지 ……67
인지적 부조화 ……148
인지학습 ……139
인터넷 마케팅 ……496
인플레이션 ……81
일반공중 ……77
일반운송인 ……387
일상적인 의사결정 ……98
임의적인 착오 ……100

ㅈ

자료뱅크 ……118
자연환경 ……82
자유재량 소득 ……80
장소 마케팅 ……550
장소효용 ……315
재래시장 ……367
재량소득 ……327
저작권 ……201
적소시장 ……160
전략 ……27
전략적 사업단위 ……38
전략적 조정 ……408
전략행동 ……28
전문품점 ……360
전방적 통합 ……333
전속적 유통경로 ……336
전술 ……28
전자상거래 ……499
정규적 미탐색품 ……198
정보 사이트 ……513
정부공중 ……77
정치적·법률적 환경 ……85
제조 원료품 ……199
제조업자대리상 ……352
제품 테스트 ……243
제품개발 ……242
제품개발전략 ……47
제품구색 ……346
제품수명주기 ……170
제품의 지각적가치 ……290
조업개시비용 ……241
조직 마케팅 ……550
주문접수 ……381
주문처리 ……381
준거집단 ……133
지각 ……142
지리적 세분화 ……166
지역공중 ……77
지역적 가격결정 ……297
지침서 ……37
직무기술서 ……475
직무명세서 ……475
직무분석 ……475
직업 ……67
직접경로 ……322
직접반응광고 ……415
직접우편판매 ……371
진열공제 ……469
집중적 마케팅 전략 ……175

ㅊ

차별가격결정 ……297
차별적 마케팅 전략 ……175
채백 ……248
철수 ……40
체계적인 오류 ……100
초기집중형 ……445
초점집단면접 ……445
촉진가격결정 ……297
촉진공제 ……299
충동구매자 ……169
충동품 ……195
층화확률표본 ……105
친선사절판매 ……473

ㅋ

카운셀러 ……471
콘테스트와 경품추첨 ……464
쿠폰 ……464

ㅌ

탐색조사 ……102
태도 ……136
텔레마케팅 ……470
통계뱅크 ……116
통신판매 도매상 ……351
통제시험시장 ……245
통합적 물적유통시스템 ……378
투자 집중도 ……44
트럭 도매상 ……351
특별장려금 ……468

ㅍ

파이프라인 ……390
판단표본 ……106
판매 대리상 ……352
판매 사이트 ……512
판매 잠재량 ……474
판매관리 ……474
판매기능 ……4
판매지역 ……475
판매지향적 ……16
판매촉진 ……403
판별분석 ……116
판촉촉진형 ……444
편의점 ……363
편의표본 ……106
편의품 ……195
평균수익 ……284
포장 ……220
포지셔닝 ……160
표본추출오류 ……105
표적시장선정 ……160
표준시험시장 ……245
표준화기능 ……318
표찰 ……219
푸쉬 ……411
풀 ……411
풀 서비스 백화점 ……327
품질 가변성 ……532
품질보증 ……224
피드백 ……404
피쉬백 ……391

ㅎ

학습 ……138
한계분석 ……285
한계비용 ……286
한계수익 ……284
한정 서비스 도매상 ……350
한정계열점포 ……374
할당표본 ……106
할인점 ……365
항공수송 ……391
해독 ……404
행동분석적 세분화 ……168
행동지침서 ……34
혁신적 신제품의 가격결정 ……293
현금젖소(cash cows) ……40
협동적 관점 ……31
협동조합 ……372
홍보 ……480
확률표본 ……105
환불 ……464
환불보증 ……224
후방적 통합 ……333

저자 약력

김 진 성

- 경희대학교 정경대학 상학과 졸업
- 경희대학교 경영대학원 경영학석사
- 원광대학교 대학원 경영학박사
- 경희대학교 정경대학 객원교수
- 중국 산동성 연대대학교 객원교수
- 목포대학교 학생부처장,
- 목포대학교 학생처장,
- 목포대학교 도서관장
- 목포대학교 교수협의회 회장
- 전라남도 도·소매업진흥심의위원회 위원 역임
- 목포상공회의소 부설 서남권경제개발연구원 원장 역임
- 한국마케팅학회, 한국마케팅과학회 이사 역임
- 한국유통과학회 고문
- 중국 산동성 연대대학교 명예교수
- 중국 산동성 연대대학교 동아연구소 고문
- 전라남도 발전연구원 위원
- 전라남도 카누연맹 회장
- 목포대학교 경영대학 교수

〈저 서〉

- 『마케팅』, 법경사, 1997.
- 『유통경로구조론』(공역), 법경사, 1998.
- 『중국유통경제론』(공역), 진영사, 2002.
- 『마케팅』, 진영사, 2003.
- 『유통론』,(공저), 금성출판사, 2004.
- 『經貿韓國語』,(2인 편저), 중국 世界圖書出版公司, 2008.
- 『신유통론』,(4인 공저), 도서출판 두남, 2008.
- 『신마케팅』,(2인 공저), 도서출판 두남, 2009.
- 『유통론』,(2인 공저), 도서출판 두남, 2011.

배 준 연

- 일본 요코하마 시립대학 경영학석사
- 일본 요코하마 시립대학 경영학박사
- 기업은행 경제연구소 연구위원
- 한화그룹 경영기획실
- 주간조선 고정집필진
- 매일경제신문 칼럼니스트
- 산업기계관리협회 설립 준비위원

(현) 한화그룹 경제연구원 연구위원

〈저 서〉

- 『現代企業における生産と流通』, 文眞堂出版, 2005.
- 『신유통론』,(4인 공저), 도서출판 두남, 2008.
- 『유통론』,(2인 공저), 도서출판 두남, 2011.

신마케팅론 – 개정2판

초　판 1쇄 발행 —— 2008년 3월 5일
개 정 판 1쇄 발행 —— 2009년 2월 25일
개정2판 1쇄 발행 —— 2012년 3월 5일
지은이 —— 김 진 성 · 배 준 연
펴낸이 —— 전 두 표
펴낸곳 —— 도서출판 **두남**
서울시 강동구 성내1동 455-12 두남빌딩
신 고 : 제25100-1988-9호
(구 제2-624호, 1988. 7. 21)
TEL : 02) 478-2065, 2066, 2067, 2311
FAX : 02) 478-2068
E-mail : dunam1@unitel.co.kr
http://www.dunam.co.kr

정가 33,000원

ISBN 978-89-6414-323-0　93320